AF667881

ELBO JAMES

Das Gezeitensieb

Band 1 - Der Findling

ISBN 978-3-9817377-8-3

Buchgestaltung und Illustration: Robert Fietzek • www.12121.de
Umschlaggestaltung zusätzlich mit Elementen von Venita • www.artsybeedigital.com
Herstellung: BoD - Books on Demand, Norderstedt

Bibliografische Information der Deutschen Nationalbibliothek:
Die Deutsche Nationalbibliothek verzeichnet diese Publikation in der Deutschen Nationalbibliografie; detaillierte bibliografische Daten sind im Internet über dnb.dnb.de abrufbar.

Der Findling findet ein Zuhause

In einer Welt, die der Unsrigen zwar sehr ähnlich, die jedoch einem Erdenbürger, der sich unverhofft dort wiederfände, wenn dieser zum Beispiel durch ein Galaxientor, ein schwarzes Loch oder auch nur durch das Betreten eines verzauberten Kleiderschrankes dorthin befördert werden würde, äußerst seltsam und fremdartig vorkäme, wuchs ein kleiner Junge unter schwierigen Umständen heran.

Simon war ein Waisenkind. Jedoch hatte man ihn keineswegs am Ufer eines Flusses ausgesetzt in einem Weidenkorb aufgefunden, auch hatte er keinerlei Ringe, Siegel oder andere Utensilien bei sich, welche auf eine hohe Abstammung oder ein geheimnisvolles Schicksal hinweisen würden, wie es schon so oft bei derlei Angelegenheiten beschrieben wurde. Auch stolperte keiner über das plärrende Bündel Menschlein auf den Stufen zur Domkapelle, um den dort ansässigen Pfaffen auf zarte Weise an seine Vaterpflichten zu erinnern. Keine Himmelschöre erschollen und keine Blitze zuckten übers Firmament um Aufmerksamkeit zu erregen, wie es zur Errettung eines zukünftigen Helden, Königs oder großen Kompositeurs doch vorgeschrieben zu sein scheint. Nicht einmal ein vereinzelter, missratener Fanfarenton war erklungen, um dieses schicksalhafte Begebnis auf feierliche Weise hervorzuheben. Nur aus einem offenen Fenster heraus drang der schiefe Klang einer Ziehharmonika an das Ohr der Gestalt, die durch den Regenvorhang hindurch nach Hause lief.

Elvira fand den Knaben, in einen alten Lappen gewickelt, greinend hinter einem leeren Bierfass, das zur Abholung bereitstehend vor einer schlecht beleumundeten Taverne abgestellt worden war.

Noch Jahre später erinnerte sie sich mit einem Frösteln an die graue, regnerische Nacht in einem grauen, verregneten Monat August eines Sommers, der diesen Namen nicht verdient hatte. Die Tropfen drehten Pirouetten auf den schlammigen Pfützen, Rinnsale plätscherten eifrig die Straßen entlang und die Kirchturmuhr läutete ganz in der Nähe gerade die Mitternachtsstunde ein, als sie ein leises Wimmern zu vernehmen glaubte.

Durch dieses Geräusch aufmerksam geworden versuchte Elvira die Richtung zu bestimmen aus der es zu kommen schien, was sich wegen des prasselnden Regens als keine leichte Aufgabe erwies. Auch schien das Gejammer plötzlich aufgehört zu haben.

„Wahrscheinlich nur eine arme verirrte Mieze", dachte Elvira gerade, als das Weinen erneut an ihr Ohr drang. „Keine Miezekatze", dachte sie noch als sie hinter den Fässern zu stöbern begann. „Vielleicht eher ein Hündchen."

Doch als sie mit spitzen Fingern einen schmutzigen Lappen anhob, blickten ein Paar strahlend blaue Augen sie angstvoll an. Der Knabe, den sie da nackt in dieser elenden Lage aufgefunden hatte, konnte allerhöchstens vier Jahre alt sein, wie sie sofort erkannte, obwohl in diesen Augen etwas lag wie ein uraltes Wissen, Elvira hätte dies nicht näher beschreiben können, hatte aber dieses Empfinden. Aufgrund der Erfahrung als Tante dreier Töchter ihrer fruchtbareren Schwester konnte sie das Alter des Kindes auf der Stelle recht genau bestimmen.

Verstohlen blickte sich Elvira nach allen Seiten um. Niemand schien zu dieser Stunde, bei diesem Wetter noch unterwegs zu sein. Keiner da, der sie beobachten würde. Kurzerhand schnappte sie sich das Bündel, drückte es fest an ihre Brust und verbarg es unter ihrem dicken, warmen Mantel, den sie vor einigen Tagen wegen des miserablen Sommers wieder aus dem Keller geholt hatte, und der daher stark nach Mottenpulver roch, was den Jungen jedoch nicht zu stören schien.

Elvira hatte sich immer schon ein Kind gewünscht. Jetzt im reiferen Alter von zweiundvierzig Jahren schien das kaum mehr möglich zu sein. Irgendwie hatte sie nie den richtigen Mann für ein solches Unternehmen finden können. Das lag entweder am verantwortungslosen Verhalten ihrer Männerbekanntschaften, die allerdings auch nicht allzu zahlreich waren, oder aber an ihrem Aussehen, wie sie sich immer wieder einredete. Man hätte sie zwar auch in jüngeren Jahren beileibe nicht eine Schönheit nennen können, doch besonders hässlich war sie nun beileibe nicht. Ihre vollen dunklen Locken, die sie jedoch meist unter einer grauen Haube versteckte und ihre üppige, vollschlanke Figur hätten durchaus in der Männerwelt noch Aufsehen erregen können. Auch jetzt in diesem hohen Alter, auf das zu berufen sie nicht müde wurde, hätte man aus ihr mit etwas Farbe und ein wenig modischem Schnickschnack durchaus etwas machen können. Doch sträubte sie sich seit Jahren vehement dagegen, wenn ihre um zwei Jahre jüngere Schwester solcherlei Vorschläge machte, so dass diese jenes Unterfangen mittlerweile gänzlich aufgegeben hatte.

„Da sehe ich ja aus wie eine dahergelaufene Bordsteinschwalbe!“, war noch der mildeste Kommentar Elviras gewesen, wenn Sybilla wieder einmal mit Rouge und Puder experimentiert hatte.

Jetzt schien sich ihr Herzenswunsch doch noch zu erfüllen. Jedoch war sie sich sofort darüber im Klaren nicht einfach so ein Findelkind ins Haus nehmen zu können, man hatte sich in solchen Fällen zuallererst an die Behörden zu wenden, die dann entweder die leibliche Mutter finden mochten, oder aber über den weiteren Verbleib des Kindes zu bestimmen haben würden. Mit höchster Wahrscheinlichkeit würde es dann in einem Waisenhaus landen, was in diesem Land gleichbedeutend war mit einem Arbeitslager. Sobald die Kleinen ins schulfähige Alter kamen, wurden sie nicht etwa unterrichtet wie die übrigen Kinder ihres Alters, sondern mussten von früh bis spät die große Wäschemangel drehen, in den Bergwerken in den vorderen, engen Stollengängen den Pickel schwingen, oder andere Arbeiten verrichten für die sich ansonsten niemand fand; besonders seit Zwerge auf dem Kontinent selten geworden waren und die letzten ihrer Art von den Herrscherfamilien gerne als Hofnarren gehalten wurden.

Ein solches Schicksal wollte Elvira dem Kleinen auf alle Fälle ersparen. Doch wie sollte sie dies anstellen? Blitzartig spielte sie die verschiedensten Möglichkeiten im Kopf durch, wovon sie die allermeisten jedoch auf der Stelle wieder verwarf. Man konnte ja nicht plötzlich einen vierjährigen Buben herumzeigen und dessen Auftauchen mit einer leicht verzögerten Schwangerschaft erklären, solange trägt nicht mal eine Elefantenkuh ihr Junges aus. Dies würde natürlich sofort die verschiedensten Fragen aufwerfen, irgendwann würde ein solcher Vorfall sich auch herumsprechen, und dann könnte sich doch noch die hiesige Beamtenschaft für den Fall zu interessieren beginnen. Nein, ganz so einfach würde das nicht zu machen sein. Auf jeden Fall müsste ihre Schwester eingeweiht werden, ohne diese wäre wohl gar nichts auszurichten.

Dies alles und noch vieles mehr ging Elvira durch den Kopf, als sie durch die Straßen hastete, das Kind unter dem Mantel an die Brust gepresst, den Weg zu ihrer Behausung einschlug. Der Kleine hatte mittlerweile aufgehört zu jammern und schien eingeschlafen zu sein, nur durch die Wärme seines kleinen Körpers und durch das Klopfen seines kleinen Herzens machte er sich bemerkbar.

Mit dem Nachlassen des Regens beruhigte sie sich wieder ein wenig. Sybilla würde Rat wissen. Immer schon war sie, obwohl sie doch nur die kleine Schwester war, wesentlich erfindungsreicher in praktischen Dingen gewesen. Ja, nie war sie um eine Ausrede verlegen. Als sie noch Kinder waren, war stets Sybilla es gewesen, die sich Geschichten ausdachte um der gerechten Strafe für die vielen Streiche die sie den Erwachsenen spielten zu entgehen. Einmal hatte sie sogar durch geschickte Manipulationen und das Legen falscher Fährten, den Familienhund als Schuldigen entlarvt, als beim Ballspiel im Zimmer eine Lampe zu Bruch gegangen war. Ja, ganz bestimmt hätte sie auch jetzt die rettende Idee.

In ihrer Wohnung angekommen, Sybilla und ihre Schwester hatten sich in der ersten Etage eines dreistöckigen Hauses eingemietet, in dem sich im Parterre noch eine Bäckerei befand, legte sie sanft den Knaben auf ihrem ungemachten Bett ab und versicherte sich, dass es ihm gut ging. Der Kleine schien noch immer wie ein Stein zu schlafen und so ging Elvira hinüber in die Zimmer, die ihre Schwester zusammen mit ihren Kindern bewohnte, nicht ohne ihrem neuen Schützling noch einen Kuss auf die Stirne zu hauchen.

Kaum hatte sie die Türe zur angrenzenden Wohnung geöffnet, fand sie sich inmitten des üblichen chaotischen Durcheinanders. Buntes Spielzeug jeder Art war überall auf dem Boden verstreut, über dem Flur war eine Wäscheleine zum Trocknen von allerlei Kindersachen gespannt, die gespenstisch erleuchtet wurden durch das wenige Licht, das durch die schmalen Fenster ins Gebäude drang. Auf Zehenspitzen tapste Elvira in Richtung des Schlafzimmers ihrer Schwester, nicht ohne zweimal auf irgendetwas zu treten, beim dritten Mal erklang noch dazu ein Quietschen, was die ohnehin angespannte Elvira zusammenzucken ließ. „Ah, nur ein gelber Ball, dem die Luft ausgegangen war", erkannte sie sogleich. Es schien jedoch keines der Kinder aufgewacht zu sein. Nichts rührte sich. Nur das leichte Schnarchen ihrer Schwester tönte ihr entgegen. Einem sanften Streicheln folgte ein kräftiges Rütteln und endlich erwachte Sybilla und blickte ihre Schwester verwundert an.

Nach zwei Tassen Kaffee war Sybilla dann auch halbwegs ansprechbar und Elvira erklärte ihrer Schwester nun zum dritten Mal ihr Erlebnis. Die schüttelte nun missbilligend immer wieder den Kopf.

„Ich weiß nicht, ob ich das alles gutheißen kann", meinte sie dann. „Man kann doch nicht einfach so ein Kind annehmen, das verstößt unter Garantie wieder mal gegen siebenundzwanzig Gesetze."

„Gesetze hin, Gesetze her!“ erwiderte Elvira, ich kann das Kind unmöglich den Behörden ausliefern, das brächte ich nicht übers Herz!“
„Ach, wenn doch nur der Egon noch leben würde!“, sagte Sybilla, die Augen zur Decke gerichtet, sich an ihren verstorbenen Gatten erinnernd.
„Ach, der wüsste auch keinen Rat, wahrscheinlich würde er das Kind an eine herumziehende Zigeunerbande verhökern, um in seiner Stammkneipe ein paar Runden schmeißen zu können“, meinte Elvira daraufhin nur böse. Der gute Egon hier, der brave Egon da, hieß es seit ein paar Jahren nur noch, als hätte der Kerl ihrer Schwester nicht Zeit seines Lebens auf der Tasche gelegen und sie noch dazu des Öfteren verprügelt, wenn kein Geld mehr aus ihr herauszupressen gewesen war. Die Kinder kamen dabei auch nicht ungeschoren davon, doch Sybilla schien sich an den ‘guten Egon’ jetzt auf eine ganz andere Art zu erinnern als ihre Schwester. Die Ehe von Egon und Sybilla war wohl auch noch ein Grund für die Kinderlosigkeit Elviras, jahrelang hatte sie, Tür an Tür wohnend das andauernde Gezänk ertragen müssen und oft hatte sie die Kinder zu sich genommen, wenn die Gewaltausbrüche dieses Musters von einem Ehemann nicht enden hatten wollen. Nun lag er jedoch schon ein paar Jahre unter der Erde und obwohl man Toten ja nichts Schlechtes nachsagen sollte, war Elvira insgeheim beinahe froh gewesen, als die Friedhofswärter den Sarg des Säufers in die Grube gesenkt hatten.
„Jetzt übertreibst du aber mal wieder maßlos!“, sagte Sybilla nun und schüttelte sich zornig eine blonde Locke aus der Stirn. „Ein so schlechter Mensch, wie du immer tust, war er doch auch nicht gewesen. Er hatte auch seine guten Seiten und schließlich war er immer für uns da.“
„Papperlapapp!“ meinte Elvira nur. „Das Beste an ihm war sein frühzeitiges Ableben, das er seiner kaputten Leber zu verdanken hatte.“
Auf diese harsche Ausdrucksweise fand die Schwester nun keine Entgegnung mehr, eigentlich war ihr tief im Inneren doch klar wie recht Elvira doch hatte, mit allem was sie ihrem dahingegangenen Gatten vorwarf.
„Ist ja jetzt auch egal“, meinte sie dann. „Jedenfalls kannst du das Kind unmöglich hierbehalten. Wie wäre es, wenn du es für ein Weilchen zu Wilhelm aufs Land brächtest. Dort kann doch auf keinen Fall jemandem auffallen, dass es nicht dein leibliches Söhnchen ist! Keiner im Dorf weiß doch darüber Bescheid, was wir hier in der Stadt so tun und lassen. Die Bauern werden sich höchstens darüber das Maul zerreißen, dass du immer noch nicht verheiratet bist und jetzt auch noch mit einem unehelichen Balg zurückkehrst!“
Elvira sah ihre Schwester an und ließ sich diesen Vorschlag dabei recht gründlich durch den Kopf gehen. Und wirklich hatte dieser einiges für sich. Ja, das konnte funktionieren, erkannte sie. Aber sie würde ihre Anstellung als Köchin in der ‘Grünen Gans’ wohl aufgeben müssen, sie hatte nicht vor, den Kleinen die ersten Jahre seines Lebens den rauen Händen von Wilhelm gänzlich zu überlassen. Dieser lebte immer noch in dem kleinen, abgelegenen Dorf Grimbelwald in dem die Schwestern aufgewachsen waren und pflügte mit den Ochsen seine Felder, wie dies schon seit Generationen ihre Vorfahren getan hatten.
„Warum eigentlich nicht“, meinte sie daraufhin. „Ich glaube das ist wirklich eine Möglichkeit. Danke Sybilla, ich wusste doch dir würde etwas einfallen.“

Sybillas Kopf jedoch lag ganz entspannt auf dem Küchentisch zwischen den Kaffeetassen, die blonden Locken in einer beim Abwasch vergessenen Müslischale stillebenhaft drapiert. Die Müdigkeit hatte sie wieder überwältigt.

Gleich am nächsten Tag kündigte Elvira in der grünen Gans, verabschiedete sich tränenreich von ihrer Schwester und den Kindern und bestieg am darauf folgenden Tag die Postkutsche, die zwischen der Hauptstadt und der Küste zweimal die Woche verkehrte. Sie hatte die letzten beiden Tage kaum das Haus verlassen um sich um den Kleinen kümmern zu können, obwohl die aus heiterem Himmel zu Cousinen aufgestiegenen Töchter Sybillas sich um das Kind gerissen hatten. Jede wollte ihn bemuttern, so eine große und auch so lebensechte Puppe hatte keine von ihnen vorher besessen.
Der kleine Simon, wie Elvira beschlossen hatte den Jungen zu nennen, nach ihrem Großvater, den sie so sehr geliebt hatte, war folgsam neben ihr hergelaufen und hatte ihre Hand nicht losgelassen Niemand schien sie zu beachten. Zehn Passagiere konnte das Gefährt ohne Probleme aufnehmen, doch nur vier Plätze waren bisher besetzt. Außer einem Pfarrer, leicht zu erkennen an seinem Hundehalsbandkragen und zwei Männern gekleidet in schlechtsitzenden Anzügen, die sie auf der Stelle als herumziehende Handelsreisende auswiesen, war nur noch eine sich recht hochmütig gebärdende Dame, mittleren Alters an Bord der Kutsche. Man hätte sie wohl für eine Gouvernante halten können, die jungen Mädchen die richtige Erziehung zukommen lassen sollte, und genau diese Vermutung stellte sich später als zutreffend heraus. Über alles und jedes rümpfte sie sofort die Nase, ganz gleich was die anderen Passagiere auch reden mochten. Auch als der kleine Simon anfing zu weinen, beschwerte sie sich bei Elvira, ob sie denn ihr unerzogenes Balg nicht zum Schweigen bringen könne. Die redete dann beschwichtigend auf den Kleinen ein, obwohl sonst keiner an dem Weinen Anstand nahm, nur um des lieben Friedens willen. Der Junge hatte im Übrigen noch immer kein einziges Wort gesprochen, doch machte sich Elvira keine Sorgen deswegen. Der Kleine wirkte ungemein verständig und reagierte auf alles, was man ihm sagte. Sie war sicher, dass sich das schon noch geben würde und er plappern würde wie ein Wasserfall.
Die Vertreter unterhielten sich ausgiebig mit dem Pfarrer über die politische und wirtschaftliche Lage im Fürstentum Hallgard, um die es allem Anschein nach nicht zum Besten zu stehen schien. Nach dem Abdanken des alten Grafen Hjalmar hatte, vor kurzer Zeit, sein leiblicher Sohn Bodo die Nachfolge angetreten und dieser hatte, nach Meinung der Fahrgäste zumindest, keine Ahnung vom Verwalten ihres doch recht großen und wohlhabenden Landesteils.
Ja, seitdem der junge Herr in Hallgard das Sagen hatte, ging es wirtschaftlich nur noch in eine Richtung, und zwar bergab, darüber waren sich die Handlungsreisenden schnell einig geworden. Der Pfarrer, seiner Berufung gemäß, versuchte immer wieder die Gemüter zu beschwichtigen und plädierte darauf den jungen Leuten doch auch einmal die Chance zu geben sich zu beweisen, wurde aber auf der Stelle von den zweifelsfrei stark argumentierenden Männern in seine Schranken gewiesen.
Elvira hörte den Mitreisenden nur mit halbem Ohr zu, konnte den Vertretern insgeheim aber nur Recht geben. Es schien ihr als wäre seit einiger Zeit an Markttagen die

Stadt nicht mehr so gut besucht wie früher, auch war so manche Obst und Gemüsesorte inzwischen Mangelware geworden, und sogar in der 'Grünen Gans' waren die Gäste oft ausgeblieben, obwohl der Wirt sich die größte Mühe gab immer neue Mixgetränke zu ersinnen, deren Zusammensetzung jedoch bei denjenigen Stammgästen, die als Versuchskaninchen hatten herhalten müssen, nicht immer lediglich böse Kopfschmerzen, sondern auch die verschiedensten Arten von Magen- und Darmbeschwerden ausgelöst hatte. Kürzlich hatte er sogar vor lauter Verzweiflung über die ausbleibende Kundschaft eine besondere Stunde eingeführt, in welcher alle Getränke zum halben Preis zu bekommen waren. Er nannte diese neue Errungenschaft 'Hebby Hauer', was sich von seinem Spitznamen Hauer ableitete, den er aufgrund seines Pferdegebisses schon sein ganzes Leben lang ertragen musste.
Auch war es Elvira vorgekommen als ob die Straßen immer schlechter wurden, der Müll war mittlerweile nur noch in unregelmäßigen Abständen beseitigt worden, und dies obwohl die Steuern für Bürger, Bauern und Handwerker mit jedem neuen Jahr pünktlich angehoben wurden, so dass mancher nur noch von der Hand im Mund leben konnte.
Als ob ihre Gedanken erraten worden wären, sagte gerade einer der Vertreter, es war der Lange mit der großen Nase.
„Zum Sterben zu viel und zum Leben zu wenig!"
„Das können sie laut sagen, schlimm, schlimm!", meldete sich der andere, den etwas dick zu nennen eher schmeichelhaft gewesen wäre.
„Möchte mal wissen für was der junge Baron das ganze Geld überhaupt ausgibt"; erwiderte die Langnase finster. „Alles liegt brach, nichts Neues wird mehr gebaut, alle städtischen Gebäude sind heruntergekommen, in manches Büro im Rathaus soll es inzwischen schon reinregnen!"
„Schlimm, schlimm!", rief daraufhin der Korpulentere von beiden. „Habe unlängst sagen hören, dass sämtliche städtische Parkanlagen zubetoniert werden sollen, die Pflege der Wege und Beete wäre nicht mehr bezahlbar, hieß es."
„Auch soll ja das Sommerschlösschen in Solpertingen an einen ausländischen Investor verkauft worden sein!"
„Ach du meine Güte, wenn das der alte Baron wüsste! Weiß er denn davon gar nichts?"
„Ach, der gute Hjalmar leidet doch nun schon seit Jahren an hochgradiger Vergesslichkeit. An manchen Tagen kennt er nicht mal seinen eigenen Namen mehr! Schlimm, schlimm!", meinte der Dickwanst daraufhin.
„Aber meine Herren. Sollte es wirklich so schlecht stehen?", meldete sich der Pfarrer, der sich auch mal wieder in das Gespräch einbringen wollte. „Der Herr hat es gegeben, der Herr hat es genommen, es wird sich schon wieder alles zum Guten wenden."
„Aber erst zu Sankt Nimmerlein!" meinte der Lange daraufhin böse.
„Auch der heilige Nimmerlein kann um Hilfe angerufen werden", sagte der Mann Gottes salbungsvoll und lehnte sich wieder entspannt nach hinten.
Die beiden Handlungsreisenden verdrehten bei diesen Worten verständnislos die Augen, und auch Elvira hatte nicht das Gefühl schon jemals von einem Heiligen mit dem Namen Nimmerlein gehört zu haben.
Den heiligen Nimmerlein allerdings hatte es wirklich gegeben. Er hauste Zeit seines

Lebens als Einsiedler auf einer Verkehrsinsel mitten auf einer Ausfallstraße der berühmt-berüchtigten Stadt Schmollstau, lebte von dem wenigen, was ihm die vorbeifahrenden Leute zuwarfen, segnete jeden Reisenden und kam wegen dieser durch und durch asketischen Lebensweise in den Ruch der Heiligkeit. Mit stolzen achtundneunzig Jahren verstarb er dann nach dem Genuss eines, wohl schlecht gewordenen, Mettbrötchens, aber das ist nun wirklich wieder eine ganz andere Geschichte.
Die Kutsche rumpelte weiterhin auf der einigermaßen gut gepflasterten Hauptstraße zur Küste hin, dann und wann knallte ein Rad in ein Schlagloch, was die Passagiere mal mit einem Ächzen, mal mit einem Stöhnen beantworteten. Ein Vergnügen war eine solche Fahrt keineswegs und blaue Flecken an unaussprechlichen Stellen des menschlichen Körpers davonzutragen war unvermeidbar. Alle waren daher sehr froh über den Pferdewechsel an einer Poststation auf freiem Felde, glücklich sich einmal recken, strecken und sich die Beine vertreten zu können, bevor es gleich wieder holterdiepolter weiterging.
„Und jetzt auch noch diese Seuche!", begann der langnasige Vertreter nachdem alle wieder in der Kutsche Platz gefunden hatten.
„Schlimm, schlimm!", meinte der Dicke und ein fast wohliges Schaudern rann durch seinen voluminösen Körper.
„Seuche, was denn für eine Seuche? Heiliger St. Florian hilf!", rief der Pfarrer nun aus, die Augen schreckgeweitet in die Runde blickend. „Ach, für welch Untat bestraft der Herr uns diesmal? Doch wohl nicht wieder ein Ausbruch der Pest?"
Vor vielen Jahren hatte wirklich die Pest in Hallgard gewütet und knapp ein Drittel der Bevölkerung hinweggerafft, doch daran konnten sich nur die ältesten Mitbürger überhaupt noch erinnern. Seit sich die hygienischen Umstände mittlerweile erheblich verbessert hatten, es gab in der Stadt mittlerweile wirklich so etwas wie eine funktionierende Kanalisation, die sich allerdings inzwischen auch nicht mehr auf dem allerneuesten Stand befand, waren die Hallgardenser, so nannten sich die Bewohner tatsächlich, von weiteren Ausbrüchen verschont geblieben.
„Pest, nein, nein!", sprach daraufhin der Lange wieder. „Die Mediziner haben wohl noch keinen Namen für diese neue Geißel der Menschheit gefunden. Manche Leute sprechen vom 'Großen Vergessen', andere, wohl die besser Gebildeten, nennen es 'Oblivio Tremens'. Das hörte ich zumindest mal von einem alten Schulkameraden, der später Medizin studiert hat."
„Ach, dann ist es ja gut!", seufzte der Pfarrer daraufhin, lehnte sich beruhigt wieder zurück, faltete die dicken Wurstfinger über dem Bauch und schloss erleichternd aufatmend die Äuglein. „Wenn die Sache schon mal einen Namen hat, dann wird sich alsbald alles richten lassen. Dem Herrn sei Dank!"
Diese Aussage kommentierten die Geschäftsleute auf die ihnen gemäße Art und Weise mit erneutem Kopfschütteln und ausgiebigem Verdrehen der Augen.
„Auf jeden Fall, trifft es doch immer mehr Menschen", meinte der Dicke daraufhin. „Kürzlich hat es meine Zimmerwirtin erwischt, sie wusste nicht mal mehr wie viel Miete ich ihr noch schuldig gewesen bin. Und so etwas ist bei dem alten Geizkragen noch nie vorgekommen."Er grinste bei diesen Worten genüsslich in sich hinein und rieb sich die Hände. „Natürlich habe ich behauptet, dass ich doch schon für den ganzen

Monat im Voraus bezahlt hätte, und das musste sie mir wohl oder übel dann glauben."
„Ja, dann hat sich diese Krankheit zumindest für dich ausgezahlt. Hat doch alles sein Gutes!", lachte der Lange während der Pfarrer ein missbilligendes Grunzen hören ließ.
„Aber inzwischen ist es schon nicht mehr lustig mit ihr. Das Einzige wozu sie noch fähig ist, ist in der Ecke zu sitzen und vor sich hin zu brabbeln. Total unverständliches Zeug. Überhaupt nicht mehr ansprechbar, die Gute. Die Kinder haben sie entmündigen lassen, in ein Heim eingewiesen, und das Haus dann auf der Stelle verschachert."
Elvira lief es bei diesen Worten eiskalt über den Rücken. Auch sie hatte schon von solchen Fällen reden hören, hatte aber in ihrem Bekanntenkreis niemanden, den es direkt betraf, jedoch waren ihr schon des Öfteren Menschen begegnet, die still und untätig zusammengekauert an den Straßenecken hockten und nur darauf zu warten schienen, dass ihnen ein gütiges Herz einen Brotkanten zusteckte. Allerdings hatte sie dies nie mit einer Seuche in Verbindung gebracht. Es kam ihr seltsam vor, als Bedienung in einem Gasthaus, wo ihr doch Tag für Tag so allerhand zu Ohren gekommen war, vorher noch nie davon gehört zu haben.
„Wenn das so weitergeht, besteht Hallgard nur noch aus kaputten Straßen und Horden ungewaschener Bettler!", meinte der Lange und schlug die Beine übereinander. „Zu verdienen ist dort eh nichts mehr, die Leute haben kein Geld und das wenige was man noch einnimmt, geht für die Steuer drauf. Ich denke ich werde mein Lager demnächst irgendwo im Süden aufschlagen müssen. Da ist noch was zu holen."
„Recht hast du!", stimmte der Dicke kopfnickend zu.
Jetzt meinte auch das Fräulein von Dunstleben, denn das war der Name der ältlich wirkenden Dame, die ansonsten nur dem jeweiligen Sprecher einen strafenden Blick zugesandt hatte, sich einmischen zu müssen. Die ganze Zeit über hatte sie mit unbewegter Miene aus dem Fenster gestarrt, vor dem die immer flacher werdende Landschaft vorbeigeglitten war. Der Nebel schien sich an diesem Herbsttag überhaupt nicht mehr lichten zu wollen, jetzt da die Mittagszeit gerade vorüber war, hing er immer noch dräuend über dem Land.
„Seuche, ich höre immer nur Seuche!"
Sie krächzte diese Worte mit einem derart verächtlichen Gesichtsausdruck heraus, mit dem man ansonsten einem Hund einen alten, ekligen Knochen hinwerfen würde. Dabei brachte sie den Oberkörper in eine noch aufrechtere Position, so dass sie fast das Korsett, das sie unzweifelhaft unter ihrer Bluse tragen musste, zum Zerreißen brachte.
„Das kommt alles nur von einer verweichlichten Erziehung, mangelnder Körperhygiene und zu vielen Freiheiten!", meinte das Fräulein dann. „Wenn man schon als Kind in den Genuss der richtigen Erziehung kommt, kann solcherlei Unfug gar nicht zustande kommen. Die richtigen Umgangsformen, körperliche Abhärtung, kalte Güsse, unbedingter Gehorsam, dies alles muss früh erlernt werden. Aber heutzutage werden die lieben Kleinen ja nur noch gehätschelt und getätschelt, dass es ein rechter Graus ist!" Dabei schaute sie mit eisigem Blick in Elviras Richtung.
„Und Gottesfurcht, die richtige Portion Gottesfurcht nicht zu vergessen!", warf der Pfarrer ein, der durch die Heftigkeit der Gouvernantenstimme aus dem Tiefschlaf gerissen worden war, und jetzt zustimmungsheischend um sich blickte.

„Von mir aus, meinetwegen auch das!“, erwiderte das Fräulein eisig.
Die beiden Vertreter blickten sich hilflos an und zuckten beinahe zeitgleich mit den Achseln. Argumenten wie diesen konnte man wohl kaum die Stirn haben zu widersprechen und so schwiegen sie eine geraume Weile bis der Lange das Gespräch auf das Thema Sport brachte. Gegen die Meisterschaften in der hier so beliebten Sportart Funzelball konnten doch nun unmöglich von moralischer Seite größere Einwände vorgebracht werden.
Simon hatte sich in den letzten Stunden sehr ruhig verhalten, kaum war er einmal richtig wach geworden, seit die beiden an der Poststation die letzte Mahlzeit zu sich genommen hatten. Zum Glück schien er über einen eisernen Magen zu verfügen, die Verpflegung in solchen Etablissements lässt doch in ihrer Güte und Nahrhaftigkeit oft sehr zu wünschen übrig. Schon so mancher Reisende hatte nach dem Besuch einer dieser Raststätten die Fahrt für eine ganze Weile unterbrechen müssen, da er sich für Tage nicht mehr aus der Nähe des Plumpsklos getraut hatte. Je flacher draußen die Landschaft wurde, je näher es ihrem Bestimmungsort entgegenging, desto heimischer fühlte sich Elvira. In diesem platten Land war sie aufgewachsen, hatte früh gelernt die Kühe zu melken, die Hühner zu füttern und die Ställe auszumisten. Mit den Hunden und den zahlreichen Katzen herumzutoben und die winzige Dorfschule zu besuchen. All dies würde nun auch Simon erleben können und sie betete dafür, dass es eine ebenso schöne Kindheit sein würde wie die Ihrige.
Urplötzlich wurde Elvira von der Stimme des Kutschers aus ihren Gedanken gerissen. Dieser fluchte lauthals vor sich hin und zügelte das Gespann, so dass die Reisenden allesamt nach vorne geworfen wurden. Elvira erkannte aus dem Fenster blickend nun auch den Anlass für den ungeplanten Zwischenstopp. Ein Rudel wilder Bullenwiesel hatte die Straße versperrt und kaum, dass der Fuhrmann reagieren konnte, waren sie schon von den furchterregend fauchenden Tieren eingekreist.
Das gemeine Bullenwiesel, (lat.: Taurus Mustelini) stellt in jenen Gegenden wahrhaftig eine Landplage dar. Immer hungrig und daher immer auf der Suche nach etwas Nahrhaftem, hat das Tier in zivilisierteren Gebieten die Eigenart entwickelt, vorbeiziehende Kutschen, Reiter oder Fußgänger aufs Heftigste zu bedrängen bis ihm ein paar Brocken zugeworfen wurde, woraufhin es sich dann alsbald trollte. Doch wenn es sich wie in diesem Fall um ein ganzes Rudel handelte, konnte es durchaus zu äußerst bedrohlichen Situationen kommen. Dabei macht das Bullenwiesel keineswegs den Eindruck eines gefährlichen Raubtieres, nein, mit seinem fassartigen Körper wirkt es eigentlich recht gemütlich. Doch sollte man nicht die Flinkheit unterschätzen, die das Tier trotz seiner dicken Stummelbeine zu entwickeln in der Lage ist. Auch stellt das Gehörn, das es stolz auf dem Kopf trägt eine Waffe dar mit dem das Tier leicht sogar Panzerschränke knacken könnte. Auch das schafähnliche, bräunliche Fell mit dem das schweinshohe Tier bedeckt ist, täuscht tückisch über seine Gefährlichkeit hinweg. Das schlimmste Attribut das diesem Tier zu Eigen ist, stellt allerdings sein fürchterliches Gebiss dar. Jüngst sah ich in einer Broschüre die Abbildung eines frühzeitlichen, monströsen Raubtieres, das in frühester Vorzeit die Erde unsicher gemacht haben soll, man sprach von einem urzeitlichen Säbelzahntiger. Die Zähne dieses Ungeheuers, obwohl durchaus bedrohlich

wirkend, waren nichts im Vergleich mit den Beißwerkzeugen des gemeinen Bullenwiesels des Flachlandes.
Das Fräulein von Dunstleben befand sich augenblicklich im Schockzustand und hielt sich beim Anblick der Tiere ihr, mit ätherischen Ölen beträufeltes, Tüchlein vors Gesicht und stöhnte leise. Dick und Lang holten ihre Koffer von der Gepäckablage um nach etwas zu suchen, das man als Waffe gebrauchen würde können und der Pfarrer hatte die Augen zur Wagendecke erhoben und brabbelte unverständlich vor sich hin. Oben auf dem Bock hatte der Kutscher endlich seine Schrotflinte in Anschlag gebracht und zielte damit auf das Tier das ihm am nächsten war. Mit einem dumpfen Knall explodierte die Waffe in seinen Händen und rußiger Qualm stieg von ihr auf. Mit schmerzverzerrtem Gesicht und verbrannten Fingern ließ er die Flinte in den Straßengraben fallen. Ein Opfer der Sparmaßnahmen des Reiseunternehmens, das erst kürzlich zu einem billigeren Anbieter von Feuerwaffen gewechselt war.
Schon machte eines der Tiere, wahrscheinlich handelte es sich bei diesem um den Anführer der Meute, sich am Wagenverschlag zu schaffen und versuchte diesen auf irgendeine Art und Weise mit seinem Geweih zu öffnen, allerdings war es ihm nicht möglich so die Klinke zu bedienen. Wutschnaubend lief das Tier ein paar Meter im Rückwärtsgang um Anlauf zu holen, um so die Türe aufstemmen zu können.
Da öffnete jedoch schon Elvira von innen den Verschlag und trat, den Jungen auf dem einen Arm, eine halbe Wassermelone im anderen, auf die verschlammte Straße. Unerschrocken hielt sie jetzt dem Bullenwiesel die Frucht vor die Nase und redete beruhigend auf es ein. Das Tier jedoch schien dieser Verlockung nicht erliegen zu wollen. Wütend fauchend gab es an sein Rudel Signale weiter, auf dass die übrigen Tiere sich nun allesamt um Elvira scharten. Diese dachte aber keineswegs an einen Rückzug ins rettende Innere des Gefährtes aus dem die beiden Handlungsreisenden gebannt heraus starrten. Der Kreis schloss sich immer enger und enger, wieder hielt Elvira dem Alphatier die Melone entgegen, dieses schien jedoch einen weitaus größeren Appetit auf ein kleines Stückchen Menschenfleisch zu haben, als ihm Simons Geruch an die Nase drang. Der Kleine war trotz des Aufruhrs nicht aufgewacht, wirklich schien er ein erstaunlich ruhiges Kind zu sein, doch jetzt öffnete er die Augen und blickte direkt in die mörderischen Sehschlitze des Bullenwiesels.
Dieses schien sich augenblicklich seiner Sache nicht mehr allzu sicher zu sein. Zögerlich wich es erst zurück, um bald darauf erneut einen Vorstoß zu wagen, nur um erneut zurückzuweichen. In seinen Augen war nun nicht mehr das Feuer der wilden Bestie zu erkennen, ja sein Blick bekam fast etwas Treuherziges und wirklich fühlte sich Elvira an den kleinen Dackel Georgie erinnert, mit dem sie als Kind über die Wiesen gestreunt war. Dann bewegte sich das Bullenwiesel wieder nach vorne, blähte ein letztes Mal schnuppernd die Nasenflügel, stieß ein hohes Pfeifen aus und verschwand mit dem Rest des Rudels in der Dornenhecke, die die Straße säumte.
„Weg da, Sauviecher!“, rief Elvira aus und warf den Tieren wutentbrannt die Wassermelone hinterher, erwischte tatsächlich noch eines der Tiere an den Hinterbeinen und bestieg wieder die Kutsche. Dick und Lang kauerten immer noch an den Fenstern, erhoben sich aber jetzt und applaudierten ihrer Heldin.

„Wie haben Sie jetzt das aber nur hingekriegt?“, rief der Lange aus.
„Wahrhaftig eine geborene Dompteuse!“, meinte der Dickwanst.
„Mein Beten wurde doch noch erhört, danke Herr!“, sprach der Pfaffe und wischte sich mit einem fadenscheinigen Taschentuch den Schweiß von der Stirne.
„Ekelhafte Biester!“, kam es von Fräulein von Dunstleben.
Vom Kutschbock herab war ein Stöhnen zu hören und Elvira kümmerte sich nun erst einmal um die verbrannten Hände des Postillions. Für solche Fälle hatte sie immer eine Kräuterwundsalbe dabei und sogar ein paar Mullbinden fanden sich in ihrer Reisehandtasche. Immer wird es ein Rätsel bleiben, was Frauen noch so alles in ihren Handtaschen mit sich führen.
Kurzerhand verfrachtete sie dann den Kutscher ins Reiseabteil und setzte sich dann selbst, das Kind neben sich platzierend, auf den Bock und trieb das Gespann an. Die Pferde, die während der ganzen Begebenheit unruhig geschnauft, und immer wieder am Geschirr gezerrt hatten, waren nun wieder völlig ruhig und gehorchten Elviras Kommandos auf der Stelle. Den Umgang mit Tieren hatte sie ja von klein auf gelernt und eine Kutsche zu fahren war für sie eine solche Kleinigkeit wie für andere das Naseputzen. Sie war froh hier oben auf dem Kutschbock ihre Ruhe zu haben, denn im Inneren des Wagens zerrissen sich die Passagiere die Mäuler über die, in ihren Augen irrsinnige Elvira, die sich doch den Bestien so mutig gestellt hatte. Davon bekam sie allerdings nicht viel mit, nur ein paar unverständliche Wortfetzen drangen hie und da an ihr Ohr und das war ihr so auch ganz recht. Simon war schon wieder eingeschlafen und lächelte in Träumen gefangen.
Nachdem sie die Nacht in einer auf dem Weg liegenden Taverne zugebracht hatten, die kleine Schlafkammer teilten sie sich mit dem Fräulein von Dunstleben, brachen sie am Morgen nach einer unruhig zugebrachten Nacht müde wieder auf. Die Pferde waren nun wieder ausgeruht und mussten an dieser Poststation nicht gewechselt werden. Das Fräulein übrigens sagte kein Wort mehr über den kleinen Simon und behandelte auch Elvira nicht mehr ganz so von oben herab, sondern gab sich freundlich und teilte sogar eine Fleischpastete, die sie in ihrem Handgepäck aufbewahrt hatte, mit den beiden. Da jedoch hier kein Postkutscher als Ersatz für den Ihrigen aufzutreiben war, spannte Elvira kurzerhand die Pferde an, setzte sich wieder auf den Kutschbock neben den verletzten Chauffeur und trieb die Tiere mit lautem Peitschenknallen an.
In Grimbelwald, das war die nächste größere Ortschaft, die auf der Reiseroute lag und gleichzeitig auch die schon die Endstation für Elvira und Simon, mussten die Pferde erneut gewechselt werden. Dass noch dazu auch der Kutscher ausgetauscht werden müsste, stellte sich hier als eine nicht zu große Schwierigkeit heraus. Doch dies konnte Elvira recht egal sein, würden sie doch hier ohnehin aussteigen. Kaum hatte sie das Kutschendepot erreicht, konnte sie schon mitten in dem Ansturm neuer Fahrgäste, in Grimbelwald stieg immer eine große Anzahl von Passagieren zu, die schnellstens dieses provinzielle Kuhkaff hinter sich zu lassen gedachten, ihren Bruder Wilhelm vom Kutschbock herab ausmachen. Dieser schüttelte nur verwundert den Kopf und vergaß fast seine Mütze zu schwenken, als seine kleine Schwester professionell mit dem Gefährt in die dafür vorgesehene Haltestelle einfuhr.

Freudestrahlend tappte er dann auf sie zu, hob sie wie ein kleines Mädchen mühelos vom Kutschbock herunter und umarmte sie ausgiebig.
Dank der großartigen, neuen Erfindung der Telegraphie, hatte Wilhelm noch rechtzeitig vom Eintreffen seiner Schwester erfahren, allerdings war dies das erste Telegramm, das er jemals erhalten hatte, und ganz geheuer war ihm das keinesfalls gewesen. Für Wilhelm war solcherart Fortschritt schlichtweg so etwas wie Zauberei, und beinahe hatte ihn der Schlag getroffen als der Telegrammbote, noch dazu auf einem dieser verhexten Velocipede auf den Hof gefahren war, und lauthals nach ihm verlangt hatte. Es hatte ein gutes Viertelstündchen gedauert bis Wilhelm die Nachricht entschlüsselt hatte, in der Dorfschule war er im Lesen immer einer der schlechtesten gewesen, nur mit Widerwillen war er Tag für Tag dort erschienen, dann aber hatte sich sein verdüstertes Gesicht erhellt und voller Freude hatte er der Ankunft seiner Schwester entgegengesehen. Auch war Elvira stets seine Lieblingsschwester gewesen, sie hatte ihm bei den lästigen Hausaufgaben geholfen und ihm so manches schulische Desaster erspart, indem sie ihm in vielen Fächern unter die Arme gegriffen hatte. Vielleicht allerdings hatte sie ihm zu viele Arbeiten einfach abgenommen, so dass es Wilhelm jetzt immer noch unglaublich schwerfiel die einfachsten Dokumente zu entziffern, und dies, obwohl er sich doch jetzt schon im besten Mannesalter befand.
Sybilla gegenüber war er immer noch eher reserviert, hatte die ihn doch, von frühester Jugend an, ihre Überlegenheit spüren lassen und ihn bei jeder Gelegenheit auf ihre nassforsche Art und Weise vorgeführt. Auch hatte sie ihn einmal, in einem Gespräch mit einer Kusine, welches er zufällig belauscht hatte, einen Dorftrottel genannt und das konnte er ihr bis heute nicht verzeihen.
Aber dass nun seine geliebte Elvira wieder hier mit ihm auf dem Hof wohnen würde, darüber war er so froh, dass er die alten Apfelbäume hinter der Scheune hätte umarmen können. Diese Nachricht hatte ihn in eine derartige Hochstimmung versetzt, dass er jauchzend über den Hof gelaufen war um seinen beiden halbwüchsigen Söhnen Ubbo und Enno die guten Neuigkeiten mitzuteilen. Diese hatten sich verwundert angeblickt und die Welt nicht mehr verstanden. So ausgelassen hatten sie ihren Vater seit dem Tod ihrer Mutter nicht mehr erlebt. Auch, wenn sie die Tante kaum kannten, waren sie doch froh über alles was die Stimmung von Wilhelm aufzuheitern vermochte, hatte er sich doch in den letzten Jahren immer mehr in sich zurückgezogen seit seine Luise von ihnen gegangen war.
Die Horde marodierender Landsknechte, die Luise und die Magd Trudi erschlagen hatten, waren von der örtlichen Gendarmerie nie gefasst worden. Sieben Jahre war das nun schon alles her. Kleinliche Grenzstreitigkeiten zwischen zwei verfeindeten Herzogtümern hatten die Gegend unsicher gemacht, immer wieder hatte es Vorfälle dieser Art gegeben. Die oftmals um ihren Lohn betrogenen Söldner fackelten nicht lange, wenn es darum ging sich irgendjemandes Hab und Gut anzueignen, auch wenn bei der Landbevölkerung nicht allzu viel zu holen war, außer ein paar Hühnern und Schweinen. Ubbo und Enno, damals gerade acht und neun Jahre alt, waren verschont geblieben, da sie mit Wilhelm auf den Feldern gearbeitet hatten, doch war aus den beiden wegen des frühen Verlustes der Mutter ein sehr zurückhaltendes Brüderpaar geworden. Oft konnte man

den Eindruck gewinnen, die beiden seien sich selbst genug. Selten einmal beteiligten sie sich an den außerschulischen Aktivitäten ihrer Klassenkameraden, nie ließen sie sich auf den Dorffesten sehen und niemals hatten sie bisher mit den Mädchen geliebäugelt. Man betrachtete sie in der Gemeinde als Außenseiter, obwohl nie ein böses Wort über die Brüder Karsulke gesprochen wurde. Allerdings änderte sich ihr Verhalten beinahe schlagartig als jetzt das neue Brüderchen in ihr Leben trat, es war als hätte jemand eine helle Fackel in ihren Herzen entzündet, als sie Simon das erste Mal anschauten.
Jetzt standen die Brüder am Pferdegatter und erwarteten angespannt die Rückkehr ihres Vaters und seiner Schwester. Von dem Kind, welches wie ein neuer Bruder bei ihnen aufwachsen würde, hatte Wilhelm vorsichtigerweise nichts erzählt, um sie nicht noch mehr über die Veränderungen ihrer bisherigen Lebensumstände zu beunruhigen. Er hielt Elviras Entscheidung das Findelkind als ihr eigenes anzunehmen zwar für ein zweifelhaftes Unterfangen, außerdem würde sich die Nachbarschaft zweifelsohne das Maul darüber zerreißen, erwähnte aber seine anfängliche Skepsis seiner Schwester gegenüber niemals. Mit unterdrückter Neugier näherten sich Ubbo und Enno Elvira, die den kleinen Simon an der Hand hielt, nachdem Wilhelm die Kutsche angehalten hatte. Zaghaft umarmten die beiden die, ihnen doch sehr fremd wirkende Tante. Allzu oft war Elvira ja in den letzten Jahren nicht mehr auf dem Hof gewesen, und die Brüder starrten nun wie gebannt in das rosige Gesichtchen Simons, der die beiden mit großen blauen Augen musterte und die Brüder dann auf eine verzaubernde Weise anlächelte. Ein Lächeln das jegliches mögliche Widerstreben gegen ein friedliches Zusammenleben auf der Stelle im Keim erstickte. Wie kleine Mädchen, die sich um ein Püppchen streiten, wollte jeder das Kind als erster an die Hand nehmen, um ihm das Haus und die Scheunen zu zeigen, so dass Elvira den Kleinen zuallererst Ubbo übergab, der ihn stolz hoch in die Luft hob, wobei das Kind ein Jauchzen hören ließ. Da musste die Tante dann doch einschreiten, bevor es zu wild wurde. Schließlich wirkte der Junge noch durchaus geschwächt auf sie, vielleicht jedoch war diese übertriebene Vorsicht auch nur der Mutterliebe geschuldet, die Elvira jetzt schon wie eine schwere Bürde trug. Ubbo und Enno nahmen den Kleinen rechts und links bei der Hand und führten ihn über die Schwelle des Bauernhauses um ihm alles zu zeigen.
Elviras kleiner Bruder war immer noch ihr kleiner Bruder. Seine Körpergröße reichte nicht an die seiner Schwester heran, was ihn seit frühester Kindheit schon zu stören begonnen hatte. Jetzt machte ihm dieser Umstand nichts mehr aus, doch während ihrer gemeinsamen Kindheit, insbesondere in der pubertären Phase hatte er doch sehr darunter gelitten. Sogar Sybilla überragte ihn um einen halben Kopf und die war doch um einiges kleiner als ihre Schwester. Spätestens jedoch als Wilhelm den Bund der Ehe eingegangen war, kümmerte ihn seine geringe Größe in keinster Weise mehr. Und als er dann den Hof übernommen hatte, war sein Selbstbewusstsein in dem Maße gewachsen, wie die Verantwortung die er damit hatte übernehmen müssen. Jetzt mit neununddreißig Jahren war aus ihm ein gestandenes Mannsbild geworden, wie Elvira heute wieder feststellen musste. Die schweren Schicksalsschläge hatten es nicht fertig gebracht Wilhelm zu brechen, doch war er in gewisser Weise noch ruhiger und überlegter geworden als er es ehedem schon gewesen war. Seine Schwester bewunderte doch sehr, wie er mit

all dem hatte fertig werden können, nur mit diesem feisten Schmerbäuchlein verbunden mit dem struppigen schwarzen Vollbart, den er sich zugelegt hatte, konnte sie sich nicht recht anfreunden.
Mit wenigen Blicken hatte Elvira die Unstimmigkeiten erkannt, die in diesem bislang reinen Männerhaushalt vorherrschten und schon machte sie sich ans Aufräumen. Allein schon die Position so manchen Möbelstückes, war ihr auf der Stelle ein Dorn im Auge, und so endete der erste Tag im neuen Heim mit einem eifrigen Möbelrücken, dem Entfernen von Staub in allen Ecken und Nischen und einer gründlichen Generalmobilmachung der Küche, insbesondere des Herdes, der sich, in Elviras Augen, in einem bejammernswerten Zustand befand.

Mit solcherlei Tätigkeiten verging die ganze erste Woche auf dem Hof wie im Fluge, Böden mussten gründlich gewischt, sämtliche Schränke und Regale vom Staub der Jahre befreit werden und auch allerlei Neuanschaffungen waren nötig um Elviras Ansprüchen zu genügen. Insbesondere wurde für den kleinen Simon aus der Stadt ein funkelnagelneues Bettchen herbeigeschafft, das neben Elviras Bett in ihrem und Sybillas ehemaligen Mädchenzimmer, welches bisher als Abstellkammer gedient hatte, aufgestellt wurde. Die beiden Jungs halfen Elvira so gut sie konnten, nachdem sie von der Schule nach Hause gekommen waren. Wilhelm allerdings hielt sich zurück und kümmerte sich wie gewohnt um das Wohlergehen der Tiere und manchmal murrte er auch über die Veränderungen, die seine Schwester vornahm, wusste allerdings um die Sinnlosigkeit jeglichen Aufbegehrens und fügte sich so gutmütig den Anordnungen Elviras.
Schnell hatten sich die beiden Neuankömmlinge eingewöhnt und auch die Alteingesessenen konnten sich bald nicht mehr daran erinnern, wie sie wohl ohne Elviras Unterstützung die ganzen vergangenen Jahre hatten auskommen können. Der Tagesablauf war nun generalstabsmäßig geplant und nie mehr kamen Ubbo und Enno in die Verlegenheit ohne ein Pausenbrot in der Schule auftauchen zu müssen, wie es früher bei manchen Gelegenheiten schon vorgekommen war, wenn Wilhelm nicht daran gedacht hatte den beiden etwas auf den Tisch zu stellen. Wenn sie aus der Schule kamen, schauten sie zuallererst nach Simon der dann meistens oben im Zimmer in seinem Bettchen einen Mittagsschlaf hielt, jedoch sofort die Augen aufschlug, wenn die beiden sich näherten und so nahmen sie ihn dann mit nach unten und kümmerten sich rührend um ihn. Immer wieder forderten sie ihn auf endlich etwas zu sagen, denn bisher war der Junge stumm geblieben, bis auf gelegentliches Greinen kam kein einziges verständliches Wort aus seinem Mund. Elvira begann sich deshalb dann doch ernsthaft Sorgen zu machen, bis er eines Tages endlich damit anfing die Dinge zu benennen. Zuerst mit Namen, die wohl seiner Fantasie entsprungen sein mochten, bald aber nannte er den Hund einen Hund und die Katze eine Katze. Zu Elvira allerdings sagte er dann auf der Stelle Mama, was diese überaus glücklich machte. Elvira verfolgte die Bemühungen von Ubbo und Enno mit einem Lächeln, war sie sich doch ganz sicher, dass sich der Kleine in den besten Händen befand. Es war kaum zu glauben, doch rissen sich die beiden sogar darum das Kind beim allwöchentlichen Baden gründlich abzuschrubben, eine Aufgabe die zu erledigen die meisten Jungs ihres Alters wohl eher naserümpfend, empört abgelehnt

hätten. Selbst der alte Wilhelm schien beim Anblick des Kleinen jedes Mal aufzutauen und all seine Trauer wich von ihm, wenn er Simon auf den Arm nehmen konnte, solch ein Zauber ging von dem kleinen Wesen aus.
So vergingen die ersten Monate bis zum Weihnachtsfest. Im Oktober war die restliche Ernte mit Hilfe einer recht wilden Horde von herumziehenden Wanderarbeitern eingebracht worden, die in einer das restliche Jahr ungenutzt bleibenden Scheune untergebracht waren. Die, allesamt aus einem weit entfernten Landesteil, den fernen grauen Nebelbergen, stammenden Gesellen waren wie jedes Jahr gerade zur rechten Zeit eingetroffen und fühlten sich heimisch auf dem Hof Wilhelms, der ja auch von Ende August bis in den Oktober hinein, alljährlich ihr Zuhause war.
Auch die harten knorrigen Männer waren bezaubert vom Liebreiz des Kindes und so mancher hatte sich eine Träne kaum verdrücken können, als es ans Abschiednehmen ging.
Die Scheune war gut gefüllt mit allem was die Tiere für den Winter benötigen würden und auch für die Menschen auf dem Gut war gesorgt, so dass noch eine gehörige Menge Getreide in der Stadt zum Verkauf angeboten werden konnte, Kartoffeln und Gemüse wurde prinzipiell nur für den Eigenverbrauch angebaut. Mit einem prall gefüllten Säckel war Wilhelm aus der Stadt zurückgekehrt, und so konnte der Winter ruhig kommen, der in dieser Gegend doch oft recht lang und hart ausfallen konnte.
So kam es, dass am ersten Weihnachtsmorgen, den der kleine Simon auf dem Karsulkehof erlebte, der Schnee vom Himmel auf die Erde fiel, als würde sich ein weißer Vorhang über das Ende einer Theatervorstellung senken. Doch kam keinerlei Missstimmung unter den Menschen auf dem Hof auf, nein, eine allgemeine Vorfreude auf das Fest griff um sich und Elvira und die Knaben hatten schon in aller Frühe damit begonnen reichlich Kekse zu backen, die abends auf dem Gabentisch liegen sollten. Wilhelm war mit Franzl, seinem alten Muli, hinaus in den Wald gezogen, um den Baum für das Fest zu schlagen und kaum wieder daheim angekommen, umringten ihn Ubbo und Enno schreiend und gerieten sich beinahe in die Haare darüber, wer denn den Baum schmücken dürfte, auch weil ihr Vater heuer ein besonders schönes Exemplar eines Trundelbaums gebracht hatte.

Der gemeine Trundelbaum findet in diesen Breiten nämlich als Weihnachtsbaum Verwendung, allzu viel Waldfläche gab der Landstrich nun einmal nicht her. Und so war es üblich hier einen solchen Baum zu schlagen, der sich praktischerweise dadurch auszeichnete von Hause aus schon knallrote, runde Früchte zu tragen und sich daher für diesen Zweck hervorragend eignete. Nur ein paar Kerzen und reichlich Lametta waren nötig um das knorpelige Gehölz noch festlich aufzubereiten und kaum in die Stube gestellt, machte sich auch schon dieser merkwürdige Geruch breit, der dem Gewächs zu Eigen war. Hierzulande war man daran gewöhnt, in anderen Gegenden hätte man über den fischigen Gestank wohl eher die Nase gerümpft und den Übeltäter schnurstracks wieder hinaus auf die Straße befördert. Es ging das Gerücht um, dass wenn man sich einem ganzen Wald von Trundelbäumen nähern würde, man entweder auf der Stelle tot umfallen, oder aber sich den Rest seines irdischen Daseins niemals wieder an seinem Geruchssinn erfreuen würde können. Dies mag wohl auch der Grund dafür sein, dass

niemals und nirgendwo, selbst in den stickigsten Droschken des Landes, in den verqualmtesten Tavernen, ja nicht einmal in den Katakomben der Leichenbeschauer, ein Trundelzapfenlufterfrischerbäumchen zu finden sein würde. (Im Übrigen ist mir auch kein Deodorant und kein solcher Badezusatz bekannt.)
Auch war in diesem Jahr kaum etwas von der Trauer und Bedrücktheit zu spüren, die seit dem Verlust von Frau und Mutter zu solchen festlichen Angelegenheiten Einzug gehalten hatten. Nur dann und wann zog sich Wilhelm etwas zurück, verbarg seinen karg bewachsenen Schädel hinter der örtlichen Postille und vergoss insgeheim eine Träne über die Dahingegangene.
Meist jedoch herrschte jeden Tag ein fröhliches Treiben, immer gab es ja für den kleinen Simon etwas Neues zu entdecken, sei es das gute Porzellan, welches zu Festen herausgekramt wurde und dies bitter zu bereuen hatte, ging doch so manches Stück davon zu Bruch, seien es die Schneemassen vor der Türe, die sich höher und höher häuften, so dass an manchen Tagen Stunden damit zuzubringen waren die Wege zu den Ställen der Rinder und Schweine frei zu schaufeln. Simon war vom ersten Moment an vollkommen fasziniert von dem weißen Element, das da vom Himmel gefallen war, und kaum war die Landschaft vom strahlenden Weiß eingehüllt, zog es ihn hinaus in die kalte, klare Winterluft. Ubbo und Enno bauten eine ganze Horde Schneemänner und Schneefrauen für den Kleinen, wobei es Elvira seltsamerweise so erschien, als gäbe Simon wortlos genaueste Anweisungen wie die Gestalten auszusehen hätten. Lächelnd stand sie am Fenster und verwarf diesen Gedanken schleunigst. Ja, oft schon war es ihr vorgekommen als gingen von dem Kind ungeahnte Kräfte aus, als beeinflusste es den Gemütszustand seiner Pflegeeltern und den der Knaben und dann kam ihr die Episode mit dem Bullenwiesel in den Sinn. War nicht auch hier etwas geradezu Übersinnliches am Werk gewesen? Oder beruhte solch ein Denken doch nur auf Einbildung und Aberglauben? Dann grübelte sie jedoch wiederum des Öfteren vor sich hin, wer denn wohl die Eltern des Jungen sein mochten und ob sie denn nicht möglicherweise ein großes Unrecht begangen hatte, indem sie den Kleinen einfach so zu sich genommen hatte, ohne vorher noch Erkundigungen über deren Verbleib eingezogen zu haben. Glücklicherweise hielten diese Gedanken jedoch nicht lange an, gab es doch immer etwas, das erledigt werden musste. Morgens waren zuallererst die Hühner zu füttern, dann waren die Kühe zu melken, die lauthals sich beschwerend muhten, wenn man mal, wegen des nächtens gefallenen Schnees zu spät dran sein mochte. Dann erst waren die Schweine an der Reihe, auch die drei Pferde und Franzl das Maultier mussten versorgt werden, bevor das Frühstück für die Menschen auf den Tisch kam.
So konnte Elvira die trüben Gedanken über Simons Abstammung verdrängen. Und war er nicht in Wirklichkeit ein ganz normales Kind? So versuchte sie sich zumindest einzureden, bis sich eines Morgens im Frühjahr diese seltsame Geschichte ereignete.
Die Hündin Kira, eine schon etwas betagte Rottweilerdame hatte in einer Frühlingsnacht wieder einmal einen Wurf Welpen geboren. Es war nicht das erste Mal, ja es schien fast so als sei die gesamte Gegend geradezu überschwemmt von der zumeist bunt gemischten Nachkommenschaft der Hündin, alle angrenzenden Nachbarn besaßen mindestens eines ihrer Jungen und sogar bis in den angrenzenden Landkreis hinein übten ihre Enkel

und Urenkel einigen Einfluss unter der Hundeschaft aus. Wie üblich zu solchem Anlass hatte sich die Hündin in den hintersten Winkel des Heuschobers zurückgezogen, um in Ruhe und Einsamkeit der Natur ihren Lauf zu lassen.
Als sie sich jedoch den ganzen Tag nicht sehen gelassen hatte und auch kein Laut aus der Scheune zu dringen schien, wurde Elvira langsam etwas unruhig.
Sie hatte eine ungefähre Ahnung in welchen Winkel des Heuschobers sich das Tier üblicherweise zurückzog und so näherte sie sich, den kleinen Simon an der einen Hand, mit der anderen im Weg liegende Strohballen beiseitestoßend, dem Platz an dem sie die Hündin vermutete. Und wirklich lag dort Kira umgeben von sechs kleinen, blinden Neugeborenen, die schon angefangen hatten zu fiepen und sich um die Zitzen der Mutter drängten. Allerliebst sahen sie aus, braun, weiß und schwarz gefleckt allesamt, was Elvira Anlass zu der Vermutung gab, welcher Nachbarhund wohl der Vater der drolligen Kleinen sein mochte. Doch schien mit der Hündin etwas nicht in Ordnung zu sein.
Als Elvira sich näherte, knurrte das Tier aus tiefster Kehle grollend und versuchte nach ihr zu schnappen, als sie die Hand nach dem Tier ausstreckte.
Elvira glaubte nicht, dass es sich bei der Reaktion der Hündin um reinen beschützenden Mutterinstinkt handelte, nein es schien ihr eher so als ob das Tier heftige Schmerzen hatte. Sie war drauf und dran Wilhelm herbeizurufen, um den Tierarzt aus dem Dorf zu holen, obwohl dieser um diese abendliche Stunde wegen eines Hofhundes sich höchstwahrscheinlich nicht mehr auf den Weg gemacht hätte, möglicherweise hatte der gute Mann jetzt auch schon einige Schoppen intus. Sie setzte Simon ein paar Meter weiter aus dem Bereich des Tieres ins Heu und näherte sich erneut Kira, die nun etwas ruhiger geworden zu sein schien. Doch kaum hatte Elvira eine unsichtbare Grenze überschritten, fletschte das Tier wieder die Zähne und gab ein bedrohliches Knurren von sich. Auch beruhigende Worte konnten das Tier nicht von den guten Absichten Elviras überzeugen. Sie wollte gerade ihr Unterfangen beenden und drehte sich nach Simon um, als sie zu ihrem Schrecken feststellen musste, dass dieser verschwunden war. Sie rief seinen Namen und stöberte in jedem Winkel, der Junge war wie vom Erdboden verschluckt. „Wenn ihn nur nicht ein Heuballen erschlägt!“, dachte sie als sie nach dem Kind Ausschau hielt und blickte dann nach oben wo sich das Heu vier Meter hoch stapelte. Keine Spur war von ihm zu entdecken. Sie war nun schon das zweite Mal den ganzen Weg bis zum Scheunentor und zurück abgegangen, hatte in jeder Ecke nachgesehen doch war fast die gesamte Strecke links und rechts von Heuballen begrenzt über die das Kind niemals zu klettern vermocht hätte. Elvira war der Verzweiflung nahe. Im dämmerigen Zwielicht der Scheune war nun auch kaum mehr etwas zu erkennen. Noch einmal tastete sich Elvira den Weg zurück zur Hündin und traute ihren Augen nicht. Da saß der kleine Simon neben dem Tier und fuhr ihm mit den Händchen über den wuchtigen Schädel. Elvira stockte der Atem.
Ihre erste Regung war hinzuspringen und das Kind aus der Gefahrenzone zu bringen, doch könnten hektische Bewegungen das aufgebrachte Tier nicht vollends aus der Fassung bringen? Kira schien indes ruhiger geworden zu sein, gleichmäßig atmend ließ sie sich die Zuwendungen Simons anscheinend gerne gefallen. Um die beiden herum wuselte immer noch die Welpenbande, aber auch die brachten das Tier momentan nicht

aus der Ruhe. Simon murmelte etwas ins Ohr der Hündin, seine Lippen bewegten sich, doch Elvira konnte nur wenig hören. Zwar plapperte der Kleine seit einiger Zeit schon recht viel, doch die Laute die er nun von sich gab, gehörten zu einer Sprache, die der Junge wohl aus dem Stegreif heraus erfand. Der Rottweiler schien jedoch von dem Singsang ruhiger und ruhiger zu werden, sich mehr und mehr zu entspannen und schließlich ploppte aus seinem hinteren Ende doch noch ein Junges heraus, das sich wohl quergelegt hatte. Sofort begann die Hündin das Neugeborene abzulecken und dann tat es sich die ganze Bande an ihren Zitzen gütlich. Elvira wollte Simon nun schnell wegreißen, doch war dies nicht mehr nötig, langsam nahm sie den Kleinen auf den Arm, streichelte noch einmal Kira, die wieder völlig die brave Hündin war, die sie kannte und stellte ihr noch den Wassernapf vor die Schnauze. Kopfschüttelnd verließ sie, das Kind auf dem Arm, den Heuschober, mit dem Vorsatz niemandem, nicht einmal Wilhelm, irgendetwas von dem Geschehen zu berichten.

Der Frühling war endlich gekommen und so war auf dem Hof wieder einiges zu tun. Der Schnee hatte am Dach des Wohnhauses und auch an den Bedachungen der Ställe und Scheunen einigen Schaden angerichtet, der in den Wintermonaten immer nur notdürftig ausgebessert hatte werden können. Dies musste nun in der schöneren Jahreszeit in Angriff genommen werden. Alle Gerätschaften, die Kälte und Frost ausgesetzt waren, mussten überholt werden, der alljährliche Angriff auf Rostschäden nahm seinen Anfang. „Rost schläft niemals, nicht einmal im Winter!“, war einer von Wilhelms Weisheiten, die er Jahr für Jahr wiederholte. Ubbo und Enno hatten fast so etwas wie eine Melodie dazu erfunden, die sie dem kleinen Simon gerne als Einschlummerlied vorsangen. Erwartungsfroh blickende Kühe konnten nun endlich wieder auf die Weide getrieben werden, die Schweine suhlten sich im frisch aufgetauten Matsch und die große Hühnerschar erkundete unternehmungslustig wie eh und je das Gelände.
Simon mochte nun um die fünf Jahre alt sein und Elvira hatte den Ersten Mai zu seinem Geburtstag erkoren, da sie das tatsächliche Datum ja nicht wusste. Er hatte sich prächtig entwickelt, ein regelrechter Wirbelwind war in dem einen Jahr aus dem Jungen geworden. Die vormals etwas ausgehöhlt wirkenden Wangen hatten sich über den Winter aufgeplustert und erstrahlten in einer bezaubernden Röte, so oft der Kleine außer Atem war. Und das war er eigentlich immer. Kaum dass er sich einigermaßen auf dem Hof zurechtfand, war er auch schon nicht mehr zu halten. Er rannte und rannte, gemächliches Gehen schien für ihn keineswegs in Frage zu kommen und so bewältigte er jede Aufgabe, die ihm gestellt wurde sozusagen im Laufschritt. Er rannte mit den Hunden, den Kühen, den Ziegen und besonders gerne mit den Schweinen um die Wette. Nur die Hühner ließen sich merkwürdigerweise nicht aus der Ruhe bringen, wenn Simon wie ein Tornado hereingebraust kam um die Eier einzusammeln. Besonders angetan hatten es ihm natürlich die Jungen von Kira, diese begleiteten ihn überall hin, verfolgten ihn beständig mit ihrem hellen Kläffen und wuselten um seine Beine, bis sie der Hunger überwältigte und sie sich endlich auf die Suche nach der Mutter machten. Die Jungs, wie Ubbo und Enno üblicherweise genannt wurden, da sie immer und überall nur im Doppelpack auftraten, besuchten weiterhin an den Vormittagen die Dorfschule in

Grimbelwald, bevor sie mit ihrem Vater auf dem Hof und den Feldern arbeiteten. Da die beiden für die Schule nicht gerade viel übrig hatten, waren sie jeden Tag froh, schon mittags Wilhelm bei der Arbeit unterstützen zu können. Man sah den Jungs geradezu an den Nasenspitzen an, dass beide einmal tüchtige Bauern werden würden.
So wurde zum Maifeiertag nun jedes Jahr der Geburtstag Simons gefeiert, mit reichlich Geschenken und jeder Menge Apfelkuchen, den er besonders gerne aß. Draußen, in dem kleinen Blumengärtchen, das Elvira angelegt hatte um sich an den bunten Blüten erfreuen zu können und nicht nur umgeben von hässlichen Kohlstrünken zu sein, wurde zu diesem Anlass eine kleine Tafel angerichtet. Auch die nächsten Nachbarn, die Schmierhannesjens und die Parwollnys waren eingeladen, zu beiden Familien gehörten Kinder, Liesjen, Uta und der kleine Peer Parwollny, die alle ungefähr im gleichen Alter wie Simon waren und bisweilen auch gute Spielkameraden für ihn abgaben.
So war das nächste Lebensjahr Simons recht gemächlich und beschaulich vergangen, bald würde er eingeschult werden und dann die winzige Dorfschule besuchen. Er war ein gut behütetes Kind, das sich allerbester Gesundheit erfreuen konnte. Bis auf die üblichen Kinderkrankheiten wie Mumps und Masern, erkrankte er so gut wie nie, sogar die im Herbst und Winter so beliebten Erkältungen ließ er meistens einfach aus, ganz im Gegensatz zu den übrigen Bewohnern des Hofes. Zu den Tieren schien Simon von Anfang an ein ganz besonderes Verhältnis zu haben. Nicht nur lief ihm die Hunderasselbande beständig hinterher, auch die Katzen, Hühner und Ziegen schienen sich auf seltsame Weise zu dem Kind hingezogen zu fühlen. Eine Schar junger Entenküken verfolgte ihn einmal fast ein ganzes Jahr hindurch, sie schienen ihn kaum, dass er in ihre Nähe kam, für das Muttertier zu halten, und Elvira musste den ganzen Tag lang auf der Hut sein die Entchen nicht ins Wohnhaus gelangen zu lassen.
„Merkwürdig, merkwürdig!“, murmelte sie des Öfteren so vor sich hin.
„Aber das wächst sich bestimmt noch aus“, beruhigte sie sich insgeheim selbst und erinnerte sich mit leichtem Unbehagen an die Geschichte mit Kira, die ihr immer noch wie ein Traumgespinst vorkam. Manchmal war der Knabe ihr schon fast etwas unheimlich. Elvira war im Grunde ihres Herzens doch etwas abergläubisch und die ganze Sache war ihr etwas unheimlich gewesen. Sie glaubte zwar keineswegs an Zauberei, doch ganz geheuer war ihr der Kleine schon seit der Episode mit den Bullenwieseln nicht mehr.
„Das wächst sich noch aus!“, sagte sie sich jedes Mal, wenn Simon wieder einmal die Kühe auf der Weide, wie ein Feldherr herumzukommandieren schien und die genau das taten was er von ihnen verlangte und dieser Ausspruch wurde geradezu zu einem geflügelten Wort auf dem Hofgut.
„Das wächst sich noch aus!“, sagten die Jungs nun jedes Mal, wenn sie mit schlechten Benotungen aus der Schule kamen und diese ihrem Vater präsentieren mussten.
„Das wächst sich noch aus!“, meinte selbst Wilhelm, wenn er wieder mal mit dem Pflug im schlammigen Boden zu versinken drohte, wenn die Regengüsse im Frühjahr besonders heftig ausgefallen waren.
„Ach, das wächst sich doch noch aus!“, rief auch Simon Elvira entgegen die mit gerunzelter Stirn die Abdrücke seiner vor Schmutz starrenden Stiefel im Hausflur kopfschüttelnd begutachtete.

Doch sollte Elvira trotz allen Spottes anscheinend Recht behalten. Als Simon seinen sechsten Geburtstag feierte und jetzt das schulfähige Alter erreicht hatte, wurden solcherlei Episoden seltener und seltener. Simon hatte sich sehr darauf gefreut endlich des Morgens gemeinsam mit den Jungs den Weg zur Schule antreten zu dürfen, obwohl diese ihm immer wieder die reinsten Schauergeschichten über diese Institution berichtet hatten. Besonders warnten sie Simon wieder und wieder vor einem schrecklichen Monster mit Namen Langeweile, das in der Schule seit Urzeiten schon sein Unwesen treiben sollte. Die beiden standen wie gesagt ja mit der Schule auf Kriegsfuß, doch Simon schien in dieser Beziehung aus anderem Holz geschnitzt. Elvira hatte noch kein Kind gesehen, dass sich durch solch eine Lernbegierde auszeichnete, nicht nur war es so, dass Simon alles ganz genau wissen wollte und immer bei den kleinsten Kleinigkeiten nach dem 'Warum, Weshalb, Wieso' nachfragte, wie man es bei vielen Kindern dieses Alters beobachten kann. Nein, er schien auch jede Antwort wie ein Schwamm aufzusaugen und eigene Schlüsse daraus abzuleiten, die dann zwar oftmals nicht der Wirklichkeit entsprachen, doch durchaus logisch aufgebaute Strukturen aufwiesen. So kam er eines Tages nach einer Bemerkung Wilhelms über das Wetter, das sich wieder einmal von seiner scheußlichsten Seite zeigte, auf die Idee die Erde müsse rund sein. Eine Idee, die jeder aufgeklärte Erwachsene hier auf dem Kontinent natürlich absolut lachhaft finden würde, hat nicht doch schon im vorigen Jahrhundert der Astrologe Kaspernikus auf unnachahmliche Art bewiesen, dass es sich bei der Form unseres Gestirns eindeutig um eine dem gemeinen Kartoffelpfannkuchen ähnelnde handeln muss.

Doch Simon hielt auf das Bestimmteste an seiner Überzeugung fest und niemandem war es möglich ihn von den naturwissenschaftlich bewiesenen, tatsächlichen Begebenheiten zu überzeugen. Dieses hartnäckige Festhalten an einmal verfestigten Überzeugungen mussten ihm ja in einer Institution wie der Dorfschule von Grimbelwald ernsthafte Schwierigkeiten bereiten. Und so kam es denn auch.

Man hätte den Lehrer Hämel wirklich nicht einen besonders netten Zeitgenossen nennen können, dies konnte Simon schon an den allerersten Schultagen feststellen. Von hagerer Gestalt mit schütterem Grauhaar und noch dazu ausgestattet mit jenem farblosen Ziegenbärtchen, welches bei Pädagogen unserer Generation sich solch großer Beliebtheit erfreute, war er ein Mann der anscheinend in allen Belangen den Zug der Zeit verpasst hatte. Ja, er hatte wohl nicht nur diesen einen Zug verpasst, sondern auch den nächsten und übernächsten, so dass seine ganze Person irgendwie aus der Zeit gefallen zu sein schien. Genauso anachronistisch wie der Mann selbst, muteten auch seine Lehrmethoden an, deren Aktualisierungen bestens verpackt in einem schweinsledernen Koffer immer noch verwaist auf dem Bahnsteig standen und ungeduldig auf Abholung warteten.

So machten sich die drei Karsulkes also jeden Morgen um halb sieben auf die Beine und liefen ins Dorf. Eine halbe bis dreiviertel Stunde hatten sie schon zu bewältigen, je nach Witterungslage. Die Nachbarskinder, die Zwillinge Liesjen und Uta mit dem kleinen Peer Parwollny im Schlepptau, schlossen sich an einer Weggabelung an und so war eine hübsche Truppe zusammen. Ubbo und Enno neigten schon vom allerersten Schultag an wieder zu Trödelei. Sie taten alles um den Schulweg zu verlängern, alles um noch ein paar Minuten herauszuschinden, die sie nicht in diesem Verlies, wie sie das Schulgebäude bezeichneten, zubringen mussten. Die Mädchen, die zu einer gewissen Ernsthaftigkeit neigten, welche ihrem Geschlecht in jungen Jahren noch zu eigen ist, bestanden jedoch darauf rechtzeitig da zu sein und so liefen alle Ablenkungsversuche der Jungs vollends ins Leere. Zu ihrem Entsetzen standen sie nun jeden Tag pünktlich auf der Matte, das war vorher noch nie vorgekommen. Doch mochten sie auch nicht die Kleinen alleine vorausgehen zu lassen, soviel Verantwortungsgefühl besaßen sie zu ihrem Leidwesen dann doch.

Simon war den anderen um einiges voraus, besonders was das Lesen und Schreiben anging, hatte ihm doch Elvira schon als er erst fünf Jahre alt geworden war ihre alte Fibel überreicht und ihn in die Anfangsgründe des Alphabets eingeweiht. Sie war äußerst überrascht gewesen damals mit welcher Geschwindigkeit Simon die krakeligen Buchstaben, die er auf Papier zu kritzeln begann, mit den dazugehörigen Lauten in Verbindung gebracht hatte. Und so war er schon durchaus in der Lage kleine Geschichten vorzulesen, ohne allzu sehr ins Stottern zu kommen. Auch hatte er nach kurzer Zeit schon wenige Probleme mit der Rechtschreibung, wie man feststellen konnte, solange man in der Lage war das Geschriebene entziffern zu können. Für Elvira stellte das aber keine Schwierigkeit dar, ganz im Gegensatz zum guten Lehrer Hämel.

Dieser hielt Simon von der ersten Stunde an für einen Aufschneider. Die Tatsache, dass Simon schon aus den Schulbüchern vorlesen konnte, nahm er einfach in keinster Weise zur Kenntnis. Ja, in seiner Voreingenommenheit dem Jungen gegenüber behauptete Hämel sogar, Elvira hätte ihm sämtliche Wörter aus der Fibel der richtigen Reihenfolge nach auswendig lernen lassen, um in der Schule gleich gehörig Eindruck zu schinden. Dies konnte ja nicht mit rechten Dingen zugehen, meinte der Pädagoge. Noch dazu bei so einem unehelichen Bauernbankert, der anscheinend außerehelich geborene Sohn einer Person wie Elvira, die in die Großstadt gezogen war und sich nun wohl einbilden mochte etwas Besseres zu sein. Der Lehrer Hämel war nämlich insgeheim in Elvira über beide Ohren verliebt gewesen, als diese noch als junges Mädchen in der Gegend gewohnt hatte. Eigentlich hatte sich Hämel zuerst unsterblich in ihre Schwester Sybilla verguckt, doch hatte die ihn, wie jeden anderen auch in diesem bäuerlichen Milieu, jedoch schroff abblitzen lassen. Dann hatte er sich auf Elvira eingeschossen, als er erkannt hatte, dass diese andere Traube außerhalb seiner Reichweite hing. Eine ganze Zeit lang, damals war er noch als Junglehrer angestellt gewesen, war er ständig um sie herumscharwenzelt, ohne dass Elvira jedoch von dem unansehnlichen Menschen Notiz genommen hätte. Diese Nichtbeachtung hatte in Hämel einen tief sitzenden Groll hinterlassen, den nun der arme Simon zu spüren bekommen sollte.

An allem was der Junge auch tat wurde herumgemäkelt. Nichts konnte er dem Lehrer recht machen und in der Dorfschule gab es nur diesen einen Pädagogen, von der Aushilfskraft Ludmilla einmal abgesehen, die allerdings üblicherweise die Kinder nur in Malen und Musik unterrichtete. Fächer die Hämel als völlig überflüssige Zeitverschwendung betrachtete.

Besonders Simons fortgeschrittene Kenntnisse im Schreiben und Lesen wollte Hämel einfach nicht zur Kenntnis nehmen. Steif und fest behauptete er jedes Mal, wenn ihm die Hausaufgaben vorgelegt wurden, dass auf den Blättern überhaupt nichts Verständliches aufzufinden sei. Wirklich ließ Simons Schrift an Schönheit und Klarheit der Linienführung einiges zu wünschen übrig, doch machte sich Hämel nicht die geringste Mühe damit das Geschriebene ernsthaft entziffern zu wollen. Ganz im Gegenteil, der Lehrer zeichnete üblicherweise eine riesengroße Ziffer sechs über das gesamte Blatt, ohne es auch nur überhaupt einmal anzusehen. Elvira mühte sich Tag für Tag zu Hause zusammen mit dem Kleinen ab, aber es wollte und wollte nicht besser werden, bis sich Simon eines Tages bei der herbstlichen Obsternte die rechte Hand verletzte. Es war eigentlich nichts weiter, ein kleiner Kratzer bloß, doch konnte er den Füller nun nicht mit der rechten Hand halten und hatte doch seine Hausaufgaben zu machen. Wenn die nicht morgens als allererstes auf Hämels Pult lagen, gab es immer eins mit dem Rohrstock auf die Handfläche. Da nahm Simon einfach die linke Hand zum Schreiben her und siehe da; das sah doch eigentlich gleich viel besser aus. Keiner war auf die eigentliche naheliegende Idee gekommen, dass er Linkshänder sein könnte, auch er selbst nicht. Hatte er doch, als er das Schreiben gelernt hatte, sich einfach die Fingerhaltung bei den Jungs abgeschaut, die ja beide Rechtshänder waren. Elvira schüttelte nur den Kopf über sich selbst, nicht auf eine so einfache Lösung des Problems gekommen zu sein.

Mit Hämel jedoch wurde es trotz alledem einfach nicht besser. Immer hatte er etwas auszusetzen an Simon und machte ihm das Leben recht schwer. Mit Ach und Krach kam er im ersten Schuljahr über die Runden, obwohl der Lehrer in Schönschrift, trotz der wirklich erkennbaren Verbesserung weiterhin reichlich Sechsen ins Klassenbuch eintrug. Die Zwillinge von Schmierhannesjens, Uta und Liesjen hatten es da weit besser getroffen. Alles was sie begannen, fand die Bewunderung Hämels und so glänzten die beiden in sämtlichen Fächern, die dieser unterrichtete. Eifrig meldeten sich bei jeder Frage, die im Unterricht gestellt wurde und hatten zumeist auch auf der Stelle die richtige Antwort parat. Es regnete geradezu Fleißkärtchen auf ihre Köpfe herab. Dafür jedoch schienen die beiden an einer Art vollendeter Unmusikalität zu leiden. Als nämlich das Fräulein Ludmilla im nächsten Frühjahr den Schulchor neu zusammenstellen wollte, stellte sich heraus, dass die Stimmen der beiden doch so liebreizenden Mädels nicht in der Lage waren nur den Bruchteil einer Sekunde den Ton zu halten. Sofern sie überhaupt vermochten eine richtige Note zu treffen. Die Wahrscheinlichkeit eines Lottogewinns müsste mathematisch beträchtlich höher ausfallen. Die Jungs, Ubbo und Enno hielten sich Hämel gegenüber meist zurück, sie waren froh in Ruhe gelassen zu werden, sich eine Vier einzuhandeln und so bald wie möglich diesen erhabenen Ort der Erziehung hinter sich zu lassen, hatten sie ja auch nur noch zwei Jahre vor sich. Da sich die beiden so durchaus unauffällig verhielten, kam Hämel nie auf die Idee, dass diese Burschen hinter all den kleinen Widrigkeiten stecken könnten, denen sich der Lehrer tagtäglich ausgesetzt sah. So fand er des Öfteren in der Winterzeit die Schnürbänder seiner Stiefel auf komplizierteste Weise verknotet vor dem Klassenraum vor. Dann hatte eine ganze Weile lang unbemerkt die Schulglocke zehn Minuten zu früh das Ende des Unterrichts eingeläutet und keiner fand je heraus, wer denn die simple mechanische Konstruktion, die dies auslöste, installiert hatte. Dann die Feuerwerksraketen, die zum Jahresende auf sein Wohnhaus abgefeuert worden waren und die Geranientöpfe auf der Veranda stark in Mitleidenschaft gezogen hatten. Die Gendarmerie war eingeschaltet, doch war kein Übeltäter zu ermitteln gewesen. Die Sache wurde dann wegen Geringfügigkeit nicht mehr lange verfolgt. Nur Simon wusste freilich wer hinter diesen Untaten stecken musste, doch verlor er niemandem gegenüber, auch nicht den Hauptverdächtigen, ein einziges Wort.

Den kleine Peer Parwollny hatte es jedoch von den Schulanfängern am schlimmsten getroffen, nicht nur, dass Hämel ihn beständig triezte, wie Simon ja auch. Nein, Peer gegenüber war der Lehrer ständig in höchstem Maß beleidigend, ständig regnete es Kopfnüsse auf den kleinen Kerl herab, und oft, so oft musste er die Behandlung mit dem Rohrstock über sich ergehen lassen.

Peers Eltern waren im Dorf in der Tat nicht gut angesehen, die Mutter beständig kränklich, der Vater ein Trinker, der die Familie schon vor langer Zeit verlassen hatte. Eine ganze Zeit lang hatte Mutter Parwollny im Armenhaus zubringen müssen, da ihr Gatte das ganze Ersparte durchgebracht und dann seine Familie, eine ältere Tochter war auch noch vorhanden, sitzen gelassen hatte. Jetzt hielt sich Mutter Parwollny mit Ach und Krach mit allerlei Näharbeiten gerade so über Wasser. Wahrscheinlich hackte Hämel wegen des permanenten Geldmangels im Hause Parwollny ständig auf Peer herum, wurde doch seine Pädagogenstelle vom Grimbelwalder Bürgerrat bezuschusst. Zu diesem Fond auch nur eine Kleinigkeit beizutragen war nun für die Parwollnys tatsächlich unmöglich. So konnte der Lehrer völlig angstfrei den Jungen Tag für Tag quälen, ohne befürchten zu müssen von einem erbosten Vater eine körperliche Rüge erteilt zu bekommen, was des Mannes sadistischer Persönlichkeitsstruktur durchaus entgegenkam.

Wie in einer solchen Dorfschule allgemein üblich, spielte sich alles in einem großen Klassenraum ab, die Schule bestand im Grunde nur aus diesem einen Zimmer, zwei kleineren Ruheräumen für das Personal und einer Waschgelegenheit. Groß und Klein teilten sich also diesen einen Raum und diese eine Lehrkraft. Selbstverständlich unterrichtete Hämel die älteren Kinder auch in Themen, die ihrem Alter entsprachen. Doch waren dann die ganz Kleinen oder auch die mittelalten Schüler an der Reihe, mussten die übrigen sich still mit ihren Büchern beschäftigen und das fiel besonders den Kleinsten doch ausgesprochen schwer.

Simon hatte an diesem wunderschönen Sommertag die ganze Zeit über sehnsüchtig aus dem Fenster gesehen, wo Fräulein Ludmillas Kräutergärtlein in einer sanften Brise vor sich hin träumte. Unter dem alten Birnbaum, verliefen in geometrisch korrekten Achtecken angelegte Beete, bepflanzt mit Beifuß, Salbei, Thymian und Rosmarin. Auch für die gemeine Petersilie und den zwiefach geknebbelten Schnittlauch war ausreichend Platz vorhanden, so dass die Pausenbrote der Schüler jeden Morgen geschmacklich ungeheuer aufgewertet werden konnten. Das Gärtlein stellte Ludmillas Heiligtum dar und sie war sehr stolz darauf. Liebevoll waren um die Beete herum schmale Pfade angelegt, damit man auch gut an die Köstlichkeiten herankommen konnte, ohne diese zu zertreten. Im Birnbaum hing ein, von Tausenden Insekten umschwärmter, riesiger Bienenkorb und Simon hatte, wie hypnotisiert von dem anhaltenden Summen und Brummen, das Treiben der Honigbienen beobachtet und war dabei beinahe eingeschlafen. Es war einer jener heißen Tage, da man nicht anders konnte als den schönsten Tagträumen nachzuspüren und den Ernst des Lebens für ein Weilchen zu vergessen.
Als es dann wieder einmal unter den Kleinen besonders unruhig wurde, Hämel versuchte gerade den vierzehn älteren Schülern die klimatischen Zusammenhänge zwischen den östlichen Nebelgebirgswinden und dem Weinanbau in Pandalusien anhand einer mit wirren, bunten Pfeilen übersäten Wetterkarte nahe zu bringen, fühlte er sich doch sehr gestört in seinen weitschweifigen Ausführungen. Daher fuhr er sofort den kleinen Parwollny, der einfach nur stocksteif dasaß und ins Leere starrte, aufs Übelste an.
„Ist denn jetzt endlich mal Ruhe!", schrie er und lief dabei auf der Stelle puterrot an. „Man versteht ja sein eigenes Wort nicht mehr!"
Dabei blickte er Peer aus stechenden Augen böse an, die Zornesfalten bewegten sich fast wellenförmig über das ausgemergelte Gesicht. Der kleine Parwollny wusste wieder einmal gar nicht wie ihm geschah, stammelte nur, „Hab' doch gar nix gemacht!", und versank daraufhin in seiner Bank wie ein Ertrinkender.
„So, so, du hast also nichts gemacht?", brüllte Hämel daraufhin, „Hältst du mich denn für so blöde, du kleiner Hungerleider?"
"Er hat ja auch nichts gemacht!", mischte sich jetzt Simon ein, der Ungerechtigkeiten nicht ausstehen konnte. Schließlich hatte der Junge wirklich nichts verbrochen.
„Habe ich dich vielleicht etwas gefragt?"
„Hat er doch auch nicht!"
„Schimpfst du mich etwa einen Lügner, Karsulke?"
"Nein, aber!"

„Dann sei gefälligst still, Bankert!“, zischte der Lehrer Simon böse an. “Und jetzt wieder zu dir, Parwollny, du stellst dich jetzt schön die ganze nächste Stunde nach hinten in die Ecke und keinen Pieps möchte ich mehr hören!“
Peer erhob sich rasch und taumelte hinüber in den Winkel des Raumes, den er von allen Winkeln am besten kannte. Ja, manchmal sah er noch abends kurz vor dem Einschlafen diese eingerissene Stelle in der Tapete vor sich, die ihn immer an ein hüpfendes Äffchen erinnerte, dass sich von einem Baum zum anderen bewegte. Doch kaum hatte er dieses Mal den heimeligen Platz erreicht, an dem er einen Großteil seiner Schulzeit zuzubringen hatte, fiel der Junge einfach um, stieß sich noch die Nase an dem leeren Bilderrahmen, der aus unerfindlichen Gründen dort an der Wand hing und rutschte bäuchlings zu Boden.
Hämel hielt das selbstverständlich für allerschlechteste Schauspielerei. Für Simulanten hatte er schon gar nichts übrig, diese Art von Drückebergerei war ihm ganz und gar zuwider, wobei er völlig die Art und Weise vergessen zu haben schien wie er um den Militärdienst herumgekommen war. Mit hämmernden Schritten seiner genagelten Stiefel war Hämel auf der Stelle über dem Jungen, schnappte ihn am Kragen und versuchte ihn schimpfend hochzuziehen.
„Jetzt stell' dich nicht so an, du Hungerleider!“, fluchte er dabei, drehte den Knaben auf den Rücken und schlug ihm mit der flachen Hand zweimal übers Gesicht. Peer rührte sich nicht, er hatte anscheinend das Bewusstsein verloren.
„Ich glaub', der ist ohnmächtig, Herr Lehrer!“, meldete sich jetzt Uta Schmierhannesjen zögerlich.
Doch der Lehrer schien schier außer sich. Er packte den Jungen am Kragen, zog ihn in Richtung der Schulbänke und wollte ihn auf seinen Platz neben Simon zerren, was aber nicht gelang. Wie ein nasser Sack sank der Knabe wieder zu Boden und gerade wollte der Lehrer erneut mit der flachen Hand ausholen, als sich die Atmosphäre im Raum plötzlich zu verändern schien. Die Kinder, die bisher in einer Art Starre verharrt waren, begannen unruhig zu werden, die ohnehin schwüle Sommerluft schien sich zu verdichten und ein Hauch von Ozongeruch erfüllte das Haus, als sich das Klassenzimmer mit einem tosenden Summen füllte. Hunderte, ja tausende Honigbienen hatten sich in der Ecke des Raumes versammelt, in der der arme Peer die meiste Zeit seines schulischen Lebens zubrachte, formierten sich jetzt keilförmig und strebten genau auf Hämel zu. Unter den Kindern brach Panik aus. Begleitet von lautem Schreien und Gekreische, bei dem sich vor allem die Mädchen hervortaten, flüchteten sie allesamt aus der rettenden Türe ins Freie hinaus, als die Insekten sich über ihren Lehrer hermachten.
Der sah den Schwarm auf sich zukommen und war das erste Mal in seinem Leben vollkommen sprachlos. Er wusste nicht ob das Gebäude tatsächlich schwankte oder ob ihm nur ein Schwindelanfall zu schaffen machte. Jedenfalls schien sich alles um ihn herum zu drehen. Nur noch schemenhaft konnte Hämel das Mobiliar des Klassenzimmers wahrnehmen, so sehr verdunkelten die Insekten sein Sichtfeld. Dann hatten ihn die Biester erreicht.
„Aua, aaah, Mistviecher elendige!“, hörte man ihn noch schreien. „Aah, Hilfe, so hilf mir doch einer!“

Der Pädagoge taumelte durch den Raum, umschwärmt von unzähligen Bienenleibern, so dass von seinem Kopf nichts mehr zu sehen war. Für einen Beobachter des Geschehens hätte es ausgesehen als trüge der Lehrer eine riesige, unförmige Perücke auf dem Schädel. Dann brach er in einem Winkel zusammen und blieb reglos liegen.
Simon hatte als einziger Schüler den Raum nicht verlassen, war zu keiner Regung fähig gewesen und hatte nur benommen das Spektakel beobachten können. Wie auf ein Kommando sammelten sich die Insekten nun wieder unter der Zimmerdecke und brausten durch das geöffnete Fenster nach draußen, als wäre der ganze Schwarm von einem einzigen Gehirn gesteuert.
Das Fräulein Ludmilla hatte sich, durch den Lärm alarmiert, der Kinder angenommen als diese ins Freie getaumelt waren, jedoch war keines auf irgendeine Weise verletzt worden oder hatte auch nur einen Stich abbekommen. Ludmilla blickte verwundert den enteilenden Insekten hinterher, ging hinein und fand dort den stöhnenden Lehrer in der Ecke kauernd vor, die Hände schützend vor dem Gesicht erhoben.
"Au weh, aua, ah!", wimmerte der vor sich hin, zog sich dann am Waschbecken hoch und starrte in den darüber angebrachten Spiegel. Dabei hatte er nach dem feuchten Schwamm gegriffen und drückte sich diesen ins Gesicht, so dass ihm über beide Wangen nasse Kreidetränen herunterliefen, ein Anblick der seinen anschwellenden Kopf nicht eben attraktiver erscheinen ließ.
Simon löste sich aus seiner Erstarrung und ging zu Peer, der sich die ganze Zeit über nicht gerührt hatte und immer noch leichenblass dalag. Ludmilla legte ihm die Hand auf die Stirn, murmelte etwas von Fieber, zog ein Fläschchen aus der Schürze und hielt es unter die Nase des Jungen. Der zuckte kurz und schlug dann die geröteten Augen auf.
„Na, Peer, was machst du denn für Sachen?", fragte Ludmilla sanft. „Wird doch wohl nur eine kleine Erkältung sein! Oder Ziegenpeter?"
Als Simon nach draußen ging hatten sich seine Mitschüler wieder etwas beruhigt, redeten jedoch immer noch wild gestikulierend von den Ereignissen. Für heute war die Schule jedenfalls zu Ende. Ludmilla schickte die Kinder nach Hause, den kleinen Kranken lieferte sie persönlich bei seiner Mutter ab und der schwer angeschlagene Hämel ließ sich vom Gemeindediener Albert hinaus zu seinem Häuschen kutschieren. Für die Bienen hatte die Sache noch ein trauriges Nachspiel, Albert wurde angewiesen das Bienennest auszuräuchern und kaum ein Insekt war in der Lage der Gewissenhaftigkeit des Beamten zu entkommen. Als Ubbo und Enno ihrer Tante von den Vorgängen berichteten, schlug diese die Hände über dem Kopf zusammen und murmelte dann ganz still in sich hinein. „Das wächst sich noch aus! Das wächst sich schon noch aus!"
In den nächsten drei Wochen konnten sich die Kinder am Unterricht Fräulein Ludmillas erfreuen. Hämel hatte sich krankschreiben lassen und musste sich auskurieren. Im Dorf ging das Gerücht herum, er würde inzwischen aussehen wie ein feuerroter Luftballon, sein Kopf würde kaum mehr durchs Fenster passen. So hatte es zumindest der Briefträger berichtet, der einzige der Hämel in diesen Tagen zu Gesicht bekommen hatte.
Ludmilla nahm sich zwar auch die sogenannten wichtigen Fächer, Deutsch, Mathematik und Physik vor, doch legte sie den allergrößten Wert darauf, dass die Kinder sich an Gesang, Tanz, Malen und Zeichnen erfreuen konnten und so fand der Unterricht die

meiste Zeit im Freien statt. Sogar eine große Wanderung unternahmen sie, wobei das Fräulein die Schülerschar auf allerlei Heilkräuter am Wegesrand aufmerksam machte und den Kindern die verschiedenartigen Laute der ansässigen Vogelwelt zu unterscheiden lehrte. Manche blühten richtiggehend auf in Ludmillas Stunden, sogar der kleine Peer, der nachdem die harmlose Erkältung nach einer Woche auskuriert war, wieder zur Schule gekommen war, ging aus sich heraus und meldete sich oft wenn die Lehrerin Fragen stellte. So waren die Kinder dann traurig als die drei Wochen vorüber waren und mit Hämel der alte Trott zurückkehren sollte.
Der wiederhergestellte Pädagoge machte sich gleich daran die Schulbänke, die Ludmilla in einem Halbkreis hatte anordnen lassen, wieder in Reih und Glied aufzustellen, was mit viel Gezerre und kratzenden Schleifgeräuschen vor sich ging.
Hämel war unverändert zurückgekehrt und machte den Schülern bis zu den großen Sommerferien das Leben recht schwer. Doch bis dahin war es glücklicherweise nicht mehr allzu weit. Bald wurden die Kinder, die allesamt aus den umliegenden Höfen stammten, bei der Ernte dringend benötigt und die freuten sich auch schon darauf die Schule und Lehrer Hämel hinter sich lassen zu können.

Auf dem Karsulke Hof standen dann schon Ende August die jedes Jahr wiederkehrenden Erntehelfer auf der Matte, die den kleinen Simon schon ins Herz geschlossen hatten. Wie jedes Jahr strichen sie ihm über den Kopf und wunderten sich sehr darüber wie groß er doch schon geworden sei, eine Unart, die sie mit den meisten Erwachsenen teilten und Kindern im Allgemeinen sehr peinlich ist. Wissenschaftliche Studien sollen ja nachgewiesen haben, dass aus diesem Grund ein nicht unerheblicher Prozentsatz der jungen Generation einfach aufhören würde zu wachsen, obwohl das Aufkommen des Zwergwuchses nun auch nicht gerade kometenhaft am Ansteigen ist. Aber ach, die Wissenschaft eben!
So herrschte jetzt am Ende des Sommers ein reges Treiben auf dem Hof Wilhelms. Die Kartoffeln und Steckrüben mussten ausgemacht werden, das Heu und der Hafer für die Tiere wurden mit Hilfe der Pferdefuhrwerke eingefahren, wobei sich die Bauern untereinander unterstützten und sich gegenseitig ihre Gefährte ausliehen. Simon half am liebsten auf den Streuobstwiesen beim Apfelpflücken, weil er sich dort ständig etwas Leckeres in den Mund stopfen konnte und dazu noch des Öfteren von den weiblichen Helfern geherzt wurde, was er sich gerne gefallen ließ. So vergingen die Tage mit harter Arbeit, wobei das Lachen keineswegs zu kurz kam. Am Abend gab es eigentlich immer etwas zu feiern und die Arbeiter sprachen gerne dem süffigen Bier zu, das für sie bereitgestellt worden war. Dann saßen sie um ein großes Feuer herum, das in der Nähe ihrer Unterkunft entfacht worden war und packten die Musikinstrumente aus. Die Leute stammten zum großen Teil aus den Nebelbergen und außer ihren ständigen Witzeleien, in dem ihnen eigenen gutturalen Akzent, hatten sie auch musikalisch einiges zu bieten. So erschollen am frühen Abend, die Sterne standen kaum am Firmament, fremdartige Lieder über den Hof, die eine unbestimmte Sehnsucht in Simon wachriefen. Lange saß er noch bei den Arbeitern und lauschte den Klängen, die ihn in ferne Gegenden zu locken schienen. Besonders die Gesänge über die Weite des Meeres hatten es ihm angetan,

so dass er sich wenn es dunkel wurde noch einmal hinausschlich um zuzuhören und versonnen ins Lagerfeuer zu starren. Mitunter purzelte eine Träne seine Wange hinab, so sehr ergriff ihn die Musik.
Ende Oktober war dann alle Arbeit erledigt und die Helfer zogen wieder los in Richtung Heimat, denn hier im Flachland, wo der Zeitpunkt des Erntens weiter nach hinten gerückt ist als in sonnigeren, fruchtbareren Gegenden, war immer ihre letzte Station. Dann spannten sie die Maultiere vor die Karren und machten sich auf den langen, mühevollen Heimweg ins Nebelgebirge, wo ihre Angehörigen sie schon voller Sehnsucht erwarteten.

Für die Jungs und Simon war dann wieder die Zeit gekommen die Schule zu besuchen, eine Aussicht die in ihnen keinerlei Freude auslöste. Hämel war ganz der Alte geblieben, schrie die Schüler an, kommandierte sie herum und spottete über die, die im Unterricht nicht mitkamen. Seine Wutanfälle häuften sich, über jegliche Kleinigkeit konnte er derart in Rage geraten, dass man ihm am besten aus dem Wege ging. Auch hatte er seit dem Vorfall mit den Bienen die merkwürdige Eigenart angenommen mit sich selbst zu reden. Simon hatte ihn schon einige Male dabei ertappt, wie er sich alleine wähnend, beständig unverständlich vor sich hin brabbelte, in einer Sprache die eher einem Grunzen geglichen hatte. Tag für Tag schleppten sich die Karsulke Kinder wieder durch Matsch und Schlamm ins Dorf nur um sich die Bildung anzueignen, deren sie, zumindest in Ubbos und Ennos Augen, eigentlich gar nicht bedurften. Die beiden wollten nichts Anderes als es ihrem Vater nachtun und Bauern zu werden; und dass sie sehr gute Landwirte abgeben würden, daran war auch jetzt schon nicht zu zweifeln. Daher stand bei ihnen eine höhere Bildung nie sonderlich hoch im Kurs, sie waren es zufrieden, Lesen, Schreiben und ein wenig Mathematik verinnerlicht zu haben, nach mehr stand den beiden nicht der Sinn.
Der Winter versprach sehr hart zu werden. Früh schon, sehr früh wurden die Nächte frostig. Die Wasserpfützen erstarrten über Nacht zu Eis und der schlammige Boden erstarrte nach und nach. Die Schneemengen die schon Ende November über das Flachland hereinbrachen waren ungeheuer, manch einer sprach schon Mitte Dezember von einem Jahrhundertwinter und die Kinder konnten schon frühzeitig ihre Schlittschuhe auspacken um nach der Schule auf dem Dorfweiher die Freuden der kalten Jahreszeit zu genießen. Nach Weihnachten dann, legte der Winter erst richtig los. Den heftigen Stürmen mit enormen Schneeverwehungen folgten ruhigere, sonnigere Tage an denen die Temperatur jedoch nicht mal mehr -15 Grad erreichte. Und so ging es bis Ende April, als endlich der Boden begann sich wieder zu erwärmen. Erst Mitte Mai lugten dann schließlich die ersten Krokusse aus der Erde und die Szenerie aus Eis und Schnee verwandelte sich allmählich wieder zurück in die sumpfige Moorlandschaft, die für diesen Landstrich so typisch ist.
Der lange Winter hatte auf dem Hof der Karsulkes einigen Schaden angerichtet. Schon im Januar hatte das Dach des Schweinestalls den auf ihm lastenden Schneemassen nicht mehr standhalten können und war stellenweise eingebrochen. So musste eine teilweise leerstehende Scheuer als Notunterkunft für die Tiere herhalten. Daher machte sich Wilhelm als allererstes daran das Dach des Stalls wieder in Ordnung zu bringen. Dann

mussten die im Freien gelagerten Gerätschaften allesamt wieder in Schuss gebracht und vom Rost befreit werden. „Rost schläft niemals!", war einer von Wilhelms Aussprüchen und die Jungs hatten dazu schon ein kleines Lied komponiert, das sie gerne auf Familienfeiern zur Aufführung brachten. Für alle diese Arbeiten hatten die Kinder zwei Wochen schulfrei bekommen und nur mit lautem Zähneknirschen machten sie sich danach wieder am Montagmorgen auf den Schulweg. Am Weg vor der Auffahrt warteten Simon und die Jungs noch auf Peer, Liesjen und Uta, dann konnte es losgehen.
Aus Simon war immer noch kein guter Schüler geworden. Obwohl er daheim Bücher las, die für sein Alter eigentlich noch gar nicht in Frage gekommen wären, brachte er meist keine guten Noten nach Hause. Elvira besorgte dem lesehungrigen Knaben ständig Nachschub aus der mobilen Leihbücherei, ein Gefährt, das von Ochsen gezogen zweimal im Monat durch Grimbelwald kam. Dadurch hatte sich Simon schon eine gehörige Portion Allgemeinbildung angelesen, was ihm allerdings bei Hämel nur noch in größere Schwierigkeiten brachte, denn dem Lehrer zu widersprechen und alles besser wissen zu wollen, das passte dem nun gar nicht. Nichtsdestoweniger verging das Frühjahr ohne große Vorkommnisse, Hämel legte sich zwar öfter mit Simon an und über das Fräulein Ludmilla, das sich so großer Beliebtheit bei den Kindern erfreute, zog er ständig her, doch hielt sich sein Gekeife in Grenzen und man blickte darüber hinweg. Peer gegenüber schien er doch Schuldgefühle entwickelt zu haben, denn er ließ diesen doch meistenteils in Ruhe. Manchmal jedoch, wenn sich Hämel unbeobachtet fühlte, brabbelte er immer noch Unverständliches in sich hinein, dabei wirkte er starr und geistesabwesend. Gerne, sehr gerne trug er den Schülern Sechsen ins Klassenbuch ein, besonders bei spontanen Abfragerunden, die er veranstaltete. Stift und Büchlein gezückt ging er im Klassenzimmer auf und ab, stellte Fragen und rief nach und nach die Kinder auf, denen er aber kaum die nötige Zeit zum Antworten zugestand, auch nahm er dann kaum mehr Rücksicht auf das Alter des jeweiligen Kindes bei der Auswahl der Fragen.
„Der dreizehnjährige Krieg, von wann bis wann, Ludwig?", rief Hämel äugte über seine randlose Brille und starrte den Angesprochenen an.
„Äh, ja, Moment!", konnte der gerade noch sagen.
„Sechs, setzen!", sprachs und zückte das Klassenbuch.
„Erfinder des Schießpulvers, Simon?", der Lehrer funkelte den Jungen an.
„Das waren die Chinesen!", antwortete dieser auf der Stelle.
„Falsche Antwort! Sechs, setzen!"
„Aber ich bin mir doch sicher. Wer war es denn sonst?", wagte der Junge einzuwenden.
„Die Nonne Armgard zu Trautenstein, im Jahre 1477!", sprach der Pädagoge gewichtig.
„Ich dachte die hätte nur den Stacheldraht erfunden", flüsterte Simon Peer zu.
„Ach, Papperlapapp!", schnauzte der Lehrer und kritzelte in sein Büchlein.
„Wer schrieb die Sinfonie Abartique, Liesjen?"
„Horatio von Flandern in Jahre 1643!", antwortete Liesjen, wie aus der Pistole geschossen.
„Richtig, richtig! Wieder mal eine Eins", sagte Hämel und tätschelte dem Mädchen den Kopf.
„Schlacht bei Alzheim, in welchem Jahr, Tobias?", schnauzte Hämel einen der Älteren an.
„Äh, tja, 1415?", riet Tobias ohne mit der Wimper zu zucken.

„So ein Quatsch, sechs, setzen!“
„Wer schrieb den historischen Roman “Ringelreihen mit Quastenflosser, Uta?“, fuhr der Lehrer fort ohne von seiner kritzelnden Hand aufzusehen.
„Christoph Sybenwurtz, Herr Lehrer!“, schallte es zurück. Uta musste bei keiner Frage lange überlegen.
„Das ist natürlich überaus richtig, meine Beste. Gratulation. Mit dieser Antwort hast du dich wieder vor deine Schwester an die Spitze der Klasse gesetzt.“
Die beiden Mädchen grinsten sich an. Sie waren es ja gewohnt sich in diesem Rang beständig abzuwechseln.
„Und in welchem Jahr erschien dieses Epos, Simon?“
„1567!“, antwortete dieser, ohne nachzudenken.
„Falsche Antwort, sechs setzen!“, der Lehrer grinste böse in sich hinein.
„Aber …“, versuchte es Simon noch einmal.
„Nichts aber! Schon wieder eine Sechs. Ja, wenn das so weitergeht!?
Der Junge gab es auf, er war sich sicher recht zu haben, doch konnte man gegen Hämel eben nichts ausrichten. Er blickte wieder aus dem Fenster, wie schon die ganze Zeit über. Eine Krähe hatte sich auf dem Birnbaum niedergelassen der Ludmillas Garten schmückte und resigniert beobachtete Simon den Vogel, der sich eifrig das Gefieder zu putzen begann. Fast hatte er dabei das Gefühl er könne zu dem Tier sprechen und ihm alles anvertrauen was ihm auf der Seele lag. Derweil scharwenzelte Hämel weiter durch die Bankreihen und bellte Fragen heraus, die Arme hinter dem Rücken verschränkt.
„Siebenundvierzig mal neun, Peer?“
„Äh, …“
„Sechs, setzen!“
“Was erfand Rüdiger von Tauern, 1232, Ubbo?“
„Äh, das Tau, vielleicht?“, antwortete der mit bewunderungswürdiger Ernsthaftigkeit.“
„Blödsinn, sechs, setzen!“, wieder kritzelte Hämel.
„Invasion Lamoniens durch die Oboken, Gertrud?“
Die Zehnjährige zuckte zusammen bei der Nennung ihres Namens und brachte kein Wort heraus.
„Ah, ja! Sechs, setzen! Aber vielleicht weiß das ja Liesjen?“
„1077, Herr Lehrer!“
„Richtig, richtig! Und schon wieder eine Eins! Und nun kommen wir zur ‚Eine Million Dukaten‘ Frage.“
„Wer erfand den ersten, gebölkten und bedampften Motor, Simon? Oder möchtest du vielleicht lieber gleich deinen Telefonjoker anrufen?“
Keiner wusste wovon der Lehrer sprach, gab es doch nur bei richtigen Antworten, jene Fleißkärtchen auf denen imposante geometrische Strukturen abgebildet waren und niemals Geldgeschenke und was um Himmels willen war ein Telefonjoker? Aber die Schüler waren ja inzwischen von Hämel so manche Merkwürdigkeit gewohnt.
Der Junge wurde abrupt aus seinen Träumereien gerissen, hätte er doch nie damit gerechnet schon wieder dranzukommen, fasste sich aber gleich wieder und antwortete. “Ferdinand van der Borscht im Jahr 1713!“

„Falsche Antwort, sechs, setzen. So Karsulke, langsam glaube ich du wirst wohl die Klasse wiederholen müssen. Bei diesen Zensuren!“ Kopfschüttelnd blätterte er im Klassenbuch die Brauen skeptisch nach oben gezogen.
„Aber, das ist doch richtig!“, rief Simon empört aus und blickte hilfesuchend in die Augen seiner Mitschüler. Uta und Liesjen tuschelten leise, schüttelten dann synchron die Köpfchen und schauten in die andere Richtung. Die Kinder waren allesamt schockiert über diese Androhung, war doch Simon ohne Zweifel nicht der schlechteste Schüler der Klasse, und dass er würde durchfallen können wäre keinem in den Sinn gekommen. Simon kreuzte die Arme über der Brust und starrte wütend wieder hinaus in den Kräutergarten, wo immer noch die Krähe ausgiebig mit ihrem Gefieder beschäftigt war.
Auf dem Nachhauseweg war Simon sehr still und machte einen doch sehr niedergeschlagenen Eindruck. Die anderen versuchten ihn aufzumuntern. Es würde schon alles noch gut werden, meinten sie, konnten ihn aber nicht recht überzeugen. Beim Abendbrot erwähnte niemand die Vorkommnisse, Simon wollte Elvira nicht mit den Problemen belasten, die er mit Hämel hatte und so ging er recht früh traurig zu Bett.
Die Tatsache, dass am nächsten Tag wieder Ludmilla die Klasse unterrichten durfte, überraschte die Kinder dann doch sehr. Der Lehrer war gestern, als er sich mit seinem Velociped auf den Weg gemacht hatte, von einer wütenden Bande rabenschwarzer Krähen attackiert worden, hatte die Lenkstange verrissen, so dass er im Straßengraben gelandet war. Er hatte sich einen Arm gebrochen und etliche Rippen geprellt und sollte für mindestens sechs Wochen das Bett hüten, hatte der Doktor angeordnet.
Als Elvira davon erfuhr, fiel ihr ein großer Stein vom Herzen, hatte Simon doch um diese Stunde am Abendbrottisch gesessen.
So nahm das Schuljahr dann doch noch einen guten Ausgang, vom Durchfallen war keine Rede mehr, den Kindern machte die Schule wieder richtig Spaß und die großen Ferien standen vor der Tür.
Wieder musste die Ernte eingebracht werden. Es war ein gutes Jahr gewesen. Der Mais stand schon Mitte September mannshoch auf den Feldern, viele Sonnenstunden hatten das Land verwöhnt, das doch sonst eher durch anhaltenden Nieselregen und niedrige Temperaturen bekannt war. Daher gab es in diesem Jahr besonders viel zu tun. Die Erntehelfer aus den Nebelbergen waren gerade zur rechten Zeit erschienen, standen mit dem ersten Hahnenschrei auf und arbeiteten bis zur Dämmerung auf den Wiesen und Feldern.

Zum Erntedankfest war wie jedes Jahr auf dem Marktplatz von Grimbelwald eine riesige Strohpuppe aufgebaut worden, die am Ende des Festes traditionsgemäß in Flammen aufgehen sollte. Bestimmt fünf Meter ragte das Gestell in die Höhe und war bekleidet mit einem bäuerlichen, zeltgroßen Gewand, dessen Hemdzipfel lustig im Wind wipperten. Der Platz war gesäumt von Buden und Ständen, die sämtliche Spezialitäten des Flachlandes anboten. Besonders die weiße schlabberige, gekochte Wurst mit dem appetitanregenden Namen ’Leichenschmaus’, erfreute sich auch heuer wieder allergrößter Beliebtheit. Diese Leckerei zeichnete sich nicht nur durch ihre bloße Unansehnlichkeit aus, auch der Geschmack, der irgendwo zwischen Moor und salzigem Kieselstein angesiedelt

war, ließ doch sehr zu wünschen übrig. Mancher Städter, der auf den abwegigen Gedanken gekommen war in diesen Breiten seine Sommerfrische zu verbringen, hatte schwer mit der Mahlzeit zu kämpfen und litt noch tagelang an Magenverstimmungen. Auch für Getränke war ausreichend gesorgt. Außer dem hier gebrauten ‚Grimbelwalder Bockbier' und dem Rotwein, dem nachgesagt wird, es handele sich hierbei um das sauerste Tröpfchen im ganzen Reichsgebiet, fand sich auch der berühmte Apfelwein. Ein Getränk welches hier im Sommer kalt, im Winter heiß getrunken wurde und mit allerlei Kräutern versetzt eine unglaublich gesundheitsfördernde Wirkung entfalten sollte. Das Zeug schien für alles gut zu sein, ob Eiter in den Nebenhöhlen, Kopf und Gliederschmerzen, Rheuma, zu hoher oder zu niedriger Blutdruck, Akne, Gicht, Malaria oder Beulenpest. Allerdings war es gerade Auswärtigen nicht angeraten mehr als einen Fingerhut von dem Gebräu zu sich zu nehmen, da auch hier wieder Montezumas Rache drohend ihren Finger hob. Für das leibliche Wohl war also aufs Beste gesorgt, der gesamte Platz wurde mit Tischen und Bänken ausgestattet, die mit einem gewissen Sicherheitsabstand um die Erntefigur herum aufgestellt worden waren. Da das Wetter schön zu bleiben versprach, hatte man auf Planen und Zelte fast gänzlich verzichtet, nur die Stände und Buden waren vor einem eventuell niederkommenden Regenschauer ausreichend abgesichert. Auch die Bühne, die am Tag zuvor errichtet worden war, war überdacht und die Musikanten fingen schon in den Nachmittagsstunden an zu spielen. Die Kapelle dudelte nun bis Mitternacht eine Polka nach der anderen herunter, zur Geisterstunde sollte dann zum Abschluss der Feierlichkeiten die Strohpuppe entzündet werden. Den Musikanten war an den gerümpften Nasenspitzen anzusehen, dass sie lieber ein anderes Programm zur Aufführung gebracht hätten, doch waren sie, unter Androhung von Gewalt dazu gezwungen worden, hier in der Provinz auf dieses altbackene Liedgut zurückzugreifen, das nur noch hier am hinteren auslaufenden Ende der Welt überhaupt noch beim Publikum ankam. Bockig dröselte nur manchmal verstohlen ein Posaunist eine modernere, jazzige Phrase mit hinein, was ihm jedoch sofort böse Blicke von Seiten der Honoratioren einbrachte.
Der gemeinen Zuhörerschaft schien das jedoch nicht aufzufallen, waren diese doch schnell in jenem angeheiterten Zustand, der dem ausgiebigen Genuss von alkoholischen Getränken üblicherweise folgt. Um es weniger vornehm auszudrücken, die Mehrheit der Festbesucher war schon nach ungefähr zwei Stunden stockbesoffen. Es wurde viel gebrüllt, gegrölt, kleinere Raufereien blieben auch nicht aus und so mancher schwang das Tanzbein auf eine Art und Weise, die eher an das Schwanken eines Schiffes auf hoher See erinnerte, als anmutig genannt werden konnte. Es sollte nur einmal ein Auswärtiger behaupten die Flachländer verstünden nicht zu feiern. Dass man ihnen dies, in belebteren Teilen des Reiches abspricht, entbehrt jeder Grundlage, dies könnte man zumindest bei solchen Gelegenheiten vermuten. Der Flachländer kann auch durchaus einmal aus sich herausgehen, was man jedes Jahr, am Tage nach dem Fest, am Zustand des Marktplatzes ersehen konnte. Kaum eine Bank blieb heil, der Boden war jedes Mal von Scherben übersät und meistens lagen noch einige Alkoholleichen am nächsten Morgen verstreut auf den Tischen.
Nachdem die Kapelle ihr letztes Lied zum Besten gegeben hatte, war nun die Zeit gekommen die riesige Strohpuppe zu entzünden. Um das Gestell herum war ein Scheiterhaufen

errichtet worden, den es nun galt anzufachen. Kaum stand die Opfergabe in Flammen, das Feuer hatte sich rasch bis zum Inneren der Figur hervor gearbeitet, schossen plötzlich Feuerwerksraketen in die Höhe begleitet von einigen donnernden Kanonenschlägen. Die Menge, die schlagartig ernüchtert schien, strebte zu Tode erschrocken an die Ränder des Marktplatzes und brachte sich hinter den Buden in Sicherheit. Zwei, drei Planen hatten Feuer gefangen und einige Tische waren bei der Stampede zu Bruch gegangen. Ubbo und Enno grinsten sich wissend an und Simon hatte sich schon so etwas gedacht, hatte er die Jungen doch schon wochenlang beobachten können, wie sie sich heimlich mit ihren Freunden Walther und Jens in aller Heimlichkeit im Geräteraum getroffen hatten. Das also hatten sie dort ausgeheckt.
Die Feuerwehr, deren Mitglieder allesamt stark angeheitert waren, rückte aus. Zum Glück jedoch gab es bald nichts mehr für die tapferen Männer zu tun, denn fünf Minuten später ergoss sich ein solch heftiger Regenschauer vom Himmel, der den Brand auf der Stelle löschte und die übrig gebliebenen Festbesucher endgültig auf den Nachhauseweg spülte. Wilhelm hatte die verstohlenen Blicke seiner Söhne durchaus bemerkt und nahm sich insgeheim vor, sich die beiden in den nächsten Tagen einmal vorzuknöpfen. Leider hatten Sybilla und die Mädchen dieses Jahr nicht am Erntefest teilnehmen können, so wie das Jahr zuvor. Simon freute sich immer sehr auf seine Cousinen, die alle drei schon einen recht erwachsenen Eindruck machten und an Simon schon für die spätere Mutterrolle zu üben schienen, verwöhnten sie ihn doch schon sehr. Auch war keine Nachricht von Sybilla gekommen, was Elvira doch etwas seltsam vorgekommen war. Allerdings hatte die Schwester, im letzten Jahr schon, eine Stelle als Patissière am Hof von Baron Bodo in Hallgard angenommen und so machte sich Elvira nicht allzu große Sorgen, war doch diese neue Aufgabe mit viel Zeitaufwand verbunden. Irgendetwas wollten sie ja immer, die adligen Herrschaften und dann musste man wohl oder übel auch mal in den sauren Apfel beißen und auch an den Feiertagen arbeiten, wenn alle anderen den lieben Gott einen guten Mann sein ließen. So war auch dieser Sommer vergangen und am nächsten Montag sollte, zum Leidwesen der Kinder, die Schule wieder beginnen.

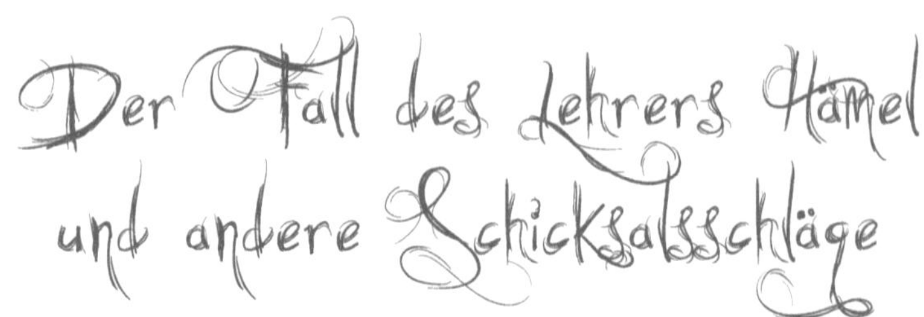

Am Schulgebäude angekommen wartete jedoch zur Überraschung aller, das Fräulein Ludmilla auf die Kinder. Hämel war noch nicht erschienen, obwohl er doch sonst auf Pünktlichkeit den allergrößten Wert legte. Ludmilla führte sie derweil schon einmal ins Klassenzimmer und begann die Zeichenstifte auszuteilen. Man könne sich ja auch etwas produktiv betätigen bis der Lehrer käme. Als dieser um zehn Uhr noch immer nicht aufgetaucht war, begann sich Ludmilla dann doch Gedanken zu machen. Da erspähte sie auf der Straße Albert, den Gemeindediener, der gerade eben mit einer Schubkarre etwas frische Muttererde für ihr Kräutergärtchen bringen wollte. Sie bat ihn die Arbeit zu verschieben und einmal zum Haus des Lehrers zu laufen, um zu sehen wie es mit ihm stünde. Nach einer dreiviertel Stunde kam Albert schnaubend und völlig atemlos zurück, er musste den ganzen Weg ins Dorf zurück gerannt sein, und berichtete er habe den Lehrer in einem erbarmungswürdigen Zustand vorgefunden. Es wäre kein einziges halbwegs vernünftiges Wort aus ihm herauszubringen gewesen, er sähe verwahrlost aus wie ein wildes Tier und brabbelte nur noch unverständliches Zeug vor sich hin.
Das Fräulein entließ die Kinder nach Hause, dieser Sache musste sie wohl selbst auf den Grund gehen. Nachdem die verdutzten Schüler auf den Weg gebracht waren und Albert sich wieder etwas erholt zu haben schien, machten sich die beiden erneut auf den Weg zu Hämels Behausung. Dort sah erst mal alles aus wie immer, der Treppenaufgang war sauber gekehrt, ein paar ausgeleierte Unterhosen hingen noch vergessen an der Wäscheleine und ein kupfernes Wetterfähnchen auf dem Dach drehte sich quietschend im Wind. Albert hatte die Tür angelehnt gelassen und sie betraten vorsichtig das Haus.
„Er war im Wohnzimmer, vorhin!", flüsterte Albert und blickte sich misstrauisch nach allen Seiten um. Ludmilla schritt forsch durch den langen Flur und öffnete eine Tür. Sie hatte das Haus des Lehrers in etwas anderer Erinnerung gehabt, Hämel schien sein gesamtes Mobiliar umgestellt zu haben. Nun wäre dies an sich nichts Ungewöhnliches, wenn man einmal davon absähe, dass der Esstisch, von zwei Stehlampen getragen, praktisch in der Luft zu schweben schien, das Sofa mitsamt gehäkelten Deckchen irgendwie auf den Wandschrank gelangt war und der Leuchter nicht von der Decke herabhing, sondern mit den Fußbodendielen fest verschraubt war. In einer Ecke kauerte Hämel, den Kopf in einen Vogelkäfig gezwängt und blickte angstvoll in die Augen der Eindringlinge.
„Pfteralosimu!", rief er mit schreckgeweiteten Pupillen aus.
„Sehen sie nun was ich meine?" Albert hatte das unerfindliche Gefühl weiterhin flüstern zu müssen.
„Aber, Herr Studienrat, was ist Ihnen?", fragte das Fräulein.
„Achamanomoso!", schallte es zurück, dabei verdrehten sich die Augen des Pädagogen, so dass nur noch das Weiße in ihnen zu sehen war. Er trug immer noch den rechten Arm

in der Schlinge, der Verband stammte noch von seinem Unfall mit dem Fahrrad, und richtete sich jetzt mit der linken Hand abstützend auf. Hämel schien mit sich zu ringen um seine Fassung wiederzugewinnen. Doch brachte er nur heraus, wobei er mit dem Finger herrisch auf die Türe wies: „Lakantahupp Prodeng!“

„Äh, fühlen sie sich nicht ganz wohl, Herr Studienrat?“, fragte wieder Ludmilla.

Der Lehrer rückte seinen Helm zurecht, hob die Augen himmelwärts und begann. „Quasmahal, gopreniwi, laudenskaja, hoppsi, floppsi, pingernäl komatschewski! Parsipol obwellag kurumanoliso blah, wernopsimus!“

Albert und das Fräulein sahen sich verständnislos an, doch Hämel schien mit seinen Ausführungen fortfahren zu wollen.

„Meyrink ödupil tratkistoniwum blah, erguniwerta blah broselli, quaderatsch kieselklopp werneduna bloh, quisteram quamque edelweiss, garnibla, gerdundula, quosmopolitan libertado...“

Der Lehrer schien sich in seinem Vortrag nicht unterbrechen lassen zu wollen, immer wieder wischte er mit der gesunden Hand alle Einwände beiseite, die Ludmilla erheben mochte.

„Aber Herr Studienrat, ich glaube sie leiden zumindest unter erhöhter Temperatur!“, sprachs und zog ein Thermometer aus der Gartenschürze, die das Fräulein nie abzulegen schien. Der Versuch das Messgerät dem Pädagogen durch die Gitterstäbe des Vogelkäfigs in den Mund zu schieben, misslang gründlich, da dieser vehement den Kopf zu schütteln begann.

„Laconado ulque pessiemori, rief der Lehrer aus und sträubte sich weiterhin vehement gegen das medizinische Instrument.

„Na, na, Studienrat, es tut auch gar nicht weh!“, rief Ludmilla, die allen Respekt vor ihrem Vorgesetzten zu verlieren begann.

„Vencerinopol guntinohu plemplem, gwratissimo forte pereoossivo furunkulum! Paranisomil wenigasolö tromtrom nisse, elohil paracelsus quamquam polens horagatur!“, fuhr der Pädagoge fort und fuchtelte dabei aufgeregt mit den Armen umher, wobei er eine Kaffeetasse von dem senkrecht stehenden Schreibtisch stieß.

„Wir wollen ihnen doch nur helfen!“, sagte dann der Gemeindediener und ging einen Schritt auf Hämel zu.

„Logostunus mirabisibil estalunt!“, rief Hämel entsetzt aus und wich in Richtung des Fensters zurück, er schien sich tatsächlich bedroht zu fühlen.

„Halt! Vorsicht!“, riefen Ludmilla und der Gemeindediener nahezu gleichzeitig aus. Doch schon war der Lehrer mit dem Hinterteil voran aus dem offenen Fenster geplumpst. Schnell liefen die beiden nach draußen, um das Haus herum, um ihn wieder aufzusammeln. Er hatte sich dem Anschein nach keine weiteren Verletzungen zugezogen. Gerade rappelte er sich wieder auf als Ludmilla und Albert auch schon um die Ecke kamen.

„Haben sie sich etwas getan?“, fragte die Lehrerin mit besorgtem Blick und klopfte Hämel den Staub von den Schultern. Der rückte zuallererst wieder den Vogelkäfig gerade, anscheinend bemüht einen ordentlichen Eindruck zu machen.

„Ferndensino plkratabur esse!“, sagte der Lehrer, bemüht die Contenance zu wahren.

„Dregargenzu palialis fregerstimum lafayette!“, fügte er auf beschwichtigende Art und Weise hinzu.
„Was machen wir denn jetzt mit dem?“, flüsterte Albert dem Fräulein verschwörerisch ins Ohr.
„Ich glaube wir sollten unbedingt den Doktor hinzuziehen“, meinte diese dann nach einiger Überlegung. „Albert, laufen sie zum Haus des Doktors, ich passe solange auf den Herrn Studienrat auf!“
Albert zeigte wenig Begeisterung den langen Weg erneut antreten zu müssen, lief dann aber doch los und kehrte alsbald wieder mit dem Doktor in dessen Droschke zurück. Mittlerweile hatte Ludmilla lange Zeit versucht aus Hämel irgendetwas Vernünftiges herauszubekommen, was ihr aber in keinster Weise gelungen war.
Zumindest schien er etwas ruhiger geworden zu sein, der Schrecken war aus seinem Gesicht gewichen. Fast schon versonnen saß er zu Ludmillas Füßen im Schmutz des Hofes und sang Däumchen drehend ein seltsam klingendes Liedchen vor sich hin.
„Pantolibus, langustenschuss, friverolus, bumm bumm!“ Die Melodie hatte einige Ähnlichkeiten mit dem bekannten Kinderlied ‚Ich hau dir auf die Erbse, Rübezahl‘, es wäre jedoch niemand auf die Idee gekommen deswegen eine Plagiatsklage am Gericht einzureichen. So im Dreck sitzend fand der Doktor also den Pädagogen vor und sofort holte er, wie das bei Doktoren so üblich zu sein scheint, erst einmal sein Stethoskop hervor, hielt es dem Lehrer an verschiedene Stellen seines Körpers und schüttelte dann, auch dies eine allgemeine Unart von Männern der ärztlichen Zunft, bedeutsam einige Male den Kopf.
„Tja äh.! Möglicherweise! Nein, …aber? Vielleicht doch!“, der Medizinmann strich sich während dieser Rede pausenlos mit der Hand über seinen dichten grauen Bart. Dann holte er einen kleinen hölzernen Spachtel aus der Brusttasche seines einstmals weißen Kittels und sagte. „Sagen sie doch mal A!“, und zog dann entsetzt die Hand zurück. Hämel hatte das Werkzeug mit seinen großen scharfen Vorderzähnen einfach entzweigebissen.
„Larontulus bersikoli probii!“, rief der Pädagoge, spuckte seinen Teil des Spachtels in den Staub und rannte in Richtung des Apfelbaums, der inmitten seines Hofes aufragte. Als fühlte er sich dort in Sicherheit, kauerte sich der Lehrer wieder hin und begann erneut vor sich hin zu singen.
„Pantolibus, langustenschuss, friverolus, bumm bumm!“
Der Doktor schüttelte wieder den Kopf und strich sich über die wuchernde Gesichtsbehaarung.
„Könnte sich um das Zaunkönigssyndrom handeln. Bin leider kein Fachmann auf diesem Gebiet. Werde zunächst einige wissenschaftliche Abhandlungen studieren müssen.“ Dies sprach er so in sich hinein, dann wand er sich an die anderen. „Ich nehme ihn mit ins Hospital und gebe ihm dort erst mal was zur Beruhigung, dann sehen wir weiter!“
Es gestaltete sich als keine ganz einfache Sache den Lehrer hoch auf die Droschke des Doktors zu hieven, aber mit vereinten Kräften gelang es dann doch noch. Dort war leider nur noch Platz für das Fräulein Ludmilla und Albert der arme Tropf musste wohl oder übel schon wieder zu Fuß gehen.
Die Geschichte vom Schicksal des Lehrers verbreitete sich wie ein Lauffeuer im Ort.

Kaum hatte Albert auf dem Weg ins Dorf den ‚Goldenen Löwen' aufgesucht, um sich nach all dem Wandern etwas auszuruhen und frische Kräfte und einige Krüge Apfelwein zu tanken, wusste schon beinahe jedermann von der Sache. Unter vorgehaltener Hand begannen die Leute von der Seuche zu reden, die inzwischen in der Hauptstadt begonnen hatte zu grassieren. Ja, man sprach dort schon von einer Epidemie, die alle Schichten des Volkes zu betreffen schien. Jeden konnte es erwischen, vom feinsten adligen Kavalier bis zur schlampigsten Stallmagd, wirklich jeden. Und immer noch war kein Mittel dagegen gefunden worden, doch bisher hatte sich der Ausbruch der merkwürdigen Krankheit auf die Gegend um das Stadtgebiet von Hallgard und die Vororte beschränkt. Sollte sich die Seuche jetzt weiter im Lande verbreiten? Besorgt schüttelten die alten Weiber die Köpfe. Wie sollte das bloß alles enden?
Der Doktor nahm mittlerweile alle Arten von Untersuchungen bei seinem Patienten vor, die ihm überhaupt nur in den Sinn kamen, konnte aber bei Hämel keine organische Ursache für dessen Zustand feststellen. So fing er an nach und nach alle möglichen Kuren anzuwenden. Er machte Einläufe, verabreichte Arzneien, versuchte es mit leichten Kälteschocks, setzte ihn auf eine Wasser- und Brot Diät, alles vergeblich. Der Pädagoge blieb auf seinem Allerwertesten sitzen, weigerte sich beharrlich den Vogelkäfig abzulegen und sang nur so vor sich hin. Immer dasselbe Liedchen. Das Hospital von Grimbelwald leerte sich nach und nach, keiner der anderen Kranken, kein Patient, ob er nun mit einem ernsthaften Magenleiden oder einem komplizierten Knochenbruch eingeliefert worden war, konnte länger als zwei Wochen dieses schiefe Gesinge ertragen, ohne letztlich auch noch an seiner Seele Schaden zu nehmen. Ein paar Monate später warf der Doktor dann endgültig hin, nichts hatte geholfen und nichts fiel ihm mehr ein. Hämel bekam ein hübsches kleines Einzelzimmer, welches vor dem Bezug wohlweislich mit schalldichten Wänden ausgestattet worden war, in einer sogenannten Seniorenanlage zugewiesen und verlebte dort seinen unverdienten Ruhestand. Seine Kopfbedeckung musste übrigens alle paar Jahre ausgewechselt werden, wenn die Gitterstäbe begannen Rost anzusetzen.
Da in so kurzer Zeit kein neuer Lehrer zu bekommen war, unterrichtete das ganze restliche Schuljahr das Fräulein Ludmilla die Kinder. Auch kümmerte sie sich rührend um Hämel, den sie immer wieder im Hospiz besuchte, ihm etwas Leckeres aus ihrer Küche mitbrachte, (sie war der Meinung das Essen im Krankenhaus sei überall auf der Welt einfach ungenießbar) und seinen nicht enden wollenden Ausführungen lauschte, die er zwischen seinem ewigen Gesinge vorbrachte. Simon, der von dem Lehrer doch immer auf das schlimmste geplagt worden war, empfand dennoch Mitleid für den Pädagogen, so etwas wünscht man schließlich nicht mal seinem ärgsten Feind. Die anderen Schüler nahmen Hämels Schicksal gelassener hin und weinten ihm keine Träne nach. Alles in allem verlief das Schuljahr denn auch sehr harmonisch und den Kindern machte es endlich wieder richtiggehend Spaß in die Schule zu gehen. Der Winter kam und verging. Wieder war es eine harte kalte Jahreszeit gewesen, die dann endlich hinter den Menschen in Grimbelwald lag. Der Frühling zog ein, die Arbeit auf den Feldern rief und bald schon war der Sommer da mit all seinen Segnungen und Verlockungen.
Simon sollte jetzt in die vierte Klasse gehen, obwohl es genau genommen ja nur

diese eine Klasse gab. Ludmilla hatte, nach Meinung des Gemeinderats ihre Sache so gut gemacht, dass man sie zur Schulleiterin befördert hatte. Nun hatte sie ihrerseits no ch Unterstützung organisiert in Gestalt ihrer Schwester, die aus den Weiten der karamasulischen Steppe angereist gekommen war und nahezu das genaue Spiegelbild von Ludmilla war. Obwohl ein Jahr im Alter voraus, sah sie ihrer Schwester so ähnlich wie ein Ei dem anderen. Und genauso frohgemut wie diese, machte sich das Fräulein Larissa auch gleich an die Arbeit den Kindern etwas Bildung mit auf den Weg zu geben.
Die Erntezeit neigte sich dann schon fast ihrem Ende entgegen, als eines Morgens der Briefträger auf seinem wackeligen Fahrrad auf den Karsulkehof herauskam. Dies geschah eigentlich recht selten, viel Post bekamen Wilhelm und Elvira eigentlich nicht. So war dies immer ein kleines Ereignis und der Postbote Bruno wurde dann auch wie üblich zum Frühstück eingeladen. Der Brief war an Elvira adressiert und die öffnete diesen dann zaghaft vorsichtig mit einem Küchenkneipchen um die Briefmarke nicht zu zerreißen, die einer der Jungs, sie wusste im Moment nicht welcher von beiden der Philatelist war, sammelte. Als sie das Schriftstück entfaltete und die Zeilen überflog, begann eine Totenblässe ihr Gesicht zu überziehen.
„Doch wohl keine schlechten Nachrichten? Hallo Bruno!“, brummte Wilhelm, der gerade aus dem Schweinestall gekommen war.
„Moin, Wilhelm, alles im Lot?“, erwiderte der Briefträger.
„Unsere Schwester!“, stammelte Elvira verstört, „Hier steht, sie ist ernsthaft erkrankt! Der Brief ist von einer Behörde! Amt für Seuchenverwaltung!“
„Mein Gott!“, rief Wilhelm erschrocken aus.
„Lies selbst!“, Elvira reichte ihrem Bruder das Schreiben.

„Müssen wir…, mitteilen…, blah, blah, Volksgesundheit, ...blah, blah, blah...!“, Wilhelm hatte Mühe den Inhalt des Briefes zu verstehen. „Einweisung...blah...blah…! Kinderschutzrichtlinien, …mit Eintreten der Volljährigkeit, Waisenhaus Erdbeerfeld..., paranoide Schübe, verstehe nun endgültig kein Wort mehr!“ Wilhelm reichte das Schreiben an Elvira zurück, die sich an den Küchentisch gesetzt hatte, an dem Bruno immer noch dabei war ein Brot mit Himbeermarmelade zu verschlingen.
„Ich muss nach Hallgard fahren und mir selbst ein Bild machen. Außerdem werde ich mich um die Mädchen kümmern müssen“, sagte Elvira bestimmt und man konnte sehen wie ein Ruck durch ihren Körper ging. „Vielleicht wirst du erst mal eine Weile ohne mich auskommen müssen.“
„Mach dir da mal keine Sorgen!“, meinte Wilhelm. „Das wird schon gehen!“
Gerade kam Simon völlig außer Atem in die Küche gerannt.
„Draußen steht ein gelbes Fahrrad, kann ich da mal drauf fahren?“, rief er fröhlich, dann sah er den Postboten am Tisch sitzen.
„Klar kannste mal ne Runde fahren, komm mit!“, sagte Bruno, stand schnell auf und lief mit Simon hinaus in den Hof.
„Ich glaube den Jungen nehm’ ich erst mal mit“, meinte Elvira dann nachdenklich. „Wer weiß wie lange ich bleiben muss. Außerdem wird es doch mal Zeit, dass er ein bisschen mehr von der Welt zu sehen bekommt!“

Am nächsten Morgen brachte Wilhelm seine Schwester und Simon in aller Frühe ins Dorf zum Droschkenbahnhof, wo noch reichlich Plätze in der Kutsche in Richtung Hallgard frei waren. Der Abschied von seinen Brüdern war Simon sehr schwer gefallen, war doch jetzt gerade die schönste Zeit des Jahres gekommen, doch war er wiederum sehr gespannt auf die große Stadt. Das versprach ein echtes Abenteuer zu werden und kaum hatten sie ihre Plätze in dem Omnibus gefunden und waren losgefahren, drückte er sich schon die Nase an den Fensterscheiben platt. Gezogen wurde das an die zehn Meter lange Gefährt von einem Pferdegespann bestehend aus sechs Tieren, die allesamt einen gesunden Eindruck machten und die vor der Abfahrt noch eine gehörige Menge Hafer und einige Mohrrüben zur Stärkung mit auf den Weg bekommen hatten. Elvira saß die ersten Stunden versunken auf ihrem Platz und hatte keinen Blick für die Schönheit der sommerlichen Landschaft die an ihnen vorbeiflog. Nur mit allergrößter Mühe hatte sie die Tränen zurückgehalten, als sie sich erst von den Jungs und dann von ihrem lieben Bruder hatte verabschieden müssen. Sie ahnte wohl, dass dies ein Abschied für eine längere Zeit sein würde, es beschlich sie das mulmige Gefühl, dass schwierige Entscheidungen vor ihr stünden.

Nachdem Elvira und Simon eine ruhige Nacht in der Raststätte, die genau in der Mitte der Wegstrecke zwischen Grimbelwald und Hallgard lag, verbracht hatten, stiegen sie morgens um sechs Uhr nach einem zeitigen Frühstück, das aus Toast, Würstchen und Bohnen in Tomatensauce bestanden hatte, wieder in die Kutsche. Die Mitreisenden machten allesamt keinen sehr ausgeruhten Eindruck, nachdem man einen Tag schon das Schlingern und pausenlose Geruckel des Gefährts hinter sich hatte, fühlte jedermann sich wie gerädert. Auch der Rest der Reise verlief ohne große Vorkommnisse und so kamen die Passagiere dankbar seufzend am frühen Abend an den Stadttoren von Hallgard an. Der Kutscher wuchtete gerade ächzend Elviras Riesenkoffer vom Dach des Omnibusses und übergab ihn seiner Besitzerin mit den Worten. „Wohl Backsteine eingepackt, gute Frau, was?", dabei mit beiden Händen seinen Rücken stützend.
Elvira ersparte sich jede Erwiderung, schnappte sich den Reisekoffer, als ob dieser nur Daunenfedern enthielte, nahm Simon an die andere Hand und setzte sich in Bewegung. Simon, der schon nach dem Passieren des Stadttores nur noch mit der Nase an der Fensterscheibe der Kutsche förmlich geklebt hatte, war völlig überfordert von den Eindrücken die nun auf ihn einströmten. Die Häuserzeilen, die die beiden umgaben, schienen wie Gebirgswände in die Höhe zu ragen. Da Simon nur den Anblick des Flachlandes gewohnt war, überwältigte ihn jetzt die Architektur der Hauptstadt. Ringsumher umgaben ihn Wände aus Stein und Holz, Eisen und Zement. Giebel und Türmchen ragten in den Himmel auf und ließen kaum das Tageslicht durchscheinen. Der Junge blieb wie erstarrt mitten auf dem Pflaster stehen und blickte ehrfürchtig und verschreckt auf die bedrohlich aufstrebenden Fassadenwände. Elvira war kaum in der Lage ihn aus seiner Versteinerung zu lösen und doch zog sie ihn nun weiter in Richtung des Hauses in dem Sybilla noch immer ihre Wohnstatt hatte. Durch das Beamtenviertel ging zuallererst ihr Weg. Die städtischen Bediensteten hatten sich hier, im westlichen Teil von Hallgard am Rande der schützenden Stadtmauer eingerichtet, wohl um zumindest von einer Seite aus nicht von erbosten Bürgern belästigt werden zu können. Die Straßen waren mäßig befahren, keine Lieferanten blockierten mit ihren Fuhrwerken die Wege, alles atmete eine gewisse behäbige Gutbürgerlichkeit. Dieser Eindruck änderte sich dann jedoch schlagartig, als die beiden in östlicher Richtung durch das Einkaufsviertel kamen. Hier herrschte das reinste Chaos in den Straßen und Gassen, von Vorfahrtsregeln schien man hier in der Stadt noch nie etwas gehört zu haben. Die Kutschen, Droschken und Fuhrwerke, auch ein paar der wenigen benzinbetriebenen Vehikel hatten sich in das Durcheinander gedrängt, standen jedoch mehr, als dass sie sich bewegten. An jeder Kreuzung schrillten Trillerpfeifen, lärmten die neuartigen Hupen der Automobile und fluchten die Kutscher, so wie es ja auch sprichwörtlich von dieser Berufsgruppe erwartet wird. Eine Handvoll uniformierter Büttel schien keinesfalls in der Lage zu sein dem Chaos Einhalt zu gebieten, jedermann bestand auf dem Recht als Erster loszufahren und sobald sich ein Gefährt in Bewegung gesetzt hatte, löste dies auf der Stelle die hitzigsten Diskussionen

zwischen den Zurückbleibenden aus. Schnurstracks überquerten Elvira und Simon die Hauptstraße des Geschäftsviertels, bogen in eine kleine Gasse ein, in der es stark nach Abwässern und Unrat roch, und Elvira ließ den Jungen erst einmal wieder zu Luft kommen, hatte ihn das Tohuwabohu auf den Straßen nun doch endgültig aus der Fassung gebracht. Wie ein verschrecktes Kaninchen lehnte er an einer feuchten Häuserwand, seine Augen erkletterten wieder die Fassaden, die ihm immer noch Angst machten, da sie sich beständig auf ihn zuzubewegen schienen und er das Gefühl hatte keine Luft mehr zu bekommen. Hier in der dunklen Ecke beruhigte sich sein Atem jedoch langsam und die Angst in seinen Augen machte wieder der Vernunft Platz.

„Es ist jetzt nicht mehr weit, Simon!“, sagte Elvira beruhigend. „Nur noch drei Straßen weiter und schon haben wir es geschafft!“

Der Junge nickte tapfer und so trotteten sie weiter. Sybilla wohnte noch immer hier in dem alten Mietshaus, obwohl sie auch ein Kämmerchen im Palast hätte beziehen können, doch hatte sie nicht die Mädchen den Verführungsversuchen der adligen Jungherren aussetzen wollen, die in dieser Beziehung vor nichts zurückschreckten, besonders wenn es sich, wie bei ihren Töchtern, um besonders gut gewachsene Exemplare ihrer Art handelte. Bald hatten sie den richtigen Hauseingang gefunden, gingen durch das Tor ins Treppenhaus hinein, die wackligen Stiegen zu Sybillas Wohnung hinauf. Elvira klopfte an die Tür, der eine neue Lackierung gut getan hätte. Nach einiger Zeit öffnete sich die Tür einen kleinen Spalt durch den sich dann eine spitze Nase schob.

„Hallo Gertrud!“, begrüßte Elvira ihre Nichte, die sie verständnislos anstarrte, so als hätte sie Elvira niemals zuvor gesehen. Dann aber riss die junge Frau die Tür mit einem Ruck auf und fiel ihrer Tante schluchzend um den Hals, wobei Elvira derart ins Taumeln geriet, dass sie beinahe die Stiegen hinabgestürzt wäre.

„Ach, bin ich froh, dass du endlich da bist!“, rief das Mädchen aus, als es sich wieder etwas gefasst hatte. „Ich wusste schon gar nicht mehr was ich noch tun soll.“

Gertrud zog die beiden über die Schwelle ins Innere der Wohnung hinein. Hier hatte sich einiges verändert, kein Spielzeug oder Klamotten lagen mehr auf dem Boden herum. Alles war sauber und aufgeräumt, waren die Mädchen doch jetzt fast schon alle erwachsen. Sie führte die beiden auf der Stelle ins Schlafzimmer Sybillas, die auf dem ungemachten Bett saß und auf ihre nackten Füße starrte. Ihr Haar war fettig und ungekämmt, sie trug einen verschlissenen Bademantel und rieb sich unentwegt die Nase, als ob es sie jucken würde. Sybilla nahm keinerlei Notiz von den Eintretenden, hob nicht einmal den Kopf, sondern blickte weiterhin nur ausdruckslos vor sich hin, ohne allem Anschein nach irgendetwas wahrzunehmen. Dabei summte sie leise vor sich hin und Elvira schossen Tränen in die Augen als sie die Melodie erkannte. Es war ein uraltes Kinderlied, das schon die Mutter beiden Töchtern vorgesungen hatte, als sie beide noch sehr klein gewesen waren und wieder einmal nicht hatten einschlafen wollen.

„Sybilla, ach Sybilla, nun sag doch etwas!“, versuchte sie es erneut, doch hob ihre Schwester nicht einmal die Augen. Es war, als wären die drei gar nicht hier bei ihr im Zimmer. Oder, als wäre Sybilla nicht hier, sondern an einem völlig anderen Ort, der unfassbar weit entfernt sein musste. So weit, dass kein Ton kein Licht und keine Stimme sie in dieser anderen Welt würde erreichen können.

„Kennst du denn unseren kleinen Simon gar nicht wieder?", fragte Elvira und konnte kaum ein Schluchzen unterdrücken.
„So geht das jetzt schon seit drei Wochen!", flüsterte Gertrud. „Wir haben natürlich den Doktor geholt, sogar der Chefarzt aus dem Palast hat sie sich angesehen und wusste keinen Rat, was dagegen zu tun wäre. Kommt doch erst einmal wieder mit hinaus!"
Die drei gingen durch den langen Flur in die Küche und nahmen dort am Tisch Platz. Hier traute sich das Mädchen wieder lauter zu reden.
„Sie haben alles Mögliche verschrieben. Wir haben auch alles besorgt. Salben, Tinkturen, Tabletten, hat aber alles nichts genützt. Ich habe sogar versucht sie einfach mal richtig zu erschrecken, damit sie wieder zu sich kommt, aber sie reagiert auf rein gar nichts. Es ist als wäre sie gar nicht hier!"
Elvira lauschte dem Mädchen mit schreckgeweiteten Augen.
„Dann kam vor einer Woche der Seuchendienst. Sie soll in eine Isolierabteilung ins Hospiz kommen, um die Gefahr von Ansteckung zu vermeiden."
„Das werde ich auf keinen Fall zulassen!", sagte Elvira und reckte kämpferisch das Kinn nach vorne. „Das muss auch irgendwie anders gehen."
„Wo sind eigentlich deine Schwestern?", fuhr sie dann fort.
„Sie machen doch jetzt beide eine Lehre als Näherinnen, bei dem Modeschöpfer Quasselburg. Hat dir Mama das nicht geschrieben?"
„Oh, doch ja, jetzt fällt es mir wieder ein, da habe ich gar nicht mehr dran gedacht!" Elvira schlug sich mit der Hand vor die Stirn. „Wie konnte ich das denn nur vergessen? Und du?"
„Ich bin jetzt gerade mit der Schule fertig geworden. Ich weiß noch nicht was ich dann machen will", erwiderte Gertrud und blickte sinnend auf den Küchentisch.
„Gut, dafür haben wir ja noch etwas Zeit!", meinte Elvira nur. „Wir bleiben jetzt erst mal hier und kümmern uns um alles!", sagte sie dann und blickte nachdenklich auf Simon.
Der hatte die ganze Zeit über nur mit großen staunenden Augen zugehört und fragte dann: „Was ist mit Tante Sybilla? Hat sie die Seuche, wie der Lehrer Hämel?"
„Ich hoffe nicht, Schatz! So schlimm wird es schon nicht sein?", antwortete Elvira und sah plötzlich sehr müde aus. „Vielleicht ist es nur ein ganz normales, vorübergehendes Fieber!"
Aber Elvira wusste natürlich insgeheim, dass es sich bei der Krankheit die ihre Schwester befallen hatte, um nichts anderes als um dieses Oblivionsyndrom handeln konnte, wie es die Ärzte mittlerweile begonnen hatten zu nennen. Und bislang war noch kein Heilmittel dagegen gefunden worden, viele der Betroffenen vegetierten, von der Gesellschaft ausgestoßen, nur noch vor sich hin, konnten keiner Arbeit nachgehen und mussten von Almosen ihr Leben fristen. Die meisten landeten, wenn sie Glück hatten, dann irgendwann in den Armenhäusern, wo sie mehr schlecht als recht versorgt wurden. Andere jedoch, von ihren Angehörigen verlassen, aus Angst vor Ansteckung, und besorgt um den guten Ruf der Familie, schliefen auf den Straßen und blieben dann dort irgendwann tot liegen. Dies alles ging Elvira durch den Kopf während sie gleichzeitig überlegte was nun als nächstes zu tun sei.
Zum Glück war das Zimmerchen, das Elvira vormals bewohnt hatte noch frei und so wand sie sich schnurstracks an den Hausbesitzer um es wieder in Beschlag zu nehmen.

Der war froh es wieder vermieten zu können, war es doch schon drei Wochen her, dass der Handelsvertreter, der darin gehaust hatte zurück in die Provinz gezogen war. Dann wollte sie sich am nächsten Tag um den restlichen Lohn kümmern, den Sybilla noch zu bekommen hatte, bevor sie krank geworden war.
Oben im Palast machte der Haushofmeisterunterassistent ihr das Angebot doch die Stelle ihrer Schwester in der Küche anzutreten, da sie dort händeringend immer noch nach Ersatz suchten. Da Elvira wie Sybilla auch eine wahre Meisterin im Zubereiten von Süßspeisen aller Art war, nahm sie kurzerhand an, denn von irgendetwas musste sie ja ihrer aller Auskommen bestreiten. Gerlinde und Gisela gingen ja noch in die Lehre und verdienten kein eigenes Geld. Zum Glück war das Lehrgeld, dass sie an ihre Herren Ausbilder entrichten mussten zum größten Teil schon beglichen. Da oben in der Burg für all die Kinder der Hausangestellten eine Lehrkraft bereitgestellt worden war, die die Kinder im Nötigsten unterrichten sollte, würde auch Simon bis in den frühen Nachmittag hinein beschäftigt sein.
Doch zuerst kümmerte sich Elvira um ihre Schwester. Sie wusch und säuberte sie gründlich, kämmte ihre Lockenpracht, die grau zu werden begonnen hatte, und zog ihr ein sauberes Kleid über, was diese sich reglos wie eine Anziehpuppe gefallen ließ. Dann steckte sie Sybilla in frisch gewaschene Laken und machte ihr erst einmal kalte Wadenwickel. Das hatte doch schon immer geholfen, redete sich Elvira ein. Ihre Schwester summte nur weiterhin leise vor sich hin, nur schien sich das Lied mit dem Rhythmus der Tageszeit ständig zu ändern. Jetzt zur Abendzeit erinnerte es an eine bekannte traurige Weise über vergangenes Liebesglück. Jetzt waren auch Gerlinde und Gisela von der Arbeit nach Hause gekommen. Die beiden Mädchen waren unter fröhlichem Gelächter die Stufen heraufgekommen und waren sehr erstaunt gewesen Elvira und Simon vorzufinden. Zwar machten auch sie sich große Sorgen um den Zustand ihrer Mutter, doch waren sie alle beide von einer Art, die längeres Grübeln und Traurigkeit nicht zu erlauben schien. Man hätte sie boshafterweise etwas oberflächlich nennen können, aber vielleicht sind Mädchen in diesem Alter einfach nun einmal nicht anders. Zwar kümmerten auch diese beiden sich rührend um Sybilla, machten aber hie und da auch einen Scherz über das gänzliche Unvermögen ihrer Mutter irgendetwas von dem was sie ihr erzählten zu begreifen. Sie glaubten beide genau zu wissen, dass dieser Zustand nicht lange anhalten würde und taten jede Erwähnung der Krankheit mit einer gewissen Leichtfertigkeit ab.
Am nächsten Morgen sollte Elvira gleich ihre Stelle in der Küche antreten. Nach einem ausgiebigen Frühstück, Gerlinde und Gisela hatten schon früh das Haus verlassen und Gertrud versorgte ihre Mutter, machte sie sich zusammen mit dem Kleinen auf, hinauf zur Festung.
Simon konnte sich wieder die Augen nicht satt sehen. Alles stürmte auf ihn ein, er fühlte sich überrollt von all den Eindrücken, die auf ihn einwirkten, kaum dass sie hinaus auf die Straße getreten waren. Um diese Zeit waren schon viele Frühaufsteher unterwegs, die die umliegenden Geschäfte und Buden mit Waren aller Art belieferten. Zum Glück hatte der Junge jetzt nicht mehr ständig das Gefühl, dass die Mauern der Stadt immer näher rückten, doch als sie die Zugbrücke, die in die Festung führte überschritten hatten, wurde es ihm doch wieder etwas mulmig. Hier ragten die Ecktürme der Anlage höher

und höher in die Wolken hinein, was auch daran liegen mochte, dass die Feste auf einem Hügel errichtet worden war und je näher sie dem Mittelpunkt der prunkvollen Bauten kamen, desto höher hinauf wanden sich auch die gepflasterten Straßen. Als sie schon beinahe das Tor zum Sanktum der Burg passiert hatten, kam ihnen eine Kolonne von etwa zwanzig Reitern entgegen, angeführt von einem adligen Herrn in prächtig, blau schimmernder Rüstung, auf dessen Wappenschild ein flammenroter Vogel Greif prangte.
„Aus dem Weg, ihr Pack!", hörte man den Rittersmann noch rufen und schon war die Gruppe an Simon und Elvira vorbei.
„Das war Weybrecht van Aken, der Landvogt des Barons", sagte Elvira erklärend zu dem Jungen. „Du musst keine Angst vor ihm haben! Er hatte immer schon eine äußerst große Klappe! Ein unangenehmer Kerl!"
Lange schon hatte Weybrecht in dem Ruf gestanden ein rüpelhafter, duckmäuserischer Emporkömmling zu sein, dem man besser nicht über den Weg traute. Jetzt hatte er es dem Anschein nach doch noch zu etwas gebracht. Eine Tatsache die Elvira nichts Gutes hoffen ließ.
„Wieso schreit der denn so herum?", fragte Simon, den Reitern stirnrunzelnd nachblickend.
„Na vielleicht hat er was Schlechtes gegessen!", meinte Elvira nur mit ernster Miene und zog den Knaben weiter.

Weybrecht van Aken hatte nun keineswegs etwas Schlechtes gegessen. Ja, er hatte noch nicht mal einen winzigen Bissen gefrühstückt. Seine permanente Übellaunigkeit gehörte eher noch zu seinen angenehmeren Eigenschaften. Der, spät in den Adelsstand erhobene, ehemalige Droschkenkutscher war für den Baron einer seiner wichtigsten Gefolgsleute geworden, wenn nicht der wichtigste überhaupt. Nachdem der junge Herr die Macht im Lande an sich gerissen hatte, sein Vater hatte ja wegen seiner Erkrankung abdanken müssen, beziehungsweise war nicht mehr in der Lage gewesen diese Funktion auszufüllen, hatte sein Sohn, der junge Baron Bodo, Weybrecht zum obersten Steuereintreiber ernannt. Tag für Tag ritt dieser nun bis in die hintersten Ecken des Landes und riss alles an sich was nicht niet und nagelfest war. In der letzten Zeit wurde vor rein gar nichts mehr Halt gemacht. Alles aber auch wirklich alles was noch irgendwie zu Geld gemacht werden konnte, wurde einfach mitgenommen, wenn die Bürger, ihre sich Jahr für Jahr vergrößernde Steuerschuld, nicht mehr begleichen konnten. So fand sich manche Bürgerfrau plötzlich ohne den ererbten Familienschmuck und so mancher brave Bauersmann ohne Reittier wieder, nachdem ihnen Weybrecht van Aken die Aufwartung gemacht hatte. Böse Zungen behaupteten man hätte einer alten Großmutter auch schon einmal ihren Ohrensessel unter dem Hinterteil weggeholt. Nicht, dass ihm dieser schlechte Ruf irgendetwas ausgemacht hätte, beileibe nicht. Weybrecht sonnte sich eher noch darin und wurde seinen Mitmenschen dadurch immer ekelhafter. Auch, dass man ihm nachsagte vor der Unschuld einheimischer Jungfrauen nicht Halt zu machen, trug nicht unbedingt zu seiner Beliebtheit im Volke bei. Bodo jedoch war sehr zufrieden mit seinem Untergebenen, er schien immer mehr Gold und Geld zu benötigen um die Löcher in der Staatskasse zu stopfen. Wofür die Unsummen allerdings ausgegeben wurden, blieb gemeinhin ein Rätsel. Nachdem sich der junge Herr selbst zum neuen Baron ernannt hatte, war einer seiner ersten Amtshandlungen gewesen den Finanzminister, der seinem Vater jahrelang zuverlässig und treu gedient hatte zu entlassen und ihn noch dazu zu seinem Hofnarren zu befördern. Dem Ex-Minister durch seinen Treueeid an das Haus Etzelbert gebunden, blieb nichts anderes übrig, als sich seinem neuen Herrn zu fügen und so schlurfte er nun in übergroßen Schuhen, eine Schellenkappe auf dem Kopf durch die Hallen und Flure der Festung. Dies rief solchen Unmut in der Ministerriege hervor, dass aus Angst vor einem Putschversuch, diese dann allesamt ihrer Ämter enthoben werden mussten. So war es nun dem ersten Berater Bodos, einem gewissen Soylentius möglich gewesen alle seine Vertrauensleute auf die nun frei gewordenen Posten zu schieben. So war es dem Alchimisten, denn dieser sonderbaren Berufsgruppe gehörte der Mann an, gelungen innerhalb kürzester Zeit sämtliche Ämter und Institutionen im Staatsapparat neu zu besetzen und alle, die noch auf die Rückkehr von Hjalmar warteten, jedweder Macht zu berauben. Und kaum war ihm dieses Manöver geglückt, drehte er schon an der Steuerschraube und die Bürger mussten jedes Jahr tiefer und tiefer in die Taschen greifen, um ihre Schulden zu begleichen. So blutete das Land langsam aus. Jedermann, der in der Lage war anderswo sein Auskommen zu finden, drehte Hallgard den Rücken und machte, dass er von hier wegkam. Viele der findigsten Geschäftsleute, Ingenieure und Händler waren so dem Land abhanden gekommen und nur die ungebildeten Bevölkerungsschichten waren hier geblieben, aus Mangel an Einfallsreichtum und Alternativen. Nur eine Gruppe von Wissenschaftlern schien, wie durch Magie, von der Baronie angezogen zu werden, dabei handelte es sich um besagte Alchimisten.

Kein Mensch wusste warum Hallgard eine so hohe Anzahl dieser dubiosen Gestalten brauchte, die aus der Menge besonders durch das Tragen ihrer hohen, spitzen Hüte und der langen schweren mit allerlei geheimnisvollen Symbolen bestickten Mäntel herausstachen. Das gemeine Volk hielt diese Leute im eigentlichen Sinne eher für Zauberer denn für ernsthafte Wissenschaftstreibende, man war der Ansicht, dass diese verlotterten Gestalten nur Unruhe stifteten und ihre größten Leistungen im Stemmen von Bierkrügen erbrachten. Auch die Experimente in den ehemaligen Ausstellungsräumen und Pavillons im hinteren Teil des Schlossgartens, welche des Öfteren von kleineren Explosionen begleitet wurden, nahm das Volk nicht gerade für die Alchimisten ein. Außerdem unterstellte man ihnen auch die Einnahme aller möglichen bewusstseinstrübenden Substanzen, hatte man doch schon so manchen der Kerle völlig orientierungslos, aus winzigen Pupillen blickend auf einer Parkbank übernachten sehen. Und es schien den Leuten auch, dass die Anzahl der Zauberer die sich in Hallgard niederließen von Woche zu Woche im Ansteigen begriffen war. Besonders Soylentius, dem wohl alle diese Wissenschaftler unterstanden, erfreute sich allergrößter Unbeliebtheit im gemeinen Volk, hatte man doch den Eindruck gewonnen, dass dieser seit einiger Zeit schon alle Handlungen des Barons auf üble Weise beeinflusste.

Zwei Exemplare dieser sogenannten Alchimisten passierten auch gerade Elvira und Simon, als sie die Hintertreppe zur Hauptküche der Festung emporstiegen. Simon blickte die seltsam gekleideten Männer verwundert an und fragte seine Mutter, warum diese denn Nachthemden trügen. Elvira, die darauf auch keine Antwort wusste, war damit beschäftigt den Weg zur Küche zu erfragen und bald waren sie dort angelangt. Hier konnte sie sich und den Kleinen dem dicken Chefkoch Gustav vorstellen. Der war wohl zufrieden endlich wieder eine Spezialistin für Süßspeisen zu haben, die seinen kunstvoll erstellten Menüs erst die richtige Note verleihen würde und führte die beiden durch die Räumlichkeiten. In der Hauptküche herrschte schon ein emsiges Treiben. Es wurden laut von allen Seiten Anweisungen geschrien, Beschimpfungen der übelsten Sorte flogen beständig von einer Seite des Raumes zur anderen. Man sagt ja bekanntermaßen Köchen nach, nicht gerade über die allerbesten Umgangsformen zu verfügen, zumindest dann, wenn sie sich wie hier ganz in ihrem Element fühlten. Simon erinnerte das Gewusel und der Lärm an eine Zirkusvorstellung, die er einmal in Grimbelwald hatte besuchen dürfen. Der Meisterkoch erklärte Elvira noch dieses und jenes und verschwand dann wieder in der Gruppe von Unterköchen, die in dem Dunst der Küchenherde kaum mehr auszumachen waren. Vorher hatte er die beiden noch mit Anton, seinem Sohn bekannt gemacht, der in Simons Alter zu sein schien. Der nahm ihn auch gleich mit, da der tägliche Unterricht bald beginnen sollte.

Durch etliche Windungen und Flure führte ihr Weg in den Klassenraum, Simon hatte schnell jegliche Orientierung verloren. Dort hatte sich dann schon eine Gruppe von zehn bis zwölf Kindern versammelt und bald betrat auch der Lehrer den Klassenraum. Wenn Simon einen Lehrer von der Art Hämels erwartet hätte, wäre er enttäuscht worden. Doktor Pistorius war ein sehr kleiner, etwas krummer, dicklicher Mann in den besten Jahren und von einer solch fröhlichen Natur, die Simon auf der Stelle für ihn einnahm. Keinesfalls hielt der Lehrer nur Vorträge und erwartete dann von den Schülern alles auswendig wiederkäuen zu können. Nein, dieser Pädagoge nahm sich für jedes Kind ausreichend Zeit und wenn einmal etwas nicht verstanden worden war, fand er immer eine verständliche Art und Weise dies dem jeweiligen Schüler erneut zu erklären. Und dafür nahm er sich denn auch die Zeit. Trotzdem kam in solchen Fällen kaum Unruhe in der Klasse auf, wussten die Schüler doch sich selbst zu beschäftigen ohne allzu viel Lärm zu verbreiten. Für den Fall, dass es doch einmal lauter werden sollte, hatte der Lehrer genau das richtige Mittel um wieder Ruhe einkehren zu lassen. Und zwar verfügte Pistorius über die seltene Gabe alles und jedermann in perfekter Manier nachzuahmen. So sprach er dann den jeweiligen Störenfried mit dessen eigener Stimme an. Er imitierte Intonation, Tonfall und den Dialekt in dem der Lausejunge redete aufs Genaueste, dieser war dann meist so verblüfft und bisweilen auch etwas beschämt, dass er schließlich von ganz alleine Ruhe gab. Simon hatte sich in seinen kühnsten Träumen nicht vorstellen können, dass Schule doch so sehr Spaß machen könnte, wie jetzt hier bei diesem Pädagogen. Obwohl es auch beim Fräulein Ludmilla immer sehr interessant gewesen war, hatte er jetzt erst, hier in Hallgard, den Eindruck etwas Richtiges lernen zu können.

Anton und Simon waren vom ersten Tage an ein Herz und eine Seele. Nichts tat einer mehr ohne den anderen. Anton war ein großer kräftiger Junge, der seinem wohlbeleibten Vater figürlich schon nachzueifern begann, sich aber durch sporadische Hänseleien seiner Altersgenossen nicht aus der Ruhe bringen ließ. Stundenlang führte er Simon durch die verwinkelten Gänge und Flure der Festung, so dass sich Simon bald sehr gut zurechtfand. Jeden Winkel der Burg kannte Anton wie seine Westentasche und die Bediensteten störten sich kaum an den herumstreunenden Kindern, im Gegenteil schenkte man ihnen so gut wie gar keine Beachtung. Nur das Betreten des Schlossgartens war seit jüngster Zeit von höchster Stelle strengstens verboten worden. Ohne ausdrückliche Erlaubnis durfte niemand mehr den Garten besichtigen, der doch im ganzen Land wegen seiner Schönheit gerühmt worden war. Ja, in Hjalmars Tagen war der Park für die gesamte Bevölkerung das ganze Jahr über geöffnet gewesen und die Leute hatten ihren Nutzen daraus gezogen, in dem sie sich an sonnigen Tagen gerne auf den reichlich vorhandenen Ruhebänken niedergelassen, die Enten und Schwäne beobachtet und der Schar von weißen Windhunden zugesehen hatten, die dort immer herumgetollt waren. Die Hunde waren eines Tages verschwunden gewesen, die Singvögel wohl auf den Tellern des Adels gelandet und die Parkbänke waren fortgeschafft worden, bis auf einige wenige auf denen jetzt nur noch die Alchimisten Platz nehmen durften. Jetzt, am Ende des Sommers, war es besonders schade den Park nicht mehr betreten zu können, wuchsen und gediehen hier doch auch die süßesten Äpfel und die schmackhaftesten Birnen der Gegend. Anton jedoch wusste Abhilfe, vor einiger Zeit hatte er einen geheimen Gang entdeckt der von den Vorratsräumen, die unterhalb der Hauptküche lagen bis zu dem ebenfalls unterkellerten Schuppen auf der Streuobstwiese führte. Dieses Wissen hatte er bis jetzt für sich behalten, Simon war der Erste, dem er sein Geheimnis verriet. So fanden die beiden dann doch oft Gelegenheit von den leckeren Früchten zu naschen, die noch keinen Schaden von der Nachbarschaft der Alchimisten, die ständig übelriechende Gase in die Atmosphäre dampfen ließen, genommen hatten. Auch die Gefahr erwischt zu werden konnte die Jungen nicht davon abhalten sich immer wieder durch den engen, unheimlichen Gang zu zwängen um dann durch eine Falltür in den Schuppen zu gelangen. Beim ersten Mal hatte Simon eine solche Angst, dass er sich insgeheim geschworen hatte dieses Abenteuer keinesfalls mehr zu wiederholen, doch dann siegte der Heißhunger. Die Vorstellung in eine saftige Birne zu beißen überzeugte ihn dann doch und erneut schoben sie sich die feuchten Wände entlang durch den Gang in den Festungsgarten. Im Schuppen angelangt kletterten sie die wackelige Leiter hinauf, die im Lauf der Zeit einiger Sprossen verlustig gegangen war und lugten dann vorsichtig durch das Fensterchen ins Freie. Die Luft schien rein zu sein. Niemand war zu sehen und so betraten sie durch eine quietschende Holztür den Garten. Es dämmerte schon, die Tage hatten schon begonnen kürzer zu werden. Nur noch wenige letzte Sonnenstrahlen drangen durch das Blattwerk des Obsthains und gleich pflückte sich Anton schon mal einen frischen grünen Apfel und biss herzhaft hinein. Nachdem sie es sich an den Früchten gütlich getan hatten, beschlossen sie in einem Anfall von Wagemut sich doch einmal vorsichtig den Zauberern, wie sie die Alchemisten immer nur nannten, zu nähern. Vielleicht konnten sie ja herausfinden was die alten Herren denn eigentlich hier so trieben. Zum Glück schützte die beiden eine hohe Buchenhecke vor fremden Blicken und so konnten sie sich unentdeckt ein ganzes Stück in Richtung des großen Pavillons vorwärtsbewegen, an dem sich die Zauberer versammelt hatten.

Hier standen auf einige verschiedene Grüppchen verteilt nun bestimmt an die hundert dieser Hutträger und schienen sich köstlich zu amüsieren. Fast jeder hatte einen der großen steinernen Humpen in der Hand, der das typische Trinkgefäß eines echten einheimischen Hallgardensers darstellte. Und keiner schien mehr wirklich nüchtern zu sein, viele lallten nur noch, es war ein Wunder, dass die Kerle sich überhaupt gegenseitig verstehen konnten. Etwas abseits bemerkte Simon einen Mann, der ihm durch seinen imposanten, langen weißen Vollbart, der ihm bis auf Nabelhöhe herunterhing, sofort auffiel. Dieser beteiligte sich nicht im Geringsten an den Gesprächen seiner Zunftgenossen, ja man konnte ihm das Desinteresse ansehen, dass er den anderen entgegenzubringen schien.
Die Jungen waren jedoch noch zu weit entfernt um auch nur ein einziges Wort richtig verstehen zu können. Daher legten sie sich jetzt flach auf den Bauch und versuchten, im Schutze einer Bodenwelle, näher zu robben. Anton brach sofort der Schweiß aus, diese Art der Fortbewegung war für einen Knaben mit seinen Ausmaßen nicht gerade angenehm. Doch unter leisem Geächze von Seiten des Chefkochsohnes kamen sie doch langsam in Hörweite.
„Wasch isch dasch jetzz mit dieschem Elektron?“, hörten sie einen der Zauberer gerade fragen, der sich kaum mehr auf den Beinen halten konnte.
„Es gibt auch noch diesches Positron, nischt zu vergessen!“, meinte der Angesprochene, der allem Anschein nach eben so viel geistige Getränke zu sich genommen hatte, wie sein Gegenüber.
„Aber das alles hängt irgendwo in diesem Photon mit drinne!“, mischte sich jetzt ein Dritter ein, sein Dialekt verriet die Herkunft aus den Nebelbergen.
„Wie scholl dasch aber funkschionieren?“, erkundigte sich wiederum der Erste.
„Keine Ahnung, die Lampe hat aber kurz geleuschtet, dann hab isch an den Draht gepackt, und dann, isch sag eusch!“
„Wasch war dann?“
„Es hat Rrrrrums gemacht, und isch hab gezabbelt, wie niemals vorher, hab die Finger nischt mehr weggekriescht!“, der Alchimist, streckte beide Arme nach vorne und schüttelte, zur Untermalung seiner Worte, den Oberkörper heftig eine halbe Minute lang. „Dasch mach ich nischt nochmal!“
„Und was war dann?“, fragte der Nebelgebirgler.
„Dann hat mir der Vinchent mit einer Latte eine drübergezogen, dann musst’ ich nisch mehr zabbeln.“
„Da hast du doch nochmal Glück gehabt! Den Hurtlinger hat’s schlimmer erwischt. Der Arzt hat gesagt sein Herz hat einfach aufgehört zu schlagen!“
„Escht, jetsch?“
„Ja, er war auch auf der anderen Seite gewesen und hat an diesem Bilderkasten rumgeschraubt. Erst war’n da noch jede Menge Bilder und dann, wusch!“
„Wusch?“
„Alles duster, und Hurtlinger verschmurgelt!“
„Der Espelmann ist doch von so einem Vehikel über den Haufen gefahren worden!“, mischte sich wieder der Dritte ein. „Kaum war er aus dem Sieb herausgekommen,

padumm, weg war er. Nur noch Matsche!"
„Ich geh' da nischt mehr rüber, das sach isch dir!", der Zauberer schauderte.
„Aber der Baron zahlt nun mal sehr gut!"
„Dasch isch doch keine Wischenschaft, das ist doch..., äh..., einfach unheimlisch! Der Alchimist wurde blass unter seinem alkoholgeröteten Teint.
„Du wolltest wohl sagen Zauberei?"
„Dasch Wort nehm isch nischt in 'n Mund"
„Magie?"
„Quatsch!"
„Ich weiß nur eins, das wird einmal ein schlimmes Ende nehmen!", donnerte eine neue Stimme. Der langbärtige Zauberer war aufgestanden und hatte sich der Gruppe unbemerkt genähert. Simon fiel auf, dass der Alte einen weißen Stock vor sich über das Gras tanzen ließ. Als er in den Lichtkegel der Spirituslampe trat, konnte man erkennen, dass seine Augen keine Pupillen hatten. Das ganze Innere des Auges, reines Weiß. Simon überlief ein Frösteln bei diesem Anblick.
„Wir sollten die ganze Sache dem Alchimistenverband vortragen, der sollte dann eine Entscheidung fällen. Die ganze Sache gefällt mir nicht.", der Blinde machte bei diesen Worten einen ernsthaft besorgten Eindruck.
„Das werden wir keinesfalls tun!" empörte sich der Nebelbergler. „Wir werden schön weitermachen, wir müssen einfach versuchen diese Dinge durch das Sieb zu bekommen und dann werden wir die Technik auch verstehen. Wir könnten die ganze Welt beherrschen. Keiner würde mehr über uns lachen und uns schmutzige Zauberer nennen!"
„Ich weiß nicht, ich weiß nicht!", der Blinde drehte sich wieder um und ging kopfschüttelnd hinüber zu dem Lagerfeuer, das jetzt in der Mitte des kleinen Platzes entzündet worden war. In einer Mauernische des Pavillons stand eine hölzerne Staffelei, darauf eine leere Leinwand. Er bückte sich, hatte dann einen Pinsel in der Hand und begann zu malen.
„Der Kerl beginnt lästig zu werden!", sagte der Alchimist an keinen bestimmten gewandt und blickte böse hinüber zu dem blinden Mann. „Wo kommt der überhaupt her. Der wird uns noch die ganze Chose verderben!"
„Isch habb den auch vorher noch nie geschehen, komischer alter Zausel, der!"
„Er nennt sich Athanasius! Noch nie gehört vorher, den Namen!"
„Hat aber schon Ahnung von der Materie, hascht du gehört, wasch er über die Magnetischiererei erzählt hat?"
„Und dann immer dieses Farbgeschmiere!"
„Ach, schind doch aber sehr schön die Bilder!"
Simon hatte die ganze Zeit über dem blinden Maler zugesehen, der schillernde Farben auf die Leinwand gebracht hatte. Das Gemälde schien eine Grotte zu zeigen deren Eingang ein in allen Farben leuchtendes Licht erfüllte. Der Junge war fasziniert davon, wie ein Mann ohne Augenlicht etwas so Schönes mit seinen Händen hervorbringen konnte
„Lass uns abhauen!", sagte Anton und stöhnte. Er hatte die ganze Zeit über mit dem Bauch auf einer Baumwurzel gelegen und das wurde langsam etwas schmerzhaft.
„Alles klar!", sagte Simon.

Ohne auch nur irgendein Geräusch zu verursachen robbten die beiden nun im Rückwärtsgang zur Buchenhecke zurück, was wirklich nicht einfach war. Hier trauten sie sich auch wieder zu reden.
„So was!“, sagte Simon
„Der blinde Kerl war ganz schön unheimlich!“, erwiderte Anton, richtete sich zu seiner ganzen Größe auf und rieb sich den Wanst. „Hast du irgendetwas von dem verstanden, was die geredet haben?“
„Nein, keine Ahnung! Hörte sich alles sehr seltsam an!“
„Na, ja! Ich glaube wir gehen dann besser mal zurück.“ meinte Anton dann. „Bevor mein Vater wieder sauer wird.“
„Ja, ich werde bestimmt auch schon ausgeschimpft, wir müssen ja noch nach Hause laufen!“
Wieder drückten sich die beiden Jungs durch den engen Schlauch des unterirdischen Ganges zurück in die Festung und verabschiedeten sich dort für den Tag.

Elvira war wirklich schon etwas ungeduldig geworden als Simon nicht aufzufinden gewesen war. Es war jetzt wirklich Zeit nach Hause zu kommen und sich um Sybilla zu kümmern. Gertrud bewältigte diese Aufgabe tagsüber zwar sehr gut, dennoch hatte Elvira immer noch Sorge ihre Schwester allein bei dem Mädchen zurückzulassen. Ihr Zustand schien sich weder zu bessern noch zu verschlechtern. Immerhin war sie in der Lage feste Nahrung zu sich zu nehmen, auch wenn man ihr den Brei Löffel für Löffel verabreichen musste wie Medizin. Alle möglichen Ärzte hatte Elvira schon hinzugezogen, ein Großteil dessen was sie oben in der Burg verdiente, gab sie für Medikamente aus, die allesamt zu nichts nutze waren. Manchmal war es geradezu zum Verrücktwerden, oft stand Elvira kurz davor ihre unbewegliche Schwester einmal richtig durchzuschütteln und sie anzuschreien. Doch wusste Elvira zu genau, dass ein solches Vorgehen vergebliche Liebesmüh sein würde. An manchen Tagen jedoch wusste sie einfach nicht mehr weiter, lag mit dem Kopf auf dem Küchentisch und schluchzte. Wenn Simon hereinkam riss sie sich jedoch auf der Stelle zusammen und kümmerte sich um das, was an Hausarbeit noch übriggeblieben war. Gerlinde und Gisela waren zwar keine große Hilfe mehr im Haushalt, doch verbreiteten sie stets gute Laune, wenn sie beide Arm in Arm des Abends nach Hause kamen. Immer hatten sie den neuesten Klatsch und Tratsch parat, was Elvira dann ablenkte, von den Mühen des Alltags und der Sorge um ihre Schwester.

Der blinde Maler

Simon hatte noch längere Zeit über die Erlebnisse im Festungsgarten nachdenken müssen. Er konnte sich auf das Gehörte überhaupt keinen Reim machen und vielleicht beschäftigte es ihn gerade deswegen so sehr. Als er sechs Wochen später, der Herbst hatte schon langsam Einzug gehalten und auch hier in der Stadt verfärbten sich die Blätter der wenigen Bäume rot und braun, des Abends noch eine Besorgung machen musste sah er einen großen Mann mit einem weißen Stock langsam die Straße hinuntergehen. Obwohl es doch schon dunkel war, erkannte er den blinden Zauberer, der sich im Garten an der Staffelei zu schaffen gemacht hatte. Das Pfund Mehl, das Simon noch vom Krämer holen sollte, hatte er schnell vergessen, seine Neugierde schob dieses Problem ganz ans hintere Ende seiner Gehirnwindungen zurück, er wollte doch erst einmal sehen wohin der Alchimist denn wohl gehen würde. Die Gaslichter beleuchteten die regennasse Straße nur stellenweise, der Lichtschein spiegelte sich in den zahlreichen Pfützen und leichte Nebelschwaden waberten schon über dem Boden, als sich Simon an die Verfolgung machte. Für einen Blinden bewegte sich der Zauberer mit erstaunlicher Sicherheit, da war kein Wanken oder Zaudern zu bemerken, seine breiten Schultern berührten nie eine Häuserecke und seine Füße strauchelten an keiner Bordsteinkante. Simon hätte schwören können, dass der Mann seine Blindheit nur vortäuschte, hätte er nicht schon seine unheimlichen leeren Augen gesehen. Der Alchimist betrat nun eine kleine, engere Gasse, die von der Hauptstraße abwich und Simon lugte, aus Angst bemerkt zu werden, vorsichtig um die Ecke, bevor er wieder die Verfolgung aufnahm. Eine lange Zeit ging es geradeaus an zahllosen Geschäften und Mietshäusern vorbei, bis der Mann unter der Lampe einer Taverne stehenblieb. Wie eine Fährte aufnehmend blähte er die Nüstern und drehte sich mit einem Ruck um. Simon hatte einen Sicherheitsabstand von mindestens fünfzehn Metern eingehalten, immer wenn der Zauberer stehen geblieben war, hatte er dasselbe getan. Nun war der Junge doch sehr erschrocken und verharrte stocksteif wie versteinert auf der Stelle. Simon blickte in die weißen Augen des Mannes und ein kalter Schauder lief über seinen Rücken. Dieser Anblick war wirklich furchterregend, schlimmer noch aber war das Gefühl, das Simon in diesem Moment beschlich, er war sich sicher entdeckt worden zu sein, ja, er war sicher, dass der Mann ihn auch mit diesen leeren nutzlosen Augen bemerken konnte. Dann jedoch wand sich der Alchimist der Türe zu, die wenige Meter vom eigentlichen Eingang zum Wirtshaus gelegen war, zog einen Schlüsselbund aus der Tasche seines weiten mantelartigen Umhangs und fand auf der Stelle den richtigen Schlüssel aus der Masse der anderen Exemplare heraus. Ohne einmal daneben zu stochern steckte er jetzt den Schlüssel in das Schloss, drehte ihn zweimal herum und verschwand dann im Eingang. Als die Türe sich hinter ihm geschlossen hatte, fand Simon wieder den Mut sich zu bewegen. Er ging auf die Tür zu, legte ein Ohr an das Holz und lauschte. Nur das Knarren einer Treppe war zu hören, die unter dem Gewicht des Zauberers aufzustöhnen schien. Dann bemerkte Simon den schwarzen Briefkasten, der mit zwei rostigen Nägeln an der morschen Haustüre angebracht war.

'Prof. Dr. Athanasius Greifwald', stand in großen, aber unschön hingekritzelten Buchstaben darauf.

Als sich Simon wieder etwas beruhigt hatte, merkte er sich noch die Hausnummer, es war die Nr. 137, dann lief er schnell die Gasse entlang zur Hauptstraße zurück, wo ihm dann gerade noch rechtzeitig einfiel, dass er ja noch ein Pfund Mehl zu besorgen hatte. Die Ladenbesitzerin, die in dem Moment schon absperren wollte, als Simon endlich das Geschäft erreicht hatte, ließ sich noch einmal erweichen und schob das Gewünschte über den Verkaufstresen. Elvira schimpfte zwar ein wenig als er nach Hause kam aber lange konnte sie ihm zu seinem Glück nie böse sein.
Gleich am nächsten Tag berichtete er Anton von seinem Erlebnis und so beschlossen die beiden den seltsamen Mann bei Gelegenheit einmal zu beschatten, vielleicht würden sie auf diese Weise etwas über die Aktivitäten dieser unheimlichen Zauberer erfahren. Zuerst allerdings fanden sie kaum die Zeit für dieses Unternehmen. Bald sollte es Zeugnisse geben und deshalb war noch einiges für die Schule zu tun, noch mehrere Prüfungen in verschiedenen Fächern standen bevor. Dr. Pistorius war zwar ein sehr wohlwollender Pädagoge, doch wollte er auch, dass seine Schüler gut abschnitten. Auch zu Hause war Simon eingespannt, immer gab es viel für ihn zu tun und er unterstützte Elvira wo er nur konnte. Auch stand es finanziell nicht zum Besten, da das meiste von Elviras Lohn für Medizin und die neuesten Behandlungsmethoden für Sybilla herhalten musste, obwohl nichts anscheinend in der Lage war ihren Zustand zu verbessern.
So stand bald schon das Weihnachtsfest vor der Tür. Der erste Schnee fiel erst spät und so wollte lange Zeit kein feierliches Gefühl in den Menschen aufkommen. Auf dem Markt war das Angebot an Tannen und Fichten in diesem Jahr nicht gerade groß und so musste sich Elvira wieder mit einem Trundelbäumchen begnügen, eine Blautanne hätte auch das Haushaltsbudget bei weitem überstiegen, und so füllte sich die Wohnung schließlich doch noch mit jenem vertrauten, miefigen Geruch, den Simon ja schon seit Jahren mit Weihnachten in Verbindung brachte. Die Mädchen hatten den Baum wunderschön mit bunten Stoffresten geschmückt, die von ihren Näharbeiten übriggeblieben waren und so erstrahlte der festliche Baum in pastellfarbener Pracht, da gedeckte Farben im nächsten Frühjahr in Mode kommen würden, wie schon jetzt jede Frau wissen konnte, die Modepostillen wie die ‚Edeltraud', ‚Tussi Deluxe', oder das ‚Goldene Blättchen', Woche für Woche verschlang.

Am Tage vor dem Fest, morgens erst waren die Zeugnisse verteilt und die Kinder in die Weihnachtsferien entlassen worden, liefen Simon und Anton schon am frühen Nachmittag in die Stadt hinunter und beschlossen das Haus, in dem der Zauberer wohnte einmal unter die Lupe zu nehmen. Auf dem Marktplatz blieben sie allerdings erst einmal eine ganze Weile hängen, da die köstlichen Gerüche, die über dem Platz in der Luft schwebten die beiden dazu verlockten ihrem Zuckerhaushalt etwas Gutes zu tun. Und was da nicht alles angeboten wurde! Gebrannte Mandeln, Zuckerwatte, geröstete Filetnüsse, marinierte Honigkaldaunen in Zimtsud, Schokolade, Pfeffernüsse, Lebkuchen, geräucherte Nelkenbonbons mit Minzüberzug, süße Gänseleberpastillen, geriffelte

Korianderbackpflaumen, und, und, und...! Trotz der schwierigen Umstände im Staatswesen von Hallgard war bei dem reichhaltigen Angebot an Süßigkeiten auf dem Markt keinerlei von der Mangelwirtschaft zu spüren, die ansonsten die Bürger tief beunruhigte. Übrigens waren auch die verschiedensten Alkoholika, Weine, Biere und Schnäpse hier reichlich zu haben, denn wie sagt man doch so schön: ‚Gesoffen wird immer!' oder wie es im Sprichwort heißt: ‚Steter Tropfen höhlt den Landmann!', oder auch: ‚Der Krug geht so lange herum, bis er leer ist!'
Zum Glück waren Anton und Simon in einem Alter, in dem man den Verlockungen des Alkohols noch nicht erliegt, aber sie taten sich wie wahre Naschkatzen an all dem gütlich was an Süßigkeiten zu erstehen war. Anton war immer mit reichlich Taschengeld ausgestattet und er ließ sich seinem besten Freund gegenüber nicht lumpen. Von einer Bude zur nächsten zog es die Buben, immer der Nase nach, der nächsten Geschmacksexplosion entgegen. Auf der Jagd von einem Stand zum nächsten hätten sie beinahe ihr eigentliches Vorhaben vollends aus den Augen verloren, bis sie ein Grüppchen verlottert wirkender Alchimisten am Glühweinstand bemerkten, die alle schon dem wärmenden Getränk ausgiebig zugesprochen zu haben schienen.
„Na, also los jetzt!", sagte Simon dann.
„Gut, gut! Nur noch diese letzte Schnapsbohne! Und das Schokofröschlein!", erwiderte Anton und bekam kaum mehr die Zähne auseinander wegen des riesigen Ballens Kaugummi, den er ständig mit der Zunge von einer Seite auf die andere schob.
Simon wusste genau welchen Weg sie einschlagen mussten um zur 'Blechernen Krug' zu kommen, kannte er sich doch mittlerweile so gut in Hallgard aus wie früher auf dem Hof und den Feldern Wilhelms. Eine knappe Viertelstunde später kamen sie an der Tür des Zauberers an. Anton fischte sich unterwegs ein Stück Naschwerk nach dem anderen aus seinen Hosentaschen, die er vorsorglich mit reichlich Wegzehrung angefüllt hatte.
„Da oben brennt aber kein Licht!", bemerkte Simon dann, die Fassade des Hauses entlangblickend.
„Hm, scheint wohl keiner da zu sein", schmatzte der Sohn des Chefkochs.
Simon ging ein paar Schritte weiter und lugte durch die Butzenscheiben der Taverne. Einige wenige Gäste hatten sich eingefunden, die sich über den Raum verteilt hatten, nur an einer größeren Tafel fand eine kleine Weihnachtsfeier statt, wohl von einem der umliegenden Handwerksbetriebe. Von dem Alchimisten war keine Spur zu sehen. Die beiden Buben liefen dann um die Ecke, wo sich noch eine Einfahrt für Lieferanten befand und spähten in den dahinterliegenden unbeleuchteten Hof. Auch auf dieser Seite war im ersten Stockwerk kein Lichtstrahl auszumachen. Enttäuscht wollten sie schon den Rückweg antreten und waren schon wieder auf die Gasse hinausgegangen, als ihnen der blinde Mann entgegenkam. Rasch zogen sie sich wieder hinter die schützende Ecke des Hauses zurück, warteten lauschend auf das Klappern des Schlüsselbundes und hörten schließlich wie die Haustüre sich knarrend wieder schloss.
„Der sieht aber wirklich unheimlich aus!", stellte Anton fest und vergaß vor lauter Schreck den Inhalt seiner Mundhöhle nachzuladen.
„Ja, stimmt! Lass uns noch mal zurück in den Hof gehen!", meinte Simon.
Hier warteten sie geduldig ab, bis sich in den Räumen im Obergeschoss ein Lichtschein

zeigte. Am Fenster erschien nun die breite Gestalt des Blinden, der die Vorhänge zuschob, aber wohl versehentlich einen kleinen Spalt offen ließ. Simon sah sich um. Auf dem Hof befanden sich außer den eisernen Mülltonnen noch etliche leere Weinkisten, die sich gut zu einem Aussichtsturm würden stapeln lassen. Kaum auf diesen Gedanken verfallen, fing Simon auch schon an die Kisten so aufeinanderzutürmen, dass an der Seite immer noch ein Rand übrig war um, wie auf einer Treppe, hinaufsteigen zu können. Anton reichte ihm dann die letzten Kisten an, um die benötigte Höhe zu erreichen. Obwohl nun alles Baumaterial verbraucht war, musste Simon sich strecken und auf die Zehenspitzen stellen, um endlich durch das Fenster spähen zu können.
„Und, ist da was zu sehen?“, fragte Anton leise von unten, sein Gewicht hätte das wackelige Konstrukt unmöglich auch noch aushalten können.
„Pssst!“, zischte Simon nach unten und legte den Finger über seinen Mund. „Kann noch nicht viel erkennen!“
In dem Moment wurde es blitzartig hell in den Räumen des Zauberers. Simon war derart geblendet, dass er sekundenlang gar nichts mehr sehen konnte, nur Blitze tanzten wild vor seinen Augen. Langsam, ganz langsam konnte er dann wieder umrissartig Bilder erkennen, doch musste er sich erst einmal ein wenig ausruhen, seine durchgestreckten Zehen begannen allmählich zu ermüden und er hatte das Gefühl gleich einen Wadenkrampf zu bekommen. Simon kauerte oben auf dem Turm aus Weinkisten, rieb sich das Bein und blickte hinunter auf Anton, der sich schon wieder etwas aus den unermesslichen Tiefen seiner Hosentaschen fischte.
„Sieht aus wie eine Werkstatt, da drinnen!“, zischte Simon leise. „Oder wie ein Laboratorium!“
Wirklich konnte er auf den langen Tischen, die an allen Seiten des Raumes angebracht waren, jetzt Gerätschaften und Apparate aller Art ausmachen, deren Sinn und Funktion ihm allerdings verborgen blieb. Der Tisch, der in der Mitte noch zusätzlich stand, war voll von durchsichtigen, gläsernen Gefäßen die durch ebenso gläserne Röhren miteinander verbunden zu sein schienen. In manchen brodelten zischend flüssige Substanzen, das Geräusch, das diese verursachten konnte man noch durch die geschlossenen Fenster hindurch wahrnehmen. Außerdem drang jetzt zusätzlich ein sonores, stotterndes Brummen an Simons Ohr, das von einem Apparat auf der Seite zu stammen schien, der unentwegt rülpsend Rauchwölkchen ausstieß. Dann erschien die Gestalt des Zauberers im Türrahmen. Ohne seinen spitz zulaufenden Hut sah man seinen rundlichen nur von einem wirren Haarkranz umgebenen Kopf, der Bart hing lange herunter und das Weiß in seinen Augen war gut zu erkennen. Simon erschauerte wieder bei diesem Anblick. Der Mann machte sich nun an dem dampfenden Apparat zu schaffen, der noch zusätzlich durch allerlei Drähte mit verschiedenen Kästchen verbunden war. Jetzt nahm er ein seltsam geformtes Glasgefäß vom Tisch und hielt dann einen der Drähte an dessen unteres Ende. Im selben Augenblick wurde es schlagartig hell, als wäre die Sonne inmitten des Raumes innerhalb des Bruchteils einer Sekunde aufgegangen, ein lauter Knall ertönte und der geblendete Simon schreckte vom Fenster zurück. Dabei brachte er die Plattform auf der er stand derartig ins Wanken, dass die gesamte Konstruktion, mit einem ungeheuren Poltern unter ihm zusammenkrachte. Er knallte hart mit dem

Hinterkopf auf den Boden des gepflasterten Wirtshaushofes und verlor die Besinnung. Ein paar der Kisten trafen schmerzhaft Antons Zehen, der brüllte, mehr aus Schreck, laut auf und wollte gerade zu seinem abgestürzten Freund laufen, als Schritte nahten und Stimmen zu hören waren. Schnell versteckte er sich seitlich zwischen den Mülltonnen, als auch schon mehrere Männer in den Hof gelaufen kamen.
„Was ist denn hier los?“, hörte er eine der Stimmen rufen, traute sich aber nicht den Kopf herauszustrecken und blieb verborgen.
„Wahrscheinlich wieder diese elenden Bullenwiesel!“, war eine andere Stimme zu vernehmen.
„Ich räum’ das jetzt nicht weg, das kann ich dir sagen! Ist ja stockdunkel hier hinten!“
„Nee, lass mal! Morgen ist auch noch ein Tag!“
Die Schritte entfernten sich wieder und Anton wollte schon aufatmen, als erneut eine Gestalt den Hof betrat. Gegen das Licht der Straßenlaterne das durch die Einfahrt strömte konnte er die riesige Gestalt des Alchimisten erkennen, die sich dem Haufen alter Weinkisten näherte. Der Zauberer blieb stehen stützte beide Arme in die Hüften, sog die Luft durch seine fleischige Nase und ging, als hätte er gerochen, dass dort jemand lag, auf Simon zu. Anton war jetzt fast dankbar für den üblen Geruch der Mülltonnen hinter denen er kauerte, so schien zumindest er nicht bemerkt worden zu sein. Der alte Mann beugte sich über Simon und schnüffelte erneut.
„Ts, ts! Na so was!“, hörte Anton ihn sagen. Dann lud er sich Simons leblosen Körper auf die Arme, als höbe er ein Kätzchen auf und verließ den Hof durch eine verborgene Tür, die ebenfalls ins Treppenhaus zu führen schien.
Jetzt wusste Anton endgültig weder ein noch aus. Zuerst blieb er in seinem miefigen Versteck sitzen, hielt zähneklappernd sein Knie umklammert und überlegte fieberhaft was denn jetzt zu tun sei. Sollte er zu Elvira laufen, seinen Vater holen oder die Gendarmerie alarmieren? Dies alles schoss ihm durch den Kopf, doch war er nicht in der Lage sich zu einem Entschluss durchzuringen. So saß er noch eine ganze Weile auf seinem Hosenboden und beruhigte seine Nerven mit dem Inhalt seiner Taschen, bis er sich aufraffte und hinaus auf die Straße trat. Er würde erst einmal den Vordereingang im Auge behalten und abwarten. In einem Winkel des Hauses auf der gegenüberliegenden Straßenseite legte er sich dann auf die Lauer.

Als Simon die Augen aufschlug, blickte er direkt in das Gesicht des unheimlichen Zauberers. Der drahtig, borstige Haarkranz, der in senkrechtem Winkel von dessen Kopf abstand, erinnerte ihn auf der Stelle an einen Krähenschwarm, der im Herbst von irgendetwas erschreckt aus den Bäumen aufstob. Erschrocken zuckte der Junge zusammen, richtete den Oberkörper auf und starrte den Alchimisten an.
„Ruhig, ganz ruhig, mein Kleiner!“, redete der jetzt besänftigend auf ihn ein. In seiner Stimme lag eine solche Sanftheit, dass Simon begann Vertrauen zu schöpfen und die Angst vor dem Mann zu verlieren, dann aber spürte er den pochenden Schmerz in seinem Schädel.
„Aah!“, stöhnte er, „Was ist denn nur passiert?“
Vor seinem geistigen Auge erschienen plötzlich splitternde Holzlatten und eine Regenpfütze, in der das Sternenlicht glänzend auf ihn zuraste.

„Nun, ich glaube dich hat die gerechte Strafe ereilt!“, sagte Professor Greifwald, immer noch in diesem fast hypnotisch wirkenden Tonfall. „Die Strafe fürs Spionieren! Oder was hast du denn sonst vor meinem Fenstersims zu suchen gehabt?“, fuhr er dann fort und legte dem Jungen einen kalten, feuchten Lappen auf die Stirne. Simon bemerkte wie er errötete und wusste sofort, dass jegliches Leugnen diesem Mann gegenüber sinnlos sein würde.
„Ja, gut! Wir waren nur neugierig“, gab er dann zu.
„Neugierig? Aber auf was denn?“
„Na, ja, die ganzen Zauberer hier in der Stadt.“, Simon biss sich auf die Lippen, hatte er doch sagen hören, dass die Wissenschaftler diesen Ausdruck verabscheuten. „Äh, ich meine natürlich die Alchimisten!“
„Wissenschaftler, Astrologen, Alchimisten, Wesensforscher, Zauberer, ganz egal! Die Bezeichnung spielt gar keine Rolle“, meinte der Professor dann und Simon hatte den Eindruck, dass trotz der Blindheit seiner Augen sich Güte in ihnen spiegelte. Auch kam ihm der Anblick des Mannes gar nicht mehr so abscheulich vor und wieder fragte er sich wie es der Professor fertig brachte sich so sicher in der Welt zu bewegen.
„Was war denn das für ein Blitz?“, fragte Simon nun.
„Ein Blitz? Was für ein Blitz?“
„Da war ein Blitz, hier im Zimmer, und gleichzeitig der Donner!“ erinnerte sich der Junge aufgeregt.
„Ach, ja! Jetzt weiß ich was du meinst. War wohl sehr hell, was?“
„Wie geht das, Blitze machen?“, fragte Simon aufgeregt.
„Ach, das weiß ich auch noch nicht so ganz genau. Vielleicht möchte ich das auch gar nicht wissen“, antwortete der Professor geheimnisvoll. „Vielleicht sollte man nicht alles wissen wollen!“, fügte er mit fast verschwörerischem Unterton hinzu. „Aber lassen wir die Philosophie Philosophie sein. Ich bring dich jetzt wohl besser nach Hause!“
Erschrocken setzte sich Simon nun vollends auf und sagte schnell: „Ich glaube das schaffe ich jetzt schon wieder alleine!“
Er wollte unbedingt vermeiden, dass Elvira etwas von seinen Eskapaden erfuhr, hatte sie doch schon Sorgen genug. Jetzt sah er sich auch genauer im Raum um. Er lag auf einer Couch an der Seite im selben Zimmer, in dem all die Apparaturen aufgebaut waren, jedoch entstiegen keinem der Gerätschaften noch Dampfwolken, nur ein leises Blubbern aus einem der größeren Glasgefäße war noch zu hören. In einer Nische, die vom Fenster aus nicht zu sehen gewesen war, erblickte er eine Staffelei, auf der ein Landschaftsgemälde, mit Bergen, einer Holzhütte und einem See, stand. Das Bild war so realistisch gefertigt, dass Simon meinte die Kälte des Wassers spüren zu können. Wieder fragte er sich, wie denn wohl ein blinder Mann so ein Kunstwerk fertig zu bringen in der Lage war. Neben der Staffelei lehnten noch etliche großformatige Bilderrahmen an der Wand, von denen nur die Rückseiten zu sehen waren.
„Wie können sie malen, wenn sie doch nichts sehen?“, entfuhr es ihm dann plötzlich und wurde rot dabei.
„Ach, der Mensch vermag viel mehr als er sich selbst zutraut, mein Junge!“, seufzte der Alchimist und wackelte dabei mit dem runden Kopf. „Wenn die Leute nur all ihre

Kapazitäten nutzen würden, wäre die Welt wohl eine bessere!"
Simon konnte mit dieser Antwort nun überhaupt nichts anfangen und blickte dem Professor fragend in die leeren Augen.
„Sind sie denn wirklich blind und können gar nichts erkennen?", fragte er dann.
„Die Augen sind wohl blind, doch gibt es ja noch andere Sinnesorgane und gewisse Methoden, um sich zurechtzufinden! Doch fühlt man sich schon manchmal etwas ausgeliefert, wenn es um den Umgang mit der Außenwelt geht. Ständig versucht jemand einen zu betrügen, nur weil sie glauben man bekäme als Blinder überhaupt nichts mit!", sagte der Mann jetzt und hörte sich dabei ein wenig böse an.
„Eigentlich könnte ich in solchen Fällen ein wenig Hilfe gebrauchen. Kenne ja fast niemanden in dieser Stadt, außer ein paar meiner Kollegen.", bei dem Wort ‚Kollegen' schien er leicht die Nase zu rümpfen.
„Ich könnte ja für sie einkaufen und andere Dinge erledigen", meinte Simon nun, der jetzt gar keine Angst mehr vor dem Zauberer empfand.
Professor Greifwald zog eine buschige Augenbraue in die Höhe und schien über diesen Vorschlag nachzudenken.
„Warum eigentlich nicht, vielleicht könnte ich dir ja im Gegenzug etwas von unserer Kunst zeigen und etwas Taschengeld würde auch für dich abfallen. Du scheinst mir ja ein sehr wissbegieriger kleiner Kerl zu sein", meinte er dann und fügte hinzu, „Vielleicht versucht dann der Krämer mich nicht mehr ständig übers Ohr zu hauen? Außerdem müsste hier öfter mal saubergemacht werden!"
Er hob den Arm und wies auf die Tische und Gerätschaften. „Wenn dir das recht ist, dann komm doch nächste Woche nachmittags mal vorbei!"
„Ja, das mach ich gerne!", sagte Simon.
In diesem Moment schlug eine Kirchturmuhr halb elf und Simon erschrak.
„Jetzt muss ich aber wirklich nach Hause!"
„Ja, geh nur, ich bring dich noch zur Tür."
Durch einen engen Flur kamen sie ins Treppenhaus, wo eine hühnerleiterartige Stiege nach unten führte. Der Professor verabschiedete sich nochmals von Simon und fügte noch hinzu, bevor er die Haustüre schloss: „Dein Freund steht übrigens da hinten in der Ecke!"
Wirklich kam, sobald die Türe sich geschlossen hatte, ein völlig verstörter Anton aus seinem Versteck. Simon erzählte ihm in Kürze was vorgefallen war und versprach dies am Weihnachtstag noch einmal ausführlicher zu tun, jetzt wollte er nur noch nach Hause. Anton, der zwar seine Neugierde kaum bezähmen konnte, sah aber doch schnell ein, dass dies das Beste sei. Sein Vater würde ihn sowieso schon bestrafen, ohne einige Tage Hausarrest würde die Sache wohl nicht ausgehen, zum Glück aber gehörte sein Alter Herr nicht der prügelnden Zunft an. Auf dem Marktplatz, wo jetzt gerade die letzten Lichter gelöscht wurden, verabschiedeten sie sich dann und gingen in verschiedene Richtungen. Elvira stauchte Simon ganz schön zusammen als er endlich nach Hause kam, doch ebbte das Donnerwetter schnell wieder ab, diesem Jungen längere Zeit böse zu sein war ihr unmöglich. Simon hatte beschlossen seiner Mutter erst einmal nichts von dem Professor zu erzählen, standen doch die Zauberer in einem solch schlechten Ruf.

Am Festtage wollte keine rechte Freude aufkommen. Zwar taten die Schwestern ihr Bestes um die Familie in eine feierliche Stimmung zu versetzen, doch der Zustand der Mutter, machte ihnen dies heuer ganz besonders schwer. Obwohl die Tafel reichlich gedeckt und der Baum prächtig geschmückt war, konnten auch die vielen Weihnachtslieder, die Gertrud, Gerlinde und Gisela herzergreifend vortrugen Sybilla anscheinend nicht erreichen. Sie war ganz in sich zurückgezogen und summte nur an manchen Stellen kurz einmal mit, doch war nicht zu erkennen, ob sie den Anlass des Gesanges richtig zu deuten wusste. Ein Besuch bei Wilhelm auf dem Hof wäre schon allein durch die Tatsache nicht möglich gewesen, dass es oben auf der Burg endlos vieles für Elvira zu tun gab. Auch dort wurde natürlich standesgemäß gefeiert. Eine riesige Blautanne war im Inneren des Schlosshofes errichtet worden und alle Bewohner, waren sie nun von adligem Geblüte, lediglich Beamte oder auch nur Bedienstete des Barons umstanden den Baum zur Mitternachtsandacht jeder eine einzelne Kerze in der Hand. Auch hier erschollen die alten Lieder, wie auch unten in der Stadt und an diesem einen Tag sollte die Welt wieder einmal eine bessere sein.

Fünf Tage nach dem Fest suchte Anton das Haus des Professors auf. Er stand, nachdem er schon dreimal geklopft und immer noch niemand geöffnet hatte, unentschlossen auf der Straße, als der Alchimist um die Ecke kam. Er trug wie immer einen langen mit allerlei geometrischen Symbolen bestickten Umhang über dem winterlichen Mantel und auf seinem Kopf thronte der spitze schwarze Hut, der unentbehrlich zu sein schien für diese Art der Berufskleidung. Sein weißer Stock tänzelte vor ihm her und die Spitze dieses Hilfsmittels tippte an Simons Stiefel auf und ab, als der Professor genau vor dem Jungen stehen blieb.
„Hallo, hallo, junger Mann!“, rief er dann aus. „Lange nicht gesehen, wie man so schön sagt!“ Bei diesen Worten gluckste er ein wenig in sich hinein. Er schien aus irgendeinem Grund allerbester Laune zu sein und beschwingten Schrittes führte er Simon die Stiegen nach oben.
„Woher wussten sie denn, dass ich es bin?“, fragte Simon, der sich immer noch darüber wunderte wie gut der blinde Mann sich doch zurechtfand.
„Das ist wohl das einfachste aller Rätsel“, sagte er dann und erklomm in Windeseile die Hühnerleiter ohne dabei im Geringsten außer Atem zu kommen.
„Jeder Mensch hat einen völlig einzigartigen Geruch. Man muss bloß in der Lage sein, diesen zu erkennen und ihn von dem der anderen zu unterscheiden. Das kann eigentlich wirklich jeder. Ja, ich möchte sogar sagen, das kann doch jeder Hund.“
„Ein Hund vielleicht, aber“, meinte Simon, als sie oben auf dem Treppenabsatz angekommen waren. „Aber bei Menschen ist das doch anderes, oder?“
„Wieso soll denn um Himmels willen ein Mensch nicht in der Lage sein etwas fertig zu bringen, wozu ein Hund von Geburt an in der Lage ist, kannst du mir das mal sagen?“
„Äh, ich weiß nicht!“
„Siehst du wohl. Weil es dafür eben gar keinen Grund gibt“, sagte der Zauberer dann und warf seinen Mantel mit Schwung in eine Ecke des Zimmers.
„Die Menschen wissen eben eigentlich rein gar nichts, bilden sich ein sie beherrschten

die Welt. Das gilt im besonderen Maße für meine eigene Zunft!", fuhr der Blinde fort. „Wissenschaft, Wissenschaft! Kaum ist so ein Wissenschaftler in der Lage", das Wort 'Wissenschaftler' spuckte der Professor geradezu aus, „eins und eins zusammenzuzählen, meint er gleich er könnte auch das Wunder des Lebens erklären, sezieren und analysieren und weiß doch eigentlich überhaupt nichts! Nichts, nichts, nichts! Nein, er ist sich auch nicht einmal darüber im Klaren, dass eins und eins nicht immer zwei ergibt und käme er dahinter, fielen alle seine Gedankengebäude wie Kartenhäuser beim ersten Luftzug zusammen!"

„Aber eins und eins macht doch nun mal zwei", wagte Simon einzuwerfen.

„Sicher, das ist schon richtig. Meistens jedenfalls. Entschuldige bitte, ich erinnerte mich nur eben an eine Diskussion mit einem meiner Kollegen vom gestrigen Abend."

Der Alchimist hatte sich etwas in Rage geredet und beruhigte sich jetzt allmählich wieder. „Schauen wir doch lieber einmal, was du für mich tun kannst! Ich hab' da schon so eine Idee."

Der Professor führte Simon ans hintere Ende des langen, schmalen Flurs, wo sich eine einzelne Tür befand, öffnete diese einen kleinen Spalt und stemmte sich dann mit beiden Händen dagegen.

„Vorsicht, bitte zurücktreten! Jetzt könnte es etwas gefährlich werden!"

Nachdem Simon drei Schritte zurückgewichen war, öffnete Athanasius die Türe vollends und eine wahre Lawine von Apparaturen, rostigen Lampen, zerbrochenen Glasgefäßen, Kisten, Koffern, Mausefallen, ein riesiger Haufen Kupferdraht, zerbeulte Wasserkessel, schmutzige Lumpen und ein vollständiges menschliches Skelett, dessen Knochen einzeln mit Draht zusammengehalten waren, ergoss sich mit einem Höllenlärm auf den Boden des Flures. Der Zauberer stand inmitten des Durcheinanders und konnte kaum mehr einen Fuß heben.

„Wenn du vielleicht dieses ganze Zeug einmal fortschaffen könntest?", meinte er dann resigniert. „Hat sich so angesammelt. Wenn du was davon gebrauchen kannst, nimm es ruhig mit."

Simon betrachtete verwundert den Berg von Müll, der nahezu den ganzen Boden des Raums bedeckte und sagte dann nachdenklich: „Da hab' ich ja was zu tun!"

Zum Glück war Simon nicht faul, nur manchmal etwas bequem, doch vor einer solchen Aufgabe schreckte er keineswegs zurück, obwohl der Haufen, den er nach und nach aus dem Haus schaffte überhaupt nicht kleiner zu werden schien. Die Mülltonnen unten im Hof waren schnell voll, obwohl Simon viele der aus Metall gefertigten Teile zu einem Schmied brachte, der ein paar Häuserblocks weiter sein Geschäft betrieb. So konnte er sich noch ein paar Groschen zusätzlich verdienen. Der Rest würde wohl warten müssen bis die Müllkutscher die Tonnen geleert hatten, jedoch konnte er das Übriggebliebene nun bequem in der Kammer wieder verstauen, ohne dass die Gefahr bestand beim Öffnen der Tür eine neuerliche Lawine auszulösen. Der Professor schien zufrieden zu sein, steckte Simon für die erledigte Arbeit ein paar Münzen zu und meinte dann: „Vielleicht könntest du mich noch begleiten. Ich müsste noch eine kleine Besorgung tätigen."

Der Metzger, wie auch der Gemüsehändler waren keineswegs glücklich darüber den Herrn Alchimisten nicht mehr so leicht übers Ohr hauen zu können, da er jetzt in

Begleitung seines sehenden Assistenten auftauchte. Weder war es ihnen jetzt mehr möglich ihm ein paar falsche Münzen anzudrehen, noch versuchten sie ihn mit halb verdorbener Ware abzuspeisen, was sie ansonsten jedes Mal aufs Neue unternommen hatten, obwohl der Blinde zumindest das schlecht gewordene Fleisch und Gemüse immer sofort am Geruch erkannt hatte. Aber man kann es ja mal versuchen, dachten die Schlitzohren wohl jedes Mal. So ging der erste Tag bei Professor Greifwald seinem Ende entgegen. Zum Glück waren ja noch Ferien und Simon hatte am Nachmittag keine Hausaufgaben zu erledigen, dazu wäre er wohl doch zu müde gewesen.

In den nächsten Monaten gelang es Simon auch den restlichen Müll aus der Kammer des Alchimisten nach und nach fortzuschaffen, er kam jetzt regelmäßig zwei bis dreimal in der Woche vorbei und erledigte was der Zauberer, wie er den Blinden immer noch insgeheim nannte, ihm auftrug. Als Lohn bekam er immer dieselbe Summe, was zwar nicht viel war, aber doch ausreichte um für Elvira zu ihrem Geburtstag ein Geschenk zu erwerben. Immer noch hatte sie keine Ahnung, was der Junge an manchen Nachmittagen so trieb, war sie doch oben in der Palastküche und abends mit der Pflege von Sybilla zu sehr beschäftigt, um Simon noch überwachen zu können. Der einzige, der von Simons Unternehmungen erfuhr, war der gute Anton. Diesem hatte er ein paar Tage nach ihrer Spionageaktion alles berichtet was vorgefallen war und ihm das Versprechen abgenommen, niemandem etwas davon zu verraten.
Auch erfuhr der Junge vom Professor ungeheuer viel über die Arbeit der Alchimisten, über sonderbare Naturphänomene, Sprachen und auch Schriften. Der Professor hatte sich in seiner Jugend im besonderen Maße um das Entziffern der Hieroglyphen der alten Gyptener bemüht und sich auf diesem Gebiet einen Namen gemacht. Auch hatte er sich ausgiebig mit dem Erforschen von Vulkanen beschäftigt, deren Ausbrüche an vielen Orten der Welt immer wieder entsetzliche Katastrophen auslösten. Im Besonderen war es ihm gelungen wichtige Erkenntnisse über Unterwasservulkane zu sammeln, deren Existenz von vielen seiner Zunftkollegen immer noch geleugnet wurde. Simon erfuhr so von Dingen, die er sich in seinen wildesten Phantasien nicht hätte ausmalen können und die auch von Dr. Pistorius in der Schule nicht gelehrt wurden.

Als die Schule im Januar wieder begann, fand Simon immer noch Zeit für seine regelmäßigen Besuche beim Professor. Zwar musste er einige Treffen mit Anton deswegen absagen, doch ihre Freundschaft schien nicht darunter zu leiden. Ein paar Mal nahm er seinen besten Freund sogar mit hinauf in die Räume des Alchimisten, doch Anton interessierte sich wenig für dessen wissenschaftliche Ausführungen, ihm reichte das, was er in der Schule lernen musste voll und ganz aus. So ging der Winter seinem Ende entgegen, die ersten Osterglocken spitzten ihre Triebe durch das weicher werdende Erdreich und die Sonne begann zaghaft die schattigen Gassen der Stadt aufzuwärmen.
Am ersten Mai feierte Simon seinen zwölften Geburtstag. Es war der wärmste Tag des ganzen bisherigen Jahres und er hatte sich schon seit Wochen auf seinen Ehrentag gefreut. Elvira hatte wie jedes Jahr einen riesigen Apfelkuchen gebacken, den die Familie am Nachmittag zur Gänze verspeisen würde, natürlich mit der Unterstützung Antons,

der sich eine solche Gelegenheit nicht entgehen ließ. Es war wirklich ein Wunder, was in diesen Jungen nicht alles hinein passte. Die Mädchen waren etwas früher von der Arbeit nach Hause gekommen und so saßen alle um den großen Küchentisch herum und ließen es sich schmecken. Auch Sybilla war zu diesem Anlass fein herausgeputzt und mit an den Tisch gesetzt worden. Die Tatsache, dass sie immer noch gefüttert werden musste und dabei vor sich hin summte, tat der guten Stimmung keinen Abbruch, bis Anton versehentlich, mit vollen Backen kauend, Simons Arbeit beim Professor erwähnte.

„Welche Arbeit, welcher Professor?", fragte Elvira und blickte Simon mit gerunzelter Stirn, forschend an.

Simon, der, kaum hatte Anton diesen Faux Pas begangen, knallrot angelaufen war, gab seinem Freund unter dem Tisch einen festen Tritt gegen das Schienbein.

„Er ist ein Wissenschaftler! Kein Zauberer! Und ich räume dort nur ein wenig die Wohnung auf und verdiene mir etwas.

„Wissenschaftler? Doch nicht einer dieser grässlichen, versoffenen Alchimisten?", rief Elvira nun völlig aus dem Häuschen.

„Er trinkt gar keinen Alkohol, höchstens mal ein Glas Weißwein", antwortete Simon entrüstet. Wirklich war der Professor, im Gegensatz zu den meisten seiner Kollegen, nahezu Abstinenzler, obwohl es, ganz im Vertrauen, bei nur einem Viertel ‚Felsengibbler Vielspäterlese' niemals blieb. „Außerdem kann ich viel von ihm lernen!"

„Ach Simon!", sagte Elvira nun bestimmt, „Ich kann mir nicht vorstellen, dass man von diesen Gesellen irgendetwas Vernünftiges lernen kann!"

„Man kann sehr wohl sehr viel von ihm lernen!", sagte Simon trotzig und lehnte sich, die Arme über der Brust gekreuzt auf seinem Stuhl zurück.

„Ja, ist aber alles total langweilig!", schmatzte Anton, der sich wieder der Vernichtung des Kuchens hingegeben hatte. „Aua!", entfuhr es ihm dann, Simon hatte genau dieselbe Stelle wieder getroffen.

„Diese Kerle sind doch bloß alle Schmarotzer, stehen den ganzen Tag auf der Straße herum, belästigen junge Mädchen und prügeln sich, wenn sie betrunken sind in den finstersten Spelunken der Stadt!", sagte Elvira mit fester Stimme.

„Das stimmt!", mischte sich Gerlinde jetzt ein. „Mich hat schon mal einer gekniffen!"

„Ach, wirklich?", fragte Gertrud und sah ihre Schwester forschend an.

„Ja doch, wirklich! Aber ich sage nicht wohin!"

„Der war aber doch eigentlich ganz süß!", warf Gerlinde ein und bekam dabei einen ganz verträumten Gesichtsausdruck.

„Das war ein ganz unverschämter Kerl, ich hätte ihm am liebsten eine gescheuert!"

„Ach, ich fand ihn süß, und dazu noch dieser verruchte Dreitagebart!", schwärmte wiederum Gerlinde.

„Kann es nicht vielleicht auch mal Ausnahmen geben?", fragte Simon, bevor das Ganze wieder einmal in dieses, ihm völlig unbegreifliche, Mädchengeschwätz abglitt, er klang immer noch sehr trotzig.

„Ich weiß nicht, ich weiß nicht! Ich sollte dir das eigentlich verbieten!", überlegte Elvira.

Simon blickte seine Mutter erschrocken an, er hatte ein solches Vertrauen zu dem blinden Mann gefasst, ja er betrachtete ihn gewissermaßen als einen Freund, so dass es ihm

wie eine Katastrophe vorgekommen wäre, ihn nicht mehr besuchen zu dürfen.
„Aber", meinte Elvira dann und sah Simon dabei fest in die Augen. „Vielleicht sollte ich mir den Mann einfach einmal ansehen! Lade ihn doch mal zum Kaffee ein, am besten irgendwann in den nächsten Tagen!"
Simon wusste darauf nichts zu erwidern, er glaubte nicht, dass der Professor kommen würde, auch wenn er ihn darum bäte. Athanasius Greifwald war doch ein sehr zurückgezogen lebender, eher scheuer Mensch und ein Zusammentreffen mit seiner eher zupackenden Mutter konnte unmöglich gut ausgehen. Andererseits, wenn dies die einzige Möglichkeit war, nun, er würde ihn fragen. Allerdings war der Professor gerade heute Morgen für eine Woche verreist, die Sache würde sich also noch ein Weilchen hinausschieben lassen. Außerdem hatte er dem Alchimisten noch nichts von der Krankheit seiner Tante berichtet. Dies war ihm immer irgendwie etwas peinlich. Alle Welt redete von den Seuchenopfern nur hinter vorgehaltener Hand. Man hatte sich angewöhnt dieses Thema vollends auszuklammern, jedermann war es unangenehm, wenn in seiner Familie ein solcher Fall auftauchte, daher setzten viele Menschen ihre erkrankten Anverwandten einfach irgendwo auf einer Landstraße aus, wie einen Welpen den man dummerweise geschenkt bekommen hatte, obwohl man Hunde eigentlich abgrundtief hasste.

Glücklicherweise hatte Simon ja nun noch einige Tage Schonfrist bevor er den Professor einladen würde müssen. Oben in der Festung fand wie jedes Jahr ein Frühjahrsfest statt, auf das er und Anton sich schon seit langem freuten. Der Schlossplatz war mit tausenden Frühlingsblumen prächtig geschmückt, Buden und Stände waren errichtet worden und dreiste Burschen versteckten sich hinter den abenteuerlichsten Masken, um allerlei Unfug zu treiben. Die Masken sollten die Winterhexe Polonina davon abhalten zurückzukehren, ein uralter Brauch, der sich bis heute erhalten hatte. Allerdings belästigten und drangsalierten die Burschen auf übelste Weise die Bürgerschaft und machten sich gerne im Schutz der Verkleidung an Ehefrauen und Töchter heran, was manche von denen sich jedoch nur allzu gerne gefallen ließen.
Doch trübte der Tod des alten Barons immer noch die Stimmung des Volkes. Hjalmar war vor drei Wochen vom Balkon im obersten Stockwerk hinunter auf den Schlossplatz gestürzt. Immer noch bezeichnete ein buntes Blütenmeer den Ort wo sein schwerer Körper aufgeschlagen war. Jüngere Bewohner Hallgards kannten den alten Baron schon kaum mehr, hatte sich dieser in den letzten Jahren sehr zurückgezogen. Andere Stimmen behaupteten zwar sein Sohn hätte ihn wie in einem Verlies gefangen gehalten, weil er die Krankheit seines Vaters nicht allzu öffentlich werden lassen wollte, doch hatte Hjalmar während der ersten leichteren Phase seiner Krankheit keinen Menschen in irgendeiner Weise belästigt. Es ist wohl richtig, dass er sich des Öfteren verirrt hatte und von freundlichen Bürgern nach Hause gebracht hatte werden müssen, wenn es ihn hinunter in die Stadt gezogen hatte; dass er in mancher Taverne Lieder aus seiner Jugendzeit vorgetragen und dabei manch wilden Tanz aufgeführt hatte. Doch nahm ihm dies niemand übel und die Leute hielten sich aus Respekt vor all dem Guten, was er in seiner Regierungszeit für das Land getan hatte, damit zurück, schlecht über den alten Mann zu reden. Bodo konnte seinem Vater in allen Belangen nicht das Wasser reichen, meinten

die meisten in Hallgard, zu großtuerisch hatte er sich schon in seinen Jünglingstagen aufgeführt. Aus diesem Grund glaubten auch nicht wenige, dass möglicherweise Bodo etwas mit dem Tod des alten Barons zu tun haben könnte, war er doch nicht ganz legal an dessen Titel gekommen. Dieser wird im Grunde erst mit dem Tode seines Trägers an die nächste Generation weitergegeben und Hjalmar hatte sich ja keineswegs schon in die Familiengruft betten lassen. Nein, solange er noch körperlich wohlauf gewesen war, gebührte eigentlich ihm noch der Titel des Barons von Hallgard, ob er nun fröhliche Lieder sang oder die Truppen befehligte. Auch war er am Beginn der Krankheit die meiste Zeit über noch vollkommen klar im Kopf gewesen, erst nach und nach begann er sich etwas eigentümlich zu verhalten, aber wenn er im Anschluss seiner Regierungserklärung den Ministern noch ein Ständchen auf der Blockflöte bringen wollte, so war dies doch ganz und gar seine Sache.

Dieses Jahr sollte auch wieder eine Aufführung des landesweit berühmten Marionettentheaters Karbunkelkraut stattfinden, worauf sich Simon und Anton schon ganz besonders freuten. Am äußersten Rand des Platzes, so dass eine möglichst große Schar von Zuschauern Platz finden konnte, hatte man schon am frühen Morgen damit begonnen das hölzerne Gerüst für die Theaterbühne zu errichten. Die örtlichen Zimmerleute halfen gerne bei dieser Aufgabe, war solch eine Vorstellung doch auch für sie ein ganz besonderes Ereignis. Nun wird mancher sagen, Marionetten das sei doch nur etwas für Kinder! Keineswegs, diese Truppe traf immer zielsicher den Geschmack von Jung und Alt, und löste unter allen Bevölkerungsgruppen gleichermaßen Begeisterungsstürme aus. Das Unternehmen bestand nur aus sehr wenigen Mitarbeitern, außer dem Impresario, dessen Aufgabe hauptsächlich darin bestand lauthals Reden zu schwingen und Aufmerksamkeit zu erregen um ein möglichst großes Publikum herbeizuholen, waren es nur noch zwei junge Männer, aus denen die Truppe bestand. Im eigentlichen Sinn bestand das Ensemble ja schließlich aus den Marionetten, doch zeigten sich die Zuschauer jedes Mal von neuem verblüfft, wie denn so wenige Hände ein so umfangreiches Sammelsurium von Gestalten über die Bühne bewegen konnte. Natürlich musste wohl auch der Impresario während des Spiels hinter den Kulissen aushelfen, ohne dessen Mitwirkung wäre eine so komplizierte Aufführung wohl unmöglich gewesen. Die beiden Puppenspieler waren allerdings auch für den Bühnenaufbau und den Transport des Geschäftes verantwortlich, nur für die Kasse stellten sie in jedem Ort, an dem sie auftraten, eine Aushilfe ein. Dies erübrigte sich heute jedoch, da der Baron zum Anlass des Frühlingsfestes traditionsgemäß alle Ausgaben trug. Aus eingeweihten Kreisen hatte man vor kurzem jedoch erfahren, dass der junge Bodo dies nur noch mit großem Widerwillen tat und es wurde allgemein gemutmaßt, dass dies wohl die letzte Festivität dieser Art in Hallgard sein würde. Mit der Staatskasse sollte es ja nicht mehr allzu gut bestellt sein, wie man hörte. Viele erfolgreichere Unternehmer waren schon abgewandert, da sie nicht mehr einsahen so viele Steuern entrichten zu müssen und dafür keinerlei Gegenleistung mehr geboten wurde. Die Straßen wurden schlechter und schlechter, kaum mehr wollten die Lieferanten noch in diesen Teil des Reiches vordringen, musste man doch, hatte man die Grenze zu Hallgard passiert, jederzeit mit einem Achsbruch rechnen. Daher presste man die Kleinbauern und die städtischen Handwerker, denen es nicht so leicht fiel ihre Heimat zu verlassen, nur umso mehr aus und der Unmut unter diesen wuchs von Tag zu Tag. Weybrecht van Aken, trieb die Gelder mit immer härter werdenden Methoden ein, wurde einmal nicht pünktlich gezahlt, konnte man sich schon am nächsten Tage am Pranger wiederfinden, ein Instrument zur Einschüchterung, dass unter dem Großvater des alten Barons Hjalmar schon vor mehr als hundert Jahren eigentlich abgeschafft worden war. Bodo jedoch war jedes Mittel recht, um seine Kasse wieder aufzufüllen, er schreckte auch vor den übelsten Methoden nicht zurück. Das war wahrscheinlich auch der Grund für das erhöhte Sicherheitsbedürfnis des Adels. Immer mehr Söldner aus entfernten Teilen des Reiches hatten sich in den Dienst von Baron Bodo begeben und diese raubeinigen Gesellen schienen ja, genau wie die verwünschten Zauberer, reichlich entlohnt zu werden. Immer wieder sah man Gruppen von Söldnern und Zauberern zu Pferde die Stadt verlassen und dieselben dann Wochen später mit Fuhrwerken zurückkommen, was hier transportiert wurde, konnte sich niemand recht zusammenreimen.

So war die Stimmung der Bevölkerung heuer am Frühlingsmarkt nicht gerade die allerbeste, hinzu kamen auch die Nachrichten über die zunehmende Zahl von Seuchenopfern. Es waren zwar immer noch nicht allzu viele Familien hiervon betroffen, doch die ohnmächtig agierende Ärzteschaft, die keinerlei Mittel gegen die Krankheit zu finden in der Lage war und der Tod des alten Hjalmar, trugen nun auch nicht zu einer ausgelassen Stimmung unter den Bürgern von Hallgard bei. Dennoch hatte sich bis zum Nachmittag eine Menge Menschen auf dem Schlossplatz eingefunden. Die Kapelle spielte die neuesten Schlager und nach dem Genuss von ein paar Gläsern begannen die Bürger doch noch aufzutauen. Man fing an zu den Rhythmen der Kapelle zu tanzen, die unaufhörlich ihr anscheinend etwas schmales Repertoire herunterleierte, aber solange die Leute die Melodien erkennen und dazu lauthals und falsch mitsingen können, sind sie ja gemeinhin zufrieden. Gerade wegen der immer dünner zusammenschrumpfenden Geldbeutel der Leute fanden sich nach und nach immer mehr von ihnen auf dem Platz ein, wenn denn schon einmal etwas umsonst zu bekommen war, musste man dann auch ordentlich zugreifen. Man hatte begonnen um das Marionettentheater herum im Halbkreis hölzerne Bänke aufzubauen, auf denen die Zuschauer Platz finden sollten. Die meisten jedoch würden wohl in den hinteren Reihen stehen müssen, so gut besucht wie das Fest nun einmal war. In der Loge der Honoratioren, das war der Balkon an dem der Baron an seinem Geburtstag die Huldigungen des gemeinen Volkes genoss, hatte sich der Hausherr inmitten seiner Höflinge niedergelassen. Bodos Ehefrau Priscilla saß zu seiner Rechten, neben ihr Soylentius, der Zauberer, dem nachgesagt wurde allergrößten Einfluss auf Bodo auszuüben, Weybrecht van Aken zu seiner Linken, Lugbert, der Hofnarr rasselte gewissermaßen als Vorprogramm mit seinen Schellen und scheiterte wieder und wieder in der Kunst einen Witz zu erzählen über den jemand tatsächlich würde lachen können. Böse Zungen behaupteten ja, als Finanzminister wäre er weitaus lustiger gewesen.
Am frühen Abend, so gegen halb sechs, betrat dann der Impresario die Puppenbühne, stellte sich vor das Fenster mit dem roten Vorhang, hinter dem gleich das Spiel losgehen sollte und breitete die Arme aus.

„Ladies and Gentleman, meine sehr verährten Damen und Härren!“, begann er großspurig zu rufen und blickte aufmerksamkeitsheischend in sein Publikum.
„Wiedär einmal, ist es so weit! Die Internationale Marionettenbühne Karbunkelkraut praudly prisents! Eine Produktion von Wilhelm Sauerbruch dem Älteren! In Koproduktion mit Lila Unterwäsche Unlimited, dem Verein zum Erhalt und Ausbau der Weinproduktion in Königsstein und Kloppenburg und dem Reiseunternehmen Gurgeltau!“, die letzten Worte hatte er in atemberaubenden Tempo heruntergeleiert, doch jetzt musste der Dicke doch einmal Luft holen, sein Gesicht hatte schon eine ganz ungesunde Röte angenommen.
„Eine Dramödie der ganz besonderän Art! Mord, Verbrechen, Leidenschaft! Aufstieg und Ruin, Dynastien kommän und gähen! Und nichts bleibt bestähen! Sähen sie jätzt!“, hier legte der Impresario eine Kunstpause ein, blickte noch einmal mit einem Gesichtsausdruck, der verschwörerisch erscheinen wollte, sein Publikum an und rief: „Der Geist aus einer andären Welt!“
Beim Abgang von der Bühne blieb der Schreihals mit dem Schuh an einem schief eingeschlagenen Nagel hängen und purzelte den Zuschauern ungelenk vor die Füße, was einen Sturm von Gelächter auslöste. Nun waren sich alle sicher, dass jetzt nur eine Komödie aufgeführt werden konnte. Jedes Publikum, auf allen vorstellbaren Welten ist sich nämlich in einer Sache völlig einig. Auf einer Theaterbühne würde niemals etwas einfach so passieren, niemals würde sich ohne tieferen Sinn das Bühnenbild in seine Einzelteile zerlegen, die Beleuchtung ausfallen oder einer der Schauspieler einen Hustenanfall erleiden, immer würde die Absicht dahinterstecken dem Publikum zu gefallen, es irre zu leiten oder auch nur es möglichst gut zu unterhalten.
Der rote Vorhang öffnete sich. Aus dem vier Meter breiten und drei Meter hohen Fenster quollen plötzlich dampfende Nebelschwaden hervor. Als der Dunst sich langsam verzogen hatte, konnte man die Kulisse ausmachen. Eine finstere steinerne Burg, es ist Nacht, der volle Mond steht am Himmel, man hörte ein Käuzchen. Jedermann dachte sofort wie echt dies doch klänge, allerdings saß das Käuzchen nur dreißig Meter weiter hinten auf der ganz realen Festungsmauer, nicht ahnend, dass es urplötzlich Teil der Inszenierung wurde. Anton und Simon hatten es sich noch vor der ersten Bankreihe auf dem Straßenpflaster bequem gemacht, so konnte ihnen unmöglich etwas entgehen. Fasziniert beobachteten sie wie der Nebel drei absonderlichen Gestalten Platz zu machen begann, die gemeinsam in einem großen kupfernen Topf mit langen Löffeln rührten. Simon wusste ganz genau wie man den künstlichen Nebel zustande gebracht hatte, so viel hatte er vom Professor im alchimistischen Grundkurs schon erfahren. Fasziniert beobachteten sie die Bewegungen der Marionetten. Anscheinend aus gut formbarem Lindenholz waren die Püppchen geschnitzt, die Züge der drei Personen, die anscheinend böse Hexen darstellen sollten, waren naturgetreu nachempfunden und wirkten so lebensecht als würden sie wirklich agieren, hätte man die von oben herabhängenden Fäden nicht bemerkt, die sie steuerten. Ein hinter der Holzfassade verborgener Lautenspieler, der kurzerhand von der Kapelle ausgeborgt worden war, ließ ein paar schräge Töne hören, die zur Unheimlichkeit der Szenerie beitragen sollten.
„Etzel, Metzel, Lebertran!“, begann jetzt die erste der Hexen.

„Wenn ich nicht darf, kommst du nicht dran!“, die zweite.
Worauf die dritte in einer fürchterlichen Weise zu lachen begann, so dass sich Anton fast die Haare sträubten, und rief: „Wenn du nicht machst, was ich dir söllst!“
„Dich g'fälligst in die Höll' gesöllst!“, wieder die erste.

‚Komischer Reim', dachte Simon, war aber doch völlig gefangen von dem Puppenspiel. Was ihm allerdings merkwürdig vorkam, waren die Strippen an denen die Marionetten aufgehängt waren. Diese schienen sich bei genauerer Betrachtung kaum zu bewegen und hingen meist nur schlapp herunter. Simon hätte erwartet sehen zu können, wenn an dem einen oder anderen Seilchen gezogen wurde, um die Puppen sich bewegen zu lassen, aber vielleicht konnte er dies trotz seines, so nahe am Geschehen gelegenen Platzes, doch nicht so gut erkennen. Anton vergeudete über die Geheimnisse des Marionettenspiels keinen Gedanken. Er war einfach nur hingerissen von der Aufführung und kaute genauso hingerissen unentwegt auf einem riesigen Lutscher herum.
In dem Schauspiel tauchten noch auf: Ein weinseliger König; ein Prinz, der sich nicht entscheiden konnte; mehrere intrigante Freunde des Prinzen; die Königinmutter, ein herzallerliebstes Biest; zweifelhafte Geldverleiher; sieben Zwerge, die in den Minen des Landes zu Arbeitslager verurteilt worden waren; drei revolutionäre, politische Parteien, sich nur einig darin den König stürzen zu wollen; und die unehelichen Töchter der Hexen, die sich vehement sträubten die Familientradition fortzuführen. Das Ganze wurde von Akt zu Akt immer verwirrender. Simon hatte es nach dreimaligen Wechsel des Bühnenbildes, das auf einer rotierenden Trommel aufgemalt war, aufgegeben der Handlung zu folgen, trotzdem war er immer noch fasziniert von dem Geschehen auf der Bühne, wie kunstgerecht doch die Marionettenspieler ihre Figuren führten und was für absonderliche Stimmen sie diesen verliehen. Gerade die Vielfalt der einzelnen Stimmen verblüffte ihn doch sehr, er konnte sich einfach nicht vorstellen, dass die Kehlen von nur zwei Puppenspielern in der Lage waren so viele unterschiedliche Charaktere darzustellen. Simon beschloss sich die Sache einmal von der anderen Seite zu betrachten, er wollte doch zu gerne einen Blick hinter die Kulissen wagen. Er wollte Anton dazu auffordern mitzukommen, aber der war so hingerissen von dem Geschehen auf der Bühne, er bemerkte nicht einmal wie Simon ihn immer wieder am Hemd zupfte, so zog er dann alleine los.
Um nicht aufzufallen, lief der Junge erst einmal in die völlig andere Richtung. Er drängte sich durch die, immer noch anwachsende Menge zur Westseite des Platzes, um dort die Stadtmauer entlang nach hinten in Richtung des Schlosses zu laufen. Er umrundete auf diese Weise nahezu den gesamten Platz und befand sich dann an der Südseite, wo die Puppenbühne aufgebaut worden war. Jetzt konnte Simon einen Blick hinter die Kulissen wagen. Im Schutz der Reste des Baumaterials für das Puppentheater, das achtlos neben der Bühne liegen geblieben war, pirschte sich Simon näher und näher heran und konnte so zur Rückseite des Aufbaus gelangen, hier hinderte allerdings dann eine provisorisch eingesetzte Tür in dem Verschlag seine Sicht. Fast hätte Simon nun seine Unternehmung aufgegeben, konnte er jetzt auch nicht mal das kleinste Astloch entdecken, durch das er einen Blick würde werfen können. Zaghaft drückte er die Türklinke herunter und siehe

da, zu seiner Verblüffung konnte er feststellen, dass diese keineswegs abgeschlossen war, wie er angenommen hatte. Vorsichtig öffnete er die Tür einen winzigen Spalt und lugte hinein.

Es war sehr düster im Hinteren der Puppenbühne, nur durch das Sichtfenster in dem die Marionetten ihr Spiel aufführten, drang das Licht der Gaslampen herein, so dass Simon zuerst nur die Umrisse der Puppen durch das auf Leinwand gemalte Hintergrundbild ausmachen konnte. Das Geschehen auf der Bühne hatte sich mittlerweile zugespitzt. Simon hatte zwar der Handlung nicht mehr folgen können, doch schien der König wohl von seinem eigenen Sohn ermordet worden zu sein und nun war sein Geist auf die Erde zurückgeschickt worden, um Rache zu nehmen. Nur langsam gewöhnten sich seine Augen an die Lichtverhältnisse, doch dann konnte er oberhalb der Bühne auf einer Art Laufsteg die Gestalten der Puppenspieler erahnen. Diese beiden schienen sich aber kaum zu bewegen, ja jetzt konnte er deutlich erkennen, dass die Kerle nur am Geländer lehnten, nach unten sahen und alle paar Sekunden einmal mit den Händen an den Strippen herumfingerten die nach unten führten. ‚Das konnte ja doch wohl nicht mit rechten Dingen zugehen?', dachte Simon, als er, mutig geworden, die Türe etwas weiter öffnete. Dann sah er die kleinen Gestalten, die um einen winzigen Tisch herumsaßen und allem Anschein nach mit einem Kartenspiel beschäftigt waren. Auf dem Tischchen stand eine alte Petroleumfunzel und erhellte nur schwach die Gesichter der Männchen. Es waren die drei Hexen von der Anfangsszene, der beste Freund des Prinzen, seine Geliebte und der Geldverleiher. Simon rieb sich die Augen, kaum konnte er glauben was er vor sich sah. Diese Marionetten bewegten sich ohne jedes Zutun von Menschenhand, sie griffen nach den Krügen, die auf dem Tisch standen und tranken, klopften die Karten leise auf die Tischplatte und zischten sich gegenseitig an, wenn das Spiel gerade nicht günstig für den Betreffenden laufen sollte. Die Szene hatte etwas Unheimliches an sich, weitaus unheimlicher als das Geschehen auf der Bühne, von der jetzt zwei der Marionetten auf einer dort angelehnten Leiter heruntergeklettert kamen und die Königinmutter zur gleichen Zeit vom Tisch aufstand und ihr Kleidchen raffend begann die zweite Leiter, die auf der anderen Seite stand, hinaufzusteigen. Oben angekommen warf sie, noch hinter dem Bühnenbild stehend, den Puppenspielern nach oben die Fäden zu, die an ihrem Gewand angebracht waren. Die fingen das Holzstückchen, an dem die Strippen zusammenliefen geschickt auf, entwirrten das Ganze ein wenig und die Königinmutter war bereit für ihren Auftritt.

„Mörder, Mörder!", schrie die vermeintliche Marionette nun so schrill, dass Simon der Schrecken erneut durchzuckte und ihm die Türklinke aus der Hand rutschte, was ein lautes Klacken verursachte. Bevor die Männlein am Tisch auch nur aufblicken konnten, hatte Simon die Türe wieder ganz geschlossen und zog sich schnell durch das Gerümpel kriechend zurück.

Als er wieder auf seinem Platz neben Anton, der immer noch wie weggetreten das Theaterstück verfolgte, angekommen war betrachtete Simon die Aufführung mit ganz anderen Augen. Er wollte das Ende des Stückes abwarten bevor er Anton berichtete, auch war eine gewisse Unruhe unter der Schar der Zuschauer aufgekommen, die leises Reden unmöglich machte. Immer wieder waren nun Rufe zu hören wie: „Ja, genau ein

Mörder ist er!“ und „Nieder mit Bodo!“ Ein paar der jüngeren Männer hatten sich umgedreht und blickten hinauf zum Balkon, auf dem der Baron mit seiner Entourage Platz genommen hatte und schüttelten wütend die Fäuste. Ihre Frauen redeten beruhigend auf sie ein, doch schien der Volkszorn sich auf diese Weise nicht eindämmen zu lassen. Schon nach den ersten Rufen war die gut gerüstete Leibgarde von Baron Bodo aufmarschiert und hatte den Platz umstellt. Einige der Aufrührer wurden von der Menge getrennt und abgeführt, was einige andere jedoch noch wütender zu machen schien. Die meisten hatten wohl den geistigen Getränken in erheblichem Maße zugesprochen, so ein Verhalten war der Adel von Hallgard vom gemeinen Volk in keinster Weise gewohnt.

Ganz in Simons und Antons Nähe brach jetzt ein Handgemenge aus, Fäuste und Bierkrüge flogen in alle Richtungen. Ein Soldat der Palastgarde wurde von einem kleineren Weinfass am Kopf getroffen, so dass ihm der Helm über die Augen rutschte und sich nicht mehr in die richtige Position bringen ließ. Plötzlich blind geworden, zog der Mann sein Schwert und schlug wie wild um sich, erwischte aber nur einen seiner Kameraden, der sich nun heftig aus einer Wunde am Schienbein blutend in Sicherheit brachte. Ein paar besonders rauflustige Gesellen hatten Stuhl und Tischbeine abgerissen und gingen nun bedrohlich langsam auf eine Gruppe Soldaten zu, die sich noch nicht am Geschehen beteiligt hatte und schlugen dann ohne Rücksicht auf Verluste auf diese ein. Daraufhin zogen auch diese die Schwerter und Säbel, konnten aber nichts gegen die vehement auf sie niederprasselnden Knüppelschläge ausrichten und wurden so bis zur Festungsmauer zurückgedrängt. Manch einer blieb schon vorher liegen, wenn ihn ein Schlag am Kopf getroffen hatte. Dann kamen die Reiter auf den Schlosshof galoppiert. Angeführt von Weybrecht van Aken, der mit gezogenem Vorderlader brüllend angeritten kam. Alles was ihnen in den Weg kam wurde kurzerhand überrannt und niedergeritten. Gliedmaßen brachen, Knochen splitterten. Schnell war jegliche Gegenwehr unterbunden, die aufgebrachte Menge wich eingeschüchtert zurück oder kümmerte sich um die Verletzten. Nur einer, ein rothaariger Schreinergeselle, der in der ganzen Stadt den Ruf eines wüsten Raufboldes genoss, schrie noch einmal: „Nieder mit Bodo!”, worauf Weybrecht ihn anvisierte und dann das Gewehr abfeuerte. Das Geräusch des Schusses war ohrenbetäubend und mit einem Mal war es totenstill auf dem Platz. Simon, der das Geschehen, versteckt hinter einer umgefallenen Bierbank verfolgt hatte, sah Weybrecht abdrücken und den Rothaarigen fallen. Ein riesiges Loch erschien wie durch Zauberhand auf seiner Stirne, sein Hinterkopf explodierte und besudelte alles im Umkreis von fünf Metern mit grellrotem Blut.

Das brachte die Menge nun endgültig zur Ruhe, Weybrecht ließ noch etliche Männer festnehmen, die er verantwortlich für den Aufruhr hielt, ohne dass Beweise gegen sie vorgelegen hätten. Ohne Gerichtsverhandlung wurden drei Tage später sieben Männer durch den Strang hingerichtet, es war ihnen zwar weiterhin nichts nachzuweisen gewesen, doch Bodo war sich sicher hier und jetzt ein Exempel statuieren zu müssen, um jeden weiteren Aufruhr auf der Stelle zu unterbinden. Auch die Theaterleute, denen eine gewisse Mitschuld, wegen ihres aufrührerischen Stückes zugesprochen wurde, sollten in Gewahrsam genommen und dem Henker überantwortet werden, doch war weder

von den Puppenspielern noch vom Impresario des Theaters Karbunkelkraut eine einzige Spur zu finden gewesen.
Wie betäubt durch die Ereignisse war Simon über den Platz getaumelt und schließlich fand er, verborgen hinter einer umgekippten Schankbude, Anton. Auch der hatte sich rechtzeitig in Sicherheit bringen können und so war auch ihm kein Haar gekrümmt worden, doch schien er sich in einem noch schlimmeren Schockzustand zu befinden als Simon selbst. Der Junge brachte keinen Ton mehr heraus. Erst als Simon ihm eine Tafel Nussschokolade vor die Nase hielt, begann er überhaupt zu reagieren. Dann aber griff er sofort zu, das Verständnis kehrte in seinen Blick zurück und die beruhigende Wirkung des Naschwerks tat ein Übriges. Gemeinsam machten sie sich auf den Weg zur Küche des Palastes um ihre Eltern, die sich sicherlich wegen des Aufruhrs Sorgen um die Gesundheit ihrer Sprösslinge machen mussten, zu beruhigen. Simon berichtete Anton auch noch davon, was er hinter der Bühne des Puppentheaters beobachtet hatte, doch glaubte ihm dieser kein einziges Wort. Lebendige Marionetten! Das konnte sich Anton nun beim besten Willen nicht vorstellen und so kam es schließlich Simon vor, als hätte er dieses Erlebnis nur geträumt.
Elvira und Gustav, der Chefkoch, waren überglücklich als die beiden Jungen um die Ecke kamen, wussten sie doch, dass sie sich das Puppentheater hatten ansehen wollen. Man hatte allerdings die Bediensteten nicht mehr nach draußen gelassen als die Lage auf dem Platz sich zuspitzte und so hatten die verzweifelten Eltern innerhalb der Schlossmauern ausharren und auf einen guten Ausgang hoffen müssen. Die Ereignisse lösten einige Diskussionen unter den Schlossbediensteten aus, die meisten waren allerdings der Meinung, dass es sich bei den Aufrührern nur um ein paar wenige kleine Verbrecher handeln müsse, die zum Glück bald ihrer gerechten Bestrafung zugeführt werden würden. Man hatte unter den Angestellten des Barons für solcherlei Umtriebe keinerlei Verständnis, geschweige denn Sympathie, man stand schließlich seinem Herrn gegenüber in der Pflicht und was der Dienstherr auch tun mochte, die Idee sich gegen ihn aufzulehnen war schlichtweg unvorstellbar. Nur einige wenige äußerten vorsichtig die Ansicht, dass es die Herrschaft nun doch schon sehr toll treiben würde und man nicht wüsste wie das noch alles enden sollte.

Ein paar Tage nach diesen Ereignissen kehrte der Professor wieder nach Hallgard zurück. Er war über zwei Wochen unterwegs gewesen und hatte Simon nicht von Sinn und Zweck seiner Reise unterrichtet. Er kam mit einem, mitsamt Kutscher gepachteten, Fuhrwerk an und ließ etliche Kisten und Koffer nach oben in sein Laboratorium bringen. Die Kutsche war am Stadttor festgehalten und streng untersucht worden. Neue, der Sicherheit der Stadtbewohner dienende Maßnahmen, so hatte sich der Ausrufer ausgedrückt, der diese Anordnungen vor kurzem auf allen größeren Plätzen herausgebrüllt hatte. Alle Behältnisse waren aufgebrochen und der Inhalt nach Waffenmaterial abgesucht worden, allerdings wussten die Beamten, die die Kontrollen durchführten, die geheimnisvollen, merkwürdigen Gerätschaften, die der Zauberer mitgebracht hatte, nicht einzuordnen, stuften diese dennoch als ungefährlich ein und ließen ihn schnell wieder seiner Wege ziehen.

Simon war schon seit ein paar Tagen immer wieder am Haus vom Professor vorbeigegangen, um zu sehen ob dieser schon zurückgekehrt sei, ein genaues Datum hatte der Alchimist ihm nicht genannt und so stand zufälligerweise Simon gerade um die Zeit vor der Tür, als die Männer, die beim Ausladen und Verstauen der Kisten geholfen hatten, ihre Arbeit beendeten und die Treppe herunterkamen.
„Komisches Zeug, komischer Kram, das alles!", sagte einer gerade.
„Ja, und alles so bunt, so unnatürlich bunt!" der andere.
„Und glänzend!", meinte wiederum der erste.
„Zauberischer Unfug!"
„Wenigstens gab's ein gutes Trinkgeld!" Mit diesen Worten verschwanden die beiden hinter den Wänden der Schenke um dem Wort Trinkgeld die ihm angemessene Bedeutung zu verleihen.
Oben in der Wohnung fand Simon den Professor auf dem Boden kauernd vor, beim Versuch den Inhalt einer aus den Nähten gegangenen Kiste zu sortieren. Allerhand metallisch schimmernde Gegenstände waren auf dem Boden des Flures verstreut, manches schien auch aus einem weniger harten Material gefertigt worden zu sein, fanden sich doch auch da und dort abgeplatzte, scharfkantige Teile.
„Ungeschickte Kerle, waren das vielleicht!", raunte Professor Greifwald als Simon über die Schwelle trat, an Stelle einer Begrüßung. Er hatte sofort gewusst, wer dort vor der Türe stand und rappelte sich jetzt ächzend hoch.
„Ach, ich werde wohl alt! Diese langen Kutschfahrten sind nicht gut für mein armes Kreuz!", meinte er dann. „Hallo Simon, ich hoffe es ist alles im Lot?"
„Äh, ja, Professor!", sagte Simon und betrachtete immer noch mit großen Augen den bunten Haufen Gegenstände auf dem Boden. „Was ist das denn alles?"
„Tja, bei manchem hab' ich schon so eine Ahnung. Bei anderen Sachen bin ich mir nicht so ganz sicher. Und der Rest wird wohl ein ewiges Geheimnis bleiben."
Der Sinn der Rede des Alchimisten blieb Simon schleierhaft. Er bückte sich und nahm ein schwarz metallisch glänzendes Ding in die Hand, das mit einer Glasscheibe ausgestattet war und kleinen Knöpfen auf denen maurische Ziffern abgebildet waren.
„Und was ist damit?", fragte er dann und betrachtete nachdenklich den Gegenstand in seiner Handfläche.
„Möglicherweise eine Art Summenersteller oder vielleicht sogar ein richtiggehender Rechenapparat, genau kann ich dir das nun wirklich nicht sagen", sagte der Professor und blickte sinnend mit seinen leeren Augen auf Simons Hand.
„Aber wie soll das denn funktionieren?", fragte Simon verblüfft.
„Ja, wenn ich das nur wüsste, dann wäre ich schon einen ganzen Schritt weiter!", erwiderte der Alchimist. „Vielleicht mit schwarzer Magie?", scherzte er dann. „Oder mit dieser Elektrizität!"
„Elekzitrität?", fragte Simon. „Was soll denn das sein?"
„Ich sage doch, ich weiß es nicht! Noch nicht!", fügte er dann hinzu. „Aber davon solltest du eigentlich überhaupt nichts wissen, das wäre wohl besser!"
Simon verstand nun überhaupt nichts mehr, er bückte sich wieder und hob erneut einen Gegenstand vom Boden auf. Dieser war knallrot und hatte an dem was Simon für die

Unterseite hielt, Räder befestigt, die sich auch drehten, wenn man sie mit dem Finger anstieß.
„Das sieht ein bisschen so aus wie einer dieser neumodischen Benzinkutschen!“, meinte er dann und besah sich das Ding genauer. „Das könnten auch Türen sein. Ja, die gehen sogar auf!“
Wirklich hatte Simon es geschafft mit der Spitze seines Zeigefingers ein winziges Türchen an der Seite des Dings zu öffnen.
„Da steht auch was unten drauf!“, rief er dann aus. „Matchbox!“
„Und was soll das bitte heißen, Herr Schlaumeier?“, grollte der Professor jetzt.
„Keine Ahnung, aber das steht da!“, sagte Simon trotzig, weil er der Ansicht war gerade eine große Entdeckung gemacht zu haben.
„Ich glaube das da ist wirklich nur Kinderkram!“, sagte Greifwald, nahm Simon den Gegenstand aus der Hand und stellte ihn in ein kleines Regal, das an der Wand angebracht war.
Simon berichtete daraufhin dem Professor von dem Beinaheaufstand, den die Aufführung des Puppentheaters hervorgerufen hatte und vom Tod des Rädelsführers, wie der Rothaarige, den Weybrecht erschossen hatte, jetzt allgemein genannt wurde. Die Geschichte von den lebendig gewordenen Marionetten verschwieg er jedoch, da er sich nicht sicher war, ob das nicht alles nur ein Tagtraum gewesen war.
„Deshalb haben die alles so gründlich durchsucht. Jetzt geht mir ein Licht auf“, meinte der Professor daraufhin und strich sich dabei nachdenklich über seinen langen, weißen Bart. „Das sind nun wirklich keine guten Nachrichten.“
Dann fiel Simon ein, dass er den Professor ja zu sich nach Hause einladen sollte. Elvira hatte ihm ja angedroht ansonsten seine Stellung hier aufgeben zu müssen.
„Hilf mir doch erst mal mit diesem ganzen Krempel hier!“, meinte der Alchimist jetzt und brachte eine leere Holzkiste herbei, in die Simon dann die verstreuten Gegenstände legte und dann hinüber ins Laboratorium brachte. Hier war es merkwürdig still. Nichts dampfte und brodelte auf den Tischen wie üblicherweise und Simon bemerkte das erste Mal den dunklen Rußfilm, der die ganze Breite der Decke einnahm.
„Äh, Professor?“, meinte er nun zögerlich und rückte dann endlich mit der Sprache heraus. Zu seiner Verwunderung jedoch war der Alchimist hocherfreut darüber Simons Familie kennenlernen zu dürfen, das behauptete er zumindest.
„Außerdem bin ich schon sehr gespannt auf den Kuchen!“, sagte er dann. „Ich liebe Kuchen!“

Am nächsten Tag klopfte es gegen drei Uhr an der Wohnungstüre der Karsulkes und draußen stand ein Mann, den Simon im ersten Moment gar nicht als den Professor erkennen wollte. Bewaffnet mit einem riesigen, bunten Blumenstrauß stand ein großgewachsener Mann in einem Zweireiher von feinstem Zwirn auf der Schwelle. Den größten Teil seines Gesichtes bedeckte eine Brille mit dunkel eingefärbten Gläsern, der Bart war frisch entwirrt worden und dann zu einem dicken Zopf geflochten und auf seinem Kopf thronte ein Zylinderhut, der ein klein wenig schief saß, aber sich noch in hervorragendem Zustand befand. Elvira war gleich hinter Simon zur Tür geeilt, nahm die

Blütenpracht errötend entgegen und bedankte sich tausendmal bei dem Alchimisten. Sie hatte für den Besucher gestern noch in der Schlossküche unter anderem einen feinen Apfelstrudel mit einer ordentlichen Portion Zimt zubereitet, der jetzt auf den Tisch kam. Elvira hatte sich zum heutigen Anlass den Nachmittag frei genommen und schon am gestrigen Abend noch die Leckereien zubereitet die heute Abend auf Baron Bodos Tafel kommen sollten. Sybilla saß schon in der Küche, hübsch zurechtgemacht von ihrer Schwester, wollte diese doch die Familie von ihrer besten Seite zeigen. Auch Gertrud war zu Hause, nur die anderen Schwestern fehlten, waren sie doch um diese Zeit noch in der Näherei beschäftigt. Elvira hatte, nachdem die erste Tasse Kaffee getrunken und das erste Stück vom Strudel gegessen war, sich wieder etwas gefasst und richtete verschiedene Fragen an den Blinden, der sich wie gewohnt sehr sicher mit Hilfe seines Stockes durch die Zimmer bewegt hatte.

„Ja, sagen sie doch mal, Professor, was macht eigentlich so ein Alchimist wie Sie?"

„Nun, gnädige Frau, das ist keine einfache Frage, aber ich werde mich bemühen sie zu ihrer Befriedigung zu beantworten", sagte der Professor Greifwald, lächelte Elvira an und diese hatte das mulmige Gefühl, dass der Mann durchaus in der Lage war ihr durch die dunklen Gläser hindurch, nicht nur in die Augen, sondern auch in die Seele blicken zu können.

„Im Großen und Ganzen, gnädige Frau", fuhr er dann fort, „beschäftigen wir uns mit dem was Gott uns in seiner Güte hier auf dieser Welt bereitgestellt hat und versuchen zu verstehen wie alles funktioniert und zusammenhängt, wenn ich es einmal so ausdrücken darf."

„Aber diese Zauberei scheint mir dann doch keine gottgefällige Tätigkeit zu sein!", erwiderte Elvira schärfer als sie beabsichtigt hatte.

„Ach, Zauberei!", meinte Greifwald dann, „Mit so etwas beschäftigen wir uns eigentlich gar nicht. Sehen Sie es einmal von der Seite, alles dessen Sinn und Funktionsweise man noch nicht versteht, könnte doch genauso gut als Zauberei gelten? Nehmen wir einmal die Dampfmaschine, ich weiß dies ist noch eine recht neue technische Errungenschaft aber…", hier griff der Professor zielsicher die Tasse und nahm mit gespitzten Lippen einen winzigen Schluck daraus, bevor er fortfuhr. „Wie ist es möglich damit ein Gefährt anzutreiben? Frühere Generationen hätten dies doch für schlimmste schwarze Magie gehalten, doch wissen wir jetzt, dass es sich um rein physikalische Gesetzmäßigkeiten handelt, die wir, langsam zwar, aber auch mit zunehmendem Erfolg zu verstehen beginnen."

Simon kam es so vor, als ob der Professor doch einigen Eindruck auf seine Mutter machen würde und seine anfängliche Nervosität löste sich nach und nach auf.

„Vielleicht noch ein Stück Strudel?", fragte Gertrud und verteilte, ohne eine Antwort abzuwarten geschickt den Kuchen. Sie hatte keine Ahnung worum es bei der Sache ging und es war ihr eigentlich auch herzlich egal.

„Aber, können denn die Alchimisten nun wirklich Gold herstellen, wie es doch immer heißt?", fragte Elvira dann und rümpfte die Nase. „Das kann man sich eigentlich nicht vorstellen, wenn man das heruntergekommene Aussehen mancher ihrer Kollegen betrachtet!", und fügte hinzu, „Verzeihen Sie Professor!"

„Ja, sehen sie, gnädige Frau!“, und wieder lächelte Athanasius Greifwald auf eine geradezu bezaubernde Weise. „Die kühne Behauptung Gold herstellen zu können, war für meine Zunft in früheren Zeiten das einzige Mittel um die Freiheit, die notwendigen finanziellen Reserven und die Räumlichkeiten zur Verfügung gestellt zu bekommen um ihren eigentlichen Forschungen gebührend nachgehen zu können. Ich gebe zu, manch einer meiner werten Kollegen ist auch heute immer noch der Meinung, dass dies möglich sei. Man müsse nur den Stein der Weisen finden oder das Gehörn des Einhorns zu einem Pulver oder die Haare auf der Warze einer jungfräulichen Gewitterhexe zu einer Salbe verarbeiten, um dem Geheimnis ewigen Reichtums auf die Spur zu kommen. Doch ist dies selbstredend alles vollkommener Unfug!“
Elvira war nun beinahe davon überzeugt, dass es sich bei Professor Greifwald anscheinend um einen vernünftigen und besonnenen Mann handelte, so dass sie kaum etwas dagegen haben konnte, wenn dieser weiterhin Simons Hilfe in Anspruch nahm.
„Warum aber Professor?“, wand sie dann doch noch ein. „Führen sich die meisten ihrer Kollegen auf solch eine fürchterliche Art und Weise in der Öffentlichkeit auf? Es ist wahrhaft eine Schande! Als ehrenwerte Frau traut man sich ja inzwischen nicht mehr gewisse Straßenzüge zu betreten!“
„Ja, das ist es wirklich!“, meinte der Professor jetzt mit fester Stimme, die ganz und gar den gefälligen Unterton verloren hatte. „Ich halte die meisten Leute, die in dieser Stadt herumspuken im Übrigen keinesfalls für wirkliche Angehörige meiner Zunft! Die Mehrzahl von denen die hier in Hallgard meist nichts anderes zu tun haben als in Wirtshäusern zu krakeelen, dem Baron Bodo Honig um den Bart zu schmieren, die wildesten Versprechungen zu machen und schließlich diesen zu einer unbesonnenen Politik verleiten, sehe ich keineswegs als Kollegen an!“
Simon und Gertrud waren aufgeschreckt, als der Professor begonnen hatte sich so in Rage zu reden und hatten verwundert aufgesehen, Sybilla summte vor sich hin, nur Elvira blickte den Blinden ruhig, interessiert an.
Athanasius, der bemerkt hatte, sich ein klein wenig im Tonfall vergriffen zu haben, beruhigte sich jedoch sofort wieder, pickte mit der Tortengabel ein größeres Stückchen Strudel auf, führte es zielsicher in den Mund und meinte dann: “Verzeihen Sie, gnädige Frau! Aber bei diesem Thema gehen manchmal die Gäule etwas mit mir durch! Was ist das eigentlich mit ihrer werten Schwester?“
Gertrud hatte während des Gesprächs ihre Mutter immer wieder mit einem Bissen gefüttert und ihr sofort den Mund abgewischt, was dem Professor natürlich nicht entgangen war.
„Nun, es ist diese Seuche. Oblivionitis oder wie die Herren Doktoren es nennen!“
„Ja, ich habe davon gehört und auch schon manchen Fall auf der Straße beobachten können. Ein merkwürdiges Phänomen diese Krankheit. Von einer Seuche jedoch kann wohl kaum die Rede sein, sind doch die Betroffenen allem Anschein nach in keinster Weise ansteckend!“
„Die Ärzte sind ratlos. Wir haben wirklich schon alles versucht!“, sagte Elvira resigniert und strich Sybilla eine Strähne ihres blonden Haares aus dem Gesicht.
„Nun, ich könnte...“, sagte der Professor daraufhin, “...auch meine armseligen Künste einmal ins Gespräch bringen.“

„Sind sie denn auch Doktor der Medizin?“, fragte Elvira, man merkte wie der Mann in ihrer Achtung wuchs und wuchs.
„Selbstverfreilich, meine Gnädigste. Universität zu Leiden. Promoviert im Jahre 1733. Allerdings habe ich den Arztberuf nie direkt ausgeübt, war ich doch meistens ausschließlich mit der Forschung beschäftigt. Obwohl ich zugegebenermaßen im Großen Vaterländischen Kohlrübenkrieg in der kaiserlichen Armee als Feldscher dienen durfte!“
„Ja, dann“, meinte Elvira daraufhin und blickte den Blinden immer noch voller Bewunderung an. „Wenn sie denn meine Schwester einmal untersuchen würden?“
„Es würde mir eine Ehre sein! Wenn sie ihre Frau Schwester einmal bei mir vorbeibringen wollten?“
Schnell war ein Termin, der beiden Parteien passte, gefunden und der Professor verabschiedete sich, nachdem noch allerlei Klatsch und Tratsch über den Hallgardschen Hochadel und seine intrigante Heiratspolitik, die Kartoffelpreise und die stetig anwachsende Anzahl des Ungeziefers in den Gossen der Stadt, ausgebreitet worden war, herzlich von den Karsulkes, die ihn allesamt, bis auf die arme Sybilla, noch bis hinunter auf die Straße brachten. Hier sagte Athanasius Greifwald noch einmal Adieu und alle blickten der seltsamen Gestalt hinterher, die ihren Gehstock beschwingt über das Straßenpflaster von Hallgard tänzeln ließ.
„Ein netter Mann, ein sehr netter Mann!“, sagte Elvira und zu Simon gewandt. „Den hättest du mir viel früher vorstellen sollen!“

Ein paar Tage darauf begaben sich Simon und Elvira mitsamt der Patientin in die Praxis des Professors, wie Elvira die Wohnung von Greifwald begonnen hatte zu nennen. Sie hatten sich zu diesem Zweck eine der kleinen Droschken gemietet, die in der Innenstadt überall unterwegs waren, um Fahrgäste aufzunehmen. Elvira zeigte sich keineswegs entsetzt über die Lebensumstände des Professors, war Simon nun doch schon ganze drei Tage lang damit beschäftigt gewesen die Räumlichkeiten auf Vordermann zu bringen. Besonders angetan allerdings war sie von den Gemälden des Blinden, unvorstellbar schien es ihr wie der Mann etwas von solcher Schönheit zustande bringen konnte und hingerissen betrachtete sie die Winterlandschaft auf der Staffelei, an der der Professor zurzeit arbeitete.

Wenn sie nun die üblichen Untersuchungsmethoden der Ärzteschaft erwartet hatten, waren sie erst einmal enttäuscht über die Herangehensweise des Alchimisten. Weder beklopfte der Professor die Knie Sybillas mit einem kleinen Hämmerchen, noch ließ er sie die Zunge herausschieben, Aah sagen um dann mit einem Holzspachtel in ihrem Mund herumzufuhrwerken. Allesamt ja klassische Methoden der ansässigen Ärzteschaft, kein Mensch hat je den Sinn und Zweck dieses Verfahrens herausgefunden und man hielt dies gemeinhin nur für ein überflüssiges Ritual, das die Doktoren aufführten, um sich wichtig zu machen. Auch verzichtete Athanasius gänzlich auf das Betasten von Bauch und Rücken der Patientin, hielt ihr kein Hörrohr an die Brust und schlug ihr auch kein rohes Ei über den Kopf, wie es allgemein üblich war um herauszufinden, ob der Kranke denn noch Schmerz zu empfinden in der Lage war. Nein, er ließ Sybilla, die nichts anderes tat als leise vor sich hin zu summen und ihn keines Blickes würdigte, auf einem Stuhl Platz nehmen und fing an ihr den Kopf mit seinen groben Händen zu massieren. Dies schien ihr allem Anschein nach zu gefallen, denn ihr Gesumme wurde lauter und melodiöser. Elvira glaubte wieder die alte Weise aus Kindertagen zu erkennen und ihre Augen füllten sich mit Tränen. Simon strich seiner Mutter tröstend über die Wangen. Der Alchimist holte nun ein längliches Instrument aus einer Schublade, drückte auf dem Ding herum und plötzlich begann das Gerät einen grellen weißen Lichtschein zu werfen. Simon wusste nicht was der Blinde mit Hilfe des hellen Lichtes versuchte zu bewerkstelligen, doch erkannte er sofort, dass es sich hierbei um eine der seltsamen Gerätschaften handelte, die der Professor von seiner letzten Reise mitgebracht hatte. Mit diesem Lichtstab leuchtete der Mediziner nun in Sybillas Augen, die er mit der anderen Hand offen hielt. Danach brummte er etwas Unverständliches in seinen Bart, was ihn für Elvira nun endgültig als einen kompetenten Arzt auszuweisen schien, hatte sie solch Verhalten doch schon so oft beobachten können.

„Was meinen sie, Professor?", fragte sie daraufhin, worauf Athanasius nur den Kopf schüttelte.

„Wenn sie nichts dagegen haben gnädige Frau, würde ich ihrer Schwester gerne noch etwas Blut abzapfen!“, sagte er dann leichthin.
„Ach, alle Ärzte haben das schon versucht, kein Aderlass hat jemals etwas geholfen!“, meinte Elvira und etwas Enttäuschung schwang in ihrer Stimme mit.
„Keine Angst, ich habe nicht vor die Patientin aufzuschneiden. Ich möchte nur später das Blut einer gründlichen Analyse unterziehen“, sagte der Professor und kramte erneut in einer Schublade, bis er ertastet hatte was er suchte.
„Aber hierbei wird mir Simon helfen müssen!“
Er rollte den Ärmel des sommerlichen Kleides, das Sybilla trug in die Höhe und knotete ein seidenes Band um ihren Oberarm. Dann drückte er Simon die Spritze in die Hand, der ein solches Instrument noch nie zu Gesicht bekommen hatte.
„Du musst nur die Vene treffen und dann langsam nach hinten ziehen!“, sagte Athanasius aufmunternd.
Simon beäugte misstrauisch das Instrument, das ihm der Professor in die Hand gedrückt hatte. Es bestand aus einer länglichen Glasampulle, die vorne mit einer metallenen Spitze und hinten mit einer Art Pfropfen versehen war. Damit sollte er jetzt seiner Tante in den Arm stechen. Dabei war ihm gar nicht wohl, doch Athanasius legte ihm beruhigend die schwere Hand auf die Schulter.
„Es tut ihr gar nicht weh, glaub' mir!“
Das bezweifelte Simon doch sehr, hilfesuchend blickte er in die Augen seiner Mutter.
„Nein, nein, mach du das. Ich kann kein Blut sehen!“, meinte diese nur und Simon wusste haargenau, dass dies gelogen war, hatte Elvira doch schließlich auch kein Problem damit, einem Suppenhuhn den Kopf abzuschlagen.
Langsam näherte sich die Spitze der Nadel Sybillas Arm, die Adern waren schon blau und dick angelaufen, dann bohrte er sie zögerlich unter die Haut seiner Tante.
„So, jetzt zieh langsam hinten an dem Saugstutzen“, sagte der Professor daraufhin in aller Gemütsruhe und schon füllte sich das Glasgefäß mit dem roten Lebenssaft.
„Wie voll ist es denn jetzt?“, fragte Athanasius.
„Halbvoll, etwa!“, erwiderte Elvira, die fasziniert ihren Jungen beobachtete. Vielleicht würde ja mal ein großer Mediziner aus ihm werden.
„Das dürfte reichen!“
Simon entfernte vorsichtig die Nadel aus dem Arm, überreichte dem Professor das Gefäß und war endlich wieder in der Lage Luft zu holen.
„War doch gar nicht so schlimm, oder?“, fragte der Professor. Wirklich hatte Sybilla die ganze Zeit über nicht ein einziges Mal auch nur gezuckt.
„Na, mir hat es gereicht!“, sagte Simon.
Athanasius stattete Elvira noch mit allerlei Tees und Kräutern aus, die er aus seiner Kühlkammer herauskramte.
„Das wird vielleicht nichts gegen die Krankheit ausrichten können“, meinte er dann.
„Macht aber bessere Laune!“
So verließen die drei frohgemut den Professor in der Hoffnung, dass dieser mit seinen geheimnisvollen Methoden doch noch etwas würde herausfinden können, was zur Gesundung der Patientin beitragen mochte. Auch hatte Elvira nicht versäumt

ihm ein paar Stück Kuchen dazulassen, denn sie hatte gleich bemerkt, was er für ein Leckermaul war.

In der Schule ging es langsam der Zeugnisausgabe entgegen und Simon hatte keinerlei Angst vor diesem Ereignis, wusste er doch, dass er in den meisten Fächern überdurchschnittlich gut abgeschnitten hatte. Bei Anton allerdings stand die Sache etwas anders, durchfallen würde der zwar nicht gerade, doch sein Vater, der Maître de Cuisine würde über die Anzahl der Vieren und Fünfen nicht gerade erfreut sein. An den Nachmittagen trieben sich die beiden immer wieder gerne in der Stadt herum. In den Schlossgarten trauten sie sich allerdings nicht mehr hinein, da mittlerweile ein wildes Rudel lapulischer Kettenhunde dort Wache hielt. Einmal hatten sie noch den Versuch unternommen hineinzugelangen, doch hatten sie sich nicht aus der Tür des Schuppens gewagt, da eine ganze Meute dieser blutdürstigen Viecher schon knurrend und zähnefletschend davorstand. Obwohl Simon das Gefühl beschlichen hatte, dass dies für ihn überhaupt kein Problem darstellte und er mit den Tieren schon fertig würde, hatte er Anton zuliebe auf das gefährliche Experiment dann doch verzichtet. So streiften die beiden an den lauen Frühsommerabenden, bis es zu dämmern begann, durch die Straßen der Stadt. An einem dieser Abende, sie kamen gerade vom Marktplatz, wo sich Anton mit reichlich Froschzungen eingedeckt hatte, eine Spezialität deren Zusammensetzung besser ein Geheimnis bleiben sollte, und liefen gerade an einer alten Taverne vorbei, als ein dicklicher Mann auf die Straße hinaustrat. Simon glaubte in diesem den Impresario des Marionettentheaters Karbunkelkraut zu erkennen, das so viel Aufsehen mit seiner Aufführung erregt hatte. Simon jagte Anton einen Ellenbogen in die Rippen.
„Sag mal, war das nicht der Theaterdirektor?"
Anton war in sich zusammengesunken und hustete ächzend eine Froschzunge aus dem Hals.
„Ja, kann sein!", gelang es ihm dann hervorzubringen. „Wollen wir mal sehen wohin dieser Ganove geht?"
„Klar!", sagte Simon nur, ein Abenteuer dieser Art kam ihm heute gerade recht.
Obwohl sich die beiden keineswegs sicher waren, dass es sich bei dem Mann wirklich um den besagten Direktor handelte, begannen sie einen respektvollen Abstand einhaltend, diesen durch die Gassen zu verfolgen. Das stellte sich jedoch als keine ganz einfache Aufgabe heraus. Die Straßen waren um diese Zeit immer voll von Menschen, die schnell noch etwas besorgen wollten bevor die Geschäfte schlossen, doch hatten sie den Kerl einmal für kurze Zeit aus dem Blick verloren, erkannten sie ihn in der Menge bald wieder an seinem merkwürdig schwankenden Gang und der auffälligen Melone, die er auf dem Kopf trug. Der Dicke blieb immer wieder stehen und schaute sich um, was die beiden Jungs veranlasste ebenso vor den Schaufenstern der Geschäfte stehen zu bleiben und so zu tun, als würde sie irgendetwas brennend interessieren. Auch schien er sich wie im Zickzack durch die Gassen zu bewegen, bog mal hier und dann mal dort ein und landete dann schließlich doch immer wieder auf der Hauptstraße, die sich jetzt allmählich zu leeren begann. Immer noch galt die amtlich verordnete Ausgangssperre, bei Anbruch der Dunkelheit sollten die Bürger sich in ihren Häusern befinden, diese Maßnahme war

direkt nach dem Krawall verhängt worden. Immer mehr Soldaten mischten sich um diese Zeit unters Volk, um die Anordnung durchzusetzen. Ausnahmen gab es nur für die Alchimisten und die Schlossbediensteten, auch Elvira hatte zu diesem Zweck einen Passierschein erhalten.
Der vermeintliche Theaterdirektor bog nun wieder in eine schmale Gasse ein, die Simon doch sehr bekannt vorkam, schließlich stand er vor dem Haus des Professors, wie der Junge zu seinem nicht geringen Schrecken erkannte, und klopfte. Anton und Simon hatten sich hinter der Häuserecke verborgen und beobachteten wie sich die Türe öffnete und der Mann, sich noch einmal nach allen Seiten umsehend, verschwand daraufhin im Stiegenhaus.
„Wohnt da nicht dein Zauberer?", fragte Anton stirnrunzelnd.
„Das ist kein Zauberer!", protestierte Simon. „Aber ja, du hast recht!"
„Wenn das wirklich der Kerl war, sollten wir es wohl der Gendarmerie erzählen!", meinte Anton leichthin und angelte sich noch einen Frosch aus der Hosentasche.
„Ach, ich glaube, wir müssen uns da wohl irren!", sagte Simon schnell. Keineswegs hatte er die Absicht dem Professor in irgendeiner Hinsicht Ärger zu bereiten.
„Kann ich mir eh nicht vorstellen!", sagte Anton mit vollen Backen. „Den hätten sie doch bestimmt schon längst erwischt. Sie haben doch sogar Steckbriefe aufgehängt!"
Wirklich konnte man noch an einigen Hauswänden den Fahndungsaufruf der Gendarmerie sehen, auf dem ein dicklicher Mann abgebildet war. Die Zeichnung ließ allerdings sehr an künstlerischer Qualität zu wünschen übrig. Simon hatte nur gemeint, das könne nun wirklich der Großvater von jedermann sein. Da es dunkler und dunkler wurde, machten sie sich schnell auf den Nachhauseweg und verabschiedeten sich kurz an einer Straßenecke, bevor jeder seiner Wege zog.
Simon hatte tatsächlich den Weg zur Wohnung eingeschlagen, aber die Sache ließ ihm einfach keine Ruhe. Irgendwann drehte er einfach um und lief den Weg wieder zurück. Nur noch wenige Leute waren jetzt unterwegs und Simon versuchte keinem Polizisten oder Soldaten zu begegnen und machte deswegen allerlei Umwege. Schließlich jedoch stand er wieder vor dem Haus des Alchimisten. Nachdem er zögerlich geklopft hatte, konnte er die Stiegen im Treppenhaus knarren hören und erkannte die Schritte des Professors.
„Du?", fragte der dann überrascht, als sich die Tür geöffnet hatte. „Was machst du denn hier um diese Zeit, um Himmels Willen?"
Athanasius klang etwas ärgerlich, aber nicht so, als hätte man ihn bei irgendetwas ertappt, man hätte eher Besorgnis heraushören können.
„Es ist doch wohl schon dunkel, oder?", fragte er dann.
Wirklich war die Sonne längst hinter dem Horizont verschwunden und die Gaslaternen entzündet worden.
„Na, egal! Komm erst mal rein!", meinte der Alchimist, zuckte mit den Schultern und ging vor Simon die Stiegen hinauf.
„Ich habe allerdings Gäste, Simon", sagte er dann über die Schulter hinweg.
Oben angekommen betraten sie sofort die große Wohnküche mit dem breiten Küchentisch, an dessen Ende Simon nun tatsächlich den Theaterdirektor sitzen sah. Wenn ihn dieser Anblick nun erschreckt hätte, war das jedoch gar nichts im Vergleich mit dem

der kleinen Gestalten, die auf den Küchenstühlen, deren Sitzflächen mit Hilfe einiger Weinkisten erhöht worden waren, saßen. Ungefähr acht bis zehn an der Zahl saßen in des Professors Küche, die vermeintlichen Marionetten des Puppentheaters Karbunkelkraut, und diese verhielten sich keineswegs so, wie man es von aus Holz gefertigten Püppchen erwarten würde. Eine äußerst lebhafte Unterhaltung schien hier im Gange zu sein, der Tisch war voll von Weinflaschen in halbvollem oder schon vollständig geleertem Zustand und dicker Tabakqualm hing in der Luft wie Nebelschwaden. Kaum ließen sich die Kerlchen vom Eintreten Simons unterbrechen, keines ihrer lebhaft leuchtenden Augen blickte zu ihm auf, nur der Direktor lächelte Simon an, erhob sich und streckte ihm die Rechte entgegen.
Simon stand wie angenagelt in der Türe, bis ihm der Professor einen Stups in den Rücken gab und er auf den Dicken zutaumelnd dessen Hand ergriff.
„Guten Abend, junger Herr! Freut mich sehr ihre Bekanntschaft zu machen. Ich nehme doch an, dass sie der junge Mann sind, der Athanasius in so vielen Belangen zur Hand geht?", sagte der Impresario nun überschwänglich. Er schien seinen merkwürdigen Dialekt wohl nur auf der Bühne zu brauchen und konnte ihn an und wieder abstellen.
„Äh, ja, ich…", konnte Simon nur stammeln, während ihm der Dicke die Hand schüttelte als betätigte er einen Pumpenschwengel.
Als die kleinen Gesellen Simon jetzt bemerkten, breitete sich augenblicklich eine bedrohliche Stille im Raum aus. An die zehn saphirgrün leuchtende Augenpaare waren auf den Jungen gerichtet, dem es noch unbehaglicher zumute wurde. Die Blicke der Radieschenmännlein, denn so hatte Simon begonnen sie zu nennen, da jeder als Kopfbedeckung eine knallrote Mütze trug,
bohrten sich in Simons Gehirnwindungen hinein. Diesen Eindruck hatte er zumindest. War er auch schon zuvor totenblass gewesen, erbleichte er jetzt derart, dass sein Gesicht sich nicht mehr von den frisch gekalkten Wänden der Küche abhob. Sich langsam aus seiner Erstarrung lösend, blickte sich Simon hilfesuchend nach dem Professor um. Der Theaterdirektor hatte endlich seine Hand losgelassen, in der sich langsam ein stechender Schmerz breitzumachen begann.
„Keine Angst, Leute!", warf daraufhin Athanasius in die Runde. „Das ist doch nur Simon!"
Irgendjemand fragte lauthals und schnarrend: „Häääää?"
„Simon, mein Gehilfe!", sagte der Professor noch einmal.
Nach diesen Worten stellte sich sofort die vorherige Geselligkeit wieder ein, als hätte die Erwähnung seines Namens alle Bedenken, die vielleicht gehegt worden waren, auf der Stelle zerstreut. Simon sah wie einige der Wichte ihm zunickten, dann die Köpfe zusammensteckten und zu tuscheln begannen.
Eines der Männlein sprang geschickt von seinem Sitzplatz auf den Boden, kam grinsend auf Simon zu und hielt ihm ein winziges Händchen hin, das der Junge zögerlich zwischen Daumen und Zeigefinger nahm und schüttelte.
„Krinksgranx, mein Name, sehr, sehr erfreut dich kennenzulernen!", sagte der Kleine und rollte dabei seltsam mit seinen furchterregend leuchtenden Augen. „Der gute Greifwald hat schon viel Gutes über dich berichtet!"
Die Stimme des Männleins war trotz ihrer Tonhöhe laut, durchdringend und entbehrte

nicht einer gewissen Festigkeit. Simon war es, als hörte er den alten König heraus und genau diese Rolle hatte der Wicht in dem Stück auch gegeben.
„Ja, wirklich, viel Gutes! Aber ich hätte dich mir ein wenig größer vorgestellt!“, meinte der Kleine dann.
Simon wusste zwar nicht was es viel über ihn zu berichten gab, erholte sich aber langsam wieder von seinem Schrecken. Trotzdem fiel ihm keine Erwiderung ein, solange die grünen Augen ihn so ausgiebig musterten.
„Ich bin doch erst zwölf!“, konnte er dann herausbringen.
„Ich weiß, ich weiß. Du bist ja noch ein Menschenkind, doch auch kleine Leute können große Dinge ausrichten!“, sagte Krinksgranx und hörte nun endlich auf den Jungen anzustarren.
„Das sind meine Freunde und Genossen, lieber Simon. Wenn ich vorstellen darf.“ Der Zwerg deutete auf die Runde bartloser Gesichter, die Simon umgaben.
„Krautschuk, mein Adjutant!“, stellte er dann einen besonders verwegen blickenden Wicht vor. “Düsselkrink, Pausewitz, Runkelpetz, Maulbeerfink....”
Simon konnte unmöglich alle Namen der seltsamen Gnome behalten, aber jedem schüttelte er nun die winzige Hand und versuchte dabei freundlich zu nicken.
„Und das ist unser lieber Freund und Impresario Jonathan Kammergarn!“ der Dicke tippte mit dem Zeigefinger an seine Melone, die er auch hier in der Wohnung trug, und grinste Simon breit an.
„Hallo, mein Bester!“, begrüßte er ihn dann nochmal.
„Ich glaube unser junger Freund hier ist doch etwas überfordert mit der Situation!“, meinte daraufhin der Professor und setzte sich wieder auf seinen Platz. „Weißt du Simon, die Hurveniks sind eine uralte Rasse, die weit vor den Menschen, schon vor Jahrtausenden dieses Land bevölkert haben“, fuhr er nun fort.
Die Männlein die Simon umgaben, nickten zustimmend mit den Köpfen und derjenige mit dem Namen Krautschuk nahm die Teetasse in die Hand aus der er geräuschvoll zu schlürfen begann.
„Wie gesagt eine uralte Rasse!“ Athanasius war etwas irritiert von den Geräuschen, die der Adjutant von sich gab.
„Viele Sagen und Legenden ranken sich um sie. In Ürland bezeichnet man sie als Leprichauns, in Svedland als Gnome und hier bei uns gelten sie als böse, todbringende Kobolde. Was aber alles der Wahrheit in keinster Weise nahe kommt.“
„Kobolde, pah! Wer ischt hier ein Kobold?”, fragte Krautschuk und seine Stimme überschlug sich fast dabei.
Der Professor beachtete den kleinen Kerl kaum, der jetzt von seinem Sitzplatz aus, ungelenk auf den Tisch zu klettern begann.
„Auch viele Lieder und Weisen berichten von ihnen!“, fuhr Athanasius fort. „Du kennst doch bestimmt das Lied vom Männlein im Walde?“
Natürlich kannte Simon dieses Lied, Elvira hatte es ihm oft beim Pilzesuchen vorgesungen.
„Es gibt nicht mehr viele von ihnen“, erklärte der Professor weiter, „diejenigen die noch auf unserem Kontinent weilen sind nur der Rest einer großartigen Zivilisation, die mit dem Erscheinen der Menschen zum Untergang verurteilt war. Der Mensch hat sie

nahezu ausgerottet, die letzten großen Kriege gegen die Hurveniks liegen allerdings schon so lange Zeit zurück, dass sie in unserer Geschichtsschreibung schon gar nicht mehr vorkommen.“

Simon fiel es sehr schwer diese geballte Ladung Information aufzunehmen, da er immer noch alle Augen auf sich gerichtet sah. Besonders Krautschuk, der sich im Schneidersitz in der Mitte des Tisches niedergelassen hatte, schien ihn böse anzublicken.

„Nun haben aber einige von ihnen sich der Menschheit angenähert, sind ihr im Allgemeinen wohlgesinnt und verdienen sich mit ehrlichen Mitteln ihren Lebensunterhalt. Wie unsere Freunde, die Schauspieler hier. Da die Menschen allerdings nichts von ihrer Existenz erfahren sollten, haben sie sich den Trick mit dem Puppentheater ausgedacht. Eine famose Idee, wie ich finde!“

„Schauschpieler, wer ist hier ein Schauschpieler?“, rief Krautschuk dazwischen und stemmte sich mühsam, die Tasse erhoben, auf seine dünnen Beinchen. „Sind wir nicht Mimen, Künstler, Verkünder ewiger Wahrheiten. Man nennt unsch Gaukler und Komödianten, doch wasch sind wir in Wahrheit?“ Der Kleine blickte auffordernd in die Runde, holte zu einer umfassenden Geste aus, wobei er die Hälfte vom Inhalt seines Trinkgefäßes verschüttete und rief dann laut aus: „Sind wir nicht Götter? Erschaffen wir unsch nicht schtändig selbscht?“

Nach diesen Worten verlor er nun endgültig das Gleichgewicht, sackte in sich zusammen und fiel von der Tischkante, der er während seiner Ausführungen gefährlich nahe gekommen war.

Krinksgranx sah nach unten auf den Dielenboden, von dem jetzt holprige Schnarchgeräusche heraufdrangen.

„Entschuldige bitte, Simon. Mein Adjutant verträgt leider keinen Alkohol. Greifwald behauptet immer, es mangele ihm an einem bestimmten Enzym.“ sagte er dann gelassen. „Was immer das auch bedeuten soll! Fahren Sie nur fort, Professor!“

In der Zwischenzeit waren Fritz und Friedel die vermeintlichen Puppenspieler hereingekommen und hatten die Tafel mit mehr Wein und einem großen Eimer Keksen angereichert. Die beiden waren taubstumme Brüder, die Kammergarn vor Jahren aus der Gosse aufgelesen hatte und die ihm seither treu dienten. Sie setzten sich still in eine Ecke, holten ein Damespiel hervor und kümmerten sich nicht um das, was um sie herum vorging.

„Äh, ja! Wie gesagt. Bringt mich doch nicht immer durcheinander!“ Athanasius klang jetzt doch etwas verärgert. „Also, wo war ich stehen geblieben?“ er betastete seinen kahlen Schädel, als erwartete er dadurch irgendetwas herauslocken zu können. „Ach ja! Also die Screechies…..!”

Bei diesem Wort verließen gellende Schreie die zehn Kehlen der Wichte, Simon musste sich die Ohren zuhalten um nicht taub zu werden. Er hatte das Gefühl, dass es in seinen Hörorganen einige Male ploppte und knackte, dann zersprangen in des Professors Küchenschrank einige dünnwandige Gläser.

„So heißen wir nicht. Sag nie dieses Wort! Niemals!“, konnte Simon schließlich verstehen, nachdem der Lärm etwas abgeebbt war.

Der Professor, dessen Gesicht mittlerweile hochrot angelaufen war, breitete beruhigend seine Hände aus.

„Verzeiht Freunde! Ist mir nur so herausgerutscht!“, rief er dann beschwörend.
Die Stille nach dem Geschrei war fast unheimlich, Simon dachte schon tatsächlich taub geworden zu sein, als eine große Blechdose, die aufgrund der Schwingungen ins Rotieren gekommen war, scheppernd auf dem Boden aufschlug.
Screechies, dieses Wort hatte Simon allerdings schon gehört. Auch Elvira hatte ihm als er noch klein war immer damit gedroht. ’Wenn du nicht alles brav aufisst, holen dich die Screechies! ’, hatte es dann geheißen. Oder ’Wer nicht kommt zur rechten Zeit muss hören wie der Screechie schreit! ’ und: ’Wenn erst der Screechie erwacht, na dann gut’ Nacht!‘
Die Eltern fast sämtlicher Kinder die Simon kannte, hatten unentwegt mit dem Kommen der Screechies gedroht, und dass sie einen holen würden, wenn man nicht brav sei. Auch in vielen Märchen und Schauergeschichten spielten sie immer wieder eine Rolle. So wurden sie für alles Schlechte in der Welt verantwortlich gemacht. Starb jemand unerwartet, hatte unter Garantie irgendein Nachbar am Abend zuvor den Screechie schreien hören. Brach ein Rad am Wagen, sagte man gemeinhin, da hat wohl der Screechie reingebissen. Wurde die Milch in der Kanne schlecht, hatte sich das Kind den Magen verdorben, war der Brunnen ausgetrocknet, immer war der Screechie daran schuld. Simon begriff allmählich warum die kleinen Kerle diese Bezeichnung nicht besonders mochten. Auch waren diese Hurveniks seltsamerweise in den Schauergeschichten, die über sie im Umlauf waren, recht gut beschrieben. Wirklich trugen die Burschen ein radieschenförmiges Mützlein auf dem Kopf, eine grasgrün schimmernde Weste über braunem Hemd, hatten allesamt einen knallgelben Haarschopf, der ihnen zu einem langen Zopf geflochten über den Rücken fiel und pafften wie die Schlote ihre Tonpfeifen.
Endlich herrschte wieder Stille, nur vom Boden her hörte man das Schnarchen des Adjutanten. Simon schaute auf und bemerkte, dass der Impresario sich den Hut bis zum Kinn heruntergezogen hatte und sich nun bemühte die Kopfbedeckung wieder in die richtige Position zu bringen. ‚Deshalb hat er das hässliche Ding wahrscheinlich ständig auf dem Kopf. Als Hörschutz!‘, dachte der Junge bei sich. Schließlich hatte sich der Professor wieder gefasst und war, nach mehrfachem Räuspern, fähig fortzufahren.
„Jedenfalls, äh, die Hurveniks also waren schon lange vor den Menschen hier auf dem Kontinent ansässig und nur wenige unter ihnen haben sich nicht der großen Auswanderungswelle angeschlossen, die vor beinahe tausend Jahren begann. Die Hiergebliebenen bewundern eigentlich uns Menschen und helfen uns soweit sie können. Hierüber gibt es ja ebenfalls genügend Geschichten und Anekdoten, Simon. Denk doch nur einmal an die Mär von den Heinzelmännchen!“
Dem Jungen stand nun schon eine geraume Weile der Mund offen. Was er da hörte würde einige Zeit benötigen um verdaut zu werden, nichts von dem was ihm hier mitgeteilt wurde hatte jemals im Schulunterricht Einzug gehalten. Und so richtig glauben, konnte er das alles auch noch nicht.
„Und was sollte dann das mit dem Aufruhr auf dem Schlossplatz?“, fragte er dann, langsam zu Sinnen kommend, sah Athanasius an und dann in die Runde der Hurveniks, deren Augen ihm entgegen leuchteten.
„Nun, Simon!“, mischte sich jetzt der Impresario ein, der es endlich geschafft hatte, das

Gesicht aus den Klauen seiner Kopfbedeckung zu befreien. „Unsere Hurveniks hier haben sich auf die Fahne geschrieben, überall wo Menschen geknechtet und unterdrückt werden, dafür zu sorgen, dass sich dieser Zustand ändert. Sie sind sozusagen Revolutionäre!"
„Viva la Revolutschion!", schallte es vom Fußboden herauf, so brachte sich auch der betrunkene Adjutant Krautschuk wieder in Erinnerung, gleich darauf jedoch war erneut lautes Schnarchen zu vernehmen.
„Revolutionäre?", fragte Simon und betrachtete die kleinen Kerle noch einmal ganz genau. Unter diesem Begriff hatte er sich immer große, wilde, rote Fahnen schwenkende Riesen vorgestellt, zu jeder Schandtat bereit, jeden Kompromiss verachtend und immer bereit das eigene Leben für die gute Sache aufs Spiel zu setzen. Die Männlein, die da vor ihm saßen waren auf gewisse Art und Weise zwar auch furchteinflößend, doch wie richtige Kämpfer wirkten sie beileibe nicht.
„Ja, doch! Revolutionäre!", fuhr der vermeintliche Theaterdirektor fort und drehte dabei seinen Hut in den Händen. „Nicht jedem ist es gegeben mit Schwert und Vorderlader zu kämpfen, manch einer muss sich auch mit seinem Verstand, seinem Mut und seiner Gerissenheit zufriedengeben!"
„Wir zeigen den Leuten nur, dass man sich nicht alles von den hohen Herrschaften gefallen lassen muss!", mischte sich jetzt Krinksgranx ein. „Du musst dir das so vorstellen, Simon. Wir zündeln nur ein ganz klein wenig, wir zeigen auf, dass das Leben auch auf andere Weise funktionieren kann. Ohne Grafen, Könige, Barone, die nur darauf aus sind, ihr eigenes Volk solange auszuplündern, um es dann auf dem nächstbesten Schlachtfeld verrecken zu lassen. Mit dem Rest müssen die Leute schon selbst fertig werden!"
Der Hurvenik hatte sich anscheinend etwas in Rage geredet, seine Augen blitzten bei jedem Wort gefährlich und seine Stimme überschlug sich nun fast. Doch gleich darauf fuhr er in aller Seelenruhe fort.
„Weißt du, Simon. Manchmal muss man die Menschen eben mit der Nase drauf stoßen, damit sie erkennen, dass irgendetwas gar nicht mehr stimmt."
Simon dachte über die Worte des Männchens nach und kam zu dem Schluss, dass schon etwas dran war, an dem was es gesagt hatte. Wirklich wurden die Zustände in Hallgard von Tag zu Tag schlimmer. Immer mehr Bettler waren auf den Straßen unterwegs, denen es unmöglich gemacht worden war, sich noch ihren Lebensunterhalt durch Arbeit zu verdienen. Immer mehr waren obdachlos geworden, da sie die Steuerschulden nicht mehr zahlen konnten und daraufhin ihrer Häuser beraubt worden waren. All das Geld landete schließlich in der staatlichen Bank und stand daher wieder Baron Bodo zur Verfügung, der es mit vollen Händen für den Lohn der Zauberer und der Söldner, deren Anzahl ebenso ständig im Ansteigen begriffen war, aus dem Fenster warf. Den bei Hofe Bediensteten ging es zwar noch ausgesprochen gut, konnte der Adel doch ohne diese sein Luxusleben nicht standesgemäß weiterführen, doch die Kaufleute, Handwerker und Bauern lebten oft von der Hand in den Mund, nachdem sie Monat für Monat vom Ministerium für Finanzen geschröpft worden waren. Immer mehr unbescholtene Bürger landeten schließlich auf dem Marktplatz am Pranger, mit einem Schild um den Hals, auf dem ihre angeblichen Vergehen gegen den Staat aufgelistet waren, die meist nur

daraus bestanden, die ihnen auferlegten Steuern und Abgaben nicht mehr begleichen zu können. So machte man aus den ehrlichen Leuten auch noch Betrüger, Diebe und Steuerhinterzieher und warf sie anschließend solange in den Schuldenturm, bis ihre Angehörigen sich irgendwoher die finanziellen Mittel besorgten, um ihre Familienmitglieder freikaufen zu können. War vorher nur hinter vorgehaltener Hand über das Unwesen gelästert worden, das die Alchimisten trieben, so hatte Simon nun schon oft beobachten können, wie die Leute hinter deren Rücken die Fäuste schüttelten. Ja, es war sogar schon zu Übergriffen gegen die ständig, betrunkenen Kerle gekommen. Manchen hatte man übel zugerichtet am frühen Morgen aus der Gosse gezogen. Dies wiederum hatte eine erhöhte Polizeipräsenz zur Folge gehabt und immer mehr, der wenig vertrauenerweckend wirkenden, Soldaten hatte sich unter die Gendarmerie gemischt, die jetzt ständig als Doppelpatrouillen auf den Straßen Flagge zeigte. Und nun auch noch die nächtliche Ausgangssperre, die gnadenlos durchgesetzt wurde. Wenn es die trunksüchtigen Zauberer nicht gegeben hätte, würden auch die Gastwirte am Abend keinen Dukaten mehr verdienen können. Trotzdem konnte sich Simon nicht recht mit den umstürzlerischen Ideen der Hurveniks anfreunden. Seine Mutter pflegte immer zu sagen „Gib' dem Kaiser, was des Kaisers ist!", und daran hatte sie sich zeitlebens auch gehalten. Obwohl Elvira jegliche Art von Ungerechtigkeit aus tiefster Seele verabscheute, wäre sie nie auf die Idee gekommen, dass die Fürstenhäuser, die die Geschicke des Landes lenkten, nicht von göttlicher Gnade dazu berufen waren und hatte Simon nicht selbst beobachten können was bei einem Aufruhr herauskam? Nichts als Gewalt, Blut und schärfere Restriktionen durch die Staatsmacht.

„Aber der Professor arbeitet doch auch für den Baron!", entfuhr es ihm nun.

„Der Professor steht allein im Dienste der Wissenschaft, wie er es ausdrücken würde!", wand Krinksgranx ein und warf Athanasius einen ironischen Seitenblick zu.

„So ist es, so ist es!", meinte der Alchimist darauf, nicht auf die leise Provokation des Hurveniks eingehend. „Natürlich werde ich für meine Dienste vom Fürstenhaus entlohnt, doch bleibt die Forschung dennoch unabhängig von jeglichem politischen Einfluss."

„Allerdings!", fuhr er dann fort. „Liegt es ja bei mir allein mit wem ich meine Forschungsergebnisse teile und mit wem nicht!" dabei blinzelte der Zauberer vielsagend, was wegen der Leere seines Blickes äußerst absonderlich wirkte.

„Das sind wieder mal die typischen Spitzfindigkeiten von euch Intellektuellen!", mischte sich jetzt eine neue Stimme ein. Simon glaubte es handele sich um den Gnom, der ihm unter dem Namen Pausewitz vorgestellt worden war, er konnte sich aber auch irren.

„Wir Arbeiter und Bauern werden euch schon noch einmal die Leviten lesen!", plärrte der Kleine dann. „An die Laterne mit dem ganzen Gesocks! An die Laterne!"

„Klappe, Pausewitz!", rief daraufhin Krinksgranx. „Entschuldigt bitte!", wand er sich dann an Simon und den Professor. „Der gute Pausewitz ist für die gesamten Propagandaaktionen und die politische Agitation zuständig und dabei geht ihm schon mal der Gaul durch."

Der so herabgewürdigte bemerkte nur noch kleinlaut etwas, das wie „Tschultschung!" klang, setzte sich wieder und sog an seiner Pfeife als wäre gar nichts vorgefallen.

Simon schaute den Alchimisten verwirrt an. Diese Männlein waren ihm wirklich nicht geheuer. Er hatte keine blasse Ahnung was Agitation und Propaganda bedeuten mochte, glaubte aber auf diese Dinge durchaus verzichten zu können.
„Ich habe so einiges herausgefunden was Bodo sehr interessieren dürfte!", meinte der Professor dann. „Aber da ich nicht der Meinung bin, dass dieses Wissen bei ihm in guten Händen ist, werde ich es besser für mich behalten. Es ist schlimm genug was der Baron mit dem Öffnen des Siebes schon angerichtet hat und ich halte die ganze Sache inzwischen für weitaus gefährlicher, als ich anfänglich dachte."
Simon verstand endgültig nur noch Bahnhof. Auf diese Rede des Professors konnte er sich nun wirklich keinen Reim mehr machen. Welche Sache? Und, welches Sieb?
„Meiner Meinung nach können wir noch auf gar keine Weise abschätzen, welche Auswirkungen dies alles für unsere gesamte Welt haben wird!", fügte der Professor ernst hinzu.
„Dann sollten wir dafür sorgen, dass das Sieb wieder geschlossen wird. Dazu muss aber Bodo das Handwerk gelegt werden und Soylentius ebenso!", erwiderte Krinksgranx jetzt grimmig.
„Ich glaube auch, dass dieser Soylentius der eigentliche Übeltäter in der ganzen Geschichte ist!", mischte sich jetzt der Impresario ein und zwirbelte dabei sein Schnauzbärtchen, so dass die Spitzen dieses außerordentlich männlichen Gesichtsschmucks wieder aufrecht in die Höhe ragten. „Seit der hier aufgetaucht ist, fing die ganze Misere doch erst richtig an!"
„Nun, Soylentius ist ein Akademiemitglied des Alchimistenverbandes und steht dort in hohen Ehren!", warf der Professor ein. „Wie er das geschafft hat ist mir allerdings ein Rätsel, aber höchstwahrscheinlich war auch hier eine politische Intrige am Werk. Ich habe ihn immer für einen Scharlatan gehalten, doch waren ihm nie Manipulationen irgendeiner Art nachzuweisen gewesen."
„Er ist ein ganz übler Zeitgenosse, man beschuldigt ihn in der Grafschaft Grützholm unzähliger Verbrechen. Nicht nur soll er dem Grafen alles Gold der Welt versprochen haben, dass aus einfachem Granitstein herzustellen sei, am Ende soll er noch mit der jüngsten Tochter des Grafen durchgebrannt sein, nachdem er auch die Kronjuwelen an sich gebracht hatte", berichtete der Impresario.
„Das sind alles nur Gerüchte!", meinte Athanasius darauf, „Am Ende hat er das Mädchen doch noch zur Frau genommen und ihre Ehre dadurch wiederhergestellt. Mittlerweile ist sie jedoch ins Kloster gegangen, seitdem hat man nichts mehr von ihr gehört."
„Und die Juwelen blieben verschwunden!", schmunzelte Kammergarn.
Simon hörte sich das alles mit offenem Mund an. Soylentius stand wirklich in der Bevölkerung Hallgards in allerschlechtestem Ruf. Nicht nur galt er vielen als Anführer der verhassten Zauberer, auch glaubte man nur durch die Einflüsterungen des Alchimisten hatte Baron Bodo sich so zum Despoten gewandelt. Die eher dem Aberglauben anhängenden Leute waren sogar der Ansicht, Soylentius stehe mit dem Teufel im Bunde, der ihm eine solche Macht über Bodo verliehen hatte, dass dieser dem Zauberer hörig geworden war und keine Entscheidung mehr selbst fällen konnte. Auch von schwarzen Messen im Garten des Schlosses wurde gemunkelt. Manch einer verstieg sich sogar in

die Behauptung eine Horde auf Besen reitender Hexen schon über der Festung kreisend, erblickt zu haben. Dies allerdings hielt Simon dann doch für ein Ammenmärchen, Hexen konnte es unmöglich geben. Aber er hätte schließlich bis vor ein paar Minuten noch nicht daran gedacht, dass Wesen wie die Hurveniks existieren könnten.
„Ich glaube, bevor wir unsere Unterhaltung fortsetzen, werde ich zuerst einmal Simon nach Hause bringen, bevor mir seine liebe Mutter noch den Kopf abreißt!“, meinte der Professor dann und erhob sich vom Tisch. „Zum Glück gilt für uns Alchimisten ja nicht die Sperrstunde!“
Bevor Simon aufstehen konnte, war der kleine Krinksgranx geschickt auf den Tisch geklettert und kam auf ihn zugelaufen.
„Du wirst doch keinem Menschen von uns und dieser Unterhaltung hier erzählen, nicht wahr Simon?“ der Hurvenik funkelte ihn aus smaragdgrünen Augen an.
„Äh, nein!“, stammelte der Junge unsicher. „Vielleicht könnte ich meinem Freund Anton...“
„Zu niemandem, auch nur ein Sterbenswort!“, der Wicht legte den Zeigefinger über seine Lippen. „Schsch..., kein Sterbenswort, sonst wird es uns allen hier schlecht ergehen! Die Wände haben Ohren, Spione lauern überall, denk daran!“
Der Hurvenik zischte diese Worte drohend heraus und Simon erschauerte. Sein Blick suchte die Küchenwand ab, konnte aber nirgendwo eine Ohrmuschel finden.
„Gut, ja, kein Sterbenswort!“, beeilte er sich dann zu sagen.
„Dann wünsche ich dir jetzt eine erholsame Nachtruhe!“, sagte Krinksgranx dann sehr höflich.
„Ja, schlaf gut! Schöne Träume!“, wünschte Kammergarn.
„Gute Nacht, gute Nacht!“, riefen einige der Männlein, als Simon und Athanasius die Wohnung verließen.
„Oh, mein armer Kopf, mein armer Kopf!“, hörte er noch den Adjutanten klagen, der anscheinend gerade aufgewacht war, als sie die Treppe hinunterzusteigen begannen.
Der Professor brachte Simon bis vor die Haustüre. Nur eine einzige Patrouille war ihnen auf dem Weg entgegengekommen, die die beiden allerdings wegen der Kleidung des Alchimisten nicht weiter beachtet hatte. Simon hätte so viele Fragen gehabt, doch war er derart überwältigt von den Geschehnissen, dass ihm keine einzige in den Sinn kommen wollte. Athanasius ging, seinen Stock schwenkend, voran, Simon hatte Mühe den weitgreifenden Schritten des Mannes zu folgen. Einige Male blieb der Professor plötzlich stehen, drehte den Kopf in verschiedene Richtungen und lauschte in die Nacht.
„Hast du nicht auch Schritte gehört, Simon?“, fragte er darauf den Jungen.
„Äh, nein! Hab' nichts gehört!“
„Wahrscheinlich Einbildung. Ich glaube ich höre schon die Flöhe husten!“, meinte er dann leichthin. Kurz darauf blieb er jedoch wieder auf der Stelle stehen, lauschte erneut und blähte die Nasenflügel, als ob er kommendes Unheil röche, ging dann aber wortlos weiter.
„Komm doch in den nächsten Tagen vorbei, Simon!“ sagte der Professor als sie sich verabschiedeten. „Ich habe da etwas Merkwürdiges herausgefunden, als ich das Blut deiner Tante untersucht habe. Krinksgranx war mir dabei übrigens eine große Hilfe, wir fanden

Stoffe darin, die dort eigentlich nicht hineingehören. Das Seltsamste daran ist allerdings, dass ich ganz ähnliche Stoffe auch auf meinen Mitbringseln von Anderswo gefunden habe."

„Was ist denn Anderswo?", fragte Simon verunsichert. Noch mehr Geheimnisse, noch mehr, was nicht zu verstehen war.

„Das ist schwer zu erklären, Simon. Völlig begriffen habe ich das eigentlich auch noch nicht. Ich kann nur sagen, dass die Krankheit, an der so viele Menschen und auch deine Tante Sybilla leiden, allem Anschein nach nicht von unserer Welt stammt!", sagte der Professor nachdenklich.

„Nicht von unserer Welt? Gibt es denn noch eine andere?", er starrte den Professor mit großen Augen an.

„Möglich ist es. Das hängt alles irgendwie mit Soylentius Entdeckung zusammen. Ich kann dir das jetzt nicht genau erklären. Du würdest es sowieso kaum begreifen können. Ich bin ja selbst noch zu keinem vernünftigen Schluss gekommen. Vielleicht kann ich dir in den nächsten Tagen mehr darüber berichten", sagte Athanasius und kratzte sich den Kopf, so dass sein Zaubererhut verrutschte und nun völlig schief auf seinem Haupt thronte. „Aber geh du jetzt erst einmal schlafen, mach dir keine Gedanken. Gute Nacht, Simon!"

Mit diesen Worten drehte sich der Alchimist um und trat, mit seinem Blindenstock einen tristen Takt auf das Straßenpflaster trommelnd, den Rückweg an.

Nach der Begrüßung durch die besorgte und äußerst verärgerte Elvira, die jedoch längeres Ausbleiben ihres Sohnes durchaus gewohnt war, ging Simon todmüde zu Bett. Doch lag er noch lange wach und kam so schnell nicht zur Ruhe.

Am letzten Schultag wurden die Zeugnisse ausgegeben und diesmal hatte Simon weder eine fünf noch eine sechs zu befürchten. Im Gegenteil fielen die Zensuren durchaus positiv aus. Elvira würde Augen machen. Bei Anton sah die Sache allerdings etwas anders aus, doch würde er die Schelte seines Vaters, des Maître, wohl überleben, immerhin war er ja nicht durchgefallen. Simon musste sich beständig auf die Zunge beißen, nur um seinem Freund nichts von dem Erlebten zu berichten, was ihm ja strengstens untersagt worden war. Besonders nicht von den lebendigen Marionetten erzählen zu können, fiel ihm ungeheuer schwer, hielt ihn Anton doch wegen dieser Sache sowieso schon für vollkommen verrückt. Zur Feier des Schuljahresendes und des Beginns der Sommerferien hatte sich Dr. Pistorius etwas ganz Besonderes ausgedacht. Die Schüler konnten einen Teil des Schlossgartens endlich einmal wieder betreten, dort ein Lagerfeuer entfachen und so das Schuljahr ausklingen lassen. Ausgenommen war selbstverständlich der allergrößte Teil der alten Gartenanlage, der wegen der Aktivitäten der Alchimisten immer noch für jedermann gesperrt war. So begab sich die ganze Klasse auf dem offiziellen Weg hinaus in den Garten. Allerlei Grillmaterial hatten sie sich mitgenommen, das sie, nachdem der Schwenkrost heiß genug war, zu braten gedachten.
Als Simon und die anderen durch die verwinkelten Gänge des Schlosses zogen, begegnete ihnen der Zauberer Soylentius, von seiner Leibwache umgeben, auf ihrem Weg. Die finsteren Gesellen, die mit ihren eigenen Leibern das Leben Soylentius zu schützen hatten, waren allesamt aus einer weit entfernten Provinz des Reiches herbeigeholt worden. Die Nari Dari waren bekannt dafür jede Art von Aufträgen, seien es Meuchelmorde, Entführungen, Hinrichtungen oder Palastrevolutionen bedingungslos durchzuführen. Auch waren ihre Verhörmethoden im ganzen Reich berüchtigt, kam doch auch der geständige Sünder kaum jemals mit dem Leben davon. Sie trugen als eine Art Berufskleidung mönchische Kutten, deren Kapuzen sie niemals abzusetzen schienen, was ihnen ein unheimliches Aussehen verlieh. Die meisten ihrer Opfer konnten, so sagte man, nur noch die stechenden Augen im Schatten der Kopfbedeckung erkennen, bevor sie das Messer im Leibe spürten. Diese Vermummten kamen nun den Kindern entgegen und alle drückten sich eng an der Wand entlang, als die Gestalten vorübergingen. Es kam Simon vor, als schösse ein wütender Blick aus den Augen des Alchimisten als er die Kinder sah. ‚Oder schaut er nur mich so böse an', fragte er sich. Ihm wurde auf der Stelle sehr unbehaglich zu Mute. Anton war der Meinung, Soylentius könne sehr wahrscheinlich Kinder einfach nicht leiden, doch Simon glaubte inzwischen der Blick hätte alleine ihm gegolten. In diesem Augenblick war ein stechender Schmerz durch seinen Kopf gezuckt, und er hatte gemeint ohnmächtig zu werden. Der Zauberer sah aber auch aus wie ein zum Leben erwachter Albtraum. Die strähnigen, schwarz gefärbten Haare hingen ihm bis hinunter zum Kinn, nur die großporige Nase ragte zwischen den fettigen Fransen hervor. Doch leuchtete auch noch ein glühendes Augenpaar von einer eisgrauen Farbe aus dieser Haartracht heraus, das Augeninnere durchzogen von feuerroten, entzündeten

Äderchen. Wahrscheinlich war der Rest des Gesichtes von einer solch abstoßenden Hässlichkeit, dachte Simon, dass der Alchimist es vorzog sich mit seiner Haarpracht zu verhüllen.

Als die Mörderbande vorübergezogen war, fühlte er sich jedoch gleich wieder besser. Zwei der älteren Mädchen hatten schon am frühen Morgen ihre Musikinstrumente mit eingepackt, spielten nun lustig darauf los und so hatte Simon schnell die Begegnung mit dem grässlichen Oberzauberer vergessen. Anton und er freuten sich in diesem Jahr ganz besonders auf die großen Ferien. Es war besprochen worden, dass die beiden einige Wochen bei Wilhelm auf dem Land zubringen sollten. Der Maître war geradezu begeistert von dieser Idee gewesen und hatte angeraten seinen Sohn auf dem Bauernhof richtig einzuspannen, damit er hartes Arbeiten endlich einmal am eigenen Leib erfahren würde. Der Chefkoch war nämlich der Ansicht Anton sei stinkend faul. Ein wenig bequem konnte man den Jungen ja schon nennen, wurde er doch auch jedes Jahr dicker und dicker, was natürlich aber auch mit Elviras verführerischen Süßspeisen zusammenhing, von denen er Tag für Tag in der Küche etwas erhaschen konnte.

So waren sie beide guter Dinge, besprachen, was sie alles mit auf die Reise nehmen wollten und was sie in Grimbelwald anstellen würden. Simon freute sich sehr auf das Wiedersehen mit seinen Cousins, die ja mehr wie Brüder für ihn waren und hatte schon ein paar Ideen, was er ihnen aus der großen Stadt mitbringen würde, hatte er doch immer noch ein paar Dukaten übrig vom Lohn, den er vom Professor erhielt. Nachdem am frühen Abend die Feier aufgelöst worden war und die Schüler sich von Dr. Pistorius verabschiedet hatten, trennten sich auch Antons und Simons Wege. Der eine blieb zu Hause in der Festung, der andere lief hinunter in die Stadt um rechtzeitig, bevor es dunkel wurde anzukommen, schließlich galt ja noch die nächtliche Ausgangssperre.

Am nächsten Morgen erwachte Simon spät, sehr spät. Elvira war schon lange aus dem Haus und Gertrud hatte ihm schon dreimal seinen morgendlichen Hagebuttentee vergeblich erwärmt. Die rote Farbe des Getränks hatte inzwischen eine solche Intensität angenommen, dass man es wohl auch zum Einfärben von Wäsche hätte verwenden können. Nachdem er Sybille und Gertrud einen guten Morgen gewünscht hatte, zog es ihn schon bald hinaus auf die Straße um die Geschenke für Ubbo und Enno zu besorgen. Er hatte vor einiger Zeit in einem Schaufenster einen blauen Bogen mit einem ganzen Schwung gefiederter Pfeile entdeckt und glaubte, das wäre genau das richtige für die beiden. Damit würden sie auf jeden Fall weiter entfernte Ziele treffen können, als mit ihren Schleudern. Auch hatte Gertrud ihm noch eine Einkaufsliste untergeschoben und so fand er sich bis in den Nachmittag hinein, damit beschäftigt Dinge zu besorgen, die zum Teil auch nur in weiter entfernten Teilen der Stadt zu bekommen waren. Auch konnte er, als er zufällig an einem Musikalienhandel vorüber kam, noch eine fast wie neu glänzende Mundharmonika für Onkel Wilhelm erstehen, für die er zwar eine, für seine Begriffe immer noch ansehnliche Summe hinblättern musste, doch machte dies die Vorstellung von Wilhelms Gesicht, wenn er ihm das Geschenk überreichen würde, wieder wett. Da das Musikgeschäft sich ganz in der Nähe von des Professors Wohnung befand, beschloss er kurzerhand noch einmal bei diesem vorbeizuschauen. Nachdem ihm, zu seiner Überraschung der Impresario die Tür geöffnet hatte, stieg er hinter diesem schwer bepackt die Treppe hinauf. Simon hatte sich von zu Hause einen alten Seesack geschnappt, der an der Garderobe gehangen hatte, um alle seine Einkäufe gut verstauen zu können, legte diesen jetzt im Flur ab und betrat die Küche. Hier war zu seinem Erstaunen immer noch oder schon wieder die ganze Schar der Hurveniks um den Tisch herum versammelt, allerdings standen diesmal keine alkoholischen Getränke auf dem Tisch, sondern nur Kaffeetassen und einige Keksdosen aus den Vorräten des Professors, wie Simon erkannte, da er hin und wieder davon naschen durfte. Der Raum stand allerdings schon wieder sehr im Nebel, da die Wichte allem Anschein nach zum Nachdenken dringend Nikotin benötigten und unaufhörlich ihre Pfeifchen schmauchten, so schien es jedenfalls Simon, der erst einmal husten musste, als er hereinkam. Athanasius saß an seinem Platz, tätschelte Simon den Kopf und bot ihm an daneben Platz zu nehmen.

Eine eifrige Diskussion schien im Gange zu sein, an der sich alle Hurveniks lebhaft beteiligten, so dass oft ein großes akustisches Durcheinander entstand, da alle gleichzeitig reden wollten. Dann kletterten die Hurveniks unversehens allesamt auf die Tischplatte, fassten sich bei den Händen und bildeten einen Kreis. Dies ging ganz im Stillen vor sich, der Impresario, der am anderen Ende zusah, ließ ein feines Lächeln sehen und blinzelte Simon zu.

„Hayya, hayya Mollukka, hayya, hayya Molukka!“, begannen die Männchen dann mit ihren durchdringenden Stimmen beschwörend zu singen. Worauf es alsbald aus den gleichen Mündern wie eine Antwort erscholl: „Yukku, yukku Bishi, yukku, yukku Bishi!” Dabei drehten sich die kleinen Kerle auf solch eine drollige Weise im Kreis, dass Simon an sich halten musste um nicht laut herauszulachen. Kaum hatten sie dieses, dem Professor anscheinend nicht fremde Ritual vollzogen, er zuckte nicht mal mit der buschigen Braue, setzten sie sich wieder auf ihre Plätze, griffen nach den Keksen und entzündeten aufs Neue ihre Pfeifen.

„Ah, hallo Simon!“, wand sich Krinksgranx dann an ihn. „Entschuldige, bitte die kleine Vorstellung! Wenn wir Hurveniks uns nicht ganz einig sind, brauchen wir das, um uns wieder zu sammeln! Wir fokussieren auf diese Weise unsere Kräfte auf ein gemeinsames Ziel!“ Der Kleine blickte Simon aus seinen strahlend grünen Augen an.

„Ja, gut!“, meinte darauf Jonathan Kammergarn. „Lasst uns jetzt noch einmal die Aufzeichnungen des Professors begutachten!“

Er machte Platz auf dem Tisch, stellte Teller und Tassen in die Spüle und breitete dann ein zusammengerolltes Pergament aus. Was darauf abgebildet war schien eine Landkarte zu sein. Küstenstreifen und Berghänge waren farblich abgesetzt, man konnte gut an der Kunstfertigkeit der Darstellung die Hand von Athanasius erkennen. Mit seiner kunstvollen Handschrift waren auch die Namen von Städten und Herzogtümern vermerkt und über dem Blau des Ozeans prangte groß in einem dunkleren Blau die Bezeichnung ’Umso Meer‘. Das war also das weite Meer, von dem Simon so lange schon geträumt hatte, von dem tausende Seemannslieder berichteten und wo sagenhafte, unheimliche Wesen leben sollten. Als er den Namen Hallgard auf der Karte fand, kam ihm die Entfernung bis zur Küste gar nicht mehr so weit vor. Eigentlich nur wenige Zentimeter. Der Junge konnte sich noch keinen rechten Reim auf den Maßstab der Karte machen.

„Also!“, fuhr der Impresario fort. „Der Professor ist der Ansicht, dass er drei Tage lang

ungefähr in Richtung Südwesten mit der Kutsche unterwegs gewesen ist." Athanasius nickte mit dem Kopf und hob zustimmend eine Augenbraue. „Dann hätten sie ein Boot bestiegen, das sie hinaus auf See zu einem dort verankert liegenden Schiff brachte." Wieder nickte der Alchimist.
„Aber wir waren in keiner Stadt, wie gesagt!", sagte er dann. „Das ganze sollte wohl sehr im Geheimen bleiben, deshalb diese Vorsichtsmaßnahmen."
„Aber wenn ich mir die Karte so betrachte, kommen bei der Fahrtzeit, die der Professor für die Überfahrt gebraucht hat, eigentlich nur drei Inseln in Frage!", warf jetzt Krinksgranx ein. „Und da kein Sturm aufgekommen war und nichts die Reise verzögert hat, kann es sich nur entweder um Lacrima, Lacrosantia oder Prusselia handeln!"
Von all diesen Inseln hatte Simon schon im Geographieunterricht gehört, doch waren sie nur am Rande behandelt worden, da die drei Eilande weder mit großen Erzvorkommen oder anderen geologischen Besonderheiten aufwarten konnten und daher von keinem großen wirtschaftlichen Interesse waren. War Prusselia nicht nur ein einzelner kahler Felsen mitten in der See, auf der Menschen sich niemals angesiedelt hatten? Außer einigen merkwürdigen Affen und Papageienarten, die nur dort vorkommen sollten, war wenig über diese Insel bekannt, nur Fallensteller schienen dort zu landen, um die Märkte mit den bunten Vögeln zu versorgen, die sich beim Adel großer Beliebtheit erfreuten. Lacrosantia war ein beliebtes Reiseziel bei denen, die sich ein solch teures Vergnügen leisten konnten, die Wetterbedingungen waren das ganze Jahr über sehr gut, im Winter fiel die Temperatur selten unter die Zwanzig Grad Marke, darum hatten sich auch wohlhabendere Bürger dort schon einen sogenannten Wintersitz errichten lassen. So mancher Großbürger verbrachte inzwischen dort seinen Lebensabend, nachdem die Geschäfte in die Hände der Kinder gegeben worden waren. Lacrima war bekannt wegen eines berühmten Klosters und den ungeheuer schlechten Wetterbedingungen, die dort das ganze Jahr über vorherrschen sollten. Das alles wusste Simon noch aus dem Unterricht von Doktor Pistorius und er war jetzt doch froh so gut aufgepasst zu haben. Krinksgranx war wieder auf den Tisch geklettert und lief, seine Schritte vorsichtig setzend, auf der Karte umher, die Stirn unter dem roten Mützchen in tiefe Falten gezogen.
„Wir sollten schon die richtige Insel im Blick haben, bevor wir aufbrechen!", meinte er dann nachdenklich. „Kannst Du dich nicht noch an irgendetwas erinnern, Professor? Vielleicht an einen bestimmten Geruch oder irgendetwas was Du gehört hast? Oder vielleicht hat einer der Aufpasser unbewusst einen Hinweis gegeben? Hat es vielleicht pausenlos geregnet, Lacrima ist bekannt für sein schlechtes Wetter?"
„Den Kerlen war anscheinend das Reden generell verboten gewesen! Zumindest haben sie kaum mit mir geredet!", meinte der Professor sinnend. „Und um diese Jahreszeit regnet es auf den Lumillen überall!"
„Und sie haben dort auch keinen ihrer Kollegen angetroffen?"
„Die waren wohl alle damit beschäftigt gewesen von der anderen Seite des Tores Dinge herüberzuschaffen! Später hat man mich dann ja auf das Fuhrwerk gesetzt und der Kutscher brachte mich zurück nach Hallgard. Der hatte aber mit der ganzen Sache nichts zu tun. Ich weiß nur, dass er aus einem kleinen Fischerdorf namens Heringsheim stammte

und nur für diese einzige Fahrt einen Auftrag erhalten hatte. Einer der Söldner hatte ihn im Voraus bezahlt."
„Dann ist dies wohl auch wieder eine Sackgasse!", stellte Krinksgranx missmutig fest. „Aber, sie müssen dort doch noch mit irgendjemandem gesprochen haben?"
„Ich denke ich war zu beschäftigt mit dem Gezeitensieb. Dies war wirklich eine außerordentlich interessante Erfahrung.", man merkte Athanasius immer noch die Faszination an, die er an diesem Ort empfunden hatte. „Es lag im wahrsten Sinne des Wortes etwas Magisches in der Luft! Man konnte die Atmosphäre förmlich auf der bloßen Haut spüren. Immer wenn jemand das Tor oder das Sieb passierte, überlief einen ein wohliges Kribbeln und ein feines Knistern war wahrzunehmen!" Der Professor schien eine ganze Weile in Erinnerungen versunken zu sein.
„Und ich glaube mittlerweile auch herausgefunden zu haben wie sich das Tor öffnen, beziehungsweise wieder schließen lässt", sagte er schließlich zögerlich.

In diesem Augenblick erleuchtete ein greller Blitz den Raum, worauf den Bruchteil einer Sekunde später eine Detonation zu hören war, die alle Anwesenden auf der Stelle taub und blind machte. Die Fensterscheiben zersplitterten mit ungeheurer Gewalt und peitschten wie Geschosse durch die Küche des Professors. Sofort war das gesamte Zimmer mit undurchdringlichem Qualm gefüllt und Simon konnte kurz darauf das grelle Husten der Hurveniks hören, bevor er sich selbst keuchend an den Hals griff und vom Stuhl kippte. Dann hörte er nur noch den Professor rufen: „Raus, raus, runter in den Keller!"
Simon folgte auf der Stelle der Stimme, die rechts von ihm erschollen war und taumelte dem Alchimisten hinterher auf den Flur hinaus. Auch dorthin hatte sich der beißende Qualm schon ausgebreitet. Er stolperte über irgendetwas und fiel der Länge nach hin, dann erkannte er in dem Hindernis den Seesack, in dem er die Geschenke und seine Einkäufe verstaut hatte und streifte sich diesen über die Schulter. Die Sachen wollte er auf keinen Fall zurücklassen. Jemandem, höchstwahrscheinlich dem Professor, der sich jetzt den anderen gegenüber im Vorteil befand, da er es ja gewohnt war sich im Finstern zurechtzufinden, hatte es geschafft die Tür zum Treppenhaus zu öffnen. Ja, Athanasius befand sich immer noch vor ihm.
„Kommt! Schnell! In den Keller!", rief dieser erneut unter würgendem Husten.
Simon blickte sich noch einmal um, als er die Treppe hinunterzutaumeln begann und erkannte im Nebel die Gruppe der Hurveniks, die eben aus der Küche gerannt kamen, hinter ihnen stapfte der dicke Kammergarn, wie durch ein Wunder keinen der Wichte zertretend, die vor ihm auf die Treppe zueilten. Hinter der Silhouette des Dicken stand der Raum jetzt in hellen Flammen.
Zumindest konnte Simon jetzt wieder etwas erkennen, obwohl der Qualm mit Wucht nun auch ins Stiegenhaus drang, aber er zog zuerst nach oben, da das Treppenhaus wie ein Kamin wirkte. Der Professor befand sich immer noch vor ihm, als er die letzte Stufe erreicht hatte, sie eilten nun schnell an der Haustüre vorbei, da auf diese anscheinend mit einem Rammbock eingedroschen wurde.
„Beeilt euch, ihr Säcke! Die Tür hätte ja meine Urgroßmutter längst geknackt ihr Pack!",

hörte er eine schnarrende Stimme schreien und erneut erbebte die dicke, schwere Holztüre unter einem wuchtigen Schlag, man konnte das Material splittern hören. „Schnappt euch das Gesindel! Nicht einer darf entkommen!"
„Weiter nach unten! Rasch!", rief Athanasius, der nun schon auf der untersten Stufe der Kellertreppe stand und in den Gang hineinlief, Simon war dicht hinter ihm, als er die Haustüre aus ihren Angeln bersten hörte. Die Hurveniks und Kammergarn waren jetzt auch auf den Stiegen zu den Kellerräumen angelangt, der Dicke musste sich ducken um nicht von den eindringenden Söldnern gesehen zu werden, die Wichte waren so klein, dass die Brüstung hinter der sie standen sie vollständig verbarg. Angespannt blieben alle auf der Stelle stehen, als die Soldaten nach oben in des Professors Wohnung vordrangen. Dann liefen die Flüchtenden durch einen langen Gang im Keller. Links und rechts öffneten sich Räume, die Fässer, Weinkisten, alte ausrangierte Tische, Bänke und Stühle enthielten. Altes Mobiliar das der Wirt der Taverne längst ersetzt hatte. Am Ende der Wand, die wohl dieses Haus vom Nachbarhaus abgrenzte, stand ein, mit altem Plunder angefülltes Regal, welches Athanasius nun kurzerhand umwarf, dabei geschickt zwei, drei Schritte nach hinten machte um den zusammengenagelten Holzlatten auszuweichen. Dahinter öffnete sich erneut ein gewölbeartiger Gang. Die Hurveniks hatten Schwierigkeiten über die morschen Reste des Regals zu klettern, waren ihre Beine doch nicht so lang wie die der anderen. Schließlich waren alle auf dem Fundament des angrenzenden Hauses angelangt. Nur durch ein Oberfenster drang schwaches Abendlicht herein. Der Professor wand sich nun direkt nach rechts und bog in einen schmaler werdenden Gang, die Luft hier unten wurde zusehends stickiger und Simon konnte jetzt nur noch die Umrisse des Mannes vor ihm erkennen. Athanasius blieb dann plötzlich stehen und stapfte mit den Füßen auf den Boden bis es hohl zu klingen begann.
„Hier ist eine Falltür! Such den Ring, Simon und mach sie auf!", Athanasius war nun vollkommen außer Atem, er konnte die Worte nur noch heiser heraus keuchen.
Simon bückte sich und tastete blind in Staub und Dreck umher, bis er einen eisernen Ring zu fassen bekam. Er klappte die Falltür nach oben und erkannte eine Leiter, die weiter nach unten zu führen schien.
„Weiter, geh weiter!", trieb der Professor ihn an.
Taumelnd stieg Simon die Leiter hinab. Nach einigen Metern, der Abstieg kam ihm endlos vor, hatte er erneut wieder festen Boden unter den Füßen. Hier war es noch dunkler, doch dann ergriff Athanasius eine Fackel, die an einer Wand gehangen haben musste und entzündete sie mit einem kleinen, in grellem rosa schimmernden Gegenstand, soweit Simon erkennen konnte.
„Für alle Fälle, habe ich ein wenig vorgesorgt. Könnt ihr nun etwas sehen?", sagte der Professor dann und blickte auf die kleine Flamme, die aus seiner Handfläche zu schießen schien. „Eine praktische Erfindung das. Man nennt es Einwegfeuerzeug!"
„Wohin jetzt?", fragte Simon leise, der gerade gar keinen Sinn für die kleinen Zaubertricks des Alchimisten aufbringen konnte.
Zwei Gänge liefen in auseinanderstrebenden Richtungen vom Ende der Leiter aus. Simon konnte jetzt erkennen wie die Hurveniks den Abstieg bewältigten. Die Wichte hangelten sich in fast schon artistischer Manier von Sprosse zu Sprosse, wie kleine Äffchen.

Kammergarn war nun auch schon unten angekommen und bekam in diesem Augenblick einen solchen Hustenanfall, dass man dachte seine Lungenflügel bersten zu hören.
„Rechts oder links?", fragte Simon wieder.
„Rechts, nach rechts!", gab Athanasius die Richtung vor und im Gänsemarsch, wegen der Enge des Ganges, zog die Truppe weiter. Der Weg vor ihnen wand sich schlangenartig dahin, soweit man dies mit Hilfe der Fackel in Simons Hand erkennen konnte, der voranging. Direkt hinter Simon lief immer noch der Professor, dann folgte ein Teil der Hurveniks, dazwischen Kammergarn. Über ihren Köpfen war jetzt ein tiefes Grollen zu vernehmen, als ob ein Teil des Hauses aus dem sie gekommen waren, einstürzen würde. Dann hörten sie weit entfernt, hohl schallend wieder die Stimmen der Söldner. Sie konnten nicht erkennen, wo diese sich befanden und verstanden auch kein Wort von dem, was da geschrien wurde. Allen war lediglich eines klar, diesen Burschen sollten sie besser nicht in die Hände fallen. Vor Simons Füßen endete nach einer Biegung abrupt der Weg. Hier war Endstation. Hatte der Professor sich geirrt? Hätten sie den Weg auf der linken Seite einschlagen sollen.
„Was ist los? Warum gehst du nicht weiter?", rief der Alchimist in Simons Ohr, nachdem er auf ihn aufgelaufen war und ihn mit seinem ganzen Gewicht gegen die Mauer drückte.
„Hier ist Schluss!", keuchte Simon.
Der Professor streckte beide Arme aus und betastete die Steine in der Mauer, dann roch er an seinen Händen.
„Frisch zugemauert! Bei meinem Einzug war die Wand noch nicht da!", seiner Stimme war der Schrecken anzuhören. „Dann zurück!"
Simon drängte sich, die Fackel hoch über den Kopf am Professor und dem dicken Kammergarn vorbei, er musste sehr aufpassen nicht auf einen der Hurveniks zu treten und übernahm wieder die Führung. Wieder am Fuß der Leiter angekommen, sah Simon in dem Schacht der nach oben führte das Gesicht eines bärtigen Soldaten auftauchen, der wie er selbst eine Fackel in der Hand hielt und mit dieser hinunter leuchtete. In dem unheimlichen Lichtschein wirkte das Gesicht wie die böse Fratze eines gefährlichen, menschenfressenden Raubtieres. Jetzt schien der Söldner auch noch die Zähne zu blecken, doch rief er nur nach oben: „Ich glaube sie sind hier lang, beeilt euch!"
Hinauf konnten sie also nicht mehr. Es blieb ihnen nur diesem Gang zu folgen, von dem nicht einmal der Professor wusste wohin er führen mochte. Der Weg wand sich mal nach rechts, dann abrupt wieder nach links, als hätte man einen unterirdischen Irrgarten anlegen wollen, wieder war entferntes Donnern zu hören und Simon kam es vor, als hätte der Boden unter seinen Füßen gebebt. Weiter und weiter rannten die Flüchtenden, links, rechts, links rechts, bis wieder eine verschlossene Wand vor ihnen stand.
„Das war's dann wohl!", dachte Simon, dann erblickte er etwas sehr Seltsames im Schein der Fackel auf dem Boden. In diesem Moment schien die Welt für einen kleinen Moment stillzustehen. Zu Simons Füßen saß ein winziges Muxmäuschen, das Tier stand wie im Scheinwerferlicht und richtete sich auf seine Hinterfüße. Das Fell der Maus schimmerte gräulich silbern, die kleine Nase schien über den Schnurrhaaren zu vibrieren. Dann kam ein ganzer Trupp dieser kleinen Nager durch die Füße der Menschen und Hurveniks angelaufen, rannte wie von der Tarantel gestochen an ihrem Anführer vorbei, direkt auf

die Wand zu und verschwand darauf durch ein winziges Löchlein am Boden der weißgekalkten Mauer. Der Rudelführer der Muxmäuschen hatte abgewartet bis der letzte seiner Gefährten passiert war und schien jetzt Simon aus leuchtenden Augen anzublicken, dann winkte er ihm zu und verschwand kurz darauf ebenso.

Vielleicht war es Simon nur so vorgekommen, als hätte ihm das Tier gewunken, doch wie aus einem Traum erwachend, trat er mit dem Stiefel gegen die Wand. Das Geräusch morschen, splitternden Holzes war zu hören und Simon trat erneut so lange dagegen bis das Loch sich ausreichend geweitet hatte, so dass auch ein Mensch würde durchkriechen können. Weiter hinten war schon das metallene Klacken von Soldatenstiefeln auf Stein zu hören, jeden Augenblick konnten die Kerle um die Biegung kommen.

„Los, hier durch!", rief Simon, bückte sich, leuchtete kurz in das Loch in der Wand hinein und begann sich mit dem Kopf voran durchzuschieben. Hinter ihm nahm er schon den ersten der Hurveniks wahr, der natürlich völlig problemlos den Zugang passieren konnte. Dann versuchte Kammergarn auf Händen und Füßen durch die Öffnung zu robben, blieb jedoch mit der Mitte seines dicken Leibes stecken. Simon hatte die Fackel auf den Boden gelegt und ergriff nun die Arme des Impresarios und zog aus Leibeskräften. Kammergarn strampelte mit den Füßen, wie eine Schildkröte die auf den Rücken gefallen war. Alles vergeblich. Dann nahm Krautschuk der Adjutant, das war der Hurvenik der nach Simon durch das Loch gekommen war, eine Hand des Dicken, Simon die andere und nun zerrten beide mit vereinten Kräften an dem wimmernden Mann, und endlich, endlich kam er, mit einem Geräusch, als ob ein Sektkorken aus einer Flasche gezogen wurde, frei. Im gleichen Moment erscholl ein Donnergrollen von außerhalb, dann wurde mit ungeheurer Wucht Dreck, Staub und Steinchen durch die Öffnung gepresst, als ob etwas explodiert wäre. Die Fackel verlöschte, Simon konnte kaum mehr atmen, Mund und Nase hatten sich angefüllt mit Staub und Mörtelsplittern, die zwischen seinen Zähnen knirschten. Dann verlor er das Bewusstsein.

Als Simon mit schmerzendem Kopf wieder zu sich kam, war seine Umgebung immer noch in tiefste Dunkelheit gehüllt. Nur nach und nach war es ihm möglich nicht weit entfernt einen schwachen Lichtschein auszumachen der allmählich heller und heller wurde, bis er ein flackerndes, knackendes Feuerchen erkennen konnte. Dieses fütterte soeben Krautschuk mit ein paar dürren Ästchen, neben ihm kauerte der Impresario am Feuer den Kopf in die Hände gestützt.

„Was ist los? Was ist passiert?", Simon versuchte sich aufzurichten, doch der pochende Schmerz in seinem Schädel ließ ihn wieder auf die Erde zurück sacken.

„Und wo sind wir hier nur?", stöhnte er daraufhin. Dann fiel ihm langsam wieder ein was geschehen war, anscheinend war das gesamte Gebäude unter dem sie sich befunden hatten in sich zusammengekracht und hatte ihre Gefährten unter sich begraben. Bei der Vorstellung stöhnte er erneut auf. Was war nur mit dem Professor und den Hurveniks geschehen? Hatten sie dieses Inferno überleben können? Waren sie jetzt vielleicht Gefangene und saßen im Verlies der Festung? All dies schoss Simon in Sekundenbruchteilen durch den Kopf, dann hörte er Krautschuk sagen, als hätte der seine Gedanken gelesen. „Bin mir nicht sicher, ob das irgendwer überlebt hat, Simon! Ich glaube der

ganze Häuserblock hat Feuer gefangen und ist eingestürzt!“ dies brachte der Hurvenik ganz trocken hervor, doch konnte Simon ihn dabei einige Male schlucken sehen.
„Geht es dir wieder besser? Ich habe deinen ganzen Körper abgesucht, konnte aber keine große Verwundung finden, bis auf die Schramme auf deiner Stirn? Scheint auch nichts gebrochen zu sein.“. Besorgt blickte ihn der Hurvenik an. Kammergarn saß immer noch still da und Simon konnte ihn leise jammern hören.
„Alles meine Schuld, alles nur meine Schuld!“, klagte sich der Impresario selbst an. „Wenn ich nur nicht so entsetzlich fett geworden wäre!“
Jetzt schaffte es Simon endlich sich aufzusetzen, er betastete seinen Kopf, dem eine riesige Beule entsprossen war und zuckte vor Schmerz zusammen.
„Der Impresario hat dich bis hierher geschleppt. Der Tunnel war endlos lang, führte aber schließlich doch noch ins Freie, hier hinunter zum Fluss.“
Wirklich konnte Simon jetzt das leise Plätschern des Gewässers wahrnehmen, in dem er so oft mit Anton baden gegangen war, dann schaute er sich um. Ja, sie saßen zu dritt um das Feuer herum, inmitten eines Kreises von Birken und Trauerweiden, direkt am Fluss Trensel, der Richtung Süden nach einer langen Reise ins Meer fließen würde. Wäre die Situation eine andere gewesen, hätte man dies als ein recht romantisches Fleckchen beschreiben können. Das niedrige Gras roch noch nach Sommer, irgendwo im Dickicht sang eine Grille ihre ewig gleichförmige Weise und dann und wann war der Ruf eines Käuzchens zu hören, begleitet vom barschen Rülpsen einer Maulbeerkröte. Kammergarn jammerte immer noch leise vor sich hin und wiegte seinen gewichtigen Oberkörper hin und her.
„Ich konnte auch deinen Seesack retten, Simon!“, sagte jetzt Krautschuk und deutete auf das Gepäckstück das neben ihm lag. „Und dies hier! Der Professor muss es noch irgendwie geschafft haben es durch das Loch zu stecken, bevor das Kellergewölbe eingestürzt ist!“
Der Hurvenik hielt Simon eine Rolle mit Pergamenten hin, die von einem merkwürdigen roten, dehnbaren Bändchen zusammengehalten wurde. Simon nahm sie, streifte das Band ab und entfaltete die einzelnen Blätter. Es waren mehrere Karten, ohne jeden Zweifel von der Hand des Professors gezeichnet, aus denen Simon jedoch beim schwachen Schein des Feuers nicht schlau werden konnte.
„Das hier ist wohl die Karte, auf der Athanasius versucht hat seine Reiseroute nachzuvollziehen!“, sagte der Kleine. „Ich denke bei Tagesanbruch werden wir entscheiden müssen, welche Richtung wir einschlagen sollen!“
„Wie? Welche Richtung?“, Simon wusste mit dem Gerede des Männleins rein gar nichts anzufangen.
„Wir können unmöglich in die Stadt zurückkehren! Sie werden nach uns suchen!“, meinte der Hurvenik daraufhin. „Soylentius muss den Professor schon eine ganze Weile überwacht haben und er wird genau wissen wer bei ihm ein und ausgegangen ist!“
Simon dachte eine geraume Weile über die Worte des Kleinen nach und kratzte sich dann den Kopf, wobei er wieder die Beule fühlte, die sich daraufhin neuerlich schmerzhaft bemerkbar machte.
„Aber wo sollen wir denn hin?“, fragte er dann ratlos.

„So wie ich das sehe wird uns nichts anderes übrigbleiben, als das zu versuchen was der Professor vorgeschlagen hat“, sagte der Kleine und blickte Simon sehr ernst in die Augen. „Wir müssen dieses Sieb, oder wie immer er es genannt hat, finden und es abdichten, bevor unsere Welt von noch mehr Unheil befallen wird!“
Der Hurvenik schwieg, dann sagte er: „Das heißt, du musst dieses Ding finden, Simon. Der Professor hielt größere Stücke auf dich, als du denkst. Er sah in dir denjenigen, der unsere Welt retten wird und ich traue Athanasius in dieser Hinsicht ganz und gar! Athanasius Greifwald ist seit langer, langer Zeit ein guter Freund unseres Volkes, ja er wird geradezu wie ein heiliger Mann verehrt und wir wissen sehr genau um seine prophetischen Gaben. Bislang ist immer alles von dem eingetroffen, was er vorausgesagt hat, glaube mir, bitte!“
Simon hatte es die Sprache verschlagen, darauf fiel ihm nun wirklich nichts mehr ein. Er sollte seine Familie verlassen, seine Freunde, sein ganzes bisheriges Leben aufgeben, alles zurücklassen, um irgendwo weit entfernt, eine Aufgabe zu erfüllen für die ihm jedes Verständnis fehlte?
„Ich möchte lieber nach Hause!“, flüsterte er dann.
„Da wartet wahrscheinlich schon der Galgen auf dich, mit Soylentius und Bodo ist nicht zu spaßen!“, erwiderte Krautschuk. „Ich weiß, das ist alles sehr schwer zu verstehen, ich verstehe es ja selbst kaum. Ich kann dir nur sagen was uns der Professor anvertraut hat und da er jetzt nicht mehr unter uns weilt, werden wir uns eben ohne ihn behelfen müssen! Und jetzt versuch erst mal noch eine Runde zu schlafen, das wird morgen ein anstrengender Tag!“
Der Hurvenik wickelte sich fester in sein Jäckchen und schloss seine Augen. Simon schien es unmöglich hier und jetzt nach alldem, was er soeben erfahren hatte, friedlich einzuschlafen, doch kaum hatte er sich zurückgelegt, fielen ihm ebenfalls vor Erschöpfung die Augen zu.
Im Morgengrauen erwachte Simon fröstelnd. Das sparsame Feuerchen war längst heruntergebrannt und trotz der Jahreszeit war es empfindlich kühl geworden. Er hatte sich lange schon im feuchten Gras von einer Seite auf die andere gewälzt und es vermieden die Augen aufzuschlagen. Immer wieder waren ihm die gestrigen Ereignisse durch den Kopf gegangen und er hoffte inständig, dass dies alles nur ein böser Traum gewesen sei. Doch als er sich dann aufrappelte und vor sich das erloschene Lagerfeuer erblickte, musste er sich wohl oder übel der Wirklichkeit stellen. Krautschuk war schon wach, saß da und schmauchte schon ein Pfeifchen, neben ihm stumm der Impresario.
„Guten Morgen, Simon!“, sagte der Hurvenik zwischen zwei Zügen an seinem Rauchgefäß. „Ich hoffe du bist etwas ausgeruht! Wir sollten uns vielleicht erst mal etwas frisch machen, wie man so sagt.“
Der Wicht kam herüber und hielt Simon einen kleinen Taschenspiegel unter die Nase. Simon erschrak fast zu Tode. Das Gesicht, das ihm entgegenblickte, schien nicht sein eigenes zu sein. Schwarz wie Kohle war die Haut, das wellige Haar, grau von Dreck und Ruß, wirkte wie ein alter Staubwedel, den er als Hut trug. Allerdings sahen der Hurvenik und Kammergarn nicht besonders viel anders aus. So begaben sich die drei erst einmal hinunter zum Fluss und wuschen sich soweit es ging den Schmutz ab. Simon zog sich

gleich zur Gänze aus und schwamm ein paar Runden in der, an dieser Stelle sehr schwachen Strömung des Flusses. Gleich neben ihrem Lager fand Simon in dem Gewässer eine Sandbank, die sich fast bis zur anderen Seite erstreckte. Hier würden sie gefahrlos den Trensel überqueren können, da um diese trockene Jahreszeit der Fluss ohnehin wenig Wasser mit sich führte. Das hielt auch Krautschuk für eine gute Idee, sollten sie doch so schnell wie möglich dieser Gegend besser den Rücken kehren, für den Fall, dass man nach ihnen fahnden würde. Kammergarn trottete wortlos hinter den beiden her, Simon trug den Kleinen über die tieferen Stellen, da dieser nicht schwimmen konnte.
„Wir Hurveniks waren früher eine große seefahrende Nation!", hatte Krautschuk dazu erklärt. „Und große seefahrende Nationen sind allgemein bekannt dafür, dass ihre Angehörigen fast ohne Ausnahme Nichtschwimmer sind!" Auf diese interessante Aussage fiel Simon keine Antwort ein. Dieses Volk schien wirklich ein sonderbares Häuflein zu sein.
Drüben angekommen stießen sie auf eine Siedlung, obwohl dieser Begriff für die Ansammlung armseliger Hütten, aus allen Arten von Müll und weggeworfenen Brettern und Latten zusammengeschustert, eigentlich zu hochtrabend war. Aus allem, was man nur irgendwie hatte auftreiben können, hatte man äußerst erfindungsreich Buden und Unterstände von einer Art zusammengezimmert, wie die drei sie noch nie zuvor gesehen hatten. Zum Beispiel fand sich dort ein Haus, das aus zwei antiken Kleiderschränken zusammengebastelt war, das Mittelteil des Konstrukts wurde von einer zwei Meter langen Metallstange getragen mit einer großen baumwollenen Plane bedeckt, die an den Seiten abgespannt war. Dann erblickten sie ein riesiges Weinfass, das obere Stockwerk bildete ein kleineres Bierfässchen, zwei runde Bullaugen waren als Fenster eingesetzt worden, als Dach diente ein großer orangefarbener Sonnenschirm. In der Mitte der Hüttenansammlung prangte rot schimmernd ein ausrangierter kupferner Braukessel aus dessen Öffnung oben Rauchwölkchen aufstiegen. Auf irgendeine Weise war es auch hier gelungen eine Türe und ein Fenster hineinzuschneiden, sogar ein Blumenkasten mit wunderschön blühenden Geranien schmückte die Fensterbank. Aus der Tür trat nun ein altes Mütterchen, die Hand am Gehstock, der Rücken leicht gekrümmt, erblickte die fremden Besucher und kam lächelnd auf sie zu.
„Ach wie schön, endlich einmal Gäste! Liebe Gäste!", rief die Alte mit schwächlicher Stimme aus und drehte sich dann nach dem Mann um, der hinter ihr aus dem Braukessel getreten war. „Erwin, schau doch! Gäste!"
Ein großer, gut gebauter Mann kam ihnen entgegen, streckte den dreien eine riesige schwielige Hand entgegen und musterte sie eingehend, worauf er gleich darauf ernst fragte: „Äh, sie sind aber nicht das Komitee, oder?"
Dann erblickte er den Hurvenik und wurde bleich. Kammergarn reagierte trotz seiner Verfassung erstaunlich schnell. Mit einer Bewegung hatte er den Kleinen geschnappt, ließ ihn nun am Kragen baumeln und bewegte ihn hin und her. Vollkommen leblos schlotterten die Arme und Beine des Hurveniks in seiner Kleidung, das Köpfchen fiel mal nach hinten, mal nach vorn und selbst Simon hätte jetzt schwören können das es sich bei dem Wicht nur um eine tote Puppe handelte.
„Nur eine Marionette, erst gestern fertig geworden. Die Strippen fehlen noch, aber ich glaube das Gesicht muss ich noch etwas nachschneiden! Ist noch ein bisschen zu

fratzenhaft!“ Kammergarn spulte diesen Satz herunter als hätte er ihn auswendig gelernt.
„Na, ich hätte schwören können…!“, sagte der Mann in dessen Wangen die Farbe zurückgekehrt war.
„Ja, wirklich sehr lebensecht, nicht wahr?“, schnitt ihm der Impresario das Wort ab.
„Ja, wirklich!“, meinte der gute Erwin nachdenklich und zog die Stirne kraus. „Egal, ich hatte eigentlich dieser Tage das Komitee zur Erhaltung der Seuchenopfer erwartet, aber…... Das seid ihr beiden doch wohl nicht?“
„Nein, ganz zufällig kamen wir hier vorbei“, erklärte Jonathan Kammergarn jetzt. „Wir waren auf dem Weg nach Solmsberg. Die Kutsche wurde von Wegelagerern überfallen und entführt. Wir konnten nur unser eigenes Leben retten und besitzen im Moment nur noch das, was wir auf dem Leibe tragen!“ Simon bewunderte den Erfindungsreichtum des Impresarios er schien langsam wieder zu seiner alten Form aufzulaufen. Wie schnell er sich doch eine solche Geschichte zusammenspinnen konnte!
„Und nun, wollten wir uns hier bei ihnen erkundigen, ob sie uns eventuell weiterhelfen könnten?“
„Ja, sehen Sie, meine Herren! Wir haben hier nicht viel! Dies ist das was von der Seuchenstation geblieben ist! Wir leben nur von Lebensmitteln und Kleiderspenden der Bürger von Hallgard. Das Beste wird sein, Sie begeben sich in die Stadt, erstatten Anzeige bei der Gendarmerie und sehen dann weiter." Der gute Erwin kratzte sich am Kopf und wischte sich den Schweiß von der Stirn. Die Sonne hatte begonnen auf den offenen Platz herunterzubrennen.
„Das wäre wahrscheinlich vernünftig, mein Herr“, meinte daraufhin wieder Kammergarn. „Doch haben wir es recht eilig, Geschäfte, Geschäfte. Wir müssen weiter! Mein Adlatus und ich sind wirklich in unaufschiebbaren Angelegenheiten unterwegs. Eine Anzeige bei der Polizei würde uns ja tagelang hier festhalten. Das käme äußerst ungelegen. Vielleicht könnten wir uns hier bei ihnen mit dem Notwendigsten eindecken?“
„Ja, nun. Wie gesagt.“, wollte der Mann schon erwidern als Kammergarn in die Innentasche seiner Weste griff und einen kleinen Beutel daraus hervorzog in dem es lustig klimperte.
„Ja, wenn das so ist!“ Erwins Augen begannen zu leuchten. „Dann kommen sie mal mit!“
Der Mann ging den dreien voraus auf eine Art Scheune zu, die aus einigen wenigen Dachsparren und Planken erbaut worden war. Eine der Seitenwände war immerhin mit Ziegeln hochgemauert worden, dann aber, so schien es, war das Baumaterial knapp geworden und man hatte sich anders behelfen müssen. Das ganze Ensemble aus Bauschutt und wurmstichigem Holz machte keinen besonders stabilen Eindruck. Simon und Kammergarn, der den leblos wirkenden Hurvenik mittlerweile in Simons Seesack verstaut hatte, zögerten bevor sie die Schwelle durch eine Tür, die sehr lose in den Angeln hing, übertraten, während der Mann zu plaudern begonnen hatte. Drinnen herrschte Dunkelheit, da der Architekt des Bauwerks allem Anschein nach keinerlei Öffnungen für Licht und Luft eingeplant hatte. Dann fasste der Mann nach oben und schob eine Klappe in der Dachkonstruktion beiseite, so dass man jetzt wenigstens etwas erkennen konnte. Der ganze Raum war voll von Kleidungsstücken, alten Werkzeugen und Ramsch jeglicher Art. Die guten Menschen von Hallgard trösteten sich wohl mit diesem

Spendenaufgebot über die Tatsache hinweg, dass sie ansonsten nichts gegen die Seuche unternehmen konnten und um auf diese Weise wohl auch ihr Gewissen zu beruhigen. Erst sorgten sie dafür, dass ihre infizierten Angehörigen aus der Gemeinschaft ausgeschlossen wurden, dann aber reuig geworden, luden sie alles was sie wirklich nicht mehr benötigten bei einer Sammlung für die Armen ab und fühlten sich so jeder weiteren Verpflichtung den Kranken gegenüber entbunden.
Schnell war Kammergarn fündig geworden. Einige dicke Decken, an denen er zuerst einmal ausgiebig schnüffelte, was Simon fast zum Lachen gebracht hätte, raffte er schnell zusammen und genauso schnell fand er einen dunklen wasserdichten Mantel, der sogar seiner Gestalt passte ohne allzu sehr um die Leibesmitte zu spannen. Alles lag wild durcheinander auf einzelnen Haufen, keine ordnende Hand hatte wohl bislang die Zeit gefunden etwas wie ein System in das Chaos zu bringen und so verbrachte Simon schon einige Minuten darauf auch für sich ein paar passende Kleidungsstücke auszusondern. Schließlich fiel ihm doch noch eine warme grüne Windjacke, mit einknöpfbarem Futter aus Lammfell in die Hände, die ihm, wie er meinte, ausgesprochen gut stehen würde. Da jedoch kein Spiegel in der Scheune bereitstand in dem er sich mustern konnte, blieb dies eine reine Mutmaßung, aber die Joppe würde ihm im Sommer wie auch in der kälteren Jahreszeit gute Dienste tun. Auch eine braune Schirmmütze suchte sich Simon aus dem Wirrwarr heraus und sogar Kammergarn fand eine Kopfbedeckung in Gestalt einer etwas lädierten Melone, was den Dicken nun wirklich glücklich zu machen schien, hatte er doch irgendwo im Untergrund Hallgards seinen alten Bowlerhut verloren. Auf einem Tisch auf dem allerlei Werkzeug herumlag, das größtenteils schon Rost angesetzt hatte, fand Simon dann noch ein aufklappbares Taschenmesser, dafür würde sein Geld, das er gestern vor dem Einkaufen eingesteckt hatte, schon noch reichen, dachte er. Hier griffen sich die beiden noch einen Wasserkessel und eine gusseiserne Pfanne, die sie auf jeden Fall brauchen könnten. Kammergarn bezahlte dem Mann für die Sachen einen wohl viel zu hoch angesetzten Preis, war aber doch zufrieden, käme das Geld doch schließlich den Ärmsten der Armen zugute. Wieder an der frischen Luft, nachdem sie die muffige Bude verlassen hatten, reichte der Impresario dem Mann einige Dukaten, der sich daraufhin freudestrahlend bedankte. Als Simon etwas von seinem Geld dazugeben wollte, hatte der Impresario nur energisch mit dem Kopf geschüttelt.
In der Zwischenzeit waren etliche Leute aus ihren Baracken getreten und hatten sich vor dem Kupferkessel versammelt. Die meisten von ihnen befanden sich schon in einem hohen Alter, doch auch einige frischere, jüngere Gesichter fand man unter ihnen. Viele hatten die alten Decken, in denen sie wohl geschlafen hatten, noch um die Schultern gewickelt und setzten sich mit steifen Gliedern um ein abgebranntes Lagerfeuer herum auf den staubigen Boden. Die Menschen bewegten sich wie aufgezogene Automaten, beobachtete Simon, genau wie bei Tante Sybilla war keinerlei Gesichtsregung zu erkennen und sie schienen von ihrer Umgebung nichts wahrzunehmen. Trotzdem, so kam es Simon jedenfalls vor, lauschten alle gespannt auf ein unhörbares Kommando, da sie jetzt alle zur gleichen Zeit anfingen zu summen, zu singen oder auch nur Laute auszustoßen und dabei eine solche Kakophonie aufführten, dass er sich Mühe geben musste sich nicht die Ohren zuzuhalten bei dem unheimlichen Lärm.

„Ja, so geht das jeden Morgen!“, sagte darauf Erwin, „Man könnte meinen sie hätten sich abgesprochen dies zu tun, doch reden sie selten nur ein Wort, weder mit mir noch miteinander. Es ist als würde ein innerer Zwang sie zu diesem Singsang treiben!
„Das ist wirklich eigenartig!“, meinte Kammergarn und Simon nickte.
Als der Junge weiterhin zuhörte, während der Impresario noch mit dem Mann sprach, schien sich aus all dem Summen, Plappern und Gesinge eine feine Melodie herauszukristallisieren, die jedoch nur er allein wahrnehmen konnte. Kammergarn und Erwin horchten nicht auf, als für Simon das Getöse Form anzunehmen begann. Es kam ihm so vor als packten die Kranken alles Gewesene, all ihre Erfahrungen, all ihre Liebe und ihr Leid mit in diese Melodie hinein und ließen sie zum Himmel aufsteigen, der doch ihre letzte Hoffnung auf ein besseres Leben darstellte, und Simon glaubte ein Brausen in den Lüften wahrzunehmen, ein leichter Wind kam auf und strich wie tröstend über die Köpfe der Ausgestoßenen. Ja, es war ihm so, als ob er eine Hand erblickte, geformt aus dem letzten Rest der Nebelschwaden, die vom Fluss aufgestiegen waren, die zärtlich die Kranken liebkoste. Dann plötzlich verschwand das Bild vor seinen Augen und in seinen Ohren dröhnte wieder das wilde Durcheinander der plappernden Leute, das jede Harmonie verloren hatte.

Simon und Kammergarn verabschiedeten sich dann von dem Mann und wünschten ihm viel Glück und Kraft für die Aufgabe der er sich gewidmet hatte, dann schlugen sie einen Weg den Fluss entlang ein, um die Stadt möglichst schnell weit hinter sich zu lassen. In sicherer Entfernung ließ Simon den Hurvenik wieder aus seinem Gefängnis, der sich erst einmal ausgiebig reckte und streckte, nachdem er zwei Stunden lang zwischen dem Bogen und ein paar Dosen Leberwurst eingeklemmt gewesen war, was allerdings auch sein Gutes hatte. Simon hatte die Lebensmittel, die er die ganze Zeit mit sich herumgetragen hatte, vollständig vergessen und so kamen die drei dann doch noch zu einem späten Frühstück am Flussufer. Auch einen großen Laib Schwarzbrot hatte Simon gestern noch besorgen müssen, was ihnen jetzt zugute kam. Fast hätte man von einem beschaulichen Picknick sprechen können, wären die Umstände nur andere gewesen. Krautschuk betrachtete noch einmal die Landkarten des Zauberers und kam dann zu dem Schluss, dass sie ohne Reittiere nicht weit kommen würden, denn die Entfernung, die es bis zur Küste zu bewältigen galt, war doch ausgesprochen groß. Es würde ihnen nichts anderes übrigbleiben, als sich einen Wagen oder zumindest zwei Pferde zu besorgen, und dazu müssten sie doch die Poststation vor der Stadt aufsuchen, was besonders Kammergarn mit großer Angst zu erfüllen schien. Doch sah auch er schließlich ein, dass es kaum eine andere Möglichkeit gab, wollten sie zu Fuß zur nächsten Station laufen, würden sie allein hierfür Tage benötigen. Nachdem alle gesättigt waren überquerten sie den Trensel erneut und näherten sich, die Hauptstraßen vermeidend, auf Umwegen wieder der Stadt. Die Poststation lag direkt an den Stadtmauern in der Nähe des südlichen Tores und so waren sie endlich doch gezwungen das schützende Dickicht zu verlassen und noch einige hundert Meter bis dorthin auf der Straße zu laufen. Krautschuk war zwischenzeitlich erneut im Seesack Simons verstaut worden, allerdings hatte er großen Wert darauf gelegt eine angenehmere Position einnehmen zu können, zum Glück hatten

sie die Leberwurstdosen zur Gänze geleert, so dass kein allzu harter Gegenstand den Kleinen mehr verletzten würde können. Allerdings piekste er sich einige Male an den Pfeilen, die aus dem Köcher gerutscht waren. Schon von weitem wurden sie der Umrisse der Stadt gewahr, eine schwarze Rauchsäule waberte über dem östlichen Teil von Hallgard in den blauen Himmel. Bedeutungsvoll schauten sich die beiden an, sagten aber kein Wort. Bevor sie die Straße betreten hatten, war dem Impresario anzusehen gewesen, dass er sich vor Furcht fast in die Hose machte. Kaum aber waren die ersten Passanten, eine ganze Horde Marktweiber war ihnen als erstes über den Weg gelaufen, aufgetaucht, hatte sich sein Gebaren schon wieder vollständig geändert. Festen Schrittes auftretend, die plappernden Frauen mit keiner Miene zur Kenntnis nehmend, konnte man meinen hier ein besonders arrogantes Exemplar der Gattung besserer Großbürger vor sich zu haben, der sich nur aus Gründen von Knauserigkeit so erbärmlich kleidete. Seine neue Errungenschaft, die alte Melone, trug er wie ein König seine Krone, bis kurz bevor die beiden die Poststation erreicht hatten, ein Trupp Soldaten hoch zu Ross aus dem Stadttor gesprengt kam. Kammergarn erstarrte für einen kurzen Augenblick und auch Simon war mulmig zumute, als die Reiter an ihnen vorbeikamen. Der Junge hatte sein störrisches blondes Haar unter der Kapuze seiner Jacke verborgen und da das Gewand sehr militärisch wirkte, wahrscheinlich kam es ursprünglich aus der Kleiderkammer der gräflichen Armee, beachteten die Söldner die beiden mit keinem Blick. Mit Furor jagten die Reiter das Trüppchen Marktweiber auseinander, die hinter Simon und Kammergarn die Landstraße hinunterliefen und beinahe wäre eine von ihnen unter die Pferdehufe gekommen. Nur mit einem gewagten Sprung in den Abwassergraben konnte sich die Frau noch in Sicherheit bringen und schrie den Soldaten, als sie sich wieder aufgerappelt hatte, die übelsten Verwünschungen hinterher.
Der Stationsmeister hatte wirklich zwei Reittiere für die beiden in seinen Ställen, er hatte die Pferde vor drei Wochen als Pfand für die Einlösung von Spielschulden angenommen, doch war der Bursche nicht mehr aufgetaucht, obwohl dieser versichert hatte, schon in der nächsten Woche zurück zu sein. Das war mehr Glück als sich Kammergarn gewagt hatte zu erhoffen. Die Tiere machten einen gesunden und wohlgenährten Eindruck. Sattel und Zaumzeug ließ sich der Postmeister noch so einiges kosten. Wer wie die beiden allem Anschein nach so dringend Reittiere benötigte, würde auch mal etwas tiefer in die Tasche greifen müssen, dachte er sich wohl.
„Was hatte es denn die Soldateska so eilig?“, fragte der Impresario den Postmeister dann noch so obenhin.
„Haben Sie nicht gehört, Sir? Ein großer Brand war gestern Nacht in der Stadt ausgebrochen! Man fahndet noch nach den Brandstiftern. Es soll sich um dieselben Verbrecher handeln, die kürzlich fast einen allgemeinen Aufstand angezettelt hatten!“, antwortete der Mann und musterte Kammergarn und den Jungen misstrauisch. „Habe ich Euch nicht schon einmal gesehen, Sir?“
„Das glaube ich kaum, guter Mann! Ich und mein Enkel sind nur auf der Durchreise“, antwortete Kammergarn mit ein wenig Herablassung und Simon lächelte den Postmeister an, als könne ihn kein Wässerchen trüben. „Ein Besuch bei seiner Frau Mutter, meiner Schwiegertochter. Der Junge hat nichts als Flausen im Kopf. Ich bringe ihn jetzt

direkt auf die Militärakademie, die werden ihn schon Mores lehren!"
„Recht so!", erwiderte der Postmeister. „Früher hat's so was nicht gegeben. Wir konnten ja auch nicht immer wie wir wollten! Da gab's gleich was hinter die Ohren! Ohne Essen ins Bett! Oder nur noch eine Portion Fensterkitt zum Abendessen......!" Der Impresario hatte anscheinend mit seiner Geschichte einen Nerv getroffen. Der Mann wollte gar nicht mehr aufhören zu reden. Simon hatte sich inzwischen nützlich gemacht die Pferde gesattelt und redete beruhigend auf die Tiere ein, die nervös zu sein schienen, da ab und zu noch ein Windhauch den Geruch des Brandes an ihre Nüstern trug.
„...mit bloßen Füßen dreißig Meilen bis in die Schule und das im härtesten Winter damals '53, aber heutzutage, pah...!"
Simon hatte für sich das kleinere der beiden Reittiere auserkoren, mochte das kräftigere den dicken Impresario tragen, und war schon mal aufgesessen. Kaum, dass der Junge die Pferde berührt hatte, schienen sie schon sehr viel ruhiger geworden zu sein. Er legte vorsichtig den Seesack mit dem Hurvenik vor sich über den Sattel, hörte allerdings trotzdem ein leises „Aua!" aus dem Inneren der Stoffhülle schallen, was allerdings zum Glück nur er allein wahrnehmen konnte.
„...dann die Kohlensäcke, die wir schleppen mussten, tagein, tagaus! Und hat uns das etwa geschadet?"
Jonathan Kammergarn, der die ganze Zeit über mit Nicken beschäftigt gewesen war, wurde dessen nun überdrüssig und erkletterte unter großen Mühen ebenfalls sein Reittier.
„...aber heutzutage, alles bekommen sie hinten hineingeschoben, kein Respekt mehr vor dem Alter, niemand findet es mehr notwendig höflich zu grüßen und dabei die Kappe vom Kopf zu nehmen und diese Klamotten und diese Musik...!"
Lange noch dauerte es bis der endlose Sermon des Postmeisters nicht mehr an ihre Ohren dringen konnte. Sie wandten sich strikt Richtung Westen und verließen die Hauptstraße so schnell wie möglich am nächsten Feldweg, um nicht doch noch einem Fahndungstrupp in die Hände zu fallen. Kammergarn machte sich nun auch große Sorgen um seine beiden Assistenten, die zwar den gestrigen Abend bei irgendeinem kleinen Umtrunk außerhalb der Stadtmauern zugebracht hatten, doch standen diese beiden wohl ebenso auf der Fahndungsliste und der Impresario konnte nur hoffen, dass sie so schlau waren sich dort nicht mehr blicken zu lassen. Sie überquerten erneut den Fluss an einer seichten Stelle und wandten sich dann erneut auf schmalen Wegen und Ackerrainen Richtung Westen. Sobald sie keine Blicke von Passanten mehr auf sich gerichtet spürten, befreiten sie den Hurvenik aus seiner Zwangslage, dieser hatte schon vorher leise zu zetern begonnen.
Am frühen Nachmittag, sie hatten schon eine gute Wegstrecke hinter sich gebracht, deckten sie sich bei einem Bauern mit Reiseproviant ein und bis zum Abend hatten sie beinahe schon einen Ausläufer des Schimmerwaldes erreicht, durch den zu reiten wohl der kürzeste Weg zur Küste war, wenn man die Poststraße meiden wollte. Der Hurvenik saß die meiste Zeit im Schneidersitz vor Simon auf dem Sattel, der sich sehr darüber wunderte wie der Kleine es solange in dieser unbequemen Position aushalten konnte. Für Simon wirkte diese Art zu sitzen wie eine Foltermethode, doch Krautschuk meinte

daraufhin nur, das sei alles eine Frage von Körperbeherrschung und Meditation, dabei brummte er leise ein „Yukku, yukku Bishi!“, vor sich hin, worauf Simon nur ungläubig den Kopf schütteln konnte. Überhaupt schien der Hurvenik voll von solch geheimnisvollen Weisheiten zu sein. So antwortete er auf eine Frage Kammergarns an einer Weggabelung.
„Reisen ist besonders schön, wenn man nicht weiß wohin es geht!“ Und fuhr sogleich fort: „Aber am allerschönsten ist es, wenn man nicht weiß woher man kommt! Der Weg allein ist schon seligmachend!“, dabei machte er ein solch feierliches Gesichtchen, dass Simon unwillkürlich lachen musste.
„Wir reiten direkt in den Wald hinein und machen an der ersten kleineren Lichtung, die wir finden, Halt!“, meinte er dann etwas ärgerlich klingend. „Ich sehe schon, Simon, du hast keinen Sinn für die Weisheiten des großen Meisters Fandango!“
„Wer war das denn?“, fragte Simon daraufhin.
„Einer der Weisen der Hurvenik, vor undenklichen Zeiten hat er gelebt, auf dem alten Kontinent, der längst untergegangen ist. So etwas lehrt man euch natürlich in eurer Menschenschule nicht?“
„Nein, leider! Hab' nie von ihm gehört!“
„Nun, dann werde ich dich bei Gelegenheit mit seinen Erkenntnissen und Wahrheiten vertraut machen, kann ja auf jeden Fall nicht schaden.“
„Oh, geheimnisvolle Weisheit des Ostens!“, seufzte Kammergarn leise neben ihnen her reitend und verdrehte dabei die Augen Richtung Himmel. Zu seinem Glück hatte dies der Hurvenik nicht gehört.
Wie Krautschuk vorgeschlagen hatte, schlugen sie ihr Nachtlager im Wald auf, der hier am Rand noch in keiner Weise bedrohlich auf Simon wirkte. Die Freunde entfachten rasch ein niedrig brennendes Lagerfeuer. Um nicht doch noch aufgestöbert zu werden verwendeten sie nur das trockenste Holz das zu finden war und brieten sich eine Riesenportion Rührei mit Speck als Nachtmahl. Den Korb mit den Eiern hatte Kammergarn, ohne dass Simon etwas davon bemerkt hatte am Morgen in der Poststation mitgehen lassen. Der Junge fragte sich, ob der Impresario nicht, bevor er zum Puppentheater gekommen war, sich als gemeiner Dieb durchs Leben geschlagen hatte. Die Sonne war längst untergegangen, nur mit Mühe hatten sie einen geeigneten Platz für ein Nachtlager gefunden, doch drang das Mondlicht schließlich noch schwach durch die Baumspitzen.

Simon erwachte nach einer unruhigen Nacht. Wieder und wieder war er durch finstere Kellergänge geflüchtet, hinter ihm das Klirren der Waffen und die Rufe der Soldaten. Und immer wieder auch sah er das Gesicht des Söldners, der durch die Luke geglotzt hatte, vor sich, das böse und hämisch grinsend flüsterte. „Wir kriegen dich schon noch, kleiner Mann, wir kriegen dich noch.“ Er fand Krautschuk vor, wie er auf den beiden Karten des Professors auf und ab spazierte und dabei immer wieder seine Schritte zu zählen schien.
„Ah, Simon, du bist wach! Guten Morgen!“, sagte der Hurvenik, als Simon sich aufgerappelt hatte und sich den Schlaf aus den Augen rieb. „Tee ist auch schon fertig!“ er reichte Simon eine heiß dampfende Blechtasse hin und widmete sich wieder den Karten.

Er sah dabei aus wie ein kleines Kind, das Himmel und Hölle spielt, wie er so auf dem Pergament herum hopste und Simon musste fast lachen bei diesem Anblick.
„Ich versuche auf diese Weise immer noch herauszufinden auf welche Insel die Kerle damals den Professor gebracht hatten. Es will und will mir nicht gelingen. Doch wie der große Meister Fandango schon sagte, „Das Leben geschieht, während du noch dabei bist Pläne zu machen", meinte der Kleine dann und Simon wusste hiermit wieder einmal absolut nichts anzufangen.
„Oder auch, der Weg ist das Ziel, auf das scharf geschossen wird!", fügte der Hurvenik hinzu. „Die Suppe brodelt auch nicht so heiß, wie der Küchenmeister schwitzt!"
Kammergarn, der bis dahin nur in sich zusammengesunken still am Feuer gesessen hatte, schüttelte nur traurig den Kopf und verdrehte wieder die Augen.
„Alles Weltliche ist nur wie der Meeresschaum in einer Frühlingsrolle!"
Auch auf diese rätselhafte Bemerkung wusste Simon keine Antwort. Er stand auf, ging eine Weile auf und ab und schüttelte seine Glieder aus. Eine Baumwurzel, auf der er gelegen hatte, wie er jetzt bemerkte, war seiner Nachtruhe nicht gerade förderlich gewesen, seine rechte Schulter schmerzte und es war ihm kaum möglich den Nacken nach rechts zu drehen. Simon sehnte sich jetzt schon, nach nur zwei Nächten unter dem offenen Himmel, sehr nach seinem warmen, kuscheligen Bett.
Krautschuk schien immer noch zu keinem Schluss gekommen zu sein. Anscheinend versuchte er jetzt, anhand einer komplizierten, mathematischen Formel, die er mit einem Stöckchen vor sich in die Erde geritzt hatte, herauszufinden, welche der beiden Inseln, die in Frage kamen, sie ansteuern sollten. Immer wieder starrte er in den Dreck, in den er diese rätselhaften Hieroglyphen gemalt hatte und kratzte sich nachdenklich den Kopf, so dass sein Radieschenmützchen verrutschte und darunter das gelbe, zu einem langen aufgerollten Zopf geflochtene Haar sichtbar wurde. Wie das Männlein so dasaß hatte es fast etwas Mädchenhaftes an sich, fand Simon, verdrängte diesen Gedanken jedoch sofort wieder. Ein Mädchen würde sich so wie Krautschuk nun wirklich nicht benehmen. Er war schon ein etwas unwirscher kleiner Geselle und der Zustand, in dem er sich bei ihrer allerersten Begegnung befunden hatte, sprach auch nicht gerade für diese These.
„Ich weiß nicht, ich weiß nicht!", murmelte der Wicht jetzt, dann packte er die Pergamente wieder zusammen und verstaute sie ordentlich in Simons Seesack. „Wir haben ja noch ein paar Tage Zeit um eine Entscheidung zu fällen!"

Zuallererst einmal musste der Schimmerwald durchquert werden und dies würde wohl keine leichte Aufgabe werden. Unzählige Mythen und Schauergeschichten kursierten im ganzen Reich über dieses riesige Gebiet, das von manchen auch Düstergebirge, von anderen gar die Gigantenberge genannt wurde. Auch spielten viele Märchen hier in diesem finsteren, dicht bewachsenen Forst und meist waren dies solche, die auf schrecklichste Weise endeten. Simon war nicht begeistert gewesen, als er erfahren hatte, dass ihr Weg mitten durch den Schimmerwald hindurchführen sollte. Die Geschichten, die Elvira ihm vor dem Schlafengehen vorgelesen hatte, waren ihm nur allzu gut in Erinnerung geblieben. Nicht nur sollte hier eine Rasse urzeitlicher Riesen ihr Unwesen treiben, auch von Vampyren war immer wieder die Rede gewesen. Auch die unheimlichen

Todesboten, die furchtbaren Screechies hatten Erwähnung gefunden, über deren Wesen wusste Simon allerdings jetzt zum Glück ja besser Bescheid.
Nachdem sie aufgebrochen waren, führte der Weg die Gefährten stetig bergauf. Keine großen Steigungen zwar, aber die Pferde mussten sich streckenweise schon etwas schinden, wenn es immer wieder eine Zeitlang nur noch über weite Geröllfelder ging, bis sie erneut in den Schatten der Bäume eintreten konnten. Gegen Mittag legten sie eine Rast ein, damit die Tiere verschnaufen konnten und bereiteten sich ein kleines Mahl aus Brot, Wurst und Käse. Dann ging es bis in die späten Abendstunden weiter bis sie an eine steile Felswand kamen, die sie würden umgehen müssen und daher wurde beschlossen, hier ein Nachtlager aufzuschlagen. Knapp vierhundert Meter hoch ragte der Felsen in den Himmel und der Hurvenik, der immer wieder die Karte studiert hatte, behauptete, dass es sich bei diesem Gipfel um den Wackerberg handeln müsse. Wenn sie diesen hinter sich gelassen hätten, würde das Gelände wieder sanfter werden und auch der Untergrund weicher, da dann eine Hochebene zu überwinden war, die größtenteils aus einer Moorlandschaft bestünde. So referierte zumindest der Kleine und Simon verließ sich ganz und gar auf ihn. Kammergarn hatte den ganzen Tag über kaum drei Worte gesprochen. Simon vermutete, dass der Impresario sich immer noch große Vorwürfe machte in Bezug auf das Schicksal des Professors und der Hurveniks und wirklich war es so, dass der Mann schwer darunter litt und immer wieder auf seinem Reittier in sich zusammengesunken war.
Nur wenig Brennholz war an dieser Stelle zu finden gewesen und Simon hatte noch einen langen Weg zurücklegen müssen, um genug trockene Äste aufsammeln zu können. Schließlich flackerte dann doch ein lustiges Feuerchen und die Reisenden konnten ihre müden Glieder ausstrecken. Der Wind pfiff vom Westen über das Land, man hätte denken können der Herbst sei schon weit fortgeschritten, doch war es doch immer noch erst Ende August. Alle drei waren derart hundemüde, dass kurz nach dem sie etwas zu sich genommen hatten, sie auch schon dichtgedrängt um das karge Feuerchen herum eingeschlafen waren.

Soylentius saß versunken in einem bequemen ledernen Ohrensessel vor dem Kaminfeuer und hielt die Hände an die Flammen, obwohl er genau wusste, dass die Art Feuer, die er erzeugt hatte, ihn nicht zu wärmen vermochte.

„In diesem Gemäuer ist es immer kalt!“, murmelte er vor sich hin und blickte finster in das bläuliche Flackern, das einzig dem Zweck dienen sollte, zu erfahren, was der Feind wohl so ausheckte. Es hatte ihn eine geraume Zeit gekostet diese Art der Magie zu erlernen, erst vor knapp einem Jahr war er endlich hinter das Geheimnis gekommen. Sämtliche Dämonen und Geister hatte er vergeblich angerufen, nie wollte ihm gelingen den einen heraufzubeschwören, der ihn in der schwarzen Kunst würde unterweisen können, doch dann war er zufälligerweise in der Bibliothek des Barons Bodo über ein kleines Büchlein gestolpert, das ihm verraten hatte, wie es anzustellen war. Allerdings war der Zauberer doch zu Tode erschrocken, als sich zum ersten Mal das grässliche Antlitz des Dämons in den Flammen gezeigt hatte. Sogar Zweifel waren dem Alchimisten gekommen, ob er mit der Beschwörung eines solch höllischen Wesens nicht endgültig zu weit gegangen war. Doch hatte er sich schnell an den Gast gewöhnt, den er mit so finsteren Methoden zu sich eingeladen hatte, schien das Geschöpf zwar aus den Abgründen des Höllenschlundes zu kommen, ansonsten sich aber wenig bedrohlich zu gebärden. Ja, das Wesen ordnete sich bereitwillig all seinen Wünschen unter und tat wie ihm befohlen wurde. Nun, da ihm dieser Zauber gelungen war, konnte er sehen, wer ihm Steine in den Weg zu legen versuchte, auf seinem Weg zur absoluten Macht. Wie gut, dass ihm der Dämon gesagt hatte, wer von den Zauberern wirklich sein Widersacher war, derjenige, der ihn schon seit seiner Ankunft in Hallgard auf jede Weise zu behindern suchte. Melchidiekes, um wen eigentlich sonst hätte es sich handeln sollen? Wie hatte er nur in dem blinden alten Mann, der sich als Athanasius von Greifwald vorgestellt hatte, diesen Erzfeind nicht erkennen können? Und hatte er ihn nicht noch selbst dazu beauftragt das Sieb zu untersuchen? Zum Glück war er doch ein klein wenig misstrauisch dem Blinden gegenüber gewesen und hatte nichts vom Zielort von dessen Reise verlauten lassen. Immer wieder, fast sein ganzes langes Alchimistenleben lang, hatte schließlich genau dieser Mensch ihm im Weg gestanden. Schon an der Universität war er es doch gewesen, der letztendlich am allermeisten dazu beigetragen hatte, dass er hinausgeflogen war. Ja, man hatte ihn exmatrikuliert, der geringsten Vergehen wegen. Nur weil die Professorenschaft nicht gewillt war einen Schwarzmagier wie ihn in ihren Reihen zu dulden. Was hätte denn die ganze Zauberei für einen Sinn, wenn es nicht Leute wie ihn, Soylentius, gegeben hätte. Sie waren es immerhin, welche die Wissenschaft wahrhaft weiter zu bringen vermochten, keineswegs diese angepassten Jasager, die Semester für Semester immer über den gleichen alten Schwarten saßen und ewig das gleiche Geschwafel erlernten. Hätte er doch früher gewusst, dass Melchidiekes sich hier in der Stadt aufhielt, dann hätte er ihm längst die Lebenslichter ausblasen lassen. Wie konnte ihm dessen Anwesenheit nur entgangen sein? War er alt geworden? Hatte hier sein siebter Sinn, auf den er sich immer hatte verlassen können, hier so gänzlich versagt? Soylentius wusste darauf keine Antwort, schüttelte nur den von pechschwarz gefärbtem Haar umwundenen Schädel und starrte wieder nachdenklich in die Flammen..

Simon erwachte mit dem unbestimmten Gefühl angestarrt zu werden. Der Wind hatte sich etwas gelegt, die fahle Mondsichel und die Sterne standen über dem Horizont, dann hatte ein schabendes Geräusch seine Träume unterbrochen. Er lauschte atemlos in die Nacht hinein. Da war es wieder. Als ob etwas über den kargen, felsigen Boden gezerrt wurde. Schrapp, schrapp. Dann ein Rascheln in einem Maulbeerbusch. Dann wieder Stille. Simon rührte sich nicht. Die anderen beiden schienen nichts gehört zu haben. Das leise Schnarchen Kammergarns und das gleichmäßige Atmen des Hurveniks drangen an Simons Ohr. Nichts rührte sich, kein Windhauch mehr. Simon wäre beinahe wieder eingeschlafen, als wieder dieses Schaben ertönte. Er starrte wie gebannt in die Dunkelheit. Nichts. Nur ein letztes Glimmen in der Glut des Lagerfeuers. Er würde sich umdrehen müssen um die Ursache für dieses Geräusch erblicken zu können. Vorsichtig wand er seinen, von Decken umhüllten Körper auf die andere Seite. Dann sah er sie und erstarrte. Aus einem winzigen Felsspalt heraus drangen die rattengroßen, weiß glänzenden, nur mit wenig Fleisch und Hautfetzen umhüllten Skelette von Wesen, wie sie nur in den schlimmsten Albträumen der Menschen vorkommen konnten.
Wolpertinger, ja das mussten Wolpertinger sein. Generationen von Kindern waren mit der Angst aufgewachsen von diesen Monstern geholt zu werden, wenn sie denn nicht brav ihr Süppchen aufaßen. Doch dass diese Viecher wirklich existierten, hätte Simon nicht für möglich gehalten. Jedes der Wesen hatte einen völlig anderen Körperbau, obwohl alle ungefähr gleich groß waren. Manche gingen aufrecht auf zwei Beinen und trugen außer den gebleckten Zähnen als Waffen auch noch kleine, spitze Messer in den knochigen Pfoten, andere liefen auf allen Vieren und gaben sich zum Angreifen mit ihrem Gebiss zufrieden. Manche ähnelten Ratten, manche gaben sich die größte Mühe menschlich zu wirken, ja hatte da nicht sogar eines der Viecher sich einen purpurroten Mantel um die Schultern gelegt, der mit einer glitzernden Spange zusammengehalten wurde? Einer trug sogar eine Mütze auf dem Kopf, die ihm jedoch bei jedem Schritt über die mordlüstern, glitzernden Augen rutschte und die er dann mit der Vorderpfote wieder nach hinten schieben musste. Wieder andere hatten große Schwierigkeiten ihre Knochen beieinander zu halten, immer wieder blieb ein Bein oder ein Arm auf dem Felsboden liegen und musste eingesammelt und mittels Haken und Ösen an der richtigen Stelle erneut befestigt werden. Gerade war eines der kleinen Monster dabei den Unterschenkel seines rechten Hinterbeins wieder anzubringen, der ihm abhandengekommen war, konnte aber wohl nicht die passende Stelle finden, nahm den Knochen dann kurzerhand zwischen die Zähne und rannte weiter. Der Anblick wäre zum Lachen gewesen, wären jetzt nicht unzählige dieser Wesen mit rotglühenden Augen auf die Gefährten bedrohlich zugekrochen.
Simon gab Alarm. Ja, er brüllte aus Leibeskräften, zugleich griff er in die Öffnung des Seesacks und zerrte den Bogen und den Köcher voller Pfeile heraus. Auch Krautschuk

war schon auf den kurzen Beinen, hatte plötzlich ein Messer in der Hand, rannte unmittelbar in das Rudel Wolpertinger hinein und stach wild um sich. Dabei schrie er auf eine Weise, dass Simon dachte, ihm explodiere gleich der Schädel. Simon schoss Pfeil für Pfeil auf die herandrängenden Wesen, immer wieder traf er auch eines, doch schien das wenig Auswirkung auf die Angriffslust der Viecher zu haben. Gleich würden sie ihn erreichen. Von dem Hurvenik war nichts mehr zu sehen, nur dass dort, wo er sich befinden musste, einzelne Knochen weit nach oben in die Luft schnellten, wenn er wieder eines der Monster auseinandergenommen hatte. Auch Kammergarn hatte sich erhoben und den Knüppel geschnappt, den er schon seit sie den Schimmerwald betreten hatten mit sich trug. Er prügelte wie wild auf die Wolpertinger ein und verteilte ihre Knochen so über den ganzen Platz. Doch mehr und immer mehr dieser Wesen schienen sich aus dem Felsspalt zu ergießen. Kammergarn war inzwischen umgeben von ihnen und hatte schon einige Male ihre spitzen Zähne zu spüren bekommen. Eines der Viecher hatte es geschafft durch sein Hosenbein hindurch bis zum Oberschenkel vorzudringen und hatte sich jetzt in Kammergarns Fleisch verbissen, der wie blöde geworden mit der linken Faust jetzt auf sein Bein eindrosch.

Der Hurvenik hinterließ zwar nur einzelne Knochen und Haarreste auf seinem Weg, doch vermochte sein beschränkter Radius kaum etwas gegen die Masse der kleinen Monster auszurichten. Weiter und weiter musste der Kleine zurückweichen vor dem Ansturm der Biester, bis sich schließlich alle drei mit dem Rücken an die Felswand gedrückt wiederfanden. Die Lage schien aussichtslos. Auch Simon hatte schon einige Bisse der scharfen Zähne abbekommen, lange würden sie dem Ansturm nicht mehr standhalten können. Kammergarn schlug immer noch wie toll geworden mit seinem Knüppel um sich und erledigte bestimmt mit einem Schlag zehn der kleinen Monster. Aber all dies schien nichts zu nützen, da die Menge der Angreifer ungeheuer war. Schließlich fasste der Dicke in die Tasche seines Mantels, holte einen dunklen, eiförmigen Gegenstand hervor und hielt diesen hoch in die Luft. Er schleuderte mit der anderen Hand den Knüppel über den Felsboden und schlug so eine Schneise in die Schar der Angreifer. Dann schnappte er sich mit der frei gewordenen Hand den Hurvenik, wobei er sich noch mit dessen scharfen kleinen Messer in den Daumen schnitt.

„Wir müssen durch die Biester durch und irgendwie auf die andere Seite kommen!“, rief er Simon zu. „Das ist unsere einzige Chance!“

Mit einer Behändigkeit, die man dem dicken Kerl nicht zugetraut haben würde, setzte er über die ersten Reihen der Wolpertinger hinweg. Fast tänzerische Gewandtheit sprach aus seinen Bewegungen, wie er da inmitten der knochigen, widerlichen Ungeheuer eine Pirouette drehte und erneut zum Sprung ansetzte. Nach fünf solcher Hopser hatte er es geschafft seinen schweren Körper hinter den Ansturm der Biester zu bringen. Simon versuchte es Kammergarn nachzutun, rutschte aber auf irgendeinem schleimigen Rest von Fleisch, der zu einem der Kadaver gehören musste, aus und schlug der Länge nach hin. Sofort war die Meute über ihm, sie hingen ihm in den blonden Haaren, bissen ihn in die Ohren, Backen und Hände. Alles was nicht durch Kleidung geschützt war, erkannten sie auf der Stelle als Schwachpunkt und attackierten es. Simon wurde schwarz vor Augen. Mit letzter Kraft rappelte er sich auf, längst war er seiner Waffe verlustig gegangen,

er schüttelte unter Schmerzen die Ungeheuer ab, die sich in ihn verbissen hatten und sprang los. Einmal, es knirschte ekelerregend unter seinen Stiefeln. Zweimal, wieder ein Biss in die Wade. Beim dritten Sprung war Simon an Kammergarns Seite.
„Hier, in Deckung! Hinter den Felsen!", schrie dieser ihm ins Gesicht und Simon verschwand hinter dem riesigen Findling, an dem er sich noch vor ein paar Stunden gemütlich zurücklehnend ausgeruht hatte. Der Impresario hielt immer noch das seltsame Ei in der einen Hand, nestelte mit der anderen jetzt daran herum, ein feines Pling erklang und Kammergarn zählte laut.
„Einundzwanzig, zweiundzwanzig, dreiundzwanzig!", dann warf er den Gegenstand in Richtung der Felswand. Das Ding prallte am Gestein ab, fiel mitten unter die Angreifer und explodierte mit einem Krachen, dass Simon meinte das Ende der Welt sei gekommen. Es hagelte Steinsplitter und Knochenreste auf ihn herab, als hätte der Himmel beschlossen, dass es nun genug sei mit dieser Farce, die die Menschheit hier unten aufführte. Er hatte den Kopf in den Armen vergraben und lag verkrümmt hinter dem Felsen. Nachdem der Druck auf seinen Ohren abgeebbt war und Rauch und Staub sich verzogen hatten, erkannte Simon, dass Kammergarn neben ihm lag. Er blutete aus einer Wunde an der Schläfe und schien nicht bei Sinnen zu sein. Der Junge lugte, auf Zehenspitzen stehend, über die Kante des Steins hinter dem sie verborgen gelegen hatten und erblickte ein wahres Bild der Verwüstung. Ein Teil der Felswand hatte sich gelöst und hatte die Knochenleiber der Wolpertinger gänzlich unter sich begraben. Nichts rührte sich mehr, kein Knöchlein zuckte mehr von irgendeiner Art Leben in dem Haufen Schutt, der von ihrer Lagerstatt übriggeblieben war. Kammergarn kam stöhnend wieder zu sich, rappelte sich auf und zog ein schmutziges Taschentuch aus seiner Hose, das er sich gegen die blutende Wunde drückte.
„Das hat ja mal ganz schön gerummst!", sagte er dann mit einer Stimme, der man die Fassungslosigkeit anhören konnte.
„Hey, hey! Hol mich gefälligst hier wieder raus, Dicker!", ertönte es aus dem Inneren seines Mantels und der Impresario brachte darauf Krautschuk wieder zum Vorschein und setzte ihn auf die Erde.
„Was war das denn bloß?", fragte der Kleine und besah sich das Schlachtfeld.
Kammergarn griff erneut in die unerforschlichen Weiten seiner Kleidung und holte wieder einen Gegenstand hervor, der dem ersten Ei glich, wie eines dem anderen.
„Das hat mir der Professor gegeben. Ich solle es möglichst auf freiem Feld ausprobieren hat er gesagt. Aber wenn ich gewusst hätte, was man damit anstellen kann, würde ich dies Zeugs nicht die ganze Zeit mit mir herumgetragen haben.", meinte er dann ein wenig grimmig blickend. „Es soll Puff machen, hat er gesagt! Wie ein Knallfrosch zu Silvester, hat er gesagt! Ich solle nur in Ruhe bis drei zählen, hat er gesagt!"

Die drei Gefährten ruhten sich bis zum Sonnenaufgang aus und blieben versteckt hinter dem Felsen liegen. Dann stöberten sie eine ganze Weile im Schutt umher, um zu sehen ob noch etwas von ihren Habseligkeiten zu retten war. Wirklich zog Simon schließlich den total verdreckten Seesack zwischen den Gesteinstrümmern hervor, und so war zumindest noch ein wenig Proviant übriggeblieben, den sie sich nun schmecken ließen.

Auch seinen Bogen fand Simon, er hatte ihn vor dem Sprung über die angreifenden Wolpertinger weit von sich geworfen, allerdings waren alle seine Pfeile samt Köcher unter den Trümmern geblieben. Zum Glück hatten sie ihre Pferde ein ganzes Stück weiter einen kleinen Hang hinunter festgemacht, damit ihnen nicht wegen des stetigen Windes der Rauch des Lagerfeuers zusetzen würde. So mussten sie keine allzu großen Verluste beklagen, allerdings waren der Kochtopf und die Pfanne unter dem Schutt verborgen geblieben und mit mehr Essbarem würden sie sich ohnehin eindecken müssen. Die drei beschlossen also nach einem Hof oder einer kleinen Ortschaft Ausschau zu halten, um sich dort mit dem Notwendigen zu versorgen.
Das Wetter zeigte sich heute von seiner stürmischen Seite. Obwohl die Sonne längst hoch am Himmel stehen musste, war ein düsterer Tag herangebrochen. Die Wolken türmten sich hoch auf im Westen, der Wind blies ihnen unentwegt frisch entgegen und Simon zitterte auf seinem Reittier wie Espenlaub. Die vielen Wunden, mit denen ihre Glieder bedeckt waren, hatten sie sich gegenseitig gesäubert, als sie an einem Bächlein vorüber gekommen waren und dann, so gut es eben ging, mit Stofffetzen verbunden. Zum Glück schien niemand wirklich ernsthaft verletzt worden zu sein, nur Kammergarns Schramme am Kopf wollte nicht aufhören zu bluten und musste mehrmals versorgt werden. Er trug nun eine Art hellen Turban unter der Melone, der aus Stoffstreifen aus einem ehemals weißen Oberhemd stammte.
Schließlich hatten sie den flacheren Ausläufer des Wackerbergs überquert und eine weite, ebene Fläche lag nun vor ihnen. Den ganzen Nachmittag ritten sie über die Hochmoore immer Richtung Südwesten dem Wind entgegen, der unablässig an ihren Kleidern zerrte und durch und durch ging. Das Gelände war nun durchsetzt von sumpfigen Flächen, und so mussten die Freunde oftmals von ihrer Route abweichen, um nicht in die Gefahr zu kommen, sich in den Sümpfen zu verirren und schließlich noch mit Haut und Haaren zu versinken. Die Landschaft, die sie umgab, war von einer ursprünglichen Kargheit. Immer wieder durchstießen große, graue Felsen das hohe Gras, das sich im Wind aufbäumte. Nur wenige Bäume konnten im weichen Boden Halt finden, meist nur einige wenige verkümmerte, weißglänzend, berindete Birken konnten hier überleben, Eichen oder Buchen hätten sich nicht halten können und wären beim ersten Herbststurm entwurzelt worden.
Endlich, die Sonne neigte sich schon langsam im Westen, erblickten sie eine weiße Rauchfahne am Horizont, womöglich ein Weiler oder ein Dörfchen, vermuteten sie. Nur ein wenig war die Richtung zu korrigieren und so ritten sie auf kürzestem Weg auf diese einzige Spur von Zivilisation zu. Trotzdem dauerte es noch bis zum Einbruch der Dunkelheit bis die drei Freunde das Dorf erreichten. Mit dem Nahen des Abends war der Sturm stärker geworden, es pfiff gehörig über die Hochebene und fing schließlich noch an zu regnen und als sie endlich in die Dorfstraße einbogen, schüttete es schon wie aus Eimern.
Aus den Karten des Professors ging nicht hervor um was für eine Ortschaft es sich handelte. Er hatte zwar, so maßstabsgetreu wie es ihm gelingen wollte, einige Städte, Dörfer und Siedlungen eingezeichnet, um einen besseren Überblick über seine vermeintliche Reiseroute zu bekommen, aber dieses Kaff fand sich nirgendwo, obwohl es sich

keineswegs nur um einen kleinen Weiler handelte. Eine festgestampfte Straße führte mitten durch das beschauliche Dorf und zeugte von einer gewissen Betriebsamkeit der Menschen, die sich an diesem entlegenen Ort angesiedelt hatten. Wirklich waren die drei in der letzten Stunde an einigen fruchtbaren Feldern vorbeigekommen, die bald eine reichliche Ernte einbringen würden, soweit man dies bei dem strömenden Regen zu erkennen vermochte. In diesem Teil der Hochebene schien der Boden doch so beschaffen zu sein, dass er einen guten Ertrag abwerfen konnte. Hinter dem Dorf ragte wieder still und drohend der Schimmerwald auf, der dann noch weiter westwärts seine wirkliche Majestät zeigen sollte. Sie zählten zehn, fünfzehn Bauernhöfe auf ihrem Weg und gelangten schließlich auf einen Platz, der wohl die Ortsmitte darstellte und, sie wollten ihren Augen kaum trauen, fanden doch tatsächlich eine Taverne in dieser Abgeschiedenheit. Die drei machten dann die Pferde unter einem Vordach fest und betraten das niedrige Gebäude. Simon hatte den Hurvenik fürs Erste wieder in den Seesack verfrachtet, man konnte ja nicht wissen wie die Leute hier auf ein solches Wesen reagieren würden. Krautschuk hatte allerdings gemeint, in diesem Landstrich seien die Menschen an das Auftauchen anderer Rassen durchaus gewöhnt, doch wollten sie kein Risiko eingehen. An einem Dachsparren aufgehängt quietschte ein Metallschild im Wind, auf das ein recht naiver Maler einige Bäume versucht hatte naturgetreu abzubilden. „Zu den Drei Eichen" stand noch darauf mit unsicherer Hand geschrieben.
Drinnen war es noch weitaus düsterer als draußen, wo der Sturm immer heftiger zu werden schien. Schließlich standen Kammergarn und Simon in einer recht geräumigen Schankstube. Kein Licht war bislang entzündet worden und ihre Augen mussten sich erst an die Dunkelheit gewöhnen. Anscheinend jedoch war ihr Hereinkommen nicht unbemerkt geblieben. Eine Tür, die wohl zur Küche führen mochte, öffnete sich und heraus kam ein kleines dürres Männchen. Es trug über einem nicht mehr ganz blütenweißen Hemd lässig drapiert ein kariertes Tuch zum Abtrocknen von Gläsern und starrte die zwei mit großer Verwunderung an.
„Gäste, Gäste, um diese Zeit? Na so was!", murmelte der Mann mehr zu sich selbst, als dass er jemanden ansprechen wollte.
„Guter Mann!", begann Kammergarn, „Wind und Regen trieben uns hier herein, wir wollten fragen, ob denn noch ein Plätzchen an Eurem Herd frei sein würde?"
„Sicher, sicher! Tretet nur näher, wollen sehen was wir für die Herrschaften tun können!", sagte der Wirt wieder so leise, das es kaum möglich war ihn zu verstehen.
„Setzt euch doch, setzt euch!" er deutete auf den Tisch, der dem noch kalten Kamin am nächsten war. „Nur einen Augenblick noch, bitte."
Als der Mann wieder mit schlurfenden Schritten in der Küche verschwunden war meinte Kammergarn: „Nicht sehr gastfreundlich die Leutchen hier, was?"
„Vielleicht war er ja nur überrascht Fremde zu sehen", meinte Simon.
Zum Glück hatte der Wirt, bevor er die Freunde alleine gelassen hatte, zwei trüb blinkende Kerzen entzündet, die jetzt den Raum zumindest ein wenig erhellten. Die Wände waren samt und sonders mit dunklem Holz getäfelt, was der Stube noch mehr düsteren Glanz verlieh. Überall waren kleine Regalbretter angebracht, auf denen allerlei Gegenstände und Bilder ausgestellt waren. Jetzt erkannten sie auch den riesigen Elchkopf, der

über dem Eingang der Taverne aufgehängt war, rechts und links daneben noch die räudigen Köpfe von Fuchs und Dachs, deren Glasaugen das kümmerliche Licht reflektierten. Sonderbar muteten Simon auch die Girlanden von Knoblauchzehen an, die von den Balken herabhingen. Auch über den Türen hing der Knoblauch an Fäden aufgereiht und wie zur Zierde hübsch drapiert aufgehängt. Simon fühlte sich erinnert an Geschichten von Vampyren, blutsaugenden Monstern, die bei Vollmond durch die Straßen streiften, um braven Bauerstöchtern aufzulauern, um sie dann auszusaugen. Kein Wunder, dachte er bei sich, wenn ich hier in dieser Einöde leben müsste, würden mir wahrscheinlich auch solch abartigen Gedanken in den Sinn kommen. Dann fielen ihm die unheimlichen Wolpertinger ein und auf einmal wusste der Junge nicht mehr genau, was er eigentlich denken sollte. Konnte es etwas wie Vampyre dann nicht auch geben? Darüber wollte er jetzt aber auf keinen Fall nachdenken.

Mehrere nachgedunkelte Landschaftsgemälde zierten hier und da noch den Raum, Bilder, die allesamt düster wirkende Gegenden zeigten, hier eine Sumpflandschaft mit Gebirgsgletscher im Hintergrund, dort ein aus dem Fels entspringender Wasserfall, der aussah, als wäre er in der Bewegung zu Eise erstarrt. An den Balken, die das Dach des Hauses trugen, hingen die Schädel von zahlreichen Rehen und Hirschen fein säuberlich in Reih und Glied, als wären die Abstände zwischen den Knochen ganz exakt ausgemessen worden.

Den Hurvenik hatte es im Inneren seines Gefängnisses nicht mehr gehalten, er war aus dem Seesack herausgeschlüpft und hatte anscheinend beschlossen sich auch einmal umzusehen. Simon hatte sein Gepäckstück vorsichtig auf der Bank abgelegt und der Kleine kletterte jetzt auf dem Tisch herum, verschwand aber gleich darauf hinter dem Rücken des Jungen, als sich die Schwingtüre, die in die Küche führte geräuschvoll öffnete. Heraus kam ein Weib von walkyrenhaften Ausmaßen, was nichts mit dem Meeressäuger zu tun hat, allerdings hätte man die Wirtsfrau auch mit einem solchen verwechseln können. Elefantengleich schwebte sie in den Gastraum, ihr monströser Busen wogte ihr voran, ein Anblick der Simon vollkommen zu verstören schien. Wie gebannt starrte er auf die Brust der Frau und konnte sich kaum davon losreißen.

„Sie wünschen?“, fragte die Matrone mit tiefer Stimme und betrachtete misstrauisch die Gesichter der Fremden.

„Nun mit einer guten Mahlzeit und einem weichen Bett für die Nacht würden wir uns schon zufrieden geben, gute Frau!“, sagte Kammergarn und legte schmunzelnd einen Beutel auf den Tisch, so dass es fröhlich klimperte. Daraufhin glättete sich die Stirn ihrer Gastgeberin als hätte eine unsichtbare Hand sanft den skeptischen Faltenwurf hinweg gewischt.

„Ja, da hätten wir noch etwas Schweinebraten von gestern übrig, sehr zart. Kann ich nur empfehlen. Möchten Sie Kartoffelknödel und Rotkraut dazu?“, Ihre Stimme, die vorher so tief geklungen hatte, war nun fast mädchenhaft silbrig. Simon hätte schwören können die Dicke sei eigentlich ein Mann, der versuchte sich wie eine Frau zu benehmen.

„Das klingt doch ganz hervorragend! Was meinst du Simon?“

Der Junge nickte eifrig, das Wasser lief ihm schon im Mund zusammen.

„Möchten die Herren zuerst etwas essen und dann das Zimmer in Augenschein nehmen?“, fragte die Matrone nun unterwürfig.

„Ach, lassen sie uns zuerst unsere Mägen füllen. Wir haben einen langen Weg hinter uns!", sagte der Impresario, nahm nun endlich die Melone vom Kopf und legte sie neben sich auf die Bank.

Nachdem die Wirtin sich in die Küche zurückgezogen hatte, wo man sie kurz darauf ihrem bemitleidenswerten Ehemann Befehle zubrüllen hörte, kam der Hurvenik wieder hervor und kletterte auf die Rückenlehne der Bank, die sich den gesamten Raum die Wände entlang erstreckte. Hier schritt der Kleine nun die Regale und Regälchen ab, untersuchte mal das eine, mal das andere Objekt und stieß schließlich auf einen ausgestopften Wolpertinger, den der Präparator sehr realitätsnah die Zähne in Ewigkeit hatte fletschen lassen. Dieses Exemplar verfügte über den Körper eines Meerschweinchens und dem Geweih eines einjährigen Rehbocks und es schien kaum glaubhaft zu sein, dass solche Wesen sich überhaupt würden fortbewegen können. Seltsamerweise sah dieser Wolpertinger wesentlich lebendiger aus, als die von schwarzer Magie zum Leben erweckten Ungeheuer, mit denen die Freunde in der letzten Nacht hatten Bekanntschaft machen dürfen. Jetzt brachte der Kleine den verschiedenen Saiteninstrumenten, die an den Wänden befestigt waren, lebhaftes Interesse entgegen. Er zupfte mal auf einer Laute, lauschte dem Klang eine ganze Weile nach, dann wieder entdeckte er eine verstaubte Ziehharmonika, der er einen ebenso schrillen Ton entlocken konnte.

„Psst!", machte Kammergarn daraufhin und hielt den Zeigefinger vor den Mund. „Nicht so laut!"

Die Schwingtür zur Küche öffnete sich quietschend und pendelte aus, schnell verbarg sich Krautschuk hinter dem ausgestopften Fabeltier. Der Wirt brachte die zwei Krüge Dünnbier, die Kammergarn bestellt hatte und knallte sie unbeholfen auf die Tischplatte.

„Rufen sie nur, wenn sie noch etwas wünschen, meine Herren!", sagte er noch und verschwand wieder. Der Hurvenik nahm die Inspektion erneut auf und ging die Banklehnen entlang in Richtung der zur Straße hin liegenden Wand, als er nach oben blickend plötzlich zu erstarren schien.

„Hayya, Hayya Molukka! Yukku, yukku Bishi!", hörte man den Kleinen nun murmeln, den Blick immer noch starr vor Schrecken nach oben gerichtet. Und wieder: „Hayya, hayya Mollukka! Yukku, yukku Bishi!", dieses Mal schon etwas lauter. Simon stand auf und ging hinüber zum Fenster, um nachzusehen was denn mit dem Hurvenik sei und dann sah er es auch.

Im gleichen Moment fing Krautschuk auf eine Art und Weise zu kreischen an, dass einem das Blut in den Adern hätte gefrieren können. Auch Simon blickte nach oben und war auf seinem Platz wie festgefroren. Über dem Butzenscheibenfenster hing der ausgestopfte Schädel eines Hurveniks. Auch sein Mund war aufgerissen, als stelle das Männlein ein menschenfressendes Raubtier dar. Der lange gelbe Zopf hing ins Leere hinab und auf dem Kopf thronte noch das rote Mützchen. Alles war montiert auf einem ovalen Holzbrett mit der Aufschrift. „Screechie, mäuchelmordende Zwärgenbestie, erlegt 1722, in den Wäldern von Dalfort" Anscheinend gab es hier in der Gegend einen Überfluss an Umlauten.

Krautschuk hatte nicht mit seinem Geschrei aufgehört. Wie festgenagelt stand er da und starrte nach oben in das Grauenhafte, das auf ihn herabzugrinsen schien. Die Wirtsleute waren, alarmiert von dem Geschrei, hereingelaufen gekommen und konnten zuerst nicht dessen Verursacher ausmachen, blickten zuerst den immer noch am Tisch sitzenden Kammergarn an und dann den erstarrten Simon, bis sie endlich den plärrenden Hurvenik gewahrten.

„Iiih, Screechies!“, schrie daraufhin die dicke Wirtsfrau, deutete auf den Kleinen und versuchte sich vergebens, auf lächerliche Weise, hinter dem schmalen Rücken ihres Ehemannes zu verstecken.

„Elende Kannibalen!“, rief daraufhin der Hurvenik mit furchterregender Stimme und ließ dann ein ohrenbetäubendes Gellen ertönen, dass selbst die dicken Dünnbierhumpen auf dem Tisch erzitterten. Die Scheiben einer Glasvitrine zerstoben in tausend Splitter und der Hurvenik ging mit atemberaubender Geschwindigkeit auf die beiden Wirtsleute los, ohne dass Kammergarn und Simon irgendetwas hätten unternehmen können. Blitzschnell war der Kleine bei dem dürren Mann angekommen, der schreckensbleich hinunter auf den Boden starrte. Krautschuk nahm den rechten Fuß des Mannes in beide Hände und warf ihn über den Rücken seiner schreienden Frau, so dass er kurz vor dem Tresen mit der Schulter auf dem Dielenboden aufschlug. Eine solche Körperkraft hätte Simon dem Hurvenik auf keinen Fall zugetraut. Dann trat das Männlein der Frau mit solcher Wucht gegen das Schienbein, dass man den Knochen glaubte splittern zu hören und warf ihren Körper, als wäre er nur mit Federn gefüllt, mit Schwung hinter die Theke. Dabei schrammte sie mit dem Kopf gegen ein Wandschränkchen, das sich daraufhin von seiner Befestigung löste. Gläser, Tassen, Teller fielen auf die Dicke herab, die bewusstlos liegengeblieben war. Der Wirt hatte sich zwischenzeitlich wieder aufgerappelt, war zur Tür der Taverne gelaufen und hatte begonnen draußen auf der Straße lauthals um Hilfe zu rufen.

Endlich erwachte auch der Impresario aus seiner Schockstarre. Er schnappte sich kurzerhand den rasenden und immer noch schreienden Hurvenik und steckte ihn kurzerhand in die Innentasche seines Mantels, dann rief er Simon zu, sie sollten machen, dass sie hier wegkämen, warf dem Jungen sein Gepäck zu und lief zur Tür der Schenke. Simon folgte Kammergarn wie betäubt, bestieg wie dieser sein Pferd und gemeinsam ritten sie in vollem Galopp wieder aus dem verwunschenen Dorf hinaus. Die Hufe der Tiere dröhnten dumpf auf der Straße aus festgestampfter Erde. Die Hilferufe des Gastwirts hatten schon die Nachbarn alarmiert und einige von ihnen waren, mit Mistgabeln und ähnlichen Werkzeugen bewaffnet, aus den Häusern gerannt gekommen und schüttelten wütend die Fäuste den Flüchtenden hinterher. Sobald die drei außer Sichtweite des Dorfes waren, legten sie eine kurze Verschnaufpause ein und Kammergarn holte den Hurvenik aus seiner Manteltasche hervor. Das Männlein bot ein Bild unermesslichen Jammers, die Mütze war ihm verrutscht, der gelbe Zopf war aufgegangen und die langen Haare hingen ihm wirr ums Gesicht, in seinen grünen Augen standen bläuliche Tränenseen. Außerdem schnappte er eine ganze Weile fast panisch nach Luft, anscheinend hatte er im Mantel des Impresarios nicht ausreichend Sauerstoff bekommen.

„Mörder, Kannibalen, viehisches Menschengesindel!“, rief er schließlich aus als er wieder atmen konnte und seine Augen sandten Blitze in alle Himmelsrichtungen. „Lasst uns zurückreiten und das Dreckskaff ausräuchern! Wir treiben sie aus ihren Häusern und

fackeln ihnen ihre armseligen Hütten ab! Wir massakrieren sie alle! Blut muss fließen!"
„Ich halte das für keine besonders gute Idee!", meinte Kammergarn ruhig.
„Was heißt hier gute Idee?", kreischte der Hurvenik. „Für das, was diese Monster einem aus meinem Volk angetan haben, werden sie bluten müssen!"
„Und was wäre damit gewonnen?", fragte jetzt der Impresario und sah den Kleinen ernst an. „Wir haben Wichtigeres zu tun, als blutige Rache zu üben, das weißt du ganz genau, Krautschuk!"
Der Hurvenik schien über diese Worte mit gerunzelter Stirn nachzudenken, rückte sich dann sein Mützchen wieder zurecht und stopfte das gelbe Haupthaar unordentlich hinein. Er blieb vor Kammergarn auf dem Sattel sitzen während sie langsam weiterritten.
„Aufgeschoben ist nicht aufgehoben!", sagte er dann ruhig und die Art wie er dies sagte, machte Simon schaudern.

Die größere Strecke durch den Schimmerwald lag nun erst vor ihnen. Bisher hatten sie nur den kleinen östlichen Teil des Waldes durchquert, der sich wie ein Saum am Rand der Hochebene erstreckte. Jetzt erst würden sie ins Innere dieser berüchtigten Gegend vordringen müssen, der nachgesagt wurde, dass nur wenige wieder den Weg hinausgefunden hatten. Die größte Sorge machte Simon im Moment jedoch der Verlust ihres Proviants. Würden sie tief in den Wäldern Wild erlegen können? Immerhin hatte er ja seinen Bogen retten können, neue Pfeile würde er sich allerdings schnitzen müssen. Kammergarn schien eben dasselbe durch den Kopf gegangen zu sein und wohl auch durch den Magen, denn dieser meldete sich soeben mit einem tiefen Grollen, als sie ein paar Meilen nördlich Rauch aufsteigen sahen.
„Da wird wahrscheinlich noch ein Aussiedlerhof sein!", meinte Kammergarn und blickte interessiert in Richtung des Qualms. „Wir reiten zuerst mal in den Wald hinein und dann werden wir sehen!"
Nach einer Stunde hatten sie den Rand des Waldgebiets erreicht. Was man vorher schon kaum mehr Straße hatte nennen können, war jetzt nur mehr ein überwucherter Trampelpfad. Dieser lockte sie in die Schatten der Bäume hinein und schien durchaus noch weiterzuführen. Kurz nachdem sie die ersten Baumgruppen passiert hatten, beschlossen sie dann hier ein Lager aufzuschlagen, in der Dunkelheit würden sie allzu leicht vom Wege abkommen und sich aller Wahrscheinlichkeit nach Strich und Faden verirren. Zum Glück war der aufkommende Sturm über den Schimmerwald hinweggezogen und tobte sich nun weiter unten in der Ebene aus, es hatte mittlerweile sogar aufgehört zu regnen.
Simon fand dann tatsächlich noch eine Papiertüte voller Schokoladenkekse in seinem Gepäck, an welche er überhaupt nicht mehr gedacht hatte. Es waren Sybillas Lieblingskekse gewesen und seine Mutter hatte sie immer wieder gekauft, obwohl nicht klar war, ob ihre Schwester dies noch zu schätzen wusste oder nicht. Bei dem Gedanken an Elvira kamen Simon fast die Tränen. Er musste sich sehr zusammenreißen, um sich nichts anmerken zu lassen. Wie mochte es ihnen allen jetzt wohl gehen? Worauf hatte er sich hier nur eingelassen? Würde er seine Mutter je wiedersehen? Und die Schwestern? Und Anton?

Dämonen und andere Widrigkeiten

Soylentius hatte vom Hüter der Flammen, der sich als Lumpazius Höllenstiebel vorgestellt hatte, erfahren, dass seine Widersacher immer noch nicht gestoppt hatten werden können. Es war nun durchaus nicht so, dass der Alchimist, indem er in das Feuer starrte, direkt erblicken konnte, was weit, weit entfernt geschah, es war mehr eine Art innerer Eingebung oder Erleuchtung, die in sein Bewusstsein drang und der Dämon aus dem Herd hatte eine Vorliebe dafür, sich äußerst schrullig auszudrücken. Doch war der Zauberer sicher, sein Plan war vereitelt worden. Die Kreaturen der Dunkelheit, die Höllenstiebel beschworen hatte, waren ihrer Sache nicht gerecht geworden und er würde sich etwas Neues einfallen lassen müssen. Widerwillig beschloss er außer der Magie sich zur Sicherheit auch noch der Menschen zu bedienen, auf deren Zuverlässigkeit er ansonsten nicht viel gab. Er ließ Weybrecht van Aken zu sich kommen und eine kleine unauffällige Truppe von Söldnern zusammenstellen die, wie er hoffte, die Angelegenheit ohne weiteres Federlesen erledigen würden. Weybrecht sei ihm persönlich dafür verantwortlich. Misserfolg würde Soylentius keineswegs dulden. Schon am gestrigen Tag war die Mordbande aufgebrochen und machte sich auf die Suche nach dem verschwundenen Rest der Verschwörer. Da er von Höllenstiebel erfahren hatte welche Route sie eingeschlagen hatten, mussten die Soldaten in der Lage sein sie aufzustöbern und zur Strecke zu bringen. Besonders dieser dicke Ausländer, der mit seinem vermeintlichen Marionettentheater den Aufruhr angezettelt hatte, war ihm ein Dorn im Auge. Er hielt ihn für ein wirklich gefährliches Individuum, das sich in etwas einmischte was ihn eigentlich gar nichts anging. Der Zauberer hatte panische Angst vor Menschen die sich von anderen Dingen als Geld, Gold und Macht leiten ließen, diese Leute würde er niemals verstehen, daher stellten sie eine ganz besondere Gefahr dar. Der Junge, den der Theaterdirektor noch bei sich hatte schien ihm harmlos und von Krautschuk wusste Soylentius nichts.
Wieder und wieder hatte er die gefangenen Hurveniks strengen Verhören unterzogen, doch aus diesen kleinen Biestern war nichts, aber auch gar nichts, herauszubekommen. Allerdings glaubte Soylentius ohnehin, dass die ganze Unternehmung noch nicht so weit gediehen war, dass man von einem Plan hätte sprechen können. Doch wollte er sichergehen, dass seine eigenen Vorhaben in keinster Weise behindert oder verzögert würden. Auch hatte er einsehen müssen, dass Folter den Hurveniks nichts auszumachen schien, er hatte einen von ihnen fast im offenen Feuer rösten lassen, doch schrie dieser nicht einmal. Der kleine Kerl hatte nur unentwegt einen unverständlichen Vers vor sich hingemurmelt. Es hatte geklungen wie, „Hayya, hayya, poppeia", oder so ähnlich, sonst war aber nichts aus ihm herauszuholen gewesen. Soylentius hatte den Verdacht diese Hurveniks beherrschten eine Art der Magie, die seiner eigenen vollkommen fremd war, aber dennoch mächtig zu sein schien. Über diese Kraft wollte er auf jeden Fall noch etwas herausfinden, deshalb hatte er davon abgesehen die kleinen Kerle einfach ins Kaminfeuer werfen zu lassen, konnten sie ihm doch möglicherweise noch nützlich sein. Mit Melchidiekes war das eine andere Sache, der hatte zwar noch gelebt, als man ihn aus den

Trümmern des brennenden Gebäudes herausgezogen hatte, war aber aus einem todesähnlichen Zustand bis zum heutigen Tage nicht mehr erwacht. Soylentius brauchte den Alchimisten jedoch im Vollbesitz seiner geistigen Kräfte, wenn er ihn hinrichten ließe, ansonsten würde ihm die ganze Sache keinerlei Spaß bereiten. Daher hatte er seinem alten Widersacher einen Arzt zur Seite gestellt und ihn in das Soldatenhospiz bringen lassen, wo man sich recht gut um ihn kümmerte. Heute Morgen war der Alte dann aus seinem todesähnlichen Zustand erwacht und befand sich augenscheinlich wieder in einer so guten Verfassung, dass Soylentius ihn in einen entlegenen Teil des Verlieses hatte bringen lassen.
Der Alchimist fröstelte. Es war kalt in diesem alten Gemäuer, selbst im Sommer konnte die Wärme nicht hereindringen. Die meterdicken Mauern hatten seit Jahrhunderten nicht nur den zahlreichen Angriffen von Soldatenheeren standgehalten, auch die Hitze des schwindenden Sommers hatte keine Chance sich in der Festung breit zu machen. Er starrte in die Weite des grausteinernen Gewölbes über sich. Es würde sich schon etwas machen lassen aus diesem kleinen Schloss, wenn er, Soylentius, endlich hier Herr wäre. Aber das würde erst der Anfang sein.

Als Simon erwachte, dachte er zuallererst, er müsse blind geworden sein, so düster war alles um ihn herum. Nur langsam konnten seine Augen sich auf die Dunkelheit im nächtlichen Wald einstellen. Ein Käuzchen schrie in der Ferne, irgendetwas raschelte im Gebüsch, er konnte das gleichmäßige Atmen des Hurveniks erkennen, der nach dem Einatmen immer ein „Haapüh" ausstieß, das Schnarchen Kammergarns jedoch war nicht zu hören. Diese Tatsache irritierte Simon zwar, doch war er zu erschöpft sich darüber allzu viele Gedanken zu machen und so war er bald wieder eingeschlafen.
Als er erneut wach wurde, dämmerte es bereits. Ein bleiches Morgenlicht drang durch das dichte Blattwerk des Schimmerwaldes, irgendwo ganz weit in der Ferne vermeinte er einen Hahnenschrei zu hören, doch konnte das auch Einbildung gewesen sein. Zum Glück hatten die drei ja ein paar der dicken Wolldecken aus dem Trümmerfeld retten können, so dass die klamme Feuchtigkeit der Nacht nicht bis an seine Haut gedrungen war, obwohl er doch ganz erbärmlich fror. Simon hatte keinerlei Hufschläge gehört, der weiche Boden des Waldes hatte diese so sehr gedämpft, dass er erst etwas wahrnahm als Kammergarn schon hoch zu Ross vor ihm auftauchte.
„Hey, ihr Schlafmützen! Raus aus den Federn!", rief der Impresario auf seltsame Weise, hellwach und gut gelaunt.
Vor sich über den Sattel geworfen lag etwas das aussah wie ein zusammengerollter Teppich. Den nahm Kammergarn jetzt und warf ihn Simon vor die Füße.
„Dann pack' mal das Frühstück aus!", meinte er dann, belustigt von Simons verdutztem Gesichtsausdruck. „Und guck nicht so rammdösig!"
Simon rollte mühsam den Teppich aus. Zum Vorschein kamen ein glänzendes Kochgeschirr, ein saftiger Schinken, drei Laibe dunkles Bauernbrot, Kartoffeln, eine Packung Tee, noch ein paar Decken, Blechtassen mit blauem Rand, ein wagenradgroßer Laib Käse, der verlockend, säuerlich roch und allerlei mehr. Kammergarn und Simon fielen

mit Heißhunger über die Sachen her, trauten sich aber immer noch nicht ein Feuer zu entfachen, lag das Dorf doch immer noch recht nah. Der Hurvenik hatte sich abseits gehalten und wortlos vor sich hingestarrt. Jetzt aber nahm auch er ein paar Bissen zu sich. Man sah ihm an wie sehr ihm der Schreck immer noch in den Gliedern steckte und die beiden anderen ließen ihn erst einmal in Ruhe.
Nachdem sie sich an den Leckereien gütlich getan hatten, brachen sie dann schnell auf, um diese Gegend so schnell wie möglich hinter sich zu lassen. Krautschuk setzte sich vor Simon auf den Sattel und nahm wieder die übliche meditative Haltung ein, bisher hatte er noch kein einziges Wort gesagt.
Der Pfad, dem sie folgten, führte ziemlich genau in südwestliche Richtung, was ihnen sehr gelegen kam. Kammergarn hatte ihren Standort mittels der Karten und einem Kompass ermittelt und war der Meinung, dass sie auf diesem Weg auf jeden Fall zur Küste gelangen sollten. Ohne viel zu reden folgten sie dem Trampelpfad durch den Schimmerwald, der sich zwar immer wieder zwischen den Bäumen zu verlieren schien und von Hecken und Büschen überwuchert war, jedoch nach des Impresarios Eindruck schließlich immer wieder nach Südwesten führte.
Um die Mittagszeit beschlossen sie eine Rast zu machen und ein frugales Mahl einzunehmen. Jetzt entfachten sie doch noch ein kleines Feuer um sich einen schwarzen Tee zuzubereiten, trotz des Sommers war es empfindlich frisch im Schatten der großen Bäume. Überhaupt, so schien es zumindest Simon, schien in diesem Jahr der Sommer sehr kärglich auszufallen. Die Kraft der Sonne hatte kaum ausgereicht das Land so zu erwärmen, wie er es all die Jahre erlebt hatte. Es kam ihm vor, als läge ein Fluch auf diesem Teil des Landes, als hätte ein finsterer Gott sich von den Bewohnern abgewandt und strafte sie für ihre Untaten mit Hilfe von Kälte, Regenschauern und Gewittern. Kaum hatte er diesen Gedanken gehabt, fing es auch schon an wie aus Kübeln zu schütten. Eine Zeitlang schützte die drei noch das Dach des Waldes vor dem kalten Guss, bis es dann zeitverzögert auf sie herabzuregnen begann. Zum Glück war die Kleidung, die sie in der Seuchenkolonie erstanden hatten von einer ausgesprochen guten Qualität. Es würde eine ganze Weile dauern bis die Nässe bis auf die Haut durchdringen würde.
Die Bäume des Schimmerwaldes nahmen mit jeder Meile die sie zurücklegten an Höhe zu. Die Gewächse wurden immer riesenhafter. Ja, nicht nur die Eichen, Buchen und Birken, Tannen und Fichten schienen größer und größer zu werden, auch die bodennahen Gewächse wie Pilze und Farne nahmen allmählich enorme Ausmaße an. Simon fühlte sich erinnert an eine Geschichte, die er einmal gelesen hatte, von einem Jungen namens Jack, der auf einer riesigen Bohnenranke emporgeklettert war und dort eine andere Welt vorgefunden hatte. So, wie dieser Jack kam sich Simon jetzt auch vor, er hatte das Gefühl, wenn er einen der Bäume erklimmen würde, käme er wahrscheinlich weit oben über den Wolken an, könnte dort aber unsere Welt durch die weißen Watteballen nicht mehr erkennen und würde sie als verloren, nur in seiner Einbildung existierend, ansehen müssen.
Krautschuk hatte sich immer noch nicht an den Gesprächen beteiligt, die Simon und Kammergarn führten. Es schien als sei dem Hurvenik jeglicher Lebenswille abhandengekommen. Die meiste Zeit über sein Mantra murmelnd saß er auf Simons Reittier und war wie versunken in einer Welt zu der nur er alleine Zugang hatte.

Bis zum Abend war es ihnen gelungen trotz vieler Hindernisse, immer wieder kreuzten Kanäle oder umgefallene gigantische Baumstämme ihren Weg, einige Meilen gutzumachen. Auch tauchten immer wieder große kesselartige Mulden vor den Reitern auf, die aussahen als wären tonnenschwere Geschosse vor Urzeiten in den Waldboden eingeschlagen. In einem dieser Krater beschlossen die beiden, Krautschuk hatte sich dazu nicht geäußert, ihr Nachtlager aufzuschlagen. Trockenes Holz war genug vorhanden und im Nu brannte ein Lagerfeuer, etliche Würste landeten auf dem Grillrost, den Kammergarn, wie alles Übrige ‚organisiert' hatte, wie er sich ausdrückte. Simon vermutete, dass organisieren in diesem Fall wohl das gleiche wie stehlen war, hatte aber keinerlei moralische Bedenken deswegen und ließ es sich schmecken.
Nachdem sie sich satt zurückgelehnt und sich fröstelnd näher ans Feuer gesetzt hatten, nahm auch der Hurvenik endlich einige Bissen zu sich. Immer noch war er äußerst wortkarg, den ganzen Nachmittag über hatte er meistens geschwiegen. Nur hin und wieder hatte er eine Bemerkung gemacht, über das Wetter, die Düsternis und den Pfad, der immer wieder die Richtung wechselte und sie bisweilen in die Irre zu führen schien.
„Ich hatte gedacht diese Zeiten wären doch jetzt endgültig vorbei!", sagte Krautschuk jetzt und atmete seufzend aus. „Ich hatte mir tatsächlich eingebildet, dass die Menschen sich doch ein wenig zum Guten hin entwickelt hätten!" wieder seufzte der Hurvenik. „Und dann? Muss ich solch eine Abscheulichkeit sehen!"
„Warum hat man denn überhaupt auf die Hurveniks Jagd gemacht?", fragte Simon und schaute dem Kleinen voller Mitleid in die Augen.
„So sind die Menschen eben!", erwiderte Krautschuk mit hochgezogenen Brauen. „Sie müssen für alles, was ihnen schlechtes widerfährt, jemandem die Schuld geben. Es ist ihnen ganz egal, ob irgendjemand was dafür kann, wenn es zum Beispiel die Hopfenernte verhagelt oder der Fluss, der zum Bewässern der Felder gebraucht wird, kein Wasser mehr führt. Irgendjemand muss doch dafür verantwortlich sein, wenn die Geschäfte plötzlich schlechter gehen, wenn die Frau einen verlässt, das Pferd durchgeht, die Kuh erkrankt und nur noch saure Milch gibt!" der Wicht hörte sich immer resignierter an.
„Aber wieso?", fragte Simon verständnislos, er konnte sich auf dieses Gerede gar keinen Reim machen.
„Wieso die Menschen so und nicht anders sind, weiß ich nicht, Simon!", meinte Krautschuk daraufhin. „Ich weiß nur, dass die Leute genauso sind wie ich es dir sage. Sie suchen niemals die Schuld bei sich selbst, sondern immer bei anderen."
„Aber an schlechtem Wetter oder irgendwelchen Krankheiten ist doch niemand schuld!", meinte Simon. Er konnte das immer noch nicht verstehen.
„Nein, aber die Menschen brauchen anscheinend jemanden, der auch dafür büßen soll!"
„Und deshalb haben sie früher die Hurveniks gejagt?"
„Gejagt, gefoltert, ermordet, als Abschreckung obskurer Geister an die Haustüren genagelt! Mit unserem Blut Runen auf die Gräber von Gehängten gemalt, damit diese sich nicht als Wiedergänger an ihren Henkern würden rächen können und allerlei abergläubischer Unfug mehr!"
Simon war sehr erschrocken bei dem was Krautschuk über die Grausamkeiten erzählte, die sein Volk hatte erleiden müssen.

„Du musst wissen, Simon, wir Hurveniks besiedelten schon diesen Kontinent weit bevor das erste menschliche Wesen einen Fuß daraufgesetzt hat. Damals lebten außer uns noch viele andere Geschöpfe im Land, Wesen von denen du vielleicht noch nie gehört haben wirst. Es gab in der Hügelkette, die heute von den Menschen Aphalusien genannt wird und die große Wüstenei begrenzt, die Molochiten, Höhlenbewohner von einer Größe, die ungefähr der der Menschen gleichkam. Kasparskis, kleinere Geschöpfe, ja sogar mit geringerer Körpergröße ausgestattet als die Hurveniks. Die Nebelberge wurden von Riesen bewohnt, die in Wäldern hausten, deren Ausmaße heute, nachdem dort fast alles gerodet worden ist, kaum mehr vorstellbar sind. Das Leben auf diesem Kontinent war viel mannigfaltiger als du es dir in den wildesten Träumen vorstellen könntest, Simon. Und alle diese verschiedenen Rassen lebten, die meiste Zeit zumindest, friedlich zusammen. Natürlich gab es hie und da Dissonanzen, die Haddegrinns, so nannten sich die Giganten selbst, waren nicht gerade bekannt für ihr diplomatisches Gespür. Sie neigten dazu erst einmal den Knüppel raus zu holen und erst danach in die Diskussionsrunde einzusteigen. Meist waren dann schon einige Köpfe zerschmettert." der Hurvenik blickte ins Leere und sann dem Klang seiner Worte nach.
„Alles in allem jedoch", begann er dann wieder von neuem „waren das ja nur kleine Scharmützel, bei denen zwar hin und wieder ein paar Leute auf der Strecke blieben, ansonsten ging es jedoch die allermeiste Zeit vollkommen harmonisch zu. Gut, da gab es natürlich auch noch die Mischipockis, winzige grünhaarige Kobolde, deren Boshaftigkeit jeder Friedenskonferenz im Wege stand. Alles wollten sie ausdiskutieren, definieren und in Gesetze gießen, in die sie immer auch Hintertürchen eingebaut hatten, die nur ihnen, den Kobolden, nutzen sollten. Von den Lobotomikern wollen wir jetzt einmal ganz absehen. Nur weil diese mit einem halben Gehirn ausgestattet waren, fühlten sie sich immer zurückgesetzt und übergangen. Und erst die Dschibrilanti, geflügelte Wesen, halb Mensch, halb Vogel, die sich immer für was Besseres hielten und über alle anderen Völker ihre feinen Näschen rümpften!"
Für Simon klang das eigentlich gar nicht nach einem friedlichen Zusammenleben der Rassen und das sagte er dann auch.
„Ich gebe zu", sprach darauf Krautschuk. „Es war nicht alles perfekt, auch in jenen fernen Zeiten, nichtsdestotrotz wurde es erst wirklich schlimm, als der Mensch auftauchte. Nicht nur, dass er auf alles und jeden sofort draufhaut, zumindest auf alles was ihm auf irgendeine Weise fremd erscheint, er schaffte es auch vielen Rassen die Lebensgrundlagen zu entziehen, indem er sich explosionsartig vermehrte, immer mehr Nahrung benötigte und dabei ganze Tier und Pflanzenarten ausrottete. Er baut Maschinen, die die Erde aufreißen und stinkende Dampfschwaden in die Luft blasen, massakriert Lebewesen um sich mit ihrer Haut im Winter zu wärmen und sich die Köpfe der Ermordeten dann noch als Dekoration an die Wand zu hängen!"
Bei diesem Gedanken verstummte der Hurvenik plötzlich und starrte lange in die lodernden Flammen.
„Das schlimmste an der Sache ist", begann er dann wieder, „wir haben immer versucht mit den Menschen auszukommen, haben ein gewisses Potential in ihnen erkannt und sind auch heute noch der Meinung, dass sie durchaus etwas aus sich machen könnten.

Wäre da nicht ihre unendliche Gier nach Geld, Gold, Reichtum und Macht. Ja, dieses Machtstreben, dieses besser sein wollen als der andere, dieses mehr, mehr und immer mehr haben wollen ist, wie ich glaube, das größte Hindernis der Menschheit in ihrer Entwicklung zum Besseren. Viele Leute unter euch sind gütig, verständnisvoll, haben ein offenes Herz für all ihre Mitgeschöpfe. Dumm nur, dass die Menschen sich immer regieren lassen von den grausamsten, raffgierigsten und intrigantesten ihrer Art!"
Kammergarn hatte die ganze Zeit über ruhig dagesessen und einige Male zustimmend mit dem Kopf genickt. Jetzt lehnte er sich, den Sattel seines Pferdes als Kopfstütze gebrauchend, zurück und meinte: „Du hast ja mit all dem vollkommen recht, Krautschuk, aber warum versucht ihr dann immer und immer wieder uns Menschen zu helfen?"
„Ganz einfach, weil wir glauben, dass ihr es schließlich doch besser machen werdet, weil wir fest daran glauben, dass gerade ihr Menschen dazu auserkoren seid das Paradies auf Erden zu schaffen!", erwiderte der Hurvenik fast feierlich und fuhr dann fort. „Allerdings wird es noch eine geraume Weile dauern bis dahin, besonders wenn eure alten mörderischen Instinkte wieder die Oberhand gewinnen!"
Simon dachte noch ziemlich lange über all das nach was der Kleine gesagt hatte. In seinen Träumen verfolgten ihn engelhafte Wesen, die sich wie auf Wolken schwebend durch die Luft bewegten. Sie schienen ständig miteinander zu streiten und konnten ihn aus diesem Grund nicht einholen. Auch ein Kobold mit grünen Haaren und eine Riesin mit Heuschnupfen kamen noch vor, außerdem ein Wesen mit einem Pferdekopf, ein gefiederter Zwerg und ein böser, sehr böser Zauberer.

Die Nacht war über Hallgard hereingebrochen, verstohlen wie ein Dieb in ein Reihenhaus. Den ganzen Tag über war es wieder ungewöhnlich dunkel gewesen für die Jahreszeit, man hätte meinen können man befände sich schon im Monat November, obwohl doch der August noch nicht ganz vergangen war. Soylentius hatte sich nach einem harten Tag wieder vor dem Kaminfeuer niedergelassen, das nie auszugehen schien, da diese Art Feuer nichts mit einem herkömmlichen Verbrennen von Holzscheiten zu tun hatte, sondern nur durch des Alchimisten schwarze Künste entfacht worden war.
Der Zauberer rieb sich die immer kalten Hände und stocherte mental in der blauen Glut, um zu erfahren, wo sich seine Widersacher jetzt befänden. Es konnte schon eine ganze Weile dauern bis Lumpazius Höllenstiebel sich aus den weit entfernten Abgründen, in denen er zu Hause war, zu Soylentius hinaufbemühte. Der Zauberer hatte das Gefühl er hätte ausgerechnet den faulsten Dämonen beschworen, der existieren mochte. Er hatte keinen guten Tag gehabt. Diese fürstliche Familie und ihr Tross hatten begonnen ihm entsetzlich auf die Nerven zu gehen. Zwar hatte er auf Bodo, durch seine Zauberkunst schon einigen Einfluss erlangt, doch hatte Soylentius bei dessen Ehefrau weitaus weniger Erfolg gehabt. Diese Person strotzte aber auch dermaßen vor Dummheit, dass es äußerst schwierig war diese zu manipulieren. Je weniger Persönlichkeit in einer Person vorhanden ist, desto schwieriger würde es auch für den größten aller Schwarzmagier sein, diese in die Richtung zu bringen, wo er sie hinhaben wollte. Allerdings sollte sich der Zauberer in Bezug auf Baroness Priscilla böse verschätzt haben was ihre Intelligenz

betraf. Soylentius war diese Art des Widerstandes nicht gewohnt. Die Höflinge, Junker und Minister hatte er längst allesamt auf seine Seite bringen können und insbesondere die Kurtisanen aller wichtigen Amtsträger befanden sich ganz und gar unter seinem Einfluss, um wiederum ihre Liebhaber auf den rechten Weg zu bringen. Aber dann gab es leider auch noch diesen alten Narren. Der war ihm schon lange ein Dorn im Auge. Obwohl man meinen sollte, dass der zum Hofnarren degradierte Lugbert von Drumming, nun doch bei Hofe nichts mehr zu sagen haben würde, schien dies keineswegs der Fall zu sein. Hinter den Kulissen hielt der alte Fuchs immer noch ein paar der Fäden in der Hand, die die Geschicke des Landes beeinflussen konnten. So gab es etliche alte Soldaten, die nur sehr widerstrebend Soylentius Befehlen gehorchen wollten. Einige der altgedienten Generäle grüßten den Zauberer noch nicht mal auf der Straße, sondern gingen wortlos an ihm vorbei und bestraften ihn mit Nichtbeachtung. So konnte das keineswegs weitergehen. Diese aristokratischen Snobs würde er sich schon noch kaufen. Zum Glück war es ihm ja gelungen die bunt zusammengewürfelte Söldnerhorde in die Stadt zu bringen, ohne dass Bodo ihm hierbei Steine in den Weg gelegt hatte. Soylentius hatte dem Baron eingeredet dies sei alles nur zu seiner Sicherheit; den Generälen, die sehr an seinem seligen Vater gehangen hatten, wäre nicht mehr zu trauen. Eine Palastrevolution durch das Militär könnte nur mit noch mehr Soldaten, die dann allerdings auf des jungen Barons Seite stehen würden, zu verhindern sein. Auch hatte es der Alchimist vermocht die neue Armee mit Waffen auszurüsten, die auf dieser Welt noch niemand jemals zu Gesicht bekommen hatte. Waffen von einer gewaltigen Sprengkraft waren dem Zauberer da in die Hände gefallen, als er das Gezeitensieb entdeckt hatte und es ihm gelungen war durch seine schwarzen Künste diesen Zugang in eine andere Welt aufrecht zu erhalten. Welch ein Glücksfall war diese Entdeckung gewesen. Der Alchimist war geradezu darüber gestolpert. An einem Frühlingstag, als er nach einer durchzechten Nacht die Universitätsbibliothek besuchte, er war noch ein junger Hüpfer gewesen damals, war dem Zauberer aus dem höchsten Regal ein altes, rindsledergebundenes Buch auf seinen ohnehin schmerzenden Schädel gefallen. Wütend hatte er die Schwarte mit dem Fuß an die gegenüberliegende Wand gekickt und sich den Kopf gerieben. Dann hatte er sich jedoch besonnen und den Band wieder alphabetisch einordnen wollen, als er sah was auf dem Einband geschrieben stand: ‚Alphonsus Travestikus - Die sieben Pfeiler der Allmacht'. Sofort hatte er trotz seines bedauernswerten Zustandes erkannt, dass es dieses Werk eigentlich gar nicht geben durfte. Generationen von Alchimisten hatten über die Existenz dieses Buches gestritten, immer wieder war in den Studentenverbindungen gemunkelt worden, dieses Werk habe wohl niemals existiert und nur in den Köpfen einiger verwirrter Geister würde dieses legendäre Machwerk noch herumspuken. Es wurde behauptet, hier wäre der Stein der Weisen versteckt, hier wären alle Geheimnisse des Universums niedergeschrieben, wer dieses Wissen für sich nutzen könnte, wäre in der Lage, nicht nur über diese Welt, sondern auch über alle anderen Welten, was auch immer hiermit gemeint war, grenzenlose Macht auszuüben.

Sein gesamtes restliches Leben hatte Soylentius damit zugebracht die Schriften des Travestikus zu entschlüsseln, er war alt geworden bei diesem Unterfangen. Er hatte auf Freundschaften verzichtet, auf Liebesbeziehungen, alles musste sich dem einen Ziel

unterordnen, das er sich an diesem Morgen vor beinahe fünfzig Jahren gesetzt hatte. Mit einem bitteren Grinsen dachte der Alchimist an den jungen Mann zurück, der er einstmals gewesen war. Fast unbeschwert und heiter erschien ihm sein damaliges Leben. Doch bereute er keinen Augenblick sein Dasein diesem einen Zweck geweiht zu haben. Der Weg zur Macht stand ihm jetzt offen, es war nur noch eine Frage der Zeit bis er die richtige Waffe gefunden hatte um sich die Menschheit untertan zu machen.
Wieder und wieder starrte er jetzt in die Flammen. Er wusste genau woher ihm noch Gefahr drohen konnte und konzentrierte seine Kräfte auf ein kleines Gebiet im endlosen Schimmerwald. Wenn doch nur dieser Höllenstiebel sich endlich einfinden würde!

Simon erwachte aus unruhigem Schlaf. Da die Gefährten befürchten mussten, dass sich auch in dieser Nacht irgendeine Widerwärtigkeit ereignen könnte, hatte sich Krautschuk bereit erklärt Wache zu halten. Hurveniks benötigen nicht so viel Schlaf wie Menschen, hatte er erklärt und die beiden anderen hatten sich damit zufriedengegeben, froh darüber sich ausruhen zu können. Wirklich saß der Hurvenik mit wachen Augen immer noch am glimmenden Feuer und entfachte dieses soeben neu, um den Morgentee zu bereiten. Was hätte Simon nicht für ein anständiges Frühstück gegeben? Apfelkuchen, Weißbrot mit Haselnussbuttercreme, Zimthörnchen mit Vanillesauce oder mit Würstchen gefüllte Croissants. Sämtlich Leckereien, die Elvira vorzüglichst zu bereiten verstand. „Ein gutes gesundes Frühstück ist die wichtigste Mahlzeit des Tages!", pflegte sie zu sagen, und wie recht sie damit doch hatte. Nun musste sich Simon mit Brot, Butter, Wurst und Käse zufriedengeben. Zumindest war noch ausreichend da von dem Vorrat, den Kammergarn ‚organisiert' hatte.
Als sie sich gesättigt fühlten, sattelten sie die Pferde, die ein wenig abseits gegrast hatten und setzten sich wieder in Bewegung. Kaum waren sie eine Meile oder zwei geritten, kamen sie an eine Weggabelung. Der Impresario kramte seinen Kompass hervor und machte sich am Kartenwerk zu schaffen. Der linke Pfad schien noch am ehesten in die Richtung zu führen, die sie zu verfolgen gedachten und so schlugen sie dann diesen Weg ein. Zehn Minuten später gabelte sich der Pfad aufs Neue. Kammergarn tendierte wieder dazu nach links zu gehen, es schien ihm der bessere Weg zu sein. Sie mussten sich in Acht nehmen nicht im Kreis herumzuirren, dachte Simon noch als sie weiterritten. Das Laubdach über ihren Köpfen wurde dichter und dichter. Kaum ein einzelner Sonnenstrahl vermochte noch durch das Blattgewirr zu dringen. Der Weg war nun kaum mehr auszumachen in dem Zwielicht, das auch zur Mittagszeit nicht weichen wollte. Wieder teilte sich der Trampelpfad und Kammergarn meinte, sie müssten sich nun auf jeden Fall nach rechts halten um sich nicht am Abend genau an derselben Stelle zu befinden, von der aus sie am Morgen aufgebrochen waren. Sie beschlossen erst einmal eine Rast einzulegen und ein wenig auszuruhen. Kaum hatten sie sich niedergelassen, die Pferde versorgt und ein wenig gegessen, nahm Simon ein leises anhaltendes Klingeln wahr. Die ungeheuren Blätter rauschten immerwährend über ihren Köpfen im Wind, trotzdem glaubte Simon ein weit entferntes Klingen zu hören. Es erinnerte ihn an das Glöckchen, das er bei Schnupfen oder Bauchgrimmen

immer von Elvira bekam, um die Mutter herbeizuläuten, wenn der Patient etwas benötigen sollte. Lieblich und beruhigend pflanzte sich der Ton in seinen Gehörgängen fort, schwoll an, dann wieder ab, die Lider wurden Simon schwer und eh er sich versah, war er eingenickt.

Als er wieder die Augen aufschlug war es stockdunkle Nacht. Simon hörte das leise „Hapüh" des Hurveniks und die regelmäßigen Schnarchgeräusche Kammergarns. Auch sie waren anscheinend von Müdigkeit übermannt worden, begannen sich aber jetzt gerade zu rühren. Die Glöckchen in Simons Kopf klingelten unerbittlich weiter, doch nahm er dies gar nicht als unangenehm wahr, es erfüllte ihn ein tiefer innerer Friede bis auf den Grund seiner Seele hinab. Simon fühlte sich eins mit allen Dingen, ja, es schien ihm geradezu, als könne er jetzt eben, in diesem Moment, alles erst richtig verstehen. Endlich wurde ihm alles klar, die Natur, die Menschen, die Tiere, die Berge, Seen und Felder, Städte und Dörfer und Weiler, all dies wurde zu einer einzigen riesenhaften, komplexen Wesenheit, die jedoch keinerlei Furcht in ihm hervorrief, war doch auch er, der Simon genannt wurde, ein Teil von ihr. Der Junge stand von seinem Lager auf, als hinge er an unsichtbaren Schnüren. Irgendetwas zog und lockte ihn etwas, das ihm die Erfüllung seiner geheimsten Träume zu versprechen schien. Auch die beiden anderen, Kammergarn wie auch Krautschuk hatten sich erhoben und liefen wie aufgezogen in ein und dieselbe Richtung los, wie drei Schlafwandler die nächtens über den Giebel eines Hauses tappten. Doch während Simon unaufhaltsam vom Klingeln der Glöckchen angezogen wurde, so schien es Kammergarn, als hörte er die Stimme seiner Mutter ihn wieder und wieder zum Abendessen rufen, als hätte er sich beim Spielen mit den Nachbarkindern verlustiert und darüber die Zeit vergessen. „Jonathaaaan, Jonathaaaan!", klang ihre Stimme an sein inneres Ohr, und voller Schuldgefühl wegen seines Zuspätkommens lief auch der Impresario nun in Richtung einer kleinen Lichtung, die sich nun vor ihnen auftat. Simon hätte später Stein und Bein schwören können, dass dieser Platz am Tage zuvor nicht dagewesen war, hätte er ihn beim Sammeln von Brennholz doch auf alle Fälle entdecken müssen. Auch den Hurvenik zog es hinter den Zweien her dort hinüber, was ihn allerdings dazu brachte sich so zu verhalten, behielt er später schamhaft für sich. Simon fühlte sich beschützt und behaglich, als ob er sicher am Herd auf dem Karsulkehof säße, ein tiefer Friede war über ihn gekommen, doch tapste er tatsächlich in stockdunkler Nacht gegen den widrigen Wind an, durch den unheimlichen Wald. Kammergarn und Krautschuk schien es ebenso zu gehen, derselbe dümmliche Gesichtsausdruck spiegelte sich im spärlichen Mondlicht auf den Gesichtern von allen dreien, während sie auf die Lichtung traten. Auf einmal waren sie umringt von glitzernden, rötlich leuchtenden Lichtern, die um ihre Köpfe herumzuwuseln begannen. Bienengleich surrten die winzigen Geschöpfe durch die Dunkelheit, die heller zu werden begann mit jeder Umkreisung, die sie vollführten. Wie Glühwürmchen strahlten die Wesen und erleuchteten nun die Nacht. Schneller und schneller wirbelten sie lautlos umher, doch schien keiner der drei sie wahrzunehmen, jeder war wie versunken in seiner ganz eigenen Welt.

Die Gefährten waren wie auf Kommando mitten auf dem Platz stehen geblieben, umgeben von den winzigen Wesen. Simon war sich keiner Gefahr bewusst. Träumte er oder war er wirklich wieder Zuhause auf dem Bauernhof? Konnte er nicht den prächtig

geschmückten Trundelbaum vor seinen Augen sehen und die lieblichen Weihnachtslieder hören, die Elvira immer zur Winterzeit, sich selbst auf der Gitarre begleitend, wunderschön gesungen hatte? Kammergarn hatte ein ähnliches Erleben, auch an seine Ohren drangen wunderschöne Weisen aus seiner Heimat, die er seit Jahrzehnten nicht mehr vernommen hatte und auch der kleine Hurvenik war vollständig in schönsten Kindheitserinnerungen gefangen.
Dann begann Simon sich schwächer und schwächer zu fühlen, die Beine versagten ihren Dienst, knickten ein und der Junge sank ins feuchte Gras. Den beiden anderen erging es ebenso, obwohl immer noch von tiefster Zufriedenheit erfüllt. Wie erstarrt in Glückseligkeit, fanden sie sich alle drei auf der Erde wieder und wurden kraftloser und kraftloser. Ihre Gesichter wurden allmählich von einer Totenblässe überzogen, während die Wesen ohne Unterlass um ihre Köpfe kreisten. Jetzt veränderten sich auch die Farben ihres Leuchtens. Hier strahlte es nun bläulich, dort überwog grün. Die Geschöpfe blitzten mal gelb, dann wieder rot auf und bunte Funken stoben in alle Richtungen, so dass das Geschehen wirkte wie ein Feuerwerk in Miniatur. Derweil wurde die Hautfarbe ihrer Opfer immer fahler, die Augäpfel begannen sich nach innen zu verdrehen, so dass nur noch das Weiße zu sehen war. Wilder und wilder jedoch drehte sich der Schwarm der Wesen, mit jeder Umdrehung schien ihre Kraft anzuwachsen, als saugten sie das Leben aus den Dreien um sich an ihm zu sättigen.
Dann plötzlich veränderten sich Simons Träume. Die vorher so fröhlich, festlichen Gesichter von Elvira, Wilhelm, den Jungs und der Mädchen verzerrten sich zu schauderhaften Grimassen. Die lachenden Münder wurden zu schwarzen, alles verschlingenden Löchern aus denen brauner Schleim zu tropfen begann. Die Zähne darin wurden zu Raubtiergebissen und Simon glaubte den Geruch von Verwesung wahrzunehmen, der ihm entgegenschlug. Das friedliche Klingen in seinen Ohren mutierte zu einem infernalischen Brausen, doch war dies ein Geräusch, das kein Sturm, mochte er noch so stark sein, auslösen konnte, es sei denn der Teufel persönlich hätte das Tosen auf die Erde geschickt um alles Leben auszulöschen. Vor seinem geistigen Auge erblickte Simon schließlich den Beelzebub in Person, eine widerliche Fratze wirbelte ihm entgegen und ein hämisches, hallendes Lachen dröhnte an seine Ohren. In diesem Gelächter schien alle Verachtung gegenüber der Schöpfung zu liegen, so abgrundtief böse, so gewalttätig, roh und unmenschlich konnte nur der Teufel lachen, dem jedes Leben widerwärtig war und der sich insgeheim fürchtete vor dem, was gut war in den Menschen.
Alle drei wanden sich in Agonie im nassen Gras, nicht mehr lang und alle Lebensgeister waren entschwunden. Die bunt strahlenden Wesen erhellten die Nacht, wurden stärker und stärker, während alles Leben aus den Freunden zu entschwinden drohte. Simon blickte in einen Strudel, aus dem ihm das blanke Nichts entgegenschlug, anders hätte er das Grauen das er verspürte nicht beschreiben können. Leere, Schwärze, Dunkelheit. Unendliche Traurigkeit nahm von seinem ganzen Wesen Besitz. Das Dröhnen in seinen Ohren verschwand und wurde ersetzt durch eine entsetzliche Stille. Dies war allerdings keine Stille im gewöhnlichen Sinn, dies hätte Simon ja Erleichterung verschafft. Er verkrampfte sich, wand sich auf dem Boden, nicht vor Schmerzen, sondern wegen der unheimlichen Leere, die ihn ganz auszufüllen schien und ihn mit sich reißen wollte.

Dann erblickte er ein Gesicht. Aus dem Abgrund blickte ihm ein Augenpaar entgegen. Mit Schrecken musste Simon feststellen, dass es sich um das Gesicht des Professors handelte, welches ihm aus großen schwarzen Pupillen entgegensah. Gleichzeitig vermeinte er die dröhnende Stimme des Alchimisten zu vernehmen.

„Benutze deine Kraft, Simon! Benutze deine Kraft!“, drang es an sein inneres Ohr und der Ausdruck in der Stimme des Professors hatte etwas Gequältes, als würde es ihn übermenschliche Anstrengung kosten zu Simon durchzudringen. Simons Gedanken wirbelten herum. Was konnte Athanasius damit nur meinen? Dann verblasste das Antlitz des Professors und Simon war wieder allein mit der grenzenlose Leere und Stille. Es war ihm als ob mit diesem letzten Gruß das bisschen Leben, das noch in ihm steckte, zum Verlöschen käme.

Dann plötzlich wurde die Vision ersetzt durch eine rote Schnauze. Grüne Augen musterten ihn neugierig und eine feuchte Zunge fuhr ihm über den Mund. Simon konnte sich wieder spüren, gleichzeitig hörte er es um ihn herum laut unzählige Male knallen und ploppen. Die Umgebung war erhellt von explodierenden, winzig kleinen Sternen, die wie Miniaturfeuerwerkskörper sich krachend über ihm in Rauchwölkchen verwandelten. Der Fuchs, denn um ein solches Tier handelte es sich, stand immer noch vor ihm und leckte Simon über das Gesicht. Mit letzter Anstrengung setzte sich der Junge auf und streichelte das Tier, das sich das gerne gefallen ließ. Dann blickte er sich um.

Direkt neben ihm lag der kleine Hurvenik und auf der anderen Seite der dicke Kammergarn. Beide waren von einer Totenblässe überzogen und rührten sich nicht. Ihre Gesichter waren wie von großen Qualen verzerrt und Simon befürchtete schon die beiden müssten einen grauenvollen Tod erlitten haben. Immer wieder explodierten kleine rote und grüne, lilafarbene und zitronengelbe Sternchen vor Simons Augen und mit dem Qualm den dies erzeugte, breitete sich auch ein übelkeitserregender Gestank wie nach faulen Eiern ringsherum aus. Der kleine Fuchs wand sich von Simon ab und lief in den Wald hinein, drehte sich dann aber nochmals um und blickte Simon fragend an, als ob er ihn auffordern wollte ihm zu folgen. Dann war er zwischen den Bäumen verschwunden. Simon erhob sich als das Krachen und Knacken aufhörte, nur noch einige spärliche Rauchwölkchen stiegen in den Nachthimmel auf, der sich allmählich in ein Morgengrauen zu verwandeln begann. Der Junge hob den Hurvenik vorsichtig vom Boden auf, hielt ihn wie ein Püppchen an sein Ohr und lauschte angestrengt. Wirklich konnte er jetzt noch einen schwachen Herzschlag in der Brust des Winzlings feststellen. Er legte ihn wieder ab und griff nach der Trinkflasche, die er am Gürtel trug. Beim Versuch dem Hurvenik etwas von der belebenden Flüssigkeit einzuverleiben, verschüttete er jedoch einiges vom Inhalt über Kopf und Körper des Kleinen, der sofort zu husten begann und sich so heftig schüttelte, dass ihm die rote Mütze vom Kopf geschleudert wurde und der lange, gelbe Zopf darunter zum Vorschein kam.

„Brrr, was war das denn?“, Krautschuk blickte Simon aus blutunterlaufenen Augen an. Er wollte aufstehen, sofort aber gaben seine Beinchen unter ihm nach und er plumpste zurück ins Gras. „Ich hatte schreckliche Träume!“ dann schien ihm wieder alles einzufallen. „Das waren Sternenmunkel! Ja, Sternenmunkel!“, rief der Hurvenik daraufhin aus, rieb sich die geröteten Augen und blickte sich um. „Aber alle verschwunden! Wie

die Lemminge! Selbstmörderisches Pack!", sagte er dann verächtlich.
„Sternenmunkel?", fragte Simon mit offenem Mund, einen so nett klingenden Namen für Geschöpfe, die sie um ein Haar umgebracht hätten, hatte er nicht erwartet.
„Ja, Sternenmunkel!", meinte Krautschuk, jetzt schon wieder ganz geschäftsmäßig. „Später, später! Wir sollten den Impresario wecken, der sieht gar nicht gut aus!"
Wirklich war die Blässe nicht aus Kammergarns Gesicht gewichen, doch sein enormer Leib hob und senkte sich leicht. Es musste also noch Leben in ihm stecken. Die beiden mühten sich redlich damit ab, den Impresario wieder zu Bewusstsein zu bringen. Der Hurvenik hüpfte minutenlang auf seiner Brust auf und ab, so dass Simon schon befürchtete der Kleine würde ihm noch sämtliche Rippen brechen. Simon träufelte immer wieder Wasser in Kammergarns Mund, aber er schien nicht schlucken zu können. Schließlich leerte er den Rest der Flasche einfach über seinem Kopf aus und der Impresario schlug endlich die Augen auf.
„Was ist los? Wo bin ich?", hauchte der Dicke und blickte Simon verwirrt an, dann wurde er erneut ohnmächtig.
„Es scheint als hätten die Munkel ihm fast alles Leben abgesaugt!", sagte Krautschuk und blickte mitleidig auf Kammergarn. „Vielleicht werden wir ein paar Tage brauchen um ihn soweit wiederherstellen zu können, dass wir weiterreiten können. Außerdem bräuchte ich dazu noch ein paar bestimmte Kräuter, die ich aber hier in der Nähe bestimmt finden kann! Aber wir benötigen erst einmal einen sicheren Unterschlupf."
Der Hurvenik sah sich um. Die Lichtung, in die jetzt die ersten Sonnenstrahlen zaghaft vordrangen, war übersät mit den winzigen ausgebrannten Skeletten der Munkel. Man hätte die Reste der Wesen einfach für abgebrannte Streichhölzer halten können. Der Wind hatte sich wieder erhoben, wirbelte die Gebeine durcheinander und bereitete damit dem nächtlichen Spuk endgültig ein Ende.

Irgendwann hatten Simon und Krautschuk es geschafft Kammergarn wieder auf die Füße zu bringen. Allerdings war dieser immer noch sehr verwirrt und schien seine beiden Gefährten kaum zu erkennen. Der Hurvenik vermutete, dass der Impresario an einer Art Hirnfieber leiden müsse, ausgelöst durch den Schock, als ihm die Sternenmunkel die Lebensgeister absaugten. Als er wieder einigermaßen fähig war aufrecht zu stehen, liefen die drei in die Richtung, in der Simon den Fuchs hatte verschwinden sehen, in den Wald hinein. Sie führten ihre Reittiere am Zügel mit sich, Kammergarn wäre zu kraftlos gewesen eines der Pferde zu besteigen.
Der Wind und mit ihm der Regen der eingesetzt hatte, nahmen stetig zu und so waren die drei überglücklich als sie an einer Felswand anlangten, die ihnen einigen Schutz vor den Elementen bot. Der Hurvenik ging noch eine ganze Weile am Fels entlang, während sich die beiden anderen ausruhten und kam schließlich mit der Nachricht zurück eine Höhle gefunden zu haben, wo sie sicher vor der Nässe wären. Zu ihrem Glück schien derzeit kein Bär darin zu hausen und so flackerte bald ein Feuerchen und wirklich fanden sich in Kammergarns Gepäck noch einige leckere Würstchen, die sie sich am Stock grillten.

Soylentius war wohl in seinem gut gepolsterten Sessel eingenickt, als dröhnende Stimmen von den weiten, kahlen Fluren der Festung an sein Ohr drangen. Der Baron schien ihn aufsuchen zu wollen, am Aufprallen der harten Sohlen der Leibgarde Bodos konnte er dies recht gut erkennen. Die Leute des Alchimisten waren leichter beschuht, was für die Dinge für die sie engagiert worden waren von einigem Vorteil war. Wie sollte man sich mit Militärstiefeln denn auch unbemerkt an sein Opfer heranschleichen können, ohne dass man schon zwei Meilen vorher zu hören gewesen wäre. Die scharfen Ohren des Zauberers nahmen auch das Klingeln von Glöckchen wahr, hierbei konnte es sich nur um die misstönende Kopfbedeckung des Hofnarren handeln und der hatte ihm jetzt gerade noch gefehlt. Zwar hatte er eigentlich bei Hofe nichts mehr zu sagen, schließlich hatte es Soylentius verstanden die Dinge so einzurichten, dass der gute Mann sein Ministeramt hatte niederlegen müssen. Es war schwierig genug gewesen die Intrigen zu spinnen, die ihn schließlich zu Fall gebracht hatten, genoss er doch auch schon das Vertrauen des verblichenen Fürsten, für dessen vorzeitiges Ableben auch der Alchimist zuständig gewesen war, dennoch war ihm Lugbert immer noch ein Dorn im Auge. Ja, man musste schon sehr erfindungsreich und schlau sein, dachte Soylentius, um so etwas umzusetzen, ohne dass ein Verdacht auf einen selbst fallen würde. Aber an Heimtücke und Hinterlist hatte es dem Zauberer nie gemangelt. Immer gab es eine Schwäche in den Menschen, die man erkennen und dann konsequent für sich nutzen konnte. Diese Schwäche zu finden war eine Spezialität von Soylentius. Manch einem brauchte er nur ins Auge zu schauen und sofort wusste er instinktiv, wie er sich seinem Gegenüber verhalten musste, um diesen genau dort hinzuführen, wohin der Alchimist ihn haben wollte. Es war ein Kinderspiel. In den allermeisten Fällen zumindest. Hatte man erst mal den richtigen Ansatz gefunden, bei dem Einen war es maßlose Eitelkeit und Selbstüberschätzung; bei dem Anderen vielleicht ein unstillbares Verlangen nach einer bestimmten Dame, konnte man denjenigen wie mit einem Ring durch die Nasenlöcher in jede beliebige Richtung ziehen.

Soylentius war schon sehr gespannt was sie nun wieder von ihm wollten. Wahrscheinlich wollte sich der Narr vor seinem Herrn erneut zum Narren machen, wie schon so oft. Musste er nicht langsam erkennen, dass er gegen ihn, gegen Soylentius Einfluss auf den Baron, nichts ausrichten konnte? Merkwürdigerweise hörte Bodo dem Exminister bisweilen immer noch zu und schien manche seiner Einwände durchaus ernst zu nehmen. Aber auch diesen Zahn würde er ihm rasch wieder ziehen, dachte der Zauberer und rieb sich lächelnd die Hände.

„Herein!“, rief er dann leicht amüsiert, als es an die Tür klopfte.

Herein trat der Haushofmeister, ohne den sich Bodo auch innerhalb des Schlosses nirgendwo hinbewegte.

„Euer Hochehrwürden, Baron Bodo von Hallgard, Hochlord von Frinzland, Earl von Cherrybottom, Großmeister des lila Stuhls von Käsedom!“, rief darauf der Haushofmeister und schlug dabei dreimal seinen Zeremonienstab auf den Steinboden. Kein Mensch auf dem gesamten Kontinent wäre in der Lage gewesen zu erklären, wo denn soeben genannte Ländereien sich befänden, falls diese überhaupt jemals existiert hatten. Aber so ist das nun mal mit Traditionen, bei den allermeisten weiß niemand mehr wer sie ausgeheckt hatte und welchen Sinn sie hatten erfüllen sollen.
Auf diese Ansage hin kam Bodo mit ausgestreckten Händen auf Soylentius zugestürmt, der sich in der Zwischenzeit erhoben hatte und ihm freudig entgegenblickte. Herzlich schüttelten sich die beiden Männer die Hände und tauschten die üblichen höfischen Komplimente aus.
„Euer Lordschaft, wie freut es mich Euch zu sehen!“, sagte Soylentius. „Und noch dazu in solch reizender Begleitung!“, fügte er mit dem Blick auf den ehemaligen Minister heuchlerisch hinzu.
„Der gute Lugbert hier ist dann auch der Grund meines Besuches, Magister Soylentius.“, der Baron deutete auf den Narren, der sich schellenrasselnd verbeugte.
„Es geht um den Brand vor ein paar Tagen, Magister. Unser Narr hier ist der Ansicht, dass bei dem Vorfall nicht alles mit rechten Dingen zugegangen ist. Ja, er vermutet hierbei Zauberei im Spiel, da sich in besagtem Hause, von dem die Feuersbrunst ihren Ausgang genommen hatte, einer ihrer Kollegen sich eingemietet hatte, und…“
„Vollkommen richtig, Eure Lordschaft!“, unterbrach Soylentius den Baron unverfroren. „Der Mann ist längst dingfest gemacht und befindet sich mit einigen zwielichtigen Gestalten, die noch der Verschwörung angeklagt werden müssen, in Eurem sichersten Verlies!“
„Aber guter Soylentius, wäre es nicht angebracht gewesen, wenn ich als Allererster etwas von diesen Umständen erfahren hätte?“, fragte Bodo und blickte dem Zauberer forschend ins Gesicht.
„Nun, ich gebe zu, ich wollte erst einmal eine hochnotpeinliche Befragung durchführen lassen um Eurer Lordschaft auch gleich die Hintermänner dieser gesamten Rebellion, wie auf einem Silbertablett präsentieren zu können, aber jetzt?“ Soylentius sah Bodo tief und fest in die Augen. „Jetzt hat man mir diese Überraschung nicht gegönnt, die ich Eurer Lordschaft zur Wiederkehr seines Wiegenfestes hatte machen wollen!“ Böse blickte der Alchimist auf den Hofnarren hinunter.
„Ach, wie reizend von euch, Magister! Damit hätte ich auf keinen Fall gerechnet!“ Auch Bodo warf Lugbert einen scharfen Seitenblick zu. „Da macht man solch einen Kerl zum Hofnarren und dann entpuppt sich der Kerl glatt als Spielverderber!“
„Aber Mylord, da ist ja auch noch diese andere Sache!“, meinte daraufhin Lugbert zögerlich.
„Welche andere Sache, welche andere Sache? Mein Gott, rück‘ endlich mit der Sprache heraus, Narr!”, rief der Baron etwas zornig, da man ihn um seine Geburtstagsüberraschung gebracht hatte. Bodo liebte Überraschungen solange sie nicht allzu überraschend kamen, dann nämlich fühlte er sich überrumpelt, und das stand einem Mann in seiner Position nicht gut zu Gesicht, wie er meinte.

„Die Bäcker, die Metzger und noch einige andere Handwerksgruppen sind in einen Streik getreten. Sie weigern sich das Schloss zu beliefern und allmählich gehen uns hier die einfachsten Grundnahrungsmittel aus“, trug der Hofnarr hastig vor, währenddessen immerfort die Schellen an seiner Kopfbedeckung rasselten.
„Ach ja, genau! Das hatte ich jetzt fast wieder vergessen“, meinte Bodo und sah den Narren etwas verwirrt an.
„Es möchten endlich die offenstehenden Rechnungen beglichen werden. Und, so hat der Vertreter der Kammer vorgetragen, die Bürgerschaft hätte keine Lust mehr die Zaubererbrut, verzeiht Magister, so drückten sie sich nun einmal aus, weiterhin ohne Gegenleistung zu verköstigen."
„Ja, genau. Das war es wohl!“, meinte Bodo daraufhin. „Ihr seht Magister Soylentius, ich benötige dringend Gold!“
„Ihr werdet bald über so viel Gold verfügen, dass ihr alle Räume dieses Palastes damit füllen könntet, Mylord! Aber dafür brauche ich Zeit! Nur noch ein wenig Zeit!“, erwiderte der Magier besänftigend, dann wischte er mit seiner rechten Hand auf Höhe der Stirn des Barons dreimal durch die Luft, woraufhin dessen Blick auf der Stelle noch leerer wurde, als er gewöhnlicherweise war.
„Nun gut! Komm Narr. Dann werden wir mal einen Trupp losschicken, der dieses Pack einmal zur Besinnung bringen wird!“, befahl Bodo und wand sich zur Türe hin. Lugbert warf Soylentius noch einen Blick zu, der einen Nagel in eine Betonwand hätte treiben können und die beiden verschwanden wieder.
Der Zauberer setzte sich an das magische Feuer und rieb sich missmutig die Hände. Dieser Narr würde noch dran glauben müssen. Und diese Störenfriede im Schimmerwald hatte er auch noch nicht aufhalten können. Zum Glück war Weybrecht ihnen jetzt auf den Fersen. Der würde es schon richten.

Simon, Krautschuk und der immer noch angeschlagene Kammergarn verbrachten den Tag sicher in ihrem Unterschlupf. Draußen peitschte der Wind durch den Schimmerwald und entwickelte sich unaufhaltsam in einen ausgewachsenen Sturm. Nur der Hurvenik hatte sich eine Weile außerhalb aufgehalten und einige Kräuter gesammelt, mit denen er dem Impresario ein gutes Rekonvaleszenzsüppchen zubereiten wollte, wie er sich ausdrückte. Nass bis auf die Knöchlein war der Kleine zurückgekehrt, hatte aber trotz des widrigen Wetters reichlich Beute machen können.
„Riech mal, Simon!“ er hielt dem Jungen, der sich hinunterbücken musste, ein Sträußlein übelriechender Kräuter unter die Nase. „Das wird den alten Kammergarn schon wieder auf die Beine bringen! Moosgürtel, Safteibchen, Mistelkresse, Pimpfnadeln und grätziger Schimmeldorn! Nach dem Schimmeldorn habe ich eine ganze Weile Ausschau halten müssen!“
Simon wandte sich angeekelt ab. „Riecht sehr, äh, ……gesund!“, meinte er schließlich und betete darum nicht von der Brühe kosten zu müssen.
Der Dampf, der alsbald die Höhle zu füllen begann, änderte Simons Meinung keineswegs. Ja, der Gestank war zeitweilig so unerträglich geworden, dass er sich ein paar

Minuten nach draußen in den Regen gestellt hatte, um wieder Luft holen zu können. Löffelchen für Löffelchen schaufelte der Hurvenik von dem Gebräu in Kammergarns Mund, der merkwürdigerweise kein Problem damit zu haben schien das Zeug hinunterzubringen. Der Impresario hatte noch nicht ein Wort gesprochen seit dem Vorfall und immer wieder schwanden ihm die Sinne. Auch das Essen bedeutete eine solche Anstrengung für den Dicken, dass er bald danach wieder eingeschlafen war. Draußen stürmte und schüttete es weiter. Einige Male war ein lautes Knarren zu hören, gefolgt von einem brachialen Krachen, die Erde bebte für ein paar Sekunden und wieder war einer der Riesenbäume von den Orkanwinden entwurzelt worden. Die Pferde waren sicher im hinteren Teil ihres Schlupfwinkels untergebracht, auch ein Säckchen Hafer war noch vorhanden, der zwar etwas feucht geworden war, doch schien dies die Tiere nicht zu stören.
„Was waren das denn eigentlich für Dinger?", fragte Simon schließlich, nachdem sie es sich nach dem Essen am Feuer gemütlich gemacht hatten. „Diese, wie nanntest du sie, Sternfurunkel?"
„Sternenmunkel werden sie genannt!", verbesserte ihn Krautschuk. „Ja, das ist recht schwer zu erklären. Diese Sternmunkelchen ernähren sich von den Träumen und dem Glück der Menschen oder auch von den Gefühlen anderer Wesen. Allerdings sind die Waldtiere und Tiere im Allgemeinen nicht so anfällig dafür Opfer der Munkel zu werden, da nicht allzu leicht in ihre Köpfe einzudringen ist."
„Aber wie geht das vor sich und was passiert da mit einem?", fragte Simon, für den das Geschehene immer noch rätselhaft blieb.
„Gute Frage!", fuhr der Hurvenik fort, blickte sinnend in die Flammen und zündete sich ein Pfeifchen an. „Ich bin vorher noch nie diesen Munkeln begegnet wie ich zugeben muss. Alles was ich darüber weiß ist reines Bücherwissen. Nur in alten Legenden wird von ihnen berichtet, aber in 'Doktor Bremers Enzyklopädie der merkwürdigen kontinentalen Lebewesen, die zu Unrecht ins Reich der Legenden verbannt wurden', steht geschrieben, dass die Munkel dieses Absaugen der Gefühle nur zu Fortpflanzungszwecken gebrauchen. Du hast doch gesehen, dass sie bald nachdem sie unsere Gedanken unter Kontrolle gebracht hatten, lustig bunt begonnen hatten zu explodieren?"
„Ja, klar! Ich fand das in dem Moment aber eigentlich überhaupt nicht lustig!", meinte Simon und dachte mit Grauen an die funkensprühende Vorstellung zurück.
„Egal!", führte daraufhin Krautschuk weiter aus. „Der großartige Dr. Bremer jedenfalls behauptet also in seinem Hauptwerk, die Munkel würden beim Explodieren winzige schleimige Fasern absondern, die dann auf die Erde fielen und so etwas wie Samenkapseln darstellten. Aus denen würde dann ein paar Monate später ein Strauch erwachsen, der schließlich neue Munkel tragen würde."
„Aber sind das denn jetzt Pflanzen oder Tiere, das klingt alles nicht sehr vertrauenswürdig!", wand Simon ein, der in Biologie immer eine gute Note bekommen hatte, sogar von Lehrer Hämel!
„Du wirst doch wohl nicht die wissenschaftlichen Ausführungen eines Doktor Bremer in Frage stellen wollen, Simon?", der Hurvenik schüttelte gespielt missbilligend den kleinen Kopf, sog an seiner Pfeife und blies einen Rauchkringel in die Luft. „Ist es nicht

vollkommen einerlei, ob es sich bei den Munkelchen nun um Tiere, Pflanzen, Insekten, Monster oder einfach nur um ein paar überkandidelte Kohlenhydrate handelt?"
Simon war das eigentlich gar nicht egal, sagte aber darauf nichts, davon abgesehen hatte er auch keine Ahnung was denn nun bitte Kohlenhydrate sein sollten.
„Zumindest hast du uns das Leben gerettet, Simon!“ Krautschuk nickte dem Jungen dankbar zu. „Ich weiß nicht wie du es geschafft hast aus diesem Zustand aufzuwachen, doch ich weiß, dass nur wenige einen Angriff der Sternenmunkel überlebt haben. Außerdem dachte ich, dass die Munkel längst ausgestorben seien.“
Simon dachte wieder daran wie ihm der Professor erschienen war und von der Kraft sprach, die er nutzen sollte. Er wusste immer noch nicht was damit gemeint gewesen war, auch glaubte er nur ein Fieberwahn hätte ihm die Erscheinung vorgegaukelt. Doch dass ihn dieser kleine Fuchs mit seiner sandpapierrauhen Zunge aufgeweckt hatte, dies zumindest war wohl real gewesen, aber genau konnte er das auch nicht sagen.
„Ich weiß auch nicht. Ich bin einfach irgendwie wach geworden!“
„Merkwürdig!“, meinte der Kleine. „Irgendetwas muss doch den Bann aufgehoben haben? Ich bin sowieso der Meinung, dass das alles nicht zufällig passiert ist. Ich glaube irgendjemand hat diese Munkel auf uns angesetzt. Ich habe schon von den seltsamsten Geschöpfen gehört, die hier im Schimmerwald ihr Unwesen treiben sollen, Sternenmunkel waren da nicht dabei gewesen.“
„Du meinst jemand hat ihnen befohlen uns anzugreifen?“
„Ja, genau wie die Wolpertinger. Und ich will dir eines sagen, Simon. Da ist eine ganz finstere Art von Magie im Spiel!“
„Wie Magie? So was gibt es doch gar nicht!“, Simon starrte den Kleinen mit aufgerissenen Augen an. „Selbst die Zauberer sagen doch immer, dass sie nur Wissenschaft betreiben würden!“
„Natürlich behaupten sie das, Junge. Und in den allermeisten Fällen ist das wahrscheinlich sogar die Wahrheit. Doch laufen mir zu viele zwielichtige Gestalten dieser Zunft in Hallgard herum und der gefährlichste und unberechenbarste ist dieser Magister Soylentius und dem traue ich jede Schandtat zu!"
Mit Schaudern erinnerte sich Simon an den bösen Blick aus den verkniffenen Augen des Alchimisten, als er und Anton ihm auf den Fluren der Festung begegnet waren, dies schien schon so lange her zu sein.
„Hinter dem Ganzen steckt unter Garantie Soylentius!“, fuhr der Hurvenik fort. „Athanasius war sich dessen sicher. Er kennt den Kerl wohl schon von früher und hatte wohl schon damals keine allzu hohe Meinung von ihm gehabt. Soylentius ist der, den wir auf alle Fälle aufhalten müssen, das hat mir der Professor klargemacht und er ist es auch, der uns Hindernisse in den Weg stellt, was auch bedeutet, dass wir eine akute Bedrohung für ihn darstellen.“
„Aber wie kann er das anstellen? Ist er denn wirklich ein böser Zauberer?“ Simon hatte in der Schule nichts von Magie erzählt bekommen, außerdem hatten doch die Alchimisten immer wieder versichert, sich nur strengen wissenschaftlichen Aufgaben zu widmen. Er konnte sich beim besten Willen nicht vorstellen wie Soylentius es fertig bringen sollte über diese Entfernung hinweg, Dinge in Bewegung zu setzen, um sie aufzuhalten.

„Ja, ich glaube das ist er, Simon. Athanasius hat uns vor ihm gewarnt. Als Soylentius in Hallgard aufgetaucht war, ist dem Professor klargeworden, dass dies nichts Gutes für die Stadt bedeuten konnte. Seitdem hatte er ja versucht ihm auf die Schliche zu kommen, was er ja schließlich dann ja auch geschafft hat.“
Simon dachte voll Trauer an die Tage mit Athanasius in dessen Laboratorium zurück. Viele wissenschaftliche Lektionen hatte ihm der Alchimist erteilt, allerdings war von Zauberei direkt nie die Rede gewesen. Könnte der Professor den Brand überlebt haben? Und was war mit den übrigen Hurveniks geschehen? Auch Elvira vermisste er jetzt sehr. Was würde sie sich nur für Sorgen machen? Dann schob er diese trübseligen Gedanken wie einen Schleier beiseite und nahm sich tief in seinem Inneren vor, einfach das Beste aus der Situation zu machen. Wenn der Professor ihre Mission für notwendig gehalten hatte, würde er ihm diesen, vielleicht letzten Gefallen, gerne tun. Außerdem glaubte Simon auch nicht daran einfach so zurückkehren zu können ohne schlimme Konsequenzen für sich selbst und seine Familie befürchten zu müssen. Würde er jetzt in Hallgard als Aufrührer gelten? Vielleicht aber hatte man ja auch ein Einsehen und würde in ihm nur einen kleinen Jungen sehen, der die falschen Leute kennengelernt hatte? Mit großer Anstrengung schaffte er es auch diese Gedanken aus seinem Kopf zu verbannen, er würde diesen Weg weitergehen, schon allein dem Professor zuliebe.
Der Schlaf kam spät in dieser Nacht. Das Feuer war schon bis auf die Glut heruntergebrannt und strahlte kaum mehr Wärme ab, als Simon endlich die Augen schließen konnte. Krautschuk war lange vor ihm eingeschlafen und Kammergarn befand sich immer noch in einem komatösen Zustand, nachdem der Hurvenik ihn mit dem übelriechenden Gebräu gefüttert hatte. Der Sturm, der außerhalb ihres Unterschlupfs tobte, schien nicht gewillt zu sein nachzulassen und immer wieder hörte Simon das Tosen des Windes hereindringen.

Am nächsten Tag war das Wetter noch schlimmer als am Tage davor. Als Simon aus der Höhle trat, riss ihn eine Böe beinahe mit sich fort, der Regen peitschte ohne Unterlass gegen die Felswände und verwandelte sich im Laufe des Tages in Hagel, der prasselnd niederging. Da Kammergarn noch nicht in der Lage war die Reise fortzusetzen, hätten sie sich ohnehin dazu durchringen müssen ihm noch einen weiteren Tag Ruhe zu gönnen. Proviant war zum Glück noch ausreichend vorhanden, nur war es mühevoll das feuchte Brennholz, dass sie völlig durchnässt aufgesammelt hatten in Brand zu setzen.
Der Impresario war inzwischen jetzt zumindest die meiste Zeit über ansprechbar. Das heißt, er verstand wohl was man ihm sagte, das war an seinen Reaktionen zu erkennen, jedoch beteiligte er sich in keiner Weise an den Gesprächen von Simon und Krautschuk, sondern starrte meist nur vor sich hin.
Auch sein Aussehen hatte sich kaum verändert, immer noch war sein Gesicht von einer ungesunden, käsigen Blässe unter den eisgrauen Bartstoppeln überzogen und Simon begann sich nun doch ernsthaft Sorgen um den Zustand des Patienten zu machen.
Der Hurvenik brütete den halben Tag über den Karten und den übrigen Aufzeichnungen des Professors. Immer wieder stöberte er in den Blättern, die Athanasius ihnen noch

hatte geben können, schien aber immer noch nicht herausbekommen zu haben, wohin der Weg nun gehen sollte.
„Lacrima oder Lacrosantia? Das ist hier die Frage?", murmelte Krautschuk immer wieder vor sich hin. „Ob's trüber im Gemächt, der Stall, die Scheuern, den dürftigen Schlick erdulden?" manchmal ging sein schauspielerisches Talent einfach mit ihm durch und er deklamierte von wilden Gesten begleitet, allerdings ließ seine Textsicherheit einiges zu wünschen übrig. Jedoch wirkte er währenddessen ungeheuer possierlich, wie Simon fand. Der Kopf mit dem roten Mützchen zuckte hin und her, die Augen leuchteten smaragdgrün in der düsteren Umgebung, es fehlten nur noch die Strippen und man hätte ihn wieder für eine Marionette halten können, die vom Puppenspieler geführt, Faxen für das Publikum macht.
„Wie habt ihr eigentlich Kammergarn für euer Unternehmen gewinnen können?", fragte Simon nachdem der Hurvenik seinen Monolog beendet hatte. Er hatte sich vorher versichert, dass der Dicke schnarchend unter den Decken lag.
Gedankenverloren blickte Krautschuk auf, es schien, als müsse er sich erst darüber klarwerden, wo er sich denn befände.
„Ja, das war schon eine recht merkwürdige Geschichte!", sagte der Kleine dann und zündete sich erst mal gemütlich ein Pfeifchen an. Er musste einen grenzenlosen Vorrat des stinkenden Krautes mit sich führen. „Eines Tages, taucht er in unserer Siedlung auf, jenseits des großen Flusses Günther!"
„Bei euch gibt es tatsächlich einen Fluss der Günther heißt?" Simon fand dies sei ein komischer Name für ein fließendes Gewässer.
„Na klar!", meinte der Hurvenik ungerührt. Es ist ein kleiner Nebenfluss von Olga. Ganz in der Nähe entspringt auch der reißende Waldemar, der dann friedlicher werdend, den größten Teil seiner Kraft einbüßend, schließlich in Klothilde mündet. Klothilde hat viele Wasserarme, die dann aus ihr einen mächtigen, mächtigen Strom machen, wie Emil, Ansgar, Ludwig und Doktor Mayerbeer."
Simon schüttelte ob dieser Namensgebungen verwirrt den Kopf.
„Nicht zu vergessen, Gernot, Giselher, Volker, Marie und Kai-Uwe!" der Hurvenik war sichtbar stolz auf sein umfangreiches geographisches Wissen. „Äh, was wollte ich eigentlich sagen? Ach ja, der Impresario!" Der Hurvenik sog wieder an seinem Pfeifchen und blies einen ebenmäßig gerundeten Rauchring in die Luft. „Nun also, Kammergarn kam durch eine Furt in Günther in unser Dorf geritten."
Simon konnte sich kaum das Lachen verkneifen und ließ ein unterdrücktes Kichern hören.
„Was ist denn jetzt wieder so lustig?", fragte der Hurvenik mit gerunzelter Stirn.
„Na ja, eine Furt in Günther, hört sich irgendwie wirklich komisch an!", sagte Simon und grinste.
„Was um Himmels Willen soll daran denn bitte komisch sein?" der Kleine schien auf dem besten Wege richtig böse zu werden.
„Na ja, ich denke eben Günther, Waldemar und Gernot, das sind doch alles Namen die sich besser für Menschen oder meinetwegen auch für andere zweibeinige Wesen eignen!"„Ach keineswegs! Bei uns haben die Leute schließlich Namen wie Krautschuk,

Krinksgranx, Meppelback, Schnurzvolp, Bersekringel und Lumpinsuel!"
Bei der Erwähnung des Namens Bersekringel musste sich Simon schon wieder das Lachen verkneifen, was dem Hurvenik jedoch nicht entgangen war.
„Das ist doch nun wirklich albern, Simon! Dann stell dir doch mal vor, wenn man zum Beispiel einen gewaltigen Gebirgskamm, Eisenstein nennen würde?"
„Das wäre doch eine passende Bezeichnung, würde ich meinen!", sagte Simon und biss sich fast auf die Zunge, im Bemühen ernst zu bleiben.
„Das soll ein passender Name für so ein erhabenes Naturereignis wie ein Bergmassiv sein?", Krautschuk starrte Simon ungläubig an. Er hatte sogar seine Pfeife beiseite gelegt, so aufgeregt war er.
„So etwas trägt bei uns majestätische Bezeichnungen wie Schlimmdunsel, Trockenhaube oder Faltenkiesel! Meinetwegen vielleicht auch noch Käseschlingel, Milchgebäck oder Rippelinchen! Also, ich muss schon sagen, Simon!" Kopfschüttelnd nahm der Kleine sein qualmendes Rauchwerkzeug wieder zur Hand und blätterte dann erneut in Athanasius Notizen.
Simon schaffte es jetzt ernst zu bleiben, er wollte den Hurvenik nicht weiter erregen, das regelmäßig wiederkehrende Geräusch der umblätternden Seiten und das Schnarchen von Kammergarn machten ihn allmählich müde und bald war er friedlich eingeschlummert.
Als Simon wieder erwachte und vor den Höhleneingang trat, herrschte dort stockdunkle Nacht. Auch Krautschuk war eingeschlafen, regte sich aber bereits wieder, als Simon zurückkam. Kammergarn schnarchte immer noch, was Simon für ein gutes Zeichen hielt. Irgendwann musste er sich auf diese Weise ja einmal erholt haben.
„Wie war das denn jetzt mit dem Impresario?", fragte Simon, nachdem er einige Zweige in die spärliche Glut gelegt hatte.
Der Zopf des Hurveniks war aufgegangen, die Mütze hatte er zum Schlafen abgelegt und das lange gelbe Haar fiel dem Kleinen bis auf die Hüften. Bei dem wenigen Licht, das nun auf das Gesicht des Hurveniks fiel, hatte Simon wieder den Eindruck, dass es sich bei diesem Exemplar um ein Mädchen handeln müsse, so ebenmäßig und beinahe schön zu nennen waren seine Züge. Irgendwann würde er doch einmal danach fragen müssen, im Moment jedoch fehlte ihm der Mut, außerdem war ihm das aus irgendeinem Grund auch etwas peinlich. Wer wusste schon, wie der Kleine sich dann wieder aufregen würde?
„Ach ja!", das hatte ich ja vollständig vergessen", sagte er jetzt und schaute in Richtung des Dicken, dessen Leib sich rhythmisch hob und wieder senkte.
„Nun, wie ich schon erwähnte, kam Kammergarn durch eine Furt im Fluss Günther in unser Dorf geritten."
Diesmal gelang es Simon tatsächlich vollkommen ernst zu bleiben, nicht der kleinste Muskel zuckte in seinem Gesicht, was der Hurvenik gnädig aufzunehmen schien.
„Er sah sehr mitgenommen aus und konnte sich kaum mehr auf dem Rücken seines Mulis halten", fuhr Krautschuk fort. „Sofort war er umringt von den kleinsten Hurveniks, wir bekommen äußerst selten Besuch, musst du wissen und Kinder sind nun mal neugierig. Besonders, wenn es sich bei dem Besucher um einen Menschen handelt, denn Menschen hatten wir lange Zeit nicht mehr bei uns gesehen. Obwohl wir zu früheren

Zeiten der menschlichen Rasse gerne hilfreich zur Seite gestanden hatten, wenn auch meist im Verborgenen bleibend, hatten wir die Idee fast aufgegeben, dass aus ihnen noch etwas werden könnte. Immer kriegerischer gebärdeten sich die kleinsten Stämme eurer Art. Passte den einen die Form der Nasen des anderen Stammes nicht, wurde auf der Stelle ein Krieg vom Zaun gebrochen. Und schließlich erfanden sie auch noch, verhängnisvollerweise, das Geld. Damit schien ihr Untergang endgültig besiegelt zu sein, wie wir meinten. Für Geld und Reichtum machten die Menschen alles, kein Weg war ihnen zu weit um Schätze an sich zu reißen, keine Untat wurde als Verbrechen verurteilt, wenn sie nur ein paar wenige goldene Münzen einbrachte. Ob dabei ganze Völker ausgerottet wurden, schien ihnen vollkommen gleichgültig zu sein. Dann begann das, was sie technischen Fortschritt und Wissenschaft nannten und alles wurde noch schlimmer. Um an die Kohle für ihre dampfbetriebenen Maschinen zu gelangen, gruben die Menschen ganze Landstriche um, wofür sie wiederum Maschinen verwandten, die auch wieder Unmengen Kohle benötigten um zu funktionieren. Dabei nahmen sie keine Rücksicht darauf, ob in diesen Gegenden vielleicht noch andere Wesen existierten. Ja, selbst auf ihre eigene Art nahmen sie schließlich keine Rücksicht. Wenn sich eine Gesteinsader bis in das Land eines anderen Fürstenhauses erstreckte, brach sofort ein blutiger Krieg um die Bodenschätze aus, da war ein Hauen und ein Stechen, viele blieben mit abgetrennten Gliedmaßen oder Köpfen auf der Strecke, alles nur für den Sieg des eigenen Lagers. Ein Konzept, das wir Hurveniks ganz und gar nicht verstehen konnten. Die Menschheit schien vor lauter Gier vollständig zu verrohen und so hatten wir, die wir ursprünglich so viel von ihren Fähigkeiten gehalten hatten, keine sehr hohe Meinung mehr von ihr und zogen uns mehr und mehr in entlegenere Gegenden des Kontinents zurück."

Simon lauschte erschrocken den Worten des Hurveniks. So hatte er die Dinge noch nie betrachtet, aber wenn er sich die Sache genau überlegte war da doch einiges dran, dem er kaum hätte widersprechen können.

„Aber", fuhr Krautschuk fort und nuckelte dabei an seinem Pfeifchen, „auch dort wurden wir von der Raffgier der Menschen eingeholt und der Großteil meines Volkes machte sich auf, über die Weite des ungeheuren Umso Meeres, um dort eine neue Heimat zu finden, die noch nicht geprägt sein sollte von all den Widrigkeiten, die durch die Menschen kamen. Nur einige wenige Siedlungen befinden sich derzeit noch auf dem östlichen Kontinent und mein Clan ist einer davon." Nachdenklich starrte der Hurvenik vor sich hin, als wäre er ganz in seinen Erinnerungen an eine frühere, friedlichere Welt versunken.

„Die, die geblieben waren, versuchten immer wieder aufs Neue mit den großen Menschen auszukommen, ja, manche von uns bewunderten auch immer noch die Menschheit, die sich durch eine an Sturheit grenzende Beharrlichkeit und einen großen Erfindungsreichtum auszeichnete. Wir liebten die Art der Musik, die sie in die Welt gebracht hatten, die Malerei, die Architektur und die Bildhauerei, Literatur, allesamt Formen der Selbstdarstellung, die unserem Volk immer fremd geblieben waren, und last but not least, verliebten wir uns ins das Theater. Wir verschlangen alle Stücke derer wir habhaft werden konnten. Immer wieder sandten wir kleine Abordnungen von Hurveniks hinaus in die großen Städte der Menschen, um uns mit neuen Anregungen zu versorgen und

führten unter uns die Tragödien und Komödien auf, die die genialsten Schreiber ersonnen hatten."
Während seiner letzten Ausführungen war der Hurvenik sehr lebhaft geworden, das alte Feuer war in seine grün leuchtenden Augen zurückgekehrt und seine Arme hatten begonnen wild zu gestikulieren. Simon beobachtete dies fasziniert und konnte sich doch langsam etwas in den Kleinen hineinfühlen. War es ihm nicht ähnlich ergangen, als er das erste Mal eine Gute-Nacht-Geschichte vorgelesen bekommen und später dann so viele Bücher mit Heißhunger verschlungen hatte?
„Und so kam nun Kammergarn mit letzter Kraft in unser Dorf geritten. Das mag wohl jetzt schon gut neun Jahre her sein. Man hatte ihm übel mitgespielt, Landsknechte hatten ihm sein Hab und Gut abgenommen und ihn noch dazu böse zugerichtet. Seit seiner frühesten Kindheit war er mit einer Schauspieltruppe unterwegs gewesen, die sogenannte Musikalien aufgeführt hatte. Eine Kunstform, die unser Volk für etwas minderwertig erachtet, reiht man in diesen Aufführungen doch die einfachsten, eingängigsten, ohnehin beim Volk sehr beliebten Melodien aneinander und spinnt dann daraus eine Handlung, die jegliche kausale Logik in den meisten Fällen vermissen lässt. Dennoch waren wir sehr angetan von der professionellen Herangehensweise des Mannes. Er beherrschte die Techniken, die einen wirklich guten Schauspieler ausmachen aus dem FF. Mit kleinen Gesten große Wirkungen zu erzielen, darin war er ausgesprochen gut. Er kannte all die Tricks und Kniffe, die es braucht, um auch ein größeres Publikum zu fesseln und so in eine Geschichte hineinzuziehen, dass es seine alltägliche Mühsal für ein paar wenige Stunden vergessen konnte. Und so kamen wir dann irgendwann einmal auf die Idee mit den Marionetten. Nur für die paar Bewohner unseres kleinen Dorfes zu spielen war uns nicht mehr genug. Krinksgranx, ich und die anderen, die sich der Muse des Theaters verschrieben hatten, brachen mit Kammergarn auf in die große Welt, um die Bretter, die nämliche ja bedeuten sollen, zu erobern. Wieder verstummte der Hurvenik und erinnerte sich an die großen Erfolge, die die Truppe hatte feiern können.
„Und, als wir merkten, dass es den meisten Menschen nicht gerade besonders gut ging, die Massen ausgeplündert wurden von raffgierigen Herren, wurden auch die Stücke die wir aufführten immer revolutionärer. Wir versuchten die Leute wachzurütteln, endlich ihr Schicksal in die eigenen Hände zu nehmen, die Tyrannen abzuschütteln und vielleicht so eine bessere Welt zu schaffen in der alle Rassen gemeinsam friedlich nebeneinander würden existieren können."
Krautschuk legte die ausgegangene Pfeife beiseite, seufzte, und sah Simon mit Tränen in den Augen an. Der Junge wusste, dass der Kleine in diesem Moment an den armen Hurvenik dachte, dessen Schädel sorgsam präpariert als Jagdtrophäe in der Taverne des abgelegenen Dörfchens Dalfort hing.

Die Nacht verging ereignislos und am nächsten Tag schien sich das Wetter etwas zu beruhigen. Zwar pfiff der Wind immer noch stark von Westen, doch nicht mehr mit solcher Kraft wie noch am Tage zuvor. Mit Kammergarn allerdings wurde und wurde es nicht besser. Er lag noch immer fiebrig auf seinem Lager, Schüttelfrostwellen durchzuckten seinen wohlgenährten Körper, seine Gesichtsfarbe wechselte beständig

von einer Friedhofsbleiche hin zu einer Röte, die der leuchtenden Farbe eines Hahnenkamms entsprach. Dann und wann schrie er etwas im Schlaf, als würde er noch dazu von wüsten Albträumen geplagt werden, doch konnten die beiden anderen kein Wort von dem verstehen, was der Dicke von sich gab. Immer wieder liefen dem Armen Bäche von Schweiß über Gesicht und Körper. Wenn es mit ihm so weitergehen sollte, müsste er eigentlich in kürzester Zeit extrem an Gewicht verloren haben. In klareren Momenten war der Impresario immerhin noch dazu fähig um einen Schluck Wasser zu bitten, um seine ausgetrocknete Kehle zu befeuchten, ansonsten aber war er still und wälzte sich allerhöchstens einmal stöhnend hin und her.
Simon machte sich nun wirklich ernstlich Sorgen um seinen Zustand. Würde Kammergarn überhaupt noch in der Lage sein ihre Reise fortzusetzen? Was sollten sie aber mit ihm anstellen, hier in dieser Wildnis? Die beiden beschlossen noch einen Tag abzuwarten, wenn es ihm dann immer noch nicht besser ginge, würde man eine Lösung dieses Problems finden müssen.
Und wirklich, zur Erleichterung von Simon und Krautschuk, hatte sich Kammergarn bis zum nächsten Tag so weit erholt, dass sie ein Weiterreiten für möglich hielten. Zwar war der Impresario noch sehr schwach aber Krautschuk meinte, er würde sich schon auf dem Pferd halten können. Auch war er in der Lage gewesen zum Frühstück etwas zu sich zu nehmen, keineswegs die Unmengen, die er normalerweise schon um diese Tageszeit vertilgen würde, aber immerhin. Krautschuk hatte einen äußerst starken Tee gebraut, den er noch mit allerlei geheimnisvollen Kräutern versetzt hatte, deren Namen sich Simon unmöglich hatte einprägen können. Jedenfalls hatte der Hurvenik ein Kraut erwähnt, das so ähnlich geklungen hatte wie 'Gepfropfter Sonderling' und Simon staunte aufs Neue über das umfangreiche botanische Wissen des Kleinen.
Sie sattelten die Pferde, die sich sichtlich erholt hatten und freudig ihren Dienst wieder aufzunehmen schienen. Auch das frische, feuchte Gras, das sie draußen vorfanden, rupften sie mit Begeisterung, sobald sie die Dunkelheit der Höhle verlassen hatten. Krautschuk gab die Richtung vor und bald waren die drei auf einem Weg angekommen, der zwar auch wieder nur wie ein alter, längst vergessener Trampelpfad wirkte, der aber zu früheren Zeiten durchaus eine richtiggehende Straße durch die Weiten des Schimmerwaldes gewesen sein mochte.
Man sah Kammergarn, an welche Mühe es ihn kostete, sich im Sattel zu halten. Oft entfuhr ihm ein Stöhnen, wenn sein Reittier über einen Wurzelstrang steigen musste und er etwas durchgeschüttelt wurde, aber er hielt sich tapfer. Bis zum Mittag hatten sie schon eine ganz schöne Strecke hinter sich gebracht, Krautschuk überprüfte noch einmal mit Hilfe der Karten und des Kompasses die Richtung, in der es weitergehen sollte, schien aber recht zufrieden mit ihrem Fortkommen.
„In ein, zwei Tagen werden wir wieder etwas mehr von der Sonne sehen!“, sagte der Hurvenik hoffnungsfroh. Wirklich war es immer noch stockdunkel unter den Bäumen, kaum je kamen sie einmal auf eine Lichtung. Das Rauschen des Blattwerks über ihren Köpfen hatte etwas hypnotisch Beruhigendes an sich, deshalb hatten sie die meiste Zeit nichts geredet. Jeder war mit seinen eigenen Gedanken beschäftigt und hatte die anderen fast ausgeblendet.

Mit einiger Anstrengung wurde Kammergarn wieder auf den Rücken seines Reittieres verfrachtet und Simon bewunderte wieder einmal die Körperkraft des Hurvenik, die man in dem winzigen, zierlichen Kerlchen niemals vermutet hätte. Kaum, dass der Impresario sich auf dem Rücken des Pferdes befand, ging es ihm denn auch schon ein wenig besser. Er pendelte nun nicht mehr wie ein nasser Sack beständig hin und her, sondern brachte jetzt durchaus die Kraft auf das Tier zu lenken. Bis zum Abend hatten die drei dann doch noch einige Meilen hinter sich bringen können, obwohl der Weg nun durch Schluchten und unwegsameres Gelände geführt hatte, was das Reiten nicht angenehmer machte. Auch mussten sie beim Abstieg in ein tiefer gelegenes Tal absitzen und die Pferde am Zaumzeug den Hang hinunterführen, die Gefahr eines Sturzes wäre sonst zu groß gewesen. Nur der Hurvenik war im Sattel geblieben, schließlich wurde das Tier vom Gewicht des Kleinen in keinster Weise behindert. Unten angekommen waren die anderen froh wieder aufsteigen zu können und einige Zeit später begann es über ihren Köpfen heller zu werden.

Ein wunderschönes breites Tal lag vor ihnen, dass sie in voller Länge würden durchqueren müssen und dies stimmte die Freunde froh, denn zwar dräuten zu ihrer linken und rechten, weit oberhalb die riesigen Bäume des Waldes, doch würde es immerhin, der dann im Osten stehenden Sonne morgen in der Früh möglich sein, dieses wunderschöne grüne Tal mit ihren Strahlen zu finden. Mitten durch die Senke plätscherte fröhlich ein Bächlein, an dem sie sich nur allzu gerne niederließen um die Nacht dort zu verbringen. Der Wind hatte nachgelassen, die Wolken hatten sich schon am frühen Nachmittag verzogen und die jetzt untergehende Sonne erwärmte das Tal noch einmal, bevor die Nacht sich darüber senken würde. Ein wahres Blütenmeer erstreckte sich von Ost nach West, die buntesten Wiesenblumen aller Art hatten hier ein Refugium gefunden, da nur an diesem Ort genug Licht eindringen konnte, sie wachsen zu lassen. Da sie nun diesen paradiesischen Ort gefunden hatten, verflüchtigten sich alle finsteren Gedanken und Simon wurde geradezu übermütig. Wie ein kleines Kind sprang er wieder und wieder über den Bach, wälzte sich dann wie ein junger Hund im Gras und jubelte laut all seine Freude hinaus in die Welt.

Krautschuk und Kammergarn blickten den Jungen an, als hätte dieser den Verstand verloren, sahen dann aber, dass es sich hierbei nicht um eine ernsthafte Erkrankung des Geistes handeln könne und lachten mit ihm. Schließlich bemerkte Kammergarn noch einige zuckende Fischleiber in dem Gewässer und suchte daraufhin eine ruhigere Stelle aus, an der er eine improvisierte Angelrute ins Wasser halten konnte. Und wirklich gelang es dem Impresario innerhalb kürzester Zeit einige Bachforellen herauszuziehen, die durch die Abgelegenheit des Tales niemals zuvor mit Menschen in Berührung gekommen waren, sich daher gänzlich unvorsichtig verhielten, um dann auf der Stelle Opfer des versierten Anglers Kammergarn zu werden. Nach diesem abendlichen Festmahl schliefen die Freunde dann alsbald mit vollen Mägen zufrieden ein. Sie fühlten sich sicher und geborgen an diesem wunderschönen Ort.

Der Onkel und sein Neffe

Soylentius hatte dem Baron frech ins Gesicht gelogen, als er die baldige Hinrichtung der Rädelsführer angekündigt hatte. Gut, das Schicksal der kleinen Kerle, die dort mit Athanasius tief unten im Verlies eingekerkert waren, war ihm herzlich egal, doch den alten Mann würde er auf jeden Fall erst einmal verschonen müssen. Zwar wäre es dem Zauberer ein Herzenswunsch gewesen seinen alten Widersacher am Strang enden zu sehen, doch würde er dessen Wissen und seine Kunst doch noch sich zu Nutze machen können, wie er insgeheim hoffte. Er war sicher, dass Melchidiekes genau der richtige dafür war, die letzten Geheimnisse des Gezeitensiebs offen zu legen. Soylentius wusste sehr genau um die Fähigkeiten des alten Alchimisten, ihm war es zuzutrauen die benötigten Waffen von der anderen Seite herüber zu schaffen. Bisher war es den Zauberern, die Soylentius hinübergeschickt hatte, nur gelungen kleine, handtellergroße Gegenstände mit sich zu führen, wenn sie wieder in diese Welt eintauchten. Größere Gerätschaften waren einfach nicht zu transportieren, sie prallten einfach an dem Sieb ab, als würden sie gegen eine zähe gummiartige Masse stoßen. Auch machte Soylentius immer noch große Sorgen, dass so viele seiner Leute anscheinend nicht mehr den Weg zurück fanden. Viele seiner Untergebenen befanden sich immer noch auf der anderen Seite, manch einer mag wohl aufgehalten worden sein, vielleicht in einem Kerker gelandet beim Versuch Waffenmaterial zu ergattern. Vielleicht waren auch einige andere auf eine Taverne gestoßen und hatten sich nicht mehr von den geistigen Getränken einer völlig anderen Welt losreißen können. Das war denen durchaus zuzutrauen, diesem Pack, dachte der Zauberer. Er hatte für die meisten seiner eigenen Zunft nur Verachtung übrig, er benutzte seine Kollegen nur, so wie er auch alle anderen Menschen benutzte, die mit ihm in Berührung kamen. Jedenfalls musste er diese Probleme zuallererst einmal lösen, bevor er Baron Bodo und seine Sippschaft loswerden konnte, um sich selbst im Palast breit zu machen. Allerdings musste er zuvor dafür sorgen, dass im Land wieder Ruhe einkehrte und noch genügend Gold in der Staatskasse war, um die Gläubiger zufriedenzustellen. Er konnte jetzt keine offene Rebellion gegen das Fürstenhaus brauchen, nicht bevor er genügend Waffen hatte und genug Söldner um sich geschart haben würde, um die Getreuen des Barons zu entwaffnen. Soylentius verließ seine hochherrschaftlichen Gemächer, um im Schlossgarten einmal nach dem rechten zu sehen.

Der Garten, der einst der ganze Stolz des alten Hjalmar gewesen war, befand sich jetzt in einem wahrhaft jämmerlichen Zustand. Trotz der Jahreszeit war an den meisten Bäumen kein grünes Blatt mehr zu erkennen. Allgemein herrschte auf dem gesamten Gelände die schöne Farbe Grau vor, dafür aber in allen Nuancen. Von Schiefergrau bis schimmelgräulich waren alle Farbabstufungen reichlich vorhanden, die sich ein schwarzes Herz, wie das des Zauberers Soylentius nur wünschen konnte. Auch das Gewächshaus war in den letzten Monaten sehr heruntergekommen. Die wenigen verbliebenen Glasscheiben, die nicht das Opfer der zahlreichen Explosionen geworden waren, waren allesamt schwarz, rußig verfärbt und hingen nur noch gefährlich lose in ihren Rahmen.

Drinnen waberten immerwährend übelriechende Qualmwolken über dem Boden, selbst der unaufhörlich durch das Haus brausenden Zugluft war es nicht möglich den stinkenden Dunst zu vertreiben. Auf fleckigen Sofas, die überall dort platziert worden waren, wo noch ein wenig Schutz vor dem prasselnden Regen gewährleistet war, lungerten jeweils kleine Grüppchen heruntergekommener Gestalten herum, die nur durch ihre meist recht zerdrückten Kopfbedeckungen als Mitlieder der Alchimistenzunft ausgewiesen waren. Auch diese befanden sich wie das gesamte Gelände in einem Zustand, den man nur jammervoll nennen konnte. Auf den ringsum aufgestellten Herden brodelten allerlei Brühen vor sich hin und kochten langsam ein. In den meisten Töpfen befand sich inzwischen auf dem Boden nur noch eine schwarze gummiartige Masse, die sich nie mehr von dem Kochgeschirr würde lösen lassen. Die schweren Steinplatten, die den Fußboden des ehemaligen Gewächshauses bildeten, waren teilweise tief in die Erde eingesunken, weshalb alle Tische, Stühle und das übrige Mobiliar sämtlich schief standen. Dazu war jede Oberfläche übersät von leeren und halbleeren Flaschen und Krügen. Zu dem unerträglichen Gestank, der von den Töpfen ausging, kam noch der Alkoholdunst hinzu, der sowohl vom Atem der dösenden Zauberer, als auch von den vielen Lachen verschütteten Bieres ausging. Manch einer hätte den Raum betreten und wäre Minuten später mit schweren Vergiftungserscheinungen ohnmächtig wieder hinausgetragen worden, wenn er nicht über die Konstitution eines trinkerprobten Alchimisten verfügt hätte.
Bei jedem Schritt den Soylentius machte, stieß er an irgendein Trinkgefäß, denn auch der Boden war bedeckt von Gläsern, Flaschen und Tonkrügen. Wohin der Magier auch seinen Fuß setzte, klapperte und schepperte es, trotzdem fühlte sich niemand alarmiert durch den Lärm. Ganz bis zum anderen Ende des zugigen Raumes bewegte sich Soylentius bis er auf einer widerlich, schmutzigen Chaiselongue, denjenigen laut schnarchend vorfand, den er gesucht hatte.
Grimmbert van Ahlen, war einmal ein hoffnungsvoller Adept der Alchimistenkunst gewesen. Das war bevor er wie so viele andere seiner Kollegen der Trunksucht verfallen war. Jetzt schien er nur noch ein Abklatsch seiner selbst zu sein. Soylentius selbst hatte ihn unter seine Fittiche genommen und ihm seine Ausbildung zukommen lassen, die für den mittellosen Waisenknaben die Rettung gewesen war. Und so wurde ihm dies nun gedankt, dachte der Zauberer nun, als er auf den stinkenden, verlausten Körper seines schlafenden Assistenten hinuntersah. Fast lag etwas wie Zärtlichkeit in dem Blick, mit dem Soylentius den schnarchenden jungen Mann bedachte, ja beinahe liebevoll rückte der Zauberer jetzt die speckige Wolldecke zurecht, mit der sich der Jüngling vor der Kälte hatte schützen wollen. Dann wurde er sich jedoch wieder seiner Absicht bewusst, dem Kerl heute endlich einmal den Kopf zurechtrücken zu müssen. Er streckte beide Arme aus und rüttelte den Schlafenden derb an den Schultern, so dass dieser ein widerspenstiges Stöhnen von sich gab.
„Wach auf, du faules Stück Katzenkot!“, fuhr der Zauberer ihn an. „Wach auf der Stelle auf oder ich mache aus dir ein Frikassee und werfe dich den Geiern vor, elender Lump!“
„Lass mich, lass mich!“ Der junge Mensch versuchte sich die Decke über die Ohren zu ziehen, um seine Umgebung wohltätig auszublenden, was ihm allerdings nicht gelingen wollte, denn Soylentius zog nun die Decke mit einem Ruck von seinem Körper.

„Du wirst jetzt aufstehen, faules Aas!", rief der Alchimist, sich langsam in seine Wut hineinsteigernd. Ringsumher begannen sich die Zunftkollegen zu rühren und manch einer wollte sich schon über den Lärm beschweren, der sie bei ihrer wohlverdienten Ruhepause störte, erkannte aber bald die Stimme des Meisters und ließ dies dann tunlichst bleiben.
„Aufstehen, verdammt noch mal!"
„Nur noch ein Viertelstündchen!" Grimmbert blinzelte Soylentius aus kleinen Schweinsäuglein an. Jetzt erst schien er zu erkennen, wer ihn da aus dem Schlaf riss, erschrocken machte er nun die Augen auf, wälzte sich von seinem Lager herunter und landete auf den Knien. „Oh Onkel, du bist es! Ich muss wohl kurz über der Arbeit eingenickt sein. Kannst du mir diesen Lapsus noch einmal verzeihen?"
Grimmberts Unterwürfigkeit reizte den Magister umso mehr, er spürte das Heuchlerische darin, konnte dem Burschen aber doch nicht böse sein. Auf seine ganz eigene Weise hatte Soylentius den Knaben gern, ja auf seine Art liebte er ihn geradezu abgöttisch. Das pickelige, aufgedunsene Gesicht des jungen Mannes war geradezu abstoßend, der ganze Kerl starrte vor Dreck, die langen, braunen, völlig verfetteten Haare hingen ihm bis ans Kinn herunter, kaum vermochte er überhaupt noch etwas zu sehen aus den zusammengekniffenen Augen. Es war schon spät am Abend, die Sonne war fast schon hinter den erstorbenen Bäumen verschwunden, trotzdem setzte sich der Jüngling jetzt eine dunkel getönte Brille auf die Nase, weil ihn die Helligkeit gar so blendete.
„Was wünschst du, Onkel?", fragte Grimmbert dann und versuchte sich vergeblich Staub und Dreck von seinem Gewand zu klopfen.
„Was ich wünsche? Das fragst du auch noch?" Diese unschuldige Zurschaustellung von Unwissenheit begann den Zauberer ernstlich wütend zu machen. „Ich wünsche, dass du Gold in ausreichender Menge herstellst, du versoffener Kerl! Ich wünsche, dass du einmal irgendetwas Vernünftiges tust, statt ständig nur zu saufen! Das wünsche ich!"
Das Gesicht des Jünglings wurde noch bleicher bei diesen Worten.
„Aber Onkel, ich habe alles versucht, wirklich alles! Außer ein paar Unzen, allerdings äußerst hochwertiges Gold zustande zu bringen, ist uns bisher nichts geglückt. Dafür haben wir immerhin einige Tonnen bestes Eisenerz aufwenden müssen!"
„Papperlapapp!", meinte Soylentius. „Diese ständigen Ausreden lasse ich nicht mehr gelten! Habe ich dir nicht all mein Wissen beigebracht? Habe ich mich nicht aufgeopfert in dem Bestreben etwas in diese hohle Birne hineinzubekommen? War ich nicht wie ein liebender Vater zu dir, Junge? Und wie wird es mir gedankt?"
Soylentius wusste natürlich nur zu genau wie es mit dem Verwandeln von blankem Eisen in wertvollstes Gold bestellt war. Natürlich hatte er seinem Schüler nie verraten, dass dieses Unterfangen schon vor Generationen von der Alchimistenzunft als absurd eingestuft und im Prinzip fallen gelassen worden war. Doch immer wieder wurde ja von raffgierigen Feudalherren gerade dies gefordert und so hatten sich einige, wenige darauf spezialisiert, den hohen Herrschaften immer noch diese Möglichkeit schmackhaft zu machen, um zumindest sich selbst eine goldene Nase zu verdienen.
„Habe ich dir nicht all meine Weisheit zur Verfügung gestellt?", salbaderte der Magister weiter. „Warum? Warum strafst du mich, deinen Ziehvater, mit solch einer groben Undankbarkeit?"

„Aber…“, wollte der junge Mann einwenden und blickte Soylentius ängstlich herausfordernd an.
„Nichts aber!“, rief dieser wütend aus und ein feiner Sprühregen aus seinem Mund senkte sich auf Grimmbert. „Ich gebe dir jetzt noch eine letzte Chance, eine letzte Gelegenheit dich zu beweisen!” Der Zauberer nestelte in den Innentaschen seines Gewandes herum und zog schließlich einige zerknitterte Pergamentrollen hervor.
„Dieses Rezept wirst du nun anwenden und sollte dies nicht zum Erfolg führen, dann Gnade dir Gott!“ Er breitete die Blätter, die mit seiner krakeligen Handschrift über und über bedeckt waren vor dem Jungen auf einem kleinen Tischchen aus, das er kurzerhand vorher mit dem Ärmel abgeräumt hatte, so dass etliche Flaschen und Gläser auf dem Fußboden zerschollen waren. Grimmbert musste zur Durchsicht zuerst seine dunklen Gläser abnehmen und sah danach Soylentius erstaunt an.
„Aber, das habe ich ja noch nie gesehen! Was ist das?“, fragte er dann und hielt die Schriften näher an den Kerzenstumpf, der auf dem Tischchen noch etwas Licht gab, aber schon gefährlich weit heruntergebrannt war.
„Das ist die ultimative Rezeptur, Junge! Lange wurde sie nicht mehr verwandt, doch jetzt scheint mir die richtige Zeit dafür gekommen sein!“, rief der Alchimist nun so laut, dass es auch jedermann, egal in welch erbarmungswürdigem Zustand er sich denn befinden mochte, hören musste.
„Nun, gut!“, meinte Grimmbert. „Da werde ich aber noch einige Ingredienzien besorgen lassen müssen.“
„Tue das! Und du weißt du hast hier die Oberaufsicht! Du allein bist mir verantwortlich für das Gelingen! Ausreden werden nicht mehr geduldet! Und jetzt schick deine Untergebenen los, das Nötige heranzuschaffen! Und macht hier drinnen endlich mal sauber, in diesem Abfallhaufen ist es unmöglich anständig zu arbeiten und Sauberkeit ist unbedingt notwendig in der Wissenschaft, wie oft soll ich das eigentlich noch sagen?“
Soylentius erhob sich und klatschte in die Hände. „Auf, auf, ihr faules Pack! Ihr folgt jetzt endlich einmal den Anweisungen, die euch Grimmbert geben wird!“, rief er dann laut und wartete bis ringsherum ein mürrisch, zustimmendes Raunen zu hören war.
„Gut! Ich gebe euch eine Woche Zeit, dann will ich Ergebnisse sehen! Ergebnisse!“, rief Soylentius dann mit einem drohenden Unterton an die Allgemeinheit gerichtet, dann tätschelte er Grimmbert noch einmal den fettigen Kopf und verließ mit flatternden Rockschößen das verfallene Gewächshaus, nicht ohne dabei allerlei Krüge und Flaschen mit den Füßen durch die Gegend zu befördern.
Soylentius war sich selbstverständlich bewusst, dass auch mit dieser Rezeptur, welche anzuwenden er Grimmbert beauftragt hatte, kein wirkliches Gold herzustellen war. Allerdings würde das Material, dass bei dem Prozess herauskommen würde, genau wie Gold aussehen. Es würde sich anfühlen wie pures Gold, es würde genau so viel wiegen wie die gleiche Menge Goldes. Ja, es würde sogar schmecken, sollte man das Verlangen haben es sich in den Mund zu stecken, wie reinstes Gold. Jedoch würde es innerhalb eines einzigen Monats sich in einen stinkenden Ballen garstig grünen Schleim verwandeln, ähnlich der Materie, die man bei einer schweren Bronchitis aushustet.

Simon erwachte vom Geräusch des munter dahinplätschernden Bächleins, gerade begann auch die Sonne im Westen in schönstem Morgenrot aufzugehen. Die beiden anderen schliefen noch friedlich und Simon wusch sich erst einmal ausgiebig in dem klaren, sauberen Gewässer, sammelte etwas Brennmaterial auf und begann den morgendlichen Tee zu bereiten. Dann regten sich auch Krautschuk und Kammergarn allmählich. Dem Impresario schien es heute schon viel besser zu gehen, er reckte und streckte seinen dicken Leib ausgiebig und blinzelte verschlafen in die ersten Sonnenstrahlen.
„Aah, ich habe geschlafen wie ein kleines Baby an der Mutterbrust!“, gähnte er dann heraus. „Was für ein schönes Plätzchen ist das doch hier!“ Er blickte anerkennend nickend in die Landschaft.
„Ja, aber wir sollten zusehen, dass wir weiterkommen!“, meinte Krautschuk, wie immer seine Gedanken fest auf das nächste Ziel gerichtet. Er kramte Karten und Kompass aus Simons Gepäcktaschen hervor und bestimmte die Himmelsrichtung. „Das Tal führt ziemlich genau von Ost nach West, wir müssen eigentlich erst mal nur dem Bach hier folgen bis wir wieder in den Wald abtauchen.“
Nach einem ausgiebigen Frühstück, das ihre Vorräte erheblich schmälerte, sattelten die drei auf und folgten wie besprochen dem Lauf des Wassers. Kammergarn saß heute viel aufrechter im Sattel, seine Gesichtsfarbe hatte wieder den gewohnten rötlichen Ton angenommen, auch war er wieder gesprächig wie eh und je. Allerdings konnte er sich an die unheimliche Begegnung mit den Sternenmunkeln überhaupt nicht mehr erinnern, das letzte, was er noch wusste, war eingeschlafen zu sein und im Traum ein Lied gehört zu haben, das ihn irgendwie tief ergriffen hatte. Dann war da nichts mehr, erst an die Dunkelheit in der Höhle konnte er sich dann entsinnen, und dass ihm furchtbar kalt gewesen war. Alles andere hatte sein Gedächtnis beiseitegeschoben, was vielleicht auch das Beste war.
Gutgelaunt ritten die Freunde, die wärmende Sonne im Rücken, in westlicher Richtung durch ein Meer von Wiesenblumen. Kaum ein Pflänzchen hatte der Sturm knicken können, so geschützt war dieses Tal gelegen. Ringsum ragte zu allen Seiten der Schimmerwald auf, der aber aus dieser Perspektive viel von seiner Bedrohlichkeit verlor. Es grauste jedoch allen dreien vor dem Moment sich wieder unter das dichte Blätterdach begeben zu müssen und erneut der Helligkeit und Wärme zu entbehren. Zuerst jedoch hatten sie ja noch einige Meilen zurückzulegen, die sie durch dieses zauberhafte Tal führen würden.
Der Tag versprach sonnig zu werden, kaum ein Wölkchen stand am Himmel und tiefer Friede lag über der Landschaft. Der Gesang der Vögel, der schon vor Stunden begonnen hatte, wuchs an zu einer nicht enden wollenden Sinfonie. Immer wieder setzte ein krächzender Eichelhäher einen rauen Kontrapunkt, der Zeisig zwirbelte immer neue Melodeien aus seinem Kröpfchen, die Enten schnatterten oboengleiche Läufe heraus und die Lärche gab die dicke Frau, die mit ihrer Arie dieses Opernhaus von Mutter

Natur zum Beben brachte. Nach jedem Gesangsstück applaudierte das Bächlein mit tosendem Beifall, was die Künstler dazu brachte Zugabe auf Zugabe folgen zu lassen.
Simon lauschte hingerissen. Das erste Mal seit dem Beginn ihrer Flucht, war ihm wohltuend warm ums Herz. Zwar waren die Sorgen um die Seinen immer noch seine ständigen Begleiter, doch fühlte er jetzt, im Sonnenschein dahinreitend, dass sich doch alles zum Guten wenden würde, er seine Familie und Freunde wiedersehen und nichts sie dann wieder würde trennen können.
Als sie am frühen Nachmittag eine Rast einlegten waren sie dem Waldesrand schon reichlich nahe gekommen, deshalb wollten sie noch ein wenig die wärmenden Strahlen der Sonne genießen, bevor die Finsternis des Schimmerwaldes wieder die Herrschaft übernahm. Kaum hatten sie es sich ein wenig gemütlich gemacht und die Pferde ins tiefere Gras geführt, vermeinte Simon ein dumpfes Beben zu vernehmen. Er legte den Kopf auf die Erde und lauschte angestrengt, wirklich schien etwas im Erdinnern zu dröhnen oder war dies nur der kleine Wasserfall, über den der Bach brausend plätscherte, an der Stelle, an der sie Halt gemacht hatten? Simon kletterte auf eine Birke die am Wasser stand und kraxelte von Ast zu Ast, höher und höher hinauf, bis er einen besseren Überblick über die Umgebung hatte. Nichts zu sehen. Alles schien friedlich. Kein Zweiglein bewegte sich, absolute Windstille, auch die Vögel hatten aufgehört zu singen, möglicherweise machten auch sie eine von der Musikantengewerkschaft erkämpfte Mittagspause. Simon spähte auf seinem Ausguck in alle Himmelsrichtungen, weit nach Osten erstreckte sich nun das Tal als er die Wegstrecke betrachtete, die sie seit dem Morgen zurückgelegt hatten. Auch da rührte sich nichts, nicht einmal ein Grashalm schien im Wind zu wippen. Totenstille.
Dann brachen plötzlich vom Norden her Reiter durch den Waldesrand. Mit lauten Rufen trieben sie ihre Pferde an und traten den Tieren derb die gespornten Kampfstiefel in die Flanken. Die mit Rüstungsteilen versehenen Uniformen schimmerten im Sonnenlicht. Die Gesichter von Helmen halb verhüllt, die nur die Augen und die Kinnpartien freiließen, kamen die Reiter angaloppiert, die Münder zu bösen Fratzen verzogen.
Simon hielt sich beim Herunterklettern mit den unteren Ästen nicht mehr auf, sondern sprang. Unglücklicherweise standen ihre Pferde ein kleines Stück weit weg und so rannten Kammergarn, der sich den Hurvenik ohne zu zögern einfach in die Manteltasche gesteckt, und Simon, der schnell noch seinen Seesack geschultert hatte, auf die Tiere zu. Die beiden schwangen sich geschwind in die Sättel und versuchten in Richtung Westen zu entkommen, hier war der Wald, der vielleicht etwas Schutz bieten mochte, am nächsten.
Die Soldaten waren jedoch schon dicht hinter ihnen. Simon hörte sie schreien und fluchen. Als er sich umwandte, glaubte er an der Spitze der Verfolger Weybrecht van Aken zu erkennen, der mit gezogenem Krummsäbel wild herumfuchtelte, um seine Leute zu mehr Eile anzutreiben.
„Hey, hey! Ihr Schrumpfköppe! Gebt den Viechern die Sporen, verdammt!“, hörte Simon den Hauptmann von Baron Bodos Garde schreien, wobei sich seine heisere Stimme hysterisch überschlug. „Schnappt euch die Kerle! Es ist eine schöne Belohnung auf ihre Köpfe ausgeschrieben! Beeilung! Lasst sie nicht in den Wald entkommen, ihr Pack!“

Simon folgte Kammergarn, der einige Meter Vorsprung hatte und gerade eine günstige Stelle gefunden hatte, um über den Bach zu setzen, der sie jetzt vor den rettenden Bäumen abschnitt. Mit einem gewagten Sprung überquerte der Impresario das, an dieser Stelle schon stärker fließende Gewässer und war auf der anderen Seite angelangt. Simon folgte ihm ohne Zögern, sein Pferd hob zum Sprung an, er krallte sich in der Mähne des Tieres fest, um nicht abgeworfen zu werden und war drüben. Weiter, immer dem Dicken hinterher, der beim Springen bedrohlich von links nach rechts geschwankt war, sich aber hatte auf dem Pferd halten können.
„Ihr Lahmärsche! Weiter, weiter!" schrie Weybrecht seinen Soldaten zu, die allem Anschein nach ihre Pferde gezügelt hatten, um sich eine bessere Stelle zum Überqueren des Gewässers zu suchen. Das gab den Freunden ein wenig mehr Vorsprung. Obwohl auch Weybrecht am selben Ort über den Bach hatte springen wollen, hatte sein Rappe ihm den Gehorsam verweigert und hatte sich vor dem brausenden Bächlein aufgebäumt, so dass der große hässliche Mann beinahe gestürzt wäre. Weybrecht hatte dann erneut Anlauf genommen und das Tier gezwungen zu springen, was es dann auch tat und wohlbehalten auf der anderen Seite ankam, während die übrigen Verfolger dreißig Meter weiter durch das seichtere Wasser wateten und dadurch Zeit verloren. Kammergarn, der sich immer noch vorne befand, hatte jetzt die ersten Bäume erreicht und ritt in einem Höllentempo über den von Laub bedeckten Waldboden. Jetzt war er gezwungen langsamer zu werden, um nicht gegen die immer dichter stehenden Bäume zu prallen. Auch Simon gelangte jetzt an die Stelle an der Kammergarn verschwunden war, vor ihm eine mannshohe Hecke, was dahinter lag war unmöglich zu erkennen. Trotzdem trieb er sein Pferd an und wirklich flog es geradezu über das Hindernis hinweg und hatte gleich darauf weicheren Boden unter den Hufen. Simon atmete erleichtert aus, als sie wohlbehalten gelandet waren. Weybrecht hatte nicht genau erkennen können wo die beiden in den Wald eingetaucht waren, da ihm einen Augenblick lang sein anscheinend zu groß geratener Helm beim Sprung über den Bach auf die Nase gerutscht war und er einige Sekunden benötigt hatte, um ihn wieder in die richtige Position zu bringen. Er zügelte das Tier, saß ab und wartete auf die Nachkommenden.
„Ihr feiges Gesindel, elende Schlangenbrut, verräterisches Pack!", konnte Simon noch hören, bevor die Stille des Waldes die Stimme des Hauptmanns erstickte. Kammergarn wartete ein paar Meter weiter vorne auf ihn.
„Alles klar, Junge?", fragte der Impresario besorgt und musterte Simon, als wollte er feststellen ob noch alles an ihm dran war.
„Alles klar!", sagte Simon atemlos, glitt vom Rücken des Tieres und führte es am Zügel zu seinen Freunden. Gerade war Krautschuk mit einem Kopf, der genauso rot war, wie das Mützchen, das schief auf ihm thronte, aus Kammergarns Manteltasche gekrochen und auf den Boden gesprungen.
„Muss das denn immer sein?", beschwerte sich der Hurvenik, richtete seine Kopfbedeckung und blickte weit nach oben in das Gesicht des Impresarios. „Geht das nicht vielleicht ein wenig sanfter? Ich glaube eine meiner Rippen ist gebrochen, als du mich mit deinen fetten Pranken geschnappt hast!" Die Art und Weise auf die sich der Hurvenik beschwerte, kam Simon jetzt doch wieder auf seltsame Weise mädchenhaft vor.

Dann hörten sie Hufgetrappel auf der anderen Seite des dichten Gebüsches. Jedes Geräusch vermeidend, führten sie nun die Pferde tiefer in den Wald hinein. Gerade noch rechtzeitig, denn das Gesträuch wurde gleich darauf von Armbrustpfeilen förmlich zersiebt, die jedoch glücklicherweise im Geäst steckenblieben oder in eine andere Richtung weiterflogen, als in die, welche die Fliehenden instinktiv eingeschlagen hatten. Auch die wenigen Musketenschüsse, die Weybrecht abfeuern ließ, fanden nicht ihr Ziel und schreckten nur die friedlichen Waldbewohner wie Reh und Hase auf.
„Macht Kleinholz aus dem Gestrüpp, ihr Torfköpfe!", drang dumpf klingend die Stimme Weybrechts an Simons Ohr, und sofort hörte man es hacken und knacken, als die Söldner begannen wie wild geworden mit ihren Schwertern auf die Hecke einzuschlagen. Sogar den großen Kriegswaffen trotzte das wild wuchernde Gestrüpp erstaunlich lange, doch schließlich verloren die Dornen den ungleichen Kampf. Als eine Bresche geschlagen war, stiegen die Soldaten wieder auf ihre Pferde und begannen damit die Umgebung auf Spuren abzusuchen. Bald wurden sie fündig und nahmen die Verfolgung wieder auf. Kammergarn und Simon waren wieder aufgesessen, der Hurvenik schaute aus der Manteltasche des Dicken heraus und hielt Aussicht nach den Verfolgern. Die hatten allerdings große Mühe sich auf ihren Tieren zu halten, ständig waren ihnen Zweige und Äste im Weg, die hier am Waldesrand bis knapp über den Boden herunterhingen. Endlich fanden sie den Trampelpfad auf dem die Flüchtenden nun einen geraumen Vorsprung hatten. Jetzt kamen auch die Soldaten schneller vorwärts. Weybrecht schnauzte seine Männer ohne Unterlass an, als sei das Schreien und Fluchen zu seiner zweiten Natur geworden. Er befand sich unter einem ungeheuren Druck, hatte er doch längst dem Zauberer die Treue geschworen, er fühlte sich Bodo lange nicht mehr so verpflichtet wie Soylentius und er wollte diese Mission mit allen Mitteln zum Erfolg führen, fürchtete er doch insgeheim den Zorn des Alchimisten. Alleine wenn er sich das Gesicht von Soylentius vorstellte, überlief Weybrecht ein Schauder, so sehr hatte der Zauberer den Hauptmann unter seinen Einfluss gebracht, die Skrupellosigkeit und Boshaftigkeit des Alchimisten übertraf seine eigene bei weitem. Diese Tatsache hatte ihn zuerst irritiert, dann aber den treuesten Diener aus ihm gemacht, den man sich vorstellen konnte. Weybrecht fühlte einen inneren Drang in sich dem Zauberer zu Gefallen zu sein, es war ihm als wäre dies das einzige auf der Welt, was noch wichtig für ihn war. Längst interessierten ihn weder Gut oder Geld, schöne Frauen oder das neueste Dampfmobil, einzig und allein die Wünsche seines Herrn und Meisters zu erfüllen, danach stand Weybrecht der Sinn. Dass er diese seine Haltung dem Alchimisten gegenüber vollkommen aus freien Stücken an den Tag legte war eher unwahrscheinlich, zweifellos hielt Soylentius einen zauberischen Bann über dem Hauptmann aufrecht, der ihn so und nicht anders handeln ließ.
Der Fährtensucher hatte die Hufabdrücke der Fliehenden im Auge und gab die Richtung vor. Weit konnten die beiden noch nicht gekommen sein. Wirklich saßen Simon und Kammergarn mittlerweile in einem tiefen Gebüsch versteckt und hatten die grimmigen Männer an sich vorbeiziehen lassen. Beide waren am ganzen Körper von Dornen zerkratzt, die durch ihre Kleidung gedrungen waren. Auch ihre Pferde bluteten aus vielen kleinen Wunden, hatten sich aber Simons Hand gefügt, als er sie durch das Gestrüpp

geführt hatte. Dann blieben die Soldaten stehen und schienen sich zu beraten. Aus großer Entfernung drang die Stimme Weybrechts an ihre Ohren.
„Wo sind sie denn hin! Sie können sich ja wohl nicht in Luft aufgelöst haben! Ihr unfähigen Tölpel, schwärmt aus und bringt mir das Pack vor die Augen, tot oder lebendig!"
Simon war auf die Idee gekommen mit seinem Messer schnell ein paar Tannenzweige zu schneiden und dieses Büschel dann hinter sich herzuziehen, so dass ihre Hufspuren nicht mehr zu erkennen waren und es so aussah als hätten sich die Pferde mitsamt ihrer Reiter in die Lüfte erhoben. Ein alter Trick, von dem er einmal in einem seiner Schundromane, wie Elvira sie manchmal nannte, gelesen hatte. Behaupte doch noch einer das Lesen von Abenteuergeschichten hätte keinen praktischen Nutzen!
Der Hurvenik hatte mittlerweile eine riesige Buche erklommen, um zu sehen welchen Weg ihre Verfolger einschlagen würden. Affengleich war er in die Höhe geklettert und Simon hatte wieder einmal die Kraft und Geschicklichkeit des Kleinen bewundert. Jedoch war es Krautschuk auch von dieser Position aus kaum möglich die Soldaten, als diese sich weiter Richtung Norden bewegt hatten, mehr als fünfzig Meter weit erkennen zu können, dann verschwanden sie unter dem dichten Laubdach des Waldes. Deshalb kletterte der Hurvenik geschwind wieder hinunter und machte den Vorschlag sich leise in südlicher Richtung davonzumachen, bevor die Soldaten auf die Idee kommen würden den gesamten Abschnitt des Waldes zu durchkämmen und die Flüchtenden so doch noch aufzuspüren.
Gesagt getan, die Pferde an den Zügeln führend, zogen die drei los und versuchten jegliches Geräusch tunlichst zu vermeiden. Simon hatte auch für diesen Zweck eine gute Idee gehabt und hatte hastig eine Decke zerrissen und die einzelnen Streifen den Tieren um die Hufe gewickelt, um deren Aufprall auf dem Boden zu dämpfen. Auch dieser Einfall stammte ursprünglich von dem berühmt-berüchtigten Romanautoren Karlo Mayerfeld.
Die Freunde schienen sich weiter und weiter von ihren Verfolgern zu entfernen, so glaubten sie zumindest. Nur von weitem hörten sie noch einzelne Stimmen, die aber nicht mehr voneinander zu unterscheiden waren, die Vogelwelt, die wieder zum Leben erwacht war, übertönte diese allmählich. Weniger und weniger Licht drang durch das Blätterdach, als sie voranschritten, immer noch die Tiere am Zügel führend. Krautschuk allerdings war auf Kammergarns Pferd aufgesessen, er hatte keine Angst, dass ihn ein herabhängender Ast vom Rücken des Tieres würde streifen können. Als die drei schließlich einen Trampelpfad erreichten, beschlossen sie wieder aufzusteigen. Dieser Pfad konnte nicht von Menschenhänden angelegt worden sein, eher verkehrten hier ansonsten nur die großen Wildschweinherden, deren Opfer so mancher Reisender schon geworden sein soll, wenn er unvorsichtigerweise den sicheren Weg durch den Wald verlassen hatte. Ein paar Sonnenstrahlen fielen durch die dicht stehenden Bäume wie gleißende Säulen aus Licht und zeigten Simon, dass außerhalb des Waldes das allerschönste Wetter herrschte.

Dann brachen von allen Seiten die Soldaten auf sie los. Mit gezückten Schwertern, sich im Sattel wiegend, kamen sie herangestürmt, drohten die drei zu überrennen und sie ihn möglichst viele kleine Stücke zu hauen. Nur nach rechts hin schien noch ein Durchbruch

möglich. Nur von dieser Seite schien sich kein grimmiger Söldner zu nähern und Simon schlug seinem Pferd die Hacken in die Flanken, dass es ihm selbst wehtat. Die Tiere galoppierten los, als wüssten sie, dass es auch um ihr Leben ging. Krautschuk hatte sich in die Manteltasche des Impresarios geflüchtet und lugte mit gezücktem Messer daraus hervor. Fast hatten sie die Lücke, die ihnen die Soldaten gelassen hatten durchstoßen, da tauchte Weybrecht vor ihnen auf. Das hässliche Gesicht nun endgültig zur Fratze verzerrt, saß er auf seinem Rappen und grinste böse. Der Helm musste ihm irgendwo auf dem Weg abhandengekommen sein.
„Hab' ich euch, Gesindel! Ihr glaubt wohl ihr seid ganz besonders schlau, elende Brut, die ihr seid. Ein Fettsack und ein kleiner Junge! Und ihr habt geglaubt ihr könntet mir entkommen! Ha!", rief der Hauptmann und strich sich die fettigen Haare aus dem Gesicht, so dass seine stechenden, tiefliegenden Augen zu sehen waren.
„Wir hängen sie gleich hier auf! Ein schönes Plätzchen für ein wenig Belustigung! Man gönnt sich ja sonst nichts!" er wand sich nach seinen Männern um. Das Grinsen des Hauptmanns wurde immer breiter, Simon kam eine Schlange in den Sinn, die ihre Kiefer ausgerenkt hatte um ein besonders großes Opfer zu verzehren. Dann plötzlich verzerrten sich seine Züge noch mehr. Mit einem Mal schien er den Halt zu verlieren, rutschte mitsamt dem Sattel auf dem er saß vom Rücken des Pferdes zur Seite hinunter und schlug hart auf der Erde auf.
„Verdammt, was…, ah!", jetzt bemerkte Simon erst den Hurvenik. Der Kleine hatte die Sattelgurte von Weybrechts Tier zerschnitten und stach jetzt wie wild geworden mit seinem kurzen Dolch auf den Mann ein und brachte ihm blutende Wunden bei. Kammergarn zögerte keinen Augenblick, trieb seinen Braunen an und stob an dem flachliegenden Weybrecht vorbei. Er schnappte sich mit einer flinken Bewegung Krautschuk, stopfte ihn wieder in die Tasche und galoppierte weiter. Simons Pferd folgte dem Dicken, erwischte mit dem Hinterhuf noch den Fußknöchel des Hauptmanns, der daraufhin das Schwert fallen ließ und vor Schmerzen aufbrüllte. Simon sah noch, dass Kammergarn sich die immer noch auf seinem Kopf sitzende Melone geraderückte, in einer der unergründlichen Taschen seines Mantels wühlte, etwas daraus hervorzog und nach hinten in die Schar ihrer Verfolger warf.
Wieder hatte Kammergarn nicht die geringste Idee was für ein Gegenstand dies war, er sollte auch diesen vorsichtshalber auf freiem Gelände ausprobieren, hatte der Professor gemeint. Es waren nur die Buchstaben SEK Wiesbaden darauf eingraviert gewesen, was immer das bedeuten mochte. Kaum war das Gerät auf dem Boden aufgekommen, blies es zischend Unmengen von schwarzem Rauch in die Luft. Als Simon sich umdrehte war nichts mehr von Weybrecht und seinem Soldatentrupp zu sehen, nur dichteste Qualmwolken bedeckten das ganze Gebiet, breiteten sich weiter und weiter aus und waberten bedrohlich über dem Boden.
Simon sah die Baumstämme an sich vorbeirasen. Der Impresario war vor ihm und hetzte in halsbrecherischem Tempo durchs Unterholz. Immer wieder mussten die Tiere halbhohe Hindernisse mit Sprüngen überwinden und Simon wurde derart durchgeschüttelt, es grenzte an ein Wunder, dass er sich im Sattel halten konnte. Außer dem dumpfen Hufgetrappel war kaum etwas zu hören, nur von weitem drang noch ein langsam

verebbendes, heiseres Husten an sein Ohr, die Lungen der Söldner hatten schwer mit dem schwarzen Rauch zu kämpfen. Als sich der Junge noch einmal im Sattel umdrehte, sah er einige Männer aus den Qualmwolken torkeln, röchelnd, wie blind um sich tastend, um nicht gegen den nächsten Baum zu laufen, er glaubte erkennen zu können, wie sich einer auf den Knien kauernd übergab.
Kammergarn war schon einige Pferdelängen weiter, doch standen die Bäume nun wieder dichter und es wurde unmöglich dieses Tempo länger durchzuhalten. Allmählich verfielen die Tiere in einen langsameren Trab um eine Kollision mit den dicken Stämmen zu vermeiden. Kammergarn ließ Simon zu ihm aufschließen.
„Was war denn das nun wieder?“, fragte Simon und richtete sich im Sattel auf.
„Auch wieder so ein Spielzeug, das der Professor mitgebracht hat, keine Ahnung!“, meinte Kammergarn, der völlig außer Puste war, so hatte ihn der Ritt angestrengt. „Hat aber funktioniert! Dachte allerdings eher, dass das Ding explodieren würde! Die werden sich aber bald wieder von dem Schrecken erholt haben, machen wir dass wir weiterkommen!”
„Ja, schnell! Nur weg von hier!“ Der Hurvenik schaute aus der Manteltasche heraus, immer noch den blutverschmierten Dolch in Händen, bereit erneut zuzuschlagen. „Wenn mich mein Orientierungssinn nicht täuscht, müssen wir uns links halten, dann kommen wir wieder Richtung Westen!“
Die Freunde trieben die Pferde wieder an und ließen sie in einem angemessenen Tempo traben, bis sie erneut auf einen schmalen Pfad stießen und sie etwas schneller werden konnten. Dann hörten sie weiter entfernt ihre Verfolger herankommen. So leicht waren die dann doch nicht abzuschütteln gewesen, hatten schnell ihre verängstigten Reittiere unter Kontrolle bringen können und waren den Flüchtenden nachgesetzt. Die kriegserfahrenen Rösser der Soldaten schienen über weitaus mehr Ausdauer zu verfügen, als die einfachen Bauernpferde von Simon und Kammergarn. Immer näher drangen die Rufe der Söldner und ein immer wiederkehrendes Husten und Röcheln an die Ohren der Freunde. Simon tätschelte seinem Reittier den Hals und flüsterte aufmunternde Worte in sein Ohr, um es zu noch mehr Eile anzutreiben, doch schien das Pferd immer langsamer zu werden. Kammergarn war ihm nun schon wieder an die fünfzig Meter voraus und blickte sich besorgt nach ihm um. Der Junge sah jetzt, dass das Haupt des Impresarios von einem hellen Lichtschein umgeben war, weiter vorne musste der Baumbestand weniger werden. Er wusste nicht, ob das jetzt gut oder schlecht für ihre Lage sein mochte. Als er Kammergarn, der auf ihn im Sonnenschein wartete, endlich eingeholt hatte, erblickte er eine weite Hochebene vor sich. Überall blühte schon die rote Erika, das Gras war mannshoch gewachsen und das Gebiet schien durchsetzt von Tümpeln und Weihern. Da und dort gluckerte ein Rinnsal aus den Wäldern in den Sumpf und kaum hatten die Hufe seines Pferdes den weicheren Boden berührt, sanken diese auch schon ein gutes Stück ins vollgesaugte Erdreich. Aus dem düsteren Wald drangen die Rufe der Söldner aus mehreren Richtungen kommend, heraus.
„Wohin jetzt?“, fragte Simon, dem ihre Lage immer weniger gefiel. „Hier unter dem offenen Himmel werden sie uns gleich geschnappt haben!“
Kammergarn nickte und sah sich verzweifelt in alle Richtungen um.

„Lass uns nach Norden gehen, entlang des Waldes, so dass wir uns im Unterholz verstecken können!", meinte der Hurvenik ruhig und zeigte mit dem Arm in die Richtung. „Das ist die einzige Möglichkeit. Die Pferde müssen kurz zur Ruhe kommen!"

Wie eine gewaltige Palisade ragte der Schimmerwald hier auf, kein einzelner Baum hatte sich dem Anschein nach auf die weite Hochebene hinausgewagt, stramm wie in Reih und Glied stehend, ragten die riesigen Gewächse in den Himmel, als ob sie ewige Wache hielten gegen einen uralten Feind.

Im Schutz der Bäume bewegten sich die Freunde am Waldesrand entlang. Im Schatten bleibend hielten sie immer wieder an, um sich nach den Verfolgern umzusehen. Die hatten anscheinend den dunklen Tann noch nicht verlassen, zumindest war seit einiger Zeit nichts mehr von ihnen zu hören gewesen und Simon hegte schon die Hoffnung, sie hätten eine andere Richtung eingeschlagen. Dann plötzlich wieder donnernde Hufe auf weichem Boden.

Der Soldatentrupp hatte sich anscheinend geteilt, ein Teil war nach Norden und einer nach Süden geritten. Simon und Kammergarn zogen die Pferde weiter ins Unterholz hinein und verbargen sich hinter der in den Himmel ragenden Wurzel einer gewaltigen Buche, die wohl schon vor langer Zeit Opfer eines Sturmes geworden war. Die Huftritte kamen näher und näher. Simon spähte über den gefallenen Baum hinweg nach draußen, ins gleißende Licht der Hochebene und sah zu seiner Linken die Söldner herankommen. Dann bemerkte er, dass einige ihrer Rösser reiterlos waren und dann war es zu spät um noch zu reagieren.

Schon stürmten die Männer, die sich in ihre Rücken geschlichen hatten, mit blanken Schwertern auf die Freunde los. Kammergarn handelte als erster und zog sein eigenes kurzes Schwert hervor. Keine Sekunde später hatte es schon Kontakt mit der Waffe eines heranstürmenden Söldners und ein lautes Klirren erklang. Simon hatte seinen Bogen parat und schickte Pfeil auf Pfeil in die über sie hereinbrechende Meute. Kammergarn hielt die Burschen noch auf Abstand und parierte ihre Angriffe trotz seiner Körperfülle mit ungeheurer Behändigkeit. Einer der Angreifer blies in ein Signalhorn, ein dumpfes Tröten erklang und die berittenen Söldner wussten nun, wo sich der Kampf abspielte. Der Hurvenik, der seinen Dolch nach dem ersten Angriff nicht mehr abgelegt hatte, hieb kräftig auf Fersen, Waden und Schienbeine der Gegner ein und mancher wälzte sich schon mit gekappten Sehnen auf dem Boden. Simon hatte mindestens einen der Kerle mit einem Pfeil ernsthaft verletzen können, er hatte genau gesehen wie die Spitze weit in den Oberarm gedrungen war, doch lange würden sie der Attacke nicht mehr standhalten können.

„Simon, wir haben keine Chance! Mach dass du wegkommst!", rief der Impresario dem Jungen jetzt zu, während er einen Schwerthieb geschickt abwehrte, den Gegner mit der anderen Hand packte und ihm mit einer Drehung den Arm auskugelte, so dass dieser hilflos im Gelenk schlenkerte. Der Mann schien keinen Schmerz zu verspüren, blickte nur nachdenklich auf seinen Arm und Kammergarn knallte ihm den Schwertknauf auf den Helm, dass er ohnmächtig zu Boden sank.

„Steig auf, du musst weg! Reite nach Westen! Immer nach Westen!", rief der Dicke noch, bevor er sich dem nächsten Gegner zuwenden musste, der herangestürmt kam.

Simon zögerte, schwang sich dann auf sein Pferd und schaute sich noch einmal nach den Freunden um. Der Hurvenik kam auf ihn zugerannt, den Dolch in der Hand, sprang fast einen Meter in die Höhe und piekste das Tier kräftig damit in die Flanke. Vor Schmerz bäumte sich das Ross auf, verdrehte die Augen und rannte dann wie besessen los. Blut rann dem Tier über die Schenkel. Simons Hände verkrampften sich um die Mähne des Pferdes, das halb verrückt vor Schmerz und Schock durchging. Es strebte auf die freie Fläche zu. Links sah Simon aus dem Augenwinkel die berittenen Soldaten, die gerade am Kampfplatz angekommen waren. Fünf von ihnen nahmen auf der Stelle die Verfolgung auf. Wütende Gesichter mit blutunterlaufenen Augen starrten Simon an. Weiter und weiter trieb er das verängstigte Tier über die Ebene, kein Strauch und kein Sumpfloch konnten es aufhalten. Die edlen Schlachtrösser der Soldaten hatten die größte Mühe mitzuhalten. Simon flog geradezu auf dem Rücken des Tieres dahin, vor sich die Weite der Hochebene mit dem endlosen Horizont, hinter sich die Soldaten mit ihren grimmigen Mienen. Plötzlich, ohne dass Simon den Grund dafür gesehen hätte, bremste das gequälte Tier abrupt mit den Vorderbeinen ab und ließ ein schauriges Wiehern hören. Simons Hände waren derart in die Mähne verkrampft, dass er sie nicht mehr lösen konnte, als er über den Rücken des Pferdes geschleudert wurde. Dann ließen seine Finger los und er fiel in ein bodenloses Nichts.

Soylentius durchstreifte mit weit ausholenden Schritten die hallenden Gänge der Festung. Tiefer und tiefer stieg er dann hinab in die unterirdischen Anlagen, die sowohl die Waffenkammern, Vorratsräume und dann ganz weit unten den Kerker beherbergten. Je weiter der Zauberer die Stufen hinunterstieg, desto schmaler wurde das Treppenhaus, bis er an eine schwere hölzerne Tür gelangte, deren gucklochartiges Fensterchen sich erst nach mehrmaligem Klopfen quietschend öffnete. Ein dunkles Augenpaar musterte den Alchimisten zuerst misstrauisch, dann zogen sich verschreckt die Pupillen des Wärters zusammen, als er Soylentius erkannte und hastig wurden die Riegel zurückgezogen und ihm Einlass gewährt.

„Wo habt ihr den dicken Zauberer eingesperrt?", fragte der Magister den völlig verängstigten Wachmann.

„Äh, ganz hinten rechts in der Präsidentensuite, wie wir den Raum nennen, Euer Gnaden!", antwortete der Wächter unterwürfig und vermied es dem Alchimisten in die Augen zu blicken.

„Wieso Präsidentensuite?", fragte Soylentius neugierig geworden.

„Ach, Euer Gnaden, ein alter Scherz der Bewachungsgilde! Nur ein dummer Scherz!" Dem armen Mann lief bei diesen Worten der Schweiß über die Stirn und tropfte schon die krumme Nase hinunter.

„Na, rück' schon mit der Sprache raus, Kerl!", fauchte der Alchimist und blickte den Wärter mit hochgezogenen, schwarz eingefärbten Brauen böse an.

„Äh, ja, Euer Gnaden!" Dem Manne schien immer unwohler zu werden, der Kragen seiner grauen Uniform wurde enger und enger und er versuchte ihn mit der linken Hand zu weiten, um besser Luft holen zu können.

„Seht Ihr, dort war einst vor einigen Jahrzehnten der letzte Hexenmeister von Hallgard eingesperrt, der für viel Unglück im Lande verantwortlich gemacht worden war. Bis ihn dann der Henker erst vierteilte, dann die Einzelteile den Hunden vorwarf und dann alles, was übriggeblieben war verbrannte, um jeder Art unheilbringender Zauberkunst ein für alle Mal Einhalt zu gebieten!"

Der Wächter hatte keineswegs die Absicht besessen diesen Tatbestand so ausführlich darzustellen, doch irgendetwas im Blick des Alchimisten hatte ihn geradezu dazu gezwungen sich so und nicht anders auszudrücken. Immer noch lief ihm der Schweiß in Strömen vom Gesicht. Die Augen demütig niedergeschlagen stand der Mann da, als erwarte er nun selbst sein Todesurteil.

„Aber, aber, guter Mann!", sprach darauf Soylentius mit engelsgleicher, süßlicher Stimme. „Warum sagtest du das nicht gleich? Oder hältst du etwa mich für einen ebensolchen Hexenmeister?"

„Nein, nein Herr! Auf gar keinen Fall, Herr!", platzte es geradezu aus dem Wächter heraus. „Wie könnte ich mir anmaßen, Euer Gnaden!"

„Dann!" donnerte Soylentius jetzt. „Ist es ja gut!" dabei blickte er den Mann mit einer

Mischung aus Verachtung und vollkommener Gleichgültigkeit an, dass es diesen kalt überlief. „Hinten, rechts, sagtest du? Gib mir den Schlüssel!"
Den Schlüsselbund spielerisch herumwirbelnd, ging der Zauberer beschwingt den schmalen, übelriechenden Gang hinunter. Zu beiden Seiten folgte Gittertür auf Gittertür, die meisten Zellen standen jedoch zurzeit leer, das würde sich bald ändern, dachte er noch. Quietschend drehte sich der Schlüssel im Loch, Soylentius schob die Türe auf und stand vor Athanasius. Als würden die dicken Eisenstäbe, die die gesamte vordere Wand der Zelle einnahmen, nicht ausreichen um den Professor an der Flucht zu hindern, hatte man ihn zusätzlich noch die Füße mit Ketten an Eisenringen befestigt, die im Boden eingelassen waren. Athanasius lag auf ein paar feuchten Heuballen hingestreckt und lächelte seinem Besucher entgegen. Das Weiße seiner Augen bildete einen merkwürdigen Kontrast zu diesem Lächeln und Soylentius hatte augenblicklich nicht mehr das Gefühl Herr der Lage zu sein.
„Nun Melchidiekes, dir scheint es ja ganz gut zu gehen, hier unten in den Eingeweiden der Erde", stellte Soylentius dann trocken fest und besah sich die Umgebung genauer.
„Ach, weißt du! Ich hätte es schlimmer treffen können! Du weißt also endlich wer ich bin?", antwortete Athanasius ruhig und ausgeglichen, als befände er sich in der Sommerfrische und nicht an diesem schmutzigen, abstoßenden Ort.
„Ja, das ist mir sehr wohl bewusst geworden. Allerdings hast du dich ja nicht allzu gut gehalten in all den Jahren!", meinte Soylentius und starrte auf den Professor hinunter.
„Ach, dieses Kompliment gebe ich nur zu gerne zurück, Soylentius. Mir scheint du wirst nur von Farbe, Schminke und ein paar kleinen Zaubertricks zusammengehalten!"
„Wie kannst du es wagen, Fettsack!", schrie der Magister Soylentius und sein totenbleicher Teint schien sich tatsächlich etwas zu verfärben, als hätte er mit einem Wattebäuschchen etwas Rouge aufgetragen.
Athanasius verzog belustigt die Lippen bei diesem Ausbruch, immer noch lag er ganz entspannt im Heu und hatte einen Arm als Stütze unter den beinahe kahlen Schädel geschoben. Der verbliebene Haarkranz stand ihm dermaßen wirr vom Kopf wie das Stachelhalsband eines bissigen Hundes.
„Was und wer sollte mich denn daran hindern, Magister? Wo hast du den eigentlich gemacht, deinen Magister? Auf der Universität von Wolkenkuckucksheim, möglicherweise?"
„Das geht dich einen feuchten Kehricht an, Fettsack! Und jetzt rück' endlich mit der Sprache heraus. Ich muss endlich herausfinden wie man größere Dinge durch das Gezeitensieb bekommen kann!"
„Und du glaubst, dass ich dir das verraten werde?"
„Ja, wer denn sonst? Schließlich habe ich dich doch selbst dort hingeschickt, freilich ohne zu wissen wer du warst. Aber jetzt, da ich mir darüber bewusst bin, dass ein ehemaliger Stipendiat der Alchymicums zu Leiden an der Sache dran ist?"
„Ha, das scheint dir ja immer noch nachzugehen von der Universität geflogen zu sein?" Athanasius lachte fast fröhlich, obwohl er sich doch augenscheinlich in einer ausweglosen Situation befand.
„Was heißt hier geflogen?", schrie Soylentius, das Gesicht zur Fratze verzogen. „Was bitte

soll das denn heißen? Warst es denn nicht du, der mich bei den Professoren angeschwärzt hatte?"
„Als ob es das gebraucht hätte! Die Leitung der Schule ist von ganz alleine dahinter gekommen, wer da im Nonnenkloster gegenüber sein Unwesen getrieben und die Klosterschülerinnen zu despektierlichen Handlungen angeregt hatte!" Athanasius musste schon wieder lachen. Das ganze Gespräch schien ihn derart zu belustigen, dass er kaum mehr an sich halten konnte. „Und was für eine Art Magie wohl hinter diesem Schabernack stecken mochte!"
„Du meinst? Du hast mich nicht verraten?"
„Nein, aber nachdem dir ein ganzer Schwarm Klosterschülerinnen mit geschürzten Röckchen tagelang hinterhergerannt war, war der Übeltäter ja nicht schwer auszumachen gewesen!"
„Aber die Leitung der Uni hat doch unmöglich hinter meine weiteren Bestrebungen zur Erforschung schwarzer Magie kommen können, ohne dass mich irgendwer hingehängt hat? Ich war doch immer äußerst vorsichtig vorgegangen, will ich meinen!"
„Vorsichtig, dass ich nicht lache. Ständig hingen doch winzige schwarz-magische Wölkchen, genau über dem Dormitorium, das du bewohnt hast. Keinem anderen aus deiner Gruppe wäre zuzutrauen gewesen sich mit derart streng verbotenen Dingen zu beschäftigen und dann dieser andauernde Schwefelgestank, der dich auf allen Wegen begleitete, wie ein treues Hündchen!"
„Also bitte, ich habe doch mindestens alle vierzehn Tage ein ausgiebiges Bad genommen, nur um keine Gerüchte über Gerüche aufkommen zu lassen!" Soylentius schien dieses Zugeständnis peinlich zu berühren.
„Das hat allem Anschein nach ja nicht viel genützt!", lachte der Professor wieder heraus. „Ständig waberten doch stinkende, braune Geisterschlieren um deinen Kopf!"
„Jetzt reicht es aber, alter Mann!", Soylentius straffte seinen Körper und baute sich vor Athanasius zu seiner vollen Größe auf, seine Stimme hatte wieder den Donnerhall, mit dem er alle seine Untergebenen beständig schikanierte. „Jetzt pack' schon aus! Was hast du eigentlich herausgefunden über die Funktionsweise des Gezeitensiebes? Wenn du nicht endlich mit der Sprache herausrückst, werde ich andere Saiten aufziehen müssen!" Bei diesen Worten wäre jedem anderen das Herz in die Hose gerutscht, nicht so bei Athanasius Greifwald.
„Ach, du drohst mir wieder einmal? Du meinst ernstlich mit deinen üblen Methoden könntest du ein vernünftiges Wort aus mir herauskitzeln?" Der Professor blickte Soylentius mit grenzenloser Verachtung an. „Vielleicht möchtest du mich gerne deinen Folterknechten überlassen?"
„Wenn es nicht anders geht, alter Mann, würde ich nicht davor zurückschrecken! Ich habe einige brandneue Befragungstechniken ersonnen, die dich schon zum Reden bringen würden!", fauchte der Zauberer zischend. „Du glaubst wohl, du bist gegen alles gefeit? Dass du dich da mal nicht täuschst!"
„Ich glaube dir gerne, dass du mich zum Reden bringen könntest, Soylentius. Die Frage ist nur, was ich dann reden würde. Du bist dir schon darüber im Klaren, dass, schotte ich meinen Geist einmal von meinem Körper ab, ich es fertigbringe, nur noch hanebüchenen

Unsinn von mir zu geben. Ungefähr die Art von Unsinn, die du den ganzen Tag ganz freiwillig absonderst!"
Soylentius wusste natürlich von den Meditationstechniken, die Melchidiekes von weisen Männern aus dem Osten erlernt hatte, der Magister hatte über die Jahre immer wieder Erkundigungen über seinen alten Feind eingezogen, um irgendwann einmal Rache nehmen zu können, und selbstverständlich war ihm klar, dass er hier mit herkömmlicher Folter nicht weiterkäme."
„Das, lieber alter Freund, werden wir dann schon noch sehen!", sagte er daraufhin mit finsterem Blick, hatte er doch noch einen Trumpf in der Hinterhand. Wenn dem Kerl schon nicht mit körperlichen Torturen beizukommen war, dann vielleicht doch mit ein wenig schwarz-magischer Kunst. Man würde sehen. Dazu bedurfte es allerdings noch einiger Kleinigkeiten. „Dann wünsche ich dir erst einmal noch einen schönen Aufenthalt!", sagte er dann mit süßlicher Stimme.
„Danke, danke! Ich habe ja hier alles was das Herz begehrt!" meinte der Professor und streckte seine Glieder auf dem schmutzigen Strohlager aus, so dass die Kette an die er gefesselte war, rasselnd über den Boden glitt.
Wütend knallte Soylentius die Tür ins Schloss und verließ eiligen Schrittes das Kellerverlies, nicht ohne den Wärter der immer noch die Tür bewachte, noch einmal gehörig Angst einzujagen, um sich ein wenig Befriedigung zu verschaffen.
Athanasius war ernst geworden als der Magister Soylentius ihn verlassen hatte. Grübelnd starrte er aus blinden Augen in die Finsternis.

Simon fiel und fiel. Längst hatte er das Bewusstsein verloren. Er bekam nichts davon mit, als er auf der Wasseroberfläche aufschlug und auf der Stelle versank. Wie ein Stein strebte er auf den Boden des Sees zu, in den er gefallen war. Luftblasen schossen aus seinem Mund nach oben, als er immer tiefer in die schimmernde, algendurchsetzte Brühe gezogen wurde. Große glotzende Fischaugen starrten das merkwürdige Bündel an, das so plötzlich den Frieden ihrer unterirdischen Welt störte. Ein Hecht schwamm neugierig herbei und musste mit Bedauern einsehen, dass trotz der enormen Größe des Tieres dieses Stück Fleisch nicht als Beute in Frage kam. Ein Krallenfrosch änderte vor lauter Schreck einige Male seine Farbe, als er Simon ansichtig wurde und nahm sich vor das nächste Mal nicht mehr so viel von diesen Pilzen zu naschen, die ihm ansonsten so wunderschöne Träume bereiteten.
Tiefer und tiefer sank der Junge bis er auf dem Grund des Sees angelangt war. Nur noch wenige Sekunden, dann würde der Impuls atmen zu wollen die Oberhand behalten und Simon würde Wasser schlucken, welches dann in seine Lungen dringen würde und den sicheren Tod zur Folge haben musste.
Da nahmen ihn plötzlich grünlich schimmernde, fast durchsichtig wirkende, zierliche Arme auf und trugen ihn wieder nach oben, der Wasseroberfläche entgegen. Fast zärtlich bettete das Wesen Simons Körper auf einen in der Sonne wie Silber glänzenden feuchten Felsen am Rand des Sees und strich ihm liebevoll die blonden Haare aus der Stirn. Simon glaubte seine Mutter singen zu hören, doch waren es fremdartige Worte,

die an sein Ohr drangen. Worte in einer Sprache, die vielleicht schon seit Jahrhunderten kein menschliches Wesen mehr vernommen hatte. Worte von unheimlicher Schönheit. Allein in ihrem Klingen lag Macht, war eine unbezwingbare Kraft spürbar, lag aber auch Liebe und Güte. Smaragdfarbene, fast substanzlos scheinende Hände liebkosten den Jungen und ernste, tiefgrüne Augen betrachteten voller Trauer und Mitgefühl sein Gesicht, als wollten sie ihn trösten, doch auch, als wollten sie ihn nicht mehr loslassen. Es schien, als föchte das Wesen einen Kampf mit sich selbst aus. Sollte es den liebreizenden Jungen wieder gehen lassen oder sollte es ihn doch mit sich nehmen? In den Tiefen des Gewässers mochte es wohl eine Art des Weiterlebens für den Jungen geben. Zwar würde es nicht die Art Leben sein, an der er bisher mit all seiner Kraft gehangen hatte. Dafür würde dieses Dasein allerdings von Ewigkeit zu Ewigkeit andauern. Kein Vergleich mit der geringen Spanne eines gewöhnlichen Menschenlebens. Endlich würde sie jemanden haben, der ihr Schicksal teilte, nie mehr würde sie alleine, nur von Kröten, Eidechsen und Fischen begleitet durch die Tiefen gleiten müssen, dann hätte sie einen wirklichen Gefährten, der sie verstehen würde, sogar eines Tages sie lieben würde können, wenn er sich denn an sein neues Leben gewöhnt hatte. Doch würde ihm das gelingen? War es einem Menschen überhaupt möglich in einer so andersartigen Welt glücklich zu sein? Zärtlich blickte das Geschöpf auf Simon hinunter. Doch als wüssten diese Augen um ein Schicksal und eine Aufgabe, die große Mühen und Gefahren barg, wand sich die Nymphe, denn um eine solche handelte es sich zweifelsfrei bei diesem zauberischen Wesen, schließlich von dem Knaben ab, nicht ohne ihm einen zarten Kuss auf den Mund zu hauchen und verschwand schließlich in den Tiefen des Sees.
Simon erwachte mit dem lieblich, fischigen Geschmack des Kusses auf den Lippen und setzte sich auf. Sofort durchzuckte ihn ein Schmerz am linken Schienbein und er bemerkte die blutende Schramme. Der Junge blickte nach oben und es erfasste ihn ein Schwindel, als er daran dachte von solcher Höhe heruntergestürzt zu sein. Wie er hier auf diesen Felsen gekommen sein mochte, konnte er sich beileibe nicht ausmalen. Doch erinnerte er sich plötzlich wie an einen Traum an die Lippen seiner Mutter, wie sie ihn manchmal des Morgens wach geküsst hatte. Direkt neben sich fand er jetzt seinen Seesack vor, was ihn noch mehr verwunderte. Die besorgte Nymphe hatte einem zufällig vorbeischwimmenden Riesenkarpfen den Auftrag erteilt, das auf dem Wasser treibende Bündel herbeizuholen. Simon wollte kaum seinen Augen trauen, doch all sein spärlicher Besitz war noch da. Und das allerwichtigste, die Karten des Professors waren unversehrt in ihrer Umhüllung, zwar leicht feucht geworden, doch war kaum ein Strich verschwommen, was an der Güte des Schreibmaterials des Alchimisten liegen musste. Stöhnend fiel der Junge zurück und rieb sich das verletzte Bein, die Schmerzen waren schier unerträglich. Aus den Fetzen eines Hemdes, das er in seinem Gepäck vorfand, machte er sich einen festen Verband, da die Wunde auch immer noch stark blutete. Er musste wohl beim Aufprall auf dem Wasser an einem Felsen entlang geschrammt sein, anders konnte er sich die Verletzung nicht erklären. Doch was sollte er nun tun? Was mochte nur mit Kammergarn und Krautschuk geschehen sein? Simon konnte nicht glauben, dass die beiden den Angriff der Soldaten überlebt haben konnten. Ein dicker Mann und ein kleiner Hurvenik gegen dreißig schwer bewaffnete Söldner, die Sache hatte unmöglich

ein gutes Ende finden können. Traurig dachte er daran, dass wohl nicht einmal ein Grabstein an der Stelle stehen würde, wo die beiden ihr Leben hatten lassen müssen und er schwor sich alles daran zu setzen eines Tages ihren Tod zu rächen und sich diesen Weybrecht vorzuknöpfen.
Doch was sollte er nun anstellen? Er war alleine, nur dreizehn Jahre alt und noch dazu verletzt, allerdings konnte er das Bein immerhin noch einigermaßen gut bewegen, so schlimm würde es wohl nicht sein. Mühsam hatte sich Simon aufgerappelt und nahm seine Umgebung in näheren Augenschein. Ringsum war der See von Steinwänden umgeben, die beängstigend hoch waren und schwer zu erklimmen sein würden. An der östlichen Seite war ein Erklettern der Felswand nahezu unmöglich, nicht einen einzigen Vorsprung konnte Simon mit seinem geschulten Auge ausmachen, war er doch immer gern auf Bäume und Dächer gekraxelt. Manches Mal hatte ihn Elvira aus aussichtsloser Lage retten müssen, als er sich schon als Fünfjähriger liebend gerne allzu hoch hinausgewagt hatte und ihm dann für den Abstieg aus schwindelerregender Höhe der Mut gefehlt hatte. Einmal sogar hatten Ubbo und Enno ein Sprungtuch, das aus einer alten Pferdedecke bestanden hatte, unter den Kirchbaum im Garten spannen müssen, so dass er heil, ohne Knochenbrüche wieder festen Boden unter die Füße bekommen hatte. Wehmütig dachte Simon an diese vergangenen Tage jetzt zurück, als er sich der Herausforderung diese Felswände erklimmen zu müssen gegenübersah.
Aber die Wand im Westen schien durchaus Möglichkeiten zu bieten, Halt zu finden. Sie wirkte bei weitem nicht so steil, wie die gegenüberliegende Seite und Simon dachte, dass er wohl hier sein Glück versuchen müsse. Wenn er jedoch diesen Weg einschlug, würde er sich weiter und weiter von seinen Gefährten entfernen, was ihm eigentlich widerstrebte, doch glaubte er auch wohl nichts mehr für sie tun zu können, wie die Dinge nun mal lagen. Er konnte nur hoffen, dass Weybrecht ihn für tot halten und verloren geben würde, obwohl er nicht annahm, dass sich die Soldaten wegen eines kleinen Jungens viel Umstände machen würden. Was konnte er schon ausrichten?
So schulterte er seinen Seesack und machte sich auf den Weg. Zuerst jedoch musste er den See umrunden, was einige Zeit in Anspruch nahm. Er schreckte davor zurück seine Habseligkeiten noch einmal der Gefahr auszusetzen nass zu werden und dann doch vielleicht die Karten des Professors zu verlieren. Es stellte sich als eine mühselige Angelegenheit heraus um den See herumzuwandern. Humpelnd bewegte sich der Junge langsam über das Geröll am Ufer, dann und wann stand das Schilf so nahe an den Felswänden, dass nur ein schmaler Pfad blieb auf dem er weiterkam. Simon war noch nicht sehr weit gekommen, als es dunkel zu werden begann. Er suchte sich ein geschütztes Plätzchen und breitete seine wenigen Besitztümer vor sich aus. Zum Glück hatte er noch eine Packung von Sybillas Lieblingskeksen für besondere Gelegenheiten aufgespart und diese besondere Gelegenheit war jetzt gekommen, denn ansonsten stand ihm nichts Essbares mehr zur Verfügung. Ein Feuer zu machen schien ihm zu gefährlich, wer konnte schon wissen, ob die Söldner nicht immer noch nach ihm Ausschau halten würden. Zum Glück jedoch waren die Felsen am Rande des Wassers so sehr von den Strahlen der Sonne aufgeheizt, dass er eine ganze Weile nicht würde frieren müssen. Noch dazu befand sich eine warme Decke aus Schafwolle in seinem Gepäck, die ihn wärmen würde.

Eigentlich war dies ein idyllisches Fleckchen Erde. Friedlich lag vor ihm der See über dem Scharen von Insekten schwärmten. Immer wieder konnte Simon ein Fischmaul aus dem Wasser auftauchen sehen, das nach einer unvorsichtigen Libelle oder einem Wasserläufer schnappte, die Zikaden zirpten um die Wette. Je dunkler es um Simon wurde, desto lauter wurde das Konzert. Die Welt schien so friedlich hier, er fühlte sich wieder zurückversetzt in die Zeiten auf dem Hof Wilhelms, auch dort würden um diese Jahreszeit die Grillen singen, manchmal würde in der Ferne ein Hund bellen, die Kühe auf der Weide würden muhend den Abend begrüßen und die Jungs säßen bestimmt im Schuppen und würden irgendeinen Streich aushecken. Über diesen Gedanken schlief der Junge schließlich ein.

Am nächsten Morgen wurde Simon von den heiseren Rufen der Fischreiher geweckt, die hier am See gewohnheitsmäßig ihr Frühstück einzunehmen gedachten. Wieder und wieder tauchten sie ins kühle morgendliche Nass und immer wieder zogen sie einen prallen Karpfen oder ein glänzendes Neunauge aus dem Wasser und ließen sich dann ihr Mahl am Ufer schmecken. Wie ein Spuk waren die Räuber dann alsbald wieder verschwunden.
Simon verspeiste noch die restlichen Kekse und machte sich dann an den Aufstieg. Und das war wirklich kein leichtes Unterfangen. Zum Glück jedoch fand er recht bald einen Weg, der nicht ganz so steil nach oben zu führen schien. Allerdings lösten sich immer wieder größere Gesteinsbrocken unter seinem Gewicht, kullerten nach unten und brachten den Jungen ins Schlingern. Die Schmerzen im Bein machten die Sache auch nicht gerade besser. Er hatte sich noch am See unten von einer jungen Birke einen Stock abgeschnitten, den er auch als Steigwerkzeug benutzte, indem er ihn immer wieder tief in Sand und Geröll rammte, um sich dann ein Stückchen daran hochzuziehen, wo er dann wieder festeren Grund vorfand. So stieg er Stück für Stück, sich mal nach links mal nach rechts wendend, immer dorthin, wo sich ausreichend Halt bot. Auf diese Weise schlängelte er sich weiter und weiter nach oben. Simon vermied es tunlichst nach unten zu sehen, nur nach oben wanderte sein Blick, um zu überprüfen wie weit es denn noch sei. Er hatte Angst, dass sähe er hinunter, ihn all sein Mut verlassen oder ihn am Ende doch noch der Schwindel packen würde. Nur noch wenige Meter trennten ihn von seinem Ziel, doch genau hier an dieser Stelle befand sich ein Überhang, der ihm unbezwingbar schien. Simon hangelte sich erst nach links, dann nach rechts an dem Felsen entlang, ohne eine Möglichkeit zu finden, sich hochzuziehen. Außerdem behinderte ihn auch noch sein Seesack, den er sich mit einem Strick an den Gürtel geknotet hatte jetzt ungeheuer. Simon löste den Knoten, verschaffte sich so gut es ging einen sicheren Stand und warf den Sack in einem weiten Bogen über den Felsen. Das Kunststück gelang zu seinem Glück und seine Habseligkeiten waren schon mal in Sicherheit gebracht. Jetzt musste es ihm nur noch gelingen sich selbst nach oben zu bugsieren. Er streckte die Arme so weit wie möglich nach oben, und legte den Birkenstock über eine herausragende Steinkante des Überhangs, dann zog er sich mit einem Klimmzug daran hoch. Jetzt kam der gefährlichste Moment. Er würde den Stock mit beiden Händen gleichzeitig loslassen müssen, um sich dann allein am Gestein festhalten zu können. Simon nahm alle

Konzentration zusammen. Jetzt nur nicht hinuntersehen dachte er noch, als er über dem Abgrund an dem dünnen Holzstab baumelte, ließ ihn los, griff sofort wieder zu, klammerte sich mit all seiner Kraft an den Felsen, stieß sich mit den Füßen ab und schaffte es schließlich das Gewicht seines Körpers nach oben zu ziehen. Auch die Füße fanden noch einmal Halt, dann hatte er es geschafft. Völlig atemlos rollte er auf dem Grasboden ein Stück weiter und blieb dann schwer atmend auf dem Rücken liegen.

Erst eine geschlagene halbe Stunde später war es Simon möglich sich hier oben umzusehen. Wie auf der anderen Seite lag eine weite Brachfläche vor ihm, durchsetzt mit morastigen, sumpfigen Stellen, an denen das Schilf und Gras in die Höhe geschossen war. Die Fläche erstreckte sich über eine Meile in westlicher Richtung bis wieder die ersten Vorboten des Waldes auftauchten, als hielten sie Wacht über das Land. Nur vereinzelt standen hie und da einige, wenige kümmerliche Birken, krumm vom Winde gebeugt, in der Heidelandschaft. Simon würde wohl wieder in die Dunkelheit des Schimmerwaldes eintauchen müssen, denn im Westen sollte sein Ziel liegen. Es waren wohl noch etliche Meilen zu bewältigen bis er ans Ufer des Umso Meeres kommen würde, dachte er mit Schrecken. Wie würde er dies allein und noch dazu zu Fuß bewältigen können? Würde er irgendetwas Essbares finden unterwegs? Simon fühlte sich bei diesen Überlegungen plötzlich sehr einsam, ja er glaubte sich von Gott und der Welt verlassen. Es dauerte einige Zeit bis er wieder Mut schöpfen konnte, alleine der Gedanke an seine Kameraden und an ihr ungewisses Schicksal brachte ihn endlich dazu sich aufzuraffen und sich auf den Weg zu machen. Hatte nicht der Hurvenik gesagt, der Professor setzte viel Vertrauen in ihn? Diesem Vertrauen wollte Simon auf jeden Fall gerecht werden. Kampflos würde er nicht aufgeben. Er würde dieses mysteriöse Sieb schon finden, dann würde er weitersehen.

Bis zum späten Nachmittag, die Sonne begann sich bereits im Westen zu senken und blendete ihn allmählich sehr, war Simon bis an den Waldrand vorgerückt. Trotz seines Humpelns diese Strecke bewältigt zu haben, erfüllte den Jungen mit neuer Hoffnung. Nicht ohne weite Umwege um moorige Stellen und morastige Gebiete machen zu müssen, war er immerhin bis unter den Schutz der ersten großen Tannen gekommen. Es gelang ihm sogar ein kleines Feuerchen zu entzünden, um in der kühlen Nachtluft nicht frieren zu müssen. Kein wärmendes Getränk konnte er sich jedoch bereiten und nichts mehr zu essen war übriggeblieben, nachdem er am Morgen die letzten Kekse verzehrt hatte. Trübe Gedanken erfüllten Simon nun aufs Neue, doch war der Junge derart erschöpft, dass er bald eingeschlafen war.

Das Hämmern eines Spechtes weckte ihn zum Sonnenaufgang wieder auf. Es war ein majestätisches Schauspiel, das sich da im Osten abspielte und Simon genoss die ersten, wärmenden Sonnenstrahlen, bevor er sich aufmachte in die Düsternis des weiten Schimmerwaldes. Immer noch humpelnd betrat er nun die laubbedeckten Hallen, die Stämme der Bäume wirkten auf ihn wie Säulen, die ein riesiges grünes Dach trugen. Er fragte sich wie er ohne Kompass die Richtung würde einhalten können, ohne in die Irre oder gar noch im Kreis zu gehen. Dann fiel ihm ein, dass der Wind zumeist vom Westen her wehte, demnach musste sich an der Rinde der Bäume an dieser Seite weniger Moos befinden, und wirklich gelang es ihm auf diese Weise, sich zurechtzufinden und langsam, sehr langsam der Küste entgegenzugehen. Auch dieses Wissen hatte er wohl in irgendeinem Buch aufgeschnappt und er war froh darüber schon so früh im Leben eine Unmenge von Wälzern verschlungen zu haben. Wie oft war er nicht hinter dem Ofen hervorzulocken gewesen, wenn er sich wieder einmal ganz und gar in solch einer Geschichte verfangen hatte? Wie oft hatte er sich die Neckereien von Ubbo und Enno anhören müssen, wenn er absolut keine Lust verspürt hatte, mit ihnen draußen auf dem Hof irgendeinen Unsinn auszuhecken? War er einmal in den Fängen eines literarischen Machwerkes, das ihn ganz und gar fesselte, war nichts mehr in dieser Hinsicht mit dem Jungen anzufangen gewesen. Auch Elvira hatte ihn oft gescholten, wenn er dann zwei, drei Tage lang gar nicht mehr vor die Türe gehen wollte, ließ ihn aber gewähren.

Simon lief und lief und lief. Vieles ging ihm durch den Kopf, als er so allein durch den Wald wanderte. Erinnerungen kamen hoch, Kleinigkeiten fielen ihm plötzlich wieder ein, an die er jahrelang keinen Gedanken verschwendet hatte. Die Böswilligkeit von Lehrer Hämel, die verstohlenen Blicke der Jungs, wenn sie dabei waren wieder einen Schabernack auszuhecken, die blaue Schürze von Fräulein Ludmilla, die sie immer getragen hatte, wenn sie im Kräutergarten die Rosen beschnitt, die Lieder der Wanderarbeiter kamen ihm in den Sinn, die so oft die Weite des Umso Meeres besungen hatten und er summte eine kleine Melodie vor sich hin, zu der ihm allerdings der Text entfallen war. Seltsam, was man nicht alles im Kopf behalten kann, dachte er.

Als es noch dunkler wurde, als es eh schon unter dem Blätterdach die ganze Zeit über

gewesen war, suchte sich Simon ein Plätzchen zum Ausruhen, entfachte wieder ein wärmendes Lagerfeuer und hüllte sich mit knurrendem Magen in die Decke.
Am nächsten Tag das gleiche, doch um die Mittagszeit hatte er das Glück an eine Lichtung zu gelangen an deren Rändern Himbeersträucher standen. Die Beeren waren gerade reif geworden und Simon aß mit Heißhunger, das erste Mahl nach zwei Tagen. Sein Magen schmerzte ihn hinterher ein wenig aber das ließ bald wieder nach. Jedenfalls gab ihm diese unverhoffte Mahlzeit die Energie, um bis zum Abend weiterzuwandern. Auch hatte er einen kleinen Vorrat der süßen Beeren mitgenommen die er im Köcher aufbewahrte, die Pfeile hatte er zu einem Bündel geschnürt und wieder in den Sack gesteckt. Weiter, immer weiter lief der Junge und oft gingen seine Gedanken dabei ganz andere Wege. Auch nahm er des Öfteren die Karten des Professors in die Hand und saß grübelnd darüber. Krautschuk hatte dies die meiste Zeit ihrer gemeinsamen Reise über getan und hatte zu keinem Resultat kommen können. Für Simon war dieses Kartenwerk gänzlich undurchschaubar, zwar waren seine Noten in Geographie beileibe nicht die schlechtesten gewesen, doch kam ihm vor, als läge den Zeichnungen des Professors kein rechter Maßstab zugrunde. Es blieb ihm nur die Hoffnung vielleicht auf seinem Weg jemandem zu begegnen, der sich mit derlei besser auskennen würde als er und der ihm einen guten Rat geben könnte.
Wieder verging eine unbequeme Nacht, wieder hatte sich heimlich in der Dunkelheit eine boshafte Wurzel unter seinen Allerwertesten geschoben, die, wie Simon hätte schwören können, am Abend zuvor noch nicht dagewesen war.
Mit krummem Rücken erhob sich der Junge, naschte von den verbliebenen Beeren und wanderte weiter und weiter. Seit dem vergangenen Tag stieg das Gelände an und das Laufen wurde immer beschwerlicher. Auch standen die Bäume nicht mehr so dicht beisammen, und hier bestand der Wald beinahe nur noch aus Nadelgehölz. Sein Magen hatte längst aufgegeben ihn durch Geräusche auf sich aufmerksam machen zu wollen, als Simon die glitzernde Fläche eines Bergsees vor sich liegen sah. Er brauchte eine geraume Zeit, um sich mit den nackten Füßen in das seichte Wasser des Ufers vorzuwagen, war es doch unglaublich kalt. Aber als er sich langsam daran gewöhnt hatte gelang es ihm schließlich mit viel Geduld eine der zutraulichen Regenbogenforellen, mit beiden Händen blitzschnell zulangend, aus dem Wasser ans Ufer zu katapultieren. Jetzt konnte er sich endlich eine vernünftige Mahlzeit zubereiten. Auch fand er am Waldrand einige Blaubeerbüsche vor, so dass er ein richtiges Menü zusammenstellen konnte. Satt und zufrieden lehnte er sich nach der Mahlzeit zurück, eine grenzenlose Müdigkeit schwappte über ihn, wie das Wasser eines Sees an sein Ufer, doch rappelte er sich auf und wanderte weiter.

Nach einer unruhigen Nacht, seltsame Träume waren durch sein Hirn gegeistert, erhob sich der Junge rasch und lief, nachdem er die restlichen Beeren verzehrt hatte, wieder los. Die Bäume standen nun nicht mehr so dicht beisammen, obwohl es den ganzen Morgen abwärts ging und man vermuten würde, dass weiter unten doch der Baumbestand dichter sein müsste. Auch wanderte Simon jetzt wieder durch ein Gebiet in dem Erlen, Buchen und Eichen öfter anzutreffen waren. Sein verwundetes Bein schmerzte wieder etwas mehr und ohne zu humpeln konnte er sich nicht fortbewegen. Weniger und weniger Bäume umgaben ihn nun, der Untergrund wurde steiniger und das Gehen auf dem harten Boden mühseliger. Bis zum Mittag hatte er endlich den Wald hinter sich gelassen. Die Wärme der Sonne tat dem Jungen wohl, immer wieder legte er kurze Ruhepausen ein, setzte sich auf einen Felsen und genoss die Helligkeit nach dem tagelangen Streifen durch die düsteren Wälder.

Nachdem Simon dann unter großen Mühen, wirklich schien er mit seiner Kraft langsam am Ende zu sein, die letzten verbliebenen wie verkrüppelt und vom Wind zerzaust wirkenden Bäume hinter sich gelassen hatte, stand er nun endlich am Rande des unendlich wirkenden Umso Meeres. Heftig schnaufend fand er sich am Rande der Klippen wieder, von denen aus er eine atemberaubende Aussicht auf die schier grenzenlose Weite des Ozeans unter ihm hatte.

Ein tiefer Friede begann sich wie eine wärmende Decke über den Jungen zu legen, kaum spürte er mehr den Schmerz, der immer noch dumpf in seinem Bein pochte, derart hatte ihn der Anblick der endlosen Weite in ihren Bann gezogen. Vorsichtig setzte er sich auf einen Felsen am Rand der Klippe und ließ die Beine über den Abgrund baumeln. Nie hatte Simon jemals zuvor das Meer erblickt, nie hatte er sich dessen Majestät auch nur annähernd so vorstellen können, wie es nun auf ihn wirkte, obwohl er doch so oft von diesem Augenblick geträumt hatte. Nichts kam dem Anblick gleich, der nun vor seinen Augen lag.

Lächelnd erinnerte er sich an die spöttischen Bemerkungen seiner Schulfreunde, die sich immer wieder über seine sehnsuchtsvoll, ausschweifenden Vorträge lustig gemacht hatten. Zugegebenermaßen hatte er des Öfteren etwas besserwisserisch doziert über alles, was mit der Seefahrt auch nur im Entferntesten etwas zu tun hatte, so fasziniert war er gewesen von dem, was er sich an Wissen angelesen hatte. Simon wusste über jeden Schiffstyp aufs Beste Bescheid, konnte die Zahl der Masten nennen, die Art der Takelage, die Bauart des Rumpfes, sogar das Flaggenalphabet hatte er auswendig gelernt und konnte sofort aufsagen, was welche Beflaggung bedeutete. Unzählige Geschichten von Piraten, Freibeutern und Seeschlachten bevölkerten seine Fantasie, nicht alle diese Heldentaten von bärbeißigen Seeleuten, sprechenden Papageien, lüsternen Schiffsköchen und entführten Fürstentöchtern konnten eine reale Grundlage vorweisen, doch das war Simon recht egal. Er hatte eben alles aufgesaugt, was über dieses Thema an Büchern aufzutreiben gewesen war und so mischte sich dies alles auf wunderliche Weise in seinem semmelblonden Köpfchen.

Nun hatte er doch noch recht behalten, er hatte den weit entfernten Ozean erreicht, nie hätten Anton und die anderen das für möglich gehalten und doch erfüllte Simon keine Genugtuung über das Erreichte, sondern er fühlte sich winzig klein im Angesicht des endlosen Umso Meeres. Doch wie sollte es jetzt weitergehen? Er würde den Hafen von Schmollstau erreichen müssen, dies allein schien Simon vollkommen klar zu sein. Nur von hier aus war eine Überfahrt zu den Inseln möglich. Doch momentan wusste er nicht einmal in welcher Richtung Schmollstau nun liegt. Sollte er sich nach Norden oder in südliche Richtung bewegen? Der Junge kramte die Karten des Professors hervor und wollte versuchen anhand der Beschaffenheit der Küstenlinie herauszufinden, wo er

sich ungefähr befand. Wirklich glaubte er nach langem Betrachten der Zeichnungen ein auf der Karte eingezeichnetes Merkmal mit der Form der Klippen, die zu seiner linken lagen, in Einklang bringen zu können. Der von feucht glänzendem Grün bewachsene Landarm ragte weit ins Meer hinein und wenn man ihn von dem etwas höher gelegenen Punkt, an dem Simon gerade stand betrachtete konnte man mit etwas Fantasie zwei gekreuzte Finger darin sehen, die wirkten wie die Glieder einer Hand, die versteckt hinter dem Rücken einen Schwur ungültig machten. Ganz ähnlich wirkte eine Landzunge, die der Professor kunstgerecht, vielleicht auch mit ein wenig zu viel künstlerischer Freiheit, aufs Papier gebracht hatte. Nach Süden würde er gehen müssen. Je länger Simon Karte und Umgebung miteinander verglich, umso klarer schien ihm dies. Allerdings sah es nach einem recht weiten Weg aus bis nach Schmollstau, wenn er jetzt auf der Karte betrachtete, wo er sich demnach befinden musste.
Wenn er doch nur ein Pferd hätte, ein Maultier, einen Ochsenkarren! Aber es nutzte ja alles nichts, er würde es weiterhin zu Fuß versuchen müssen. Doch begann es jetzt schon zu dämmern und den Weg am Rande der Meeresklippen würde er in der Dunkelheit nicht antreten können, da war die Gefahr einen falschen Schritt zu tun und in die donnernde Brandung hinunterzustürzen doch zu groß. Daher beschloss Simon für diese Nacht sein Lager hier, an Ort und Stelle aufzuschlagen und den nächsten Morgen abzuwarten.
Der Sonnenuntergang war ein wahrlich atemberaubendes Naturschauspiel und Simon wäre überwältigt gewesen beim Anblick des in die Fluten eintauchenden Feuerballes, vom Farbenspiel der roten Sonne und des türkis schimmernden Wassers, wäre er nicht schon vor der Zeit friedlich eingeschlummert.

Simon hatte nicht das Gefühl sonderlich lange im Reich der Träume gewesen zu sein, als die ersten Regentropfen zu fallen begannen.
„Auch das noch", sagte er missmutig vor sich hin, geweckt zu werden, unter welchen Umständen auch immer, hatte noch nie zu den Dingen gehört, auf die er gnädig zu reagieren wusste. Allerdings war ihm das Wetter ja glücklicherweise in den letzten Tagen hold gewesen, so dass er sich jetzt eigentlich nicht beschweren konnte. Jetzt zuckten auch schon grelle Blitze über den Nachthimmel und das Donnergrollen schien auch nicht mehr aus allzu großer Ferne zu kommen. Gleichzeitig jedoch glaubte er in einiger Entfernung das Klingeln kleiner Glöckchen zu vernehmen, vermischt mit dem Klappern aneinanderschlagenden Metalls. Die Geräusche schienen näher und näher zu kommen. Ja, jetzt war auch das dumpfe Auftreffen von Pferdehufen auf dem harten, steinigen Boden zu hören, gleichzeitig wurde das Getöse lauter und lauter. Ein Gefährt schien sich zu nähern und zur selben Zeit nahm auch der Himmelslärm stetig zu und ein unangenehm kalter Wind begann aufzukommen, während Simon begann seine Habseligkeiten aus Furcht vor der Nässe in aller Eile gut zu verschnüren. Jetzt konnte Simon in all dem Chaos auch ein kleines flackerndes Licht ausmachen, das auf ihn zukam. Es schien ein Karren zu sein, gezogen von einem Ochsen, von einer Art, die Simon noch niemals zu Gesicht bekommen hatte. Die gewundenen Hörner des Zugtieres erinnerten eher an einen aphalusischen Wasserbüffel denn an das Gehörn eines gemeinen Rindviechs, und

um den Kopf des Tieres gewickelt war ein Kranz, gebunden mit allerlei farbenfrohen Herbstwiesenblumen, Farnen und Kräutern, der Schmuck des Tieres wirkte jetzt allerdings unendlich trostlos, wie er so regennass über die Ohren des Ochsen herunterhing. Auf dem Kutschbock eine krumm gebückte Gestalt, von welcher kaum etwas zu erkennen war, schien sich das Geschöpf doch aufgrund des Unwetters in alle Textilien gehüllt zu haben, welcher es gerade hatte habhaft werden können.
Der Wagen war von herkömmlich robuster Machart. An den Außenseiten des gänzlich verschlossenen Laderaums waren Töpfe, Pfannen und eine Unzahl anderer Gegenstände angebracht, deren Zweck Simon rätselhaft blieb. Diese schlugen durch das Schaukeln des Gefährtes beständig aneinander, was einen Höllenlärm verursachte und aufgrund des unebenen Weges wirkte die Schaukelbewegung auf Simon, als würde ein großes, ungeschlachtes Lebewesen bedrohlich auf ihn zuzukommen. Ja, für einen kurzen Augenblick hatte er das Bild eines großen, dunklen Drachen vor den Augen, der auf ihn zugestapft kam. Simon wischte sich diese Vision schnell von den regenblinden Augen und schon erblickte er wieder den Wagen mit dem eigenartigen Zugtier und der vermummten Gestalt auf dem Kutschbock, die nun auch ihn wahrgenommen zu haben schien.
„Hooo, hoo Mathilde“, rief der Kutscher mit heiserer Stimme und zügelte das Tier, was ihm sichtlich schwerfiel, musste er sich doch mit seinem ganzen Gewicht nach hinten stemmen und als der Ochse endlich stand, fiel der Mann mit einem Plumps auf seinen Allerwertesten.
„Wen haben wir denn hier?“, fragte er und musste seine Stimme sehr strapazieren, um gegen den Lärm des Unwetters anzukommen. Der Alte blickte dabei eher in den schwarzen Himmel hinauf, als in Simons Gesicht. „Könnte es sein, dass bei diesem Wetter noch irgendwer anderer unterwegs ist als meiner einer?“, trötete der Fuhrmann, wobei sich seine Stimme mehrmals überschlug, wie bei einem Jüngling, der in dieses gewisse Alter kommt. „Das halte ich denn doch für fast unmöglich, niemand wäre doch so wahnsinnig in der Nacht, bei Sturm und Regen und dann noch in dieser üblen beleumundeten Gegend herumzulaufen!“, brüllte er weiter und blickte jetzt Simon das erste Mal an, wobei er die pitschnasse Kapuze nach hinten streifte und sein Gesicht sehen ließ.
Ein Antlitz wie aus altem, gut abgehangenem Eichenholz geschnitzt kam da zu Vorschein, wobei der Künstler wohl die Absicht gehabt hatte, aus jedem Jahresring des Baumes eine tiefe Runzel ins Gesicht des Mannes zu gravieren, welches von Furchen und Falten ganz und gar durchzogen war.
„Wohin des Weges, junger Mann“, fragte die Gestalt nun und dabei ging ein bebendes Zucken über seine Züge, was durch die flackernden Blitze am Himmel nur umso unheimlicher wirkte.
„Ich bin auf dem Weg nach Schmollstau, Herr“, schrie Simon über das Tosen des Windes hinweg. „Wohin reist Ihr, Herr? Falls Ihr in die gleiche Richtung fahrt, wäre ich sehr dankbar, wenn ihr mich ein Stück mitnehmen könntet?“
„Dann haben wir ja fast denselben Weg“, schrie der Kutscher, „Spring auf!“
Simon schwang seinen Säckel in den Fußraum des Gefährtes und sich selbst neben den Fremden auf den Kutschbock. Diesen konnte er jetzt zum ersten Mal aus der Nähe betrachten und so kam er ihm nun nicht mehr sonderlich bedrohlich vor, bemerkte er

nun, dass der Mann nicht über eine besonders beeindruckende Körpergröße verfügte. Obwohl Simon ja doch noch in keinster Weise ausgewachsen war, überragte er den Alten zumindest im Sitzen etwas.
„Na denn los, Mathilde“, rief der Fremde aus und schon setzte sich der Wasserbüffel wieder in Bewegung, so dass das alte Holz des Wagens ächzte und Töpfe und Pfannen wieder ihren gewohnten Rhythmus zu schlagen begannen. So saßen sie eine ganze Weile schweigend nebeneinander auf dem Kutschbock, während das Brausen und Tosen der Elemente um sie herum stärker und stärker wurde.
„Ich glaube in diesem Sturm werden wir nicht mehr weit kommen“, rief der Fremde dann, während sie kurz davor waren von einer Erhebung wieder in eine Senke der Landschaft einzutauchen. „Wir werden dann doch wohl hier ein Nachtlager aufschlagen müssen und darauf hoffen, dass es mit dem Sauwetter bald ein Ende haben wird!“
Der leichte Anstieg linkerhand schien einigen Schutz vor dem Querregen zu bieten und so zügelte der Kutscher wieder mühsam sein Zugtier, sprang für sein Alter recht behände, schwungvoll vom Wagen und begann in aller Ruhe Mathilde vom Zugjoch abzuschnallen. Ein Lagerfeuer zu entfachen war leider unmöglich zu bewerkstelligen und so saßen die beiden nun fröstelnd, kauernd in der Nässe und warteten das Nachlassen des Unwetters ab.
„Werde mal versuchen noch eine Mütze voll Schlaf zu bekommen“, meinte der Fremde alsbald, kroch zwischen die Räder des Karrens, wickelte sich fester in seine zahlreichen Umhänge und schien kurz darauf wirklich eingeschlafen zu sein, denn trotz des Tosens des Sturmes war bald darauf ein knarrend, asthmatisches Schnarchen zu vernehmen. Simon, der vor sich hinbibberte, suchte daraufhin auch den Schutz des Wagens auf und lehnte sich erschöpft mit dem Rücken an eines der Räder, woraufhin auch er bald eingenickt war. Der Regen klatschte unaufhörlich auf den steinigen Boden der Küstenstraße, im Nu hatten sich riesige Pfützen gebildet, Rinnsale liefen den Berg hinunter und wurden zu einem kleinen See in der Senke. Unentwegt zuckten grelle Blitze über den nachtschwarzen Himmel und erhellten die Umgebung auf unheimliche Weise. Es war ein Wunder, dass Simon unter diesen Umständen in der Lage war zu schlafen, aber sein Körper zollte wohl den Anstrengungen der letzten Tage Tribut.

Simon hatte keine Ahnung wie lange er geschlafen hatte, als ihn ein tiefes Brummen weckte. Der Sturm hatte weidlich nachgelassen und nur noch ein feiner Nieselregen war von ihm übriggeblieben, der sich nun wie eine Decke über der Landschaft ausgebreitet hatte. Simon lief bis zum Rand der Klippe und sah auf den Ozean hinaus. Unten am Strand zankte sich ein wilder Schwarm Möwen lautstark um das Strandgut, das der Sturm angeschwemmt hatte. Als er dann zum Wagen zurückkehrte, unter dem der Alte immer noch friedlich zu schlafen schien, sein Schnarchen war weithin zu hören, drang noch ein anderes Geräusch an Simons Ohr. Es klang wie ein sonores Brummen und kam allem Anschein nach aus dem Inneren des Gefährts. Neugierig geworden trat der Junge näher an den Wagen heran, um festzustellen was dieses eigenartige Geräusch verursachen mochte. Der Mond war noch nicht unter und die Sonne noch nicht recht aufgegangen und ein unheimliches Zwielicht beleuchtete die Umgebung, sich noch

nicht zwischen Tag und Nacht entscheiden könnend. Wieder hörte er das Gebrumme. Obwohl die Singvögel, die jetzt in den wenigen Bäumen sitzend, die die Straße säumten, angefangen hatten ihr morgendliches Konzert zu geben, war unterschwellig immer dieses anhaltende, tiefe Brummen zu vernehmen.
Wie Simon jetzt erst bemerkte wies das Gefährt auf beiden Seiten jeweils ein Fenster auf, welches mit unterarmdicken Eisengittern versehen war. Jetzt bemerkte Simon auch erst den Geruch, der aus dem Wagen drang, obwohl man hierbei eher von einem infernalischen Gestank sprechen hätte müssen. Eine Mischung von Kot, Urin und Unrat verbunden mit etwas beißend schärferem drang aus dem Wageninnern, der nun eher wie ein Käfig auf Simon wirkte, als es langsam etwas heller zu werden begann. Der Junge konnte ein Augenpaar mehr erahnen als erkennen, das immer wieder zwischen den Gitterstäben auftauchte und alsbald wieder verschwunden war.
Simon kniff sich in die Wange. Das machte er immer, wenn er das Gefühl hatte noch nicht ganz wach zu sein, doch da war es wieder, eindeutig die Augen eines Tieres, das ihn nun anstarrte. Wieder das Brummen, doch wirkte es auf Simon nun gar nicht mehr bedrohlich, ja es haftete ihm etwas unsäglich Trauriges an, eine Mitteilung an Simon, so kam es diesem jetzt vor, eine Botschaft, die von Trauer und Leid zu berichten schien. All diese Empfindungen begannen Simons Seele zu überfluten, er fühlte sich mitgerissen in einen Strudel voller Emotionen und fürchtete darin zu versinken, unterzugehen, in einem Meer aus Leid und Mühsal, Kummer und Schmerz, Einsamkeit und Trauer, und plötzlich, urplötzlich formte sich dies alles in seinem Kopf zu Worten. Und er verstand.
Simon konnte dieses Wesen verstehen, er glaubte verrückt zu werden und sah sich schon eingeschlossen in einer Anstalt sitzen, bekleidet mit einem wunderschönen ärmellosen Anzug, diese waren nämlich der letzte Schrei in den Irrenhäusern des Kontinents. Es war Simon, als spräche das wilde Tier zu ihm. Ohne laut ausgesprochene Worte, strömte dem Jungen die Lebensgeschichte des Geschöpfes zu, als würde ein Band die Seele des Menschen und die des Tieres miteinander verbinden und ineinanderfließen lassen.
Die Bärin, denn um eine solche handelte es sich bei dem Tier, wie Simon jetzt wusste, wurde von dem Kesselflicker gefangen gehalten und auf den Jahrmärkten in allen Gegenden des Reiches als Tanzbär zur Schau gestellt, wobei man sie auf heiße Platten zog, die ihre Tatzen versengten und ihr dabei Höllenqualen verursachten. Bei dem Versuch die Berührung mit dem dampfenden Untergrund zu vermeiden, machte die Bärin dann Bewegungen, die dem empfindungslosen Publikum die Tränen in die Augen trieben vor lauter Lachen, so putzig wirkten die Qualen des Tieres auf die Zuschauerschar, was diese dann dem Fremden reichlich vergütete. Ja, der Tierquäler konnte recht gut seine Existenz allein mit diesen Aufführungen bestreiten und hatte wohl die Kesselflickerei und das Scherenschleifen nahezu eingestellt. Mit der Dummheit und Rohheit der Menschen sein Geld zu verdienen, bringt dann doch allemal mehr ein als ein ehrliches Handwerk auszuüben.
Dann sah Simon die Jugendzeit des Tieres vor seinem geistigen Auge auftauchen. Er erblickte eine weite, grasbewachsene Steppenlandschaft, am blauen Horizont schneebedeckte Gipfel. Bärenjungen tummelten sich an einem wild sprudelnden Fluss und

angelten sich die Leiber der stromaufwärts ziehenden Lachse aus dem klaren Wasser. Dann Dunkelheit, Gitter, feuchte Mauerwände.
All diese Informationen blitzten in Bruchteilen von Sekunden durch Simons Hirn, kaum benötigte all das, was ihm die Bärin vermitteln wollte, auch nur die Dauer eines Augenaufschlages. Auch war Simon auf der Stelle klar, was er zu tun hatte. Er musste das Tier aus seiner Gefangenschaft befreien, möge es kosten was es wollte, er hatte keine andere Wahl. Es wäre ihm völlig unmöglich gewesen nach dieser Erfahrung einfach wieder seines Weges zu ziehen und die Bärin ihrem grauenvollen Schicksal zu überlassen, doch wie wollte er dies anstellen?
Der Kesselflicker schien noch friedlich entschlummert zu sein, sein Geschnarche war weithin zu hören, doch war es nur eine Frage der Zeit, wann er wieder erwachen würde und ohne Lärm zu verursachen war eine solche Befreiungsaktion wohl kaum zu bewerkstelligen. Der einzige Zugang zum Wagen war eine an der Hinterseite angebrachte Tür, versehen mit einem großen, eisernen Riegel quer über der gesamten Wagenbreite angebracht, dieser war rechts und links mit zwei großen, sehr stabil wirkenden Vorhängeschlössern gesichert. Nur mit roher Gewalt, entsprechenden Werkzeugen und jeder Menge Zeitaufwand wären diese wohl zu knacken gewesen, doch von all diesen nützlichen Dingen hatte Simon im Moment keines zur Hand. Eine einzige Möglichkeit gab es dann aber doch noch. Irgendwie musste Simon an die Schlüssel kommen. Der Alte schien immer noch zu schlafen und zu seinem enthusiasmierten Schnarchen hatten sich noch sporadisch aufkommende, eruptivartige Flatulenzen hinzugesellt. Mit schmerzendem Bein ging Simon in die Hocke und begann vorsichtig auf den Kesselflicker zuzukriechen. Bei diesem angekommen, versuchte er irgendwo in all den Klamotten, Umhängen, Schals und Ölzeug, das dieser immer noch trug, so etwas wie eine Tasche zu finden, was sich als nahezu unmögliches Unterfangen herausstellte. Immer wieder verfing sich Simons Hand in Falten, Löchern und Textilfasern, ohne dem Körper des Alten näher zu kommen. An die Hosentaschen des Kerls war gar nicht heranzukommen ohne ihn aufzuwecken. Jetzt röchelte dieser und drehte sich wie aus Protest auf die andere Seite, wobei er fast Simons Hand unter sich eingeklemmt hätte, die dieser schnell wieder aus dem ganzen Wust herauszog. So war da nichts zu machen, dachte Simon gerade, als der Alte die Augen aufschlug.
„Ah, das Jüngelchen“, brummte der Kesselflicker dann und wollte sich erheben, knallte aber gleich darauf mit dem Kopf gegen die Unterseite des Wagens und fluchte laut. „Könntest dich mal nützlich machen und ein Feuerchen anfachen, ohne einen Morgenkaffee bin ich zu rein gar nichts zu gebrauchen“, meinte er dann und rieb sich den kahlen Schädel, auf dem schnell eine ansehnliche rote Beule zu wachsen begann.
„Den könnte ich auch gebrauchen“, sagte Simon in vollkommener Kaltblütigkeit, während ihm das Herz bis zum Hals schlug. Er fing an am Waldrand ein paar Äste, Zweige und Reisig aufzulesen und hatte dann auch bald, trotz durchweichtem Brennmaterial das Feuer angeschürt. Der Alte hatte derweil aus einer Klappe am Karren einen Dreifuß herausgeholt, an dem bald ein Kesselchen frischen Regenwassers zu dampfen begann.
„Bis zum Nachmittag könnten wir es nach Schmollstau locker geschafft haben, falls wir

nicht in irgendeiner Pfütze noch absaufen", meinte der Kesselflicker, der jetzt nachdem er die Mehrzahl seiner Kleidungsstücke endlich hatte ablegen können, auf Simon den Eindruck eines ganz normalen, eigentlich recht nett wirkenden älteren Herrn machte. Etwas vernachlässigt und mitgenommen vielleicht, aber wenn man sich das ganze Jahr auf Reisen befindet, kann man wohl kaum erwarten zu dieser Morgenstunde noch als Gentleman durchgehen zu können. Das schon seit längerer Zeit ergraute Haar, stand ihm strähnig nach allen Seiten vom Kopf ab und eine Rasur hätte ihm sicherlich auch gut getan, doch schien er noch eine erstaunliche Anzahl Zähne sein Eigen nennen zu können, obwohl ihn Simon jetzt bei Tageslicht auf etwa fünfundfünfzig Jahre schätzte. Ein geradezu biblisches Alter, seiner Meinung nach.

„Was hast du eigentlich in Schmollstau zu tun, Jüngelchen", fragte der Alte jetzt, nachdem er den kochend heißen Kaffee in atemberaubender Geschwindigkeit in sich hineingeschüttet hatte.

„Ach, ich besuche nur meine Tante Ophelia und die Vettern". log Simon ohne mit der Wimper zu zucken, wollte er doch auf gar keinen Fall auch nur ein Fitzelchen Wahrheit diesem Mann anvertrauen, den er, nachdem er erfahren hatte auf welche Weise der seinen Lebensunterhalt verdiente, zu verabscheuen begonnen hatte. „Habe sie lange nicht gesehen, kann kaum erwarten wieder mal von Tantchens Apfelkuchen zu naschen", meinte Simon und wunderte sich einmal mehr über sich selbst. Das Lügen ging ihm mittlerweile so locker von den Lippen, als hätte er den alten Münchhausen als Lehrherren gehabt, aber auch Kammergarn war ja in dieser Hinsicht ein überaus erfindungsreicher Zeitgenosse gewesen und Simon hatte sich in der kurzen Zeit ihres Zusammenseins schon einiges bei ihm abschauen können.

„Ach ja, schön, wenn man noch Familie hat", meinte der Alte sarkastisch", geht doch nichts über einen schönen Haufen buckeliger Verwandtschaft!"

„Ach so bucklig sind die gar nicht, sind alle doch einigermaßen gerade gewachsen", entgegnete Simon, es bereitete ihm doch immer wieder Vergnügen sich richtig dumm anzustellen, konnte es zuweilen recht nützlich sein, wenn die Leute einen unterschätzten.

„Na denn", meinte der Kesselflicker und beäugte Simon belustigt von der Seite, wirklich schien er ihn nun für einen ausgesprochenen Tölpel zu halten. „Dann wollen wir dich gleich mal heil und sicher zu deinem Tantchen kutschieren", sprach der Alte darauf und begann den Wasserbüffel, der sich in einiger Nähe ein sicheres Plätzchen zum Weiden gesucht hatte, mit einiger Mühe wieder vor den Karren zu spannen.

Bald war alles wieder im Wagen verstaut und die beiden schwangen sich auf den Kutschbock, wobei Simon einige Schwierigkeiten hatte, bereitete ihm doch jetzt am frühen Morgen seine Verletzung noch einige Schmerzen. Bald hatten sie sich in Bewegung gesetzt, der Büffel legte einigermaßen Tempo vor, als könne er es nicht erwarten endlich wieder eine zivilisiertere Gegend zu erreichen. Von der Bärin war weiterhin nichts zu hören, kein Brummen oder Knurren drang an Simons Ohr, doch sah er tief in seinem Inneren immer noch ihre flehentlichen Augen, die ihn daran gemahnten über kurz oder lang etwas unternehmen zu müssen.

„Weißt du denn eigentlich, dass wir gerade eine ziemlich gefährliche Fracht durch die Gegend kutschieren?", fragte der Alte irgendwann und blinzelte Simon von der Seite her an.

„Keine Ahnung!“, meinte der Junge nur, „was kann an alten Töpfen denn schon großartig gefährlich sein?“
„Ja, wenn’s denn nur die ollen Töpfe wären“, meinte der Schrat darauf, „wir haben auch noch einen ziemlich großen wasirischen Braunbären an Bord, ich lass ihn tanzen, weißt du, kommt ein schöner Batzen dabei rum, muss das Vieh allerdings immer kurz vorm Verhungern lassen, sonst könnte es mal eng werden. Ist immer noch ’ne wilde Bestie, kann ich dir sagen!“
„Wie sind Sie denn dazu gekommen?“, fragte Simon mit unschuldiger Miene. Es kostete den Jungen einige Mühe dem Kerl nicht etwas ganz anderes zu sagen.
„Bin vor zwei Jahren mal durch so ‘n Kaff gekommen. Ein dämlicher Bauer hatte das Vieh inner Falle gefangen und wusste nicht, was er damit machen sollte. Saß schon ’ne ganze Woche fest und war schon kurz vorm Krepieren.“ erzählte der Alte mit einigem Stolz. „Hab‘s ihm dann abgekauft, für ‘n Appel und ,n Ei, der Blödkopp wusste eh nix damit anzufangen. Hab‘ das Viech dann schön unter Drogen gesetzt, kenn‘ mich mit so was aus, musste wissen, und jetzt kann ich ganz gut davon leben es tanzen zu lassen.“
Schrecklicher, alter Tierquäler, dachte Simon, sagte dann aber, „Das würde ich mir auch mal gerne anschauen.“
„Kein Problem, wir geben morgen mindestens mal fünf schöne Vorstellungen, ist ein großer Herbstmarkt in Schmollstau musst du wissen. Komm doch einfach mal vorbei, musst auch nicht bezahlen, Junge.“
„Das tue ich auf jeden Fall, freu’ mich schon drauf“, sagte Simon, wobei es in seinem Hirnkästlein sehr rege zuging, sann er doch nur noch auf eines, die Bärin aus der Knechtschaft zu befreien, obwohl er immer noch keine Idee hatte, wie das anzustellen sein würde.
So saßen sie bis in den Nachmittag hinein zusammen auf dem Karren und plauderten vor sich hin, Simon musste sich sehr zusammenreißen, um dem Alten nicht seinen Widerwillen, den er inzwischen gegen ihn hegte, spüren zu lassen und immer schön freundlich zu bleiben, bis schließlich der Kutscher vorschlug Rast zu machen. Sie hielten an und bereiteten sich ein recht ansehnliches Mahl aus Brot, Käse und etwas Schinken, von dem der Alte reichlich an Bord zu haben schien, allerdings stellte dieses Mittagessen für den ausgehungerten Jungen ein wahrhaft königliches Mahl dar, war dies doch die erste richtige Mahlzeit seit Tagen. Herzhaft und ohne Gewissensbisse zu verspüren griff er zu und der Alte wunderte sich über die Unmengen, die der schmale Junge in sich hineinstopfen konnte. Dem Bären schob er ein Stück vermodertes Fleisch, das er vorher mit einigen grellgelben Pillen bestückt hatte, durch das Gitterfenster. Das Tier stand also wirklich permanent unter Drogen, wie Simon mit Schrecken nun erkennen musste. Aber wie auch sonst wäre es möglich gewesen ein stolzes, wildes Tier zu einem so erbärmlichen Leben zu nötigen. Selbst der Tod, so schien es Simon, wäre ein weitaus besseres Schicksal gewesen als unter solchen Umständen sein Leben fristen zu müssen. Jede Art von Gefangenschaft musste für ein wildes, in Freiheit geborenes Tier schon grauenhaft sein, wie dann erst für solch ein majestätisches Wesen wie einen Bären.
Dies alles ging Simon durch den Kopf, während sie durch die immer herbstlicher wirkende Landschaft zogen. Der Sturm der letzten Nacht hatte nur noch wenige braune

Blätter an den Bäumen gelassen und es war ihm so, als ob schon bald der Winter Einzug halten würde. Vielleicht war das Unwetter schon ein Vorbote für den Wechsel der Jahreszeiten gewesen. Immer wieder, je nachdem wie sich der Weg schlängelte, tauchte nicht fern das Meer auf und brachte eine frische Brise mit sich, die nach Tang, Salz und Ozon roch und immer wieder entzückte der Anblick des türkisfarbenen Ozeans das Herz des Jungen, das jedes Mal vor Freude zu hüpfen begann. In diesem Moment waren dann alle Sorgen und Nöte wie weggeblasen und Simon hatte das Gefühl, es würde sich doch noch alles, ganz wie von selbst, zum Guten wenden.
Mathilde zog den Karren mit einer Geschwindigkeit und Ausdauer, die man einem solchen schweren, breiten Tier nicht zugetraut hätte, diese Auerochsen erfreuten sich als Zugtiere hier an der Küste sehr großer Beliebtheit. Manch einer, der sich ein Pferd nicht leisten konnte, ritt sogar auf einem Auerochsen durch die Gegend. Dies war hier keineswegs ein seltener Anblick, allerdings konnte man diese Ochsenreiter, auch wenn sie zu Fuß gingen, dann immer an ihren besonders weit geschwungenen O-Beinen auf der Stelle erkennen und Ochsenreiterwitze gab es in rauen Mengen.
Schließlich, es begann gerade schon dunkel zu werden, tauchte das eindrucksvolle Stadttor von Schmollstau vor ihnen auf. Zwei mächtige Türme waren in die Stadtmauer eingelassen, bestimmt zehn Meter hoch, versehen mit winzigen Schießscharten an Stelle von richtigen Fenstern, woraus man ersehen konnte, dass dieser Landstrich immer schon von Kriegen und Plünderungen heimgesucht worden war. Auch jetzt bildete die Mauer immer noch einen gehörigen Schutz vor den Schieber und Schmugglerbanden, die sich immer wieder hier an der Küste zusammenrotteten und wenn die Geschäfte gerade einmal schlecht liefen, nicht davor zurückschreckten auf den Landstraßen auch einmal die Rolle eines gemeinen Wegelagerers zu übernehmen. Man war da in keiner Weise snobistisch, denn, so heißt es doch, in der Not frisst der Schmuggler Ziegen. Dies hatte zumindest Simon einmal in einem Buch über das ehrenwerte Handwerk der Schmuggelei gelesen.
Immer schon hatte die Stadt, wie jede größere Ansiedlung eigentlich, die Verwegensten, die Ärmsten, die Reichsten, Abenteurer wie Handwerker, Söldner wie Hausierer, Bettler wie Fürsten, magisch angezogen. Besonders der Spielsucht frönte man in Schmollstau in besonderem Maße, waren hier doch die Gewinne gänzlich von jeglicher Steuereintreiberei befreit, aufgrund einer Eigenart in der Gesetzgebung der Herren von Schmollstau. Diese ließen nämlich den Betreibern von Spielbanken aller Art völlig freien unternehmerischen Raum, kassierten aber schon im Vorfeld gehörig bei ihnen ab, in Form von allerlei Gebühren, Sonderabgaben und dergleichen windigen Tricks. Doch schien das System vorzüglich zu funktionieren und jeder der Beteiligten wähnte sich im Besitz der Brotscheibe, die am dicksten mit Butter bestrichen war.
Böswilligen Gerüchten zufolge hatte sich so mancher Glücksritter, der am Spieltisch sein Glück hatte versuchen wollen, sich nach einem erfolgreichen Abend, am nächsten Morgen splitterfasernackt, bibbernd und jeglicher Habe ledig, vor dem Stadttore wiedergefunden, ohne dass ihm daraufhin erneut Einlass gewährt worden wäre. Gewisse Absprachen zwischen Polizei, Stadtverwaltung und den Betreibern der Spielbanken sorgten auf verschiedenste Weise dafür, eine allzu große Gewinnausschüttung gar nicht

erst außerhalb der Stadtgrenze gelangen zu lassen. Das ganze System war von Korruption derart durchzogen, dass ein gerichtliches Vorgehen gegen solche Machenschaften in den wenigsten Fällen irgendein Ergebnis würde erzielen können. In dieser Stadt hielt wohl nahezu jeder Beamte die Hand auf und wie wir alle wissen funktioniert ein System, welches in dem Maß wie hier, auf vollkommener Ungerechtigkeit basiert, leider immer wieder erstaunlich lange und gut.
Von derlei Umständen hatte Simon jedoch nicht den geringsten Schimmer. Als das Fuhrwerk die Stadttore passierte, konnte er sich das rege Treiben auf der Hauptstraße von der Höhe des Kutschbocks herab bequem besehen. Kurz vor Eintritt der Dämmerung war hier nun auch einiges auf den Straßen los. Bevor die Tore für die Nacht geschlossen werden würden, befand sich Kreti wie Pleti immer noch unterwegs, die letzten Dinge des Tagwerks zu verrichten, verspätete Lieferungen waren auszufahren, in den Geschäften wurde jetzt kurz vor Ladenschluss noch der Kassensturz gemacht. Die Spielbanken rüsteten sich für den Nachtbetrieb und versorgten sich unter anderem auch mit sämtlichen Gaumenfreuden, die überhaupt vorstellbar sind. Es war die Zeit der sogenannten Rasch-Auer, dies sollte bedeuten, dass das Verkehrsaufkommen, das heißt die Anzahl der Fahrzeuge, die von den hier heimischen Auerochsen gezogen wurden, besonders groß war und dass diese Tiere von den Lieferanten zu höchster Eile angetrieben wurden. Auch kam es gerade um diese Zeit immer wieder zu schlimmen Unfällen, die Zahl gebrochener oder abgerissener Gliedmaßen stieg von Jahr zu Jahr, so sehr man sich auch bemühte die Statistiken zu schönen, war doch im ganzen Land bekannt, dass man nirgendwo so schnell unter die Räder kommen konnte wie in Schmollstau.
Zum Glück hatte man hier aber auch eine große Auswahl der tüchtigsten Chirurgen sofort zur Hand. Das örtliche Hospiz war berühmt berüchtigt wegen der wiederholt vorgekommen Verwechslungen von Armen und Beinen der Unfallopfer. So hatte sich schon manch einer mit einem brandneu vernähten Arm wiedergefunden, der plötzlich bis zum Boden reichte, was für einen Orang-Utan ja ganz praktisch war, für gewöhnliche Leute eher weniger angenehm sein dürfte.

Simon genoss die Aussicht, von seinem erhöhten Platz aus und war wie weggetreten von all dem Gewimmel und Gewusel, das sich seinen Augen bot. Er war ja von Hallgard einiges an Betriebsamkeit auf den Straßen gewohnt, doch konnte sich das Verkehrsaufkommen, welches in Schmollstau beinahe den ganzen Tag über zu herrschen schien, durchaus mit dem in der Hauptstadt messen. Er konnte sich nicht sattsehen an der Aufmachung der feinen Damen und Herren, die auf den Bürgersteigen schon promenierten oder sich zu irgendeiner Abendgesellschaft aufgemacht hatten. Besonders die Hutmode fand Simon doch sehr bemerkenswert. Hier wurde an Vielzahl von Farben und Formen keinesfalls gespart. Ob strikte geometrische Formen, gerade schwebte eine Dame mit einem lachsfarbenen Oktaeder auf dem Kopf vorbei, oder Strukturen die Mutter Natur nachahmen sollten; da vorne trug eine Frau doch tatsächlich einen himbeerroten Karpfen spazieren. Alles was nur irgendwie vorstellbar und anzufertigen war, schien auch tragbar zu sein. Kapuzen in der Form von Krokodilköpfen waren zu sehen, Hauben, die eher einer braunen Papiertüte ähnelten als einer Kopfbedeckung und überaus viele exotische Obstsorten trugen die Frauen mit Stolz auf ihren Häuptern spazieren. Die Herrenmode konnte da auf keinen Fall mithalten, diese schien ihm eigentlich genauso grau und langweilig zu sein, wie überall sonst auch. Auf den Köpfen trugen die meisten männlichen Einwohner einen sogenannten Bowler Hat, der auch Melone genannt wurde, ein Kleidungsstück dessen Anblick Simon ein wenig traurig machte, hatte doch auch Kammergarn immer einen solchen Hut auf seinem runden Schädel getragen. Derart berückt und fasziniert hatte Simon kaum wahrgenommen, dass der Karren angehalten hatte.

„Jetzt musste zusehen wie du weiterkommst, kann dich nicht direkt vor der Haustür abliefern", sagte der Alte dann, „Komm doch morgen Mittag zur Vorstellung. Da vorne ist auch gleich der Marktplatz!"

„Ja, vielen Dank auch", erwiderte Simon, froh den Kerl endlich los zu sein, dieses andauernde Freundlichseinmüssen hatte den Jungen doch äußerst angestrengt. Immer höflich lächeln zu müssen und den Geschichten und Heldentaten eines versoffenen, alten Widerlings zu lauschen, schien ihm eine Tätigkeit zu sein, die als Schwerstarbeit einzustufen war. „Hab's auch gar nicht mehr weit, ist gleich um die Ecke", sagte der Junge dann. Mit vom langen Sitzen steif gewordenen Gliedern, kletterte Simon vom Kutschbock und schulterte seinen alten Seesack.

„Dann bis morgen", rief der Alte und brachte Mathilde wieder in Bewegung.

„Ja, bis morgen", rief auch Simon dem Kesselflicker hinterher und dachte bei sich, da wirst du dein blaues Wunder schon erleben.

Er hatte zwar immer noch nicht die geringste Ahnung, wie er die Bärin befreien sollte, er wusste ja noch nicht mal wo er heute die Nacht verbringen würde, doch war sein Optimismus ungebrochen, eine Wesensart, die jedermann vor Neid erblassen lassen musste, der einmal mit Simon Bekanntschaft geschlossen hatte. Da er schließlich noch ein paar Dukaten in seinem Säckel hatte, machte er sich auf, eine bequeme, doch nicht allzu teure Unterkunft zu finden.

Kaum hatte Simon das feuchte Kopfsteinpflaster von Schmollstau betreten, ratterte ein von einem Muli gezogenes Gefährt haarscharf an ihm vorbei, fast hätte ihn eines der Hinterräder noch erwischt, so aber stolperte er nach hinten und hätte sich fast auf seinen Hintern gesetzt, wäre nicht der Velocipedfahrer gewesen, der ihn unsanft wiederum in die andere Richtung stupste. Das fing ja schon gut an, dachte Simon, ich komme hier noch nicht mal sicher auf die andere Straßenseite. Schnell schaute er sich nach links, wie nach rechts um und stolperte dann rasch humpelnd auf den Bürgersteig zu. Hier erblickte er den Eingang zu einer Gasse, in der es ruhiger zuzugehen schien. Da versuche ich mal mein Glück, dachte er und begann die Häuserzeile entlangzulaufen, bürgerlich anmutende Bauten, nicht weniger als drei Stockwerke hoch, in deren Erdgeschossen sich jeweils Ladeneingänge befanden. Sich kurz berappelnd, und mit einer Miene die Lässigkeit ausdrücken sollte, schlenderte er weiter. Wirklich schien es hier immer ruhiger zu werden, auch wurde es nun zusehendes dunkler und auch der Nachtwächter war schon unterwegs, um die Gaslichter zu entzünden. Allerlei Trödelläden, Metzger und Bäckereien säumten seinen Weg, bis er auf eine Taverne stieß, deren Eingang von einer Fackel beleuchtet, ein Wirtshausschild mit der Aufschrift ‚Zur Rostigen Kasserolle' aufwies. Ein müdes Licht leuchtete ihm aus den Butzenscheibenfenstern entgegen, die auch schon seit längerer Zeit eine Grundreinigung nötig gehabt hätten. Elvira hätte das blanke Entsetzen gepackt bei deren Anblick und schon hätte sie den Lappen gezückt und dabei ihr wildestes Schimpfen hören lassen, das sie immer ausstieß, wenn irgendetwas nicht ihren hygienischen Vorstellungen entsprach. Doch hätte sie hier ihrem Zetern auch weiterhin noch freien Lauf gelassen, denn als Simon nun die Taverne betrat, kam ihm ein solcher Qualm und Ruß entgegen, dass es ihm fast den Atem verschlug. Nur eine Handvoll Gäste bevölkerte die Wirtsstube, sie saßen in kleinen Gruppen an wackeligen Tischen und blickten kaum auf, als Simon hereinkam. Das konnte diesem jedoch gerade recht sein, wollte er doch, wenn irgend möglich, Aufsehen jeder Art vermeiden, konnte er doch nie ganz sicher sein, ob nicht Weybrecht und seine Bande von Totschlägern immer noch hinter ihm her sein würden.

Hinter dem Tresen stand ein ziemlich wuchtig aussehender Geselle, der wohl der Wirt sein mochte. Unrasiert, ungekämmt, ungewaschen, waren auch seine Züge auf merkwürdige Weise ungenau, ja geradezu verschwommen, was wohl am heftigen Alkoholgenuss liegen mochte. So mancher Wirt ist ja auch gleichzeitig sein bester Kunde, das wird zumindest immer wieder behauptet. In diesem Fall könnte ja ein Quäntchen Wahrheit darin liegen, dachte Simon und sprach den ungeschlachten Kerl an.

„Grüßt Euch, Herr", begann Simon, „Ist es wohl möglich hier ein Nachtlager zu erhalten?" der Wirt blickte aus blutunterlaufenen Augen auf Simon hinunter und fuhr damit fort einen alten, gläsernen Humpen mit einem fadenscheinigen Lappen auszuwischen, um den strengen hygienischen Bestimmungen des Ordnungsamtes von Schmollstau Genüge zu tun.

„Hä?“, bellte er dann und spuckte noch einmal in den Krug, hielt diesen hoch und hielt ihn ans Licht.
„Habt ihr ein Bett frei, für die Nacht“, versuchte es Simon von neuem.
„Ach, du willst hier übernachten?“, fragte der Kerl und putzte sich mit seinem Lappen prustend die Nase, die hiervon jedoch auch nicht röter werden konnte.
„Zimmer eins, direkt die Stiege nach oben, ist übrigens auch das einzige Zimmer hier, unser Ettablissemang ist nicht ausgebucht, hast ja ein unglaubliches Glück, Junge!“ er deutete auf eine wackelige Hühnerleiter in seinem Rücken.
„Na, da nehm' ich eben das“, sagte Simon, „und vielleicht noch ein Abendessen?“
„Haben nur noch die überbackenen Kaldaunen von gestern, ist aber nicht jedermanns Geschmack, sag ich lieber gleich! Ich hoffe dein verwöhnter Magen kann was vertragen!“ Er hatte den Humpen auf seinen Platz gestellt und stützte sich mit beiden Armen auf der Theke ab, das Spültuch lässig über die Schulter geworfen.
„Sehe ich denn so verwöhnt aus?“, fragte Simon und warf seinen Seesack auf die nächste Bank, die noch frei zu sein schien und setze sich. Niemand schenkte ihm Beachtung, an den Tischen gingen die Unterhaltungen weiter wie zuvor, ab und zu ertönte ein grelles, meckerndes Lachen am Nachbartisch zu seiner Linken. Es drehte sich um die üblichen Themen, Weib, Wein, Gesang, nur dass man dies niemals so vornehm ausgedrückt hätte. Simon hatte den Eindruck, dass einer von den drei Kerlen des Öfteren klammheimlich zu ihm herüberlunsen würde, aber das mag ihm wohl nur so vorgekommen sein, denn sie quatschten und gackerten ununterbrochen weiter und bestellten dabei eine Runde Gerstensaft nach der anderen. Endlich knallte auch die Magd des Wirtes, ohne eine überflüssige höfliche Floskel zu gebrauchen, den Teller auf den Tisch und vor Simon stand ein Brei undefinierbarer Farbe und Substanz, dessen Duft auch den hungrigsten Köter zum Winseln gebracht hätte. Simon versuchte dennoch es sich schmecken zu lassen. Von wegen verwöhnt, das konnte er sich doch nicht nachsagen lassen. Er beeilte sich dann doch sehr damit das Zeug hinunterzuschlingen, denn mit jedem Bissen schmeckte es grässlicher und grässlicher. Nachdem er sich noch einen Krug mit Malzbier bestellt hatte, was allgemeine Erheiterung unter dem Volk auslöste, lehnte er sich entspannt zurück und versuchte die Pampe zu verdauen.
Immer wieder hatte der kleinste und schmalste der drei Kumpane drüben vom Nachbartisch herübergeschaut, es war wohl keine Einbildung gewesen, denn er stand nun schwankend auf und tippelte zu Simon hinüber.
„Tschuldschung, junger Mann“, begann der Schrat nuschelnd und machte eine kratzfußartige Bewegung, wobei es ihn beinahe der Länge nach hingestreckt hätte. „Bbbist wohl nisch von hier?“, fragte er dann, wobei er sich mit einer Hand zur Aufrechterhaltung des Gleichgewichts auf die Tischkante stützen musste.
„Nein, Herr!“, antwortete Simon höflich, „Ich komme aus dem schönen Städtchen Steinbach.“ Simon dachte bei sich, dass es bestimmt an die tausend Ortschaften mit diesem Namen geben müsse, so bestimmt auch eine in dieser Gegend.
„Ach, und wasch treibt dich denn hier in diese große Schtadt, in dieses Schodom und Camorra?“, fragte der Kerl weiter und blinzelte Simon unter Augenbrauen an, die an sich schon das Ausmaß einer Perücke hatten, ja es schien Simon, als hätte sich der Kerl die

gesamte Pracht seiner Brauen nach hinten über die Glatze gekämmt, aber vielleicht war das hier ja modern so.
„Ich besuche hier nur meine Tante", erwiderte Simon und blieb bei der Geschichte, die er sich gestern schon ausgedacht hatte, warum sich unnötig Mühe machen etwas Neues zu erfinden.
„Ach", säuselte der Trunkenbold weiter, „Und wo wohnt se denn die Tante, is' wohl außer Haus?"
Dabei blitzten die Augen des Kerls auf einmal auf, dass es Simon so vorkam als würde er die Trunkenheit, wie ein grottenschlechter Mime nur spielen. Simon wollte schon erwidern was dies den Kerl denn anginge, was mit seiner Tante sei, als sämtliche Geräusche im Raum zu ersterben schienen. Nur das Zuschlagen der Eingangstüre war zu hören, ein hohl dröhnender Lärm als befände man sich in einer riesigen Kathedrale und nicht in einer kleinen, verrauchten, schimmeligen Wirtsstube am westlichen Ende der bekannten zivilisierten Welt.
Kaum war der imposante Nachhall abgeebbt, breitete sich erneut eine Grabesstille im Raum aus, eine Stille, so hatte Simon zumindest das unbestimmte Gefühl, die irgendwie nach Moder roch. Olfaktorisch interessierte Zeitgenossen wären wahrscheinlich nach gründlicher Analyse zu dem Schluss gekommen, dass es sich bei diesem Duft, hätte man ihn in Fläschchen abgefüllt, nur um das berüchtigte Eau de Cemetere handeln würde können. Gewöhnliche Menschen hätten jedoch wahrscheinlich nicht das Geringste wahrgenommen, können diese ja kaum die Noten der verschiedenen Duftbäumchen unterscheiden, die sich aus unerfindlichen Gründen auch hier allergrößter Beliebtheit erfreuen. Aber auf eine sonderbare, gänsehauterzeugende Weise roch es irgendwie nach Friedhof. Keiner im Raum hatte sich von der Stelle gerührt. Wie hypnotisiert starrten alle auf die Eingangstür, in deren Rahmen eine Gestalt sichtbar wurde, ja sichtbar wurde, das war der allgemeine Eindruck, den das Erscheinen des Besuchers auf die Gäste machte, obwohl dieser ohne jeden Zweifel, wie jeder andere auch, auf die herkömmliche Weise durch die Tür gekommen war.
„Hoppla!", sagte eine helle freundliche Stimme in die Stille hinein.
Der erste, der sich bewegte, war der Trunkenbold, der immer noch an Simons Tisch verharrte. Zögernd zog er seine Finger weg und tappte, wie mit eingezogenem Schwanz, zu seinen Genossen zurück, ohne die Gestalt im Türrahmen aus den Augen zu lassen.
Diese schien keineswegs in Eile, ja der Neuankömmling schien daran gewöhnt zu sein diese Art Aufmerksamkeit auszulösen, wo immer er auch auftauchte. Lässig zupfte er sich die schwarzen Handschuhe von den Fingerspitzen, nahm seinen dunklen, rot gefütterten Umhang ab und kam direkt auf Simon zu, der den Eindruck hatte, dass der Mann mit jedem Schritt, den er näher kam, kleiner und kleiner wurde. Ja, als er an Simons Tisch angelangt war, schien er ihm nur so groß zu sein wie er selbst. Als der Fremde ihn jetzt ansprach, kam es dem Jungen so vor, als hätte jemand an einem Rädchen gedreht und schwupps, war alles genauso wie zuvor. Die Gespräche an den Tischen nahmen wieder Fahrt auf, der Wirt zapfte endlich den Humpen voll, den er die ganze Zeit verkrampft in den Händen gehalten hatte und in der Küche zischten wieder die fettigen Bratkartoffeln in der Pfanne.

„Simon, nehme ich an?", sagte der Mann fragend und zog dabei die eindrucksvollen geschwungenen Brauen in die Höhe. Sein Gesicht hatte etwas Jugendliches, doch hätte der Junge nicht sagen können wie alt sein Gegenüber wohl war. Er wirkte irgendwie aus der Zeit gefallen.
„Ja, aber", fing Simon an zu stammeln, „Woher ke…."
„Man hat mir mitgeteilt, dass ich hier jemanden namens Simon treffen soll", nahm der Fremde vorweg, „Und die Beschreibung trifft ganz vorzüglich auf dich zu!", dabei blickte er Simon forschend an, lächelte dann freundlich und entblößte dabei ein eindrucksvolles, glänzend weißes Gebiss.
„Wer soll Ihnen denn gesagt haben, wo ich zu finden bin, ich bin doch nur ganz zufällig hier herein gestolpert", konnte Simon bestürzt vorbringen. Der Mann kam ihm äußerst verdächtig vor, aber würde einer der Soldaten sich auf diese Weise verkleiden, um ihn in Sicherheit zu wiegen und ihn später ohne Zeugen aus dem Weg räumen zu können?
„Tja, es gibt eben mehr Dinge zwischen Himmel und Erde, um einen eurer Dichterfürsten zu zitieren." dabei hatte der Mann den rechten Arm zur Decke erhoben und blickte dann auf den schmutzigen Wirtshausboden hinab.
„Und was bitte soll das denn jetzt heißen?", fragte Simon. Die ganze Geschichte kam ihm immer merkwürdiger vor.
„Nun ganz einfach, ich bin ein guter Freund von Athanasius Greifwald, dieser Name dürfte dir ja nicht gänzlich unbekannt sein, und soll dir helfen deinen Bestimmungsort zu erreichen", erwiderte der Fremde und fügte ein wenig spöttisch hinzu. „Vielleicht traut man dir das dann doch nicht so ganz zu."
Unverschämter Kerl, dachte Simon und wie blass der doch aussieht. Eine äußerst ungesunde Gesichtsfarbe. Wie gerade der Gruft entstiegen. Der Junge wusste noch nicht, wie Recht er haben sollte.
„Ja, ich sehe ein, warum solltest du einem Wildfremden trauen?", fuhr der Blasse fort, „aber am Ende wird Dir doch nichts Anderes übrigbleiben. Ich habe so das unbestimmte Gefühl, dass es hier drinnen von feindlichen Agenten geradezu wimmelt." fuhr er flüsternd fort. „Hattest Du nicht kurz bevor ich hereinkam nicht schon ein anregendes Gespräch mit jemandem geführt?"
„Ach, da kam nur so ein Suffki vorbei. Hat wohl Unterhaltung gesucht."
„Glaube kaum, dass er aus diesem Grund mit Dir Bekanntschaft schließen wollte, es ist manchmal nicht alles genau so, wie es dem äußeren Anschein nach wirkt", sagte der Fremde und zog witternd die Nüstern hoch. „Es riecht hier irgendwie nach Verrat!"
Der Mann schaute sich breit lächelnd im Raum um, wobei Simon jetzt erst seine enorm großen Eckzähne auffielen. Sie standen zu keinem Verhältnis zum Rest seines ansonsten sehr gepflegten Gebisses und Simon sträubten sich auf einmal die Nackenhaare, er hatte da schon wilde Geschichten gehört, hatte diese Dinge aber immer in den Bereich der Sagenwelt eingeordnet oder als Ammenmärchen betrachtet, hatte doch gerade seine Mutter Elvira ihn mit solchen Schauergeschichten auf den Lippen oft in den Schlaf gewiegt. Sie hätte lieber friedlichere Märchen vorgetragen, doch die waren Simon meist zu öde gewesen. Dieses ganze ‚sie lebten glücklich und zufrieden' und ‚wenn sie nicht gestorben sind', hatte den Kleinen nie zum Einschlafen bringen können. Erst wenn es

wirklich gruselig wurde, war Simon zufrieden gewesen.
„Gestatten Wondraczek", sagte der unheimliche Kerl jetzt, erhob sich halb, reichte Simon die Hand und nickte ihm zu. „Und wie du dir ja vielleicht schon denken kannst, ich bin ein Vampyr."
Obwohl sich in Simons Hinterstübchen schon so eine gewisse Ahnung breitgemacht hatte, schockierte ihn diese Offenbarung dann doch sehr, der gesunde Menschenverstand verbat sich doch wohl jegliche Vorstellung von Untoten, Wiedergängern und sonstigen phantastischen Horrorgestalten. Dessen ungeachtet saß jetzt jemand vor ihm und behauptete einer solchen Gattung anzugehören. Simon verschlug es gänzlich die Sprache und das war nun wirklich äußerst selten einmal vorgekommen, war er doch eigentlich jemand der immer das letzte Wort haben musste.
„Aber um Dir zu beweisen, dass ich auf der richtigen Seite stehe, müsste ich Dir etwas zeigen", sprach der Fremde weiter, „Aber nicht hier in aller Öffentlichkeit, es sind zu viele Augenpaare auf uns gerichtet und ich traue hier keinem über den Weg."
Simon, sich wieder berappelnd, schlug vor hinauf auf das Zimmer zu gehen, wo er ohnehin bald sein Nachtlager hatte aufschlagen wollen. So schulterte er seinen Seesack, holte bei dem misstrauisch dreinschauenden Wirt den Zimmerschlüssel ab und stieg, den Vampyr im Gefolge die Treppe hinauf, die man ihm gezeigt hatte. Er spürte die neugierigen Blicke der anderen Gäste im Rücken, die das Tun des absonderlichen Paares mit Interesse zu beobachten schienen.
Das Zimmer war schnell gefunden, war es doch das einzige, das dieses fürnehme Etablissement zu bieten hatte und wirklich prangte eine kupfergeschmiedete Ziffer Eins auf der Türe, um etwaigen Verwechslungen vorzubeugen. Als sie das Gemach betraten, warf Simon müde den Sack auf das Bett, das Treppensteigen mit dem verletzten Bein hatte ihm etwas zugesetzt, und sah sich nach einer Sitzgelegenheit um. Schließlich ließ er sich gleich auf der Bettstatt nieder und wies dem Mann die Truhe an, die an der Wand stand. Mehr Mobiliar hatte die Unterkunft leider nicht zu bieten, der vorhandene Platz hätte ja sowieso nicht mal mehr für einen Billy noch ausgereicht. Eine Redewendung die Simon zeitlebens ein Rätsel bleiben sollte.
Der Vampyr, der anscheinend gleich zur Sache kommen wollte, ergriff seinen Umhang und wühlte in den Taschen, von denen wohl etliche an dem Kleidungsstück angebracht waren, mühte er sich doch sehr ab die richtige zu finden. Schließlich zog er ein in Wachstuch eingeschlagenes Paketchen hervor, löste die Verschnürung und zog ein Büchlein heraus, aus dessen Seiten er wiederum ein sorgfältig gefaltetes Pergament hervorzog.
„Als ich das letzte Mal in der Hauptstadt war, hat mir der Professor dies mitgegeben. Es muss wohl eine Karte sein", sagte der Vampyr und reichte Simon das Blatt hinüber. „Wenn ich mich nicht irre, müsste etwas Ähnliches sich in deinem Besitz befinden?"
Wirklich sah die Zeichnung auf dem Pergament aus wie eine der Landkarten, die Simon bei sich trug, bloß schien die des Vampyrs, wie in Eile hingekritzelt worden sein, jedes ausschmückende Element fehlte, doch schien es sich augenscheinlich um die Handschrift von Athanasius zu handeln.
„Der Professor meinte ich solle herausfinden, auf welche der Inseln sich dieser merkwürdig geformte Küstenstreifen befindet. Und zu meinem Glück fand ich doch tatsächlich

einen alten Seemann, der mir die richtige Auskunft hat geben können", der Vampyr schien auf eine Reaktion des Jungen zu warten.
Simon kramte seine eigenen Karten aus dem Sack und verglich beide Zeichnungen miteinander. Eindeutig zeigten beide die gleiche Küstengegend, doch waren bei der Karte des Jungen alle Einzelheiten viel genauer und kunstfertiger abgebildet.
„Und um welche Insel handelt es sich denn jetzt?", fragte Simon verblüfft. Langsam verlor er die Scheu vor dem Fremden und sein Misstrauen verpuffte.
„Dies ist eine fast maßstabsgetreue Zeichnung der Insel Lacrima!", sprach der Vampyr und zog wieder auf diese eigenartige Weise die rechte Braue nach oben.

Lacrima, Träne im Ozean, Perle im Ohr des Neptun, Gott aller Fischköpfe, Herr und Meister der Meere. Lacrima, Insel des Blühens, Paradies für die Menschenkinder, Eiland des immerwährenden Frühlings, Sehnsuchtsort der Liebenden. Lacrima, Wonne aller Wonnen, Insel der Seligen, Garten Eden für alle, die müde und gramgebeugt Erholung von ihrem Leid suchen. Lacrima, du wunderschöne Rose der blauen See, die du Mühsal und Qualen fortnimmst auf immerdar!
So stand es zumindest in einigen Reiseprospekten geschrieben. Allerdings neigen diese Art von Werbematerialien oft zu Übertreibungen, meistens steckt ein mäßig talentierter, von einer Reiseagentur gedungener Schreiberling hinter solch schwülstig, schwärmerischen sprachlichen Exzessen, aber gut, Geschäft ist Geschäft oder auch Dienst ist Dienst, Schnaps ist Schnaps oder Brautkleid bleibt Brautkleid, um einmal nicht vom Thema abzuweichen.
Die Grundfläche der Insel Lacrima beträgt etwa fünfzig Quadratmeilen, die Zahlen variieren hier jedoch sehr, da das Meer welches das Eiland umgibt, von Zeit zu Zeit die Neigung verspürt, hie und da mal ein saftiges Stückchen Land herauszubeißen, um es dann an anderer Stelle in Form von Sandbänken wieder auszuspucken. Durch diese dynamischen Veränderungen war mit der Zeit nicht mehr viel von der tränenartigen Grundform der Insel übriggeblieben, die dem Eiland seinen Namen verliehen hatte. Auch vom Land des immerwährenden Frühlings zu sprechen, stellt sich bei näherer Betrachtung als eine plumpe Werbelüge heraus. Zwar ist die Insel durchaus, auf allen Hängen, Hügeln und Senken überaus grün bewachsen und schmückt sich auch mit allerlei blühendem Gesträuch, doch ist daran nichts Frühlingshaftes zu verspüren. Der schneidende Wind, der das ganze Jahr hindurch über das Land streift, macht einen frösteln, Erkältungskrankheiten sind zu jeder Jahreszeit, die sich hier wirklich kaum voneinander unterscheiden, hoch in Mode. Eher würde man von einem endlosen Herbst sprechen können, regnete es nicht ungefähr an dreihundert Tagen im Jahr. Die Lacrimoten, so waren die längst ausgerotteten Ureinwohner genannt worden, sollen siebenhundertundfünfunddreißig Wörter für Regen gekannt haben, so behaupten zumindest Lingualethnologen. Den Beweis hierfür blieben sie allerdings schuldig, nur die Bezeichnungen Schlummbumbel, für heftigen, Schlamm durchtränkten Nieselregen und Karaffel, damit meinte man angeblich eine Art quertreibenden, flachen sprühnebelartigen Niederschlag, waren übrig geblieben von dieser ach so wortreichen Sprachkultur. Sei es wie es wolle, im Grunde

genommen herrschte ein ständiges Sauwetter auf der Insel vor. Nicht enden wollende Orkanböen brausten von September bis März über die Landschaft und zerzausten Flora und Fauna gleichermaßen. Der Wappenvogel der Insel, wie das der übrigen kleineren Eilande der Lumillen, wie diese Antillen genannt wurden, ist daher auch der Grokodu, eine Art gefiederter Tennisball mit Stummelflügeln, dessen Federkleid sich in alle Richtungen sträubt, sogar wenn es einmal ein paar Stunden trocken gewesen sein mochte.
Die ersten zivilisierten Ansiedlungen auf der Insel waren von der Bruderschaft der Verifizienser im Jahre 1287 gegründet worden, um die Lacrimoten mit den Segnungen der Religion vertraut zu machen. Böse Zungen behaupten dieses Unterfangen hätte maßgeblich zu deren Aussterben beigetragen, waren die Ureinwohner denn schlagartig, von einem Tag zum anderen, von einem so inbrünstigen Glauben besessen, dass die Feldarbeit liegenblieb, die domestizierten Wildschafherden nicht mehr versorgt wurden und Fortpflanzungsversuche gänzlich ausblieben, da man nur noch ans Beten, Singen und Lobpreisen dachte. Nachdem niemand mehr dagewesen war, den man hätte noch bekehren können, wäre für die Mönche eigentlich die Angelegenheit zu Ende gewesen, sollte man meinen, doch hatten sich die Brüder schon so an das Klima der Inseln angepasst und das Leben hier gefiel ihnen so gut, dass sie geblieben waren. Auch heute noch befindet sich auf Lacrima das zu dieser Zeit gebaute Kloster des Heiligen Certifian. Seine Mauern sind wegen ihrer Form, es handelt sich um ein sogenanntes Heptadekagon, das sich durch die Schönheit und exakte Kongruenz seiner siebzehn Ecken hervortut, weithin bekannt und kein Tourist sollte einen Rundgang durch den Kreuzweg versäumen.

„Wir sollten zusehen, dass wir das nächste Schiff, welches vom Hafen hier ablegt, erwischen können. Ich komme dich begleiten, wenn du nichts gegen meine Gesellschaft einzuwenden hast?" der Vampyr sah Simon forschend an. Einerseits wäre der Junge froh gewesen sich nicht mehr allein vor so große Aufgaben gestellt zu sehen, doch konnte er dem Fremden wirklich trauen, der zudem noch von sich behauptete ein Vampyr zu sein? Andererseits, was hatte er schon zu verlieren? Er musste auf jeden Fall erst einmal auf diese Insel gelangen, mochte kommen was wolle. Um sein Ziel zu erreichen würde er sich selbst mit einem so unheimlichen Wesen wie einem Vampyr einlassen, dann dachte er an die Bärin.
„Ich habe hier allerdings noch ein paar Dinge zu erledigen", sagte er dann und berichtete Wondraczek jetzt von den Erlebnissen auf seiner bisherigen Reise und von der Geschichte mit dem notleidenden Tier.
„Ich weiß zwar nicht, ob das irgendeinen Sinn macht, aber schauen wir uns die Sache eben erst mal an", sagte der Vampyr daraufhin, „Treffen wir uns doch um die Mittagszeit auf dem Jahrmarkt, am besten gleich vor dem Kettenkarussell!"
Simon fand den Treffpunkt zwar eher ungewöhnlich, hatte aber nichts dagegen einzuwenden. Heimlich hatte der Untote recht sonderbare Vorlieben, ja auf seine Weise konnte er sich manchmal geradezu kindisch benehmen und Karussellfahrten waren seit jeher eine seiner größten Leidenschaften. Dies alles konnte nun Simon nicht ahnen und so antwortete er nur, „Gut, so machen wir's, bis morgen dann." Simon streckte beide Arme in die Höhe und musste ausgiebig gähnen. Ein Zeichen dafür, dass er schon begonnen

hatte diesem Herrn Wondraczek ein gewisses Vertrauen entgegenzubringen.
„Dann wünsche ich noch schöne Träume!“, sprach Wondraczek den Raum verlassend und grinste dabei über die Schulter zu dem Jungen zurück. Den überlief jedoch ein Schaudern als er die scharfen Zähne aufblitzen sah. „Und schließ die Tür besser hinter mir ab!“
Endlich alleine, machte Simon sich bettfertig. Gerne hätte er sich noch ein paar Spritzer Wasser ins Gesicht gerieben, von einer Waschgelegenheit war aber nichts zu sehen. So legte er nur seine Klamotten ab und legte sich fröstelnd zwischen die nicht gerade mehr taufrisch duftenden Laken. Hoffentlich ist hier wenigstens kein Kleingetier unterwegs, dachte er noch und war auf der Stelle eingeschlafen.

Soylentius war keineswegs damit zufrieden mit dem, was Höllenstiebel ihm berichtet hatte. Zwar konnte der Dämon, der sich dem Anschein nach in allerbester Laune befand, in keinster Weise sagen, auf welche Weise die Kerle es geschafft hatten, den Sternmunkeln zu entkommen, doch hatte er die ganze Zeit über grinsen müssen, während er dem Zauberer von der misslungenen Aktion erzählt hatte. Auch Weybrecht hatte dem Anschein nach gründlich versagt. Dieser Widerling, den er doch so gut unter Kontrolle zu haben glaubte, hatte es anscheinend nicht fertig gebracht diese Kerle aufzuhalten. Es war ja fast so als hätte Soylentius ihn auf eine schreckliche, gefahrvolle Mission geschickt und nicht den Befehl erteilt einen kleinen Jungen, ein Heinzelmännchen und einen dicken Säufer zu verhaften und herzubringen oder zumindest dafür zu sorgen, dass diese Kerle ihm keine Steine in den Weg legen würden. Auf ganzer Linie hatte er wohl versagt, der gute Weybrecht! Das würde er ihn schon noch spüren lassen, nahm sich der Zauberer vor und starrte böse vor sich hin. Immerhin sollte der Junge sich den Hals gebrochen haben. Nun gut, eine allzu große Gefahr stellten die beiden übriggebliebenen wohl kaum dar, doch waren sie allem Anschein nach Freunde vom Melchidiekes und dessen Freunde konnten nur seine, Soylentius Feinde sein, da machte der Zauberer sich nichts vor. Es war nur wichtig, dass die Kerle nicht in die Nähe des Siebes kämen. Wer wusste schon, was sie dort ausrichten konnten. Das Gezeitensieb musste auf alle Fälle unter seiner, Soylentius Kontrolle bleiben. Dies war sein Weg zur absoluten Macht.
Mittels der blauen, eisigen Flammen nahm er Kontakt zu seiner Marionette Weybrecht auf. Wie immer spürte er zuerst einen rasenden Schmerz durch seine Schläfen jagen, als er über die weite Entfernung in das Bewusstsein Weybrechts eindrang. Ein Zittern durchlief die Gestalt des Zauberers, als der Kontakt hergestellt war. Noch nie war das Führen eines anderen Menschen mit so viel Schmerz verbunden gewesen, wie jetzt bei dem Soldatenhauptmann. Soylentius hatte das Gefühl dies müsse mit dessen Boshaftigkeit und seiner ständigen Bereitschaft zu töten zusammenhängen. Immer ging bei dem Prozess ein Teil Weybrechts in Soylentius über und, so vermutete der Zauberer, das absolut Böse, das den Mann beherrschte, sträubte sich sehr gegen die Übernahme, und löste so diese entsetzlichen Schmerzen aus. Dies war der Grund, weshalb die Anweisungen, die der Magister dem Hauptmann erteilte, immer in kürzester Zeit zu übermitteln waren, länger als ein paar Minuten mit dem Geist des Hauptmanns verbunden zu sein,

überstieg Soylentius Kräfte bei weitem. Ja, er glaubte mittlerweile sogar, dies könne ihn unter Umständen auch töten. Er teilte seinem Diener nur mit, wo er nach den Flüchtenden Ausschau halten sollte. Da die einzige Möglichkeit zur Überfahrt auf die Insel Lacrima die Hafenstadt Schmollstau war, mussten die Widersacher dort zu finden sein. Allerdings, so seine Befehle, solle er die Gegenspieler nicht einfach in aller Öffentlichkeit aus dem Wege räumen. Erst mal würde das zu viel Aufmerksamkeit erregen und in Schmollstau hatte Soylentius keinerlei Einfluss auf Polizei und Gerichtsbarkeit, zweitens wollte der Magier beobachten wie viel die Kerle eigentlich von seinen Plänen wussten. Um dies herauszufinden, sollten sie noch eine Weile am Leben bleiben.

Nachdem er den Kontakt abgebrochen hatte, schien es dem Zauberer, als koche sein Gehirn in einem feurigen Sud. Der Schmerz breitete sich von seinen Schläfen über den gesamten Körper aus. Der Alchimist hatte einen hochroten Kopf, gleichzeitig begann er entsetzlich zu frieren. Ein Zittern durchlief sein Rückgrat, als ob kleine Explosionen seine Nervenenden zum Erbeben brächten. Soylentius saß schweißgebadet in seinem Sessel vor den verlöschenden Flammen, unfähig an diesem Tag auch nur noch einen Finger zu rühren.

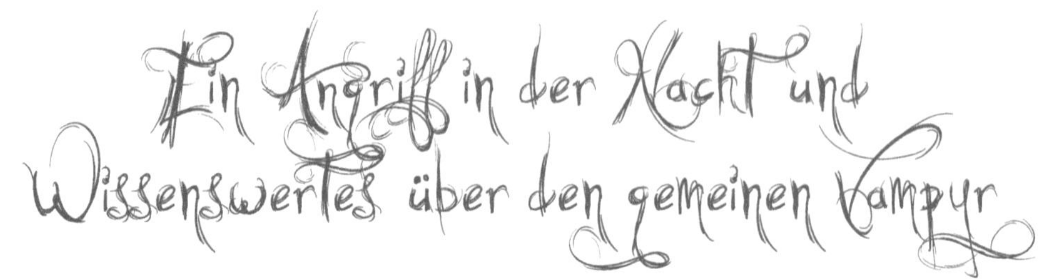

Lange währte Simons Schlummer nicht. Er erwachte zwei Stunden später aus wirren Träumen. Es war doch sehr stickig hier drinnen. Benommen kletterte er aus dem Bett und versuchte das einzige, klapprige Fenster zu öffnen, das auf den Hinterhof hinausging. Nach einigem Ruckeln war das zwar geschafft und er konnte die Mondsichel im Westen ausmachen, aber irgendwie drängte es ihn doch nach draußen, noch einmal richtig frische Luft zu schnappen, es musste wohl an der reichhaltigen, nahezu unverdaulichen Mahlzeit liegen, die er zu sich genommen hatte, dachte Simon. Sein Verdauungstrakt gab auch geradezu unversöhnliche Laute von sich. Er tappte im Halbdunkeln die Stiege in den Schankraum hinunter. Niemand war mehr da, mochte es doch schon zwei Stunden nach Mitternacht sein; ja, gerade hatte er noch die Kirchturmuhr zweimal schlagen hören. Durch die Küche, hier musste es ohne Zweifel eine Hintertüre geben, durch irgendein Loch musste ja der ganze Abfall hinausgeschafft werden, und endlich fand der Junge eine unverschlossene Klappe und dann einen Durchgang zur Straße hin, wo die Gaslampen flackernd leuchteten.
Simon begann ein wenig die Gasse hinunterzuschlendern, weg von der Hauptstraße, nur keinem mehr begegnen. Und wirklich waren die Nebengassen jetzt völlig ausgestorben. Kein lebendes Wesen schien hier mehr unterwegs zu sein, nur ein alter Köter kam ihm den Rinnstein lang entgegengelaufen und Simon sinnierte noch einmal über die Ereignisse des gestrigen Tages nach und war so völlig in Gedanken versunken, als ein scharrendes Geräusch direkt in seinem Rücken ihn aufschreckte.
„Schnappt ihn euch, aber macht ihn nicht kaputt!“, hörte er noch wie aus weiter Ferne, denn schon hatte ihn ein herber Schlag mit einem, landläufig als stumpfer Gegenstand bezeichneten Ding, seitlich am Kopf getroffen und niedergestreckt. Er fiel geradewegs auf eine Kanalabdeckung um deren Gitter sich seine Finger verkrampften, als er versuchte wieder aufzustehen, obwohl ihm irgendetwas in seinem Innern dringend davon abriet. Dann nahm er nur noch ein Zischen wahr, das wie durch Watte an sein Ohr drang, er hörte ein paar dumpfe Schläge, dann war ein verängstigtes Plärren zu hören.
„Haut ab, schnell, aua, gegen den ham wir keine Schanz!“
Das Poltern von Stiefelabsätzen entfernte sich in atemberaubender Geschwindigkeit und verlor sich im Gewirr der Gassen.
Simon schlug die Augen auf und blickte in die Augen des Vampyrs, die ihn milde anlächelten, was solange er den Mund dabei geschlossen hielt, eine beruhigende Wirkung auf Simon hatte.
„Keine Angst, sie sind schon weg, die Feiglinge!“, sagte Wondraczek und leckte sich dabei genüsslich die Lippen, von denen ein roter Saft rann.

„Was hast du um Gottes willen mit denen gemacht", fragte Simon tief erschüttert und deutete auf den Mund des Vampyrs.
Der wischte sich nur grinsend über die Lippen und sagte dann träumerisch: „Na, das war aber mal wirklich ein vorzüglicher Tomatensalat, besonders das Dressing mit der Kräutermischung aus Provenzalien.

Wondraczek hob sanft Simon vom Boden auf und legte ihn sich vorsichtig über die Schulter, als wöge er allerhöchstens so viel wie ein Blatt Papier. Ungeahnte Kräfte schienen in dieser Gestalt zu schlummern, welche Simon nun eben wieder von beträchtlicher Körpergröße erschien.
Durch die Hintertüre zur Treppe hinauf, der Vampyr schien diesen Eingang sehr wohl zu kennen, legte er dann Simon aufs Bett und betupfte zart die blutende Beule, die diesem an der Schläfe wuchs.
„Wer war denn das?" stöhnte Simon und wollte sich schon wieder aufrichten.
„Tja, sind anscheinend nicht alle so freundlich gesinnt, die Leutchen hier." antwortete Wondraczek, „Trau, schau, wem! Wie mein Großonkel Agamemnon immer zu sagen pflegte! Gut, der traute allerdings noch nicht mal sich selbst, deshalb ließ er auch alle Spiegel aus dem Schloss entfernen, falls doch einmal sein Ebenbild in böser Absicht aus einem herausspringen würde. Dabei war es ihm doch unmöglich sein Spiegelbild überhaupt sehen zu können, ts, ts!", Wondraczek tippte sich mehrmals mit dem Zeigefinger an die Stirn.
„Dann stimmt das also wohl doch, dass Vampyre kein Spiegelbild und auch keinen Schatten haben?", fragte Simon, der nun allmählich die Existenz dieser Geschöpfe nicht mehr in Zweifel zu ziehen schien.
„Einen Schatten wohl, aber eben kein Spiegelbild, deshalb sind gerade männliche Vampyre ja so ungeheuer geschickt mit dem Messer, müssen sie doch schon in Jünglingsjahren damit zurechtkommen, sich ohne die Reflektion ihres Abbildes zu rasieren, was übrigens in früheren Zeiten immer wieder zu bösen Unfällen geführt hatte, bis Lord Wilkinson den großen Ratgeber für Untote herausbrachte 'How to shave your face, without slitting your throat', das Werk freut sich auch heute noch allergrößter Beliebtheit."
„Und können sich Vampyre denn wirklich in Fledermäuse verwandeln?", fragte Simon nun, da er doch langsam etwas neugierig wurde und so viel wie möglich über diese furchterregenden Blutsauger erfahren wollte.
„Manch einer ist wohl dazu in der Lage, obwohl die meisten es vorziehen in etwas lieblicherer Gestalt zu erscheinen, aber das entscheidet sich eben erst während der Pubertät, so mit ca. zweihundertfünfzig Jahren."
„Mit zweihundertfünfzig Jahren erst in die Pubertät? fragte Simon erstaunt, der sich selbst ja gerade am Anfang dieser Phase befand.
„Ja, aber das schlimme daran ist, das dauert dann auch hundert Jahre an. Vampyreltern sind schon sehr geschlagen mit ihrem Nachwuchs", führte Wondraczek weiter aus. „Schwangerschaften bei Vampyren kommen jedoch sehr selten vor und werden immer seltener, leider! Irgendwann werden wir wohl ausgestorben sein!", seufzte er noch.

„Und wie ist das nun mit dem Blut?“, fragte Simon zögernd, diese Frage hatte ihn insgeheim schon die ganze Zeit über beschäftigt und beunruhigt.
„Ach, das ist ja das allergrößte Ammenmärchen, lieber Simon. Du wirst es nicht für möglich halten, aber, nicht nur trinken wir kein Blut, weder von Mensch noch Getier, nein, die allermeisten essen noch nicht mal Fleisch, ob roh oder gekocht, gebraten oder gegrillt.“
„Aber…“, wollte Simon sagen.
„Und das erzähle ich dir jetzt ganz im Vertrauen, das braucht nicht jeder zu wissen, würde unseren schlechten Ruf gänzlich ruinieren, den berühmte Literaten wie der alte Abraham Schürhaak so mühsam aufgebaut haben.“ fuhr Wondraczek fort. „Nicht nur, dass die meisten unserer Rasse kein tierisches Eiweiß zu sich nehmen, nein, wie ich zu unserer Schande gestehen muss, lebt der Großteil der Vampyre vollkommen vegan.“
„Wie, nicht mal Eier oder Fisch?“ Simon glaubte seinen Ohren nicht zu trauen, bei dem, was der Vampyr ihm hier weismachen wollte.
„Fisch, Fisch, Fisch. Kommt niemals auf den Tisch.“
„Sapperlot“, rief Simon aus. Das hatte Elvira auch oft getan, wenn sie über etwas sehr, sehr erstaunt war, er hatte jedoch nicht den blassesten Schimmer was das bedeuten sollte.
„Und wie kommen dann all diese blutrünstigen Geschichten zustande?“, Simon konnte sich beim besten Willen nicht vorstellen, dass Wondraczek ihm hier keinen Bären aufbinden wollte.
„Nun, wie gesagt, frag die Literaten, denen fällt ja so einiges ein, wenn der Tag lang und der Magen leer ist, so saugen sie sich die Sensationen eben aus den Wurstfingern. Aber wir haben uns an unseren üblen Leumund schon seit Jahrhunderten gewöhnt und haben das Beste draus gemacht. Es kann auch ganz schön praktisch sein, wenn den Leuten beim bloßen Auftauchen von einem unserer Art schon der Schreck in die Glieder fährt.“, sagte der Vampyr. „Ohne das, würde uns inzwischen schon etwas fehlen!“
Das leuchtete dem Jungen nun wieder ein. Wirklich würde man sich auf diese Weise üble Gesellen vom Hals halten können. Lange nachdem der Vampyr sich zum zweiten Mal in dieser Nacht verabschiedet hatte, lag er noch wach und grübelte über das Wesen der Vampyre nach.

Am nächsten Morgen erwachte Simon mit einem ziemlichen Brummschädel in den zerwühlten Kissen, Alpträume hatten ihn die ganze Nacht hindurch geplagt, doch konnte er sich an keinen konkreten Traum erinnern. Hatte irgendwas mit Vampyren zu tun, glaube ich, dachte Simon gerade, als ihm siedend heiß alles wieder einfiel, was sich am gestrigen Abend zugetragen hatte.
„Oh, Mannomann!“, brabbelte Simon noch völlig verschlafen vor sich hin und wollte sich gerade nochmal auf die Seite drehen, da bemerkte er, dass die Sonne schon ihre Strahlen weit in das Zimmer hineingeworfen hatte, es musste schon recht spät sein. Widerstrebend setzte er sich wieder auf und blickte sich im Zimmer um, welches jetzt, im Morgenlicht, einen noch wesentlich schmutzigeren Eindruck machte, als in der Nacht zuvor. „Na, jetzt wird ’s dann doch Zeit!“, seufzte er noch und rappelte sich, die Beule

an seiner Schläfe befühlend auf. „Das ist ja mal ein schönes Ei!“, rief er aus und warf sich gleich in seine Klamotten, die über dem unteren Bettgestänge hingen. Da es ja mit Waschgelegenheiten in diesem Hause nicht eben zum Besten stand, humpelte er gleich darauf hinunter in die Gaststube.
Hier waren anscheinend schon die ersten Pegeltrinker eingetroffen, die an zwei, drei Tischen verteilt es sich schon bequem gemacht hatten, doch zum Glück waren die drei von gestern Abend nicht unter ihnen. Simon glaubte auch nicht diese in aller Öffent-lichkeit noch einmal anzutreffen, war er sich doch sicher, dass es sich um die gleichen Gauner handelte, die ihn angegriffen hatten. Da er immer noch den pelzigen Geschmack seines Nachtmahls auf der Zunge zu verspüren schien, beschloss Simon sein Frühstück auf keinen Fall im selben Etablissement einzunehmen. Er hatte für Übernachtung und Essen ja schon im Voraus bezahlt und so schulterte er seinen Seesack und begab sich, grußlos, da der Wirt auch ohnehin nirgendwo zu sehen war, hinaus auf die Straße.
Hier war schon allerhand los, der Müll des vergangenen Tages wurde weggekarrt, ein paar Gardisten, welche sich wohl die Nacht um die Ohren geschlagen hatten, stolperten Arm in Arm die Straße hinunter, einen Militärmarsch auf den nuschelnden Lippen und ein Zeitungsjunge an der Ecke rief schon lauthals die Neuigkeiten des Tages aus. Doch Simon musste erst mal etwas zu essen finden, bevor er auch nur einen vernünftigen Gedanken fassen konnte. Dies war schon immer so gewesen, von klein auf war mit Simon ohne ein ausgiebiges Frühstück, nichts aber auch gar nichts anzufangen. Ohnehin musste man Simon wohl als einen geradezu mustergültigen Morgenmuffel ansehen, meist brachte er die ersten zwei Stunden des Tages nicht einmal eine einzige Silbe heraus, es sei denn man stellte ihn auf den Kopf und schüttelte ein wenig.
Er hatte doch hier gestern irgendwo eine Bäckerei gesehen, ging es dem Jungen durch den Kopf, als er die Straße entlanglief, irgendwo auf der linken Seite. Ah, da, das Ladenschild mit der Brezel wies ihm den Weg, er ging schnurstracks darauf zu, betrat den Laden und stand schon bald wieder draußen vor der Tür, sich aus einer großen Papiertüte voller Köstlichkeiten labend. Besonders die Nussecken hatten es ihm angetan, wenn er weiterhin unterwegs sein würde, könnte er wohl irgendwann eine Abhandlung über die mannigfaltigen Arten von Nussecken im ganzen Lande schreiben und so manchen Reiseführer damit bereichern. Ja, das wär‘s doch, dachte er bei sich. Ein Gourmetführer mit den allerbesten Adressen für Granatsplitter und Nusseckenliebhaber des gesamten Kontinents. Obwohl Simon ja frühmorgens äußerst wortkarg war, hatte er doch gerade um diese Zeit die besten Ideen, oder, so könnte man das ja auch sehen, verlor er sich morgens allzu gerne in den schönsten Tagträumereien.
Bald darauf hatte er schmatzend den Marktplatz erreicht. Hier waren dann doch schon einige Leute unterwegs. Mägde und Zimmermädchen waren zugange, um die Herrschaft mit allerhand leiblichen Genüssen zu versorgen, vielerlei Marktstände waren schon in aller Frühe errichtet worden, an welchen man so ziemlich alles bekommen konnte, was in die gefräßigen Mägen des hiesigen Landadels hineinpassen mochte. Und all das war auf eine im höchsten Maße attraktive Weise ausgestellt, hier sah man einen rosigen Schweinekopf aufgespießt, um auf die Verkaufsstelle eines Schlachters aufmerksam zu

machen, da wipperten die farbigen Wimpel eines Tuchmachers lustig im Wind, wieder an einer anderen Stelle leuchteten feierlich die Produkte des ansässigen Kerzenziehers, der schon jetzt versuchte das Weihnachtsgeschäft dadurch anzukurbeln, indem er einen leibhaftigen Zwerg mit lauter, kehliger Stimme ‚Stille Nacht, Heilige Nacht' vortragen ließ. Der kleine Kerl traf zwar keinen einzigen Ton, Zwerge sind ja sowieso nicht wegen ihrer Sangeskunst sonderlich berühmt, sondern wegen der ungeheuren Lautstärke, die aus den kleinen gedrungenen Körpern dringen konnte. So stand es auch mit diesem. Wahrscheinlich war das Gegröle noch meilenweit deutlich zu vernehmen, je nachdem wie der Wind stand. Nachdem Simon eine Weile zugehört hatte, verspürte er das merkwürdige Bedürfnis sich am Kräuterstand gegenüber mit reichlich Petersilie einzudecken um sich damit die wunden Ohren zu verstopfen. Aber er musste ja weiter, immer noch hatte er nicht den Karren des Kesselflickers ausmachen können und so drängte er sich weiter, immer geradeaus, durch die immer zahlreicher werdende Käuferschar, die sich über den Platz ergoss. Auch waren jetzt wieder einige feinere Herrschaften unterwegs, wie immer sehr gut an den abstrusen Kopfbedeckungen zu erkennen. Direkt vor Simon trippelte eine Dame auf äußerst hohen Absätzen umher, den Kopf geschmückt mit überdimensioniertem Bonbonpapier, aus welchem eine Art Krokodilschwanz herausschaute. Hinter mehreren der Marktstände waren ihm Leute aufgefallen, die auf dem Boden kauerten und merkwürdige Bewegungen vollführten. Manche summten geistesabwesend vor sich hin. Hier und da warf ihnen eine barmherzige Dame etwas Kleingeld in einen bereitstehenden alten Hut oder die Marketenderinnen steckten ihnen etwas Obst oder Würste zu. Auch hier breitete sich das Vergessen also schon aus. Obwohl es sich doch nur um einige ältere Leute zu handeln schien, die in diesem Zustand verharrt waren, schockierte deren Anblick Simon doch einigermaßen. Schneller und schneller schien sich die Seuche zu verbreiten oder um was auch immer es sich hierbei handeln mochte. Und was hatte das alles mit diesem geheimnisvollen Gezeitensieb zu tun?
Simon versuchte dieses Problem erst mal außer Acht zu lassen und machte sich weiter auf die Suche nach dem Kesselflicker. Jetzt war er ungefähr im Zentrum des Marktplatzes angekommen. Hier waren die üblichen Vergnügungen, besonders die für die Kinder aufgebaut worden. Und wirklich stand dort auch ein Kettenkarussell, das sich schon eifrig drehte und drehte. Auch hatten sich schon einige Sprösslinge auf die Sitze gezwängt, die Schmollstauer Kinderschar schien sich durch eine gewisse Fettleibigkeit auszuzeichnen, und ein fröhliches Jauchzen drang an Simons Ohr. Aber war das nicht? Simon traute seinen Augen kaum. Saß da nicht inmitten der Kinderschar der Vampyr auf dem Karussell? Ja, das war eindeutig dessen Stimme, die da so ausgelassen juchzte, und jetzt konnte er ihn auch ausmachen. Gerade stellte er sich auch noch mit beiden Füßen auf den Sitz. Der Vampyr wirkte jetzt nicht größer als ein Siebenjähriger und hing mit einem Blick voller Verzücken in den Ketten, dem Fahrtwind die Brust entgegenstreckend.
„Hey, Simon", rief er nun, als das Karussell langsamer zu werden begann. „Fahr doch eine Runde mit!"
Der Junge musste sich jedoch erst einmal die Augen reiben bei diesem Anblick, Vampyre hatte er sich so dann doch nicht vorgestellt
„Es ist herrlich, ganz herrlich", rief der Vampyr wieder, wobei er Simon mit beiden

Armen zuwinkte, ein ziemliches Kunststück ohne dabei das Gleichgewicht zu verlieren und nicht mit Schwung aus dem Gerät geschleudert zu werden. Kaum hatte die Apparatur gestoppt, der riesige Schlüssel, der zum Aufziehen derselben diente, drehte sich jetzt auch nicht mehr, stand Wondraczek auch schon, in seiner mutmaßlich natürlichen Gestalt, er war jetzt wieder anderthalb Köpfe größer als der Junge, neben Simon.
„Ich glaube da drüben gibt es auch noch eine Geisterbahn wie wär's denn damit?" fragte er nun, „Aber vielleicht laufen da ja schon Vampyre drin rum, oder was die Leute sich darunter vorstellen." Wondraczek fand diesen Gedanken allem Anschein nach so amüsant, dass es ihn vor Lachen schüttelte.
„Nein danke, kein Bedarf", antwortete Simon trocken, Haben wir denn nichts Wichtigeres zu tun?" Er wurde nun doch langsam etwas ungeduldig. Das war ja, als hätte man es mit den Launen eines Kleinkindes zu tun.
„Ach ja, ich weiß, die Geschichte mit dem Bären, alles klar, dann schauen wir doch mal, ob wir deinen alten Kesselflicker irgendwo finden können."
Zusammen machten sie sich jetzt weiter auf den Weg durch die Marktstände, wo sie an jeder Ecke auf ein neues Kuriosum stießen. Ein paar Meter weiter war eine Art Tribüne zusammengezimmert worden, auf der sich ein paar recht grobschlächtige Individuen versammelt hatten. Die Kerle schauten alle irgendwie recht belämmert aus der Wäsche, wie Simon fand und vor ihnen hatte sich ein ziemlich windig aussehender Knirps aufgebaut, der durch eine Tröte, die er sich an den Mund hielt, auf die Menge unten einredete, was seinen Vortrag zwar lauter aber fast gänzlich unverständlich machte.
„Hier sehen sie den schnuckeligen Schneckenwirt aus Schlammbach, auch er auf der Suche nach einer holden Maid", rief der Kleine auf einen der Männer deutend. „Wenn eine der Damen vielleicht schon Erfahrung hat mit der Schneckenhaltung und Aufzucht dieser äußerst nützlichen Tiere, so wäre dieses unserem Herrmann sehr willkommen, ist aber nicht unbedingt Voraussetzung.", sabbelte der Kleine weiter und verdrehte dabei drollig die Augen. „Wenn sie denn nur anderweitig ein paar schlagende Argumente aufzuweisen hätte, wären sie in Hermanns Haushalt sicherlich herzlich willkommen." hier zwinkerte das Kerlchen einige Male lüstern und deutete mit beiden Händen einen enormen Brustumfang an.
Es schien sich hier wohl um eine Art Bräutigamschau zu handeln, aber so ganz schlau wurde Simon aus dem allen eigentlich nicht, doch bemerkte er bei manchen Frauen im Publikum ein gewisses Erröten, dass er sich beileibe nicht erklären konnte.
Gleich daneben befand sich das buntgestreifte Zelt einer Wahrsagerin. Diese stand, wohl zu Werbezwecken davor und starrte scheeläugig in die Kristallkugel, die sie in Händen hielt, um damit auszudrücken, dass sie wohl für jedermann zumindest zwei verschiedene Zukünfte vorauszusagen in der Lage sein würde. Die junge, recht ansehnliche Dame plapperte mit meckernder Stimme Zaubersprüche vor sich hin, die in keiner Sprache der bekannten Welt verfasst waren und vollführte dabei schlängelnde Tanzbewegungen, die Simon auf gewisse Art und Weise äußerst faszinierend fand.
Endlich kamen sie ans Ende des Platzes. Hier fanden sie in der hintersten Ecke auch den Karren des Kesselflickers, um den sich eine nicht eben groß zu nennende Schar von Zuschauern eingefunden hatte. Die Geschäfte schienen dann doch nicht mehr so gut

zu gehen, wie der Alte gestern geprahlt hatte. Tatsächlich standen nur ein paar recht zerlumpte Gestalten um den Wagen herum und harrten der Dinge, die da kommen sollten. Die Vorführung hatte wohl noch gar nicht begonnen, doch eben gerade war der Kesselflicker dabei die hintere Tür des Karrens aufzusperren und die Bärin herauszuzerren. Das verängstigte, halb verhungerte Tier war keiner Gegenwehr fähig, ja nicht mal mehr ein Brummen war von ihm zu vernehmen, die leeren, drogenverschleierten Augen blickten unsäglich müde in die Gesichter der herumstehenden Meute, die beim Anblick des Tieres sofort wie wild zu johlen begann. Der Alte zerrte es mit Aufwendung all seiner Kräfte aus dem Karren heraus, wobei es fast die wackelige Stiege hinunterfiel, dann zog er das müde Geschöpf auf die, im Vorhinein über offenem Feuer erhitzten Eisenplatten, die vor dem Wagen lagen. Die Hitze unter den Tatzen spürend, bäumte sich das Tier nun auf und versuchte mit Aufbietung der letzten Kräfte den Folterplatz wieder zu verlassen, was aber durch die jetzt, zu beiden Seiten des Wagenfensters befestigten Ketten, unmöglich war. Um die Berührung mit den heißen Platten so gut es irgend ging zu vermeiden, begann es nun zu tanzen, von einem Hinterbein aufs andere das Gewicht verlagernd, was vom Publikum anscheinend als ein äußerst amüsanter Anblick empfunden wurde. Das Geschrei wurde lauter und lauter, Pfiffe waren zu hören und viele aus der Gruppe begannen die Bewegungen der Bärin nachzuahmen, indem sie sich hin und her wiegten und dabei recht idiotische Geräusche von sich gaben. Das elende Schauspiel dauerte wohl ungefähr zehn Minuten an, bis der Alte die seitlich angebrachten Ketten, eine nach der anderen löste und das Tier wieder in sein Verlies zurück verbrachte. Zwischendurch hatte ein Junge, der wohl eigens zu diesem Zweck angeheuert worden war einen großen Zylinderhut herumgehen lassen, um das Eintrittsgeld einzukassieren. Wirklich schienen die meisten im Publikum tatsächlich ihren Obolus zu entrichten, obwohl es Simon bei den meisten so vorkam, als würfen sie nur Knöpfe und alte Zeitungsschnipsel in die ramponierte Kopfbedeckung. Doch schien der Kesselflicker durchaus zufrieden, als er den Inhalt zu inspizieren begann, während die Menge sich zerstreute. Er steckte dem Bengel ein paar rote Münzen zu, der diese grinsend in den Taschen seiner speckigen Hose verschwinden ließ. Dann verbarrikadierte er den Wagen wieder mit den zwei antiken Vorhängeschlössern. Der Alte rieb sich die Hände und blickte sich um. Simon hatte Wondraczek bezeigt sich nicht von dem Alten sehen zu lassen und so waren die beiden längst unbemerkt aus seinem Blickfeld, in eine nahe Seitengasse hinein, entschwunden.

Die zwei sahen sich still an und Simon bemerkte sofort die Tränen in den Augen des Vampyrs, die dieser mit einem Zipfel seines Umhangs nun wegwischte.

„Du hast da wohl ganz recht, Simon", sagte dieser sich den Kloß im Hals weg räuspernd. „In dieser Angelegenheit muss auf alle Fälle etwas unternommen werden.

Simon fiel ein Stein vom Herzen, als er dies hörte, denn jetzt wusste er, dass er bei diesem Unterfangen nicht auf sich allein gestellt sein würde, hierbei konnte er auf die Hilfe des Vampyrs keinesfalls verzichten.

„Aber wir werden die Dunkelheit abwarten müssen, um nicht allzu sehr aufzufallen und auch um keine Panik auszulösen!", sagte Wondraczek, der seine Stimme nun wieder in der Gewalt hatte.

Darüber hatte sich Simon allerdings noch gar keine Gedanken gemacht, umso dankbarer war er dem Vampyr, der so vernünftig an die Angelegenheit heranzugehen in der Lage war.
„Ja, ich weiß auch nicht wie wir das Tier dort rausholen sollen. Habe noch keinen Plan, leider!“ sagte Simon freimütig, in der Hoffnung, dass Wondraczek etwas einfallen würde.
„Ich glaube ich habe da eine Idee. Wir haben ja noch Zeit bis heute Nacht. Lass uns dann mal ein paar Sachen besorgen gehen.“
Der Vampyr schien tatsächlich schon einen Plan zu haben, was Simon ungemein beruhigte. „Ja, gut! Was für Sachen denn?“ natürlich war der Junge sofort neugierig geworden.
Wondraczek grinste über das ganze Gesicht und ließ dabei seine scharfen Eckzähne aufblitzen, jetzt machte er wieder einen geradezu furchterregenden Eindruck, wie er so dastand, groß und mächtig jetzt, und nichts, aber wirklich gar nichts, erinnerte noch an den kleinen Jungen vom Kettenkarussell.
„Tja. Das weiß ich erst, wenn ich es sehe. Zeit für einen kleinen Schaufensterbummel“, sprachs und machte sich schnellen Schrittes auf, in Richtung der Hauptgeschäftsstraße, so dass Simon ihm kaum folgen konnte. Als sie so zusammen durch die Straßen zogen, fiel Simon auf, wie die Leute, die ihnen entgegenkamen, schnell die Straßenseite wechselten, sich umdrehten, stehen blieben oder sich an die Wand drängten. In seiner Wut machte der Vampyr wirklich einen furchterregenden Eindruck auf die Leute, die allesamt bei seinem Anblick erbleichten. Seit er der grausamen Vorstellung beigewohnt hatte, war seine vormals so gute Laune vollends verflogen, eine bittere Falte hatte sich oberhalb der Mundwinkel eingenistet, die den ganzen langen Tag über dort verweilen würde.
„Äh, wollten wir denn nicht um keinen Preis Auffallen erregen?“, fragte Simon.
Stirnrunzelnd blieb der Vampyr stehen, blickte Simon drohend an und hatte plötzlich wieder sein Allerweltsgesicht, als hätte er sich eine freundlich dreinschauende Maske aufgesetzt, dabei schien er auch wieder um etliche Zentimeter geschrumpft zu sein.
„Recht hast du, kleiner Simon“, sagte er nun. „Ich war wohl etwas in Gedanken.“, und sah dabei aus, als könne er kein Wässerchen trüben, nur die beiden Falten der Bitterkeit wollten nicht vollends weichen.

Simon hatte nun wirklich nicht den Hauch einer Ahnung, was der Vampyr jetzt mit einem Schaufensterbummel bezwecken wollte, doch fügte er sich still in sein Schicksal, froh darüber, dass ein anderer die Initiative übernahm. Gemeinsam schlenderten sie durch die Geschäftszeile, eine Straße, auf welcher der Verkehr generell sehr eingeschränkt worden war. Nur am frühen Morgen und später am Abend erst war es erlaubt, hier mit Fuhrwerken unterwegs zu sein. Man nannte so etwas wohl Schuhläuferzone und dies war eine außerordentlich neue Errungenschaft in größeren Städten, es war übrigens trotz dieser Bezeichnung nicht verboten den Straßenabschnitt barfüßig zu betreten. Simon glaubte darüber schon einmal in irgendeiner Postille gelesen zu haben. Jedenfalls schien dem eine gute Idee zugrunde zu liegen, konnte man doch endlich mal

nahezu gefahrlos die Straßenseite wechseln ohne beständig auf der Hut vor sogenannten Sonntagsfahrern sein zu müssen. Der Vampyr wechselte so auch ständig von einer Seite zur anderen hin und her, schaute dort in eine Auslage, schüttelte verärgert den Kopf, und lief wieder hinüber zum nächsten Schaufenster, wo er das Richtige zu finden suchte. Simon trottete hinterher, mit schmerzendem Bein und dem schweren Seesack über der Schulter. Schließlich kamen sie in eine etwas abseits gelegene Gasse, die Häuser dort schienen schon etwas hinfälliger zu sein, musste doch, in an der Küste gelegenen Gegenden, wegen des ständig heftig blasenden Westwindes besonderes Augenmerk auf regelmäßig ausgeführte Ausbesserungsarbeiten gelegt werden. Die salzige Seeluft setzte besonders den Holzbalken der Fachwerkhäuser ganz besonders zu, jedes Jahr musste der schützende Anstrich erneuert werden. Hier jedoch hatte man diese Mühe wohl nicht auf sich genommen, je weiter sie in das sich windende Gässchen vordrangen, desto baufälliger wirkte das Ganze. Am Ende der Sackgasse drang kaum mehr das Mittagslicht hinein und nur eine winzige, fast völlig niedergebrannte Kerze beleuchtete die Auslage eines heruntergekommenen Ladengeschäftes. Wondraczek spähte durch die speckige Scheibe und im Nu war sein Stirnrunzeln einem beinahe selig zu nennenden Lächeln gewichen.
„Ich glaube, hier sind wir richtig“, sagte er dann, mehr an sich selbst, als an seinen Begleiter gerichtet. Er drehte sich dann doch zu Simon um und meinte, „Hier werden wir wohl etwas Geeignetes finden!“
„Da bin ich aber gespannt!“, erwiderte Simon skeptisch, als sie den Laden durch eine schwere Eichentür betraten, die aussah, als wäre sie von einem fleckig, suppenden Ausschlag befallen.
Drinnen war es so düster, dass sich Simons Augen erst mal an die Dunkelheit gewöhnen mussten, die ersten zwei Minuten konnte er nicht die Hand vor Augen erkennen. Der Vampyr hingegen schritt schnurstracks auf die Ladentheke am anderen Ende des Raumes zu, als ob er hier schon tausendmal aus und eingegangen wäre. Hier verschüttete eine alte Petroleumlampe nicht gerade verschwenderisch etwas, das Helligkeit zu nennen einem nicht in den Sinn kommen würde. Doch konnte Simon nun ein Augenpaar im Zwielicht ausmachen, dass wie aus der Tiefe aufzutauchen schien und schließlich konnte er den Augen auch ein dazugehöriges Gesicht zuordnen. Ein altes verschrumpeltes Frauchen sah die beiden angsterfüllt wie ungebetene Eindringlinge an, die gekommen waren um zu plündern und zu morden. Wondraczek vollführte eine höfliche Verbeugung, die unter anderen Umständen äußerst elegant ausgesehen hätte, doch wirkte sie hier in dem schäbigen Ambiente doch irgendwie unangebracht, außerdem stieß er sich dabei noch den Kopf an einer herunterhängenden Blumenampel, schien dieses Missgeschick jedoch keineswegs zu beachten.
„Allergnädigstes Frollein“, begann er jetzt, „Würdet Ihr uns den Wunsch gewähren, uns etwas in ihrem Schatzkästlein umsehen zu dürfen?“
„Ich weiß zwar nicht, was für ein Kästlein Ihr meint, mein Herr“, erwiderte die Angesprochene, wobei aus ihrem Blick langsam die Furcht zu verschwinden begann.
„Aber ich hoffe Ihr habt nicht abwegiges im Sinn?“, sprach sie weiter mit gebrechlichem Stimmapparat und einem fast schon lüstern zu nennenden Gesichtsausdruck.
„Keineswegs, werte Dame, uns steht der Sinn nach einigen Objekten textiler Provenienz!“

Manchmal drückte sich der Vampyr ganz schön verschwiemelt aus, dachte Simon, doch schien ihn die Frau zu verstehen.
„Wenn ihr damit Klamotten meint, seid Ihr bei mir richtig. Ist aber alles secondhand, sach ich gleisch.", nuschpelte die Alte weiter, „Scheht eusch nur um!" Nun, da Simon in dem schummerigen Licht endlich wieder etwas zu erkennen in der Lage war, begann er die angebotenen Artikel in Augenschein zu nehmen. Die gesamte Grundfläche des Ladens war zugestellt mit Kleiderständern aller Art, dazwischen und an den Wänden entlang waren zusätzlich massenweise Regale aufgestellt worden, die sämtlichen Krimskrams des Kontinents zu beinhalten schienen. Und dies alles schien im gleichen Zustand wie der Laden selbst zu sein, da blitzte nichts wie ein Juwel hervor, kein Kleinod weckte die Begierde es unbedingt besitzen zu müssen. Rost funkelt bekanntermaßen nur in den seltensten Fällen.
Simon konnte sich in keinster Weise ausmalen, was der Vampyr hier denn um Gottes willen glaubte finden zu können. Doch bedurfte es keiner weiteren Einladung durch die Inhaberin, schon beäugte Wondraczek die Gegenstände, die im Regal zu seiner Rechten verstaut waren, nahm dies und jenes in die Hand und untersuchte es eingehend, ging dann weiter, schüttelte brummend den Kopf und widmete sich dem nächsten Objekt, immer von den misstrauischen Blicken der Alten begleitet. So arbeitete sich der Vampyr bedächtig, jedoch kontinuierlich weiter vor, alles, aber auch alles ganz genau inspizierend und immer wieder einen anscheinend besonders interessanten Gegenstand gegen das trüb scheinende Licht haltend, die Lippen geschürzt, die Stirn zweifelnd in Falten gelegt.
Hier einen Korkenzieher, da einen alten Kescher zum Einfangen unschuldiger Schmetterlinge. Etwas länglich, metallenes, das aussah als könne man sich allerhöchsten den Rücken damit kratzen. Hier nahm er ein nettes Armband aus zweifelhaftem Silber in die Hände, dort ein wurmstichiges Schächtelchen, das aber nichts weiter zu enthalten schien, da der Deckel bei bloßer Berührung auf der Stelle abbrach und nur einige Sandkörner herausfielen. Dann hielt er inne und zog vorsichtig aus einem Berg rostigen Plunders eine Brille mit sehr dunklen Gläsern hervor, hielt sie ans Licht und murmelte etwas wie, „Das wäre' vielleicht was!?", übergab die Augengläser Simon zur Ansicht und widmete sich nun einigen Kleiderständern. Dort schien er schneller fündig geworden zu sein, denn nach kurzer Zeit holte er zwischen allerlei fadenscheinigen Gewändern einen alten Ledermantel hervor, der ihm selbst allerdings niemals passen würde, selbst wenn er seine Gestalt zu einem zwei Meter zwanzig großen Korbballspieler aufblasen könnte. Das nicht gerade wohlriechende Kleidungsstück warf er Simon über die Schultern und dieser wäre fast in die Knie gegangen, so schwer war das alte Ding.
Schnell hatte er noch ein paar Lederlappen ausfindig gemacht, die er auch unbedingt zu brauchen schien, dann setzte der Vampyr noch eine riesige karierte Tweedkappe auf Simons Köpfchen, welches zur Gänze darunter verschwand.
„Ich glaube das sollte fürs Erste reichen"; meinte Wondraczek immer noch mehr mit sich selbst parlierend, denn mit seinem Begleiter.
„Welchen Preis verlangt Ihr für diese Kostbarkeiten, wertes Frollein?", wand er sich dann an die Ladenbesitzerin. Diese nannte eine Summe, die an Unverschämtheit kaum noch zu überbieten war, doch der Vampyr langte kurz in seinen Umhang, zog ein kleines

Bündel Papiergeld heraus und reichte es lächelnd der Alten hin, die es gierig in Empfang nahm. In ihren kleinen Äuglein jedoch blitzte kurz der reuige Gedanke auf, dass sie wohl noch mehr hätte verlangen können. Simon verstaute alles in seinem Seesack dessen Fassungskapazität nun endgültig erschöpft war, nur mit größtem Kraftaufwand war es ihm möglich das Verschlussband noch zuzuziehen und dem Vampyr zu folgen, der sich mit der gleichen würdigen Geste, wie beim Hereinkommen, verabschiedet hatte und schon hinausgegangen war. Endlich wieder an der frischen Luft, den stickigen Laden hinter sich gelassen, konnte Simon nun doch nicht mehr an sich halten. Was wollen wir denn bloß mit diesem ganzen Krempel, wollte er gerade fragen, da kam ihm Wondraczek zuvor.

„Du wirst schon sehen, was wir mit dem Krempel anfangen werden, nur die Ruhe, Simon!“

Simon hatte wieder einmal das Gefühl als könne der Vampyr Gedanken lesen, irgendwie war ihm dieser immer eine Nasenlänge voraus.

„Ach Simon, wir Vampyre haben so mancherlei Fähigkeiten, Gedankenlesen gehört allerdings nicht dazu!“, sprach Wondraczek und Simon blieb verdutzt auf der Stelle stehen, schüttelte sich kurz wie ein nasser Hund und ging weiter.

„Lass uns dann doch erst mal was essen gehen, es ist ja schon bald Mittag!“

Das allerdings hielt Simon für eine außerordentlich gute Idee und so machten sie sich auf, eine Lokalität zu suchen, die auch den kulinarischen Vorlieben des gemeinen Vampyrs entspräche. Bald auch wurden sie fündig, in einer kleinen abgelegenen Suppenküche nahmen sie ihr Mittagsmahl ein. Wondraczek, der ja auf strikt vegetarische Gerichte bestand, ließ sich von dem Mütterchen, das die Gaststube betreute, eigens einen rein pflanzlichen Eintopf zubereiten und Simon aß ein paar Würstchen. Eigentlich aß er Würstchen sowieso am liebsten, er hätte Würstchen zu jeder Tages- und Nachtzeit in sich hineinstopfen können, am besten noch mit einer feurigen Currysauce, eine Mahlzeit, die er selbst einmal, praktisch aus Versehen erfunden hatte, als ihm der Behälter mit dem Gewürz aus Versehen in den Topf gefallen war. Allerdings brüsteten sich mittlerweile eine ganze Menge Leute mit der Erfindung dieser ’Currywurst‘!

Solcherart gestärkt schlugen sie den Weg Richtung Hafen ein, denn die beiden hatten während des Essens ausgemacht, dass es wohl das Beste sein würde sich gleich nach einer Überfahrtmöglichkeit umzusehen, möglicherweise würden sie nach der hoffentlich gelungenen Befreiung der Bärin, so schnell wie möglich aus Schmollstau verschwinden müssen. Obwohl es mit Simons verletztem Bein von Tag zu Tag besser wurde, entschieden sie kurzerhand zu diesem Unterfangen eine Droschke anzumieten. Bei Wondraczek schien es ja in Finanzdingen durchaus nicht zum Schlechtesten zu stehen und so machte sich Simon über die zusätzlichen Kosten keinerlei Gedanken. Schnell war ein Gefährt gefunden, der Kutscher schnalzte mit der Peitsche und los ging die Fahrt.

Auch der Chauffeur verlangte einen ansehnlichen Betrag von den beiden Passagieren, den Simon in seiner Höhe völlig unangebracht schien, hätte er sich doch hiervon eine Menge Leckereien leisten können. Wondraczek jedoch zahlte, ohne eine Miene zu verziehen, ja sogar ein freundliches Lächeln hatte er für den Kutscher übrig, trotz des unverschämten Preises für die Beförderung. Simon war froh dem Eingesperrtsein in dem dunklen Gefährt entkommen zu sein, trotz der Kürze der Fahrt fand er sich ziemlich durchgerüttelt. Das Katzenkopfpflaster von Schmollstau schien nicht mehr im allerbesten Zustand zu sein, jede gut befahrene Landstraße schien ein sanfteres Reisen zu garantieren, sich reckend und streckend fand er sich auf dem Pier wieder. Eine steife Brise wehte über den Verwaltungsgebäuden und Lagerhäusern, die wie an einer Perlenschnur aufgereiht vor ihnen lagen. Der Wind setzte allerlei Wimpel und Fahnen der ansässigen Reedereien in eifrige Bewegung, ließ die bunten Firmenschilder klappern und zerrte an den Nerven der Lademeister.

Bald hatten die beiden die Hafenmeisterei ausgemacht. Ein großes backsteinernes Gebäude verziert mit allerlei recht klobig angebracht wirkenden Giebeln und Türmchen, das den Platz auf seltsame Art zu beherrschen schien, obwohl es sich gar nicht allzu sehr von den übrigen Häusern absetzte. Durch ein schmiedeeisernes Portal betraten die beiden das Verwaltungsgebäude und fanden sich in einer anderen Welt wieder. Auf den Fluren und Gängen herrschte Durcheinander und hektisches Treiben vor, Türen öffneten und schlossen sich, mal mit lautem Knallen, mal mit durchdringendem Zischen, ausgelöst durch die Zugluft, die unaufhörlich durch die Räumlichkeiten brauste. Ein Blick auf die Beamten, manche in Uniform, andere in ziviler Kleidung hinter Schreibtischen sitzend, war immer wieder kurz zu erhaschen, bevor die Türen sich wieder geräuschvoll schlossen. Angestellte zogen kleine Karren, überbordend mit Aktenmaterial, über die Flure und behinderten sich bei diesem Treiben auf jede erdenkliche Weise gegenseitig. Hie und da rummste es gewaltig, wenn mal wieder einem der Boten die Vorfahrt genommen worden war und sich dieser dann fluchend daran machen musste, das verstreute Papier wieder einzusammeln. Das ganze Tohuwabohu wurde noch dadurch auf die Spitze getrieben, dass lila gekleidete Botenjungen, Türen aufreißend, Nummern und Schiffsnamen in die einzelnen Amtsräume brüllten. Informationen, die weder für Simon noch für Wondraczek irgendeinen Sinn ergaben. Es schien hier ein System am Werk zu sein, dass sich jeder Sinnhaftigkeit entzog, zumindest konnten die beiden keinerlei Struktur in dem Treiben erkennen, jedoch schien das Ganze ja irgendwie zu funktionieren, handelte es sich doch bei Schmollstau um einen der größten Warenumschlagsplätze der bekannten Welt.

Beständig wurden die beiden nun von den herum wuselnden Angestellten angerempelt, als sie, auf der Suche nach einer Reiseagentur, durch die Gänge schlichen, immer die Wände entlang, um nicht allzu viele Rippenstöße von den Ellenbogen der hektischen Büroboten versetzt zu bekommen. Ein paar blaue Flecken später waren sie an einer Türe angelangt, auf der ein interessant wirkendes Schildchen prangte. Die Darstellung der darauf abgebildeten Beförderungsmittel, von einer neuartigen Dampflokomotive zum Kreuzer mit geblähten Segeln, ließ jedoch zu wünschen übrig, dieses Gekrakel hätte man auch für gyptenische Hieroglyphen halten können. Ohne zu klopfen gingen sie hinein, frohen Mutes dem Chaos auf den Fluren entkommen zu sein. Hinter einem von Prospekten überquellenden eichenen Schreibtisch lugte ein blauhaariges Köpfchen hervor, das nur kurz aufblickend die Ankommenden aus ebenso wasserblauen Murmeln beäugte, um sich sofort wieder der Durchsicht seines Papiergebirges zu widmen.

Simon war auf der Stelle klar, dass es sich bei diesem Wesen nur um einen waschechten

Nieselpfriem handeln könne, ein Geschöpf wie geschaffen für jegliche Art von bürokratischen Vorgängen. In ihrer Heimat, dem Nieselgebirge, war es gang und gäbe, jegliches Geschehen zu dokumentieren, schriftlich niederzulegen und mindestens drei Kopien davon anzufertigen. Ob es sich hierbei um die Geburt eines Säuglings, den Ausgang des Lokalderbys im Funzelball oder auch nur um die Qualität der Flatulenzen der Königsfamilie handelte, alles wurde aufgeschrieben, von drei Beamten durchgesehen, unterschrieben und bezeugt. Dann wurde der gesamte Vorgang noch von dreierlei notariellen Angestellten durchgesehen, bewertet, ausgebessert und auf den neuesten Stand gebracht, um dann endgültig zu den Akten gelegt zu werden, wo der Vorgang dann zum Glück niemals mehr zu finden sein würde. Solcherart verbrachten die Leute im Nieselgebirge ihre Tage und waren zufrieden damit, ja mancher bezeichnete die Pfrieme auch als die glücklichsten und ausgeglichensten Wesen auf dem gesamten Kontinent, denn was dann mal endgültig zu den Akten gelegt war, war auch für immer aus ihren Köpfen verschwunden und belastete niemanden mehr, in keinster Weise.

Der Nieselpfriem, dem sich Simon und Wondraczek nun gegenübersahen, machte allerdings überhaupt keinen zufriedenen und ausgeglichenen Eindruck. Die Stirn gerunzelt, die Mundwinkel nicht nur infolge der Erdanziehungskraft stark abfallend, der mürrische Blick aus den müde blinzelnden Augen, all dies deutete nicht gerade darauf hin, dass der Nieselpfriem in diesem Büro seine persönliche Erfüllung gefunden hatte. Ja, man hätte den Eindruck gewinnen können, dass dieser eine Pfriem, dieses eine Exemplar, so aus der Art geschlagen war, dass es angefangen hatte, alles, was nur in irgendeiner Weise mit Akten, Papieren, Beglaubigungen und dergleichen zu tun hatte, aus tiefster Seele heraus zu verabscheuen.

„Ähem, hem, ich wünsche einen wunderschönen Tag!“, begann Wondraczek nun in seiner gewohnt fröhlichen Art. Selbst das Räuspern klang irgendwie nach guter Laune.

Der blaue kleine Kerl hinter dem Schreibtisch blickte nicht einmal nach oben, Simon hätte nicht sagen könnte, ob er die beiden überhaupt wahrgenommen hatte. Der Vampyr räusperte sich erneut, dieses Mal mit etwas mehr Enthusiasmus.

„Schöner Tag, schöner Tag, was kümmert es mich, ob es ein schöner Tag ist und was ist überhaupt schön, schön, schön?“, murmelte der Nieselpfriem mehr so vor sich hin, als an jemanden bestimmten gerichtet.

„Ja, das liegt wohl im Auge des Betrachters!“, erwiderte der Vampyr, der sich nicht aus der Ruhe bringen ließ.

„Betrachter, Schlachter, Schlachter!“, brabbelte das Blauköpfchen und fuhr dann plötzlich wie ausgewechselt fort. „Sie wünschen, meine Herren? Womit kann ich zu Diensten sein?“ Dabei blinzelte er den Jungen und den Vampyr fast freundlich aus den wasserblauen, feuchten Augen an.

Die beiden blickten sich nun gegenseitig verwirrt an, und Wondraczek zuckte kurz mit der Schulter. „Wir sind auf der Suche nach einem Schiff, das uns baldmöglichst nach Lacrima bringen kann und glaubten wir befänden uns hier in einer Reiseagentur!“

„Lacrima, immaschlimma, fünffinga“, murmelte der Nieselpfriem wieder und dann, nach einigem Stöbern und Umrühren auf seinem Tisch, schaffte es das Männlein zu finden, was es suchte.

„Ah, ja, das wäre vielleicht was. Die Blinkaboing legt morgen früh ab, liegt im Moment auf 07/16 vor Anker. Der Fährdienst beginnt früh, pünktlich um fünf Uhr dreißig. Möchten die Herren eine Kajüte, eine Koje oder nur zwei Plätze auf dem Unterdeck buchen?“ wieder blinzelte der Kleine die beiden an, auch diesmal gelang der Versuch dabei eine freundliche Miene aufzusetzen nicht vollständig.
„Das hört sich doch gut an“, sagte Wondraczek darauf. „Dann nehmen wir eine Familienkajüte, möglichst auf dem Oberdeck mit guter Aussicht auf die See.“
„See, see, ohweh, ohweh!“ Der Nieselpfriem verzog bei diesen Worten das Gesicht wie unter großen Schmerzen leidend und fuhr dann höflich fort: „Äääääh, wünschen die Herren auch gleich noch eine Unterkunft auf Lacrima zu buchen? Voll oder Halbpension, All Inclusive, ist alles möglich, kein Problem?“, bot der blauhäutige Wicht nun an und fuhr fort. „Dann hätten wir da noch Ausflüge zu den Sehenswürdigkeiten. Besichtigung des altehrwürdigen Klosters der Verifizienser? Oder vielleicht Wellness-Ferien für Frühpensionäre mit lebensendzeitgerechten sportlichen Angeboten? Na, das kommt dann vielleicht doch noch nicht in Frage!“, meinte er jetzt mit einem Blick auf Simon.
„Danke, danke!“, meinte daraufhin Wondraczek leichthin. „Ich denke darum werden wir uns vor Ort kümmern!“
„Kümmern, lümmern, dümmern!“, murmelte der Kleine, wieder in seinen episodenhaften sprachlichen Schluckauf verfallend. „Nun, wenn sie meinen! Hoffentlich sind dann nicht all diese Angebote schon vollkommen überfüllt!“ Der Nieselpfriem klang ernstlich besorgt.
„Ach, dann vielleicht doch eine Klosterbesichtigung. Was meinst du, Simon?“ Der Junge zuckte mit den Schultern und zog die Mundwinkel nach unten.
„Gut, dann einmal Rundgang durchs Kloster! Ich hoffe eine Mahlzeit ist dort mit eingeschlossen?“
„Selbstverständlich, mein Herr! Die Mönche sind berühmt für ihre Spezialitäten Schwartenmagen und Presskopf.“ Der Kleine wirkte nun sichtlich zufrieden. Simon dachte indessen über das anscheinend sehr eigenartige Aussehen der Klosterbrüder nach.
„Das macht dann genau 278 Dukaten, das Fährboot legt pünktlich ab, seien sie also beizeiten da!“, ein misstrauischer Blick begleitete die Rede des Nieselpfriems.
„Wir werden pünktlich sein!“, sagte der Vampyr, blätterte lässig einige Geldscheine auf den Tisch und wollte sich schon höflich verabschieden.
„Moment, Moment!“, rief ihnen der Beamte nach, als sie es schon beinahe aus der Tür geschafft hatten. „Muss das doch alles jetzt erst mal ausdrucken lassen, meine Herren. Was glauben sie eigentlich, wo sie sich hier befinden? Keineswegs auf dem Bazar von Ratzenburg. Das kann ich Ihnen versichern. Muss alles seine Ordnung haben, zagen, klagen, Gräber graben.“ begleitet von lautem Ächzen und Stöhnen erhob sich der Nieselpfriem aus seinem Sessel, raffte etliche Zettel zusammen und begab sich unter immerwährendem Seufzen in ein angrenzendes Zimmer.
Achselzuckend setzte sich Wondraczek wieder und forderte Simon auf, es ihm gleichzutun. Kaum, dass sie es sich wieder bequem gemacht hatten, was bei der Beschaffenheit der Stühle keine einfache Aufgabe war, befand sich das Mobiliar doch keineswegs mehr im allerbesten Zustand, drang ein stampfend, hämmerndes Geräusch aus dem

Nebenzimmer an ihre Ohren. Verstört blickten sich Simon und Wondraczek an und ohne sich auf irgendeine Art und Weise zu verständigen, standen beide auf und gingen zu der geheimnisvollen Türe, durch die der Blaukopf verschwunden war. Vorsichtig drückte der Vampyr die Klinke herunter und beide lugten durch einen kleinen Spalt in den angrenzenden Raum, der einzig von einer riesigen Apparatur eingenommen zu sein schien, welche für den Lärm, der jetzt noch lauter dröhnte, verantwortlich war. Kaum war es ihnen möglich den kleinen Nieselpfriem neben der Maschine auszumachen, der noch dazu in wabernden Dampfschwaden stand.
Nach und nach fütterte dieser das stählerne Ungetüm mit seinem Aktenmaterial indem er Zettel für Zettel in einen, wohl für diesen Zweck vorgesehenen Schlitz schob, worauf erneutes Hämmern und Zischen anhob und der Nebel dichter und dichter wurde. Geradezu verloren wirkte das Männlein wie es so vor der ungeheuren Apparatur stand und ängstlich nach oben auf die rotierenden Kolben direkt über seinem Kopf starrte. Schließlich hatte er wohl all sein Material der Maschine geopfert und stapfte missmutig ans andere Ende des Raumes, wo sich sofort eine eiserne Klappe zischend öffnete. Zögernd griff der kleine Blaukopf hinein und zog einen ganzen Stapel Papiere hervor, blätterte kurz mit dem Daumen durch, machte nun ein geradezu zufriedenes Gesicht und schlug den Weg zurück in sein Büro ein. Schnell schloss Wondraczek die Tür, um nicht beim Spionieren erwischt zu werden und die beiden setzten sich, als auch schon der Nieselpfriem wieder hereinkam.
„So!“, sagte dieser dann zufrieden und wedelte mit dem Bündel Papier den beiden zu. „Dann bräuchte ich noch diverse Unterschriften, liften, wiften!”, knallte alles auf den Tisch und reichte dem Vampyr einige Zettel hinüber.
„Bitte, hier, hier und hier! Dann noch hier, da und dort unten. Benötigen sie eventuell auch eine Quittung, dann müsste ich nochmal...“
„Nein, nein, nicht nötig!“, beeilte sich der Vampyr zu rufen und unterschrieb in Windeseile alles, was ihm der Beamte vorgelegt hatte, ohne auch nur ein Wort davon zu lesen
„Da kann man mal sehen, wie das Leben in so einem Büro, einen Menschen trübsinnig machen kann!“, meinte Wondraczek, als sie sich auf dem Flur wiederfanden. „Wahrscheinlich hockt der gute Mann tagaus, tagein da drin auf seinem Hintern, kommt nie an die frische Luft und ist dadurch so griesgrämig geworden, nehme ich mal an. Und dann noch diese überaus moderne Technik, ob wohl ein geordnetes zivilisiertes Leben ohne diesen Aufwand überhaupt noch möglich ist? Da haben wir es doch auf alle Fälle besser getroffen. Jedenfalls ist die Reise gebucht, lass uns jetzt erst mal etwas zu Abend essen, ich habe das merkwürdige Gefühl schon Stunden und Stunden hier zugebracht zu haben.“
Und wirklich schien es schon sichtlich dunkel zu werden, hatten doch zwischenzeitlich eifrige Büroangestellte die Gaslampen entzündet, viel Licht drang nicht mehr durch die Fensterscheiben.
Nach einem wahren Spießrutenlauf durch die Amtsflure wieder draußen, begannen die beiden sich dann nach einer netten, kleinen Hafenspelunke umzusehen, die außer Rum und anderen Spirituosen auch mit etwas Essbarem auf der Karte aufwarten können würde. Und das war gar nicht so einfach, die Lokale, an denen sie vorüberkamen, waren

allesamt von der Art, in welche kein halbwegs vernünftiges menschliches Wesen freiwillig einen Fuß hineingesetzt hätte. Als sie schon eine ganze Weile durch das Hafenviertel geirrt waren, sahen sie plötzlich vor sich den Nieselpfriem eilig über die Straße gehen. Es musste sich wohl um dasselbe Geschöpf handeln, das die Schiffsfahrt für die beiden gebucht hatte, allzu viele dieser Wesen würde es kaum in Schmollstau geben, meinte Wondraczek noch. Der kleine blaue Kerl sah sich alle paar Sekunden verstohlen um und der Vampyr zog Simon schnell hinter einen Mauervorsprung, um nicht gesehen zu werden.
„Wollen doch mal sehen, warum der Kleine es denn so eilig hat!", sagte Wondraczek leise und spähte um die Ecke, wo der Nieselpfriem gerade dabei war das Telegraphenamt zu betreten. Fünf Minuten später kam das blaugesichtige Kerlchen wieder heraus und kam direkt auf das Versteck der beiden zu. Kurz bevor er die Hausecke erreicht hatte, trat der Vampyr hervor und stellte sich dem Pfriem direkt in den Weg.
„Oh, meine Herren, Sie hier?", stammelte der Kleine, als er der beiden ansichtig wurde. „Das ist ja ein Zufall!", fügte er mit ängstlich, zitternder Stimme hinzu.
„Sie haben ein Telegramm aufgegeben, wenn ich mich nicht täusche?", fragte der Vampyr nun und schien wieder einmal enorm an Körpergröße zugenommen zu haben. Dabei grinste er mit seinem Raubtiergebiss auf so entsetzliche Weise, dass der Nieselpfriem zu zittern und beben begann und auf der Stelle die Nerven verlor.
„Meine Herren, meine Herren! Es tut mir leid! Ich gebe ja alles zu! Tun Sie mir nichts! Ich habe zuhause dreiundzwanzig kleine Pfrieme zu ernähren und muss auch noch Oma und Opa finanziell unterstützen!" Dem Kleinen rannen feuchte blaue Tränen der Furcht über die Wangen.
„Wer bezahlt dich und wen hast du über unsere Reise informiert, du Schmierlappen?", fragte Wondraczek und seine Stimme war nur noch ein bedrohliches Zischen, dass sogar Simon, der hilflos danebenstand, Angst zu machen begann. „Na, raus mit der Sprache!" Der Vampyr hatte den Wicht am Kragen gepackt, hielt ihn am ausgestreckten Arm in die Höhe und drohte ihn an der Mauer zu zerdrücken wie ein lästiges Insekt.
„Man hat mich darüber informiert, dass einige verdächtig wirkende Leute auftauchen sollten und ich möge ein Telegramm nach Hallgard senden, falls diese eine Reise nach Lacrima buchen würden!" Dies konnte er alles nur mit Husten und Prusten herausbringen, da Wondraczek ihn immer noch am Hals gepackt in die Höhe hielt. Zum Glück konnte der Kleine zumindest nicht mehr blau anlaufen.
„Wer ist denn der ominöse Adressat dieses Telegramms?" Der Vampyr wirkte als wäre er mit seiner Geduld so gut wie am Ende.
„Magister Soylentius, Hallgard! Dorthin sollte telegraphiert werden!"
„Dachte ich es mir doch gleich, Simon! Zu spät! Wir sind jetzt schon verraten und verkauft!" Er ließ den Nieselpfriem los, der an der Mauer herunterrutschte, auf den Boden plumpste und dort noch minutenlang nach Luft rang.
„Dann lass uns jetzt endlich essen gehen!", sagte der Vampyr jetzt völlig ruhig, als wäre gar nichts vorgefallen und ging einfach wieder den Weg weiter, den sie vor ein paar Minuten eingeschlagen hatten. Simon folgte ihm. Als der Junge noch einmal zurückblickte, sah er, dass der Nieselpfriem sich aufgerappelt hatte und in die entgegengesetzte Richtung humpelte.

Derart heruntergekommen wirkten sowohl der 'Goldene Anker', wie auch der 'Schimmlige Schellfisch', so dass den beiden nichts anderes übrigblieb, als wieder den Weg in Richtung Innenstadt einzuschlagen, jedoch fanden sie die Zeit sich nochmals, die auf Reede liegenden Schiffe genauer zu besehen. Allerhand unterschiedliche Schiffstypen waren hier zu bestaunen von der kleinsten Schaluppe bis zur Hochseeyacht des Bürgermeisters von Schmollstau, die mit einer derart luxuriösen Ausstattung aufwartete, dass es einem ganz schummerig werden konnte, so strahlte und glänzte dieses Prachtstück örtlicher Schiffsbaukunst. Man schien auch wirklich jeden Quadratzentimeter des Schiffes mit irgendeiner Verzierung versehen zu haben, ob es sich nun um das Ruder, welches mit Edelsteinen verschiedenster Art bestückt war; oder um die Tür zur Kajüte, deren Rahmen vergoldet zu sein schien, handelte. Selbst die Segel waren keineswegs von herkömmlicher Machart, sondern wiesen alle Nuancen des Farbspektrums auf, und so hieß das Gefährt dann auch die 'Regenbogen Lilly'.
Endlich hatten unsere beiden Helden doch noch ein Lokal gefunden, das ihren Ansprüchen genügte und auch fleischlose Kost im Angebot hatte. Satt und zufrieden lehnten sie sich gerade auf ihren Stühlen zurück, um in aller Ruhe mit dem Verdauungsprozess zu beginnen und das weitere Vorgehen zu besprechen, als Simon vor dem Fenster der Gastwirtschaft ein Gesicht erblickte.
„Da ist der Kerl von gestern Nacht", rief er, schnellte hoch von seinem Stuhl und deutete auf die Fensterscheibe. Der Vampyr war blitzschnell auf den Beinen, eh man sich versah war er zur Tür hinaus um jedoch gleich darauf wieder achselzuckend hereinzukommen.
„Habe niemanden mehr gesehen", meinte er dann nur. „Aber ich habe schon den ganzen Tag das Gefühl, dass uns jemand verfolgt, ist vielleicht nur so ein nervöses Zucken im rechten Schulterblatt, aber..."
„Was kann der Kerl denn nur wollen", fragte Simon verstört um sich blickend.
„Keine Ahnung, aber ich befürchte dies werden wir früher oder später auf die eine oder andere Art schon noch erfahren, ob es uns passt oder nicht!" sagte der Vampyr daraufhin und betupfte sich vornehm nochmals mit der Serviette die Mundwinkel. „Bist du denn sicher, dass es derselbe Mann war?"
„Ich denke schon, dieses Ohrfeigengesicht gibt es bestimmt kein zweites Mal, aber beschwören möchte ich es dann doch nicht", meinte Simon mit gerunzelter Stirn.
„Ich muss schon sagen, dieser Soylentius scheint tatsächlich seine Augen überall zu haben, es wird schwer werden die Kerle abzuschütteln!" Der Vampyr blinzelte mit trüben Augen in die Lampe über dem Tisch.
„Besonders, da sie jetzt wissen was unser Ziel ist!", sagte der Junge resigniert und müde klingend. Nach dem Essen machte sich jetzt wie immer eine gewisse Schläfrigkeit in ihm breit.
„Ich glaube, ich hab' da doch noch eine Idee!", sprach Wondraczek und grinste auf

einmal auf eine wahrhaft besorgniserregende Weise. „Die Kerle suchen doch jetzt zwei Personen, nicht wahr?"
„Ja, klar!" Simon wusste wieder einmal nicht worauf der Vampyr hinauswollte.
„Wenn wir aber dann drei Personen wären, die noch dazu recht wenig dem Bild entsprechen würden, dass sie sich in ihren Schrumpfköpfen von ihrer Beute gemacht haben?" Wondraczek grinste immer noch bei dieser rätselhaften Frage.
„Also wirklich, ich verstehe nicht ein einziges Wort!", meinte Simon nur. Manchmal kam ihm der Vampyr vor wie ein Buch mit sieben Siegeln.
„Lass mich nur machen! Ich bin gleich wieder zurück!" sprachs und war schon durch die Wirtshaustür entschwunden.
Wondraczek saß allerdings kaum zwanzig Minuten später schon wieder am Tisch, Simon hatte kaum Zeit gehabt sein Malzbier auszutrinken. Der Vampyr kramte irgendetwas aus den Falten seines Umhangs und stopfte es unordentlich in Simons übervollen Seesack. Auf die Frage was er denn plötzlich so dringendes noch zu besorgen gehabt hatte, meinte er nur lapidar: „Das wirst du schon noch sehen, vielleicht früher als dir lieb ist!" Dann fing er hellauf an zu lachen, wie ein kleines Kind beim Auftritt des Kaspers beim Puppentheater.

Draußen herrschte jetzt schon Dunkelheit, frostig war es geworden und ein bleicher Mond hing am schon nachtschwarzen Himmel. Die Laternen waren entzündet worden und die Menschen, die unterwegs waren, schienen nahezu alle aus der Richtung des Marktplatzes zu kommen. Die einzigen, die die entgegengesetzte Richtung eingeschlagen hatten, waren Simon und Wondraczek, die sich auf den Weg zum Wagen des Kesselflickers machten. Alles schien still und friedlich. Einige Marketender waren noch dabei ihre Buden für die Nacht zu schließen und viele Inhaber mobiler Verkaufsstätten hatten den Platz schon geräumt, um mit einem guten Gewinn im Beutel in ihre Dörfer zurückzukehren. Hier und da klapperte noch ein Rollladen, Türchen und Verschläge schlossen sich, und nach und nach gingen die Lichter in den Buden endgültig aus.
Simon und Wondraczek näherten sich langsam der Stelle, an der der Wagen des Kesselflickers immer noch stand. Auch hier war es jetzt vollkommen finster, was den beiden gerade recht war. Von dem Alten war weit und breit nichts zu sehen, so dass zu hoffen war, dieser habe sich schon in irgendeine Taverne begeben, um den Feierabend gebührend einzuläuten. Um nicht aufzufallen gingen die beiden erst mal schnurstracks an dem Gefährt vorbei, drückten sich dann in eine Nische in der Häuserwand und verbargen sich so vor neugierigen Blicken. Hier warteten sie noch ein Weilchen ab, bis auch die letzte der Buden endgültig abgeschlossen war und sich nichts mehr auf der Straße zu regen schien. Dann erst traten sie wieder hervor und liefen zurück zum Karren, den sie von ihrem Versteck aus die ganze Zeit im Auge gehabt hatten. Nichts hatte sich gerührt. Von dem Alten war immer noch keine Spur zu sehen, nur ein leises Brummen war aus dem Wageninnern zu vernehmen, als ob die Bärin schliefe.
Simon machte sich sofort an den beiden Vorhängeschlössern zu schaffen. Zu diesem Zweck hatte er eine kleine Metallsäge bereitgehalten, die er noch bei der alten Krämerin erstanden hatte. Mit aller Kraft versuchte er die Bügel des ersten Schlosses zu zertrennen,

was allerdings auch nicht ohne einen gewissen Geräuschaufwand zu bewerkstelligen war. Das Brummen wurde lauter, die Bärin schien aufgewacht zu sein und sich zu bewegen, da der Wagen begann leicht von der einen Seite zur anderen zu schwanken, was Simon das Sägen nicht gerade erleichterte, da er auf dem Tritt des Gefährtes balancieren musste. Fast hatte er den ersten Bügel durchtrennt, als ein Geschrei an sein Ohr drang.
„Wasch machst du da, du Lump!", kam der Kesselflicker angerannt, seine rote Nase leuchtete ihm voran, geradewegs auf Simon zu, der gar keinen Versuch unternahm sein Werkzeug zu verbergen.
„Willscht mich wohl ausblündern, Kleiner?", schrie der Alte und trotz seines dünnen Stimmchens waren schon zwei, drei Leute herbeigeeilt, um zu sehen, was da vor sich ginge. Schon hatte der Kesselflicker beide Hände um Simons Hals geschlossen und rüttelte ihn derart hin und her, als sei Simon eine Gans die gestopft werden müsse.
„Ja, recht so! Mach kurzen Prozess mit diesem Diebesgesindel!", hörte Simon eine fremde Stimme am Rande seines Bewusstseins.
„Hängen wir ihn doch am besten gleich hier am Maibaum auf! Wirkt als eine gute Abschreckung!", eine andere Stimme.
Wo war nur der Vampyr, schoss es Simon durch den Kopf. Hatte der ihn jetzt doch schmählich im Stich gelassen? fragte er sich verzweifelt. Er bekam schon keine Luft mehr, sah Sternchen vor den Augen, so fest drückte der Alte zu. Simon hätte dem Kerlchen eine solche Körperkraft auf keinen Fall zugetraut, machte er doch so einen mickerigen Eindruck. Bevor ihn endgültig das Bewusstsein verließ, nahm er eine plötzliche eisige Kälte wahr, die über den Ort des Geschehens herabzusinken schien. Dann nichts mehr, nur ein Zischen, ein Poltern und Brüllen, welches sein sich trübender Geist gnädig ausblendete.
Wondraczek hatte sich beim Herannahen des Alten hinter einem Wasserfass verborgen, er trat das volle Fass mit dem rechten Fuß einfach um, als würde er gegen einen Luftballon treten. Die Fassdauben konnten das Behältnis nicht mehr zusammenhalten und ein Sturzbach frischen sauberen Wassers ergoss sich auf das Kopfsteinpflaster in dessen Ritzen es blubbernd verschwand. Beim Anblick des Vampyrs verstummte die mittlerweile immer ansehnlicher werdende Menschenschar gänzlich. Wie versteinert wirkten die Gaffer, als hielte ein uralter Zauber sie gefangen, der sie bewegungs- und willenlos zu machen schien. Auch der Alte hatte innegehalten und Simon losgelassen, der ohnmächtig auf den Boden gesunken war. Regungslos blickte der Kerl den Vampyr an, die Züge marionettenhaft erstarrt, zu keiner Regung fähig.
Wondraczek nahm nun beide Schlösser am Wagen in die Hände, die sofort mit einem zischenden Geräusch in die Einzelteile zerfielen, die ihr Erfinder dafür vorgesehen hatte. Mit einem Krachen knallte die Luke auf den Boden, zerbarst ebenso und das riesige Tier stand in der Öffnung und ließ ein Brüllen hören, dass einem das Blut in den Adern hätte gefrieren lassen können.
Dieser Lärm schien die Passanten wachzurütteln, denn erst jetzt machte sich Schrecken auf ihren Gesichtern breit, die Starre löste sich und sie begannen wie von sämtlichen Teufeln der Hölle gehetzt, in alle Richtungen auseinanderlaufend zu entfliehen. Sie hätten hinterher nicht sagen können, wovor sie sich mehr geängstigt hatten, vor dem

unheimlichen, leichenblassen Riesen oder vor dem zotteligen Raubtier. Der Platz war in Windeseile wie leergefegt, nur der Kesselflicker stand immer noch wie festgenagelt auf der Stelle, die Züge vor Grauen verzerrt, starrte er in die Augen des Tieres, das er so lange Zeit mit allen erdenklichen Qualen bedacht hatte und das nun, sich auf die Hinterbeine erhebend, auf ihn zukam.
Voller Verzweiflung auf der Suche nach einem Ausweg um sich blickend, setzte er sich eben in Bewegung und versuchte hinter seinem Wagen vorbei, der Bestie zu entkommen, stolperte aber gleich über die Reste des zerbrochenen Wasserfasses und stürzte gleich darauf krachend zu Boden. Schon hatte ihn die Bärin eingeholt, sie machte dabei keineswegs mehr einen unbeholfenen, schwachen Eindruck. Mit einem Sprung war sie über ihrem Peiniger und pinnte ihn mit einer Pranke auf das Kopfsteinpflaster. Jetzt holte sie mit der anderen aus und zog sie dem Alten quer über die Brust. Das Schreien des Kesselflickers erstarb auf der Stelle, eine gnädige Vorsehung hatte ihn ohnmächtig werden lassen und das Tier ließ, nachdem es ihm nochmals einen Hieb versetzt hatte, so dass der Körper noch drei, vier Meter weit über den Boden schrammte, merkwürdigerweise nun von seinem Opfer ab und ließ den Alten am Leben.
Wondraczek warf sich den leblosen Simon über die Schulter, als handelte es sich bei dem Jungen um ein Bündel Lumpen, lud den Seesack auf die andere Schulter und gab dann dem Tier ein Zeichen ihm zu folgen, was die Bärin allem Anschein nach auch richtig zu deuten wusste, denn ohne zu zögern lief sie ihm hinterher. Ganz wie ein wohlerzogener, etwas zu groß geratener Pinscher, der seinem Herrn gefallen will.

In den letzten Tagen waren die sonst häufigen lauten Explosionen, die den Garten der Festung seit Monaten erschüttert hatten, fast gänzlich ausgeblieben. Dafür hatten sich allerdings von den Gewächshäusern aus, stinkende Dunstschwaden wie herbstlicher Nebel über der ganzen Stadt ausgebreitet. Die Leute hielten Tag und Nacht die Fenster geschlossen wegen des abscheulichen Geruchs. Manch einer, der morgens in der Frühe sich auf den Weg zur Arbeit machen wollte und hinaus auf die Straße trat, wurde sobald er den ersten Atemzug genommen hatte von heftigsten Hustenanfällen geschüttelt. Dies konnte einige Minuten andauern, dann hatte sich der Körper anscheinend daran gewöhnt und man war in der Lage sein Tagwerk zu beginnen. Trotzdem husteten und schnieften die Bewohner Hallgards den ganzen Tag über weiter. Einige hatten sich auch Taschentücher vor die Nasen gebunden, um nicht allzu viel von dem schädlichen Dunst in die Lungen zu bekommen, der bestimmt nicht gerade gesundheitsfördernd war. Eine Handvoll besonders mutiger Bürger hatte die Frechheit besessen sich auf dem zuständigen Amt zu beschweren, was ihnen gar nicht gut bekommen war. Hatte man sie doch direkt unter der fadenscheinigen Anklage der Volksaufhetzung erst einmal ein paar Tage in Polizeigewahrsam genommen. Diesen Fehler beging danach niemand nochmals.
Der gute Grimmbert hatte sich nach den Drohungen seines Onkels, wie er Soylentius nannte, sogleich an die ihm aufgetragene Arbeit gemacht, nachdem er seinen Rausch ordentlich ausgeschlafen hatte. Es war ihm sogar gelungen eine ganze Woche lang, nahe-

zuvollständig nüchtern zu bleiben, ein Akt der Selbstdisziplin, welcher ihm seit Jahren nicht mehr gelungen war. Ohne die dunkle Brille, die er ansonsten wegen seines permanent, verkaterten Zustandes fast immer getragen hatte, war er kaum mehr zu erkennen. Die Zauberer wunderten sich sehr über die Veränderung, die mit Grimmbert vorgegangen war und machten sich insgeheim über ihn lustig. Nichtsdestoweniger befolgten sie seine Anweisungen ohne Widerworte, wussten sie doch um das gute Verhältnis zu seinem Pflegevater.
Die Zauberer hatten schon große Mengen des Eisenerzes, das von den Minenarbeitern auf großen, dampfbetriebenen Kutschen in die Festung gebracht worden war, der wundersamen alchymischen Behandlung unterzogen, die in Fachkreisen Aureolyse genannt wurde und hatten gute Ergebnisse erzielen können. Dieses Verfahren gab der Vegetation des vormals wunderschön blühenden Garten Hjalmars nun endgültig den Rest und war selbstredend auch für den stinkenden Nebel verantwortlich, der sich über die Stadt gelegt hatte. Es war gelungen etliche Barren Gold zu produzieren. Die wenigsten der Zauberer waren sich darüber im Klaren, dass das Zeug sich alsbald als vollkommen wertlos erweisen würde und diese hielten klugerweise die Klappe. Ein Einwand gegen die Befehle des allerhöchsten Magisters Soylentius war noch niemandem gut bekommen. Die unförmigen Goldbarren wurden alsbald eingeschmolzen und zu Münzen verarbeitet, auf denen jetzt Baron Bodo abgebildet war, die vorherigen Prägungen hatten immer noch das Bildnis seines Vaters gezeigt.
Der Magister klopfte gerade Grimmbert belobigend den Rücken, einen äußerst selbstzufriedenen Ausdruck im Gesicht beim Anblick der ersten mit frischen Münzen gefüllten Kisten.
„Gut gemacht, Junge! Wirklich, sehr, sehr gut!", sagte Soylentius anerkennend zu seinem Ziehsohn und setzte hinzu: „Wenn man dir mal ein wenig in den Hintern tritt, dann geht es doch!"
Man sah Grimmbert an, dass ihn diese Bemerkung nicht besonders erfreute, aber er verbiss sich jede Entgegnung, nur zogen sich ärgerlich seine Brauen zusammen. Er hatte den Alten langsam endgültig satt, ständig lag er ihm damit in den Ohren, wie dankbar er doch sein sollte, für all das Gute, was der Magister ihm hatte angedeihen lassen.
„So, dann lass uns die Kisten hinauf in den Palast bringen, damit der gütige Herr Baron wieder etwas besser schlafen kann!", fügte Soylentius hinzu und klopfte seinem Ziehsohn so kräftig auf den Rücken, dass sich dieser beinahe an seiner Spucke verschluckt hätte. Er winkte die Gruppe Soldaten, die ihn auf allen seinen Wegen begleiteten herbei, zwei von ihnen nahmen die Kiste auf, stöhnten unter dem auf ihnen lastenden Gewicht und liefen in Richtung des Gebäudes los.
„Nun, komm doch mal mit, Grimmbert, dann werde ich dich einmal den hohen Herrschaften vorstellen!", rief der Magister seinem Ziehsohn, ohne sich umzuwenden zu und schritt gemächlich hinter den Trägern her.
Grimmbert wusste nicht, warum er auf einmal zu der Ehre kam im Palast vorgestellt zu werden, bisher hatte er eher das Gefühl gehabt der Onkel würde sich für seinen Pflegesohn schämen und ihn deshalb hier unten bei den Gewächshäusern versteckt halten. Wieso dieser plötzliche Sinneswandel? Dies geschah niemals aus purer Freundlichkeit,

das konnte sich der Nachwuchsalchimist nicht vorstellen. Irgendetwas würde der Magister damit bezwecken, da war er sich sicher.
Soylentius wollte seine Erfolge in der Goldgewinnung ein wenig feiern lassen, deshalb hatte er die gesamte Ministerriege eingeladen, um die ersten, frisch geprägten Münzen zu begutachten. Natürlich waren auch Bodo, nebst Gattin und zu Soylentius Leidwesen auch Lugbert, der Hofnarr anwesend, als er mit Grimmbert im Schlepptau im Prunksaal erschien. Dem Baron gebührte selbstverständlich die Ehre als erster die Dukaten begutachten zu dürfen. Er fischte ein paar davon aus der Kiste heraus und machte sogleich einen sehr zufriedenen Eindruck. Anerkennend lächelte er den Magister an und zückte sogleich einen der Verdienstorden, um diesen dem Zauberer anzustecken. Der machte zu der ganzen Farce ein feierliches Gesicht, als sich zu den sechzehn Orden, die sein Gewand schon zierten, ein siebzehnter hinzugesellte. Sein einstmals leichter, luftiger Ausgehrock wurde schwerer und schwerer. Zwar bestanden die Anstecker lediglich aus blankem Messing, mit einer Prägung und einigen farbenfrohen Fäden versehen, doch wurde es langsam doch etwas hinderlich. Außerdem begann dieses permanente Klimpern, wenn die Dinger aneinanderschlugen, Soylentius ernstlich auf die Nerven zu gehen.
„Der große Schlawenserorden zweiter Klasse für Verdienste um Volk und Vaterland!“, sagte der Baron dazu mit feierlich erhobener Stimme auf. Grimmbert stand unbeteiligt daneben und konnte sich ein Grinsen kaum verkneifen. Das geschah ihm recht, dem alten Scharlatan! Die Minister klatschten ehrerbietig Applaus, wussten sie doch was sich gehört. Außerdem standen sie fast alle schon auf Soylentius Seite, hatte der Magister doch deren Berufung zu ihren Ämtern durch höfisches Intrigenspiel geschickt durchgesetzt.
„Danke, Baron, viel zu viel der Ehre!“ Der Magier atmete erschöpft wieder aus, nachdem er solange die Luft angehalten hatte, bis Bodo mit dem Anstecken des Flitters fertig geworden war, immerhin hatte er ihn dieses Mal nicht auch noch in die Brust gestochen.
Die Minister begutachteten währenddessen schon einmal die Schatztruhe, ließen die neuen Münzen mit gierigen Augen durch die Finger gleiten und konnten sich kaum zurückhalten nicht den einen oder anderen Dukaten in ihren Roben verschwinden zu lassen. Der Narr stand hintenan, griff dann auch einmal in die Truhe, holte eine Münze hervor und beäugte sie misstrauisch. Dann biss er vorsichtig mit den Schneidezähnen auf die Dukate und verzog das Gesicht. Am Geschmack des Goldes war jedoch nun mal nichts zu ändern gewesen. Doch konnte Lugbert ansonsten nichts finden, was den Magier hätte diskreditieren können. Eine bestimmte Zutat in der Rezeptur hatte der Zauberer nie entziffern können, befanden sich doch einige Schimmelflecken in dem Buch des Travestikus, dem er fast all seine Weisheit verdankte. Auch Baroness Priscilla machte ein zufriedenes Gesicht beim Anblick des neuen Reichtums, hätte sie ansonsten nicht gewusst, wie sie sich des Morgens ohne die Hilfe ihrer vierzehn Zofen hätte ankleiden sollen. Diese Fischbeinkorsetts waren allerdings auch ungeheuer schwierig anzulegen.
„Schmecken irgendwie eigenartig, diese Dukaten!“, traute sich der Hofnarr schließlich doch noch einzumischen und konnte sich kaum beherrschen nicht vor allen Anwesenden

auszuspucken, um den üblen Geschmack loszuwerden. „War da vielleicht vorher Fisch in den Kisten?“

„Das mag wohl sein, werter Lugbert!“, meinte der Magister, ohne den Narren anzusehen, froh darüber, dass dieser ihm die Ausrede schon auf dem Silbertablett präsentierte. „Pecunia non olet, wie man so sagt. Schmeckt aber auch nicht besonders!“

Lugbert sah Soylentius dennoch skeptisch an und blickte dann auf die Truhe. „Das wird aber für die notwendigen Ausgaben nicht reichen!“, meinte er dann kopfschüttelnd, wobei die Schellen auf seiner Kappe lustig zu rasseln begannen.

„Mein Neffe Grimmbert ist ab sofort für die Herstellung verantwortlich. Er hat sich als zuverlässige Kraft erwiesen und ich möchte ihn euch sehr empfehlen, Baron!“ Der Zauberer schob seinen widerstrebenden Ziehsohn nach vorne, der dann den unbeholfenen Versuch eines Hofknickses unternehmen wollte, was sich bei seiner Körpergröße recht drollig ausnahm. Doch schien Priscilla angenehm überrascht vom Äußeren des jungen Mannes, der ihr eben erst aufgefallen war. Ihre Augen blitzten den Jüngling forschend an, als er der Etikette gehorchend ihre Hände küsste. Als Grimmbert den gebeugten Rücken wieder in die Gerade brachte, blickte er in die blauesten Augen, die er jemals gesehen hatte und es war um ihn geschehen.

Simon schlug die Augen auf und fand sich fröstelnd in einem Kellergewölbe wieder, dessen Wände über und über mit Salpeter bedeckt waren. Stöhnend rieb er sich den schmerzenden Hals, setzte sich auf und um sich blickend, sah er als erstes Wondraczek neben sich, der in seinem Seesack herumwühlte, ja, dessen Inhalt schon gänzlich auf dem Boden verstreut zu haben schien.
„Ah, ist Mylord nun wach?", meinte der nun so obenhin, als ob gar nichts vorgefallen wäre.
„Der Kerl hätte mich fast umgebracht!", keuchte Simon, den Kopf vorsichtig nach links und rechts neigend, um zu prüfen, ob der auch noch anständig fest auf dem Hals aufsitzt.
„Ich war doch sofort zur Stelle, konnte doch gar nichts passieren, hab dich mal nicht so!", meinte der Vampyr.
Das musste Simon wohl zugeben, doch war er äußerst unzufrieden mit der Aktion und auch mit sich selbst. Würde er es denn jemals fertigbringen das Tier doch noch zu befreien?
„Wo sind wir hier eigentlich?", fragte Simon, der sich gar nicht vorstellen konnte, wie sie denn überhaupt dem Kesselflicker und dem wild gewordenen Mob hatten entkommen können.
„Das war wohl mal ein Brauereikeller oder ist es vielleicht noch", erwiderte Wondraczek, „Jedenfalls sind wir hier ganz weit unten, sozusagen in der dritten Unteretage, deswegen ist es hier auch ein wenig frisch und feucht."
„Frisch ist kein Ausdruck, friere wie ein Schneider!", und wirklich klapperte Simon jetzt, wie zur Bestätigung, schauderhaft mit den Zähnen. „Wie bin ich denn hierher gekommen?"
„Nun, ich habe dich auf Händen getragen, du weigertest dich ja auf deinen eigenen Beinen zu laufen!"
„Das ging ja alles gründlich daneben!", sagte Simon missmutig. „Und zu allem Überfluss haben wir auch viel zu viel Aufmerksamkeit erregt, mit diesem Unternehmen!"
„Ach, alles war doch auch nicht vergebens", meinte der Vampyr immer noch damit beschäftigt in Simons Hab und Gut herumzuwühlen. „Ah, da ist sie ja!"
Wondraczek zog die riesige Sonnenbrille, die er gestern erstanden hatte, aus dem Klamottenberg hervor, rieb sie mit dem Hemdzipfel sauber und lief zu einem wuchtigen Bierfass hinüber, das Simon noch gar nicht bemerkt hatte. Und hier stand, zu seinem großen Schrecken, hoch aufgerichtet eine riesenhafte Gestalt, angetan mit einem alten Ledermantel und den Kopf mit einer schottischen Mütze bedeckt. Der Vampyr streckte sich nach oben und steckte der Bärin nun auch noch die Sonnenbrille ins Gesicht. Das Tier ließ sich das ohne Murren gefallen, kommentierte alles nur mit einem zufrieden klingenden Brummen.
„So, perfekt! Nicht gerade der letzte Schrei, aber egal!" Wondraczek trat ein paar Schritte zurück und betrachtete mit Genugtuung das Ergebnis seiner modeschöpferischen Arbeit. Verwundert wollte sich Simon schon die Augen reiben, wirklich hätte man beim Anblick des Bären glauben können einen waschechten alten Seemann vor sich zu haben,

sozusagen einen alten Seebären. Dann aber wiederum, bei näherem Hinsehen, stand da einfach nur ein trauriges Tier in einer schrecklichen Verkleidung vor ihm. Er war sich nicht sicher, ob diese Art Halluzinationen zu erzeugen nicht auch eine von den wunderlichen Fähigkeiten des Vampyrs sein mochte.

„Das glaubt uns doch kein Mensch!", rief Simon dann aus. „Niemand wird uns das jemals abkaufen, oder?"

„Solange sie niemandem einfach mal so den Kopf abbeißt, wird es schon gehen. Du musst eines wissen, Simon, die Leute sehen, was sie sehen wollen, niemals das, was wirklich da ist. Ach, hier habe ich doch noch ein kleines modisches Accessoire gefunden!" Wondraczek steckte der Bärin nun noch eine Tabakpfeife in den Mund, die sie jedoch mit einem Happs auf der Stelle verschlang.

„Na, dann nicht!", meinte der Vampyr mit stoischer Miene.

„Aber wo soll sie denn jetzt hin, in der Verkleidung?", fragte Simon, der sich nun ernsthaft Gedanken um den geistigen Zustand des Vampyrs zu machen begann.

„Na, haben wir denn nicht eine große Kajüte gebucht. Ob wir nun ein Passagier mehr oder weniger sind, ist doch egal!"

„Du meinst, wir nehmen sie einfach mit?" fragte Simon erstaunt. Er konnte sich einfach nicht vorstellen, wie das gut gehen könnte.

„Na klar, auf der Insel Lacrima wird es bestimmt noch ein paar Verwandte von ihr geben und wenn nicht, wird sie schon in der Wildnis eine gemütliche Bärenhöhle beziehen können."

Wondraczek hatte ehrlich gesagt keinen blassen Dunst von Flora und Fauna auf der Insel Lacrima, ließ sich solcherlei Unwissen jedoch äußerst ungern anmerken, hielt er doch große Stücke auf sein umfassendes Allgemeinwissen.

„Na gut, wenn du denn meinst, dass das funktionieren kann?" sagte Simon mit skeptischem Blick auf die Bärin, die sich nun wieder auf alle Viere begeben hatte.

„Allerdings wirst auch du in den sauren Apfel beißen und ein wenig an deinem Erscheinungsbild arbeiten müssen!", meinte der Vampyr und grinste schon wieder auf eine Art die Simon skeptisch werden ließ.

„Wie jetzt? Welches Erscheinungsbild?"

„Nun, vielleicht nicht nur das! Du müsstest auch dein Verhalten in der Öffentlichkeit etwas den geänderten Umständen anpassen!" Dieses ewige Rätselraten begann Simon ernstlich auf die Nerven zu gehen.

„Gut, schon gut!" Wondraczek wühlte in Simons Gepäck, holte das Bündel hervor, das er vor wenigen Stunden in das Wirtshaus gebracht hatte und löste den Knoten, der es zusammenhielt. Dann hielt er Simon ein gelbes Stück Stoff vor die Nase und legte es ihm über die Schulter. Der Junge betrachtete das Kleidungsstück und wurde puterrot, als er erkannte um was es sich handelte.

„Aber, das ist ja ein Kleid!", rief Simon jetzt empört aus. „Du glaubst doch wohl nicht, dass ich ein Kleid anziehen werde!"

„Doch, das glaube ich schon!", meinte der Vampyr bestimmt. „Stell dich doch nicht so an. Es gibt wirklich schlimmeres. Außerdem finde ich die Farbe ganz besonders dezent, passt auch übrigens prima zu deinem Typ!"

„Aber…!“, stammelte der Junge nur.
„Auch die Bärin schien der Meinung des Vampyrs zu sein, hatte sie doch die Vorgänge anscheinend mit Interesse verfolgt und das Anlegen des Kleides mit einem freundlichen Brummen kommentiert.
„Und hier habe ich noch ein wunderschönes links zu knöpfendes Lodenjäckchen. Mit dieser Kombination wirst du ganz herzallerliebst aussehen!“ Wondraczek hielt dem Jungen eine dunkelgrüne Joppe mit Hirschhornknöpfen vor die Nase.
„Auch das noch!“ Simon beäugte verärgert das Kleidungsstück und roch daran. „Riecht irgendwie ein wenig fischig!“
„Wahrscheinlich arbeitete die vormalige Besitzerin auf dem Schmollstauer Fischmarkt. Ich konnte nicht so wählerisch sein. Das Zeug hing einfach zum Auslüften auf einer Wäscheleine in einem Hinterhof!“, gab der Vampyr ohne auch nur ein Fünkchen Schuldbewusstsein zu
„Auch noch geklaut?“
„Nun es handelt sich hier um einen Notfall! Jetzt zieh dich schon um! Wenn wir nicht sofort erkannt werden wollen, ist dies erst einmal eine gute Lösung!“
Simon gab sich geschlagen und schlüpfte auch noch in die Jacke, während der Vampyr versuchte den strähnigen langen Haaren des Jungen mit Hilfe eines Kammes etwas mehr Form zu geben. Dann zupfte er den Kleidersaum zurecht und setzte ihm noch ein kübelförmiges rosafarbenes Hütchen auf den Kopf, das jedoch auf der Stelle wieder seitlich herunterrutschte. Als er es mit dem Chiffonschleifchen unter Simons Kinn befestigen wollte, schüttelte dieser vehement den Schädel.
„Gut, gut, darauf können wir fürs Erste mal verzichten! Steht dir aber hervorragend!“ Wondraczek betrachtete sein Werk und musste schon wieder herzhaft lachen. „Jetzt sollten wir auf jeden Fall noch etwas an deinem Gang ändern!“
„Das ist ja wohl einfach!“, meinte Simon dem das Ganze auf einmal Spaß zu machen schien und lief ein paar Mal auf und ab, als befände er sich auf einem Laufsteg. Dabei schwang er die Hüften, hielt einen imaginierten Sonnenschirm in der Hand, schürzte die Lippen und verteilte Luftküsse an ein unsichtbares Publikum. Die Bärin setzte sich auf die Hinterbeine und beobachtete verwundert die Vorführung.
„Ich denke mit dieser Art der Fortbewegung wirst du viele Verehrer anziehen!“, meinte der Vampyr grinsend. Bei dieser Vorstellung unterbrach Simon auf der Stelle seine Aufführung.
„Das muss dann doch nicht sein! Aber wirst du dich auch verkleiden, Wondraczek?“
„So was habe ich nicht nötig!“, meinte der Vampyr nur und Simon rieb sich die Augen, denn vor seinen Augen stand plötzlich ein kleiner, älterer Herr mit leicht gebeugtem Rücken und einem dünnen grauen Schnurrbart im schmalen Gesicht.
„So sehen mich aber nur die anderen!“, sagte er dann mit schwachem Stimmchen und stand in gewohnter Größe aufrecht wieder vor dem Jungen. „Nun gut, bis zur Einschiffung haben wir wohl noch ein paar Stündchen Zeit. Da werde ich uns jetzt mal irgendetwas Essbares organisieren müssen!“ sagte der Vampyr, war flugs die Stufen hinaufgeeilt, hatte eine Klappe am Ende der Stiege geöffnet und war verschwunden.
Jetzt sah sich Simon das erste Mal eingehend im Kellergewölbe um. Riesige Fässer

standen an der Wand aufgereiht, die meisten jedoch schon vom Zahn der Zeit derart schlecht behandelt, dass anzunehmen war, lange schon hatte niemand mehr diese Räume genutzt. Auf schiefen, klapperig gewordenen Tischen waren eiserne Armaturen, Röhren und Zapfhähne angebracht, welche wohl in früheren Zeiten einmal zum Abfüllen und Verkorken von Weinflaschen benötigt worden waren, nun aber wegen ihrer Rostigkeit nur noch von der Erlösung durch den Schrotthändler träumen mochten. Überall bedeckten grünliche Salpeterschlieren die einst grob gekalkten Wände und ein schwefelig, fauler Geruch hing in dem Gemäuer, so dass Simon den Eindruck gewann schon recht nahe an die Pforten zur Hölle gekommen zu sein. Die Stiege auf der Wondraczek entschwunden war, hatte auch schon bessere Zeiten gesehen. So wurmstichig und baufällig wirkte das hölzerne Gestell, dass Simon sich die Frage stellte, wie es denn das Gewicht der Bärin hatte tragen können.

Das geschundene Tier lag derweil müde auf dem kalten Boden und sah Simon aus samtbraunen Augen an. So viel Dankbarkeit lag in diesem Blick, doch auch so viel Leid und Trauer, dass Simon einen Klos im Hals hatte, als er die Bärin ansah. Und wie schon einmal hatte er das Gefühl, als vernehme er tief in seinem Innern ihre Stimme, ja, als hörte er das Tier erzählen von all dem Elend, das es erlebt hatte, von Not, Drangsal und Gefangenschaft. Doch kamen jetzt auch glücklichere Bilder aus besseren Tagen mit hinzu. Simon erblickte blühende, blumenübersäte Wiesen vor seinem geistigen Auge, auf denen sich tapsig, raufend drei Bärenkinder tummelten, im Hintergrund der Eingang zu einer Höhle, die wohl die Wohnstätte der Tierfamilie gebildet hatte. Dann veränderte sich die Landschaft, Schnee war gefallen und bedeckte das Land mit einem feierlichen Glanz, dann ein nächtlicher Fackelzug wütend und furchterregend wirkender Menschen, ausgestattet mit Äxten, Spaten und Mistgabeln, die sich der Höhle wohl mit feindlichen Absichten näherten. Dann erlosch das Bild und Simon blickte wieder in die Augen des Tieres, in denen Tränen zu stehen schienen. Jetzt fiel ihm auch auf, wie schwach die Bärin eigentlich wirkte. Was vom Fell unter dem Ledermantel zu sehen war, stand schmutzstarrend hervor, fast zeichneten sich die Rippen darunter ab. An manchen Stellen war das Haar ausgefallen und die Haut mit eitrigen Ekzemen bedeckt. Der Junge ging hinüber zur Bärin und streichelte ihr behutsam den wuchtigen Schädel.

Mit einem lauten Knacken öffnete sich die Luke über den beiden und der Vampyr kam mit einem großen Sack über der Schulter zurück.

„Na, habt's euch wohl gemütlich gemacht in dieser beschaulichen Behausung?", sprach Wondraczek belustigt. „Ich habe auf alle Fälle jetzt für jeden etwas mitgebracht!" sprachs und packte schon mal aus, ein großer Kanten orangefarbenen Käses, war das erste was zum Vorschein kam, es folgten allerhand verschiedene Würste am Kringel, ein wagenradgroßes Schwarzbrot und für die Bärin ein kolossaler Pferdeschinken, der so verführerisch duftete, dass Simon das Wasser im Mund zusammenlief. Auf der Stelle machten sie sich über all die guten Sachen her, in einem Fall sogar mit einem wahren Bärenhunger und bald war nahezu alles ratzeputz vertilgt. Die Bärin ließ ein zufriedenes Brummen hören und betrachtete dankbar ihre beiden Retter. Ihre Augen schienen klarer und klarer zu blicken, wahrscheinlich ließ die Wirkung der Drogen, die ihr kurz vor der

abendlichen Vorführung verabreicht worden waren, langsam nach. Wondraczek zückte die goldene Taschenuhr, die er in seinem Umhang mit sich trug und nickte.
„Bis zum Morgengrauen ist durchaus noch etwas Zeit. Lasst uns hier noch etwas ausruhen bevor wir uns auf den Weg machen", meinte der Vampyr darauf.
„Muss ich denn diese Sachen jetzt die ganze Zeit über anbehalten?", fragte Simon missmutig und zupfte lustlos an seinem gelben Kleidchen herum.
„Ja, warum denn nicht? So gewöhnst du dich schon mal dran!", meinte der Vampyr nur.
„Und was meinst du, Veronica? Steht mir dieses Ensemble denn wirklich?" Der Junge wandte sich an die Bärin, die mit dem Kopf auf den Tatzen auf dem Kellerboden lag und nun die Augen auf ihn richtete.
„Wer ist denn Veronica?", fragte Wondraczek verwundert und zog dabei in unnachahmlicher Weise die linke Augenbraue in die Höhe.
„Ich habe so im Gefühl sie müsste Veronica heißen. Irgendwie hat sie mir diesen Namen auch gesagt, aber wie das funktioniert kann ich dir wirklich nicht erklären", meinte Simon darauf und das Tier ließ ein bestätigendes Brummen hören.
„Na gut, dann eben Veronica. Scheint mir allerdings für einen alten Seemann ein denkbar unwahrscheinlicher Name zu sein. Nennen wir sie vor den Leuten besser anders. Arthur scheint mir doch ein geeigneter Name zu sein."
„Ja, gute Idee!", meinte Simon darauf. „Arthur Blomquist, vormals Seemann und nun auf Pilgerfahrt zur heiligen Madonna von Lacrima, der ein Gelübde abgelegt hat, bis zur Vollendung seiner Wallfahrt zum Kloster auf der Insel, mit keinem Menschen auch nur ein einziges Wort zu sprechen."
„Jetzt verblüffst du mich doch sehr, Simon, so eine Erfindungsgabe hätte ich dir jetzt gar nicht zugetraut."
„Ja, manchmal muss man den Leuten schon mal was vorgaukeln können, sonst kommt man auf dieser Welt nicht sehr weit", sagte Simon altklug und wurde dankenswerterweise zumindest ein wenig rot dabei.
„Das kann ich zwar moralisch in keinster Weise gutheißen, aber irgendwie ist wohl auch etwas Wahres dran, leider." Der Vampyr blickte nachdenklich vor sich hin. „Na, sei es wie es wolle, versuchen wir noch eine Mütze Schlaf abzukriegen."
Wondraczek hüllte sich in seinen Umhang, zog die Schultern hoch und schloss die Augen. Simon betrachtete die Bärin, die wirklich schon eingeschlafen zu sein schien. Ein leises Schnarchen erklang aus ihren Lefzen, Simon lehnte sich mit dem Rücken an das Tier, um sich ein wenig zu wärmen und war bald darauf ebenso entschlummert.

Ein Klappern weckte Simon aus wirren Träumen. Der Vampyr hatte die Luke über ihren Köpfen geöffnet und blickte aus dem oberen Geschoss auf sie herunter.
„Wird langsam Zeit, in zwei Stunden wird es taghell sein, draußen. Wir sollten uns auf den Weg machen", rief der Vampyr, den Seesack schon über die Schulter gehängt. Allem Anschein nach hatte er während die anderen schliefen schon alle ihre Habseligkeiten ordentlich verpackt. Als die Bärin die erste, gefährlich unter ihrem Gewicht knackende, Treppenstufe hinter sich gebracht hatte, atmete Simon auf. In der nächsten Etage, in der sich außer allerhand Müll nichts Brauchbares zu befinden schien, waren die Aufgänge

schon besser ausgebaut und auch in wesentlich stabilerem Zustand. Endlich waren sie draußen. Durch ein großes Flügeltor, das wohl einmal den Eingang zu der alten Brauerei dargestellt hatte, traten sie auf die Straßen von Schmollstau.

Es hatte begonnen zu regnen. Ein eisiger Wind wehte von der Küste ins Landesinnere, der die alten Zeitungen, die ein anscheinend zu bequemer Austräger einfach in den Hauseingängen abgelegt hatte, Pirouetten aufführen ließ. Trotz des kalten Gegenwindes kamen sie in der Dunkelheit gut voran, niemand war um diese Zeit noch unterwegs, so dass sie nach einer guten dreiviertel Stunde die Hafenanlagen, von keinem Menschen bemerkt, erreichten. Simon versuchte Veronica zu vermitteln von jetzt an aufrecht auf zwei Beinen zu gehen, um der Rolle, die die beiden ihr zugedacht hatten, gerecht zu werden. Und auf irgendeine Weise schien Simon dies auch gelungen zu sein, denn die Bärin erhob sich langsam auf die Hinterbeine und watschelte von nun an aufrecht weiter. Nachdem Simon ihr den Mantel zurechtgezupft und die Mütze geradegerückt hatte, machte sie wirklich einen fast menschlichen Eindruck, obwohl Simon immer noch sehr daran zweifelte, dass diese Art der Verkleidung die Leute wirklich täuschen würde können. Zuvor hatte ihr Wondraczek noch die langen Lederstreifen, die sie ja auch noch in dem Ramschladen erstanden hatten, lose um die Beine gewickelt um das Vorhandensein einer Hose zu simulieren, die unter dem Mantel hervorschaute.

Am Kai angelangt, schauten sie sich nach ihrem Fährboot um, das sie hinüber aufs Schiff bringen sollte und recht schnell hatten sie die richtige Anlegestelle gefunden, wo auch schon ein Boot bereit zur Abfahrt, auf die Reisenden zu warten schien. Sechs Ruderer, stark mitgenommen wirkend um diese frühe Morgenstunde, saßen wortkarg auf den Bänken. Ein paar von ihnen pafften billige Zigarren und versuchten das Gefährt trotz der aufgebrachten See ruhig zu halten, was eine recht mühselige Angelegenheit war. Der Vampyr hielt dem Mann am Steuerruder die Quittung für die Überfahrt unter die Nase und steckte diesem noch ein paar Scheine zu, was der dann mit einem zufriedenen Grunzen würdigte. Veronica, die doch einige Schwierigkeiten hatte auf der Bank, die für die Passagiere am Bug des Bootes angebracht war, Platz zu nehmen, entschied sich dann doch dafür stehen zu bleiben und sich am Bootsrand abzustützen.

„Hat wohl ganz schön geladen, der Alte?“, fragte der Steuermann stirnrunzelnd.

„In der Tat, der alte Blomquist steht der Einnahme geistiger Getränke in keinster Weise negativ gegenüber“, sprach darauf Wondraczek und erntete ein verwirrt, mühsames Lächeln seitens des Seemannes.

Andere Passagiere wurden allem Anschein nach nicht mehr erwartet und so legten sich die Männer alsbald in die Riemen, was aufgrund des Seegangs und vielleicht auch wegen eines keineswegs leichtgewichtigen Fahrgastes nicht ganz ohne Ächzen und Stöhnen und auch einigen Flüchen des Ruderpersonals vor sich ging. Keiner schien am Verhalten der Bärin Anstoß zu nehmen, wie Simon aufatmend bemerkte. Allerdings war es ja auch noch nahezu stockfinster hier draußen, nur die Lichter der Blinkaboing waren auszumachen, die immer näher und näher kamen. Einige Flüche und Verwünschungen der Ruderer später, waren sie am Schiff angelangt und mit einiger Mühe, wobei die Bärin noch die wenigsten Schwierigkeiten damit hatte, erkletterten die drei die Strickleiter und gingen an Bord.

Die Blinkaboing war eine stolze Galeone, die in weniger kriegerischen Zeiten für den Warentransport umgebaut worden war. Dadurch war die Zahl der Kanonen, die sich an Bord befanden, so stark reduziert worden, dass man kaum mehr von ihr als einem Kriegsschiff sprechen konnte. Im Jahr 1588 in der berühmtesten Werft Katatoniens gebaut, war sie immer noch in Topzustand. Die Masten, deren es ihrer drei gab, strebten majestätisch himmelwärts und waren von einer solchen Länge, dass es einem den Atem verschlagen konnte, wenn man an ihnen hinaufsah. Und genau dies tat gerade Simon und ein leichter Schwindel erfasste ihn sofort, als er den Toppmast entlang blickte, sich dabei vorstellte, dort oben als Ausguck zu stehen und sich nur an einem schmalen Metallring festhalten zu können.
Der erste Steuermann des Schiffes hieß sie herzlich an Bord der Blinkaboing willkommen, ein bärtig, zerzauster Geselle, namens Mohnback, der jedoch in seiner Ausgehuniform, die er für diesen Zweck angelegt hatte, einen durchaus repräsentablen Eindruck machte. Wondraczek stellte sich selbst und seine Begleiter in aller Form vor, Veronica brummte leise bei der Erwähnung des Namens Blomquist, als ob sie alles verstehen würde, was um sie herum vorging. Der Steuermann führte die drei dann durch labyrinthische, schmale Gänge zu ihrer Unterkunft für die nächsten Tage und ließ sie wissen, dass der Kapitän sehr gerne, am ersten Abend auf dem Schiff mit ihnen speisen würde. Dieses Angebot wurde gerne dankend angenommen und Mohnback ließ sie dann in ihrer neuen Behausung alleine, damit sie sich einrichten und ein wenig ausruhen konnten, wie er sagte. Mit allzu viel Gepäck schienen sie ja nicht belastet zu sein, wie er mit einem Blick auf Simons Seesack noch anmerkte, wobei ein Lächeln über seine bemoosten Züge glitt.
Kaum war der Steuermann gegangen, fiel Veronika, mit einem eigenartigen Gebrumme auf die Vorderfüße, was wohl bei ihr als das Äquivalent eines Stöhnens angesehen werden musste und wälzte sich dann, unter andauerndem Knacken der Knochen, genüsslich über den Kabinenboden. Das Tier machte auf Simon schon einen viel vitaleren Eindruck, alleine die Tatsache nicht mehr eingesperrt zu sein, schien neue Lebensgeister in ihm wachgerufen zu haben.
Die Kajüte, die Wondraczek gebucht hatte, war von einer Größe und Exklusivität, die Simon niemals erwartet hatte. Ja, fast hätte man die Räumlichkeiten eine Suite nennen können, die auch für einen Grafen oder einen hohen Staatsbeamten eine angemessene Unterkunft abgegeben hätte. Auf der rechten Seite fand sich ein geräumiges Sofa mit passenden Ohrensesseln aus feinstem hellbraunen Leder und links waren vier Queensize Betten aufgereiht, jedes mit Nachtkästchen und dazugehöriger Beleuchtung, in Form von kunstvoll verzierten Spirituslämpchen ausgestattet. Alle Wände des Raumes zierten Mahagonipaneelen und drei große Bullaugen ließen die gerade aufgehende Sonne auf die orientalischen Teppiche hereinstrahlen.
Die Blinkaboing war zwar vor einigen Jahren schon zum Frachtschiff umgebaut worden, doch hatte sie lange Zeit als Truppentransporter gedient, weshalb sie immer noch reichlich Platz für die Passagiere aus aller Herren Länder bot. Es war in den letzten Jahren in gewissen Kreisen geradezu Mode geworden auf solch einem Schiff eine Weltreise zu unternehmen, mal in den hohen Norden, mal in den heißen Süden, je nach den

Vorlieben der Fahrgäste. Man hatte diese Art zu reisen 'Kreuzfahrt' genannt, da hier die oberen Zehntausend kreuz und quer über die Ozeane schippern konnten und sich wenige Wochen im Jahr von ihrem beschwerlichen Alltagsleben, welches meistenteils aus dem permanenten Scheffeln unverdienten Geldes bestand, endlich einmal auszuruhen und alles geschäftige Treiben hinter sich zu lassen. Hierfür war im Volksmund daher auch der schöne Ausdruck ‚Du kannst mich mal kreuzweise' entstanden. So segelten also allerhand verschiedenartige Schiffstypen über die sieben Weltmeere, an Bord außer den Frachtwaren, die in die entlegensten Teile der bekannten Welt ausgeliefert werden mussten, auch so manchen Passagier, der nur für ein paar Tage oder Wochen das abenteuerliche Vergnügen einer solchen Luxusreise genießen wollte. Natürlich verbarg sich unter ihnen auch allerhand lichtscheues Gesindel, darauf aus, die Taschen der Reichen auf die eine oder andere Art zu erleichtern, denn wie man so sagt, wo viel Licht ist, ist auch viel Schatten oder wo ein gut gefüllter Beutel, da ist auch ein Messer, das sich darauf versteht denselben abzuschneiden.
Auch in Schmollstau waren, aller Wahrscheinlichkeit nach, einige finstere Gestalten an Bord gegangen, deren Sinn nicht unbedingt auf Erholung ausgerichtet war. Bevor unsere Freunde eingetroffen waren, hatten es sich längst auch schon einige wenig vertrauen-erweckend wirkende Vagabunden auf dem Unterdeck gemütlich gemacht. Manch einer hatte das letzte Geld, das nicht seiner Spielleidenschaft zum Opfer gefallen war, dazu benutzt, auf der Blinkaboing vor schlecht gelaunten Gläubigern zu entfliehen. Ja, die Stadt war unter Kapitänen geradezu dafür berühmt hier auch die Besatzung aufstocken zu können. Einige der Glücksritter hatten mangels finanzieller Mittel, keine andere Wahl, als auf einem Schiff anzuheuern, um nicht im Schuldenturm versauern zu müssen.
Die Sonne schien heller und heller in die Kabine. Das Schiff hätte schon bei Sonnenaufgang auslaufen sollen, doch schien sich das Ablegen ein wenig zu verzögern. Das Schauspiel des Auslaufens wollten Wondraczek und Simon auf keinen Fall verpassen, deshalb hielten sie sich nicht allzu lange unter Deck auf. Die Bärin gab Simon auf ihre geheimnisvolle Art und Weise zu verstehen, lieber an Ort und Stelle bleiben zu wollen und so machten sich die beiden alleine auf zum Oberdeck, um die Abfahrt hautnah zu erleben. Ins Freie tretend fanden sie sich sofort umgeben von einem großen Durcheinander herumlaufender und schreiender Matrosen. Annähernd fünfzig von ihnen waren dabei die Blinkaboing für das Auslaufen bereit zu machen. Manche hingen schon in den Wanten, bereit auf Kommando das jeweilige Segel zu lösen, vier Mann alleine mühten sich mit roten Gesichtern damit ab den enormen Anker zu lichten und auf der Brücke schrie der erste Steuermann seine Befehle in alle Himmelsrichtungen. Simon und Wondraczek beobachteten fasziniert die Vorgänge. Das, was zuerst wie ein riesiges, unentwirrbares Durcheinander von wimmelnden Menschenleibern, Chaos und Lärm auf sie gewirkt hatte, entpuppte sich nun als eine gut geölte Maschinerie, deren Ablauf aufs genaueste choreographiert zu sein schien. Bald waren die Segel gesetzt und blähten sich mit einem knallenden Geräusch, als sich die Blinkaboing in den Wind zu drehen begann. Alles was aus Holz gefertigt war auf dem Schiff, und das war

schließlich so gut wie jedes einzelne, winzigste Teilchen, knackte und stöhnte nun, wie aus langem Schlaf erwachend auf. Doch lag auch etwas wie Heiterkeit in dem Klingen, als sei das Schiff froh, die Fahrt endlich wieder aufnehmen zu können.
Das Oberdeck war randvoll von Passagieren, die, wie Simon und Wondraczek, das Schauspiel genießen wollten. Manch einer winkte noch einmal mit dem Schnupftuch in Richtung Küste, um nochmals Abschied von vertrauten Gesichtern von Menschen zu nehmen, die auf der Mole stehen mussten, aber von hier nur als winzige Pünktchen in der Ferne auszumachen waren. Manch anderer verdrückte sich gar eine Träne in dem Bewusstsein, niemals ganz sicher sein zu können von einer solch abenteuerlichen Unternehmung heil zurückzukehren, obwohl gerade die Blinkaboing als eines der sichersten Schiffe galt, die auf dem Ozean unterwegs waren. Auch Simon war dann doch etwas mulmig zumute, wenn er an sein Zuhause dachte und ob er es jemals wiedersehen könnte. Würde ihn Elvira wieder zärtlich in die Arme schließen, würde er wieder mit Anton und den Küchenjungen wie junge Hunde im Rudel herumtollen, oder würde sein Abenteuer doch noch ein schlimmes Ende finden, vielleicht gerade jetzt hier auf dem großen Meer, von dem er doch sein Leben lang geträumt hatte?
Eine große Menge Vergnügungssüchtiger hatte sich also auf Deck eingefunden um das Anbrechen eines Tages zu genießen, der schön zu werden versprach. Die Sonne stieg im Osten in beeindruckender Manier über der Stadt auf und beleuchtete den Präsidentenpalast in seiner ganzen Pracht. Sofort konnte man diejenigen Passagiere, die in Schmollstau an Bord gegangen waren, von denjenigen aus anderen Landstrichen unterscheiden, zumindest diejenigen, die sich in weiblicher Gesellschaft befanden, da die Kopfbedeckungen der Schmollstauer Frauen sofort jedermann schmerzhaft ins Auge stachen. Zur Feier des Tages reichten Stewards Champagnergläser und auch Simon und Wondraczek wollten sich nicht ausschließen auf die Reise gebührend anzustoßen. Der Junge fühlte sich inmitten der übrigen Passagiere nicht wohl in seiner Haut, war er doch gezwungen sich jetzt in diesen Mädchenklamotten den Blicken aller aussetzen zu müssen. Ständig hatte er das Gefühl, dass ihn neugierige Augen misstrauisch ansahen, auch meinte er gehört zu haben wie ein paar ältliche Damen kritische Kommentare über seinen Modegeschmack geäußert hatten.
Leicht benebelt suchten sie dann wieder die Kabine auf, wo sie eine sehr mitgenommen wirkende Bärin mit viel leidendem Gebrumme begrüßte. Simon begann sich große Sorgen um ihren Gesundheitszustand zu machen, obwohl sie doch nach einer guten Mahlzeit und etwas Schlaf schon einen so viel besseren Eindruck gemacht hatte. Der Vampyr jedoch wusste sofort was die Stunde geschlagen hatte. Jetzt hatten sie doch tatsächlich einen alten Seebären erschaffen, der Schiffsreisen in keinster Weise vertragen konnte. Veronica war tatsächlich seekrank.
„Tja, was machen wir nun mit einem kotzenden Bären an Bord?“, fragte Wondraczek und schaute Veronika mitfühlend an.
„Mhh, keine Ahnung“, sagte Simon, „Vielleicht helfen kalte Wadenwickel?“
„Ich glaube diese Art von Hausmütterchenmedizin hat in diesem Fall keinen Zweck.“
„Dann Kamillentee mit Kressestreuseln!“
„Warum nicht gleich Lebertran mit Ziegenmilch?“, fragte Wondraczek sarkastisch.

„Nein, hier müssen stärkere Geschütze aufgefahren werden!"
„Elvira macht mir immer eine stärkende Hühnersuppe, sie nennt es Rekonvaleszenzsüppchen, was immer das heißen soll", meinte Simon und schwelgte in Erinnerungen an schulfreie Tage, ganz entspannt auf dem Sofa herumlungernd mit seinem Glöckchen ausgerüstet, falls es ihn an irgendetwas mangeln sollte, obwohl er nach dem Abenteuer im Schimmerwald nicht mehr allzu gern an klingelnde Glöckchen zurückdachte.
„Das klingt ja alles recht vernünftig. Hier jedoch hilft meines Erachtens nur eines!"
„Und das wäre?", fragte Simon, immer noch mit halbem Kopf in der Vergangenheit schwebend.
„Eine gute Flasche Whiskey wird ja wohl auf diesem Kahn zu bekommen sein!", sprachs, entschwand durch die Kabinentür und ließ die beiden allein.
Simon betrachtete mitleidig die Bärin, die sich mittlerweile auf eines der Betten geschleppt hatte. Mit jedem Schwanken des Schiffes verdrehte sie die Augen, jedes Schlingern schien in ihr einen erneuten Übelkeitsschub auszulösen. Von einem lauten Ächzen des Bettes begleitet, das dieses enorme Gewicht nur widerwillig aushielt, drehte sie sich auf die Seite, zog fröstelnd die Hinterbeine an und wirkte so wie ein viel zu groß geratenes, schmollendes Baby, das allerdings doch ein wenig zu viel Behaarung aufwies. Simon versuchte in Gedanken mit ihr Kontakt aufzunehmen, dies schien allerdings auf keine Weise möglich zu sein. Er wunderte sich sehr darüber, hatte er vielleicht diese seltsame Fähigkeit schon wieder verloren, oder lag es nur am Zustand des Tieres, dass dies jetzt nicht funktionierte? Zärtlich streichelte er ihr über den Kopf und flüsterte ihr beruhigende Worte ins Ohr.
Wondraczek befand sich mittlerweile auf dem Weg zur Bar. Zum Glück hingen in allen größeren Gängen Hinweisschilder auf denen zu erkennen war, wo man sich gerade befand und wie man da und dort hingelangen konnte. Daher hatte er recht bald den Gastronomiebereich entdeckt, ein riesiger Speisesaal war zu durchschreiten, nur wenige Tische waren noch von frühstückenden Passagieren besetzt, ehe man die kleine, davon abgetrennte Bar, betreten konnte. Hier erstand er relativ günstig, da steuerfrei, eine Flasche vom besten Malzwhiskey, der auf dem Kontinent zu kriegen war und machte sich sofort auf den Rückweg. An der Saaltür rempelte ihn ein, allem Anschein nach schon um diese frühe Stunde ziemlich betrunkener Zeitgenosse, böse an, so dass er fast ins Taumeln kam. "Tschultschung!", hörte der Vampyr nur nuscheln bevor die Türe hinter ihm zuschlug, doch hatte er das Gefühl gehabt den Trunkenbold schon einmal gesehen zu haben. Auch war es ihm vorgekommen, als hätten tastende Hände sich an seinem Umhang zu schaffen gemacht. Schnell jedoch hatte er dies als Einbildung abgetan und lief dann weiter in Richtung ihrer Unterkunft.
Dort angekommen verabreichte er der Bärin mit einer Art überdimensionierten Suppenlöffel, den er dem Barmann abgeschwätzt hatte, das stark alkoholhaltige Getränk, wovon es ihr allerdings nicht besser zu gehen schien, allerdings war sie nach zweimaliger Anwendung dieser medizinisch äußerst zweifelhaften Prozedur friedlich eingeschlafen und grunzte sehr undamenhaft in die Kissen.
„Wenn sie wieder aufwacht werden wir sehen, ob es was genützt hat", sagte der Vampyr daraufhin. „Wahrscheinlich wird sie dann allerdings einen Bärenhunger haben."

„Ich glaube, den hat sie immer!“, meinte Simon und machte es sich auf dem angrenzenden Bett bequem.
„Sie gibt dann hoffentlich auch einen recht bärbeißigen Seemann ab!“, witzelte Wondraczek weiter und warf sich rücklings aufs nächste Bett.
Als es auf Mittag zuging schlief Veronica immer noch und so beschlossen Wondraczek und Simon eine kleine Mahlzeit auf dem Sonnendeck einzunehmen, die sie von dem im Speisesaal aufgebauten Buffet mitbrachten. Auf äußerst bequemen Liegestühlen ließen sie sich bei wunderbarem Wetter, den frischen Seewind um die Nasen wehen und sahen sich darauf noch ein wenig auf dem Schiff um. Und hier war schon einiges geboten jetzt um diese Tageszeit. Der Begriff Mittagsruhe schien weder für die Mannschaft noch für die Fahrgäste irgendeine Bedeutung zu haben. Anstatt sich jetzt nach dem Essen zurückzulehnen und zu rasten, ging es jetzt erst richtig zur Sache.
Sogenannte Animatanten, junge Frauen ohne Ausnahme von einem burschikosen Auftreten, brachten die Passagiere der ersten Klasse mit vielerlei Aktivitäten wieder auf Trab. Man konnte Senioren bei vergeblichen Versuchen beobachten mit den Anleiterinnen beim Joggen rund ums Oberdeck Schritt zu halten. Mancher Schädel rötete sich auf schon ungesunde Weise unter dem Grauhaar und der Infarkt schien nicht in allzu großer Ferne. Ältere Herrschaften schlugen Bälle über Netze, streckten und überdehnten dabei ihre Glieder, knallten auf die mürben Knie, rappelten sich verbissen lachend wieder auf und versicherten sich so gegenseitig immerwährender Jugend und Gesundheit. Die dazugehörige Damenwelt nahm erstaunlicherweise keinerlei Anstoß an dem Treiben ihrer Gatten, fanden sie so doch die Zeit im kleinen Saal unter Deck, ihren eigenen liebgewonnenen Vergnügungen nachzugehen, wozu vor allen Dingen der gemeine Kaffeeklatsch gehörte. Simon schmerzte schon beim Betrachten der Leibesübungen der Senioren das Bein, obwohl es sich die ganze Zeit kaum mehr bemerkbar gemacht hatte und er hatte vielleicht als erster Mensch jenes unbestimmte Gefühl, das als Fremdschämen in die Wörterbücher Eingang finden sollte.
Auch auf dem unteren Deck spazierten die beiden eine Zeit lang auf und ab. Hier waren die weniger begüterten untergebracht, tief unten im Bauch des Schiffes standen winzige Kajüten mit mehreren Schlafkojen zur Verfügung. Glücklich der, der die Mittel für wenigstens eine solche Unterkunft aufbringen konnte. Viele der Reisenden schliefen auf Deck, Wind und Wetter ausgesetzt, eingepackt in Decken und allen Kleidungsstücken, derer sie habhaft werden konnten, saßen sie verkrümmt da, wurden immer wieder von der Besatzung verscheucht, die sich an Wanten und Takelage zu schaffen machen musste und warteten eigentlich nur auf das Einlaufen des Schiffes in den nächsten Hafen. Manch einer der Kreuzfahrtkapitäne nahm solcherlei Passagiere schon gar nicht mehr auf. Viele hatten sich ausschließlich auf ein Luxuspublikum spezialisiert, denn viel Geld war mit den Armen dieser Welt nun mal nicht zu verdienen. Einige vorstädtisch gekleidete Männer und Frauen waren ebenso anzutreffen, wie auch Bauern aus dem Umland, die sich wohl bloß wegen Verwandtschaftsbesuchen oder kleinerer Geschäfte nach Lacrima aufgemacht hatten. Doch auch einige zwielichtige Gestalten waren zu beobachten, denen man ungern im Dunkeln hätte begegnen wollen.
Da die beiden des Abends noch am Kapitänsdinner teilnehmen sollten, eine Ehre die

sie wohl der Wahl ihrer nicht gerade preisgünstigen Unterkunft verdankten, man hielt sie wohl für wichtige, beziehungsweise finanziell äußerst gut gestellte Personen, wurde beschlossen sich am Nachmittag noch einmal aufs Ohr zu legen, um sich etwas auszuruhen. Erstaunlicherweise jedoch befand sich sogar eine Boutique an Bord, die alles was der feinen Dame Herz begehren mochte auf Lager hatte. Als Wondraczek den Eingang zu diesem Laden entdeckte war er entzückt, konnte er doch Simon nun erst richtig mit allem ausstatten, was für ein Mädchen aus besseren Kreisen unverzichtbar war. Widerstrebend folgte der Junge dem Vampyr in das Geschäft, wo sich auf der Stelle eine reizende junge Verkäuferin mit süßlichem Stimmchen um die beiden Kunden zu kümmern begann. Immer wieder blinzelte sie dem Vampyr aufreizend zu, während sie sämtliche Arten feinster Unterbekleidung präsentierte, nach den neuesten hauptstädtischen Modetrends entworfen und mit dem Qualitätssiegel dieser Hochburg der Haute Couture versehen. Der ältere feine Herr, denn wie ein solcher sah der Vampyr in ihren Augen ja aus, reagierte jedoch nicht auf ihre Avancen, so dass sie dieses Unterfangen schließlich aufgab.
Simon machte gute Miene zum bösen Spiel und Wondraczek amüsierte sich augenscheinlich großartig. Immer wieder suchte er ein neues Unterkleidchen für den Jungen heraus, hielt es ihm an und zog die Brauen in die Höhe.
„Sehr adrett, Sylvia Schatz! Was meinst du zu diesem hier?“ Der Vampyr schaffte es bei dieser Vorstellung vollkommenen Ernst zu bewahren.
„Ja, Opa, das ist sehr schön! Und diese Farbe erst!“, fistelte Simon, der sich redlich abmühte seine Stimme etwas höher klingen zu lassen.
„Ist dies nun rosa oder etwa schon pink?“, fragte der Vampyr in Richtung der Verkäuferin.
„Ein ausgezeichnetes Auge, mein Herr!“, erwiderte die junge Frau daraufhin. „Das ist nun wirklich die Farbe der kommenden Saison! Lachsrot mit einem Schuss Purpur!“
„Wunderwunderschön! Das packen wir also auch ein!“
Sie erstanden noch eine Auswahl luftiger geblümter Sommerkleidchen, allesamt von betörender Farbigkeit und zu guter Letzt fand Wondraczek auch noch eine Kopfbedeckung für die Dame, ein neongelbes Schiffchen, das nun auf Simons Kopf thronte wie eine Bananenschale, die aus einem offenen Fenster geworfen worden und dann genau hier gelandet war.
„Eine sehr gute Wahl, mein Herr!“, sagte die Verkäuferin anerkennend. „Man merkt sofort, wie das Auge eines wahren Gentlemans auf der Stelle erkennt, was den Typ der Enkelin am besten zur Geltung kommen lässt!“
Die Enkelin verzog das Gesicht wie unter Schmerzen und verbiss sich jedwede Bemerkung. Wieder draußen an der frischen Seeluft jedoch ließ der Junge seinem Unmut freien Lauf.
„Alles schön und gut, lieber Opa, aber mit diesen Schuhen werde ich keinen einzigen Meter laufen können!“ Wirklich hatte es Simon mit den quietschgelben hochhackigen Dingern, die er an den Füßen trug, kaum über die Schwelle des Ladengeschäftes geschafft. Der Junge, der nun wirklich recht zart und mädchenhaft wirkte, hinkte zu einer Ruhebank auf dem Deck, zog die Schuhe aus und rieb sich die schmerzenden Füße.
„Ist ja gut! Wir haben ja auch noch ein Paar mit etwas weniger Absatz erworben!“, meinte

der Vampyr nur und holte ein paar braune Halbschuhe aus den zahlreichen, mit dem Markenzeichen einer bekannten Modefirma bedruckten Papiertüten, heraus.
„Und? Besser?"
„Ja, darin kann man wenigstens laufen, Opi!", sagte Simon dem aufgefallen war, dass diese Bezeichnung dem Vampyr nicht zu gefallen schien.
„Was heißt hier Opi! Bin ich doch gerade erst zweihundertundvierundzwanzig lumpige Jährchen alt geworden!", sagte der dann auch und wirkte dabei wirklich etwas beleidigt.
„Wir müssen eben beide unsere Rollen bis zur Perfektion spielen! Oder sehe ich das falsch?"
„Nein, nein, du hast ja Recht, Sylvia!"
„Wie kommst du denn eigentlich auf Sylvia?"
„Ach, eine Großkusine vierten Grades, in die ich als junger Beißer dereinst über beide Eckzähne verliebt war! Ich kann dir die Geschichte ja mal erzählen."
„Lass uns lieber erst einmal zurück in die Kabine gehen. Ich möchte doch wissen wie es Veronika geht?", erwiderte der Junge, der sich nicht schon wieder eine Story über die zahlreiche Verwandtschaft des Vampyrs anhören wollte.
Wieder in ihrer Behausung angekommen, fanden sie eine noch immer tief schlummernde Bärin vor, die sich aber bei ihrem Eintreten zu regen begann. Der Vampyr, der in seinen Taschen etwas Schiffszwieback gebunkert hatte, reichte dem Tier ein paar Scheiben davon, die es sofort mit Heißhunger wegputzte. Außerdem schien sie äußerst durstig zu sein. Simon stellte eine Schale mit Wasser auf den Boden, aus der sie laut schmatzend, schlabbernd trank. Die Bärin sah auch schon etwas weniger leidend drein, doch war es ihr anscheinend unmöglich auf den schlingernden Schiffsplanken aufrecht zu gehen, immer wieder fiel sie auf die Vordertatzen, wenn die Blinkaboing sich hob und wieder senkte. Wondraczek flößte ihr dann noch ein paar Tropfen seiner eigentümlichen Arznei ein, worauf sie sich bald wieder auf ihre Schlafstatt wälzte und ein zufriedenes Schnarchen hören ließ.

Als die Sonne sich langsam im Westen zu neigen begann, erwachten der Junge und der Vampyr aus ihrem nachmittäglichen Schlaf. Auf seine Taschenuhr blickend, musste Wondraczek feststellen, dass es schon höchste Zeit war sich zurechtzumachen, um zum Kapitänsdinner nicht zu spät zu erscheinen. Schnell stellte er aus den neuen Errungenschaften eine farbenfrohe Kombination von Kleidungsstücken zusammen die Simon, bzw. Sylvia tragen sollte. Der Junge weigerte sich jedoch hartnäckig das rosa Kleidchen mit der giftgrünen Strumpfhose zu konterkarieren und schließlich einigten sich die beiden auf ein gelbes Sommerkleid, hellblaue Strümpfe, ein fliederfarbenes Jäckchen und die braunen Halbschuhe, was nun auch nicht gerade einen besonderen Sinn für Farbzusammenstellung verriet.
Veronica machte keine Anstalten sich zusammen mit den beiden in den Speisesaal begeben zu wollen, sie schlief friedlich schnarchend auf dem Bett ihren erneuten Rausch aus. Als die beiden die Kabine verließen, blickte sie noch einmal auf und Simon redete beruhigend auf sie ein, so dass sie alsbald die Augen wieder schloss, sich auf der ächzenden Bettstatt umwandte und sofort wieder eingeschlafen war.

Der Speise- und Ballsaal des Schiffes war zum Anlass des Auslaufens besonders prächtig geschmückt worden. Von der Decke hingen enorme Kronleuchter herab, die das abendliche Vergnügen in ein feierliches Licht tauchten. Die Kapelle hatte soeben begonnen zu spielen, nachdem der Kapitän seine Begrüßungsansprache beendet hatte. Diese hatten Simon und Wondraczek augenscheinlich verpasst, sie waren jedoch nicht ein bisschen ärgerlich über dieses Missgeschick, zeichnen sich derlei Reden doch stets durch ihre Länge und Floskelhaftigkeit aus. Ja, man sah den armen Menschen, die sich dem Redeschwall des Schiffsführers ausgesetzt hatten, an den Nasenspitzen an, wie sehr sie sich doch gelangweilt haben mussten. Mit umso mehr Appetit bedienten die Schiffsreisenden sich nun am Buffet, ja, sie fielen geradezu darüber her, als hätte man seit Tagen nichts mehr zu sich genommen. Simon und Wondraczek hatten beschlossen a la carte zu bestellen und mussten sich so diesem Gerangel nicht aussetzen. Schnell hatten sie die für sie vorgesehenen Plätze am Tisch des Kapitäns entdeckt, die mit kleinen rosa Namensschildchen versehen waren. Graf Drux von Neuperlbach, nebst Enkeltochter Sylvia stand in großen verzierten Lettern in einer wunderschönen runden Handschrift darauf. Allem Anschein nach hatten sie wirklich eine der teuersten Kabinen an Bord gebucht, denn nur die hagere Gestalt der Gräfin von Auerbach trennte sie vom Stuhl des Kapitäns. Dieser hatte sich in seine beste Ausgehuniform geworfen, das Messing der Knöpfe seines Jacketts glänzte, als hätte es seine Ehefrau zu diesem Anlass stundenlang mit säurehaltigen Mitteln aufpoliert. Simon war gar nicht aufgefallen, dass sich der Vampyr selbst einen adligen Titel verliehen hatte, aber irgendwie schien ihm das wohl für seine Rolle angemessen zu sein. Der Junge wäre in diesem Fall einer ganz anderen Meinung gewesen, stand er doch jetzt vor der Schwierigkeit mit all den vielen Messern, Löffeln und Gabeln, die nun sonderbar aufgereiht vor ihm lagen, problemlos umgehen zu müssen. Als die Vorspeise gebracht wurde wollte er schon zu der großen Gabel greifen, aber der Vampyr schüttelte leicht den Kopf. So erging es ihm auch mit dem Löffelchen, mit dem er nun beginnen wollte sich den lecker aussehenden Salatteller einzuverleiben, bis er schließlich das richtige Instrument für diesen Gang gefunden hatte, was Wondraczek mit einem kaum merklichen Nicken des Kopfes quittierte.

Die Gräfin, die neben dem Vampyr schon lange zuvor Platz genommen hatte, redete ohne Unterlass auf den vermeintlichen Grafen ein, fragte ihn nach den Verwandtschaftsverhältnissen zu diesem und jenem Adelsgeschlecht aus und Wondraczek schien immer eine passende Bemerkung zu einem Onkel oder Cousin einzufallen, von denen er bislang noch nie etwas gehört hatte. Schräg gegenüber der beiden, neben dem Kapitän, saß der erste Steuermann Mohnback, auch er in festlicher Uniform, und ließ den zu seiner rechten sitzenden vermögenden Kaufmann Suhrbier an seinen vielen abenteuerlichen Fahrten über die sieben Weltmeere teilhaben. Simon versuchte dieses Gespräch gebührend zu belauschen und trotz der schwatzhaften Gräfin gelang es ihm einiges über Klabautermänner, Elmsfeuer und Seeschlangen zu erfahren, was er noch nicht gewusst hatte. Manches kam dem Jungen doch so abwegig vor, dass er begann den Steuermann für einen großen Aufschneider zu halten, er wusste das gekonnte Spinnen allerfeinsten Seemannsgarns so gar nicht zu würdigen.

Neben dem dicken Kaufmann saß die früh verwitwete Frau Sandelmann und versuchte ihrem Sprössling, der anscheinend etwas jünger als Simon war, ebenfalls die Benutzung des Besteckes nahezubringen, was sehr nützlich war, denn so konnte Simon schnell das richtige Werkzeug finden, als jetzt der Fisch auf den Tisch kam. Der Vampyr begnügte sich mit einer vegetarischen Fastenspeise der Mönche vom Tempel der Welt entrückten heiligen Muftis, so stand es zumindest auf der Speisekarte geschrieben, und schien Gefallen an der zähen Pampe zu finden, die für Simon eher nach Klebstoff roch, als nach etwas Genießbarem. Immer wieder grinste der Vampyr Simon von der Seite an, der Schwierigkeiten hatte mit dem stumpfen Fischmesser die Gräten vom Rest des Getiers auf seinem Teller zu trennen.

Kapitän Rostborke stellte derweil die Vorzüge seines Schiffes weitschweifig hervor, er war voll des Lobes für all die Annehmlichkeiten, die das Leben an Bord zu bieten hatte und vergaß auch nicht die Vorzüge der zahlreichen Animatanten zu erwähnen, wobei er Suhrbier anzüglich zublinzelte. Rostborke war, wie man so sagt, ein Mann im allerbesten Alter. Er hatte die fünfzig noch nicht lange überschritten und wirkte trotz seiner beachtlichen Leibesfülle doch ungemein agil. Beim Reden gestikulierte er derart wild mit Händen und Armen, dass manches Besteckteil schon auf den Boden gefallen und durch eine saubere Gerätschaft ersetzt worden war. Eigens für den Tisch des Kapitäns war ein Kellner abgestellt, der die Gläser nachschenkte, sobald sich eines auch nur um die Hälfte geleert hatte. Mit jedem Glas schien der Kapitän mehr und mehr in Schwung zu kommen. Mohnback schaute ihn von Zeit zu Zeit skeptisch von der Seite her an, vermochte aber das Temperament seines Vorgesetzten nicht zu zügeln. Die Geschichten und Anekdoten, die der Steuermann Mohnback zum Besten gab, schmückte nun Rostborke noch ordentlich aus. Ein Seeungeheuer war bei diesem Kapitän nicht einfach nur ein Seeungeheuer. Nach seiner Beschreibung handelte es sich bei diesen Wesen um haushohe Monster, die Kiefer gespickt mit tausenden kleinen Reißzähnen, das Feuer das sie spien, brachte die See zum Kochen, so dass wer das Unglück hatte über Bord zu gehen, auf der Stelle im Salzwasser frittiert wurde. Dann die Klabautermänner, deren bloße Erwähnung an Bord eines Schiffes schon dazu führen konnte, dass ein böser Zauber entfacht wurde, der die gesamte Besatzung zu Tode bringen konnte. Inmitten der ausführlichen Beschreibungen einer Seeschlacht, in der der Kapitän als junger Spund, wie er sich ausdrückte, mitgewirkt hatte, damals war er noch in der Kriegsmarine gewesen, ach, was waren das für Zeiten, schienen seine Arme langsam zu erlahmen, die Worte kamen nicht mehr ganz so schnell aus seinem Mund gestolpert und schließlich erschlaffte der tapfere Mann gänzlich und war mit offenstehendem Mund am Tisch eingeschlafen.

Frau Sandelmann wand sich dann an Simon, der immer noch schwer mit dem Zerschneiden seines Essens beschäftigt war und wies auf ihren dicklichen Jungen.

„Ach, es ist doch schön, dass noch jemand gleichaltriges an Bord ist, Fräulein Sylvia!", sagte die Frau dann. „Vielleicht könnt ihr ja zu zweit etwas unternehmen, was meinst du Karl-Friedrich?"

„Ich mag keine Mädchen!", schrie der Knabe fast und sah Simon böse an, dem daraufhin ein Stein vom Herzen fiel, hatte der kleine Wonneproppen doch schon die ganze Zeit über sein Missfallen erregt.

„Aber, Karl-Friedrich, wie kannst du denn so etwas sagen?“, erwiderte die Matrone ihrem missratenen Früchtchen und blickte streng auf ihn hinunter.
„Keiner mag Mädchen! Keiner der Jungs in meiner Klasse mag Mädchen! Mädchen sind einfach doof!“
Simon war jetzt fast dankbar für seine unbequeme und eng sitzende Kleidung, die ihn als ein solch schreckliches Wesen auswies, blieb er so doch verschont von den Belästigungen dieses jungen Mannes.
An der langen Tafel hatten ungefähr dreißig Personen Platz gefunden und mit zunehmendem Alkoholkonsum setzte auch eine gewisse Lebhaftigkeit ein. Etwas weiter unten am Tisch befand sich auch ein Vertreter der hohen Geistlichkeit, seines Zeichens Bischof, der auf dem Weg zum Kloster der Verificiensermönche war, um sich dort mit dem neuen Abt zu beraten, wie Simon aus dem Gespräch des Kirchenmannes erfuhr, das dieser mit seinem Nachbarn einen Gutsherrn aus den Nebelbergen führte. Es musste wohl einen kleinen Bestechungsskandal gegeben haben, in den der frühere Bruder Abt verwickelt gewesen war. Irgendwie ging es dabei um den Verkaufserlös von Baugrund, soweit Simon verstehen konnte.
An der linken Seite des Jungen wiederum saß ein ältliches, spitznasiges Fräulein, die sich als Freifrau zu Reitzenstein vorgestellt hatte. Auch diese war früh Witwe geworden und hatte beschlossen, jetzt in reiferem Alter, doch noch einmal auf Bräutigamschau zu gehen, wie Simon annahm, da sie alle männlichen Anwesenden einer eingehenden Betrachtung unterzog und dem einen oder anderen der Herren, seltsame Blicke zuwarf, die nicht anders zu deuten waren, als den Wunsch nach einer intensiveren Kontaktaufnahme. Der Augenaufschlag, den sie hierbei zur Schau stellte, hatte etwas äußerst Amüsantes an sich, fand Simon. Mohnback unternahm derweil immer mal wieder den Versuch den Kapitän aus seinem Schlaf zu wecken, musste aber schließlich einsehen, dass dies keinen Sinn hatte und ließ ihn dann weiter schnarchen.
Dann waren da noch einige Männer mit gewichtigen Mienen, wohl allesamt im Finanzwesen tätig oder als Fabrikdirektoren, mit oder ohne Ehefrauen unterwegs, um einmal von der Last des Alltags auszuspannen. Unermüdlich pafften sie nach jedem Gang des Menüs riesige, stinkende Zigarren und verwandelten die vormals klare Seeluft in ein enormes Nebelfeld, in dem man sich hätte verlaufen können. Die Unterhaltungen der so staatstragend wirkenden Herren drehten sich meist nur um finanzielle Transaktionen, die politische Lage in Nespotonien, die Weltwirtschaft allgemein, die Krise in der Schwerindustrie und den Mangel an geeignetem Personal, das ihre mannigfaltigen Besitzungen in Stand halten sollte. Allesamt Themen um die sich Simon keinen Deut scherte, nur als es um die Seuche ging, horchte der Junge auf. Er erfuhr aus den Gesprächen, dass in den meisten Teilen des gesamten Kontinents inzwischen Fälle dieser Krankheit aufgetreten waren und die besten Mediziner und Wissenschaftler sich bislang vergebens darum bemüht hatten ein Gegenmittel zu finden. Sogar am ehemals kaiserlichen Hof soll mittlerweile ein Krankheitsfall aufgetreten sein. Ja, auch einen Großneffen des Reichsverwesers Puntigam hatte die Vergessenheit erwischt. Von einem Tage zum anderen soll der junge Mann nicht einmal mehr in der Lage gewesen sein den eigenen Namen aufzusagen. Er säße nur noch in einem Winkel des ehemals kaiserlichen Palastes und summte still vor

sich hin, ein Benehmen, welches an diesem Hort der Vernunft nicht geduldet werden konnte, rühmte man sich dort doch einer fortschrittlichen Aufgeklärtheit.
Die Kapelle hatte inzwischen ihr rhythmisches Repertoire um den beliebten Dreivierteltakt erweitert, um diejenigen der Gäste, denen es am Beginn des Verdauungsvorgangs danach gelüstete das Tanzbein zu schwingen, gerecht zu werden. Wirklich fanden sich nach und nach vereinzelt Paare auf der Tanzfläche ein und ein nicht gerade sportlich, ästhetisches Schauspiel nahm so seinen Anfang. Die beleibteren unter den Herren und Damen schoben ihre Tanzpartner auf eine Art und Weise über das Parkett, was Simon an die Bewegungen brünstiger Elche denken ließ, wenn sie im Frühsommer unterwegs sind, um für Nachwuchs zu sorgen. Frau von Reitzenstein warf neidvolle Blicke auf die Tanzenden, bisher hatte sie zu ihrem Leidwesen noch keiner der Herren aufgefordert. Doch nun schien sie ein Gentleman ins Auge genommen zu haben. Ein noch recht jung wirkender Mitvierziger kam direkt auf sie zu, die Witwe wollte sich eben erheben, als der Herr Simon ansprach.
„Gestatten sie Gnädigste?“, fragte er höflich, seine Stimme triefte geradezu von Anstand und Manieren. Dazu verbeugte er sich äußerst galant vor dem Jungen und reichte ihm die rechte Hand.
Simon wurde auf der Stelle puterrot im Gesicht, er hatte nicht die leiseste Ahnung wie er sich nun verhalten sollte. Hilfesuchend blickte er sich nach Wondraczek um. Dieser aber war lebhaft in ein Gespräch mit seiner Tischnachbarin vertieft und nahm die Not seines Schützlings nicht wahr. Fieberhaft überlegte Simon was er nun erwidern sollte, schon wollte er auf seine Verletzung am Bein verweisen, die ihm derlei Betätigungen unmöglich machen würde, da fühlte er sich an den Händen gepackt und auf die Füße gezogen. Er wusste nicht wie ihm geschah, irgendwie schaffte er es noch das vom Sitzen zerknitterte Kleidchen glatt zu streifen, dann wirbelte ihn der Mann einmal um die eigene Achse, ohne dass er etwas dagegen hätte unternehmen können. Fast hätte er das pinkfarbene Hütchen, das schief auf seinen Haaren saß noch verloren, auf das der Vampyr zu diesem hohen gesellschaftlichen Anlass bestanden hatte.
Simon hatte sich bald wieder gefasst und versuchte das Spiel mitzuspielen, es blieb ihm ja auch nichts Anderes übrig. So versuchte er sich an die Tanzschritte zu erinnern, die ihm seine lieben Cousinen einst vorführten, von denen sie behauptet hatten, es handele sich um die neuesten Modetänze aus der Hauptstadt des Kontinents. Nichtsdestoweniger befand er sich jetzt in den Fängen dieses adligen Herrn und konnte nichts dagegen unternehmen, dass er von diesem von einer Seite der Tanzfläche zur anderen bewegt wurde. Wieder und wieder beugte sich der Herr zu Simon hinab und murmelte ihm zweideutige Nebensächlichkeiten ins Ohr, deren Bedeutung für den Jungen rätselhaft blieb. Die übrigen Tanzpaare führten auch keineswegs solche Zuckungen auf wie der adlige Herr. Seine Ledersohlen tappten über das Parkett als wolle er mit jedem Tanzschritt unzählige Insekten zertreten, allerdings schien der Rhythmus seiner Aufführung so gar nichts mit dem Takt gemein zu haben, den die Kapelle spielte. Die anderen Paare waren allesamt stehen geblieben und hatten die beiden nun umringt, was den Herrn nur zu noch mehr absonderlichen Schrittfolgen herauszufordern schien. Dann wurde es allerdings dem Jungen endgültig zu bunt. So würde er sich nicht mehr herumschubsen

lassen, dachte er bei sich und übernahm vehement die Führung seines Tanzpartners, was diesen dann völlig aus dem Tritt brachte. Nun war es an Simon sein Gegenüber ein wenig durcheinander zu wirbeln und dieser war außerstande etwas dagegen zu unternehmen. Der Junge zog an den, nicht gerade kräftigen Armen des Mannes, dass dieser beinahe auf die Nase gefallen wäre und drehte so den Spieß vollkommen um. Simon war ganz schön stark für sein Alter, wie der adlige Spund jetzt zu seinem Leidwesen feststellen musste. Die Umstehenden klatschten laut Zwischenbeifall als Simon den Rücken seines Partners in Tangomanier gründlich nach hinten bog, so dass dieser vor Schmerz aufschrie. Im anhaltenden Applaus gingen die Schreie jedoch unter und so wahrte der Edelmann gerade noch sein Gesicht.
„Aber Gnädigste, sie tanzen wie ein aufmüpfiges Wildpferd!", konnte er noch maulend zwischen den Zähnen hervorstoßen, als ihn der Junge erneut eine Pirouette drehen ließ. Als der arme Mann schließlich völlig außer Atem war und gleichzeitig die Musik eine Pause einlegte, ließ Simon seinen Partner einfach auf dem Parkett stehen und setzte sich wieder auf seinen Platz, nicht ohne vorher noch seinem Kavalier eine Kusshand zugeworfen zu haben. Am Tisch erntete er neidisch, anerkennende Blicke von Seiten Frau zu Reitzensteins.
„Junge Frau, das war enorm! Wer hat ihnen nur das Tanzen beigebracht? Verraten Sie mir das?", fragte die Witwe dann.
„Sylvia ist ein Naturtalent! Ein reines Naturtalent!", mischte sich der Vampyr nun ein und strich sich über das winzige Schnauzbärtchen, das ihm zur Darstellung eines adligen Herrn so angebracht erschien.
Den Rest des Abends ließ sich Simons Tanzpartner nicht mehr blicken, wahrscheinlich hatte er sich eilig zum Schiffschiropraktiker begeben und sich die Rückenwirbel wieder einrenken lassen. Simon erfuhr noch einiges von Mohnback über die Seefahrt im Allgemeinen, gerne ließ er sich von dem Steuermann Einzelheiten der Takelage des Schiffes und den Zusatzantrieb auf Dampfmaschinenbasis erklären, eine ganz neue technische Errungenschaft mit deren Hilfe das Schiff auch bei einer längeren Flaute noch einigermaßen Fahrt machen konnte. Schließlich verabschiedeten sich die beiden von den Mitreisenden, die allesamt schwer dem Alkohol zugesprochen hatten und zur fortgeschrittenen Stunde nur noch öde vor sich hin stierten und begaben sich zurück in ihre Kabine. Auf dem Weg dahin, der quer über das Oberdeck führte, fiel Simon auf, wie nahe doch die Sterne, die am nachtschwarzen Himmel standen, zu sein schienen. Auch die Sichel des Mondes wirkte jetzt viel größer und prächtiger strahlend als an Land. Der Polarstern blinkte wie ein Signallicht, welches dem Jungen den Weg zurück in die Heimat weisen wollte.

Als sie wieder unter Deck vor ihrer Kabine angekommen waren, wühlte der Vampyr vergebens in all seinen Taschen, konnte aber den Schlüssel nicht finden. Sie hatten als sie gegangen waren, die Türe einfach ins Schloss gezogen, so dass man sie nur mit dem passenden Schlüssel hätte wieder öffnen können. Dann bemerkte Simon, dass die Tür einen winzigen Spalt offen stand. Wortlos blickten sich die beiden an und Wondraczek signalisierte dem Jungen, er möge hinter ihm bleiben. Ohne auch nur das geringste Geräusch

zu verursachen schob der Vampyr vorsichtig die Türe auf und glitt wie ein Schatten in das Dunkel ihrer Unterkunft. Gleich darauf war er zurück und zog den Jungen ins Innere. Dann entzündete er nach und nach einige der Lampen und es wurde klar, dass jemand eingedrungen sein musste. Die leeren Schubladen, der in der Zwischenwand versenkten, schmalen Schränke standen allesamt offen, als hätte jemand nach etwas darin gesucht. Die Bärin lag immer noch auf ihrem Bett, schnarchte jetzt aber eine ganze Nuance leiser. Als Simon näher trat, bemerkte er einen seltsamen grünen Fetzen, der unter dem Körper des Tieres hervorragte.
„Was ist das denn?", fragte Simon verwirrt und zog an dem Stofffetzen, der sich aber nicht herausziehen ließ. „Sieht aus wie ein Stück von einem Mantel!"
Der Vampyr hatte mittlerweile ihr Gepäck eingehend untersucht und stellte fest, dass nichts zu fehlen schien.
„Mann, steckt das aber fest!" Der Junge zerrte und zerrte, aber das Gewicht der Bärin wollte den Gegenstand nicht freigeben, dann schnaubte das Tier protestierend und wälzte sich mühsam auf die andere Seite. Jetzt konnte Simon erkennen, dass es sich wirklich um den Ärmel eines alten Soldatenmantels handelte, der schon bessere Tage gesehen haben mochte. Dann musste der Junge mit Grauen feststellen, dass eine verkrampfte menschliche Hand daraus hervorragte.
„Da, da, da liegt einer!", konnte Simon nur hervorstoßen.
„Wie, da liegt einer? Was bitte soll das denn nun heißen?", meinte der Vampyr nur und trat an die andere Seite des Bettes. „Ach, nein, so was! Hier hängen ein paar Beine raus!" Er sagte dies in einem Tonfall, als hätte er soeben entdecken müssen, dass seine Lieblingsmarmelade endlich auf dem Frühstücksbuffet zu finden war.
„Ich denke, dann werden wir deine Veronika mal wecken müssen!", stellte Wondraczek jetzt trocken fest und tätschelte der Bärin den pelzigen Schädel. Simon beugte sich über das Tier und flüsterte ihm leise beruhigend ins Ohr, worauf Veronika sich mühsam vom Bett herunterrollte und die beiden mit verquollenen Augen anschielte.
Der Leichnam des Mannes, der nun vor ihnen lag, hatte sich tief in die Matratze hineingegraben. Mit dem Gesicht nach unten liegend, schien er entweder erstickt zu sein oder, wenn er Glück gehabt hatte, waren schon die zahlreichen Knochenbrüche tödlich gewesen, die durch das Gewicht der Bärin verursacht worden waren.
„Armer Kerl!", meinte der Vampyr und versuchte den zerbrochenen Körper des Männchens umzudrehen, was ihm einigermaßen Schwierigkeiten bereitete, so tief war er in der weichen Luxusmatratze eingesunken. Mit einem widerlichen Geräusch, es brachen allem Anschein jetzt noch die allerletzten, heil gebliebenen Knochen, gelang es ihm schließlich.
„Hast du den schon mal gesehen?", fragte Wondraczek und blickte Simon forschend an.
„Könnte einer der Kerle aus der Taverne gewesen sein, meinst du nicht?", antwortete der Junge, der sich aber in der Hinsicht nicht sicher war, da die Nase der Leiche keinerlei Ähnlichkeit mit einem normalen menschlichen Riechorgan mehr aufwies, jeglicher Knorpel war zu Mus geworden.
„Da ist ja auch unser Schlüssel!" Der Vampyr hatte dem Toten den Kabinenschlüssel aus der Manteltasche gezogen und hielt ihn jetzt triumphierend ans Licht. „Ich glaube das

muss dieser Kerl gewesen sein, der mich heute Mittag angerempelt hat! Nun, vielleicht ist das ja alles nur ein dummer Zufall und er war wirklich nur ein gemeiner Dieb und Einbrecher“, überlegte Wondraczek laut. „Vielleicht ist unsere Tarnung doch noch nicht aufgeflogen!“

Simon wusste nicht genau, ob das nun gut oder schlecht war, der Anblick des Toten hatte ihm beinahe die Sprache verschlagen, mit einem solch grauenhaften Ausgang ihres ersten Abends an Bord der Blinkaboing hatte er nicht gerechnet.

„Aber, was machen wir denn nun mit ihm?“, fiel dem Jungen dann ein.

„Wir könnten ihn dem Sicherheitsdienst des Schiffes übergeben, doch halte ich dies für keine gute Idee“, sinnierte der Vampyr. „Das Ganze würde sich auf jeden Fall herumsprechen und eigentlich sollten wir nicht allzu sehr auffallen und uns mehr im Hintergrund halten.“ Der Vampyr trat zu einem der Bullaugen, öffnete es und blickte hinaus auf die See.

„Wenn wir die Leiche hier hinauswerfen landet sie nur auf dem unteren Deck und jeder könnte erahnen aus welchem Fenster sie gefallen war“, meinte er dann mit nachdenklich gerunzelter Stirn. „Wir warten die Nacht ab und versenken den Kerl dann im Meer!“

Die Bärin betrachtete die beiden immer noch mit teils fragendem, teils schuldbewusstem Blick und konnte sich nicht erklären wie dieser Haufen übelriechender Lumpen in ihr Bett gekommen war.

Grimmig warteten Simon und Wondraczek darauf, dass draußen auf dem Deck die letzten der Nachtschwärmer in ihr warmes Bett gefunden haben würden. Dem Jungen war es etwas unheimlich zumute mit der Leiche des Diebes in der Kabine eingeschlossen zu sein. Veronica hatte sich wieder schlafen gelegt, sie hatte aber jetzt einen wesentlich lebhafteren Eindruck auf Simon gemacht, die Symptome der Seekrankheit schienen allmählich zu verschwinden.

Endlich, es war schon weit nach Mitternacht, waren seit längerer Zeit keine Schritte mehr auf dem Deck zu hören gewesen, die letzten johlenden Angetrunkenen hatten anscheinend allesamt ihre Kojen gefunden und schliefen nun selig ihren Rausch aus.

Wondraczek nahm das Laken, auf dem der tote Kerl immer noch lag und knotete es an den Rändern fest zusammen. Dann umwickelte er das Paket noch mit etwas Schnur, die er in einem der Nachtkästchen gefunden hatte und hievte sich den Mann auf die Schulter. Wie nicht anders zu erwarten tat er dies alles mit einer Leichtigkeit, als würde er nicht einen steifen, toten Mann von mindestens siebzig Kilogramm tragen, sondern ein nur halb mit Daunen gefülltes Federbett. Simon konnte nicht anders als immer wieder die Körperkraft des Vampyrs zu bewundern.

Sie überließen die Bärin ihrem Schlummer und machten sich auf, den Leichnam zu entsorgen, wie sich Wondraczek ausgedrückt hatte. Simon lief immer wieder die Flure entlang bis zur nächsten Abbiegung, um auszuspähen, ob die Luft rein war und ihnen nicht doch noch ein nächtlicher Schlafwandler über den Weg lief und sie bei ihrem Unternehmen ertappte. Dann ging er einige wenige Meter zurück und winkte Wondraczek, auf dass dieser ihm folgen sollte. So bewältigten sie die fünf Flure und drei Treppenaufgänge, ohne dass ihnen irgendjemand begegnet wäre. Allerdings hatten sie nicht daran

gedacht, dass sich der Unterstand für den Rudergänger genau gegenüber dem Ausgang hinaus auf das Oberdeck befand. Simon spähte nach draußen, der Vampyr mit seiner Last direkt hinter ihm. Der Mann an dem großen Steuerrad schien zu ihrem Glück im Stehen eingeschlafen zu sein. Der große, bärtige Geselle war in sein Ölzeug eingepackt, der leise Wind konnte ihm nichts anhaben. Er lehnte an dem großen Steuer des Schiffes und hatte die Augen geschlossen, beide Unterarme hatte er mit Ledermanschetten an dem Rad befestigt, welches ihn so immer wieder mal nach Steuer-, mal nach Backbord schwenkte und seinen Körper so einen kleinen immerwährenden Tanz aufführen ließ. Die See war ruhig und spiegelglatt. Die Sterne standen immer noch hoch am Himmel, kein Wölkchen zeigte sich, als Wondraczek schnell mit seinem Paket über der Schulter um eine Ecke bog, um außer Sichtweite des Rudergängers zu kommen. Simon war noch hinter der Türe stehen geblieben und hatte abgewartet, ob der Seemann nicht doch noch auf sie aufmerksam werden würde. Der schlief aber weiterhin den Schlaf des Gerechten. Weithin war auf dem Oberdeck kein Mensch zu sehen, man hätte meinen sollen, dass auch bei Nacht die Crew des Schiffes noch etwas Wichtiges zu tun haben würde, um für eine reibungslose Fahrt zu sorgen, doch schien dies nicht der Fall zu sein. Alles blieb ruhig. Nur die Masten und Spieren knarzten in der leichten Bewegung der Luftströme auf eine beschaulich romantische Weise. Nur noch wenige der Lampions, die zum Fest des Auslaufens entzündet worden waren, gaben ein wenig Licht. Allerdings schien auch die Sichel des Mondes noch hell genug um sich zurechtfinden zu können. Im Schutze des Kajütenaufbaus näherten sie sich nun der Mitte des Schiffes. Hier würde der Seemann am Ruder das Deck nicht mehr einsehen können. Wondraczek wuchtete das Bündel über die Reling und wartete ab, bis es weit unten auf dem Wasser mit einem leisen Platschen aufschlug.
„Das wäre geschafft!", meinte der Vampyr dann. „Friede seiner Seele!", flüsterte er, sich nochmals über die Reling beugend, dem Päckchen hinterher, als sei ihm eben erst der Ernst der Situation bewusst geworden.
Danach lagen Wondraczek und Simon noch eine ganze Weile mit verschränkten Armen auf ihren Betten, in ihrer Mitte die schlafende Bärin und waren jeder in seine eigenen Gedanken vertieft. Der Vampyr versuchte sich einen Plan auszudenken, um etwaige Verfolger ausfindig und unschädlich machen zu können, während der Junge an sein Zuhause dachte, an Elvira, Wilhelm, Anton, den Professor und die Cousinen und ob er diese je wiedersehen würde?

Nach einer sehr kurzen Nacht wachte Simon aus schrecklichen Träumen zitternd auf. Immer wieder hatte er das übel zugerichtete Gesicht des plattgewalzten Kerls vor sich gesehen, das ihm vertraulich zugeblinzelt hatte und ihn mit dem gebrochenen Zeigefinger zu sich locken wollte, um ihn mit sich hinunter ins kalte Nass zu ziehen. Schweißgebadet richtete sich der Junge auf und zwickte sich schmerzhaft in den Unterarm. Er wollte auf keinen Fall wieder einschlafen. Er wusste aus Erfahrung, dass dann zweifellos der furchterregende Traum sofort an der gleichen Stelle weitergehen würde.
Die Sonne lugte schon zaghaft durch die Bullaugen ihrer Kabine. Im Bett nebenan lag

die Bärin hingestreckt und brummte freudig als sie sah, dass Simon endlich aufgewacht war. Der Junge tätschelte den Kopf des Tieres und spürte wie Veronicas Gedanken in seinem Kopf anlangten. Anders hätte er das Gefühl nicht beschreiben können, das ihn überkam. Sie schien sich wieder und wieder bei Simon bedanken zu wollen und außerdem hatte sie wohl auch einen Bärenhunger, wie Simon nun erkannte. Unter der Decke hing kopfüber der Vampyr und döste noch etwas vor sich hin. Es hatte ihn nicht allzu lange in dem weichen Bett gehalten, er hatte sich eine bequemere Lage suchen müssen und dann die Halterung in der Wand gefunden, an welcher normalerweise wohl feuchte Badehandtücher aufgehängt wurden.
„Betten! Ich kann mich einfach nicht daran gewöhnen. Spätestens nach einer halben Stunde fühl' ich mich wie gerädert!", rief Wondraczek dann aus, schlug die Augen auf, zog sich hoch und landete schließlich mit einer merkwürdigen, schraubenhaften Drehung seines ganzen Körpers aufrechtstehend auf dem Boden. „Dann lasst uns mal frühstücken gehen!"
Wondraczek hatte eben noch ganz wie sein altes Ich ausgesehen, doch als er auf dem Kabinenboden angekommen war, stand wieder der ältere, leicht gebeugt gehende Mann vor Simon. Der Junge gewöhnte sich langsam an die Veränderungen der Gestalt des Vampyrs und schien sich nicht im Geringsten mehr darüber zu wundern.
„Dann zieh' jetzt doch mal wieder ein hübsches Sommerkleidchen an, liebe Sylvia!", meinte der dann grinsend.
Simon zwängte sich in ein enges geblümtes Kleidungsstück und setzte keck das gelbe Hütchen auf den Kopf. Dann begannen die beiden damit Veronica in den alten Seebären zu verwandeln, was sich das Tier widerstandslos und ergeben gefallen ließ. Der Junge bzw. das Mädchen versuchte noch der Bärin zu vermitteln ab jetzt auf den Hinterbeinen zu gehen und schon waren die drei ausgehfertig. Im hellen Morgenlicht überkamen Simon doch wieder arge Zweifel, ob die Tarnung der Bärin wirklich funktionieren würde. Für ihn sah das Tier keineswegs wie ein Seemann aus, sondern immer noch wie ein Geschöpf der Wildnis, was es ja schließlich auch war.
„Meinst du wirklich, das klappt?", fragte er und zögerte das Öffnen der Tür auf die Flure hinaus.
„Selbstverfreilich!", meinte Wondraczek nur und schritt hinaus.
Wirklich drehte sich niemand um und beäugte sie in irgendeiner Weise misstrauisch als sie zum Frühstücksbuffet aufbrachen. Nur ernteten sie doch noch einige fragende Blicke als der Vampyr dann Unmassen von Fleisch und Wurst auf den Teller des Seebären zu häufen begann. Doch weiter kümmerte sich niemand um die drei. Vorsichtshalber ließ Wondraczek das Tier auf einer besonders stabil wirkenden Metallbank in der Ecke des Raumes Platz nehmen, da er den zierlichen Stühlen nicht zutraute das Gewicht Veronicas zu tragen.
Der erste Steuermann Mohnback, der vorne am Buffet gestanden und immer wieder in ihre Richtung geschielt hatte, kam jetzt herüber, wünschte einen guten Morgen und erkundigte sich wie sie die erste Nacht auf dem Schiff verbracht hatten.
„Ich, für meinen Teil, habe geschlafen wie ein Stein, mein Bester!", meinte der Vampyr und blinzelte lustig mit den Augen dabei. „Für meine Gefährten allerdings

kann ich nicht sprechen. Das heißt für meinen Freund Arthur Blomquist natürlich schon, ja das muss ich sogar. Sie wissen ja, das Gelübde!“
„Ach ja, das Gelübde!“, bemerkte Mohnback und wand sich dann an Veronica. „Dann werden sie ja ganz schön was auf dem Kerbholz haben, alter Junge, was?“
Veronica gab ein tiefes Brummen von sich und versuchte sich mit möglichst zierlichen Bewegungen der Gabel ein riesiges Steak ins Maul zu stecken. Der Steuermann schien an den enormen Tatzen des Seebären keinerlei Auffälligkeiten zu bemerken. Simon fragte sich, was der Mann wohl tatsächlich sah, er zumindest würde diese Pranken niemals für menschliche Hände halten. Auf irgendeine Weise brachte der Vampyr es fertig dieses Bild den Menschen vorzuspiegeln. Anders als eine Halluzination konnte man dies wohl kaum bezeichnen.
„Da kann man schon mal ein wenig über die Stränge schlagen. Bei uns in der christlichen Seefahrt herrschen nun mal etwas rauere Sitten. Sie waren aber nicht an der Meuterei auf der Twix beteiligt, oder?“, fragte Mohnback und lachte über diese Idee, die er anscheinend für besonders einfallsreich hielt.
Die Bärin brummte und klang dabei schon etwas gereizter.
„Na, vielleicht waren sie ja auch dabei als Kapitän Flint auf Mendocino diesen berüchtigten Wutanfall bekam und die beromesische Armada mit fünf seiner Schiffe fast in Stücke geschossen hat?“ Der Steuermann wurde immer fröhlicher bei dem Gedanken an jene Vorkommnisse. „Oder, Blomquist, war es etwa unter ihrem Kommando als auf Tatacapula, dieser berüchtigten Pirateninsel, die halbe Urbevölkerung niedergemetzelt wurde?“
Veronica, die zwar kein Wort von dem verstehen konnte, was der Scherzbold sagte, brummte dennoch jetzt noch etwas unwilliger.
„Aber, aber, alter Junge! Wollte ihnen wirklich nicht zu nahetreten!“, meinte daraufhin der Steuermann schnell. „Dann noch einen schönen Tag zusammen!“ Er tippte lässig an seine Dienstmütze und führte am nächsten Tisch seinen Smalltalk fort.
Simon atmete erleichtert auf. Ihm war das Ganze immer noch nicht geheuer. Wie konnte das nur auf Dauer funktionieren?
Nach dem Frühstück erholten sich die drei bei einem kleinen Spaziergang über das Oberdeck. Auch hier nahm kein Mensch Anstoß an der Anwesenheit des Tieres. Allesamt hielten die Passagiere Veronica für das, was Wondraczek ihnen vorspiegelte, nämlich nur, dass hier ein älterer Seemann auf einer Urlaubsreise war.
„Wird denn das Fehlen eines Passagiers nicht auffallen?“, fragte Simon und hatte wieder die Bilder seines Traumes von letzter Nacht vor den Augen.
„Glaube kaum, dass der Kerl eine Kabine gebucht hat und auf die Passagiere der niedrigeren Preisklassen wird wohl kaum viel Augenmerk gelegt werden“, meinte der Vampyr leichthin. „Wenn jedoch der Tote noch Spießgesellen an Bord haben sollte….?“
„Dann wissen die vielleicht was er vorhatte!“, beendete Simon den Satz.
„Durchaus möglich. Wir sollten jedenfalls auf der Hut sein!“ Trotz dieser Bemerkung wirkte Wondraczek vollkommen entspannt im Hier und Jetzt.
Misstrauisch beäugte der Junge nun jeden, der an ihnen vorüberkam. Jedoch hatte der Vampyr wahrscheinlich recht damit, dass der Kerl höchstens eine Passage auf dem

unteren Deck gebucht haben mochte, dies legte auch der Zustand seiner Kleidung nahe. Er hatte auch im Tode nicht ausgesehen wie ein wohlhabender Herr. Die drei beugten sich über die Reling und schauten hinaus auf das nahezu spiegelglatte Meer. Nur ein leiser Lufthauch war zu spüren. Aller Wahrscheinlichkeit würden bald die Dampfturbinen gestartet werden müssen, bei dieser Flaute würde das Schiff sonst kaum Fahrt machen. Wirklich waren am Nachmittag die Vorbereitungen zur Inbetriebnahme des Dampfantriebs zu bemerken. Laute Rufe erschollen auf Deck. Befehle wurden mit heiseren Stimmen lauthals weitergegeben und schließlich ging ein enormer Ruck durch den gesamten Schiffsrumpf als die Maschinen ansprangen. Das riesige Schiff schien sich aufzubäumen wie ein einstmals feuriger Mustang, der nun an Atemnot litt. Das Gebälk gab ein herzzerreißendes Stöhnen von sich als die Blinkaboing endlich wieder Fahrt aufnahm. Die Segel waren gerefft worden und die Blinkaboing wirkte irgendwie nackt wie sie jetzt im grellen Sonnenlicht auf den Wellen dahinglitt. Mehr und mehr Sonnenschirme waren auf dem Oberdeck aufgestellt worden, da kein Segeltuch mehr Schatten warf. Allerdings war der Aufenthalt hier nun auch nicht mehr so angenehm wie vorher, als das Schiff noch unter Segel gestanden hatte. Das beständige, tiefe Dröhnen der Maschinen hielt viele Passagiere davon ab sich draußen aufzuhalten. Wie musste das erst weiter unten klingen wo die arme Landbevölkerung ausharren musste, dort war der Lärm wahrscheinlich unerträglich. Auch der Ruß, den der Schornstein über das gesamte Schiff verbreitete, lud nicht gerade zum Verweilen auf dem Deck ein, so dass nur wenige der Lustreisenden sich dort aufhalten wollten.
Um einen Ausgleich zu schaffen für die fehlende Freizeitgestaltung im Freien, war das Angebot anderer Aktivitäten vergrößert worden. So wurden Tanzkurse angeboten, die Kapelle spielte nun fast den ganzen Tag über im großen Saal. Dann und wann musste einer der Bläser ausgewechselt werden, wenn der Ärmste wegen Atemnot auf einer Trage zur Krankenstation befördert werden musste. Die Zupfinstrumente hatten es da etwas besser, die Blasen an den Fingern konnten leichter behandelt werden. Eine ganz neue Form der Unterhaltung war erdacht worden um den Passagieren die Zeit nicht zu lange werden zu lassen, sogar gewinnen konnte man etwas. Der Conférencier, einer der schmierigsten Burschen, die Simon je gesehen hatte, nannte es Quiz. Der abgehalfterte Schauspieler stellte ausgesuchten Personen Fragen aus den verschiedensten Bereichen, die auch jeder Primat hätte beantworten können, und animierte dann, nach jeder noch so blöden Antwort, das staunende Publikum zu anhaltendem Applaus. Die Freude über die gewonnenen Preise hielt sich in argen Grenzen, wer freute sich auch schon besonders über ein Bündel Heringe, das Meer das sie umgab war ja bis zum Rand voll davon. Auch rochen die Fische nicht mehr besonders gut.
Alle diese Versuche die Reisenden bei Laune zu halten, kamen bei Simon und Wondraczek nicht sonderlich gut an. So blieben die beiden mit der Bärin zumeist in ihrer Unterkunft und ruhten sich aus. Wer konnte schon wissen mit was für Strapazen sie es auf Lacrima zu tun bekommen würden. Auch Veronica schien hocherfreut darüber zu sein, nicht ständig wie ein Mensch auf den Hinterbeinen herumlaufen zu müssen. Die meiste Zeit über bedienten sie sich vom reichhaltigen Buffet und begaben sich dann wieder in die Schiffskabine.

Auf diese Weise vergingen drei Tage bis endlich Wind aufkam und die Maschinen gestoppt werden konnten. Jetzt wiederholte sich das Schauspiel des Segelsetzens, alles spielte sich in ähnlicher Weise ab wie beim Auslaufen der Blinkaboing. Bald konnte das Oberdeck wieder betreten werden ohne, dass man fürchten musste von einem Hustenanfall dahingerafft zu werden. Allerdings hatte das Personal auch noch einen halben Tag zu tun, um den schwarzen Ruß von den Planken zu scheuern, die Deckstühle wieder aufzustellen und alles wieder so herzurichten, dass es auch wirklich nach einer Urlaubsreise aussah. Sobald dies jedoch geschehen war, fanden sich alsbald die Passagiere nach und nach wieder auf dem Oberdeck ein, lümmelten auf Stühlen und Bänken herum und genossen die frische Brise und die Strahlen der Sonne.
Simon holte sich bei Steuermann Mohnback die Erlaubnis einmal die Wanten hinaufzuklettern bis hoch zum Ausguck. Nur ein schwaches Drahtgeländer hinderte den Jungen vor dem freien Fall und die Aussicht war geradezu atemberaubend. Fern, weit fern am Horizont vermeinte Simon die hoch aufspritzenden Fontänen blasender Wale erkennen zu können, mit einigem Abstand wurde das Schiff von einem riesigen Schwarm Delfine verfolgt, die immer näher kamen. Er hatte den Eindruck hier oben den Wellengang wesentlicher stärker zu spüren als unten auf Deck, die Blinkaboing schien sich im frischen Nordostwind richtiggehend in die Kurven zu legen, davon war weiter unten kaum etwas wahrzunehmen. Nur die Brise, die hier oben heftiger wehte, störte Simon ungemein, verfing sich der Wind doch beständig in seinem Kleidchen und blies den Saum nach oben. Er fragte sich immer noch, welcher Tölpel solch unpraktische Kleidungsstücke wohl erfunden haben mochte. Seines Hütchens war er schon verlustig gegangen, in hohem Bogen war es gleich, als er den Aufstieg begonnen hatte, davongeblasen worden und wippte jetzt auf einer Schaumkrone im Wasser, neuen Abenteuern entgegen. Als er die Wanten wieder hinunterkletterte, kam er sich vor, wie eine große Spinne, die sich über die dünnen Fäden ihres Netzes bewegt. Die Leute wirkten von hier oben winzig klein, wie sie so über die Planken promenierten. Es sah aus luftiger Höhe noch lächerlicher aus, als ein feiner Herr seinen Zylinder vor einem jungen Fräulein zog und es höflich grüßte. Wie im Marionettentheater, dachte der Junge gerade, als er eine Gestalt ausmachte, die ihm irgendwie bekannt vorkam. Der Anblick des Mannes flößte Simon unmittelbar große Furcht ein. Der Knabe verharrte auf der Stelle, kniff die Augen fest zusammen damit ihn die Sonne nicht mehr so arg blendete und schaute sich den Mann genauer an. Dieser spazierte auf eine herrische, besitzergreifende Weise über das Deck, was Simon mit jemandem in Verbindung brachte, den er oft gesehen haben musste. Aber diese hässliche grüne Samtkappe, der kleine zierliche Stock, den der Mann keineswegs zum Gehen benötigte, sondern diesen eher wie eine Waffe an der Seite trug; die Art und Weise wie er sich nun mürrisch, misstrauisch umsah, als spürte er beobachtet zu werden. Dann richtete sich der Blick des Herrn nach oben und er sah genau in Simons Augen und der wusste nun, um wen es sich handelte. Weybrecht van Aken.

Die Liebschaft zwischen seinem Ziehsohn und der Ehefrau des Barons blieb Soylentius nicht lange verborgen. Er hatte jedoch für sich beschlossen dieses Thema Grimmbert gegenüber erst einmal nicht anzuschneiden. Er würde die Situation schon noch nutzbringend verwenden können, so hoffte er zumindest. Grimmbert jedoch befand sich im siebenten Himmel. So glücklich hatte er sich sein ganzes Leben lang noch nicht gefühlt. Die heimlichen Treffen mit Priscilla hatten sein ganzes Dasein auf den Kopf gestellt. War er sonst frühmorgens kaum in der Lage gewesen das Bett zu verlassen, hatte er nun einen Grund gefunden, für den sich die tägliche Quälerei wohl lohnen mochte. Schon in aller Frühe fieberte er dem allabendlichen Stelldichein mit seiner Auserwählten entgegen und war todtraurig, wenn ihr einmal etwas dazwischengekommen war. Schon seit drei Tagen nun waren die beiden ein Paar und sogar der Heimlichkeit, in der ihr Beisammensein stattfinden musste, konnte er einen gewissen Reiz abgewinnen.

Von acht Uhr am Abend bis spätestens halb elf frönte Baron Bodo an den meisten Tagen seinem liebsten Hobby. Er trainierte die Funzelballmannschaft von Hallgard, den sowohl berühmten, wie auch berüchtigten 1. FC Gardiola. Zwar besetzte der Klub meist nur die unteren Ränge der Landesliga, doch ließ der Baron auf seine Mannschaft nichts kommen. Immer wieder investierte er Unsummen für neue Spieler und Material, auch dies war mit ein Grund für die desolate Lage der Staatsfinanzen. Allerdings hätte sich Bodo von allem trennen können, sei es Ruhm, Macht, Geld oder auch von seiner lieben Frau, nur nicht von dem Verein, der einen Großteil seines Lebens ausmachte. Manche seiner Untertanen hielten es einem Fürsten für unziemlich einem solchen Hobby nachzugehen, viele rümpften die Nase darüber und unterstellten Bodo er sei nie der Pubertät entwachsen. Die meisten jedoch waren begeistert von seinem Eifer und Engagement in dieser Beziehung.

Funzelball war nun einmal der Volkssport des Kontinents. Bei genauerer Überlegung hätte eigentlich niemand sagen können, was den Charme dieses Spieles ausmachte. Das Regelwerk war über die Jahre beständig erweitert worden und nur die wenigsten wirklichen Fans waren überhaupt in der Lage noch den Überblick darüber zu behalten. Die Zunft der Schiedsrichter, ja man sollte es nicht für möglich halten, so etwas gab es tatsächlich, musste jedes Jahr mindestens drei Schulungen besuchen, um sich auf dem Laufenden zu halten. Kaum wussten sie über die Neuerungen im Regelwerk einigermaßen Bescheid, trat tags drauf wieder eine Kommission zusammen, die das Ganze wieder auf den Kopf stellen konnte. Alleine schon die Zusammensetzung der Kommissionen war ein Politikum. Aus dem ganzen Reich holte man diejenigen Spezialisten zusammen, die man für geeignet hielt, sauber, gerecht und unvoreingenommen darüber zu befinden. Doch stritten sich die Vereine, bzw. die Fürstentümer beständig darüber, wer dafür wirklich am besten geeignet war. Schlug zum Beispiel der ehemals kaiserliche Hof in Weentbehl-Lachapelle, einen lang gedienten Funzelballfachmann aus den eigenen Reihen vor, so konnte man auf einen sofortigen Einspruch seitens der Nebelbergler rechnen, die sich von der Regierung sowieso in allen Fällen übergangen und stiefmütterlich behandelt fühlten. Wegen dieses endlosen Hickhacks hatte man nun eine Kommission zur Bildung einer Kommission eingesetzt. Diese bestand hauptsächlich aus Rechtsanwälten, was die Sache auch nicht gerade besser machte. Seltsamerweise taten all diese Widrigkeiten der Popularität des Spieles keinen Abbruch, ja, machte doch gerade dies permanente Gezerre den eigentlichen Reiz des Spieles aus. So hatten die Leute immer ein Gesprächsthema, um das es sich trefflich streiten ließ und konnten so ihrem tristen Alltag eine Weile lang Ade sagen.

Es mochte Gegenden auf dem Kontinent geben, die noch nie etwas von Funzelball gehört hatten. Käme nun ein solcher, fernab lebender Reichsbürger unversehens einmal zufälligerweise in den Genuss ein echtes Funzelballspiel, noch dazu in einem großen Stadion, hautnah erleben zu dürfen, so würde er sehr wahrscheinlich an Langeweile elendig zugrunde gehen müssen. Das Spiel wurde von den unzähligen Pausen und Unterbrechungen derart dominiert, dass selbst der findigste Zuschauer und derjenige, der sich noch am allerbesten in dem komplizierten Regelwerk zurechtfinden mochte, dem Spielverlauf unmöglich folgen konnte. Die Schiedsrichter, allesamt von den verschiedensten Kommissionen für ihr schweres Amt nominiert, hatten ebenfalls die größten Schwierigkeiten Ordnung in den Spielverlauf zu bringen. Jede kleinste Kleinigkeit, mochte es sich nun um ein Foulspiel oder um eine andere Regelübertretung handeln, löste auf der Stelle anhaltende Diskussionen und Streitigkeiten aus, die oft nur durch das Hinzuziehen der Anwälte der beiden beteiligten Mannschaften beendet werden konnten. Legendär war inzwischen das Meisterschaftsspiel der Saison 1777, FC Schlabbernach gegen die Borussia aus Dimpfelmoos, das wegen seiner ungeheuren Länge in die Annalen des Funzelballspiels eingegangen war. Das Match zog sich über sieben Wochen hin, dabei hatte die regulär gespielte Zeit gerade einmal anderthalb Stunden betragen, wie die Stoppuhren der Kampfrichter im Nachhinein bestätigten.

Im Prinzip ging es bei jenem großartigen Funzelsport alleine darum, einen kleinen Ball von der einen Seite des rasenbestückten Spielfeldes auf einen bestimmten Punkt auf der anderen zu bringen. Dies konnte durch das Werfen oder das Treten des Sportgerätes durchgeführt werden. Jedoch durfte an hier und dort über die Fläche des Platzes verteilten Feldern, die durch kleine rote, grüne und gelbe Fähnchen markiert waren, weder mit den Händen noch mit den Füßen der Ball nach vorne gebracht werden, sondern alleine durch Bewegungen des Kopfes der Spieler. Diese mussten dann auf ihren Nasen liegend durch das dichte Gras robben, um den schweren Ball zu bewegen. An anderen Stellen war wiederum nur das Befördern des Spielgerätes mit dem Allerwertesten erlaubt, ein Anblick der beim Publikum wahre Beifallsstürme auslösen konnte. Kurz und gut, Funzelball ist und bleibt eines der merkwürdigsten Sportarten, die es wohl jemals irgendwo gegeben hat und es wird ein ewiges Rätsel bleiben, wo eigentlich der Reiz dieses eigenartigen Vergnügens liegen mochte. Auch wie es zu seinem Namen kam blieb unergründlich, wahrscheinlich stammte er von den Funzeln, die oft entzündet werden mussten, wenn sich ein Match wieder einmal besonders in die Länge zog, welche von den eingefleischten Fans des Sports euphemistisch als Flutlichter bezeichnet wurden.

Dies also war Bodos abendliche Beschäftigung, die den Weg für die Liebelei zwischen Grimmbert und Priscilla freimachte. Fast jeden Abend bis auf den Mittwoch, an dem die Spieler frei hatten und dem Samstag, der Tag an dem die Funzelballspiele ausgetragen wurden, stand der junge Baron auf dem grünen Rasen und scheuchte seine völlig überteuerten Topspieler über den Platz.

Priscilla erhoffte sich insgeheim weitaus mehr von der Beziehung zu Grimmbert, als man annehmen sollte. Der junge Mann stellte keineswegs nur eine Ablenkung vom Alltagstrott einer verwöhnten Adeligen dar. Nein, sie hatte sich beim ersten Blick in dessen Augen unsterblich in Grimmbert verliebt, ein Gefühl, dass ihr in ihrem bisherigen Leben noch nie begegnet war. Wie in Herrschaftshäusern allgemein üblich, hatten die Eltern des Paares die Zusammenführung der beiden Adelsgeschlechter eingefädelt, um dereinst die beiden Fürstentümer miteinander verbinden zu können und ihren Einfluss auszudehnen. Aus diesem Grund plagte die Baronin auch keineswegs ein schlechtes Gewissen, die Affäre mit dem Zauberlehrling, wie sie Grimmbert manchmal liebevoll nannte, begonnen zu haben. Bodo war zu keiner Zeit der Mann ihrer Träume gewesen, doch schien Priscilla sich längst mit dem etwas freudlosen Eheleben abgefunden zu haben und eine gute First Lady von Hallgard abzugeben. Auch hatte sich der Baron, wenn nicht gerade liebevoll, doch auf seine eigene abwesende Art und Weise recht zuvorkommend ihr gegenüber gezeigt. Alle zwei Wochen hieß er Lugbert ein riesiges Blumenbukett besorgen und es Priscilla auf ihr Zimmer bringen, was diese durchaus schmeichelhaft fand. Allerdings hatte sie das Gefühl, dass der ehemalige Finanzminister, der einstmals gerade wegen seiner Sparsamkeit in hohen Ehren gestanden hatte, die Pflanzen des Nachts vom Friedhof entwendete. Einmal hatte sie wirklich einen schwarzen Stoffstreifen entdeckt, auf dem noch die Worte ‚Dem lieben Verbliche...', zu entziffern gewesen waren. Doch mit dem Auftauchen von Soylentius, hatte sich Bodo begonnen zu verändern und zwar nicht gerade zum Guten.
In letzter Zeit war der Baron zusehends reizbarer geworden. Über jede Kleinigkeit konnte er derart in Rage geraten, dass Priscilla anfing sich manches Mal schon vor ihrem Ehemann zu fürchten. Kurz vor dem Tode seines Vaters, als die gesamte Verantwortung für das Fürstentum auf seinen nicht gerade breiten Schultern lastete, hatte dieses Verhalten schon seinen Anfang genommen. Allerdings war er wochenlang vorher schon immer übellauniger geworden, wie Priscilla erst im Nachhinein hatte feststellen müssen. Wirklich musste diese Veränderung etwas mit dem Erscheinen des Zauberers zu tun haben, der, kaum hatte er sich bei Hofe vorgestellt, damit begonnen hatte, sich beim jungen Baron einzuschmeicheln und sich alsbald in allen Dingen unersetzlich zu machen. Nichts, aber auch rein gar nichts, tat Bodo noch, ohne sich vorher von Soylentius ausgiebig beraten zu lassen. Überall hatte der Zauberer begonnen sich einzumischen, sei es bei der Ausstattung der Leibgarde des Fürstenhauses, die Farbe der Uniformen beleidige sein künstlerisches Auge hatte er behauptet und die Soldaten in pechschwarzen, enganliegenden Zwirn gezwängt, oder der Zusammensetzung des ministerialen Kabinetts, welches ihm aus zu vielen Vollidioten zu bestehen schien, wie er sich unhöflicherweise ausgedrückt hatte. Da es mit Hjalmars Geisteszustand immer schlimmer und

schlimmer geworden war, hatte Bodo nach und nach mehr der Staatsgeschäfte übernehmen müssen und war hocherfreut darüber, mit Soylentius einen Berater zu haben, dem er sein vollstes Vertrauen schenken konnte, um sich wieder mehr seinem Hobby widmen zu können.
So hatte sich der Zauberer nach und nach im Palast breitgemacht. Überall redete er nun mit hinein. Sogar an der Zusammenstellung der Speisen am Hof hatte er etwas zu mäkeln gefunden, nun fanden sich Tag für Tag Kohlgerichte auf dem Menüplan, eine Gemüseart, die Priscilla schon seit frühester Jugend in allen ihren Formen aufs tiefste verabscheute. Sie hatte den Eindruck der Palast röche inzwischen derart nach diesem Gemüse, dass sie damit begonnen hatte mehr und mehr Parfum auf ihre zarte Haut aufzutragen, um den widerlichen Gestank, der in allen Ecken lauerte, zu überdecken. In allerletzter Zeit jedoch war dieser eklige Geruch noch durch einen weitaus widerlicheren abgelöst worden, der dräuend immerwährend über der Stadt zu hängen schien.
Jetzt, da der Abend nahte, war sie jedoch frohen Mutes, sah sie doch der Begegnung mit ihrem feurigen Liebhaber entgegen. Hurtig zog sie sich nochmals die Bürste durch ihre widerspenstigen Haare und betrachtete sich lächelnd im Spiegel der Ankleidekommode. Sie war wie meistens äußerst zufrieden mit dem, was sie dort erblickte, man mochte sie eitel nennen oder nicht. Priscilla sah wirklich blendend aus. Das hellblonde Haar fiel ihr in sanften Wellen auf die schmalen Schultern, die schneeweißen Zähne wirkten wie Perlen zu einer ebenmäßigen Kette gereiht. Widerstrebend löste sich die junge Frau von ihrem Spiegelbild, zog sich ein pinkfarbenes kurzes Jäckchen über und machte sich auf in den fürstlichen Garten, der noch wesentlich übler stank als dies ein wenig Gemüse jemals fertigbringen konnte.
Warum die beiden sich ausgerechnet den kleinen Pavillon im hinteren Teil des Gartens für ihr Stelldichein ausgesucht hatten, dafür lag der Grund auf der Hand. Im Inneren des Palastes wäre ein Treffen wegen der überall auf den Fluren und Gängen patrouillierenden Sicherheitsleute und der unzähligen Zimmermädchen und anderer Haushaltskräfte unmöglich gewesen. Selbst wenn sie es geschafft hätten einen sicheren Ort zu finden, wäre niemals gewährleistet gewesen, dass nicht irgendjemand vom Personal genau dann auf die Idee gekommen wäre, ausgerechnet hier müsste wieder einmal gründlich saubergemacht werden. In den Ort hätten sie selbstverständlich auch nicht gehen können. Man stelle sich das Gesicht des Portiers in einem dieser kleinen verwunschenen Hotelbetriebe vor, wenn sich auf einmal die hochherrschaftliche Baroness hier für ein bis zwei Stündchen hätte einmieten wollen. Da könnte sie sich ja genauso gut ein großes Schild mit der Aufschrift Ehebrecherin um den Hals hängen. Blieb nur noch der heruntergekommene Garten. Nur ihre Zofe Amelie wusste über die Abwege ihrer Herrin Bescheid. Diese hatte dafür zu sorgen gehabt, dass es in dem kleinen hölzernen Bau schon beim zweiten Treffen recht gemütlich war. In aller Heimlichkeit hatte die Zofe nach und nach allerlei Dinge in den Pavillon hinausgeschafft und ihn einer gründlichen Säuberung unterzogen, so dass kein Mangel an Decken, Kissen und sonstigem herrschte, was für diesen Anlass und für die Bequemlichkeit der Liebenden unbedingt vonnöten war. Sogar den kleinen aufziehbaren Musikapparat hatte Amelie hinaus in den Garten verfrachtet und immer, wenn sich nun Grimmbert dem weit abseitsstehenden

Pavillon näherte, drang bald das leise, blecherne Klimpern des hörrohrähnlichen Lautsprechers zu ihm hinaus, ein Klang, der den jungen Mann jedes Mal aufs Neue in größte Verzückung versetzte.
Auch für Grimmbert war jetzt am Abend die beste Zeit. Die meisten seiner Untergebenen waren schon entweder schwer angetrunken, oder begaben sich leicht angeschickert hinunter in die Spelunken der Stadt, um dort erst richtig auf den Putz zu hauen. Ein wohliger Schauer fuhr ihm den Rücken entlang, als er eben auf die Veranda des Häuschens trat. Er spähte durch die von alten Vorhängen verhüllten Scheiben und konnte durch einen Spalt seine Herzallerliebste auf den Kissen ruhen sehen. Ein wahres Fest für seine immermüden, rotgeränderten Augen.

Eine Stunde später lagen die beiden Liebenden entspannt und ermüdet auf ihrem provisorischen Lager und lauschten den blechernen Klängen aus dem Lautsprecher, der eine altbekannte Melodie aus vergangenen Zeiten hören ließ.
„Sag mal mein Zauberlehrling!“ Priscilla stützte den Kopf mit ihrer rechten Hand und schaute Grimmbert in die Augen. „Was ist das eigentlich mit diesem Gezeitensieb oder wie auch immer mein Gatte das Ding zu nennen pflegt?“
Der junge Magier war überrascht, dass die Baroness überhaupt etwas davon gehört hatte, wurde doch die ganze Angelegenheit als streng geheim eingestuft und sah sie nun erstaunt an. Jedem, der auch nur über das kleinste Fitzelchen an Information hierüber verfügte, war zu ewigem Stillschweigen verurteilt und da Soylentius jedermann gegenüber das allergrößte Misstrauen empfand, wusste derjenige, der an der Sache in irgendeiner Weise beteiligt war, auch nur einen ganz kleinen Teil von dem großen Geheimnis. Grimmbert konnte sich auch beim besten Willen nicht vorstellen, dass Bodo seiner Frau hierüber ausgiebig Bericht erstattet hatte. Allerdings wusste selbst der Baron ja auch nur das, was ihm der Zauberer häppchenweise berichtete.
„Woher in Gottes Namen, weißt du davon?“, fragte er die junge Frau jetzt und sah in seiner Verwunderung noch appetitlicher aus als sonst, wie Priscilla fand.
„Mein geliebter Göttergatte redet im Schlaf! Du kannst dir gar nicht vorstellen, was er nicht alles vor sich hin murmelt in der Nacht. Diese lästige Angewohnheit stört meinen Schönheitsschlaf aufs Empfindlichste. Ich sehe inzwischen morgens aus, als hätte ich die ganze Nacht durchgefeiert“, beschwerte sich die Baroness und holte einen kleinen Handspiegel hervor, der sich immer in ihrer Nähe zu befinden schien, wie sich Grimmbert wunderte, auch jetzt, wo sie doch splitternackt neben ihm lag. Sie schaute ihrem Spiegelbild tief in die Pupillen. „Siehst du diese Ringe unter den Augen. Ich sehe ja langsam aus wie eine alte Frau!“
„Du bist die schönste Frau auf Erden!“, erwiderte Grimmbert ernsthaft, eine Antwort auf die es Priscilla ja nur angelegt hatte.
„Ach, du bist wirklich süß, Grimmi!“, hauchte sie dem Magier ins Ohr, der bei diesen Worten immer noch errötete. „Aber nun mal wirklich, was ist das mit diesem Sieb?“
„Wie soll ich dir das erklären, Liebste? Die ganze Sache ist ungeheuer kompliziert, obwohl ich wahrscheinlich noch am allerbesten darüber Bescheid wissen müsste.“ Der

junge Mann wusste nicht wo er anfangen sollte, vieles von dem, was er darüber wusste, hatte er sich mühsam zusammenreimen müssen. Zwar war er wohl derjenige, dem der Onkel noch das meiste Vertrauen schenken mochte, aber alles hatte dieser ihm dann doch nicht mitgeteilt.

„Allem Anschein nach existieren zur selben Zeit im Universum verschiedene Welten nebeneinander, das ist zumindest die Theorie, die ich mir zusammengesponnen habe. Das Gezeitensieb stellt eine Art Verbindungstunnel dar, der die uns vertraute Welt mit einer völlig anderen verbindet. Dort leben Menschen wie wir, ja manche sprechen sogar annähernd dieselbe Sprache, doch wissen sie nichts, aber auch gar nichts von unserer Existenz."

Grimmbert blickte der Baroness tief in die meerblauen Augen und fragte sich insgeheim, was sie von seinen Erklärungsversuchen überhaupt würde verstehen können.

„Sprich weiter, mein Zauberlehrling, sprich weiter!", flötete Priscilla und ließ das Köpfchen in die Kissen fallen. „Halte mich bloß nicht für dumm!", sagte sie dann in vollkommen veränderter Tonlage, als hätte sie in Grimmberts geheimes Kämmerchen geblickt, in dem er seine Gedanken aufbewahrte. Irritiert schaute der Jüngling auf und sah forschend in die Augen der Baroness.

„Ja, nun, also...", begann er jetzt unsicher von neuem. „Wie gesagt eine Art Verbindungstunnel oder Tor, das zu einer völlig anderen Welt führt. Es scheint, die Leute, die dort existieren, sind uns meilenweit voraus in allen technischen Belangen. Soylentius hat schon etliche der Zauberer hinüber auf die andere Seite geschickt, um diese Welt auszuspähen und bisweilen ist es den Alchimisten auch gelungen, etwas von dort in unsere Welt herüber zu schmuggeln. Allerdings passen größere Gegenstände nicht durch das Sieb, alles, was man nicht auf den Armen tragen kann, bleibt dort. Es ist, als ob man mit einem Besenstiel, den man quer in Händen halten würde, versucht durch eine schmale Türe zu gehen. Man prallt an den Zargen ab und kommt nicht weiter." Fasziniert beobachtete Grimmbert das Gesicht seiner Geliebten, doch nicht die kleinste Regung war darin zu erkennen, nur die Stirne war auf drollige Weise gerunzelt.

„Und was wurde bisher herübergeschafft?", fragte sie dann weiter.

„Oh, alles Mögliche. Vieles davon wohl billiger Plunder, der zu nichts taugt, oder aber, es war uns noch nicht möglich herauszufinden, zu welchem Zweck es hergestellt worden ist. Doch ließen sich gewisse Rückschlüsse ziehen auf das, was den Menschen jener Welt nicht alles möglich ist."

„Nenne mir doch einmal ein Beispiel!"

„Ein Beispiel, ein Beispiel, ja! Das erste was wir fanden, waren kleine Feuermacher, die man in der Hand halten, auf einen Knopf drücken konnte und schon entsprang dem Ding eine anhaltende kleine Flamme. Es schien mit einer Art flüssigem Gas gefüllt gewesen zu sein. Dann diese kleinen Geräte, die dort jedermann vom ältesten Greis bis zum kleinsten Kind mit sich herumträgt. Man drückt darauf und es erleuchtet sich wie durch Zauberei und man kann Worte und Zahlen darauf erkennen. Die Kollegen, die zurückkehren, berichten immer wieder davon, dass die Leute auf der Straße sich die Gegenstände ans Ohr hielten und hineinsprechen würden, als ob sie eine ganz normale Unterhaltung führen würden. Zuerst vermutete man dort drüben in der Anderwelt

existierten nur Menschen, die man bei uns ins Irrenhaus stecken würde.“
Priscilla hörte immer noch interessiert zu und schaute Grimmbert jetzt fasziniert an.
„Und?“, fragte sie dann.
„Die Leute scheinen sich mit diesen Gerätschaften über viele Meilen hinweg miteinander unterhalten zu können. Man hat einige dieser Dinger herübergeholt, konnte aber so gut wie nichts damit anfangen. Nach ungefähr einer Woche gehen sie dann auch kaputt und verlieren ihre Leuchtkraft.“
„Und das ist alles, was ihr Zauberer bisher herausgefunden habt?“, fragte die Baroness und man konnte ihr eine gewisse Enttäuschung anhören.
„Nein, keineswegs!“, beeilte sich Grimmbert zu sagen. „Auch kleine Waffen haben wir gefunden, so klein sie sind, zeigen sie eine verheerende Wirkung. Dummerweise haben wir noch nicht herausfinden können, wie man diese Gewehre lädt. Ist so eine Flinte einmal leer geschossen, kann man nichts mehr damit anfangen. Aber unsere Spezialisten arbeiten daran!“
Die Baroness schien immer noch nicht ganz überzeugt von der Sinnhaftigkeit des Ganzen zu sein.
„Was hat das denn für einen Zweck, wenn man das alles nur für so eine kurze Zeit benutzen kann?“, fragte sie dann enttäuscht und ließ ihr Köpfchen wieder in die weichen Kissen fallen.
„Komm mit, ich zeige dir mal etwas!“, meinte Grimmbert, stand auf und zog Priscilla zu sich herauf. „Da wirst du dich wundern!“
Die Baroness kleidete sich hurtig an und folgte Grimmbert nach draußen. Die Dämmerung war schon weit fortgeschritten, die drei verbliebenen Singvögel, die in dem verwahrlosten Garten noch überlebt hatten, krächzten noch ein letztes heiseres Abendlied. Im Halbdunkel führte der Zauberer Priscilla bis an den Rand der Gartenmauer, die zugleich den inneren Ring der Befestigungsanlage darstellte. Meterdick waren hier die großen Granitsteine von früheren Generationen aufgestapelt worden. Hier hätte eine fremdländische Armee nicht leicht eindringen können, doch als sie sich der Stelle im Wall näherten, auf die Grimmbert zusteuerte, sah die Baroness, dass sich ein riesiges Loch im Mauerwerk des imposanten Bauwerks auftat.
„Das Ding das diese Sprengkraft hat, ist gerade mal so groß wie ein Hühnerei!“, meinte Grimmbert mit etwas wie Stolz in der Stimme.

Simon hatte Weybrecht lange genug beobachten können, um genau zu wissen wen er da vor sich hatte. Oft war ihm der Hauptmann schließlich auf den Fluren und Gängen des Schlosses begegnet. Auch vor den Toren des Palastes war er des Öfteren an dem Jungen mit seinem wilden Trupp vorbeigaloppiert, immer brüllend, seine Untergebenen antreibend. Normalerweise senkten die Bürger der Stadt die Blicke, wenn Weybrecht auftauchte, niemand wollte ihm in die Augen sehen, aus reiner Angst davor, seine Aufmerksamkeit zu erregen. Bei der kleinsten Kleinigkeit konnte der Mann explodieren und er ließ dann seiner ungezähmten Wut freien Lauf. Viele hatten dies schon zu spüren bekommen. Wenn ihm irgendjemand in den Weg kam, war Weybrecht schnell dabei

seine berüchtigte, vielschwänzige Bullenpeitsche zur Hand zu nehmen und diese auf den Störenfried herabregnen zu lassen. Konnte sich Simon da jetzt irren? Das konnte er sich beim besten Willen nicht vorstellen. Es hätte nicht der Begegnung mit dem finsteren Hauptmann und seiner Horde im düsteren Schimmerwald bedurft, um sich sicher zu sein, dass es sich um eben diesen Kerl handeln musste.
Simon suchte atemlos nach dem Vampyr auf dem Oberdeck. Endlich konnte er zwei wohlbekannte Rückenpartien ausmachen, die über die Reling gebeugt dem Spiel der Delfine zusahen, die mittlerweile ganz nah an die Blinkaboing herangekommen waren.
„Weybrecht, da hinten war Weybrecht!", rief der Junge aus, wand sich dann auf der Stelle suchend um und redete in leiserem Tonfall weiter. „Ich habe Weybrecht gesehen, ganz sicher!"
„Na, jetzt beruhige dich erst einmal! Du bist ja völlig aus dem Häuschen", meinte Wondraczek und blickte Simon ernst, fragend an. „Das war doch der Soldat, der euch angegriffen hat, oder?"
„Ja, genau der! Wahrscheinlich laufen hier noch mehr verkleidete Söldner herum." Wieder blickte sich der Junge ängstlich um, konnte aber keine Spur mehr von dem Hauptmann entdecken.
Veronica, die in ihrem Seebärenkostüm immer noch den Meeressäugern zusah, ließ sich deswegen nicht aus der Ruhe bringen. Sie starrte hinunter auf die gekräuselte Wasserfläche und wirkte sehr interessiert. Wieder und wieder vollführten die Delfine die tollsten Kunststückchen.
„Das wäre natürlich möglich, Simon. Aber glaubst du, der Kerl könnte dich erkennen in deinem wunderschönen Kleidchen? Wohl kaum!"
Simon sah an sich herunter und fühlte sich das erste Mal etwas wohler in seiner Aufmachung.
„Aber wir sollten vorsichtiger sein. Hebe dein kräftiges Stimmchen zumindest in Anwesenheit fremder Leute mal um eine Quinte an, du klingst ja fast schon wie der Bär. Recht unziemlich für eine feine Dame!"
Simon wusste nicht wie der Vampyr immer noch Witze machen konnte, Wondraczek kannte eben Weybrecht nicht und wusste nichts von dessen brutaler Vorgehensweise. Er jedoch hatte immer noch zu gut vor Augen, wie Weybrecht den unbewaffneten Mann auf dem Sommerfest ohne mit der Wimper zu zucken über den Haufen geschossen hatte.
„Wir werden den Kerl im Auge behalten, Simon. Lass uns mal unauffällig über das Deck schlendern und nach ihm Ausschau halten!"
Widerwillig fügte sich der Junge. Er verspürte keinerlei Verlangen danach, den Hauptmann überhaupt noch einmal zu sehen. Sie ließen Veronica an der Reling zurück, da die sich nicht vom Spiel der Delfine losreißen konnte und promenierten über die frisch geschrubbten Schiffsplanken, in Richtung Speisesaal. Der Vampyr lüpfte höflich den modischen Hut, wenn sie an einer der Damen vorüberkamen, die es sich nach den Tagen unter Deck, in Massen auf den Deckstühlen bequem gemacht hatten und die Sonnenstrahlen genossen. Die beiden betraten den Saal auf einer Seite, verließen ihn jedoch bald wieder auf der anderen. Hier schien sich der Gesuchte auch nicht aufzuhalten. Nur

ein paar wenige Gäste saßen an den Tischen und nahmen ein sehr spätes Katerfrühstück zu sich. Wieder draußen an der Luft umrundeten sie das gesamte Deck, überall lümmelten Damen und Herren auf den komfortablen Möbeln. Hier war ein Mann unter einer großen Zeitung eingeschlafen, die vollständig sein Gesicht verbarg und schnarchte laut. Doch der konnte es unmöglich sein, seine Körpermitte ragte zu prall gefüllt himmelwärts. Weiter vorne sah Simon etwas Grünliches aufblitzen, er dachte schon es handele sich um die Samtkappe Weybrechts, doch stellte es sich nur als ein Fähnchen heraus, mit dem ein kleines Mädchen seinen Eltern zuwinkte.

Als die beiden sich wieder unverrichteter Dinge ihrem Ausgangspunkt näherten, erstarrte Simon beinahe vor Schreck. Ein großer bärtiger Mann hatte sich zu Veronica gesellt und redete wild gestikulierend auf sie ein.

„Meinst du nicht auch Kamerad?“, fragte der Mann gerade und blickte der Bärin ernst in die Augen. „Früher war das noch was mit der christlichen Seefahrt. Man war abhängig von Wind und Wetter und manchmal blieb einem nichts Anderes mehr übrig als zu beten!“ Veronika schien zustimmend zu brummen.

„Das ist doch heute alles Luxus! Dieser ganze technische Kram! Vollkommen übertrieben!“, redete der Bartträger weiter auf den vermeintlichen Kollegen ein. „Früher trug auch jeder anständige Seemann ein Tattoo auf der Brust, damit man später erkennen konnte, zu welchem Schiff er gehört hatte, das da wohl abgesoffen sein musste. Dazu noch einen güldenen Ring im Ohr, davon konnte man ein anständiges Begräbnis finanzieren und fertig. Wenn ich mir diese Milchgesichter ansehe, heutzutage. Haben wahrscheinlich noch dazu allesamt studiert. Nautik, Wasserwirtschaftswesen, Dampfmaschineristik und was weiß ich noch alles!“ Der Kerl hörte gar nicht auf zu quasseln.

Veronica hörte sich dies alles ruhig an und brummte immer wieder kurz wie zur Bestätigung, dass sie noch aufmerksam zuhörte und schon sabbelte er weiter.

„Und dann dieses unsägliche Gejammer wegen des Tarifes. Gewerkschaft Schifffahrt, Eisenbahn und Kutschenwesen! Ausschussvorsitzende für nautische Belange, Sicherheitsbeauftragte für das internationale Matrosentum! Dass ich nicht lache! Das hätte es bei uns früher nicht gegeben!“

Simon schaute der Szene fasziniert zu. Man konnte tatsächlich denken, es handele sich hier um eine ganz normale Unterhaltung zwischen zwei alten Kameraden. Dann jedoch konnte der Junge ganz genau erkennen, wie ein leicht angetrunkener, älterer Pensionär auf einen seltsam gekleideten, riesigen Bären einredete. Verwundert rieb sich der Junge die Augen. Es war schon seltsam was Wondraczek da fertigbrachte.

„Hallo Arthur, altes Haus!“, rief der Vampyr dann näherkommend aus und schlug der Bärin freundschaftlich auf die Schulter. „Wolltest du nicht eigentlich ein Nickerchen gemacht haben?“

„Ah, das ist nur meine Schuld!“, meinte der Seemann daraufhin und streckte Wondraczek die Rechte entgegen. „Gestatten, John Appeldorn, früher erster Maat auf der Quickweg. Entschuldigen Sie, falls ich sie von etwas abgehalten haben sollte.

„Sehr erfreut, Drux von Neuperlbach, sagte der Vampyr und schüttelte herzlich die Hand des Alten. Vielleicht möchten sie die Unterhaltung beim Abendessen fortführen. Sie sind herzlich eingeladen später an unserem Tisch Platz zu nehmen.“

Bei diesen Worten hatte Simon den Eindruck, als verdrehte die Bärin unwillig die Augen, das musste aber wohl eine Luftspiegelung gewesen sein.
„Das nehme ich doch gerne an“, freute sich der Mann und wand sich an Veronica. „Dann quatschen wir heute Abend weiter, ich hätte da noch einige Rollen Garn aufzudröseln, alter Junge.“
„Dieser Bär findet erstaunlich leicht neue Freunde! Da könnte man wirklich neidisch werden!“, meinte Wondraczek nur, als der Seemann sich verabschiedet hatte.

Nachdem die beiden Veronica wieder in die Sicherheit ihrer Kabine gebracht hatten, das Tier fügte sich willig, da der Vampyr dort auch noch einige Schinkenkeulen gehortet hatte, schritten sie noch einmal das Oberdeck ab und hielten nach Weybrecht Ausschau. Da dies Unterfangen wieder nicht zu einem Resultat geführte hatte, begaben sie sich die Stufen hinunter, die in die Abteilung der niedrigeren Klassen führte. Dort war lange nicht aller Schmutz und Ruß von den Planken entfernt worden, alles machte einen noch schäbigeren Eindruck auf Simon, als bei ihrem ersten Besuch. Es wurde wohl hier nur bei einem längeren Aufenthalt in den Haupthäfen saubergemacht, wohin hätte man die vielen Passagiere, die über gar kein Dach über dem Kopf verfügten, auch verfrachten sollen, die beinahe den gesamten Raum für sich und ihre Habseligkeiten einnahmen. Viele sahen inzwischen richtiggehend erbärmlich aus. Wer nicht unter Seekrankheit litt, hatte zumindest mit den Widrigkeiten des Wetters zu kämpfen. Die Kabinenräume des Zwischendecks waren von außen leicht einsehbar, die meisten Türen, die mehr lichtdurchlässige Bretterverschläge zu nennen waren, boten einen leichten Einblick in die Privatsphäre ihrer Bewohner. In jedem der etwa zwölf Quadratmeter großen Räume waren zwölf Kojen über und nebeneinander angebracht. Es herrschte eine unvorstellbare Enge, trotzdem hielten sich die allermeisten der Glücklichen, die eine solche Unterkunft sich hatten leisten können, meist auf ihren Schlafstätten auf. Hier war man zumindest vor Wind und Wetter einigermaßen geschützt. Die Armen, die draußen auf Deck dem beharrlichen Nieselregen ausgesetzt gewesen waren, der noch bis in die frühen Morgenstunden angehalten hatte, boten allesamt ein Bild wahren Jammers. Jetzt jedoch bemühten sich die Leute im Sonnenschein ihre klammen Kleider wieder zu trocknen und saßen zumeist vor den Kabinen und lüfteten aus.
Auch hier war nichts von Weybrecht zu sehen. Natürlich bestand die Möglichkeit, er habe sich in einer der luxuriöseren Kabinen eingemietet und befand sich nun in seinem Unterschlupf. Der erfolglosen Suche überdrüssig, zweifelte Simon jetzt ernstlich daran, den Hauptmann wirklich erkannt zu haben. So beschlossen die beiden noch ein Schläfchen zu machen, bevor es Zeit fürs Abendessen sein würde.

Als die Zeit für das Dinner gekommen war, warf sich Simon wieder in Schale, wie er den Ankleidevorgang begonnen hatte zu nennen. Heute Abend hatte sich der Junge für ein zartlila Kleid entschieden, dessen Farbe er durch das Tragen eines türkisfarbenen Schals noch zu unterstreichen verstand. Es würde einst noch ein großer Modeschöpfer aus ihm werden, dachte Wondraczek amüsiert, als Simon sich schließlich noch für ein zartrosa Hütchen entschied. Veronica wurde wieder in den Ledermantel gepackt. Mit der karierten, schlabberigen Mütze auf dem Kopf und der dunklen Brille auf der Schnauze sah sie derart albern aus, dass der Junge jedes Mal aufs Neue lachen musste.

Als sie sich reichlich vom Buffet bedient hatten, tauchte auch Appeldorn auf, er verbeugte sich höflich vor Simon bzw. Sylvia und fing beinahe auf der Stelle damit an, dem vermeintlichen Arthur Blomquist das Ohr abzukauen. Er redete und redete und redete. Veronica, deren Tischmanieren immer noch zu wünschen übrigließen, rülpste dann und wann zustimmend, und schon sprudelte der verbale Wasserfall weiter. Simon hatte nach drei Minuten abgeschaltet und bekam von dem Gesagten nichts mehr mit. Nachdem die meisten Passagiere ihr Mahl beendet hatten, wechselte die Kapelle über zu rhythmischeren Liedern und endlich begann etwas Stimmung aufzukommen. Zu Simons großer Erleichterung forderte ihn an diesem Abend kein Kavalier zum Tanze auf.

Als die Sonne schon am Horizont untergegangen war, beschlossen Simon und Wondraczek sich schlafen zu legen. Veronika machte langsam aber sicher einen etwas gereizten Eindruck, was sich durch feindseliges Zähnefletschen in Richtung Appeldorn äußerte, der dies allerdings als ein herzhaftes Gähnen ansah. Sie verabschiedeten sich herzlich von dem alten Seemann, wobei die Bärin nicht zu wissen schien, ob die angebotene Rechte des Alten nicht doch als Nachspeise zu betrachten sei und gingen hinaus auf Deck, um nochmals die frische Nachtluft zu atmen.

Der Mond stand schon am Himmel, eine frischere Brise war am Abend aufgekommen und ließ die beiden nun, nach dem langen Aufenthalt im verqualmten Speisesaal, frösteln. Das Oberdeck war vom Mond gut beleuchtet, nur wenige Passagiere hielten sich noch in dicke Decken gewickelt in den komfortablen Liegestühlen auf und dösten vor sich hin, kalt gewordenen Grog neben sich auf den zierlichen Tischchen. Der Weg vom Saal in ihre Unterkunft war etwas umständlich, aber Wondraczek und Simon kannten sich inzwischen ausgesprochen gut aus auf der Blinkaboing. Die drei liefen gerade um die Ecke des Aufbaus, der den Eingang nach unten in den Bauch des Schiffes und auch in die obere Etage darstellte, als sie weiter vorne am Bug auf vier Gestalten aufmerksam wurden, die auf eine Frau einredeten.

Es handelte sich um Frau Sandelmann, wie Simon jetzt erkennen konnte. Sie hatte ihren Jungen ängstlich an der Hand gepackt und drückte ihn an sich, als ob sie ihn beschützen wollte. Dann kam es zu einer Art Gerangel. Auf der Stelle war der Vampyr vorgestürmt, Veronika sofort hinterher. Einer der Männer hatte die Frau bei der Kehle gepackt und würgte sie heftig. Der kleine Junge trat dem Kerl andauernd gegen das Schienbein, was aber keinerlei Wirkung zeigte. Die anderen Männer hatten die Ledersohlen Wondraczeks auf den Planken klacken hören und warfen sich ihm entgegen. Den ersten der finsteren Gesellen schickte der Vampyr mit einem Schulterstoß zu Boden, den zweiten warf er, ihn am Kragen packend, einfach in hohem Bogen an die Reling. Es krachte laut, als der Schädel des Burschen Bekanntschaft mit dem harten Buchenholz machte, aus dem das Schiff bestand. Der Dritte hielt ein langes scharfes Messer in der Hand, bereit es dem Vampyr in den Bauch zu stoßen, dann fiel eine riesige Pranke auf seine Schulter herab und er ging zu Boden. Der letzte der Kerle hielt immer noch Frau Sandelmann in den Armen und drückte ihr nun mit dem Unterarm die Luft ab. Der dicke Junge konnte nur verzweifelt zusehen, wie seine Mutter rot anzulaufen begann. Simon, der noch ein paar Schritte entfernt war, hatte plötzlich ein Holzstück, das nach irgendwelchen Arbeiten auf den Schiffsplanken vergessen worden war, in Händen und warf es dem Mann an den Kopf, der daraufhin die Frau freigab und sich wütend umsah. Da war schon die Bärin über ihm, der Kerl ging immer noch nicht zu Boden, obwohl ihn Veronika ins Taumeln gebracht hatte, dann setzte das Tier seine Pranken ein und schlitzte den Bauch des Mannes von oben nach unten auf. Der Gesichtsausdruck des Halunken würde sich für immer und ewig in Simons Gedächtnis einbrennen. Mit dem Ausdruck größter Verwunderung blickte er zuerst nach unten auf das Gedärm, das aus der Bauchhöhle hervordrang, dann schaute er Simon mit einem sonderbaren Ausdruck von Angst und Zweifel in die Augen. Dann wand er sich seinem Mörder zu und erkannte im letzten Augenblick seiner Existenz die Bestie, die vor ihm hoch aufgerichtet zu brüllen begann. Dann kippte er nach hinten um und war nicht mehr.

Als Simon sich umblickte bemerkte er zuallererst, dass die übrigen Kerle verschwunden waren. Er ging zur Bärin und vermittelte ihr mit dem Gebrüll aufzuhören, was sie auch sofort tat. Friedlich stand das Tier auf allen Vieren und sah Simon verzeihungsheischend an. Der Junge reagierte blitzschnell, bezeigte Veronica ihm zu folgen und schnell waren sie die Treppe hinaufgeeilt, die zu ihrer Kabine führte.

Frau Sandelmann stand zur Säule erstarrt mit schreckgeweiteten Augen da und blickt dann fragend in das Gesicht des Vampyrs.

„Sie wollten den Jungen über Bord werfen!", konnte sie jetzt nur stammeln.

Simon war währenddessen mit Veronica in der Kabine angekommen, ohne jemanden auf den Fluren zu begegnen. Ihre Nackenhaare waren gesträubt und die Lefzen weit heruntergezogen, so dass die großen scharfen Zähne zu sehen waren, so war sie auf allen Vieren hinter ihm hergerannt. Er schloss das Tier, das im Moment unmöglich mit einem Menschen zu verwechseln gewesen wäre, sorgfältig ein und stürmte auf der Stelle wieder zurück auf das Deck.

Hier erwartete den Jungen erneut ein seltsamer Anblick. Die aufgeschlitzte Leiche des Mannes lag noch immer auf den Schiffsplanken und eine dunkelrote Lache breitete sich langsam um den Körper herum aus. Der Vampyr stand vor Frau Sandelmann, hatte die rechte Hand zu ihrer Stirn erhoben und blickte ihr tief in die Augen. Der kleine Karl-Friedrich hatte sich nicht einen Millimeter von der Stelle gerührt, wie angewurzelt stand er auf dem Fleck, die Augen in eine weit entfernte andere Welt gerichtet. Wondraczek hielt immer noch die Hand an die Schläfen der Frau und murmelte beruhigend.

„Sie haben nichts gesehen, sie haben mit dem Jungen, der nicht einschlafen wollte noch einen kleinen Nachtspaziergang gemacht und ihm die Sterne gezeigt. Den großen Wagen, den Steinbock, Andromeda...“, die Stimme Wondraczeks war von einer einschläfernden Sanftheit.
„Hoffentlich erwähnt er jetzt nicht den Großen Bären“, dachte Simon, der die Szene gebannt beobachtete. Anscheinend hatte der Vampyr Karl- Friedrich schon einer ähnlichen Behandlung unterzogen.
„Wenn ich nachher, in einigen Minuten, mit den Fingern schnippe, werden sie aufwachen, das Kind an die Hand nehmen, sich in ihre Unterkunft begeben und bis morgen früh ausschlafen!“, sprach der Vampyr weiter und selbst Simon der danebenstand, fielen trotz aller Aufgeregtheit beinahe die Augen zu. Dann ließ Wondraczek die Frau stehen, lud sich den Toten auf die Schulter, trug ihn mit beschwingtem Schritt zur Reling hinüber und warf ihn im hohen Bogen über Bord. Wie aus weiter Entfernung konnte Simon das Aufklatschen des Körpers in den schäumenden Fluten vernehmen.
Gerade fing es zu nieseln an, über die Blutpfütze auf dem Boden würden sie sich keine Gedanken machen müssen.
„Komm mit, Simon!“ sagte der Vampyr dann und zog den Jungen in den nach oben führenden Eingang. Dann schnippte er mit den Fingern und Frau Sandelmann und ihr Nachwuchs begannen sich wieder zu rühren. Leicht verwirrt um sich blickend, erkannte die Dame nun Drux von Neuperlbach und lächelte diesen freundlich an.
„Ach, Herr Graf, auch noch so spät unterwegs? Ich habe Karl-Friedrich gerade die Konstellationen der Sterne erklärt.“ Dann runzelte sie die Stirn und fügte hinzu. „Ich weiß gar nicht, wo ich das alles aufgeschnappt habe. Wir hatten doch gar keinen Astronomie Unterricht in unserer Mädchenschule. Na ja, man liest sich ja so allerhand zusammen in Zeitschriften und Broschüren.“
Der Junge blickte seine Mutter verwundert an, sagte aber nichts.
„Wie dem auch sei. Jetzt wird es aber wirklich Zeit sich niederzulegen. Komm Karl-Friedrich!“
Der Junge ließ sich an Simon und Wondraczek vorbei in den Treppengang ziehen, und warf den beiden einen verständnislos, verwirrten Blick zu. Als die beiden die Stufen hinuntergingen konnte Simon noch Karl-Friedrich sagen hören: „Aber, aber da war doch ein Bär!“
„Ja, den soll es auch geben, den Großen Bären. Hab’ ich doch schon einmal irgendwo gehört“, meinte Frau Sandelmann. „Jetzt aber ab ins Bett mit dir!“
Dann waren sie um die Ecke, den Blicken von Simon und Wondraczek entschwunden.
„Tja, bei Kindern funktioniert diese Methode manchmal nicht ganz so gut!“, sagte der Vampyr dann zu dem Jungen. „Lass uns nach oben gehen und uns um die Bestie kümmern!“

Veronica lag wie zu einem riesigen Bündel zusammengerollt auf ihrem Lager. Simon ging sofort zu ihr und tätschelte dem Tier den massigen Schädel. Sie schien sich durch die Anwesenheit des Jungen auf der Stelle zu beruhigen und er verstand, dass die Bärin etwas Ähnliches wie Reue zu empfinden in der Lage war. Sie war traurig und verwirrt

wegen des Geschehnisses und wusste nicht ob sie mit einer Bestrafung rechnen müsse.
„Schon gut, ist schon gut!", murmelte Simon. „Der Kerl hatte es wohl nicht anders verdient."
„Diese Gestalten waren aber hinter dir her, Simon!", klärte ihn der Vampyr jetzt auf. „Sie waren allem Anschein nach auf der Suche nach einem Jungen, ungefähr in deinem Alter! Und, sie wollten dich endgültig aus dem Weg räumen, nicht dass ich dir Angst machen möchte, aber..."
„Du glaubst, Weybrecht hätte sie geschickt?", stammelte Simon.
„Ich bin mir jetzt sicher, dass du den Kerl wirklich heute Nachmittag gesehen hast. Ich glaube, er hat ein paar der Ganoven vom Unterdeck gedungen, dir den Garaus zu machen", fuhr Wondraczek im gleichen Tonfall fort, als würde er die Rezeptur für das Einlegen von Blumenkohl erklären.
„In jedem Fall ist dies das Werk dieses Kerls. Ich denke er hält sich versteckt, um nicht von dir erkannt zu werden und traut sich nur selten sein Gesicht in Gesellschaft zu zeigen, trotzdem er sich anscheinend ja, wie wir auch, wohl in eine Verkleidung geworfen hat."
„Aber warum hat er nicht seine Soldaten damit beauftragt?", fragte Simon stirnrunzelnd.
„Ich nehme an, er hat höchsten ein, zwei Mann mit an Bord genommen, um Aufsehen zu vermeiden und uns nicht vorzuwarnen."
„Mag sein, man kann mich aber doch wohl kaum mit dem kleinen Karl-Friedrich verwechseln, oder?", meinte Simon, der dies fast für eine Beleidigung gehalten hätte.
„Kaum, aber wahrscheinlich hatten sie einfach den Auftrag einen Jungen in deinem Alter aus dem Verkehr zu ziehen. Und der arme Karl-Friedrich ist hoffentlich der einzige Knabe an Bord auf den diese Beschreibung zutrifft. Das kann ich nur hoffen, ich möchte nicht, dass ein völlig unbeteiligter in die Geschichte hineingezogen wird." Stirnrunzelnd strich sich der Vampyr über sein winziges Menjou-Bärtchen. „Aber dagegen werden wir im Moment nichts unternehmen können!"

Der Regen, der gegen Mitternacht begonnen hatte, hielt die ganze Nacht über an. Am Morgen schüttete es schon wie aus Eimern und die See begann unruhiger zu werden. Die Blinkaboing neigt sich träge von einer Seite auf die andere. Dies löste bei vielen Passagieren erneut häufiges Speien und andere unschöne Komplikationen aus und es sollte noch schlimmer kommen. Von Stunde zu Stunde nahmen die Böen an Geschwindigkeit zu, bis sie Sturmstärke erreichten. Mühsam hielt die Mannschaft das riesige Schiff im Wind, doch nachdem man es mit einem richtigen Orkan zu tun bekommen hatte, blieb nichts anderes übrig, als die Segel zu reffen, wollte man nicht die Masten an die Meeresgötter verlieren. Die Seeleute konnten sich wegen des Brausens der Elemente kaum mehr untereinander verständigen, die Rufe gingen im Getöse unter. Wieder und wieder schwappten Wellenbrecher mit ungeheurer Wucht über die unteren Decks. Was mochten die weniger gut bemittelten Passagiere dort unten wohl zu ertragen haben? Dies fragte sich Simon, als er des Herumsitzens in der Kabine überdrüssig geworden, sich auf das obere Deck geschlichen hatte. Der Vampyr war friedlich an seiner Handtuchstange herunterhängend eingeschlafen, den konnte wirklich gar nichts aus der Ruhe bringen. Kaum hatte er die Tür nach draußen geöffnet, kam ihm ein Schwall Meerwasser

entgegen, der nun in den Treppenaufgang hinein gespült wurde und aus der Stiege nach unten einen Wasserfall machte. Zwar hatte er sich in das gelbe Ölzeug gehüllt, dass für solche Fälle in jeder der besseren Kabinen bereitgehalten wurde, doch riss ihm der Sturm, als er hinausblickte auf der Stelle die Kapuze vom Kopf, so dass seine Haare vor Nässe tropften. Fasziniert beobachtete der Junge das Chaos, das dem Anschein nach auf Deck herrschte.
Die Mannschaftsmitglieder schienen wirr durcheinanderzulaufen, sich immer wieder Befehle und Anweisungen in die Ohren brüllend, in die eine Richtung zeigend und dann eine andere Richtung einschlagend. Doch hatte dieses Tun alles nur den einen Zweck, die Blinkaboing vor dem Kentern zu bewahren, wie Simon dann erkennen konnte, schließlich war er ja schon in ganz jungen Jahren der Faszination der Seefahrerei erlegen und hatte alles darüber gelesen, was er in die Hände hatte bekommen können. Nur aus diesem Grund war es ihm möglich die Bemühungen der Mannschaft nachzuvollziehen, sie taten wirklich alles, um nicht aus dem Schiff ein Massengrab werden zu lassen, doch immer noch nahm der Sturm an Stärke zu. Unablässig zuckten Blitze über den schwarzen Himmel und beleuchteten gespenstisch die Umgebung, da wurde erst das Ringen der Crew mit den Elementen deutlich. Der darauffolgende Donner war wegen des Brausens des Windes so gut wie gar nicht wahrzunehmen. Simon blickte nach oben in das Inferno. Um das Krähennest herum, in dem er noch vor wenigen Stunden gestanden hatte und die Aussicht auf die ruhige, glatte See genossen hatte, leuchtete ein helles bläuliches Licht, das die Konturen des Großmastes zu umranden schien. Dieses Leuchten breitete sich von dort nun über das ganze Schiff aus. Unheimlich und magisch erschien Simon dieses Leuchten und ihm fiel ein, davon schon einmal gehört zu haben. Hierbei musste es sich um das sagenumwobene Elmsfeuer handeln. Nur wenige Seefahrer sollen die Sichtung dieses Phänomens überlebt haben, man deutete dies als ein böses Omen und so mancher Kahn soll nicht lange nachdem er in dies wirbelnde Leuchtfeuer eingehüllt worden war, alsbald auf den Grund des Meeres gezogen worden sein. Anderen Berichten zufolge ging das Elmsfeuer nur dem Erscheinen der Klabautermänner voraus, die sich dann des Schiffes bemächtigen würden und dessen Mannschaft mit Hilfe rostiger Messer und Gabeln bei lebendigem Leib verzehren würden, bevor sie den Kahn dann mit Mann und Maus versenkten. Simon schauderte bei dem Gedanken an dieses Seemannsgarn, dass ihm wohl einer der Wanderarbeiter auf Wilhelms Hof einmal erzählt haben musste und erwartete jeden Augenblick einen scharfzahnigen, rothaarigen Klabauter um die Ecke kommen zu sehen.
Stattdessen erblickte er nun, als er erneut nach oben zum Mastkorb hinaufsah einen kleinen strahlenden Punkt, der vorher noch nicht dagewesen war. Dieser war auch in Licht gehüllt, leuchtete jetzt aber grünlich, wechselte jedoch beständig von einer Sekunde zur anderen die Farbe. Dann entfaltete sich das seltsame Lichtwesen, schien vom Mast herunterzufallen, direkt auf den Jungen zu. Simon wollte schnell den Rückzug zum Treppenaufgang antreten, da war es schon zu spät. Irgendetwas krallte sich in seinen pitschnassen Haaren fest, der Junge schrie vor Schmerz laut auf, was allerdings im Tosen des Sturmes unterging. Er griff sich an den Kopf und spürte plötzlich das Schlagen eines lebendigen Herzens in der Innenfläche seiner Hand. Trotz des Verlustes einiger

Haarsträhnen schaffte der Junge es dann das Tier, oder was immer es auch sein musste, von seinem Schädel zu lösen und sah nun, dass er einen papageiengroßen, buntscheckigen Vogel in Händen hielt. Das Tier versuchte sich zuckend und zappelnd aus seiner Gefangenschaft zu befreien, doch Simon gelang es den Vogel festzuhalten. Er hielt sich das Tierchen mit einem großen Sicherheitsabstand vors Gesicht und blickte in seltsam glänzende Vogelaugen, die ihn interessiert zu mustern schienen.
„Na, dich nehmen wir aber besser mal mit hinein ins Trockene!“, sagte er dann mehr zu sich selbst und kletterte mit seinem neuen Begleiter die steile Stiege nach oben in die trockene Sicherheit des Schiffes. Das Tier hatte aufgehört sich zu wehren und ließ es sich gefallen durch die Flure bis zu Simons Kabine gebracht zu werden. Dort ließ der Junge den Vogel los, der sofort die Flügel spreizte und es sich auf der schwankenden Deckenlampe bequem machte.
„Schaut mal, was ich gefunden habe!“, rief Simon dann aus, worauf Wondraczek vor Schreck die verschränkten Beine von der Stange löste, an der er hing und mit dem Kopf voran auf dem Boden landete.
„Oh, Simon!“, sagte er bloß vorwurfsvoll, als er sich aufrappelte und sich den Staub von seinen Hosenbeinen klopfte. „Was soll nur dieser Aufruhr? Ist es denn draußen nicht stürmisch genug?“
„Sieh doch mal, was mir zugeflogen ist!“, sagte der Junge aufgeregt und deutete auf die heftig schaukelnde Lampe auf der der Vogel saß und sich hingebungsvoll der Reinigung seines Gefieders widmete.
„Ein Vogel!“ Der Vampyr schien erstaunt. „So weit entfernt von der Landmasse. Wie kommt der denn hierher?“
„Vielleicht hat ihn eine Windhose erfasst und hinaus aufs Meer geweht!“ Simon schien diese Theorie durchaus plausibel.
„Mag sein, dennoch merkwürdig. Weißt du denn was das für ein Vogel ist?“, fragte Wondraczek.
„Keine Ahnung! Auf jeden Fall ist es kein Papagei, den es von einem Piratenboot aus hierher verschlagen hat!“, meinte Simon nachdenklich. Sofort kamen ihm alle möglichen Seeräubergeschichten in den Sinn.
„Das ist eindeutig ein Nattich“, belehrte ihn der Vampyr. „Höchstwahrscheinlich sogar eines der letzten Exemplare des sogenannten Löwennattichs!“
„Und was ist daran so besonders?“, fragte Simon, der sich noch nie großartig für Vogelkunde interessiert hatte.
„Wie gesagt, ein seltener Vogel! Es gibt sie eigentlich nur noch an den östlichen Rändern der Nebelberge“, klärte Wondraczek den Jungen auf. „Man sagt insbesondere den Löwennattichen unglaubliche Fähigkeiten nach!“
In diesem Augenblick wurde das Schiff wieder von einer gewaltigen Welle herumgeworfen, einer der Polstersessel hatte sich aus seiner Verankerung gelöst und rutschte quer durch den Raum.
„Na ja, zumindest scheint sich der kleine Kerl hier ja ganz wohlzufühlen.“
Der Vogel hatte die Reinigung seiner Federn beendet, die kleinen Augen geschlossen, der leuchtend gelbe Schnabel ruhte auf seiner geschwellten Brust. Der Vampyr hatte

beschlossen noch ein Weilchen die Augen zu schließen, hängte sich wieder umständlich an den Handtuchhalter und verschränkte die Arme. Bald waren regelmäßige Atemgeräusche zu vernehmen. Veronica hatte die ganze Zeit über eingerollt auf ihrem Bett gelegen und geschnarcht, nur dann und wann war ein Zucken durch den gewaltigen Leib der Bärin gegangen.

Auch Simon machte es sich trotz des Schwankens des Schiffes auf seiner Schlafstatt bequem, streckte die Hand aus und gab ein leises lockendes Gurren von sich. Er hatte dies keineswegs erwartet, doch sofort öffnete der Vogel die Augen, flog auf Simons ausgestreckten Arm und setzte sich dort nieder.

„Ganz ruhig, mein Kleiner." flüsterte der Junge beruhigend. „Hier kann dir erst mal nichts passieren."

Er besah sich nun das Tier ganz genau. Das von allen Farben des Spektrums leuchtende Gefieder wirkte, wenn man den Vogel ins Licht drehte, plötzlich nur noch mausig grau. Der Schnabel ähnelte eher dem eines Tukans, als dem eines Papageien, fand Simon, was an der intensiven rötlich gelben Färbung liegen mochte. Er hätte das Tier eher zur Gattung der Krähenvögel gezählt, die Augen hatten so einen eigenartigen Glanz, als ob man in einen tiefen Abgrund blicken würde. Der Junge streckte seine Gedanken aus und versuchte mit dem Wesen Kontakt aufzunehmen, so wie er auch mit der Bärin zu kommunizieren gelernt hatte, doch schien ihm dies bei dem Nattich nicht möglich zu sein.

„Na dann sind Vögel wahrscheinlich doch nicht so schlau wie andere Tiere!", stellte er dann etwas enttäuscht fest und erstarrte gleich darauf zu Stein, als der Vogel antwortete.

„Was bitte soll denn das heißen?", krächzte das Tier und starrte den Jungen dabei böse an. „Nicht so intelligent, dass ich nicht lache!" Wieder ließ der Nattich ein verächtliches Gekrächze hören.

Simon glaubte sein Nervenkostüm spiele ihm nun einen letzten Streich, bald würde man ihn in eine ärmellose Jacke zwängen und nicht mehr aus einer gut gepolsterten Zelle herauslassen. Er blickte sich nach Wondraczek um, der aber anscheinend nichts von all dem mitbekommen hatte, dann sah er wieder den Vogel an.

„Hab' ja schon lange nicht mehr so ein bedeppertes Gesicht gesehen!", meinte der Nattich frech. „Du guckst aber auch dermaßen dumm aus der Wäsche, als ob du ein Gespenst gesehen hättest!"

„Aber….!"

„Aber, aber, was Besseres fällt dir wohl nicht ein. Noch nie einen sprechenden Vogel gesehen, oder was?" Die Stimme des Tieres überschlug sich nun fast wie bei einem Jüngling im Stimmbruch. „Ich glaube jetzt hab' ich mir auch noch einen grippalen Infarkt zugezogen, kein Wunder bei diesem elenden Wetter!"

„Du sprichst wirklich? Ich bilde mir das nicht ein?" Simon war immer noch nicht bereit diese augenscheinliche Tatsache akzeptieren zu können.

„Mannometer, was wird euch Kindern eigentlich heutzutage in der Schule beigebracht? Hast du nie davon gehört, dass Vögel durchaus in der Lage sein können die Sprache der Menschen nachzuahmen?"

„Schon, aber…."

„Aber, aber, schon wieder so ein aber! Ich muss schon sagen so mancher meiner

gefiederten Kameraden verfügt über einen weitaus größeren Wortschatz als du!“
„Aber, du ahmst doch nicht nur Laute nach. Du scheinst ja auch verstehen zu können!“, erwiderte der Junge, der sich langsam wieder gefangen hatte.
„Gut beobachtet! Vielleicht ist ja Hopfen und Malz noch nicht verloren bei dir!“
„Wie kommt das nun, dass du eine richtige Unterhaltung mit mir führen kannst?“
„Nun, das ist eine wirklich lange Geschichte. Machen wir es kurz. Ich habe mich wohl eine zu lange Zeit in der Nähe von Magiern aufgehalten. Meine eigene Theorie lautet wie folgt: Aller Wahrscheinlichkeit nach wurde durch die ektoplastische Verseuchung der Aeromolekügelchen in Haushalten von Zauberern eine sogenannte rückkoppelnde Synapsenverklebung in meinem kleinen, doch äußerst empfindlichen Vogelgehirn ausgelöst, welche die Zerebralanalogien im Zwitscherzentrum mutieren ließen. Dies wiederum könnte eine Kettenreaktion in den Zwillingshirnstämmen des Epizentrums ausgelöst haben, welche wiederum das Metaphernfrontgewinde auf eine solche Art und Weise in Mitleidenschaft zog, dass die Axiome des Schnittlauchsimulators im vorderen Hirnstamm sich stark ellipsenhaft verbog und aus diesem Grund eine Symbiose mit der semantischen Querachse des hinteren Stirnlappens einging. Was wiederum die Brachialquerulanz im Diencephalon stark anzuregen begann und dann erst diese großartigen linguistischen Fähigkeiten hervorbrachte.“ Jetzt erst holte der Löwennattich wieder keuchend Luft.
„Ach!“, Simon hatte nicht ein Wort verstanden und sah den Nattich mit offenem Mund an.
„Das ist nur die eine Theorie. Die zweite ist ein klein wenig komplizierter. Aber, wenn du darauf bestehst, kann ich sie dir gerne darlegen. Gibt es hier vielleicht eine Schiefertafel? Ich würde gerne noch ein paar erklärende Diagramme hinzufügen!“
„Nein, nein! Nicht nötig! Vielleicht später einmal!“, beeilte sich Simon zu sagen, bevor der geschwätzige Vogel weiterreden konnte. „Also bin ich nicht der einzige, der dich verstehen kann?“
„Natürlich nicht! Wer Ohren hat zu hören der höre, wie der Dichter sagt. Jedermann kann meine wohlklingende Stimme vernehmen, wenn ich mich dazu herablasse sie erklingen zu lassen!“
Von Wohlklang konnte ja wohl in diesem Fall wirklich nicht die Rede sein, dachte Simon und fragte: „Und wie bist du denn nun in diesen schrecklichen Orkan geraten?“
„Ob du es nun glaubst oder nicht. Ich war auf der Suche nach dir, Simon. Zum Glück war die Beschreibung des Professors sehr gründlich, sonst hätte ich dich in diesen Frauenkleidern kaum erkennen können!“ Der Nattich musterte missbilligend das Erscheinungsbild des Jungen.
„Fehlt nur noch ein Chiffonschleifchen um den Allerwertesten!“ Man hätte fast meinen können, der Nattich rümpfe den Schnabel.
„Der Professor! Er lebt? Was ist mit ihm passiert?“, Simon konnte nicht fassen, was er da zu hören bekam.
„Der Professor erfreut sich bester Gesundheit und lässt dich herzlich grüßen. Soylentius hat ihn in den tiefsten Kerker sperren lassen, aber ich glaube er hat schon einen Plan wie er die Freiheit wiedererlangen könnte.“
„Was ist mit den Hurveniks!“

„Die kleinen Leute sind auch allesamt in Gewahrsam genommen worden, haben es aber nicht ganz so glücklich getroffen wie der alte Athanasius und sehen ihrer baldigen Hinrichtung entgegen."
„Das ist ja schrecklich!", rief Simon erschrocken aus.
„Na, na. Gerade eben hieltest du sie doch allesamt schon lange für tot und begraben, wenn ich das recht sehe?"
„Ja, schon!"
„Na also! Ich möchte nämlich auf keinen Fall der Überbringer schlechter Nachrichten sein, man weiß ja was mit denen so geschieht!" Dabei zog sich der Vogel eine seiner Krallen quer über den Hals.
„Und der Professor hat dich hierher zu mir geschickt?", fragte der Junge dann aufgeregt.
„Das hat er. Ich soll dir helfen das Gezeitensieb zu finden und…", dabei warf der Löwennattich sich in die Brust. „…es zu schließen!"
„Es zu schließen?"
„So drückte sich Athanasius aus, allerdings verschwieg er mir, wie ich das bewerkstelligen soll. Er meinte nur geheimnisvoll, wenn es soweit wäre, würde ich es wissen. Typisch Zauberer! Immer diese vagen Andeutungen! Nie was Konkretes!" Der Vogel schien ernstlich verärgert.
„Du hast wohl nicht die besten Erfahrungen mit Zauberern gemacht, was?" Simon war nun doch begierig darauf näheres zu erfahren.
„Ach, da könnte ich dir ein Lied davon singen, schließlich bin ich ja ein Singvogel. Der Kerl, dem ich wohl diese einzigartigen Fähigkeiten zu verdanken habe, hat mich als ich noch nicht ganz so grazil meine Schwingen auszubreiten fähig war, im Wald aufgelesen und mich einfach meinen lieben Eltern entrissen, gerade als ich das allererste Mal das heimatliche Nest verlassen und die nähere Umgebung erkunden wollte. Dann wurde ich über Jahre in einem viel zu engen Käfig gehalten. Der zottelige alte Alchimist vergaß sogar an manchen Tagen mir eine ausreichende Menge Körner bereitzustellen! Sind ja immer etwas durch den Wind die Gesellen. Tragen beständig die wildesten Theorien über dieses und jenes im Kopf umher und vergessen dann alles, was um sie herum vorgeht. Man kennt das ja!" Der Nattich schien sich ungern an die Zeit seiner Gefangenschaft zu erinnern. „Doch eines Tages wirkte sich dieser Umstand endlich einmal zu meinen Gunsten aus, der Alte dachte nicht mehr daran, nachdem er mir ein wenig schales Wasser in mein Gefängnis gestellt hatte, die Käfigtüre wieder zu schließen und schwupps war ich draußen und in Freiheit. Damals habe ich mir geschworen mich nie wieder einsperren zu lassen!"
Veronica hatte sich mittlerweile einige Male auf dem Bett herumgewälzt, war jetzt wach geworden und starrte den Vogel verwundert an. Der flog sofort hinüber zur Bärin und setzte sich auf ihre Schulter, als ob dies der ihm zustehende Platz wäre und kraulte das Raubtier mit dem scharfen Schnabel hinter dem Ohr. Auch der Vampyr begann sich zu regen, kam mit einer geschickten Drehung von der Stange herunter und besah sich nochmals den Neuankömmling. Simon berichtete nun alles was er vom Nattich erfahren hatte und Wondraczek lauschte mit einiger Verwunderung den Ausführungen des Jungen. Dann blickte er stirnrunzelnd den Vogel an.

„Wahrhaftig ein Löwennattich. Diese Tiere standen seit jeher im Ruf eigenartige Fähigkeiten zu besitzen, aber von einem Fall wie diesem war mir bislang noch nichts bekannt!“, meinte er dann und konnte die Augen nicht von dem schimmernden Gefieder des Nattichs lösen.
„Ja, ich weiß, ich weiß!“, meinte dieser daraufhin krächzend. „Wir bringen den Tod! Wenn ein Mensch uns erblickt, würde einer aus der Familie bald dahinscheiden. Wenn man einen Nattich krähen hört, ist es ein böses Omen. Und, wenn ein Nattich rülpst, sollen in naher Zukunft das Land vom Krieg heimgesucht werden. Immer dieselben Ammenmärchen!“
Wondraczek lachte laut auf: „Ich habe mir das doch nicht ausgedacht! Habe so was aber auch nie geglaubt!“, meinte er dann und streckte dem Vogel die Hand entgegen. „Gestatten Wondraczek, meines Zeichens Vampyr!“
„Das sehe ich selbst! Die Augen eines Löwennattichs lassen sich nicht so leicht in die Irre führen, mein Herr! Nennt mich einfach Nattich! Vielleicht Sir Nattich? Nein, muss nicht sein, einfach Nattich!“
„Sehr erfreut!“ Der Vampyr schüttelte behutsam den zarten Fuß, den der Vogel ihm hinhielt. „Dann haben wir ab jetzt ein neues Mitglied in unserer Gemeinschaft!“

Die ganze Nacht über ging es noch recht stürmisch zu. Das Mobiliar, das nicht ordentlich festgemacht war, rutschte quer über den Kabinenboden und ließ die Freunde nicht recht zur Ruhe kommen. Erst am frühen Morgen hatte sich die aufgebrachte See wieder etwas beruhigt und es war wieder möglich an Deck zu gehen. Simon wollte sich die Sturmschäden auch einmal aus der Nähe betrachten und lief im Regenumhang hinaus. Außerdem hatte der Vogel im Schlaf die unmöglichsten Geräusche von sich gegeben, was allerdings weder Veronica noch Wondraczek zu stören schien. Kaum hatte der Nattich seinen Schnabel in den Halsfedern vergraben, fing er an röchelnd, keuchend und irgendwie fast rülpsend zu schnarchen. Die Laute hatten sowohl befremdlich als auch beängstigend auf den Jungen gewirkt und hatten ihn kein Auge zumachen lassen.
Das Schiff neigte sich immer noch schwerfällig in der frischen Brise von Backbord nach Steuerbord als er hinaustrat, doch regnete es immerhin nicht mehr und dann und wann spitzte sogar die Sonne zwischen den Wolkenbergen hindurch. Die Mannschaft hatte gerade mit den Aufräumarbeiten begonnen. Allerdings war wohl einiges Mobiliar über Bord gegangen. Viele der ansonsten zahlreich vorhandenen Sonnenschirme und Liegestühle waren verschwunden und mussten nun ersetzt werden. Aber für solch ein Missgeschick war man allem Anschein nach bestens vorbereitet, denn einige der Männer schleppten schon neues Inventar aus dem tiefen Bauch des riesigen Schiffes, um es für die Luxuspassagiere bereitzustellen.
Trotz der frischen Brise machte es sich Simon auf einem der Stühle bequem und ließ sich die ersten Strahlen der Sonne ins Gesicht scheinen. Um ihn herum wuselten die Stewarts und Matrosen, jeder wusste genau was zu tun war, um das Schiffsdeck wieder auf Vordermann zu bringen. Der Junge hatte sich die Papprolle mit den Zeichnungen des Professors mit nach oben genommen, um beim ersten Morgenlicht noch einmal eingehend die Karten zu studieren. Sie konnten nun unmöglich länger als ein bis zwei

Tagesreisen von Lacrima entfernt sein und Simon wollte sich das Aussehen der Insel noch einmal genau betrachten, um vielleicht doch noch Schlüsse über den Standort des geheimnisvollen Gezeitensiebes zu ziehen. Kaum jedoch hatte er es sich gemütlich gemacht und die Karten aus ihrer Umhüllung geholt, ergriff ein aufbrausender Windstoß die Pergamente und riss sie dem Jungen aus der Hand. Obwohl Simon sofort aufsprang und hinterher hechtete, bekam er keines der Blätter zu fassen und er musste ohnmächtig und verzweifelt zusehen wie eine erneute Bö die Papiere ergriff und über Bord wehte. Weit, weit in der Höhe flatterten die Bögen, wie hektisch schlagende Kolibriflügel. Und wie das Herz eines dieser Nektartaucher flatterte auch das Herz Simons, wie er dem verlorenen Schatz hilflos hinterhersehen musste. Wie sollten sie nun ihren Plan noch umsetzen können? Und wie sollte er dieses Missgeschick dem Vampyr nur erklären? Ach, wäre doch nur der Vogel dabei gewesen, er hätte den entschwindenden Blättern nachfliegen und sie wieder einfangen können!
Mit gesenktem Kopf kam Simon eine halbe Stunde später zurück in ihre Unterkunft und berichtete Wondraczek von dem unglücklichen Vorfall. Der Vampyr war gerade erst wach geworden und bekümmerte sich um den Verlust der Zeichnungen seltsamerweise recht wenig.
„Das wenige, was daraus zu ersehen war, habe ich mir hier oben eingeprägt, Simon!“, tröstete Wondraczek den Jungen. „Ansonsten habe ich schon eine Idee, wo und wie wir die benötigten Informationen wohl zusammenklauben können!
Die wie immer optimistische Sichtweise des Vampyrs konnte Simon nur bedingt beruhigen und einige Zeit machte er sich noch schwere Vorwürfe wegen dieses Missgeschicks. Der Nattich, der nun auch endlich aufgewacht war, behauptete sogleich, er würde die Insel ein paarmal überfliegen und schon würde er das Gezeitensieb gefunden haben. Auch er wollte den tieftraurigen Jungen aufmuntern, was ihm jedoch nicht vollends gelingen wollte.
„Wir Löwennattiche verfügen nämlich über die schärfsten Augen im gesamten Tierreich, was du natürlich wieder einmal nicht bei Dr. Bremer zu lesen bekommst. Hat dieser windige Forscher uns Nattiche doch der Welt vollends vorenthalten. Wenn es nach Bremer gehen würde, existierte unsere Art gar nicht!“, fing der Vogel an, auf seine unnachahmliche Art, wieder einen Vortrag zu halten.
„In Dr. Bremers Tierleben kommt weder ein Löwennattich vor, noch irgendein Nattich. Es ist unglaublich. Übrigens wird auch der Schribbelkäfer, die Ameisentrine und der Seebelzahntiger, der die Weiten des Meeres auf der Suche nach Plankton durchstreift mit keiner Silbe in diesem Machwerk erwähnt. Keine Beachtung findet im Übrigen auch der Wüstenwattwürgemolch, die Taubstockente, der Rüsselzwarn und der Komokrock“, fuhr der Vogel fort und empörte sich immer mehr. „Das nennt sich dann wissenschaftliches Werk! Pah! In dem Buch wimmelt es nur so von niedlichen, großäugigen Säugern, denen man die schönsten Eigenschaften angedichtet hat, mit der Absicht möglichst viele junge Kätzchen und Hundewelpen an den Mann, bzw. an das Kind bringen zu können. Diese Viecher fressen sich dann ihr ganzes Leben lang in den Häusern der Menschen voll und sind zu rein gar nichts nütze!“ Das Gute an dem Geschwätz des Vogels war, dass es begann Simon von seinem Kummer abzulenken.

„Aber Katzen fangen doch zum Beispiel Mäuse und Hunde hüten Schafe, sie sind eben nicht vollkommen nutzlos!", meinte der Junge dann, nachdem er eine Weile überlegt hatte.
„Ach, das sind doch nur Instinkte, die der Mensch für sich zu nutzen wusste. Diese domestizierten Säugetiere können eben keinen eigenen Gedanken fassen!", dozierte der Löwennattich daraufhin weiter. „Wirklich intelligente Lebewesen findet man nur in freier Wildbahn. Süß aus der Wäsche gucken kann aber allerdings jedes Tier!" Dabei versuchte er den Jungen mit seinen kleinen Vogelaugen anzublicken, als sei er ein Hündchen, dass darum bettelt ein paar Fleischbröckchen mögen doch vom Tisch fallen, worauf Simon herzlich lachen musste, so komisch sah das Tier dabei aus.
„Wir Vögel waren vor Jahrmillionen schon hier auf der Erde, musst du wissen, davon zeugen nämlich auch die vielen alten Sagen über riesenhafte, geflügelte Drachen, von denen du doch bestimmt schon einmal gehört hast. Das waren die Vorfahren der Nattiche, mein lieber Junge. Wir sind wohl die älteste Art auf dem Kontinent, vor Äonen flogen schon gefiederte Wesen durch die Lüfte und beherrschten das Land. Bevor an euch Menschlein überhaupt zu denken war!"
Simon glaubte dem kleinen Kerl kein Wort. Diese Weisheiten hatte der Vogel wohl von den Zauberern aufgeschnappt, vermutete er. Vielen ihrer wissenschaftlichen Theorien konnte er keinen rechten Glauben schenken. Aber er würde den Professor einmal danach fragen müssen, wenn sie sich wiedersahen, Athanasius vertraute er ganz und gar. Er fragte sich, wie es dem Alchimisten wohl ergangen war und erkundigte sich noch einmal bei dem Vogel über dessen Wohlergehen.
„Ach, der Professor wird diese Lage schon meistern. Glaube mir, er hat sich schon aus ganz anderen Situationen herausgewunden. Er ist guter Dinge und, wie ich ihn kenne, hat er längst einen Plan gefasst aus dem Gefängnis auszubrechen. Genaueres hat er mir allerdings nicht verraten." Auch der Nattich schien große Stücke auf Athanasius zu halten, doch Simon schätzte die Lage des Professors nicht ganz so rosig ein. Und was würde dann bloß aus den eingekerkerten Hurveniks werden, überlegte er? Und was war nur mit Kammergarn und Krautschuk geschehen? Beim Gedanken an diese beiden, zuletzt verlorenen Kameraden, wurde dem Jungen wieder ganz klamm ums Herz.

Kammergarn und Krautschuk – Auf Lacrima

Kammergarn hatte kaum Zeit dem Jungen nachzublicken, dessen Pferd nun pfeilschnell über die Ebene galoppierte, schon musste er sich wieder einem neuerlichen Gegner zuwenden, der auf ihn eingestürmt kam. Er parierte den Hieb mit dem Schwert, das er einem der Angreifer hatte entreißen können, aber schon war auch Krautschuk zur Stelle und durchtrennte dem Soldaten von hinten die Achillesferse. Der Mann schrie vor Schmerz auf, verlor die Kontrolle über seinen Waffenarm und sank auf die Knie. Der Impresario hieb dem Burschen mit bloßer Faust mit einer derartigen Wucht auf den Helm, dass dieser gnädigerweise das Bewusstsein verlor. Doch schon hatte sich der nächste Gegner vor Kammergarn aufgebaut. Der Mann überragte ihn um beinahe zwei Köpfe und hieb jetzt wie wild geworden auf ihn ein. Der Dicke musste hilflos zusehen wie seine Waffe in hohem Bogen ins Gebüsch geschleudert wurde und der Mann nun zu einem letzten entsetzlichen Hieb ausholte, der dem Impresario zweifellos den Tod bringen würde. Krautschuk kam angeschossen, sprang an dem Kerl hoch, kam auf dem metallenen Schulterschutz zum Stehen und zog am Scharnier seines Helmes, das mit einem hörbaren Klacken zuschlug. Die plötzliche Einengung seines Sichtfeldes verwirrte den Soldaten nicht wenig, so dass der Hieb der Kammergarn galt diesen nicht in der Herzgegend, sondern nur an der Schulter traf. Sofort strömte reichlich rotes Blut aus der Wunde. Kammergarn verzerrte das Gesicht vor Schmerz und hielt sich die Verwundung mit der rechten Hand. Mit der linken griff er in seinen Mantel und warf erneut eine der Rauchbomben mitten in den restlichen Trupp, der gerade herangaloppiert kam, um ihnen endgültig den Garaus zu machen. Dann verschwand alles im Nebel und er verlor das Bewusstsein.

Krautschuk war von der Schulter des Burschen wieder heruntergesprungen, schnappte sich ein Bein Kammergarns und schleifte den schweren Mann in eine dichte Dornenhecke, wodurch das Gesicht und die Kleidung des Schwergewichtes arg in Mitleidenschaft gezogen wurden. Dann ragte eine riesige Buche vor dem kleinen Kerl auf. Geschickt band er den Strick, den er immer und überall mit sich trug, um einen Fuß Kammergarns und erklomm die niedrigsten Äste des Baumes. Der Hurvenik konnte klettern wie ein Eichhörnchen, allerdings hätte solch ein Nager niemals die Kraft besessen das tote Gewicht des dicken Mannes hinter sich her auf den untersten Ast zu ziehen. Dann stieg der Kleine weiter nach oben und immer wieder zog er Kammergarn ein Stückchen weiter hinauf, bis die beiden von einem dichten Laubvorhang vor den Blicken der Soldaten verborgen waren. Der Qualm hatte die beiden alsbald erreicht und Kammergarn röchelte leise, erlangte aber nicht wieder das Bewusstsein. Er lag fast bequem dahingestreckt auf dem gewaltigen Ast der Riesenbuche. Umdrehen hätte er sich zwar nicht können ohne herunterzufallen, doch schwebte kein Teil seines Körpers in der Luft. Auch von unten herauf drang entfernt ein Husten, Röcheln und Fluchen, einige der Söldner hatten sich gegenseitig mit ihren gezogenen Schwertern Wunden beigebracht, als sie plötzlich nichts mehr sehen konnten. Krautschuk turnte mittlerweile über Kammergarns Brust und

versuchte dann mit einigen Streifen, die er aus dem Hemd des Dicken gerissen hatte, dessen Schulterwunde zu verbinden. Als dies mehr schlecht als recht gelungen war, hatte sich auch der Rauch langsam verzogen und Stimmengewirr drang von unten herauf.
„Habt ihr sie erwischt, ihr Hammel?“ Krautschuk wusste, dass es sich bei dem Sprecher nur um Weybrecht van Aken handeln konnte.
„Ja und nein, Hauptmann! Aber ich denke, ich habe den einen aufgespießt!“, antwortete eine heisere Stimme. „Der kann unmöglich noch weit gekommen sein!“
„Dann durchkämmt jetzt die gesamte Gegend! Ich will die Kerle haben! Tot oder lebendig!“, rief Weybrecht und verfluchte insgeheim die Unfähigkeit seiner Untergebenen. „Na, ja!“, meinte er dann, sich selbst beruhigend. „Der eine Kerl, der Junge ist auf jeden Fall in die Schlucht gefallen, das kann nun wirklich keiner überleben. Selbst wenn er ins Wasser gefallen wäre, hat er dann eben jämmerlich ersaufen müssen!“
Krautschuk stockte der Atem, als er diese Worte hörte. Er machte sich die größten Vorwürfe, da er Simons Pferd zum Durchgehen gebracht hatte, und bereute nun bitterlich diese Entscheidung. Aber was hätte er anderes tun können?
Noch eine ganze Weile konnte der Hurvenik hören, wie der Söldnertrupp den Wald durchstreifte und nach ihnen suchte. Allerdings kamen sie nicht auf die Idee in den höheren Sphären nach ihrer Beute Ausschau zu halten. Immer weiter entfernten sich die Stimmen der Soldaten, bis sie sich schließlich im grenzenlosen Schimmerwald verloren. Krautschuk hoffte inständig, sie mochten die Suche aufgegeben haben. Es war ihm nach und nach gelungen die Blutung der Schulterwunde zu stillen und Kammergarn schien auch recht regelmäßig zu atmen. Obwohl er aschfahl im Gesicht war, war der Kleine doch guter Hoffnung, dass der Dicke durchkommen würde. Dann zuckte es einige Male in dem völlig zerkratzten Gesicht von Jonathan Kammergarn und schließlich schlug er die Augen auf. Krautschuk hatte den Körper des Dicken mit Hilfe der Schnur und dem Gürtel des Verletzten einigermaßen gesichert, so dass dieser nicht vor lauter Schreck über seine prekäre Lage hier oben, doch noch aus luftiger Höhe hinabstürzen würde.
„Wo bin...? Was..“, war das einzige, was er stammeln konnte, als er wieder bei Sinnen war. Vollkommen verwirrt drehte er den Kopf, rings um ihn herum sah er nur grün. An seine Ohren drang der Abendgesang der Vogelwelt und Kammergarn glaubte sich schon im Himmel.
„Ja, ja!“, rief er dann und versuchte sich aufzusetzen, wurde aber von dem Strick um seine Brust davon abgehalten. „Genauso habe ich mir immer den Himmel vorgestellt! Ich wusste doch, dass ich nicht im Höllenpfuhl enden würde, wie mir die Priester immer weismachen wollten!“ Dann spürte er ein seltsames Beben, das über seine Brust lief. Der Hurvenik spazierte über den Oberkörper Kammergarns und blieb dann stehen.
„Na, Dicker! Wieder wach? Das ist noch nicht das Paradies. So leid es mir auch tut dich enttäuschen zu müssen“, sagte er dann und knüpfte den Strick auf, der Kammergarn sichern sollte. Der blickte die kleine Gestalt an, als würde er gleich den Verstand verlieren. Dann aber kehrte seine Erinnerung wieder zurück, er fasste nach seiner verletzten Schulter und sofort durchzuckte ihn glühender Schmerz.

„Da war dieser Riesenkerl. Ich dachte schon, jetzt isses aus mit mir!“, langsam fielen ihm wieder die letzten Momente ein, bevor er das Bewusstsein verloren hatte. „Wo ist Simon?“, fragte er dann und wusste doch schon Bescheid, als der Hurvenik nur traurig den Kopf schüttelte.
Langsam erkannte der Impresario auch in welcher Höhe die beiden weilten und wurde nur umso grüner im Gesicht, als er durch das dichte Blätterdach hindurch hinunter auf den Boden blicken konnte.
„Oh, nein und das mir!“, rief er dann aus. „Du weißt doch ganz genau, dass ich unter einer grauenhaften Höhenangst leide!“, wunderte sich aber nicht im Mindesten darüber, wie er denn hierher gekommen sein mochte. Kammergarn war lange genug bei den Hurveniks, um zu wissen, was diese kleinen, zähen Kerle nicht alles fertigbrachten. Dann lehnte er stöhnend wieder den Kopf zurück.
„Meinst du wirklich, der kleine Simon ist tot?“, fragte er dann und blickte nachdenklich in das dichte Grün über sich.
„Ich befürchte das Schlimmste!“, meinte Krautschuk nur und starrte wütend vor sich hin. „Alle weltlichen Dinge sind nur ein Traum im Frühling. Betrachte den Tod als Heimkehr, wie der große weise Fandango sagte“, sprach der Kleine und dieses Mal hatte auch Kammergarn nichts an den Weisheiten des Lehrers der Hurveniks auszusetzen.
Bevor es Nacht wurde besah sich Krautschuk noch einmal die Verwundung Kammergarns. Zwar hatte die Blutung gestoppt werden können, doch sah das ganze doch ziemlich böse aus, und er hatte die Vermutung der klaffende Schnitt könnte sich in den nächsten Stunden noch entzünden. Da der Abstieg bei Nacht und dem Nebel, der nun aufkam, keinen Sinn machen würde, beschlossen die beiden den nächsten Tag abzuwarten. Jeder war mit seinen eigenen Gedanken beschäftigt und so redeten sie weiter kaum ein Wort. Die Trauer über ihren Verlust hatte sie sprachlos gemacht.

Am Morgen weckte sie eine solche Kakophonie von Vogelstimmen, wie sie es bisher noch nicht erlebt hatten. Hier in luftiger Höhe verbreitete die Vogelwelt einen solchen Lärm, um den Anbruch des Tages zu feiern, dass Kammergarn und Krautschuk sich kaum verständigen konnten. Der Hurvenik kümmerte sich noch einmal um die Verletzung des Dicken, der ein wenig fiebrig wirkte, wie Krautschuk den Eindruck hatte. Der Abstieg stellte sich als wesentlich mühevoller heraus, als das Erklettern des Riesengewächses. Der Kleine mühte sich redlich damit ab, Kammergarn sanft abzuseilen, doch zappelte dieser so sehr, als er frei in der Luft schwebte, dass es auch die enormen Kräfte des Hurveniks beinahe überstiegen hätte, ihn sicher wieder auf die Erde zu bringen. Schließlich gelang ihnen dies Unternehmen dann doch noch, ohne dem Impresario allzu viele Kratzer zuzufügen, davon hatte der ja auch schon mehr als genug abbekommen. Ihrer Reittiere verlustig, ohne Proviant, inmitten des Schimmerwaldes herumzuirren, noch dazu mit einem Verletzten, machte für den Hurvenik keinen Sinn, daher hatte er in der Nacht einen einsamen Entschluss gefasst. Sie würden die kleine Sippe der Hurveniks aufsuchen, die weiter südlich am Rande des Waldes sich seit einigen Jahren eingerichtet hatte und weitab von ihrem Volk ganz auf sich gestellt dort lebte.

Man hatte sie als Abtrünnige bezeichnet, da sie nicht nach den ewigen Wahrheiten des großen Meisters Fandango ihr ganzes Leben und Streben ausrichten wollten. Ja, sie hatten sogar die Unverfrorenheit besessen sich gegen die Lehren aufzulehnen und sich einen eigenen Meister erkoren. Krimpelknarz war einer der ältesten Hurveniks gewesen, die jemals über diese schöne Erde gewandelt waren, er hatte viele Länder und Meere bereist und aus jeder Ecke des großen Pfannkuchens sich seine Weltanschauung zusammengezimmert, die dadurch in vielerlei Hinsicht noch etwas abstruser schien, als die des großen Fandango. Inzwischen jedoch lebte selbst Krimpelknarz nicht mehr und dort, wo er seine körperliche Hülle abgestreift hatte, um in das große, goldene Garnichts einzugehen, dort hatte sich sein Clan niedergelassen, um auf seine Wiederauferstehung als körperlose Nichtigkeit zu warten, die die Hurveniks Tag für Tag an seinem Grabhügel herbeibeteten.
Eigentlich unterschieden sich die Lehren von Meister Fandango und Krimpelknarz für das ungeschulte Auge gar nicht so sehr voneinander. Im Prinzip ging es immer nur darum sich aufzulösen, eins zu werden mit Allem, den Verlockungen der Welt möglichst zu entsagen und schließlich die Vollendung im grenzenlosen Nichts zu erreichen, wie die Hurveniks es ausdrückten. Um ehrlich zu sein stritt sich das kleine Volk nur bisweilen über die Schreibweise dieses oder jenes Wortes. Noch dazu hatten sich die Mitglieder des Clans irgendwie damit angefreundet als Außenseiter zu gelten, so konnten sie sich als etwas ganz Besonderes fühlen und ihre Einzigartigkeit mit jeder Faser auskosten. Allein deshalb verweigerten sie immer noch die Rückkehr nach Heimdahl, wo sie auf herzlichste Art und Weise willkommen geheißen werden würden. Und ist es nicht eigentlich vollkommen egal, wie man das Wort 'Larmoyanz! ' buchstabiert?

Die letzten zwei Tage auf der Blinkaboing vergingen dann wie im Fluge. Den Abend vor dem Einlaufen in den Hafen von Lacrima verbrachten die Freunde noch einmal in der Gesellschaft von John Appeldorn, der die gute Veronica immer noch für den alten Seebären hielt, als den Wondraczek sie verkleidet hatte. Appeldorn hielt den Nattich wohl für einen Papageien und machte daher ständig Witze über die ehrenvolle Zunft der Seeräuberei. Der berüchtigte Käpt'n Flint soll ja immer mit einem solchen Vogel auf der Schulter herumgelaufen sein, so berichten zumindest alle Anekdoten über den finsteren Gesellen. Der Löwennattich schien sich auf Simons Schulter auch äußerst wohl zu fühlen, und wich dem Jungen kaum je von der Seite. Simon begann die seltsame Redewendung ‚Du hast wohl einen kleinen Mann im Ohr', jetzt auf eine ganz andere Weise zu sehen. Genauso kam er sich nämlich vor, seitdem ständig der Schnabel des Vogels in Reichweite seines Gehörganges war und nicht damit aufhörte den Äther in Schwingung zu bringen. Soll heißen: der Vogel redete ohne Unterlass, als hätte sich auf seinem langen Flug übers Meer so einiges an Gedanken in ihm aufgestaut, die nun unbedingt herauswollten. Besonders die Kleidung Simons, wie auch die der übrigen Passagiere, schienen sein schier grenzenloses Missfallen zu erregen.
„Mit was für hässlichen Lappen ihr Menschen euch doch einhüllt. Sogar euch hässlichen Hautbeuteln würde doch ein Gefieder wesentlich besser zu Gesicht stehen!", war noch

die freundlichste Feststellung, die der Vogel zu diesem Thema machen konnte. Simon verbrachte den Abend damit sich jeden einzelnen Reisenden in einem anderen Federkostüm vorzustellen. Würde der Kapitän nicht einen prächtigen Gänsegeier abgeben? Appeldorn sah er als würdigen alten Dompfaff und Gräfin Reitzenstein, mit ihrem dünnen Hals, als einen ernst dreinblickenden Schwan. Zum Glück bemühte sich der Nattich seine Äußerungen nicht lauthals hinauszuposaunen, sondern raunte dies alles leise in Simons Ohr.

„Und dann das, was ihr gemeinhin als Musik bezeichnet!" Die Kapelle hatte wie jeden Abend in kleiner Besetzung angefangen zum Dinner vor sich hin zu klimpern. „Was ist das alles gegen den wunderbaren Gesang der erwachenden Vogelwelt am frühen Morgen?" Der kleine Kerl hatte wirklich an allem und jedem etwas auszusetzen. „Und dann dieses Essen, reinster Kannibalismus!" Der Löwennattich blickte voller Ekel auf den Teller, der soeben vor Simon gestellt worden war.

„So viel Unterschied besteht nun wirklich nicht zwischen euch und dem armen Schwein, das du jetzt gleich verschlingen wirst! Du solltest dir ein Beispiel an Wondraczek nehmen!" Anerkennend nickte der Vogel dem Vampyr zu, der sich soeben genussvoll über seinen Tomatensalat hermachte. Simon fand schließlich auf dem Buffet eine Schale mit gerösteten Sonnenblumenkernen und konnte so dem Vogel für einige Zeit den Schnabel verschließen.

Appeldorn schien sich wieder vorzüglich mit Veronica zu unterhalten. Beständig schlug er ihr vertraulich den Ellenbogen in die Rippen, wenn wieder mal ein echtes Prachtweib den Speisesaal betrat und blinzelte dabei anzüglich mit den Äuglein. Simon hoffte inständig die Bärin würde sich für die Rippenstöße nicht noch mal reflexartig revanchieren, aber die brummte nur wie bestätigend auf die Unverschämtheiten des alten Seemannes. Frau Sandelmann hatte sich inzwischen in der kleinen Bibliothek mit Büchern über die Himmelskörper und ihren Stand am nächtlichen Firmament eingedeckt und blätterte während des Essens ganz aufgeregt darin. Sie hatte keine Ahnung, warum sie sich für dieses Thema plötzlich so erwärmte, doch kam ihr dies keineswegs seltsam vor. Einige Jahre später sollte sie selbst ein astrologisches Werk verfassen, das in der Fachwelt für einiges Aufsehen sorgen sollte. ‚Massaker bei Vollmond' behandelt den Zusammenhang von Mondphasen und kriegerischen Handlungen in der Geschichte des Kontinents, wurde allerdings von ernsthaften Wissenschaftlern als Schöpfung einer Dilettantin reinsten Wassers eingestuft. Schließlich jedoch spaltete dieses Werk die alte Wissenschaft des Sterndeutens, man sprach jetzt von Astronomie und Astrologie, und heute noch streiten sich die Gelehrten um die Deutungshoheit ihrer jeweiligen Zweige. Die einen beschimpfen die anderen als bloße Kristallkugelgucker, während wiederum die Sternendeuter ihre, eher naturwissenschaftlich gesinnten Gegner, Förmchenstecher titulieren, da sie sich ja nur mit der Entstehung und Form der jeweiligen Himmelsscheibchen beschäftigen. Während die Mutter in ihre Lektüre vertieft war, saß der Knabe Karl-Friedrich steif neben ihr und konnte die Augen nicht von Arthur Blomquist abwenden, dessen Erscheinung ihm eine fürchterliche Angst einzujagen schien.

Der Kapitän hielt eine kleine verschnarchte Ansprache und empfahl den Passagieren dringend eine Besichtigung des Klosters auf Lacrima, wo man weiteren Proviant am

morgigen Tage zuladen und dort über Nacht vor Anker gehen würde. Einen längeren Aufenthalt auf dem Eiland hatte nahezu niemand im Sinn, war das Wetter auf der Insel doch allzu berüchtigt, trotz all der Hochglanzbroschüren, die das Fremdenverkehrsamt auf den Markt warf.
Und richtig, zwei Stunden bevor die Blinkaboing am nächsten Morgen in den Hafen einlief, wurde es dunkler und dunkler um das Schiff. Gerade noch hatten die vormittäglichen Sonnenstrahlen die Schiffsplanken vom Tau befreit, da tauchten schon die ersten Regenwolken auf. Als dann die Landmasse der Insel zu sehen war, konnte man den Eindruck gewinnen, dass nur über diesem Eiland allein sich alle Wolkenberge der Welt sammelten, um gemeinsam einen Kriegszug Richtung Kontinent zu unternehmen. Bedrohlich schwarz gefärbt stand der niedrige Himmel über Lacrima, aus dem anscheinend unentwegt bindfadenartig der Regen auf das Land niederfiel.
Im Hafenbecken der Insel war das Meer so tief, dass ein Anlegen an der Mole möglich war, obwohl es ein recht abenteuerliches Unternehmen war, das riesige Schiff dort an die richtige Stelle zu bringen. Dafür benötigte man einen dampfbetriebenen Schleppkahn, der vor die Blinkaboing gespannt wurde und das Schiff zu seinem Ankerplatz ziehen sollte. Dies zog sich über Stunden und Stunden hin, und die Passagiere begannen allmählich unruhig zu werden. Alle schienen es plötzlich sehr eilig zu haben endlich wieder festen Boden unter ihren Füßen zu verspüren, daher brachten sie keinerlei Verständnis für die Langwierigkeit des Einparkprozesses auf, besonders da die Anlegestellen keineswegs überfüllt gewesen waren. Außer einem Kanonenboot des ehemals kaiserlichen Hofes, dass hier zur Abschreckung der wenigen Piraten, die allerdings nur noch zeitweilig diese Gewässer unsicher machten, abgestellt war und ein paar kleineren Fischerbooten, die meisten waren wohl schon frühmorgens hinaus in entlegenere Fanggründe gezogen, waren keine Schiffe hier vertäut.
Simon jedoch beobachtete das Geschehen fasziniert, bei ihm kam keine Langeweile auf. Nur störte ihn, dass der Löwennattich, der wie immer auf seiner linken Schulter saß, ihm ständig Beschwerden über das miese Wetter ins Ohr raunte. Es regnete ohne Unterlass.
Endlich lag dann die Blinkaboing an dem ihr vorbestimmten Platz. Die kettenbetriebene Gangway wurde rasselnd wie eine Zugbrücke heruntergelassen und die Passagiere strömten von Bord, um zuallererst die vielen Souvenirbuden im Hafenviertel aufzusuchen und sich mit dem Krimskrams einzudecken, den sie dann, wieder Zuhause, den neidisch blickenden Anverwandten unter die Nase reiben wollten. Ein zweifelhaftes Vergnügen, an dem jedoch kein Tourist, der diese Sache ernsthaft betreibt, vorbeikommt.
Auch für die weniger vermögenden Reisenden war eine breite Planke ans Ufer geschoben worden, so dass auch der Bauch des Schiffes sich allmählich leerte. Ausgezehrte Gestalten kamen zum Vorschein, deren Gesichtern man ansehen konnte, dass für sie diese Reise beileibe kein Vergnügen gewesen war. Da keiner der Passagiere, mit denen die Freunde näher in Kontakt gekommen waren, das Kloster besuchen wollte, hatte Simon beschlossen, endlich die Maskerade zu beenden und sich wieder wie ein Junge zu kleiden. Diese Verwandlung schien auch niemandem sonderlich aufzufallen, Wondraczek jedoch spielte noch ein Weilchen den ältlichen Herrn. Veronica, alias Blomquist, hatte einige Schwierigkeiten aufrecht gehend die steile Gangway hinunterzuschreiten, hielt

sich aber dennoch tapfer auf ihren Hinterpfoten, brummte aber wie missgelaunt dabei, was die nachkommenden Ausflügler jedoch für ein Fluchen, des miserablen Wetters wegen hielten.
Simon hielt beständig in der Menge Ausschau nach dem fiesen Gesicht Weybrechts, konnte diesen aber nicht entdecken. Der Hauptmann würde jedoch keineswegs die Fahndung nach ihnen aufgegeben haben, da war sich der Junge sicher. Ein in den fröhlichen Farben des hiesigen Fremdenverkehrsverbandes gekleideter Reiseleiter, besonders in tristen Gegenden legt man ja in dieser Branche viel Wert auf möglichst bunte Uniformen, um über die widrigen Umstände hinwegzutäuschen, begrüßte die Passagiere gleich als sie unten angekommen waren. Der junge Mann begann sofort damit einige bunte Zettelchen, auf denen die verschiedenen Attraktionen des Insellebens aufgelistet waren, zu verteilen. Der Vampyr studierte eifrig eines der Blätter, auf dem eine Liste der Unterkunftsmöglichkeiten abgedruckt war, beschloss gleich hier in der Nähe des Hafens ein Pensionszimmer anzumieten, und erkundigte sich dann bei dem Uniformierten nach dem Weg zur Pension Seeblick, die wie sich herausstellte, nur hundert Meter in einer kleinen Sackgasse dann auch leicht zu finden war. Schnell waren sie mit der Zimmerwirtin einig geworden, einer alten Seemannswitwe, die Arthur Blomquist merkwürdige Blicke zuwarf, so kam dies jedenfalls Simon vor. Auch ihr tischten sie wieder die Lüge mit dem Schweigsamkeitsgelübde auf, was die Dame Blomquist noch bewundernder ansehen ließ. Da schon in einer Viertelstunde der Bus zum Kloster abgehen sollte, wie ihnen mitgeteilt worden war, beeilten sie sich Veronica nach oben in das geräumigste Zimmer zu schaffen, das die Pension Seeblick zu bieten hatte. Hier erzählte Wondraczek der Wirtin noch etwas von der merkwürdigen Landkrankheit des Seemanns, die immer in den ersten Tagen des Landaufenthalts aufträte, und bei dem armen Mann jedes Mal fürchterliche Schwindelanfälle auslöste. Wirklich hatte die Bärin einige Schwierigkeiten gehabt, die steile Stiege nach oben aufrecht zu bewältigen, dies lag allerdings an der Enge des Treppenhauses. Man verfrachtete den Seebären sofort ins Bett und Frau Samsewitz beschloss erst einmal eine kräftige Tasse Tee zuzubereiten um den Herrn zu stärken. Dann beließen sie Veronica in den Händen der guten Frau, schärften ihr aber ein, Blomquist in ihrer Abwesenheit nicht zu stören. Die ersten Stunden auf dem viel zu feststehenden Boden würden ihn immer furchtbar müde machen.

Soylentius hatte beschlossen den, wegen des Gestankes, der so schwer über der Stadt lastete, arg verärgerten Bürgern von Hallgard doch noch ein Schauspiel zu geben, dass zum einen die Gemüter besänftigen, zum anderen auch als Abschreckung eventueller Nachahmungstäter dienen sollte. Er hatte entschieden die Hurveniks in aller Öffentlichkeit hinrichten zu lassen. Zuerst war der Zauberer zwar der Meinung gewesen, die kleinen Kerle könnten ihm unter Umständen noch nützlich sein. Jetzt aber musste er einsehen, dass die Wichte immun waren gegenüber jeglicher Form von Verhörpraktiken. Lothar der Folterknecht hatte doch tatsächlich einen der Wichte auf die Streckbank gespannt, um den Kleinen einmal auf eine vernünftige Körpergröße zu bringen. Dies hatte sich jedoch als böser Misserfolg herausgestellt. Eine Zeitlang schien sich der Wicht tatsächlich recht gut langziehen zu lassen, dann jedoch zog sich das Männlein so abrupt wieder zusammen, dass Lothar nun beim Zimmermann eine neue Streckbank in Auftrag hatte geben müssen, da diese sich vollends in alle ihre Einzelteile aufgelöst hatte. Ja sogar er, seines Zeichens ein Folterknecht der Meisterklasse, hatte ein Stück des splitternden Holzes abbekommen, und eine frische Narbe zierte nun sein von Pickeln übersätes Gesicht. Aus diesem Grund nun hatte Soylentius beschlossen an den Gefangenen ein Exempel zu statuieren und sie hinrichten zu lassen. Da er ihre körperlichen Fähigkeiten mittlerweile nicht mehr einschätzen konnte, war der Zauberer auf den Gedanken gekommen, die Wichte auf den Scheiterhaufen zu bringen. Diese Hinrichtungsart schien ihm angemessen für die kleinen Dreckskerle zu sein und das Feuer würden sie nun keineswegs überleben können, auch wenn sie über noch so absonderliche Fähigkeiten verfügten Auch konnte er Baron Bodo mit dem Spektakel von so etwas Aufregendem wie einer Massenhinrichtung ein wunderbares Geburtstagsgeschenk machen. Noch dazu würden die abergläubischen Stadtbewohner umso mehr Respekt dem Alchimisten entgegenbringen, wenn gleich ein ganzer Trupp von Geschöpfen auf dem Scheiterhaufen den Tod finden würde, von deren Existenz die meisten Leute nur noch aus Schauerromanen her wussten. Kaum einer hatte jemals einen solchen Screechie leibhaftig zu Gesicht bekommen und Soylentius weidete sich jetzt schon in Gedanken am Anblick der mit offenen Mündern staunenden Spießbürger.

Der Zauberer rieb sich die Hände und starrte erneut in die kalten Flammen seines Kaminfeuers. Verdammt kalt hier drin, dachte er. Warum ist es nur immer so kalt? Melchidiekes allerdings würde er sich für eine andere Angelegenheit aufsparen. Vielleicht war von diesem doch noch etwas zu erfahren. Soylentius konnte sich vorstellen, dass sein alter Feind längst die letzten Rätsel in Bezug auf das Gezeitensieb geknackt haben könnte. Vielleicht würde es ihm gelingen mit dessen Hilfe endlich das entsprechende Material in diese Welt herüberbringen zu können, um endlich dieser Farce ein Ende zu machen und sich selbst zum Herrn über das Land zu erheben. Doch die Zeit lief ihm davon. Wenn die Leute erst mal feststellen mussten, dass die Münzen, die sie als Begleichung aller offenstehenden Rechnungen erhielten, sich in einen stinkenden Brei verwandelt hatten, würde es zu spät sein.

Die holde Priscilla war auf eine Weise von den Berichten ihres Liebhabers Grimmbert fasziniert, die diesem fast Angst zu machen begann. Längst hatte die Maid herausgefunden, dass der Onkel ihres Bettgefährten nichts Gutes im Schilde führte und nach und nach hatte sie Grimmbert mehr und mehr Interessantes über den Magister entlockt. Nur von eiskaltem Machtstreben schien der Zauberer geleitet zu sein. Es würde so kein gutes Ende nehmen, weder mit Baron Bodo noch mit ihr selbst, wenn Soylentius endlich die Maske fallen ließe. Dagegen musste etwas unternommen werden, doch konnte sie Grimmbert so weit vertrauen, dass sie ihn in ihre Pläne mit einbeziehen konnte? Wohl kaum, der junge Mann schien zwar seinem Ziehvater gegenüber keinerlei Liebe zu empfinden, doch konnte sich Priscilla auch nicht vorstellen, dass Grimmbert sich offen gegen Soylentius stellen würde. Hier würde sie geschickt manövrieren müssen.

Sehr interessant erschien ihr der gefangene Magier zu sein, der tief unten im Verlies der Festung einsaß. Grimmbert hatte ihr von der Feindschaft berichtet, die Soylentius diesem Mann gegenüber empfand, doch schien der Häftling über einige Fähigkeiten zu verfügen, die ihn für den Zauberer unentbehrlich machten. So stand er schließlich nicht auf der Liste der zum Tode durch Verbrennen verurteilten Verbrecher, obwohl er doch des gleichen Vergehens beschuldigt worden war wie die anderen Rebellen.
Dieser Athanasius, wie er sich nannte, mochte der Schlüssel sein, der sie dazu befähigen konnte, die Pläne des finsteren Zauberers zu vereiteln. Doch musste sie es geschickt anstellen und sich zu diesem Zweck weiterhin so dumm stellen, wie es sich für eine feine adlige Dame eigentlich nun mal geziemt. Sie würde diesen geheimnisumwitterten Gefangenen aufsuchen müssen, um zu sehen, ob aus ihm irgendetwas herauszukitzeln war. Wenn die Androhung von Gewalt auch nichts bei dem Magier ausrichten konnte, dann würde vielleicht sie, Priscilla, es schaffen. Schließlich verfügte sie ja über die berüchtigten Waffen einer Frau.
Man muss Priscilla zugutehalten, dass sie keineswegs Machtgelüste antrieben. Nein, weit gefehlt! Einzig der Sinn für Gerechtigkeit war ihre Triebfeder, es war einfach nicht mehr zu ertragen, was in diesem Lande in den letzten Jahren vor sich gegangen war. Auch die Veränderung im Wesen ihres Gemahls machten ihr seit Jahren zu schaffen. So hätte es Priscilla noch vor einiger Zeit niemals für möglich gehalten, ihrem angetrauten Ehemann untreu werden zu können. Dies wäre ihr nie in den Sinn gekommen. Doch mit den Jahren breitete sich eine Sehnsucht in ihrem Herzen aus, die der Baron nicht zu stillen in der Lage war.
Priscilla war eine stolze Frau, aus einem ebenso stolzen Geschlecht entstammend. Sie war erst im Laufe ihrer Ehe zur Frau herangereift, hatte sie den Baron Bodo schon im zarten Alter von sechzehn Jahren geheiratet, beziehungsweise war mit demselben aus Gründern der Staatsraison vermählt worden. Ihrem Vater, dem Herzog von Kopoks, aus der Familie der Quarlodinger, war dieser Schritt durchaus schwergefallen, wie zu seiner Verteidigung vorgebracht werden muss. Die Grafschaft Kopoks war eigentlich schon seit sehr langer Zeit im Prinzip vollkommen bankrott. Schon in den alten Tagen, damals als der Urahn Valentin vom Kaiser in den Adelsstand erhoben worden war, er hatte sich im neunzehnjährigen Krieg als Heerführer einen guten Namen gemacht, war es um die Ländereien nicht gerade gut bestellt gewesen. Die Gegend um die Stadt zeichnete sich durch einen äußerst unfruchtbaren Boden aus. Auch der findigste Bauersmann war kaum in der Lage einem Hektar Land mehr als nur ein paar Doppelzentner Weizen, Hirse oder Korn abzugewinnen. Andere Einnahmen, als die aus der Landwirtschaft stammenden, konnten kaum erzielt werden. Weder gab es in diesen Breiten größere Erzvorkommen, noch war das Land voller erfindungsreicher Köpfe, die einem Weiterkommen der industriellen Entwicklung Vorschub hätten leisten können. So biss, als ihm das Wasser schon bis zum Halse stand, Herzog Gosbert in den sauren Apfel, schickte seine einzige Tochter hinaus in die Fremde, um so zum einen eine enorme Mitgift einzustreichen, zum anderen hegte er die Hoffnung intensive wirtschaftliche Beziehungen zu Hallgard würden seine Grafschaft auch längerfristig aus der Misere ziehen können. Solange Hjalmar noch am Leben war, hatte sich diese Transaktion auch noch zu

Gunsten des Herzogs ausbezahlt, jetzt aber waren die Kassen wieder leer, und von Bodo war keinerlei Hilfe mehr zu erwarten. Auch diese Tatsache lastete Priscilla einzig und allein dem Soylentius an, seitdem der in der Festung Hallgard das Sagen hatte, war der Baron so ganz und gar verändert, und so war die Unterstützung die vorher ihrer Familie zuteil geworden war, endgültig versiegt.

Nachdem Bodo den Palast verlassen hatte, um seiner Tätigkeit als Trainer des FC Gardiola nachzugehen, hatte sich Priscilla vor ihrem großen Garderobenspiegel schnell noch etwas aufgehübscht und sich dann auf den Weg tief nach unten ins Verlies begeben. Der Wachmann erstarrte vor Schreck als er, durch die Klappe schielend, die Baroness vor der Türe stehen sah, und war für einen Augenblick keines vernünftigen Gedankens mehr fähig.
„Mach auf, deine Herrin befiehlt!", sagte daraufhin Priscilla und wunderte sich über sich selbst. Sie hatte vorher noch nicht geahnt, eines so herrischen Tonfalls mächtig zu sein.
Der Kerkermeister öffnete schließlich und verbeugte sich steifgliedrig vor der Baronin. Seine schreckgeweiteten Pupillen vermochten nicht ihr ins Gesicht zu sehen. Dieses Vorkommnis war von einer Einzigartigkeit, die den Alten sprachlos machte. Noch nie hatte die Gattin des Barons Einlass in die Carcerräume verlangt, auch die Mutter von Bodo und deren Mutter wären niemals auf eine solch absurde und unziemliche Idee gekommen.
„Wärter, führe mich zu dem, den man Athanasius nennt!", wieder sprach Priscilla mit selbstverständlichster Autorität.
„Aber, Euer Gnaden!", wagte der Alte einzuwerfen, und hielt dabei die Augen auf den Boden gerichtet. „Niemandem ist es erlaubt diesen Häftling mit einem Besuch zu beehren!" Es war ihm die Anstrengung anzusehen, sich möglichst vornehm auszudrücken.
„Papperlapapp!", rief die Baroness, ein Ausruf den sie sich bei ihrer treuen Zofe abgeschaut hatte. „Führe mich zu ihm, oder du bist der nächste, der es mit den Folterknechten zu tun bekommen wird!" Diese Drohung schien ihr dann doch ein wenig übertrieben und so fügte sie mit süßlich, drohender Stimme hinzu: „Zumindest kannst du sonst die Auszahlung deiner Pension gänzlich vergessen! Und kein dreizehntes Monatsgehalt zum Jahresende!"
Dies überzeugte den Wächter endgültig von der Rechtmäßigkeit des Begehrens seiner Herrin und er führte sie jetzt durch die schummerig, von einzelnen Fackeln beleuchteten, engen Gänge zur Zelle des Magiers.
Der Professor blickte mit leeren Augen auf, als sich die Türe seiner Kammer knarrend öffnete. Ein zarter Duft nach Veilchen und Oleander drang an sein Riechorgan, woraus er schloss, dass es sich hier um einen weiblichen Besucher handeln müsse. Der Duft, dem noch ein Hauch Orange beigefügt war, zeugte von gutem Geschmack. Dieses Parfum würde schon einige Golddukaten gekostet haben.
„Ah Baroness Priscilla, Euer ergebenster Diener!", Athanasius erhob sich von seinem Lager und verbeugte sich tief vor der Baronin. „Was verschafft mir denn die Ehre eines solch hohen Besuches?"
Der alte Wärter war hinter Priscilla stehen geblieben und schien auf etwas zu warten. Sie

drehte sich zu ihm um und herrschte den Mann an: „Warte gefälligst auf deinem Platz, bis ich dich wieder benötige, Kerl!“ Diese Art zu reden begeisterte sie immer mehr, besonders, da der Wächter auf der Stelle kehrtmachte und die beiden alleine ließ, jedoch nicht ohne die Türe wieder zu schließen und den Schlüssel im Schloss zu drehen.
Priscilla war beim Anblick der toten Augen des Professors zuerst ein Schaudern über den Rücken gelaufen, sie hatte nichts von seiner Blindheit gewusst. Würde ein Mann mit einer solchen Behinderung ihr überhaupt helfen können? Sie hatte sich jedoch schnell wieder von ihrem Schrecken erholt, ansonsten machte der alte Mann einen durchaus gepflegten, vornehmen Eindruck. Athanasius saß jetzt schon eine geschlagene Woche hier unten fest, hatte es aber fertig gebracht, die Klamotten, die er auf dem Leibe trug sauber zu halten. Auch war ihm gestattet worden sich regelmäßig zu waschen, er schien eine gewisse Vorzugsstellung unter den Gefangenen zu genießen. Dies lag allerdings an der Abergläubigkeit des Kerkermeisters, der eine solche Angst vor den ungeheuerlichen Fähigkeiten dieser Zauberer hatte, dass er Athanasius diese kleinen Gefälligkeiten bereitwillig tat, um nicht am Ende noch von dem mysteriösen Magier verflucht zu werden.
Die Baroness wusste nicht wie sie beginnen sollte. Sie betrachtete Athanasius noch eine ganze Weile bevor sie zu sprechen begann.
„Wie konntet Ihr wissen wer ich bin, Zauberer?“, fragte sie dann mit fester Stimme.
„Nun, Baroness, dieser Duft, nur einer einzigen Person in diesem alten Gemäuer ist ein solch guter Geschmack zuzutrauen!“, antwortete Athanasius schmeichlerisch und verbeugte sich erneut.
„Ich sehe Ihr versteht es Komplimente zu machen, ganz im Gegensatz zu den meisten anderen eurer Zunft!“, sagte daraufhin die Baroness anerkennend, während sie ein paarmal mit den Händen vor den Augen des Zauberers herumfuchtelte. Sie konnte kaum glauben, dass der Mann wirklich vollkommen blind sein sollte. „Nun, Magister. Ich hörte ihr seid dem Soylentius nicht gerade wohlgesonnen?“
„Das könnte man so ausdrücken, wenn man es ganz besonders höflich würde formulieren wollen!“, meinte der Professor daraufhin beiläufig. Innerlich brannte er darauf zu erfahren, was die Baronin im Sinn hatte.
„Er hat euch ja schließlich hierher gebracht, wenn ich das recht verstanden habe?“, tastete sich Priscilla weiter vor.
„Das könnte man so sagen!“
„Ihr wurdet wegen Hochverrats festgenommen, wenn ich mich nicht irre?“
„Man hat mir noch keine öffentliche Anklage gemacht, Euer Gnaden. Ich sitze hier und harre der Dinge, die da kommen mögen.“, Athanasius zuckte mit den Schultern.
„Ihr wisst, dass euch bei einem solchen Vorwurf nur der Tod durch den Strang erwarten kann?“ Auch diese Feststellung schien den Professor in keinster Weise zu beunruhigen. Das runde Gesicht lächelte sie freundlich an.
„Macht Euch diese Tatsache denn nicht ein klein wenig nervös?“, fragte die Baronin jetzt und ihre Stimme klang auf einmal unsicher.
„Nun, ich sehe mich momentan außerstande irgendetwas an der Situation zu ändern, Mylady!“, sagte Athanasius und fuhr leiser fort. „Es sei denn, ihr wolltet mich hier herausholen.“

„Das übersteigt leider meine Autorität, aber sagt, würdet ihr mich unterstützen, wenn ich etwas gegen Soylentius unternehmen wollte?"
„Ich wüsste nicht wie ich das von hier aus tun könnte, Mylady! Mir sind die Hände gebunden!" Dabei rasselte er mit der Kette, die an seinem Handgelenk hing und an einem Ring an der Wand befestigt war.
„Seht, Magister. Ich bin nur eine schwache Frau, die versucht das Beste für das Land zu erreichen. Mein Gatte ist nicht mehr Herr seiner Sinne. Der Einfluss des Zauberers auf ihn, übersteigt den meinigen bei weitem. Ich möchte, dass hier wieder normale Verhältnisse herrschen, versteht Ihr?"
„Ich verstehe, dennoch müsste ich diese angenehme Wohnstatt baldigst verlassen, wenn noch eine Chance bestehen soll, dem Treiben von Soylentius ein Ende zu machen!"
„Ihr wisst also, was der Magier im Sinn hat, Professor?" Priscilla sah Athanasius fragend an.
„Ach, es ist doch immer dasselbe. Geld, Gold und Macht. Die Herrschaft wird er an sich reißen wollen. Schon als junger Studiosus war er nur darauf aus gewesen, eine möglichst große Schar von Speichelleckern um sich zu scharen, die er dann herumkommandieren konnte und die sich schützend vor ihn stellten, wenn seine Machenschaften ans Licht gekommen waren. Ich kenne den Herrn recht gut, ja!" Athanasius redete sich ein wenig in Wut bei dem Gedanken an seinen Widersacher. „Aber ihr müsst bedenken, Baroness, ihr habt keine Freunde mehr im Palast. Der große Magister hat längst alle auf seine Seite gezogen, entweder mit Geld oder mit Drohungen. Ihr könnt hier niemandem mehr trauen, bedenkt das!"
„Ich denke doch, dass ich mich auf meine Zofe noch verlassen können werde?", wand die Baroness etwas entrüstet ein.
„Vielleicht, Ihr habt sie wohl aus Kopoks mitgebracht und sie war Euch dort schon seit frühester Jugend eine ergebene Dienerin?", fragte Athanasius nun.
„Ja, das war sie! Ich konnte ihr immer alles anvertrauen!", bestätigte Priscilla.
„Nun gut, hoffen wir einmal, Soylentius hat sie noch nicht auf die Liste mit den Leuten gesetzt, die ihm einmal nützlich werden könnten."
„Niemals, wie könnt ihr nur so von ihr denken!", rief die Baroness aus. Dieses Misstrauen ihrer Zofe Amelie gegenüber, empfand sie beinahe als Affront.
„Aber es gibt jemanden im Palast, dem ihr euer Vertrauen schenken könnt. Der einzige, der wirklich unser Verbündeter werden könnte, ist Lugbert von Drumming."
„Der Narr? Aber Professor, wozu kann denn ein solcher Kerl noch nutze sein?"
„Unterschätzt die Narren nicht, Mylady, so mancher dieser Schelme verfügt über mehr Weisheit, als ein König jemals wird erringen können!"
„Ein Narr bleibt doch immer nur ein Narr! Wer wird den schon ernst nehmen, wenn er mit seiner Schellenkappe angewackelt kommt. Ich habe ihn nie gemocht, den schleimigen alten Kerl." Priscilla war ernsthaft erzürnt über den Vorschlag Lugbert ins Vertrauen zu ziehen.
„Der schleimige, alte Kerl hatte in früheren Zeiten immerhin doch ein hohes Ministeramt inne!", warf Athanasius ein. „Und ich weiß um sein vollkommen integres Wesen. Und er ist ein erklärter Feind des Soylentius, wenn nicht sogar ein Gegner eures Gatten, Mylady."

„Ich möchte nicht, dass mein Gemahl irgendwie zu Schaden kommt. Obwohl ich ihn nie geliebt habe, war er doch immer anständig mir gegenüber gewesen, bevor, ja bevor…“
„Bevor der Magister Alchimist auf die hallgardsche Bühne getreten ist. Das wolltet ihr wohl sagen, Gnädigste.“
„Ich hätte es nicht besser ausdrücken können. Aber was soll denn der Narr schon ausrichten können?“ Priscilla beobachtete den Professor, der tief in Gedanken versunken zu sein schien.
„Äh, ja Baroness!“ Athanasius schreckte hoch und wirkte beinahe erstaunt über die Anwesenheit der adligen Dame in seiner Zelle. „Doch Mylady, Lugbert verfügt immer noch über einigen Einfluss, ob Ihr es nun glaubt oder nicht. Man kann zwar über Nacht zum Hofnarren degradiert werden, doch verliert man dadurch nicht sofort alle Beziehungen, die man sich über die Jahre aufgebaut hat. Das Beste wäre es, wenn ihr ihn dazu bringen könntet mir hier in diesem trauten Kämmerlein einmal einen Besuch abzustatten, oder Ihr könntet ihn gegebenenfalls davon überzeugen, dass ich in Freiheit nützlicher für die Grafschaft sein könnte, als hier unten bei den liebenswerten Ratten.“
„Nun, das will ich gerne tun. Aber wird er überhaupt eingelassen werden? Schließlich ist er doch nur der Narr.“
„Er wird schon Mittel und Wege finden etwas zu veranlassen, verlasst Euch darauf, Mylady! Doch nur, wenn er sicher ist, dass es dem Lande von Nutzen sein könne.“
Der Professor verabschiedete sich in aller Form von der Baronin, obwohl ihm wegen der Ketten eine galante Verbeugung nicht möglich war und blieb sehr nachdenklich auf seinem Lager zurück.
Priscilla verließ die Kerkerräume nicht ohne dem alten Wächter einzuschärfen, niemandem gegenüber etwas von ihrer Anwesenheit hier unten verlauten zu lassen. Sie unterstrich dies durch einen besonders herrischen Tonfall, als sie die engen Flure nebeneinander herliefen. Dann drehte sich die Baroness noch einmal zu ihm um, drückte dem Alten zwei goldene Münzen in die Hand, lächelte und sagte: „Treue Dienste werden auch entsprechend entlohnt!“
Durch diesen klugen Schritt brachte Priscilla es tatsächlich fertig, dass kein Ton über ihren Gefangenenbesuch weitergetragen wurde.

Auf dem Klosterhof hatten sich nur wenige Touristen eingefunden, die zu dieser frühen Stunde schon bereit gewesen waren, diese Mühsal auf sich zu nehmen. Eine solche Tour stellt wohl nur für die wissbegierigsten Reisenden eine wirkliche Verlockung dar. Wer interessierte sich auch schon für Dinge wie altertümliche Altäre, Wandmalereien und die althergebrachte Lebensweise der kuttentragenden Bewohner eines solch ehrwürdigen Gemäuers.

Wondraczek jedoch hatte ihrer Beteiligung an einer Führung durch das Kloster mit einem Hintergedanken zugestimmt, denn wenn jemand etwas über die Lage des Gezeitensiebes wusste, so könnte dies nur ein Klosterbruder sein. Wenn keiner von denen in der Lage war ihnen weiterzuhelfen, dann wäre bestimmt etwas darüber in den Archiven verzeichnet, die seit Jahrhunderten hier geführt wurden. Alles, was die Insel Lacrima in irgendeiner Weise betraf, musste in der riesigen Bibliothek des Klosters zu finden sein.

Das kleine Trüppchen stand im Hof und wartete geduldig auf das Erscheinen ihres Führers. Die Mönche schienen es mit der Pünktlichkeit nicht zu genau zu nehmen, denn zwanzig Minuten später war immer noch niemand aufgetaucht, um sich um die Touristen zu kümmern. Die Mittagssonne pratzelte auf den matschigen Platz, ein äußerst seltenes Ereignis auf jenem Eiland, das ja gerade wegen seines miserablen Wetters so vielgerühmt war. Einige übermannshohe Heiligenstatuen waren wie zufällig über die Fläche hingestreut, als ob sich die dargestellten Herrschaften auf einer dieser Dinnerparties befänden, auf denen die Leute meist vereinzelt in den Ecken herumstehen und sich nur hier und da einmal ein Grüppchen zusammenfindet, um dann Belanglosigkeiten auszutauschen.

Simon erkannte den Heiligen Benjamin, leicht von jedem anderen zu unterscheiden, durch die besonders grotesken Umstände seines Todes. Die heidnischen Ureinwohner des Kontinents hatten den frommen Mann, laut der Legende, mit einer Art antiker Planierraupe plattgewalzt und dann wie zum Trocknen auf eine Leine gehängt, als sein Körper nur noch wenige Zentimeter dick, dafür aber unnatürlich in die Länge gezogen war. Hier stand er nun spindeldürr in Stein gemeißelt, fröhlich mit dem Buch der Bücher winkend auf dem sonnendurchfluteten Platz, die Gesichtszüge entstellt, wie breit grinsend. Es war ein Wunder, dass ein steinernes Monument von nur zehn Zentimetern Dicke und einer Höhe von drei Metern und fünfzig all die Jahre hier dem immerwährenden Regen hatte trotzen können, aber mit Wundern kannten sich die Mönche schließlich bestens aus. Nicht weit von Benjamin befand sich die Heilige Utenliese, ein bärbeißiges Weib, dass den Heiden solange die Bibel um ihre krausen Köpfe geschlagen hatte, bis diese dann schlussendlich das Prinzip der Nächstenliebe endgültig und gründlich missverstanden hatten und die arme Frau teerten und federten. Daher wurde die Heilige auch immer mit dem Gefieder eines halb gerupften Hühnchens dargestellt. Wahrlich kein schöner Anblick war jedoch der Heilige Lukretius, dessen Abbild unweit der klösterlichen Ställe zu finden war. So eine Pfählung ist nun wirklich nicht gerade

eine angenehme Art und Weise das Zeitliche zu segnen. Aber lassen wir hier besser die Märtyrer allein, denn ein Mönchlein näherte sich nun der Touristengruppe mit einem fröhlichen Lächeln im rundlichen Gesichtchen. Die Tonsur, die er wohl in früheren Jahren, wie alle hier, getragen haben musste, hatte sich zwischenzeitlich über seinen ganzen Schädel ausgedehnt. Ja, der altersgerechte Haarausfall hatte auch vor Wimpern und Brauen nicht Halt gemacht und auch kein einziges Barthaar schmückte seine vollen Wangen. Dafür spiegelte sich nun die Scheibe der Sonne recht anmutig auf seiner Glatze.
„Herzlichen willkommen, liebe Gäste!“, hob der kleine Mann jetzt an. „Entschuldigen sie bitte mein so spätes Erscheinen. Eine Maus hatte sich im Schweinetrog verirrt und ich musste das arme Wesen vor den gierigen Borstentieren erretten! Bei dieser Ausrede blickten sich die Anwesenden erstaunt an und glaubten dem Mönch kein einziges Wort davon.
„Sie wissen ja, die Liebe zu allen Geschöpfen des Herrn verpflichtet uns zu immerwährender Aufmerksamkeit.“
Wirklich wurde den Verificiensermönchen nachgesagt, sie würden keinem Lebewesen, ob Mensch, Säuger, Nager oder Insekt ein einziges Haar krümmen können, es würde ihnen ein schlechtes Karamell verleihen, behaupteten sie, was immer dieses durchaus ehrenwerte Verhalten nun auch immer mit Süßigkeiten zu tun haben mochte.
„Mein Name ist Bruder Edeltran, nennen sie mich doch Vater! Folgen Sie einfach meiner Person und meinen Ausführungen!“, fügte der Kleine dann lächelnd hinzu und streifte sich die Kapuze mit einem Blick nach oben über den Kopf, da es aus heiterstem Himmel zu tropfen begann.
Benjamin und Utenliese waren bald abgehandelt, das Mönchlein hatte noch einige Anekdoten zu jedem Standbild hinzuzufügen, die allesamt aus dem Reich des Fantastischen zu stammen schienen. So behauptete der Klosterbruder doch tatsächlich, der Heilige Eberhard, man hatte diesen übrigens auf dem Scheiterhaufen verbrannt, hätte am Ende seiner Qualen ausgerufen: „Warum ist mir nur immer so schweinekalt!“, und wirklich hätte er als das Feuer gelöscht war, Eiskristalle im Haar gehabt. Die geneigten Zuhörer begannen immer mehr an den Worten des Mönches zu zweifeln.
Durch das riesige Hauptportal der Klosterkirche führte nun zuerst der Weg der wissbegierigen Besucher. Anschaulich berichtete ihr Führer von den Verwüstungen durch die wilden Sammelsuren im vorletzten Jahrhundert. Eine Gruppe abtrünniger Reformisten, die sich von der Mutterkirche abgespalten hatte, um ein Leben führen zu können, das mehr nach ihrem Gusto war. Sie waren nicht gewillt Kirche und Staat zu dienen und hatten sich gegen jede Art von Autorität gewalttätig aufgelehnt. So sah es zumindest die Heilige Kirche selbst, die, nachdem die Abtrünnigen allesamt einen grausamen Tod gestorben waren, natürlich die Bewahrerin der ewigen Wahrheiten bleiben konnte. Dann gab das Mönchlein einige schaurige Geschichten zum Zeitalter der Pest zum Besten, die hier auf Lacrima, wie auch auf dem gesamten Kontinent, in den letzten Jahren des 15. Jahrhunderts wild und unerbittlich gewütet hatte.
„Nur der unbedingte Glaube rettete die Mönche damals vor der Seuche!“, meinte Edeltran dann leutselig. „Nur durch beständiges Lobpreisen wurde uns Rettung zuteil!“
Beeindruckt von der barocken Fülle im Inneren der Kirche, waren die Leute jetzt stumm

vor dem berühmten Taufbecken des Heiligen Domesthoteles stehen geblieben. Andächtig betrachteten die Touristen nun dieses sagenumwobene Artefakt aus der Mitte des vorletzten Jahrhunderts. In eben diesem, aus Granitstein gehauenen Bottich, war also dem großen Philosophen Domesthoteles sein Name verliehen worden, dessen Nennung noch heute die Augen der großen Weisen im Lande vor Bewunderung feucht werden ließ. Was nicht alles verdankte die menschliche Zivilisation diesem einzelnen Menschen. Nicht nur das Wissen um die reibekuchenartige Form dieses unseres Planeten, ging auf jenen großen Mann zurück. (Früher hatten die Leute doch tatsächlich geglaubt, die Erde sei von ihrer Form her eher einem Hühnerei ähnlich) Nein auch für die, nun schon seit langem nachgewiesene Theorie über die Lage unseres Reibekuchens im großen Weltenall, zeigte sich Domesthoteles verantwortlich. Er war der erste, der erkannt hatte, dass die Sonne sich um unseren Planeten dreht, einzig und allein aus dem Grund, für Tag und Nacht, für hell und dunkel, für Wachstum und Verdorren auf unserem Felsen hier unten zu sorgen. Auch hatte der große Mann vielerlei Kunstwerke geschaffen und allerhand wichtige Erfindungen gemacht, ohne die der Fortschritt wohl niemals auf dem Kontinent Einzug gehalten haben würde. Die zahlreichen Biographien über das Leben des großen Denkers füllten ganze Bibliotheken, kein einziger dieser Schreiberlinge hatte sich jedoch darüber Gedanken gemacht, wie der Philosoph dies alles in einer so kurzen Lebensspanne hatte schaffen können. Gut, der Mann war immerhin fünfundachtzig Jahre alt geworden. Doch reichte diese Zeit, die ihm hienieden beschieden war, wirklich aus, um eine ganze Welt umzukrempeln und auf den Kopf zu stellen? Aber dies sind selbstverständlich nur die finsteren Gedanken eines Zweiflers und Häretikers, nicht wert überhaupt niedergeschrieben zu werden.
‚Domesthoteles, allergrößter, alles überragender Mensch! Warst du denn überhaupt ein Mensch? Oder nicht etwa ein göttliches Wesen in Menschengestalt? Ein Riese auf den Schultern von Zwergen? Ein Leuchtfeuer der Aufklärung, das uns herausriss aus den finsteren Zeitaltern der Ahnungslosigkeit? Fleischgewordene Erkenntnis! In Dir vereinigtest Du Kunst, Mathematik und Naturwissenschaften auf unnachahmliche Weise! Ach, doch auch Du musstest dahinscheiden und ließest uns zurück, die wir doch gerade erst durch deine Handreichung vom Baume der Erkenntnis hatten naschen können!‘
Soweit der große kontinentale Dichterfürst, Eugen von Ribbendropp. Die Neigung des Schreibers für pathetische Überhöhung ist ja allgemein bekannt, wie ich zu hoffen wage.

Und weiter ging die Führung durch das Kirchenschiff, über die Sakristei zu den Verwaltungsgebäuden. Alles war durch Gänge, unter- wie oberirdisch aufs Praktischste miteinander verbunden. Kein Wunder bei einem Bauwerk dieser ungeheuer praktischen und natürlichen Form. Die Architekten unserer Zeit geben sich ja zum Leidwesen der Bewahrer der Ästhetik meist mit bloß viereckigen Gebäuden zufrieden, ein großer Fehler, der auch nicht durch den vermehrten Einbau von Wasserklosetts wieder gutgemacht werden kann. Da ist so ein Siebzehneck doch eine ganz andere Sache und bietet wahrhaft Möglichkeiten über Möglichkeiten. Durch den Verwaltungstrakt ging es schnurstracks, das heißt, über mehrere Fluren, Gänge, Stiegen und verwinkelte Gässchen, in den Privatbereich der Klosterbrüder. Gerade hierfür schien der gemeine Tourist, der im Übrigen eine völlig neue Spezies auf dem Kontinent darstellte, ein erstaunliches Interesse aufzubringen. Nichts regt die Neugier der Menschen so an, wie die Lebensumstände ihrer Artgenossen. Bei dieser Gelegenheit konnte man dann überlegen die Nase rümpfen über die Art und Weise wie andere Leute ihr Dasein fristen mussten und man konnte sich glücklich schätzen, nicht mit diesen Ärmsten tauschen zu müssen. Wirklich waren die Zellen der Mönche nur kärglich zu nennen. Ein Bett von der Breite einer Fußbodenplanke, ein Tisch, ein Stuhl, weiter nichts. Der rohe Putz an den Wänden und das unvermeidliche hölzerne Kreuz machten den einzigen Schmuck der ärmlichen Behausung aus.

Dann war da noch das Dormitorium, der Schlafsaal für die wenigen Novizen, die in die Fußstapfen der überalterten Bruderschaft treten sollten. Auch mancher Student verbrachte dort unter den jungen Männern einige Nächte, nachdem er sein Tagwerk beim Studium alter Schriften beendet hatte. Die Bibliothek des Klosters genoss einige Berühmtheit in wissenschaftlichen Kreisen. Schließlich hatte der große Domesthoteles viele seiner Papiere dem Kloster überlassen und immer wieder zog es Forscher, Schüler und Biographen an diesen heiligen Ort, um in Manuskripten und Notizen zu stöbern. Erste Entwürfe für Fluggeräte des Meisters zu betrachten; Skizzen zu Erfindungen, die aufgrund gehässiger, hinderlicher Naturgesetze niemals in die Praxis umgesetzt hatten werden können; von leichter Hand hingeworfene Aufzeichnungen, das allgemeine Finanzsystem betreffend; großartige Ideen für neue todbringende Waffensysteme und so weiter, und so fort. Kein Thema hatte der Philosoph ausgelassen, und schien es auch uns Nachgeborenen noch so profan, ja sogar das Konzept des beidseitig nutzbaren Nachttopfes ging von Domesthoteles aus.

Die klösterliche Bibliothek war schon allein durch ihre Ausmaße ungemein beeindruckend. Dreitausend Quadratmeter Grundfläche, Reihen und Reihen schwerer eichener Regale, die sich hoch hinauf bis zur ersten Empore erstreckten. Auch in den Galerien, die drei Stockwerke hinaufreichten, stapelten sich die Bände jeweils vier Meter weit nach oben, so dass man auch dort Leitern benötigte, um an die oberen Bücherreihen gelangen zu können. Trübes Tageslicht drang durch die Glasscheiben des Lichthofes bis nach unten, wurde aber auf dem Weg dorthin durch ein geschickt angebrachtes System von großen, an den Wänden angebrachten Spiegeln so weit verstärkt, dass man auch an den regnerischsten Tagen kein künstliches Licht benötigte. Und dies stellte einen nicht zu unterschätzenden Vorteil dar, war doch keines der Gebäude auf Lacrima an ein Gasnetz angeschlossen. Immer noch verwendete man Kerzen, Talg oder Petroleumleuchten, um die Dunkelheit zu vertreiben, als ob der ewig düstere Himmel nicht schon ausgereicht hätte, die Einwohner der Melancholie in die Arme zu treiben. So blieb es nach Sonnenuntergang in jedermanns Behausung doch recht finster.

Simon war sehr beeindruckt von der Bibliothek des Klosters. Er konnte sich gut vorstellen hier ein paar Wochen zu verbringen, zumindest, wenn unter all den Bänden einige wirkliche Schmöker zu finden wären. Wondraczek folgte ganz genau den Ausführungen des kleinen Paters, als ob er sich jeden einzelnen Gang, durch den der Trupp sich bewegte, exakt einprägen würde. Der Junge fragte sich insgeheim, ob der Vampyr das Gezeitensieb denn hier auf dem Gelände vermutete.

Weiter ging es durch das angrenzende Skriptorium. Seit Erfindung des Buchdruckes wurde diese Einrichtung nur noch zur künstlerischen Ausgestaltung neuerer Bände und die Restauration der uralten Bücher genutzt. Dahinter betrat die Gruppe dann das Typographeum, wo die neuesten wissenschaftlichen und theologischen Werke in den Druck kamen, die diejenigen Autoren, welche hier im Kloster die Ruhe und Kraft fanden zu schreiben, veröffentlichen wollten. Auch der Tourismusverband der Insel ließ selbstverständlich hier die bunten Broschüren herstellen, mit denen Besucher angelockt werden sollten. Simon betrachtete fasziniert die vielen Lettern mit denen die Buchstaben auf die Papierbögen aufgebracht wurden und dankte von ganzem Herzen dem guten Signor Beneguttenbergolo, der für diese bahnbrechende Erfindung verantwortlich war.
Währenddessen bewegte sich der Zug der Touristen weiter und weiter durch die Zimmer und Säle des Siebzehnecks. Schließlich näherte er sich einer weiteren Besonderheit des Klosters, dem sogenannten Olfaktorium. Diese weltweit einzigartige Einrichtung diente nur dem einen Zweck, Gerüche zu lagern, zu sammeln, einzuordnen, zu verwalten und schließlich ihrer eigentlichen Funktion zuzuführen, der Herstellung der teuersten Parfums, die auf dem Kontinent zu erstehen waren. Nicht nur der ehemals kaiserliche Hof war Abnehmer der klösterlichen Produktion. Jeder halbwegs anständige Fürst, der ein wenig auf sich hielt, versuchte sich hier mit den exklusivsten Wohlgerüchen einzudecken, um die Frau Gemahlin zu erfreuen und bei den eigenen Untertanen mit dem Schweif an Aromen zu punkten, die besagte Dame dann hinter sich herzog. Parfums waren auf dem Kontinent der Luxusartikel schlechthin und beinahe niemand war in der Lage sich die Produkte des Klosters des hl. Certifian leisten zu können.
Den größten Teil des Olfaktoriums machten die Lagerräume aus. Hier sammelten die fleißigen Mönche alles was nur irgendwie eine Art Geruch abgab. Angefangen von sämtlichen Kräutern, die auf der verregneten Insel in Hülle und Fülle zu finden waren, bis hin zu Tierkadavern, entweder wie Mixed Pickles in großen verschlossenen Gläsern eingeweckt oder pulverisiert, mumifiziert, zum Trocknen aufgehängt oder über offenem Feuer aus Hickoryhölzern geräuchert. Natürlich wurde zu diesem Zweck kein einziges Tier von den Brüdern zu Tode gebracht. Dies erledigte ein eigens zu diesem Zweck eingestellter Jägersmann, der sich aus schlechtem Karamell nicht das Geringste machte. Das Verfahren, welches schließlich aus all diesen scheußlich stinkenden Ingredienzien einen unwiderstehlich, betörenden Duft machen sollte, hielten die Brüder streng geheim. Es war bei Todesstrafe verboten auch nur ein Sterbenswörtchen darüber verlauten zu lassen und das meinten die Patres wahrlich ernst. Trotz ihrer ständigen Angst sich durch das Töten eines Wesens, das nur den allerkleinsten göttlichen Funken besitzen mochte, sich ein schlechtes Karamell einzufangen, schreckten die Burschen nicht davor zurück, einen der ihren, sollte er sich einmal verplappert haben, mit Hilfe eines simplen Hanfstranges vorzeitig an die Pforten des Himmels zu bringen. Zum Glück war schon seit langer Zeit niemandem mehr dieses Schicksal widerfahren. Der Einfachheit halber schnitt man Novizen, die allzu viel redeten, beizeiten die Zunge heraus.
Allerdings konnte man in der angrenzenden Halle riesige kupferne Kessel, die durch komplizierte Röhrensysteme miteinander verbunden waren, bewundern, in denen allem Anschein nach die Ingredienzien für die Parfums verarbeitet wurden. Bei diesem

Vorgang entstand mehr Dampf als alles andere und von Wohlgerüchen war auch in diesen Räumlichkeiten gar nichts zu bemerken. Im Gegenteil, stank es dort zum Himmel. Aus unzähligen Ventilen drang widerlicher Qualm heraus und die armen Mönche, die die Maschinerie tagaus, tagein bedienen mussten, konnten einem wirklich leid tun. Zu ihrem Schutz trugen die Patres hier allesamt große Wäscheklammern auf ihren Nasen, eine Sicherheitsvorkehrung, deren Sinnhaftigkeit wohl in Frage zu stellen gewesen wäre. Man konnte diejenigen, die hier arbeiteten, auch nach Feierabend an ihrer nasalen Aussprache gut von den anderen Mönchen unterscheiden, auch der Klammernabdruck über dem Riechorgan machte sie selbstverständlich als die Spezialisten für die Verpuffungsanlage kenntlich. Auch stanken die Kerle meilenweit gegen den Wind, mochten sie sich so oft waschen wie sie wollten.
Simon war fasziniert von all der Technik, obwohl ihm beinahe übel wurde in der Halle. Überall dampfte und zischte es. Es war ihm fast so als würde den Vorgängen ein verborgener, doch auch mitreißender Rhythmus innewohnen, der zum Tanzen einladen würde, wäre es einem möglich den Geruch, der hier vorherrschte, auszublenden. Es war hier drinnen dadurch so laut, dass ihr Führer Edeltran die ganze Zeit über hatte schreien müssen, um sich noch verständlich zu machen. Viele der Touristengesichter hatten mittlerweile eine aschgraue bis zartgrüne Färbung angenommen. Manche Dame rührte zeitlebens kein Parfümfläschchen mehr an, da schon beim Anblick eines dieser zierlichen Flakons sofort die Geruchserinnerung in den Nüstern der Frauen aufstieg und somit den Drang sich mit Wohlgerüchen zu umgeben, erstickt wurde.
Wieder im Klosterhof angekommen, bedankte sich die Gruppe höflich bei ihrem Führer, und mancher steckte ihm ein, zwei Dukaten Trinkgeld zu, die der Mönch freundlich lächelnd in den Weiten der ausladenden Ärmel seiner Kutte verstaute. Nur Simon und Wondraczek blieben noch, hatten sie doch schon im Vorfeld angefragt, ob sie Abt Pietro in einer dringenden Angelegenheit sprechen könnten. Edeltran ließ die beiden auf einer Ruhebank zurück, kehrte aber bald wieder und richtete ihnen aus, der Abt würde sie nun gerne empfangen.

Abt Pietro war ein schlanker, hochgewachsener Mann, der wohl um die vierzig Lenze zählte. Es war sehr ungewöhnlich für einen solch jungen Menschen eine Position wie die seinige inne zu haben, doch hatte er innerhalb seiner noch recht kurzen Amtszeit schon viel für die Finanzen des Klosters getan. Er hatte, schon kurz nachdem er vom Kardinal in sein Amt eingeführt worden war, mit eisernem Besen die überholten und von allzu viel Routine taumelnden Unternehmungen wieder wirtschaftlich auf die Beine bringen können.
In schwindelerregendem Tempo hatte er verschiedene Neuerungen durchgesetzt, die allein auf das Anwachsen des kirchlichen Säckels ausgerichtet waren. Brandneue Maschinen zur Parfumherstellung waren angeschafft worden, jede investierte Dukate hatte sich schon nach einigen Monaten wieder amortisiert. Pietro war ein Erfolgsmensch durch und durch. Auch in den gerade aufkommenden modernen Industriebetrieben hätte er wohl Karriere gemacht, hätte ihn nicht sein Schicksal als fünfter Sohn eines kleinen Herzogs dazu gezwungen, die Laufbahn als Klosterbruder einzuschlagen. Der

fünfte Sprössling von Familien von Adel wurde einer uralten Tradition gemäß immer einem frommen Leben geweiht, so war es allgemein der Brauch.
Der Abt hatte das Beste aus seiner Situation gemacht, hatte eifrig studiert und außer der Theologie sich noch im Besonderen der Geldwirtschaft verschrieben, was nun dem Kloster des hl. Certifian zugute kam. Doch konnte man ihn beileibe keinen Fachidioten nennen. Er hatte während seiner Studienjahre in die verschiedensten wissenschaftlichen Gebiete hineingeschnuppert, seine Interessen waren durchaus mannigfaltiger Natur, auch in den schönen Künsten war er bewandert, was man an der Neugründung des Klosterchores sehen konnte, der nun schon im zweiten Jahr am ehemals kaiserlichen Hof zur Weihnachtszeit seinen Beitrag zur Erbauung der Mächtigsten des Landes leistete.
Pietro empfing seine beiden Gäste aufs Herzlichste. Beide Arme nach vorne gestreckt, kam er auf der Stelle hinter seinem wuchtigen Schreibtisch hervor, schüttelte die Hände seiner Besucher und bot ihnen Platz an. Der Raum, in den die beiden hineingeführt worden waren, war von riesigen Ausmaßen. Von den lichthellen, geöffneten Fenstern aus war der gesamte Innenhof des Klosters einzusehen und das fröhliche Klappern von Gartengeräten war zu vernehmen Die Brüder, die für die Außenanlagen verantwortlich waren, machten sich an den von Beeten umsäumten Wegen zu schaffen. Der Arbeitsplatz des Klostervorstehers befand sich in einem Zustand, den man nur als äußerst aufgeräumt bezeichnen konnte. Die Bleistifte und Füllfederhalter lagen in Reih und Glied mit den Spitzen nach vorne gerichtet auf der Tischplatte. Ein einzelner Aktenordner lag aufgeschlagen da, eine kleine Uhr mit einem Gehäuse aus edlen tropischen Hölzern zerhackte klackend die Zeit in ihre Einzelteile. Nur dieser merkwürdige grellgrüne Gegenstand störte auf seltsame Weise den Blick Simons. Ja, doch! Hatte er solch ein Ding nicht schon einmal gesehen? Mit leichtem Schrecken erinnerte sich der Junge an die Kiste, die der Professor nach seiner Reise mitgebracht hatte. War nicht genau so ein eigenartiges Instrument dabei gewesen, das mit einem leisen klickenden Geräusch eine kleine, sparsame Flamme hervorbrachte?
„Was kann ich denn nun für sie tun Herr Graf?", fragte Pietro dann jovial nachdem sich alle niedergelassen hatten.
„Nun", begann Wondraczek lächelnd. „Wir wollten uns danach erkundigen, ob es möglich wäre, einige Bände über das Kloster und über die Insel im Allgemeinen in ihrer wunderschönen Bibliothek einzusehen."
„Nach was suchen sie denn im Besonderen?", fragte Pietro, rückte sich den goldenen Zwicker auf seiner eindrucksvollen Adlernase zurecht und blickte den Vampyr interessiert an.
„Ja, sehen sie, Abt Pietro", erläuterte Wondraczek nun die Geschichte, die er sich zu diesem Zweck erdacht hatte. „Seitdem ich mich aufs Altenteil zurückgezogen und die Geschäfte meinem Sohn übergeben habe, hatte ich das Gefühl mich mit irgendetwas beschäftigen zu müssen, in den Jahren die mir noch verbleiben hier auf Erden." Bei diesen Worten wirkte der Vampyr plötzlich noch ein wenig älter und Simon hätte schwören können, dass er vor wenigen Minuten auch ein paar Zentimeter größer gewesen war. Pietro betrachtete immer noch erwartungsvoll den Vampyr.

„Da habe ich mich auf die Erforschung der Abstammung unserer Familie verlegt. Dies Thema interessierte mich schon immer, doch nie fand ich ausreichend Zeit mich ihm zu widmen und siehe da, kürzlich fand ich einen Nachweis dafür, dass mein Urururururgroßvater väterlicherseits eben hier im Kloster einmal Novize gewesen sein muss. Das war natürlich Jahre bevor er meine Urururururgroßmutter kennengelernt hatte.“ berichtete Wondraczek weiter. Simon bewunderte seine Fabulierkunst, diese Fertigkeit seines Freundes fand wie immer seine ganze Bewunderung.
„Anscheinend war der Gute doch nicht geschaffen für ein geistliches Amt. Was wohl für mich ein großes Glück war, sonst säße ich wohl kaum jetzt vor ihnen, Bruder Abt!“, fuhr Wondraczek fort.
„Ach, nicht jeder ist für unseren Stand geschaffen, mein Lieber. Nicht jedermann ist es gegeben ein so abgeschiedenes und entbehrungsreiches Leben zu führen. Das ist nun beileibe keine Schande!“, meinte daraufhin tröstend Abt Pietro.
Simon hatte unter den Mönchen keinen einzigen gesehen, der an diesem harten Schicksal zu leiden schien, im Gegenteil wirkten die Mönche allesamt sehr wohlgenährt. Die meisten hätte man wohl eher vollschlank nennen können. Andere Genüsse, außer dem Essen und dem Trinken, waren dem Jungen eben bislang fremd geblieben. Doch ach, wie lange wohl noch!
„Außerdem finde ich großen Gefallen an der Kräuterkunde, Bruder Abt. Und Lacrima ist ja berühmt für seine wildwuchernde Vegetation, daher würde ich gerne, bevor ich und mein Neffe hier, uns auf den Weg ins Umland machen werden, gerne die Kartographie der Insel studieren, um die interessantesten Stellen im Gelände zu finden.“
„Nun, da sehe ich keinerlei Probleme. Ich lasse gerne veranlassen, dass sie Einblick in alles Wesentliche haben werden, Herr Graf. Bruder Alban, unser Bibliothekar, wird ihnen gerne bei diesem Unterfangen zur Seite stehen.“
Der Abt hatte bei der Erwähnung des Neffen, Simon das erste Mal genauer angesehen und dem Jungen beschlich bei diesem Blick ein unheimliches Gefühl, als läge hinter der Freundlichkeit des Mannes noch irgendetwas anderes verborgen. Seine fast schwarzen Augen strahlten auf einmal eine unterschwellige Bosheit aus. Wahrscheinlich bilde ich mir dies nur ein, dachte Simon. Jedoch war ihm dieser nette Bruder Abt auf einmal nicht mehr ganz geheuer.
„Ja, unser grobwarziger Liebstöckel und der sämige Distelborst. Was wäre die Welt der Heilkunde ohne diese Ingredienzien. Wirklich ein faszinierendes Gebiet. Wussten sie denn, dass außer der Herstellung von Duftstoffen auch einige der wirksamsten Arzneien hier bei uns in der Einöde hergestellt werden. So mancher gichtige Lebemann in der Hauptstadt, wurde schon durch die wundersame Kraft der Kräuter von seinen Leiden erlöst.“ Bei diesen Worten zuckten die dünnen Lippen des Mannes, als ob er unter dem Begriff der Erlösung etwas völlig anderes verstehen würde. „Nun, wie gesagt. Melden Sie sich doch morgen bei Bruder Alban. Er wird sie bei all ihren Forschungen gerne unterstützen.“
Als sie sich verabschiedeten beschlich Simon wieder das Gefühl, dass der Abt etwas zu verbergen hatte. Hinter der freundlichen Maske starrten die kleinen schwarzen Pupillen den Jungen erneut böse funkelnd an.

Den Nachmittag nutzen Simon und Wondraczek für einen kleinen Rundgang durch die kleine Hauptsiedlung der Insel. Veronica in ihrer Verkleidung im Schlepptau und den zurückgekehrten Nattich auf der Schulter, brachen die Freunde zu einem Schaufensterbummel auf. Der Regen war mittlerweile zu einem feinen unablässigen Nieseln mutiert, was etwas angenehmer war, als der prasselnde Graupelschauer, der seit Mittag auf das Straßenpflaster wie Murmeln aufgeschlagen war und eine Verständigung außerhalb geschlossener Räume kaum mehr möglich gemacht hatte.
Der Nattich schimpfte laut über die Wetterverhältnisse und schüttelte sich unablässig die Feuchtigkeit aus dem Federkleid, so dass an Simons rechter Wange, trotz der mit einer Kapuze ausgestatteten Regenjacke, ständig das Wasser herunterlief.
„Bei dem Wetter schickt man ja nicht einmal eine Amsel zum Heuholen hinaus!", krähte der Vogel lauthals in Simons schmerzendes Ohr. Dies schien eine ornithologische Abwandlung einer altbekannten Redensart zu sein, dachte Simon. „Geschweige denn eine Drossel zum Einkaufen!", fügte der Nattich dann noch irritierenderweise hinzu.
Dem Jungen war völlig neu, dass Drosseln einkaufen gingen, ließ aber auch diese Bemerkung still über sich ergehen.
Überall auf den Straßen und Plätzen der kleinen Stadt Lacrima, die denselben Namen trug wie die Insel insgesamt, waren an den Häusern aus derbem wasserfesten Material gefertigte Markisen angebracht. Die Bevölkerung des Eilands liebte es anscheinend trotz des Dauerregens sich im Freien aufzuhalten. Die Plätze in den Straßencafés waren fast allesamt besetzt, die Blinkaboing lag ja immer noch vor Anker, und es dauerte eine geraume Weile bis die Freunde noch ein Plätzchen für sich gefunden hatten. In einer stillen, etwas abgelegenen Ecke ließen sie sich schließlich nieder und jeder bestellte was sein Herz begehrte. Simon und Wondraczek heißen Apfelstrudel; Veronica bekam ein riesenhaftes, leckeres Stück Hinterschinken und der Nattich begnügte sich mit einem winzigen Ziermaiskolben, der eigentlich zur Garnierung des Abendmenüs gedacht war.
„Schmeckt irgendwie seltsam dieser Mais, bemerkte der Vogel nur, pickte misstrauisch daran und verschlang dann schließlich doch Körnchen für Körnchen, obwohl Simon sich sicher war, dass das Ding wahrscheinlich wirklich aus Pappe gefertigt war. So ließen sie den Tag friedlich ausklingen und begaben sich frühzeitig in die Federn, um morgen dann ausgeruht die Klosterbibliothek aufsuchen zu können. Simon hoffte inständig, dass es ihnen gelingen würde den Standort des Gezeitensiebes auszumachen.

Nachdem Krautschuk den verletzten Kammergarn erfolgreich abgeseilt hatte, machten sie sich auf, Richtung Süden. Von den Verfolgern war die ganze Zeit über nichts mehr zu sehen gewesen, aller Wahrscheinlichkeit nach hielten sie alle drei Gefährten für tot und waren weitergezogen, dies dachte zumindest Krautschuk. Auf ihrem Weg hatten sie zuallererst die Schlucht zu überqueren, in die ihr Freund Simon gestürzt war. Nachdenklich verharrten sie vor dem Abgrund und blickten in die Tiefe. Wirklich musste jeder für sich selbst feststellen, dass der Junge wohl verloren war, einen Sturz aus solcher Höhe würde niemand überleben können. Kammergarn presste sich die Melone an die Brust, die er zu seinem großen Glück in einem dichten Gebüsch wiederentdeckt hatte, und

murmelte ein paar Worte vor sich hin. Seinen linken Arm trug der Dicke inzwischen in einer Schlinge, die der Hurvenik zur Schonung seiner Schulterwunde angebracht hatte. Der Impresario bot das Bild größten Kummers, wie er dort so an der Klippe stand. Tief unten rauschte ein Wasserfall, der wohl den Zulauf zum See darstellte, doch war der so weit unten, dass das Geräusch es kaum fertig brachte zu ihnen heraufzudringen.
Lange Zeit wanderten die beiden nun in westlicher Richtung den Abgrund entlang, bis sie gegen Mittag an eine marode Hängebrücke kamen. Das Seilwerk machte nicht mehr den allerbesten Eindruck und es stellte sich als eine sehr wackelige Angelegenheit heraus, als die beiden über die morschen, von Wind und Regen arg beanspruchten Bodenbretter schritten. Kammergarns Zustand verschlechterte sich von Stunde zu Stunde, doch kam kein Klagelaut über seine Lippen. Krautschuk jedoch, der den Freund insgeheim sehr genau beobachtete, bemerkte, dass die Augen Kammergarns immer fiebriger glänzten und sich eine schreckliche Blässe über seine Züge gelegt hatte. Sie lagerten in der Nähe eines kleinen Tümpels inmitten des Waldes, morgen würden sie die Siedlung der Hurveniks erreichen können. Nur ein paar armselige Kräuter und Beeren stellte ihr Nachtmahl dar, doch Kammergarn schien auch keinerlei Hunger zu verspüren, eine Tatsache, welche die Besorgnis über den Zustand des Dicken bei Krautschuk nur noch wachsen ließ.
Als der Morgen anbrach, schaffte es Kammergarn kaum noch sich zu erheben. Er fühlte sich so schwach, dass er kein Bein mehr vor das andere setzen konnte. Der Hurvenik flößte ihm ein, aus kaltem Wasser und einigen Kräutern gemixtes Getränk ein, was den Impresario dann etwas aufleben ließ. Um die Mittagszeit bemerkte Krautschuk, dass die Dichte des Waldbestandes merklich nachließ und bald wurde es wieder heller um sie herum. Von einem nahezu unbewaldeten Hügel herab konnte er das Dörfchen seiner Artgenossen ausmachen, trotz des Verlusts des Kompasses hatte der Kleine sie gut geführt. Allerdings zog der Hurvenik Kammergarn inzwischen auf einer hastig aus Ästen, Zweigen und Binsen zusammengebundenen Trage mühsam hinter sich her. Schließlich hatte sich Kammergarn doch nicht mehr auf den Beinen halten können und war sprichwörtlich in die Knie gegangen. So zog dann Krautschuk den enormen Leib des Impresarios über Stock und Stein den Abhang hinab, und fand sich alsbald umringt von neugierigen, jungen Hurveniks, die sich nicht erinnern konnten, ein solches Schauspiel jemals zuvor erblickt zu haben. Schnell alarmierten sie die Altvorderen, und bald saß Krautschuk in der Hütte des Dorfältesten, schmauchte endlich wieder ein Pfeifchen und berichtete, umgeben von den Honoratioren der Ansiedlung, von ihren Abenteuern. Kammergarn wurde mittlerweile aufs Beste versorgt. Die heilkundigen Hurveniks kümmerten sich um ihn und nachdem die Wunde endlich ordentlich versorgt worden war, flößte man ihm einen solch stark mit Alkohol versetzten Trunk ein, dass er bald in einen erholsamen Schlaf gefallen war.

Krautschuk war sehr froh endlich wieder unter seinesgleichen zu sein, wäre da nicht diese schreckliche Verpflichtung gewesen, die er diesem Volk schuldig war. Er hatte von dem als Jagdtrophäe ausgestellten Hurvenik das karierte Band abgeschnitten, welches das gelbe Haar des Toten noch zusammengehalten hatte. Am Muster dieses Stoffes können

Eingeweihte sofort die Angehörigkeit des Clans erkennen, zu dem der Träger des Bandes gehörte. Und Krautschuk wusste ganz genau, dass der Verblichene zum Clan der Krimpelknarze gezählt hatte. Ein Raunen ging durch den stickigen, düsteren Raum, als er den Haarschmuck hervorkramte und von den Geschehnissen berichtete. Fassungslosigkeit machte sich auf den Gesichtern der Hurveniks breit, als sie vom Schicksal ihres verschollenen Freundes erfuhren und manch einer stieß einen Fluch aus, gegen die Ruchlosigkeit der Menschen.

Auch Blusterkremp, das Oberhaupt des Clans, schüttelte den langen Zopf, der schon langsam grau zu werden begann, und sah den Unglücksboten voller Verzweiflung an.

„Ach die Menschen! Werden sie es denn nie lernen mit anderen Geschöpfen diesen Kontinent friedlich zu teilen!", fragte er dann und blickte sorgenvoll gegen die Decke der Hütte. „Wir haben uns inzwischen abgewandt von ihnen. Zu Vieles ist schon vorgefallen, auch deshalb haben wir uns hier weitab menschlicher Zivilisation eingerichtet."

Nicht wenige der Hurveniks im Raum gaben ihren Rachegelüsten Ausdruck:

„Wir sollten dieses Dorf im Norden niederbrennen. Mit Mann und Maus, sage ich!", rief einer der jüngeren Wichte. Sein Name war Fargraffel, wie Krautschuk nun erfuhr und war der Enkel des Oberhauptes.

„Nein, nein!", sprach daraufhin der Großvater des Halbstarken. „Meister Krimpelknarz sagt, ‚Wer sich auf die Zehen stellt, beschleunigt nur sein Ende durch Sauerstoffmangel'!

Krautschuk, der zwar nicht wusste, was dieser Ausspruch des von diesem Clan verehrten Lehrers in diesem Zusammenhang wohl bedeuten mochte, musste aber doch durchaus die beruhigende Wirkung auf die aufgebrachten Dorfbewohner anerkennen.

„Dennoch sollten wir eines Tages aufbrechen, das Haupt unseres Bruders nehmen, und es in heiliger Erde bestatten", meinte Blusterkremp dann, nachdenklich in die Runde blickend. Dann fuhr er an Krautschuk gewandt fort: „Du sagst, ihr kommt durch den Schimmerwald direkt aus Hallgard. Auch von dort wurden mir seit längerer Zeit schon beunruhigende Berichte zugetragen. Wir leben zwar hier fast am Ende der Welt, doch wurde mir berichtet, dass in Hallgard einige Hurveniks im Kerker festsitzen würden und den sicheren Tod zu gewahren haben."

„Aber, wie, woher?", konnte Krautschuk nur stammeln und sah den Alten an, als hätte der den Verstand verloren.

Blusterkremp bewegte sich langsam durch die Versammlung und öffnete eine Tür, die ins Nebenzimmer führte. Und herein stürmte der junge Runkelpetz, das jüngste Mitglied der Schauspielertruppe. Er war völlig außer Atem und machte auch sonst einen recht mitgenommenen Eindruck.

„Runkelpetz, wie kommst du denn hierher?", konnte Krautschuk nur erstaunt ausrufen.

„Ich war fast unter den Trümmern des Hauses begraben, dann packten mich ein paar starke Arme und zogen mich durch einen anderen versteckten Gang weiter. Es war Athanasius, der mir aber nicht folgen konnte, da die Öffnung zu klein für einen Menschen war. So konnte ich mich nach ein paar Stunden langsam heraustrauen, ich stand in einem Hinterhof und konnte niemanden mehr finden. Dann belauschte ich einen Trupp Söldner, die darüber redeten, wie sie eine Bande von Winzlingen festgenommen hatten.", atemlos lieferte Runkelpetz seinen Bericht ab.

Mit größter Verwunderung hatte Krautschuk die Erlebnisse des jungen Hurveniks angehört. Die anderen konnten demnach immer noch am Leben sein. Er hätte dies unter keinen Umständen für möglich gehalten.
„Aber, wo werden sie festgehalten und was geschah mit dem Professor?", fragte er dann.
„Darüber weiß ich leider nichts!", meinte daraufhin der junge Runkelpetz und errötete. „Ich weiß, ich hätte dies zuallererst herausfinden müssen. Doch ich fühlte mich so mutterseelenallein in dieser großen Stadt. Und dann fiel mir ein, dass nicht allzu weit entfernt auch noch Hurveniks existierten. Auch mein Großonkel hatte einst dem Clan der Krimpelknarze angehört. So sprang ich aufs Radlager der nächsten Postkutsche, die nach Westen führte, und gelangte schließlich gestern hierher. Ich hatte wohl mehr Glück als Verstand. War ich doch als ganz kleiner Junge das letzte Mal hier gewesen."
„Es führt eine Route unweit an unserm Dorf vorbei!", bemerkte Blusterkremp darauf. Er muss ganz hier in der Nähe abgesprungen sein. Ein Trupp, der auf der Jagd nach Herbstmotten war, hat ihn dann aufgegabelt und hierher gebracht."
„Aber dann müssen wir zurück nach Hallgard und sie befreien!", meinte Krautschuk, der das Gehörte immer noch nicht fassen konnte. „Wir holen sie da raus! Auf alle Fälle!"

Priscilla wusste nicht, bei welcher Gelegenheit sie Lugbert einmal im Stillen würde auf die Seite nehmen können, der Narr musste ja notfalls seinem Herrn und Gebieter zu jeder Stunde des Tages zur Verfügung stehen. Oft nahm der Baron Lugbert auch mit zu den Spielen seines Vereins, um sich von diesem im Falle einer Niederlage durch clowneske Einlagen zumindest wieder etwas aufheitern zu lassen, was dem Narren allerdings nur in den seltensten Fällen gelang. Doch ergab es sich gleich am nächsten Samstag, der Tag der Woche, der für die Austragung der Funzelballspiele ausersehen worden war, dass der Hofnarr wegen eines grippalen Infektes das Bett hüten musste. So entschloss sich die Baroness, nachdem Bodo den Palast verlassen hatte und erst mitten in der Nacht zurückkehren würde, den Narren einfach in seiner Kemenate aufzusuchen. Da dieser Krankenbesuch, ginge Priscilla alleine in das Zimmer eines Mannes, mochte es sich bei diesem auch nur um den Hofnarren handeln, als unschicklich angesehen worden wäre, sollte die verschwiegene Zofe Amelie ihre Herrin begleiten. Um erst gar keinen Argwohn zu erregen, ließ die Baronin zusätzlich noch vom Leibarzt des Fürstenhauses eine Arznei für den Kranken zubereiten, einen übelriechenden Trunk, den Amelie durch die zugigen Flure des Schlosses vor sich hertrug.
Der ehemalige Finanzminister bewohnte jetzt ein Gemach im hinteren Teil des, für das Gesinde vorgesehenen, Ostflügels. Der Weg dorthin führte treppauf, treppab, durch unzählige enge Gänge, durch die der Wind pfiff. Je weiter die beiden sich den Unterkünften der zahlreichen Mägde, Zimmermädchen und Stallburschen näherten, desto schlechter wurde der Zustand, in dem sich das Gebäude befand. Hier und da tauchten riesige Schimmelflecken an den Wänden auf, die wie riesige, düstere, abstrakte Gemälde wirkten, die ein gemütskranker Schlossherr vor Jahrhunderten aufgehängt haben mochte. Schon unter der langen, glanzvollen Herrschaft Hjalmars, hatte man sich kaum darum gekümmert, wie denn das Personal untergebracht war, dies kümmerte auch Bodos Vater

nicht ein bisschen, obwohl ihm doch von seinen Untertanen Güte und Nachsicht allen Geschöpfen gegenüber nachgesagt worden war, hatte sich auch dieser in keiner Weise um die Belange der Dienstboten gekümmert. Lappalien solcher Art überlässt ein kluger Regent selbstverständlich irgendeinem Beamten, wie einem Haushofmeister, der wiederum diese kleinen Probleme an einen Untergebenen weitergibt, der wiederum jemanden beauftragt, sich um die Sache zu kümmern. Dieser wird dann still genickt, und die ganze Angelegenheit auf der Stelle vergessen haben.
Je weiter Priscilla und Amelie in den Ostflügel vordrangen, desto schlimmer begann es nun auch zu riechen. Auch waren sie bestimmt schon eine Viertelstunde lang keinem menschlichen Wesen mehr begegnet, dieser Teil des Gebäudes schien gänzlich unbewohnt zu sein. Der Regen tropfte durch das schadhafte Dach und etliche rostige Töpfe und Pfannen bedeckten den Boden des Flures, über den sie schritten, um die Bildung größerer Pfützen zu vermeiden. Endlich waren sie vor der Tür des Narren angekommen, Amelie hatte sich den Weg ganz genau beschreiben lassen, und die Baroness klopfte zaghaft an der einstmals roten Türe, von der der Lack beinahe gänzlich abgeblättert war. Nach wiederholtem energischerem Klopfen, war ein leises Tappen zu vernehmen. Die beiden jungen Frauen starrten gebannt auf die Tür, die sich jetzt in ihren Angeln knarrend zu bewegen begann. Es war ihnen schon vorher immer unheimlicher zumute geworden, als sie so durch die verlassenen Gänge geeilt waren, jetzt aber erschraken sie doch sehr, als sie eine vermummte, buntscheckige Gestalt in der Türöffnung stehen sahen. Wirr standen die wenigen übriggebliebenen Haare vom Kopf, aus dem blutunterlaufene Augen die beiden anblickten.
„Aber, Mylady! Sie, hier?“, sprach krächzend ein vollkommen verdutzter Lugbert, den man jedoch kaum verstehen konnte, da sein Gesicht beinahe zur Gänze von einem endlos langen Schal bedeckt war, den sich der Narr um den ganzen Körper gewickelt hatte, und den er hinter sich her über den Boden schleifte. „Aber, aber…“, stammelte der kleine Mann. „Womit habe ich solch Ehre verdient?“
„Kommen Sie, Lugbert. Sie legen sich besser wieder hin!“, meinte Priscilla daraufhin, hakte sich den schwankenden Narren unter und führte ihn zurück zu seinem Lager. „Wir haben auch eine stärkende Medizin mitgebracht. Das wird sie wieder auf die Beine bringen!“
Priscilla sah sich angeekelt in der armseligen Behausung um. Der Raum war tatsächlich in einem katastrophalen Zustand, es war kein Wunder, dass man hier krank wurde. Die Feuchtigkeit troff von den gekalkten Wänden und hatte an unzähligen Stellen den Putz schon von den Ziegeln gelöst. Auch hier waren Töpfe aufgestellt, jedoch seit einiger Zeit nicht mehr geleert worden, so dass der Boden schwamm. Die Einrichtung bestand aus einem Bett, zwei klapprigen alten Stühlen und einem Schreibtisch, der schon einmal bessere Tage gesehen hatte, auf dem sich Aktenordner stapelten.
Die Frauen verfrachteten Lugbert wieder in sein Bett und deckten ihn sorgfältig zu. Amelie befühlte die Stirn des Kranken und stellte dabei hohes Fieber fest. Sofort begann die Zofe nun Lugbert, Schluck für Schluck, die Medizin einzuflößen, nachdem sie einen nicht sehr sauberen Löffel gefunden hatte, der ihr für diesen Zweck gerade noch geeignet schien.

„Aber meine Damen! Zuviel der Ehre!", wollte sich der Hofnarr gegen den abscheulichen Geschmack der Arznei wehren, hatte aber nicht mit der Hartnäckigkeit Amelies gerechnet, die ihm Löffelchen für Löffelchen der undefinierbaren Substanz verabreichte. Priscilla hatte sich einen der Stühle genommen, sich ans Bett des Kranken gesetzt und blickte stirnrunzelnd wieder um sich.
„Das ist wirklich eine Schande, wie sie hier leben müssen, Lugbert!", stellte die Baroness dann fest. „Daran werden wir etwas ändern müssen, so kann das auf gar keinen Fall bleiben!"
„Zu gütig, Mylady!", konnte der Narr zwischen zwei Schlucken gerade noch herausbringen, allerdings musste er dabei etwas würgen.
„Es ist eine Schande!", wiederholte Priscilla und blickte sich erneut in der armseligen Behausung des Narren um, der seinerseits, um sich für die überraschenden Gäste formeller zu kleiden, nun seine Schellenkappe aufsetzte und gewissenhaft zurechtrückte.
„Was verschafft mir denn nun die Ehre eures Besuches, Mylady?", keuchte Lugbert und zog sich die Bettdecke hoch bis zu den Ohren, um die Schäbigkeit seines Untergewandes zu verdecken.
„Nun!", hob die Baroness mit leiser, etwas verzagter Stimmen an. „Ihr wisst ja, wir waren nie die besten Freunde gewesen!"
„Aber Baroness, nie habe ich es an Achtung Euch gegenüber fehlen lassen", warf der Narr auf der Stelle ein und wurde daraufhin von einem Hustenanfall geschüttelt.
„Ich weiß, ich weiß, Lugbert! Und ich muss gestehen, dass dies alleinig meine Schuld war!" Priscilla fiel es sichtlich schwer ihren Stolz hinunterzuschlucken, fasste sich dann aber wieder und fuhr mit geröteten Wangen fort: „Aber Lugbert, ich tue mich wohl etwas schwer, einen Narren wie Euch, ernst nehmen zu können. Das liegt wohl an meiner Erziehung, wurde mir doch von klein auf beigebracht Witze als etwas Unanständiges anzusehen. Selbst leises Lachen oder auch nur das winzigste Kichern, galt meiner Mutter als schändliches Verhalten, welches auf der Stelle gemaßregelt wurde."
„Nun, ich weiß um die puritanischen Ansichten Eures Hauses, Baroness und mache Euch in keiner Weise einen Vorwurf!" Lugbert hatte sich wieder etwas gefangen und konnte jetzt auch etwas flüssiger krächzen, nur unterbrochen von permanentem Hüsteln. „Das Haus Quarlo hält es schon seit Jahrhunderten mit den pietistischen Reformern des Glaubens. Das Leben muss eine Mühsal bleiben, Humor gilt dort allgemein als Teufelswerk!"

Wirklich waren die Mitglieder des Hauses der altehrwürdigen Familie der Quarlodinger seit einiger Zeit, Anhänger des großen Reformators Nepomuk Lammel, welcher Arbeit, Fleiß und Sittenstrenge als höchste Güter hier unten in diesem irdischen Jammertal erachtete. Alles, was auch nur ein wenig nach Vergnügen aussah, war verpönt und des Teufels. Kartenspiel, Alkohol, Kaffee, auch der Genuss von Fleisch sogenannter unreiner Tiere, worunter außer Schweinen, auch Rinder, Schafe und Meerschweinchen zählten, all dies war strikt untersagt und konnte sofortige Exkommunizierung nach sich ziehen. Manch einer der Fürsten, deren Vorfahren dem Reformator nachgefolgt waren, hatte sich längst damit abgefunden aus dieser Kirche verbannt worden zu sein und verhielt sich danach noch ausschweifender, da er nun von dieser Bürde befreit war. Dem Grafen Zillander von Borrowitz wurde sogar nachgesagt, er sei inzwischen der größte Bordellbetreiber des Kontinents geworden, nachdem ihm feierlich die Urkunde überreicht worden war, auf der das Urteil über seine Person gesprochen wurde. Nun, da er Gewissheit darüber hatte, dass im nächsten Leben nur das Höllenfeuer auf ihn wartete, verlor der Graf den Rest seines Anstandes und gab sich daraufhin den schändlichsten seiner Gelüste mit Gelassenheit hin. Dies war einer der Hauptgründe für den schlechten Ruf, den die Stadt und die Grafschaft Kopoks sich im ganzen Reich verdient hatte. Seit einiger Zeit befindet sich die Lammelianische Kirche auf dem Rückzug, kaum mehr als einige tausend Mitglieder konnten die, über das ganze Land verstreuten Gemeinden, noch zählen, obwohl mittlerweile Reformen der Reformen eingeleitet worden waren, die zumindest das laute Lachen an mehreren Tagen nach der Fastenzeit erlaubten, ohne dass den frohsinnigen Lammelianer sofort der Leibhaftige zu sich in den Abgrund hinunterziehen würde. Aber diese Neuerungen in der Lammelianischen Confessio kamen spät, zu spät, um zu verhindern, dass diese einstmals große und das Glaubensgebäude erschütternde Bewegung, noch vor dem rapiden Dahinschwinden seiner Anhängerschaft zu retten war.

„Ich bin durchaus noch der Ansicht, dass unsere Kirche viel Gutes in der Welt bewirkt hat!“, sagte Priscilla daraufhin trotzig und wurde noch röter dabei, als sie bedachte, auf welch schlimme Art und Weise sie mit Grimmbert am vorherigen Abend gegen ihre Religion gesündigt hatte.
„Aber, aber, Mylady. Dies stelle ich doch in keinster Weise in Abrede. Jedoch erschien es mir immer etwas übertrieben zu sein, des Übermuts verdächtige solange zu kitzeln, bis sie schließlich nicht mehr anders konnten, als laut zu lachen, um sie daraufhin wegen ungebührlichen Verhaltens, entweder an den Pranger zu stellen oder stante pede steinigen zu lassen!“
„Aber Lugbert, dies waren doch Verfehlungen der frühen Jahre. Kinderkrankheiten des wahrhaftigen Glaubens könnte man dies wohl allenfalls nennen!“
„Die so mancher Scherzkeks mit seinem Leben hat bezahlen müssen!“ Lugbert klang nun etwas ärgerlich. Immer schon hatte ihn die Halsstarrigkeit dieser Fanatiker auf die Palme bringen können. „Ihr wollt mir doch wohl nicht erzählen, das Erhängen seiner Mitmenschen, wegen des bloßen Erzählens einer lustigen Anekdote, sei so etwas wie Windpocken oder Masern?“
„Das kommt ganz auf die Pointe an!“, meinte Priscilla trocken und blickte wütend auf den Hofnarren hinunter. „Aber lassen wir diese Debatten. Mit Ungläubigen und Häretikern über diese Dinge zu reden, ist doch vollkommen sinnlos!“ Die Baroness fauchte diese Worte geradezu heraus und blickte den Narren zornig an.
„Da bin ich ganz Eurer Meinung, Mylady. Aber eigentlich möchte ich mich nicht einen Häretiker schimpfen lassen!“
Priscilla war mittlerweile puterrot geworden und verfluchte insgeheim ihr stürmisches Temperament, das ihr schon in vielen Angelegenheiten im Weg gestanden hatte, jedoch konnte sie nun nicht mehr an sich halten.

„Und was war mit unseren gefallenen Männern im neunzehnjährigen Krieg, der doch nur von euren Fürstenhäusern ausging und den halben Kontinent total verwüstet hat?"
„Da muss ich euch dann doch korrigieren, Mylady! Keineswegs ging diese Auseinandersetzung nur von den rechtgläubigen Fürsten aus. War es nicht ihr sogenannter großer Reformator, der die Bauernschaft zuerst zu Sensen und Äxten greifen ließ und das Land in Anarchie stürzte. Sämtliche Bilder, Skulpturen und Heiligendarstellungen in unseren Kirchen zerstören wollte, um unseren Leuten den Götzendienst ein für alle Mal auszutreiben?" Lugbert wurde trotz seines schwächlichen, körperlichen Zustandes immer wütender, und schien sich des Standesunterschiedes zwischen ihm und der adligen Dame nicht mehr bewusst zu sein.
„Es hört und hört überhaupt nicht mehr auf zu regnen! Was ist das nur für ein entsetzliches Wetter?" Die leise Stimme Amelies erhob sich wohltuend sanft über die lauten Stimmen der Streithähne. Anscheinend ganz in Gedanken verloren hatte sie vor sich hin gesprochen, während sie aus dem mickrigen Fensterchen hinaus ins graue Tageslicht blickte.
Diese Bemerkung vermochte es Priscilla wieder zu sich zu bringen und schlagartig wurde der jungen Baroness der Grund für ihre Anwesenheit in dieser armseligen Umgebung wieder bewusst. Hoffentlich hatte sie es sich nicht schon jetzt mit dem Narren vollends verscherzt. Sie hatte nicht erwartet in eine solche Diskussion hineingezogen zu werden, eher hatte sie geglaubt, dass es schwierig werden würde mit Lugbert überhaupt ein vernünftiges Gespräch zu führen, ohne dass dieser wie es seinem Stand eigentlich entspräche, beständig auf und ab hüpfen und mit den Schellen seiner Kappe klappern würde.
„Nun, lassen wir das Lugbert! Das ist doch jetzt schon lange her! Ich persönlich kenne dies alles doch nur aus dem Geschichtsunterricht!" Endlich hatte sie sich wieder in der Gewalt, ihre Stimme verlor ihre Grantigkeit und senkte sich augenblicklich um mehrere Halbtöne. „Es ist eine äußerst wichtige Angelegenheit, die mich dazu gebracht hat euch aufzusuchen, Lugbert. Ich benötige eure Hilfe!"
„Wie könnte Euch ein alter Narr, wie ich es nun mal bin, wohl helfen, Mylady?", krächzte der Kranke und versuchte wieder ein freundlicheres Gesicht aufzusetzen, was ihm nur schlecht gelingen wollte, da ihn erneut ein heftiger Hustenanfall durchzuschütteln begann.
„Ich bin mir durchaus der Tatsache bewusst, Lugbert, dass Ihr trotz eurer derzeitigen, niederen Stellung am Hofe doch noch einigen Einfluss besitzt und diesen möchte ich Euch bitten zu nutzen!"

Priscilla klärte den Narren über ihre Absicht auf, den Baron und somit auch das gesamte Fürstentum, dem Einfluss des Alchimisten Soylentius zu entziehen und, wie die Baroness kaum zu erwarten gehofft hatte, war der alte Mann auf der Stelle Feuer und Flamme für ihr Vorhaben, schließlich hatte er es nur dem Zauberer zu verdanken, aus dem Ministerium verbannt worden zu sein und sich in dieser desolaten Lage zu befinden. Doch ging es dem ehemaligen Minister nicht nur um seine gehobene Stellung, die er wiederzuerlangen trachtete, auch lag dem ehrlichen Mann das Wohlergehen Hallgards durchaus am Herzen, betrachtete er dieses Land doch schon lange als seine Heimat.

Ursprünglich ein Bewohner der grauen Nebelberge, hatte er in jungen Jahren die lange Reise angetreten, um anderen Orts sein Glück zu machen. Schon früh war er sich darüber klargeworden, dass er sein Leben nicht mit Fallenstellerei oder Schafzucht zubringen wollte, hatte sein Ränzlein gepackt und war mit Tränen in den Augen losgezogen, seine verwitwete Mutter mit den acht Brüdern zurücklassend. Später war es Lugbert ein großer Trost gewesen, wie gut er seine Familie all die Jahre dann hatte mit Geldsendungen unterstützen können.
„Ich werde schon einen Weg finden den Gefangenen herauszuholen!", sagte er jetzt, nachdem Priscilla ihren Bericht abgeschlossen hatte. „Ich hab' da schon eine Idee. Doch sollte möglichst niemand für die Flucht des Alchimisten verantwortlich gemacht werden können." Der Narr blickte entspannt an die fleckige Decke seines Gemaches und zwirbelte die Daumen.
„Ja, das könnte funktionieren!", murmelte er vor sich hin, als hätte er die Anwesenheit der Frauen völlig vergessen. „Aber meint ihr wirklich diesem Athanasius ist wirklich zu trauen? Und es handelt sich bei dieser Person auch in keinster Weise um einen Revolutionär? Ich hörte kürzlich von der bevorstehenden Hinrichtung einiger Rebellen in Hallgard. Es greift wie eine Seuche um sich! Diese Leute scheinen jegliche staatliche Ordnung in Frage zu stellen! Weit im Osten, im Herzogtum Protzheide, soll sogar schon ein Parlament gegründet worden sein. Zwar besteht es nur aus der Bankengilde, dem Fürsten und dem Klerus, doch sind dies Entwicklungen, die mich nachdenklich stimmen."
„Ich denke nicht, dass Athanasius solches anstrebt, Lugbert. Allerdings ist alles besser als der Zustand, in dem sich Hallgard zurzeit befindet, meint ihr nicht auch?" Priscilla blickt den Narren ernst an.
„Da könntet ihr recht haben, Mylady! Lange kann dieses Wirtschaften nicht mehr gut gehen. Wer könnte das besser beurteilen als ich? Irgendwann werden die letzten finanziellen Mittel aufgebraucht sein. Ich glaube nicht an Alchimie, Baronin, obwohl ich dieses künstlich hergestellte Gold doch selbst gesehen habe und es für echt befinden musste. Aber irgendetwas stimmt dennoch nicht damit, da kann ich mich auf meine Nase verlassen!" Lugbert rieb sich nachdenklich den großen, wundgeriebenen Kolben, den er als Riechorgan im Gesicht trug. „Irgendwas ist faul im Staate Hallgard!", fügte er noch bedächtig hinzu. „Und das riecht noch dazu irgendwie fischig!"

Bruder Alban erwartete die beiden am nächsten Morgen schon vor der Außentür zu seinem Arbeitsplatz. Eigentlich waren sie jedoch zu dritt, der Nattich hatte es sich nicht nehmen lassen, das Kloster einmal aus der Nähe anzusehen. Auch hatte der Bericht von ihrer Begegnung mit Abt Pietro und Simons Misstrauen dem Mann gegenüber, den vorlauten Vogel neugierig gemacht. Vielleicht könnte er ihnen hier doch noch nützlich sein, hatte der Vogel bemerkt und Simon und Wondraczek konnten gegen dieses Argument nichts einwenden.
„Dann quatsch aber nicht so viel!", hatte Simon den Löwennattich noch in die Schranken gewiesen. „In Bibliotheken muss Stille herrschen, wie du wohl wissen solltest!"
Bruder Alban, der Bibliothekar, ein dicklicher, unscheinbarer, älterer Mönch begrüßte die Ankommenden freundlich und führte sie zuallererst in die Abteilung, die dem wissenschaftlichen Zweig der Botanik vorbehalten war. Die Bände stapelten sich in den schweren Regalen in schwindelerregenden Höhen. Der Nattich schraubte sich galant in die Lüfte, nahm weit oben Platz, um den riesigen Raum überblicken zu können und putzte sich dann zufrieden das nasse Gefieder. Wie nicht anders zu erwarten, hatte es auch, als sie am Morgen aus dem Fenster gesehen hatten, immer noch Bindfäden geregnet, allerdings von einer beträchtlich gröberen Fadenstärke als am Tage zuvor.
Schnell machten sie sich an einem der schweren Lesetische heimisch, noch hatte sich keiner, der ansonsten hier Studierenden eingefunden, zu dieser frühen Stunde. Allgemein sagt man ja Studenten nach, sie würden bis in die Puppen schlafen, wobei man sich allerorten fragt wo, was oder wann diese Puppen eigentlich sind. Wondraczek streifte durch die Gänge mit Regalen, nahm hier einen gewichtigen Atlas zur Hand, dort eine sorgfältig abgeheftete Kartensammlung und schleppte dies alles dann zurück zu ihrem Platz. Während Simon und der Vampyr eine Ähnlichkeit mit dem Kartenwerk über Lacrima und den Zeichnungen des Professors zu finden suchten, trafen nach und nach die jungen Leute ein. Fröhliche Stimmen klangen an ihre Ohren, die jedoch auf der Stelle verstummten, als die ernsthaft Studierenden die Bibliothek betraten. Wo nicht ausreichend Helligkeit zum Lesen zur Verfügung stand, wurden an allen Tischen befestigte Gaslämpchen mit grünen Schirmen entzündet, die eine angenehme Lesebeleuchtung schufen.
Stunde um Stunde nun wälzten die beiden Bände, kramten in ihrer Erinnerung und unterhielten sich im Flüsterton dann über gewisse Ähnlichkeiten der einen oder anderen Landzunge, deren Form ihnen noch in Erinnerung geblieben war, konnten aber zu keinem Schluss kommen. Wahrscheinlich waren die Bilder des Professors von einer gewissen künstlerischen Freizügigkeit, die sich über den profanen Realismus einer einfachen Landkarte erhoben hatte. Gegen Mittag nahmen sie eine kleine Mahlzeit ein, sie hatten sich zu diesem Zweck am Morgen vom Frühstückstisch in der Pension ein paar Scheiben Brot stibitzt. Da es strengstens verboten war im Inneren der Bibliothek sein Essen

einzunehmen, mussten sie zu diesem Zweck nach draußen gehen, wo sich gerade eben zu ihrem Glück eine Lücke in der Wolkendecke aufzutun begann. Mit einem Mal brach sich das Sonnenlicht seine Bahn, und Simon und Wondraczek waren geblendet von der Strahlkraft des Himmelsterns. Sie ließen sich auf einer gelb gestrichenen Parkbank auf einem Grünstreifen im Innenhof nieder und genossen die lange vermisste Wärme. Der Nattich hatte sich wieder auf Simons Schulter eingefunden und pickte immer wieder von den Sonnenblumenkernen, die der Junge ihm hinhielt. Als sie so dasaßen, leicht beschattet von einer alten Kastanie, hatte Simon das Gefühl, als würde der Baum das Licht geradezu gierig einsaugen. Ja, er glaubte beinahe ein schlürfendes Geräusch wahrzunehmen, das aus der borkigen Rinde des Baumes herausdrang. Nun wurde dem Jungen klar, warum hier so eine Vielfalt an Pflanzen und Kräutern, Blumen und Insekten zu finden war wie nirgends sonst auf dem Kontinent. In diesen Breiten wurde es niemals richtig kalt und wenn einmal die Sonne es fertig brachte hervorzukommen, wurde all die Feuchtigkeit, die im Boden versickert war, umgewandelt in Kraft und Energie und alles spross in rasender Geschwindigkeit in die Höhe.

Ein ebenso hochaufgeschossener Jüngling näherte sich ihrem Bänkchen und ließ sich, nachdem er höflich um Erlaubnis nachgefragt hatte, neben den beiden nieder. Er stellte sich als Joseph Minzbender vor und studierte Botanik an der Universität der Hauptstadt, wie er dann berichtete.

„Es ist faszinierend hier auf der Insel für einen Studenten meines Faches!“, erklärte Minzbender dann auf die Frage Wondraczeks, wie es ihm denn hier gefalle. „Das ist nun schon mein dritter Aufenthalt hier, ich kann mich gar nicht mehr von diesem Ort losreißen.“

Diese Bemerkung fand Simon dann doch etwas übertrieben, denn er konnte von Westen herkommend schon wieder eine nachrückende schwarze Wolkenfront ausmachen.

„Dann müssten sie sich doch bestens auskennen in der Gegend?“, fragte Wondraczek und fasste den jungen Mann ins Auge.

„Ich glaube ich kenne das Eiland schon besser als meine Westentasche, das könnte man wohl behaupten!“, meinte der Student keineswegs in prahlerischer Manier.

„Vielleicht könnten sie uns ja behilflich sein!“

„Es wäre mir eine große Freude!“, meinte der Studiosus und biss herzhaft in einen festen, grellgrünen Apfel.

„Sehen Sie, junger Mann. Wir sind auf der Suche nach einer bestimmten Stelle an der Küste. Der Landzipfel ähnelt in gewisser Weise einer halb geschälten Banane, links und rechts hängen Landlappen herunter und das Fruchtfleisch reicht ein schönes Stück ins den Ozean hinein.“

„Ha! Eine sehr bildreiche Beschreibung, wenn ich mal so sagen darf!“, lachte der Jüngling und kratze sich dann ausgiebig seinen blond bemützten Schädel. „Aber warten sie, vielleicht…, ich habe da so eine Idee!“

Er zog einen Notizblock und einen gespitzten Bleistift aus der Brusttasche seiner kurzen, grünen Lodenjacke und fing an damit eifrig Striche auf das Papier zu bringen.

„Sieht diese Landzunge ungefähr so aus?“, fragte der Student dann und hielt den beiden sein Gekritzel unter die Nasen.

„Das sieht aus wie das Krönchen von Prinzessin Tausendschön!“, meinte Simon, der nicht gerade angetan war vom Gekrakel des jungen Mannes.
„Ja, doch! So ungefähr! Das könnte hinkommen!“, sagte Wondraczek zur Verblüffung des Jungen. „Geben sie doch mal her, bitte!“
Der Vampyr nahm Block und Stift aus der Hand des Studenten und begann eine erneute Skizze anzufertigen.
„Was meinst du dazu, Simon?“ Wondraczek hielt ihm sein Werk vor die Augen.
„Jetzt sieht es aus wie ein Maikäfer, der eben gerade zum Flug ansetzt!“, meinte der Junge und schüttelte verdrossen den Kopf. „Lass es doch mich einmal versuchen!“, sagte Simon dann und riss dem Vampyr beinahe den Block aus der Hand.
Simons Zunge schien vor lauter Konzentration ein Eigenleben bekommen zu haben, da sie während er zeichnete beständig auf und ab zuckend über seine Lippen glitt. Der Junge bemühte sich redlich aus der Erinnerung das Aussehen des Küstenabschnittes sorgfältig darzustellen, immer wieder hörte man ihn sagen: „Nein, nicht ganz! So nicht! Irgendwie runder! Aber so auch wieder nicht!“
Der Vampyr schaute eine ganze Weile dem Jungen bei seinen Bemühungen zu, blickte dann dem Studenten Minzbender in die Augen, zuckte verständnislos mit den Achseln, lehnte sich zurück, schloss die Lider und genoss die letzten Sonnenstrahlen vor dem nächsten Regenguss. Der Nattich, dem es unendlich schwer fiel den Schnabel zu halten, raunte dem Jungen ins Ohr, dass er einen Erkundungsflug machen würde und erhob sich dann in die Lüfte, drehte noch eine Ehrenrunde über dem Innenhof und war in den dunklen Wolken verschwunden.
Simon hatte, eingerahmt von den beiden anderen, eine geschlagene halbe Stunde damit zugebracht sein Werk zu vollenden und rief dann laut: „So das könnte wohl ungefähr hinkommen. Schaut mal!“
Wondraczek und der Student Minzbender schreckten beide gleichzeitig aus ihrem Schlummer hoch, gerade als die ersten dicken Tropfen auf die Erde fielen. Schnell packten die drei zusammen, Simon steckte den Notizblock zum Schutz unter sein Hemd, dann stellten sie sich vor dem Hintereingang zur Bibliothek unter.
„Na dann zeig mal her!“, meint der Vampyr jetzt. Der lange Joseph Minzbender schaute Wondraczek dabei über den Rücken, um sich die Zeichnung des Jungen anzusehen.
Was sie dann erblickten machte einen gewaltigen Eindruck auf die beiden. Wer hätte gedacht, dass ein solches Talent in dem Knaben schlummerte. Gestochen scharf hatte Simon, nur aus der Erinnerung heraus, die Umrisse des Küstenabschnittes aufs Papier geworfen. Auch das feine, verzierte Kreuz, mit dem der Professor den Standort des Gezeitensiebes hatte anzeigen wollen, war ihm überaus gut gelungen. Simon hatte sich während des Arbeitsprozesses, als die beiden anderen schnarchten, gefühlt als befände er sich außerhalb seines Körpers, jedoch vollkommen konzentriert auf diese einzelne Aufgabe. Wondraczek stieß überrascht einen schrillen Pfiff aus.
„Das sieht nun wirklich genau wie ein Teil der Karte von Athanasius aus!“, meinte er jetzt und klopfte Simon anerkennend auf die Schulter. „Genau so!“
„Das habe ich auch irgendwo schon mal gesehen“, sagte daraufhin Minzbender. „Ich denke, das war als ich auf der Suche nach dem Ringellockigen Pferdebuchsenwachholder

war. Ein äußerst seltenes Kräutlein. Ich glaube ich weiß auch noch wo die entsprechende Karte zu finden ist."
Sie machten sich wieder fröhlich schwatzend auf in die Bibliothek, bei deren Betreten ihnen jedoch sofort die bösen Blicke der Studierenden begegneten, was sie dann verstummen ließ. Schnell hatte Minzbender das Regal gefunden in dem er die entsprechenden Karten vermutete und holte sich eine der Bibliotheksleitern herbei, konnte aber nicht das finden, was er suchte.
„Das ist aber merkwürdig!", wunderte er sich dann und kratzte sich wieder den blonden Schädel. „Ich hätte wirklich schwören können! Hier fehlt aber auch eine Menge." Wirklich war weit oben, wo der Student die Karten vermutet hatte, ein Regalbrett bis auf einige wenige lose Zettel vollkommen leer. „Ah, da kommt ja schon Bruder Alban!" Wirklich hatte Minzbender von seiner erhabenen Position aus den Bewahrer der Bücher ausgemacht.
„Hallo, Bruder Alban!", rief er dann, nicht gerade laut. Dennoch erntete er daraufhin von allen Seiten sofort ein entrüstetes Zischen.
„Pssst!", kam es nun auch von Alban, der auf leisen Sohlen herbeigeeilt kam. „Was gibt es denn meine Herren?", erkundigte sich der Mönch flüsternd.
„Sämtliche Werke zur Bodenbeschaffenheit und Geographie der Nordwestseite der Insel scheinen zu fehlen. Zumindest kann ich sie nirgendwo entdecken!", Minzbender hatte sichtlich Mühe damit, leise zu sprechen.
„Ach, das kann doch gar nicht…", begann Alban. „Aber jetzt erinnere ich mich!" Er blickte das hohe Regal hinauf zu der auffallend leeren Stelle. „Anscheinend gehören diese Bände zu denen, die einer Generalüberholung unterzogen werden mussten!", meinte er dann nachdenklich. „Ja, doch ich bin mir fast sicher, dass es so sein muss. Tut mir wirklich sehr leid, meine Herren. Aber da ist im Augenblick wohl nichts zu machen. Einige unserer bibliophilen Exemplare müssen von Zeit zu Zeit gründlich restauriert werden. Sehen Sie das Pergament leidet an allen möglichen Umwelteinflüssen. Und wie Sie wohl wissen, ist es furchtbar feucht hier bei uns. Das pure Gift für Papier und Pergament. Schimmel, Pilze, Insektenlarven setzen dem Material zu, die Farben verblassen, Ledereinbände werden rissig. Es ist ein ewiger Kampf diese Schätze des Wissens zu erhalten! Da ist momentan wirklich nichts zu machen!", fügte der Mönch noch bedauernd hinzu und verschwand daraufhin wieder lautlos um die Ecke.
„Komisch ist das schon!", meinte daraufhin Minzbender zu den beiden anderen. „Ich hatte nicht den Eindruck, dass die Karten und Atlasbände, die ich vor einem Vierteljahr noch hier habe einsehen können, überhaupt Originale waren. Es handelte sich allesamt um ganz neue, frisch gedruckte Kopien. Irgendwas ist faul an der Sache, glaube ich!"
„Das vermute ich auch, lieber Minzbender", erwiderte der Vampyr und blickte den Studenten dabei forschend an. Er fragte sich, ob er diesem jungen Mann wohl vertrauen könne. „Aber, wenn es lediglich Kopien waren, müssten dann nicht auch die Originale irgendwo gelagert werden.
„Selbstverständlich, die Räumlichkeiten sind allerdings für die Allgemeinheit nicht zugänglich. Hier nebenan, den Gang hinunter, befinden sich die gut gehüteten Schätze. Allerdings hinter einer verschlossenen Stahltüre. Fast wie in einem Tresor!" Der Studiosus

zeigte die Richtung, in der der verborgene Raum liegen musste. Simon lief den Flur entlang und drückte vorsichtig die Klinke herunter. Fest verschlossen, der Junge kam mit enttäuschtem Gesicht wieder zu den beiden anderen zurück.
„Ich glaube, da werden wir des Nachts noch einmal zurückkommen müssen!", meinte daraufhin Wondraczek und blickte noch einmal Minzbender fest in die Augen. „Ich hoffe sie behalten unsere Absichten für sich?"
„Äh, natürlich! Das hört sich an, als könnte es sich zu einem aufregenden Abenteuer auswachsen. Ich bin dabei!"
Der Vampyr schien sich nicht über das Anerbieten Minzbenders zu wundern, er war froh jemanden dabei zu haben, der sich bestens in den Räumen des Klosters auskannte.
„Dann treffen wir uns zur Geisterstunde vor der Bibliothekstüre wieder, junger Mann?"
„Abgemacht. Punkt Mitternacht!"
Den Rest des Tages verbrachten Wondraczek, Simon und Minzbender damit noch einiges Kartenmaterial durchzusehen, doch war von dem Küstenstreifen, der von Interesse war, in der ganzen Bücherei keine Spur zu finden. Als hätte jemand gewissenhaft alle Bände aussortiert, die zum Gezeitensieb hätten führen können. Der Student hatte zwar keine Ahnung, was das seltsame Paar eigentlichen suchen mochte, dies war ihm aber eigentlich auch egal. Er hatte nicht den Eindruck, dass die beiden böse Absichten hegten und für ein kleines Abenteuer, das sein mühseliges und oft langweiliges Studium unterbräche, war er immer zu haben.

Am späten Nachmittag kehrten Simon und der Vampyr zurück in die Pension, auch Minzbender machte sich auf zu seiner Unterkunft, um sich noch ein paar Stündchen aufs Ohr zu legen. Die Witwe Samsewitz hatte sich währenddessen um den armen landkranken Seemann gekümmert und berichtete stolz, dass es ihm schon ein wenig besser zu gehen schien, hatte er doch einen schier grenzenlosen Appetit. Schon zweimal hatte sie in der Metzgerei Nachschub holen müssen, erzählte die gute Frau, die glücklicherweise anscheinend auch unter einer nicht unerheblichen Kurzsichtigkeit litt, wie Simon annahm. Je länger die Abwesenheit des Vampyrs andauerte, desto unähnlicher wurde das Tier einem Menschen.
„Der arme Mann ist ja vollkommen ausgehungert!", meinte die Frau noch voller Mitgefühl. „Man sollte doch denken, dass auf so einer Kreuzfahrt etwas Anständiges zu essen angeboten wird!"
„Ein weiteres Symptom dieser seltsamen Krankheit, gute Frau!", meinte daraufhin Wondraczek. „Man spricht hier auch vom gemeinen Landhunger!"
„Ach, das habe ich ja noch nie gehört. Wirklich merkwürdig! Übrigens kam ihr Papagei vorhin durchs offene Fenster geflogen und hat sich dann über den Streuselkuchen hergemacht, den ich gerade aus dem Ofen gezogen hatte. Das muss ich ihnen dann doch auf die Rechnung setzen!" Simon hatte gar nicht mehr an den Vogel gedacht, jetzt sah er ihn vollgefressen, schlafend auf dem Kleiderschrank sitzen.

Krautschuk war die ganze Zeit damit beschäftigt gewesen, einen Plan zu schmieden, um die gefangenen Hurveniks zu befreien. Pläne zu machen war auch das einzige, was er zu seinem Leidwesen tun konnte. Ohne Kammergarn war einfach nichts zu machen, der Hurvenik konnte schließlich nicht einfach mit einer wilden Horde seiner Artgenossen vor den Mauern der Zitadelle auftauchen, sich durch das Gitterwerk nagen und die Geiseln herausschleppen. Nein, er würde zumindest einen menschlichen Helfer benötigen, sonst wäre die ganze Mission von vorneherein zum Scheitern verurteilt, darüber war sich der Kleine im Klaren.
Zum Glück machte Kammergarn schnell Fortschritte. Es schien dem Dicken von Tag zu Tag besser zu gehen. Der Clan der Krimpelknarze sorgte vorbildlich für den Patienten, ja, so schien es Krautschuk, waren sie doch ganz darauf erpicht dem Menschen jeden Wunsch von den Augen abzulesen. Hier war dann doch wieder diese unterschwellige Bewunderung für die Menschheit am Werk, welche diese, in Krautschuks Augen zumindest, keineswegs verdient hatte. Er war froh gewesen, als sich bei seiner Suche nach ein paar Hurveniks, die bereit waren zur Not auch Gewalt gegen Menschen anzuwenden, auf der Stelle Fargraffel und einige seiner engsten Freunde gemeldet hatten. Zwar war die gesamte Truppe noch recht grün hinter den Ohren, dafür aber machten sie einen zu allem entschlossenen Eindruck auf Krautschuk. Jetzt aber schien sich in der neuen Generation etwas zu ändern am Wesen der Hurveniks, dachte er bei sich. Endlich waren einige wenige bereit für ihre Freiheit zu kämpfen.
Vielleicht lag es an den friedlichen Lehren der Meister, dass die kleinen Leute, immer weiter zurückgedrängt worden waren und inzwischen nur noch in winzigen Enklaven inmitten der Wildnis ein Zuhause hatten finden können. Es wurde Zeit, damit endlich Schluss zu machen.
Fargraffel und seine Freunde stellten wirklich eine Ausnahme dar. Sie machten sich nicht viel aus den alten friedliebenden Lehren der Propheten, ob nun Fandango oder Krimpelknarz. Die jungen Leute konnten mit diesen Weisheiten nichts mehr anfangen. Ja, manch einer betrachtete die Lehren gar als Hindernis auf einem Weg zu einer völlig neuen Lebensweise. Sie waren allesamt schon im Exil geboren und hörten nur von den Altvorderen die ruhmreichen Geschichten der Hurveniks vergangener Tage. An diesen Sagen und Legenden richteten sie sich auf. Schlachten um die Vorherrschaft auf dem Kontinent waren geschlagen worden gegen Drachen, Riesen und die besonders verhassten runzligen Einhörner. Keiner, auch die ältesten unter den alten Leuten, hätte sagen können, welche dieser Erzählungen eigentlich eine reelle Grundlage hatte, doch stellten diese Überlieferungen für die nächste Generation das einzige dar, an das sie mit Stolz denken konnten.
Die Einstellung der jungen Krimpelknarze machte diese jedoch nicht zu erfahrenen Kämpfern, wie Krautschuk feststellen musste. So fing er am nächsten Tag an, die halbstarke Bande in allen Kampftechniken zu unterweisen, die er auch nur annähernd beherrschte. Oft schon hatte der Trupp der Schauspieler sich aus verfahrenen Situationen herausbeißen müssen und so mangelte es dem Adjutanten des großen Bühnenkünstlers Krinksgranx in dieser Hinsicht nicht an Kenntnissen. Er wusste zwar, dass es unmöglich sein würde innerhalb weniger Tage aus dem wilden kleinen Haufen eine unschlagbare

Eingreiftruppe zu machen, tröstete sich aber mit dem Gedanken, der Enthusiasmus, mit dem die jungen Leute ans Werk gingen, würde dies schon wettmachen.
Die Alten dagegen beobachteten voller Skepsis die Bemühungen Krautschuks. All dieses kriegerische Tamtam ließ sie am Verstand ihrer Kinder und Kindeskinder ernstlich zweifeln. Im Besonderen waren es jedoch die Mütter, die allerdings in keinster Weise von den Vätern zu unterscheiden waren, die dem Ganzen doch noch etwas Gutes abgewinnen konnten. Manche von den Frauen hatten es schon lange satt, sich von den Menschen in immer entferntere Gegenden des Kontinents zurückdrängen zu lassen, und brachten deshalb stillschweigend Sympathien für das kämpferische Gebaren ihres Nachwuchses auf, doch durften sie sich dies nicht anmerken lassen.
Blusterkremp schüttelte immer wieder unwillig den großen Schädel voller Missbilligung, wenn er am Trainingsplatz vorüber kam. Dann machte er schwer zu deutende Bemerkungen, die direkt auf das schlechte Gewissen der jungen Hurveniks abzielten. So rief er ihnen zum Beispiel zu: „Wertvoller Hurvenik ist streitlos. Streitender Hurvenik ist wertlos!", oder auch: „Wer einmal mit dem Dolche sticht, den trifft derweil ein ander G'richt!", und: „Andere beherrschen erfordert Kraft. Sich selbst beherrschen fordert Stärke!"
Doch schienen derlei Wahr- und Weisheiten keinerlei Wirkung auf die jungen Leute zu haben, im Gegenteil, je öfter das Oberhaupt der Krimpelknarze sie von ihrem Tun abhalten und wieder zurück auf den rechten Weg führen wollte, desto mehr Widerwillen empfanden die Krieger, als die sie sich schon sahen, gegen alles Althergebrachte, und sie fingen an die ältere Generation mit einiger Geringschätzung zu betrachten. Dies blieb auch Krautschuk nicht verborgen, und er verurteilte dieses Verhalten im Grunde aufs schärfste, doch mischte er sich nicht in die Differenzen ein, die zwischen jungen und alten Knarzen entstanden waren, musste er doch froh sein, so willige Mitstreiter gefunden zu haben.
Krautschuk war zu seinem Leidwesen aufgefallen, dass der Clan der Krimpelknarze die uralten Kampftechniken seinem Nachwuchs wohl schon seit Generationen nicht mehr vermittelt hatte. Die jungen Krieger stellten sich manches Mal so tölpelhaft an, dass er sich arg zusammenreißen musste, um nicht die Beherrschung zu verlieren. Wahrscheinlich war dieser Mangel an körperlicher Ertüchtigung den Lehren von Meister Krimpelknarz geschuldet, die ja nur so trieften vor Friedfertigkeit. Auch die Weisheiten Fandangos propagierten zwar keineswegs Gewalt, im Gegenteil, sollte jegliche Streitigkeit mit Vernunft und guten Worten beigelegt werden und niemals durch den Einsatz von Fäusten und Messern, doch der Clan der Krimpelknarze neigte in dieser Hinsicht wohl zu Übertreibung. Immer nur Sätze wie: ‚Das weiche Wasser bricht den Stein; Was du nicht willst, was man dir tut…;' und, ‚Das Wasser haftet nicht an den Bergen, die Rache nicht an einem großen Herzen.'
Krimpelknarz hatte ein Leben angestrebt, das nur der Bewusstwerdung durch Meditation dienen sollte. Deshalb war er auch eines Tages den Hungertod gestorben, hatte er doch die Nahrungsaufnahme gänzlich eingestellt, um sich nicht von Profanitäten aus seiner Trance reißen zu lassen. Er hatte sozusagen einfach vergessen zu essen. Böse Zungen hatten allerdings behauptet, dies sei nichts weiter als eine Geschichte, die sich seine

Anhänger in Nachhinein ausgedacht hätten. Man hielt es schlechterdings für unmöglich, dass ein so fetter Hurvenik wie Krimpelknarz, jahrelang ohne feste Nahrung hatte auskommen können. Wieder andere behaupteten, man hätte in der Höhle, die der Einsiedler bewohnt hatte, einen geheimen Kühlkeller vorgefunden, in dem alle Leckereien, die ein Hurvenikmagen nur vertragen konnte, in Massen eingelagert waren. Aber wie der Meister sagte: ‚Alle weltlichen Dinge sind nur ein Pudding im Frühling. Betrachte den Tod als Sahnehäubchen!'

Solcherart waren die Lehrsätze, die die jungen Spunde Zeit ihres Lebens anhören hatten müssen. Da war es kein Wunder, dass sie nun dagegen rebellierten und mit einem solchen Eifer bei der Sache waren, auch wenn es um ihre körperliche Verfassung wirklich nicht zum Besten stand. Noch dazu waren die jungen Kerls sehr anfällig für Verletzungen, kaum erhob einer sein Bein zum Todesstoß des Nasi Goreng, schon hatte er sich die schönste Zerrung geholt. Die Übung, bei der ein Brettchen allergröbsten Balsaholzes mit der Handkante zerschlagen werden sollte, konnte einen Besuch beim Heiler des Clans nach sich ziehen. Das Spannen der Armbrüste, die Krautschuk selbst gefertigt hatte, stellte sich als äußerst schwierig heraus. Es mangelte den Knarzen einfach an der nötigen Körperkraft, darüber wurde sich Krautschuk mit jedem anbrechenden Tag klarer. Aber was sollte er tun? Es war nur zu hoffen, sie würden dieses Manko durch ihren aufschäumenden Enthusiasmus wieder wettmachen.

Zum Glück machte zumindest Kammergarn jeden Tag neue Fortschritte, zwar würde er seine linke Hand noch eine ganze Weile nicht gebrauchen können, aber er hatte ja in der rechten genügend Kraft, um dies wettmachen zu können. Dennoch benötigte er ein Reittier, wenn es Richtung Hallgard ginge, sonst würde es eine geschlagene Woche dauern, bis die Truppe dort ankäme. Hurveniks verfügen über die Fähigkeit zur Not tagelang neben einem Pferd herzurennen ohne in irgendeiner Weise zu ermüden. Krautschuk hoffte, dass dies bei den etwas verweichlichten Knarzen ebenso wäre. Um das Pferdeproblem wollte sich Fargraffel kümmern, hatte dieser versprochen, und am übernächsten Tag stand tatsächlich ein Maultier inmitten des kleinen Dorfes. Der Hurvenik hatte es kurzerhand von der naheliegenden Poststation der Nord-Süd Route gestohlen, die Pferde, die gerade dort untergebracht waren, hatten einen zu mitgenommenen Eindruck auf den Knarz gemacht. Man stellte das Tier in dem gleichen windgeschützten und trockenen Unterstand ab, den man eigens für Kammergarns Genesung errichtet hatte und so konnten sich die beiden schon einmal ausgiebig anfreunden.

Während die Wangen des Impresarios endlich wieder Farbe bekamen, trainierte Krautschuk weiter die jungen Krimpelknarze, bastelte an den Armbrüsten herum, um ihre Durchschlagskraft noch zu vergrößern und schärfte die stumpfen Messerchen, die die Hurveniks sonst nur zu weitaus friedlicheren Unternehmungen benutzten, zu äußerst gefährlichen Waffen.

Am dritten Tag war Kammergarn wieder soweit auf den Beinen, dass Krautschuk den nächsten Morgen für den Aufbruch nach Hallgard ins Auge fasste. Der Clan der Knarze war zwar in keiner Weise einverstanden mit dem Vorhaben seiner Jüngsten, doch hatte man sich mittlerweile damit abgefunden, da ihnen dieses Abenteuer nicht auszureden war. Die Mütter waren heimlich stolz auf ihren Nachwuchs, fast alle waren insgeheim

der Ansicht, man könne unmöglich die gefangenen Hurveniks ruhigen Herzens ihrem Schicksal überlassen. Aus diesem Grund hatten sie nur allzu gern dafür gesorgt, dass am Vorabend der Reise ein Abschiedsfest stattfand. In der Mitte des Platzes, der umgeben war von den Hütten der Krimpelknarze, waren rundherum Tische und Bänke aufgestellt worden. Ein großes, nur in dieser Gegend vorkommendes Minihängebauchschwein drehte sich lustig am Spieß. Kammergarn lief das Wasser im Mund zusammen, er hätte das Viech ganz alleine für sich haben wollen. Er hatte auf mehreren Kissen Platz genommen und saß wie eine riesige Missgestalt inmitten der zierlichen Wichte.
Trotz der Skepsis der Alten war doch die gesamte Ansiedlung gekommen, um vor der Hütte des Oberhaupts Blusterkremp von den Jünglingen Abschied zu nehmen, die sich einer solch gefahrvollen Aufgabe stellen wollten. Ausnahmslos jedermann sprach dem begehrten Brombeerwein ausgiebig zu; eine Spezialität der hier ansässigen Hurveniks war auch der aus Distelfrüchten gebrannte Dornenwhiskey. Und wie es nicht anders hatte kommen können, wurde die Stimmung durch die Einnahme dieser hochgiftigen Substanzen fröhlicher und fröhlicher. Als nach dem Essen alle noch ihre Pfeifchen entzündet hatten, schwebte ein feierlicher Duft über dem Gelage. Blusterkremp räusperte sich, er hatte sich vorgenommen den jungen Leuten noch ein paar gute Worte mit auf den Weg zu geben. Da sein Räuspern nicht den notwendigen Erfolg hatte, schlug der alte Hurvenik dann mit dem Holzstiel seines Löffels gegen eines der Blechfässer, die zum Sammeln des Regenwassers überall aufgestellt waren.
„Meine lieben Hurveniks, meine lieben Verehrer und Schüler des Meisters Krimpelknarz!“, fing Blusterkremp an, worauf ein allgemeines Johlen einsetzte.
„Hört mich an! Ihr wisst, ich war die ganze Zeit über gegen diese Mission auf die sich unsere jungen Leute morgen begeben wollen.“ Einer der Angesprochenen buhte, verschluckte sich aber dann am Distelwein, als ihm Krautschuk missbilligend auf den Rücken schlug.
„Der Meister sagt aber auch…“, hier hob Blusterkremp die Augen gegen den Nachthimmel, als müsste er nachdenken. „Also stehen die Tugend und ebenso auch das Laster in unserer Gewalt. Denn wo das Tun in unserer Gewalt ist, da ist es auch das Lassen, und wo das Nein, da auch das Ja. Wenn also das Tun des Guten in unserer Gewalt steht, dann auch das Unterlassen des Bösen; und wenn das Unterlassen des Guten in unserer Gewalt steht, dann auch das Tun des Bösen.“, der Ortsvorstand musste nun erst mal Luft holen.
„Oder auch!“, fuhr er dann feierlich fort. „Was man mit Gewalt beginnt, kann schließlich doch noch zum Guten verwendet werden, denn man soll ja nichts umkommen lassen.“
Hier blickte er in die Runde, als wolle er sich versichern, dass man ihm auch zuhörte.
„Wenn aber die Freiheit in Ketten geht und Dienen gewaltsam gefordert wird, statt aus der Liebe strömen zu dürfen, dann ist die wahre Natur der Dinge entstellt, und Falschheit regiert die Beziehungen der Seele zum Leben.“
Hier jubelten die jungen Knarze auf, sahen sie doch in diesen Worten den nicht mehr erwarteten Segen Blusterkremps für ihr Abenteuer. Die Stimmung steigerte sich noch, als die Musikanten anfingen aufzuspielen, was Kammergarn dazu veranlasste, sich ein reichliches Bündel Petersilie vom Tisch zu nehmen, um es sich in beide Ohren zu verteilen. Das grüne Gestrüpp, das aus seinem Haarkranz hervorlugte,

verlieh ihm beinahe das Aussehen eines antiken griechischen Gottes.
Hier muss erwähnt werden, dass Hurvenikmusik für den menschlichen Gehörgang zwar nicht unbedingt gesundheitsschädlich ist, beschleunigt sie doch sogar die Verdauungsvorgänge, doch die meisten großen Leute konnten bei zu langem Genuss der Klänge, nervlich schnell aus dem Tritt kommen. Die kleinen Zimbeln, Lauten, Mandolinen und Ukulelen vermochten einen solchen Lärm zu entfalten, den man ihnen bei ihrer geringen Größe niemals zugetraut haben würde. Aber das war noch lange nicht das schlimmste. Das Notensystem der Hurveniks umfasst nicht nur Halb und Vierteltöne, nein, auch Achtel-, Sechzehntel-, sogar Zweiundreißigsteltöne vermögen die Wichte zu hören und musikalisch darzubringen. Für das menschliche Gehör kaum mehr wahrnehmbare Tonlagen bis zu tiefsten Bässen, die zu Atemnot führen konnten, wurden gerne in den opernarienartigen Melodien untergebracht. Bisweilen verstieg sich ein heller Frauensopran in schwindelerregende Höhen, dann vermeinte man Chöre zu vernehmen, die direkt aus der tiefsten Gruft heraufzuschallen schienen. Ungeschützter Genuss solcher Hurvenikopern konnte böse Folgen haben, zwar überlebte solch eine Tortur ein gesunder Mensch ohne bleibende körperliche Schäden, doch behaupten viele Insassen von Nervenkliniken des Kontinents, sie hätten kurz bevor sie ihre Anfälle bekamen, Stimmen und Zwergenmusik gehört. Wer weiß, ob hier nicht ein Quäntchen Wahrheit dahintersteckte.
Kammergarn zumindest wusste Bescheid darüber, wie man diese bösen Folgeerscheinungen vermeiden konnte; nach so langer Zeit die er schon bei den Hurveniks weilte, konnte den Mann nichts mehr aus der Fassung bringen. Zum Glück waren die Musikanten etwa nach einer Stunde derart erschöpft, dass sie die Instrumente weglegten und sich wieder den geistigen Getränken gebührend widmeten. Ausgelassene Hurveniks sind schon ein recht seltsamer Anblick. Es ist unglaublich, wie viel Wein und Schnaps diese Wichte vertragen können, bevor man ihnen das Geringste anmerkt. Doch gab es auch Ausnahmen. Krautschuk war nach dem Genuss zweier Krüge edlen Distelweins derart betrunken, dass ihn die jungen Knarze kaum wiedererkannten. Mit brennend rotem Gesicht prostete er beständig seiner Truppe zu, wieder einmal hatte er vergessen, dass das Fehlen dieses Enzyms, wie der Professor sich ausgedrückt hatte, ihn sehr anfällig für die Auswirkungen des Alkoholgenusses machte.
„Liebe Knarze, es lebe die holde Schschauschpielkunst, lasst unsch die Feinde metscheln und unschere Freunde befrein!“, nuschelte er mit verzerrter Stimme. Die jungen Hurveniks sahen sich fragend an, so hatten sie ihren neuen Anführer noch nicht erlebt.
„Ihr meine lieben Knärzchen scheid mir schon sehr ans Herz gewachsen, dass ich kaum an mich halten kann, eusch alle zu umarmen und zu küschen!“ Und das tat er dann auch, beim Versuch jedoch seinem nächsten Tischnachbarn einen Kuss auf den Mund zu schmatzen, verfehlte er diesen gänzlich, fiel mit einem Seufzer von der Bank und landete mit dem Gesicht im Gras. Er rappelte sich aber auf der Stelle wieder taumelnd hoch und rezitierte: „Wenn du dich nischt der Verrücktheiten erinnern kannscht, zu denen die Liebe dich genötigt hatte, hascht du in Wahrheit nie geliebt!“ Krautschuk blickte mit dem Ausdruck eines wahren Mimen in die Runde, die verständnislos zurückstarrte.
„Bis zur Vollführung einer furchtbaren Tat. Vom erschten Antrieb ischt die Zwischenzeit

ein grauenvoller Traum!", rief der Kleine dann aus und schwenkte seinen winzigen Tonkrug, wobei er, wild gestikulierend die Hälfte des Inhalts in hohem Bogen verschüttete. „Meine liebsten, herzallerliebsten Knarze, wie schon der Dichter sagt, In der Früh' und frischem Tau der Jugend ist giftger Anhauch am gefährlichsten!", dabei fiel Krautschuk nach hinten und landete unsanft auf seinem Allerwertesten.
Fargraffel hatte beschlossen dem Ganzen ein Ende zu machen, bevor der Trunkenbold noch jeglicher Autorität verlustig ging, packte ihn unter den Achseln und versuchte ihn wieder auf die Beine zu stellen.
„Ein Schatten nur, der wandelt, ist das Leben, weiter nichts. Ein armer Komödiant, der auf der Bühne sein Stündchen schtelzt und groosche Worte macht. Worauf man weiter nüscht von ihm vernimmet. Ein Märchen ist's, erzählt von einem Schwachkopf, voll wilden Wortschwalls...", hier legte der kleine Mime eine längere Kunstpause ein, Fargraffel hielt ihn immer noch von hinten gepackt aufrecht. „...doch, ach…bedeutungschleer!"
Die Gesellschaft war während dieses Schauspiels immer ruhiger geworden, jetzt schauten sich die Hurveniks wieder fragend an, bis einer den Anfang machte und in die Hände klatschte, worauf ein donnernder Applaus erscholl. Krautschuk starrte mit leeren glasigen Augen vor sich hin, schien dann aber zur Besinnung zu kommen. Er befreite sich aus dem Griff Fargraffels und verbeugte sich anmutig vor seinem Publikum, dann fiel er erneut mit dem Gesicht auf die Grasnarbe und begann augenblicklich lauthals zu schnarchen.

Nur ein paar Tage später erwachte Athanasius des Nachts in seiner Zelle, geweckt von einem schlurfenden Geräusch, das an seine Ohren drang. Keiner der Wärter würde um diese Zeit durch die Gänge streifen, dies wusste der Alchimist genau. Bald darauf vernahm er das Klimpern von Metall auf Metall und eine Stimme wisperte leise, während im Schloss der Gittertüre ungeschickt herumgefummelt wurde.
„Pscht! Keine Angst Herr Zauberer!", konnte Athanasius darauf eine Stimme hören, die Schwierigkeiten hatte, sich in solch leisem Tonfall verständlich zu machen.
„Wer ist denn da?", fragte der Alchimist, der allerdings keineswegs erstaunt war über den nächtlichen Besucher.
„Fribbeldropp, von der fürstlichen Garde, Herr Zauberer. Warten Sie, ich bin gekommen, Sie hier rauszuholen!", nuschelte es wieder, der Mann schien etwas angetrunken zu sein, fiel Athanasius jetzt auf. Seine Rede hatte diesen stolpernd, zischenden Unter-ton, der nur wirklich professionellen Trinkern zu Eigen ist, erkannte der Zauberer sofort.
„Verdammtes Schloss, klemmt irgendwie! Kruzitürken nochmal!", fluchte der Soldat und werkelte weiter vergeblich mit dem Schlüssel herum.
„Vielleicht könnte ich einmal...?", fragte Athanasius dann, er war an das Gitter herangetreten und konnte nun den Fuselatem riechen, der von der anderen Seite an seine Nase drang.
„Dann versuchen sie mal ihr Glück, Professorchen!", witzelte der Mann und hielt Athanasius den Schlüssel vor die Augen. „Aua, jetzt hab' ich doch glatt vergessen, dass ihr

blind seid, Meister!“ Der Kerl schien dies äußerst amüsant zu finden und fuchtelte nun neckend mit dem Ding vor dem Gesicht des Alchimisten herum.
Das scheint ja ein wahrer Kindskopf zu sein, dachte der Professor, griff durch die Gitterstäbe und wand zielsicher dem Betrunkenen den Schlüssel mit einer raschen Drehung aus der Hand. Innerhalb von ein paar Sekunden hatte der Zauberer die Türe aufgeschlossen, war hindurchgetreten und stand nun vor Sergeant Fribbeldropp, der den Blinden mit seinen verwirrten, geröteten Augen inspizierte.
„Ihr seid wirklich blind, Professor! Das sollte man nicht glauben!“
„Glaubt es ruhig, junger Mann! Was allerdings nicht heißen muss, dass ich vollkommen unbeholfen und wehrlos bin!“ Dabei versetzte der Zauberer dem Soldaten einen leichten Schlag vor die Brust, so dass dieser zurücktaumelte und sich alsbald auf der Erde wiederfand.
„Aua! Schon gut, schon gut! Werde mich nicht mit euch prügeln. Werde den Teufel tun mich mit euch Zauberern auf Händel einzulassen!“ Der Soldat erhob sich schwerfällig, rieb sich den Hintern, und klopfte sich Heu und Schmutz von seiner grünbraunen Uniformhose.
„Ich soll euch in ein Versteck bringen, aber zuerst müssen wir mal hier aus dem Verlies rauskommen!“, meinte der junge Trunkenbold dann. „Folgt mir! Ihr könnt euch an meiner Schulter festhalten!“
„Das wird wohl nicht nötig sein!“, erwiderte der Professor und ging dem Soldaten voraus den Gang entlang und ließ dabei die Spitze seines Gehstocks grazil über den gepflasterten Boden kreiseln. Verblüfft folgte ihm Sergeant Fribbeldropp, der eigentlich einen wehrlosen, blinden Mann in der Zelle erwartet hatte. Insgeheim war er jedoch froh über die Fähigkeiten des Alchimisten, hatte er sich doch ernstlich Sorgen darüber gemacht, wie man einen so behinderten Menschen unbemerkt aus dem Kerker würde schmuggeln können. Vor der Pforte, die aus dem Verlies hinausführte, lag die nächtliche Wache auf einer Holzbank und gab ein lautes Schnarchen von sich.
„Der Kerl hat wirklich nicht viel vertragen, Professor! Wir haben zusammen nicht einmal zwei Flaschen von diesem köstlichen Branntwein genossen, schon war er im Reich der Träume angekommen.“ Fribbeldropp bückte sich und hob eine Flasche auf, die an die Wand gerollt war, hob sie an die Lippen und trank sie genüsslich aus. „Nur nichts verkommen lassen! Das hat mir meine alte Großmutter schon, als ich noch ein kleiner Junge war, ans Herz gelegt, Professor! Man weiß ja nie, wann man wieder mal so einen guten Tropfen bekommt!“ Dann rülpste er ausgiebig, während der Professor längst die Türe zum Treppenaufgang aufgeschlossen hatte und schon auf der ersten Stufe auf ihn wartete.
„Dann leg mal einen Zahn zu, Sergeant! Wir wollen doch weg sein bevor die Sonne aufgeht, oder?“
„Gute Idee, Meister! Komme schon!“
Athanasius ließ dem jungen Soldaten den Vortritt, würde sich dieser doch wesentlich besser in der Festung zurechtfinden, als er. Als die beiden Männer in einem kleinen Vorhof angekommen waren, blieb der Alchimist erst einmal stehen und atmete einmal kräftig durch. Nach den Wochen in der abgestandenen Luft des Kerkers, war jeder Atemzug,

den er nun draußen tun konnte, ein wahrer Genuss. Nach seiner Einschätzung mussten sie sich ganz in der Nähe der Stallungen befinden, wie der Zauberer jetzt bemerkte. Es roch eindeutig nach frischem Heu und Rössern. Und wirklich führte ihn der Sergeant jetzt durch die fürstlichen Ställe, mitten durch die Reihen der kampferprobten, ruhigen Tiere der Fürstlichen Garde. Dann wieder hinaus auf die Zinnen des innersten Festungswalles, wo die Zofe Amelie die beiden erwartete.

„Fribbeldropp!", flüsterte die Zofe jetzt. „Das hat ja alles Stunden gedauert. Ich bin hier schier am Erfrieren!" Dann reichte sie dem Alchimisten beide Hände und fügte in gänzlich geändertem Tonfall leise hinzu: „Sehr erfreut sie kennenzulernen, Professor!"

„Die Ehre ist ganz auf meiner Seite, Gnädigste!", erwiderte Athanasius in vollendeter Höflichkeit und drückte die zarten Hände Amelies.

„Musste Wächter Flintersen ein wenig einschläfern! Der hat ganz schön was vertragen, das kannst du mir glauben!" Der Sergeant schien jedem eine andere Version der Geschichte auftischen zu wollen.

„Hey, du bist ja völlig betrunken, Fribbel!", Amelie zuckte vor dem Atem des Sergeanten angeekelt zurück.

„Was heißt schon betrunken? Ich bin höchstens ein klein wenig angeheitert!"

„Stockbesoffen trifft es wohl eher!"

„Höchstens leicht angeschickert!"

„Voll wie tausend Russen!" Amelie schaute missbilligend in die roten Augen Fribbeldropps.

„Gemäßigt indisponiert!", meinte dieser daraufhin.

„Sternhagelvoll!"

„Nur entspannt!"

„Hackedicht! Stinkbesoffen! Völlig verstrahlt!"

Amelie hatte ein ernstliches Problem mit dem Trinkverhalten des Sergeanten. Die beiden kannten sich zwar erst seit drei Tagen, doch kam es der Zofe vor, als hätte sie Fribbeldropp schon ihr ganzes kurzes Leben in ihrem Herzen mit sich herumgetragen. Allein der Gedanke an ihn stellte eine so gewohnte Last für sie dar, als wäre dieser Mensch ein Problem, das ihr in die Wiege gelegt worden war. Ja, es kam ihr vor, als sei Sergeant Fribbeldropp ihr Schicksal, ob sie nun wollte oder nicht. Schon als er sich ihr vorgestellt hatte, war ihr Herz aufgesprungen wie jetzt gerade die Kerkertür des Professors. Niemals hatte sie sich solche Gefühle vorstellen können. Schnurstracks war Fribbeldropp auf sie zugegangen, hatte mit einem süffisanten Lächeln ihre Hand gepackt und sie an die Lippen geführt, als würde es sich dabei um den größten Schatz halten, den es für ihn hier auf dieser Welt zu erringen gälte. Im Normalfall hätte dies Verhalten wohl kaum einen solchen Eindruck auf Amelie gemacht, doch war etwas in den Augen des Sergeanten, das sie auf der Stelle fesselte und ganz für ihn einnahm. Sie hätte beileibe nicht erklären können, was dieses Etwas eigentlich war, doch ließ es die junge Frau über die übertriebene Geste des Händeküssens hinwegsehen und die ehrlich gemeinten Absichten des Soldaten erkennen.

„Im allerhöchsten Fall, leidlich beschwipst, meine Liebe!", nuschelte Fribbeldropp und rollte auf eine Weise mit den Augen, dass Amelie ihm unmöglich länger hätte böse sein können.
„Gut, lassen wir das! Stehen die Pferde bereit, Fribbel?"
„Die Gäule sind ein wenig abseits, nur die Treppen hinunter und rechts halten, meine Liebe! Ich muss auch langsam wieder hinunter ins Verlies, bevor der Wärter noch aufwacht!", meinte der Sergeant daraufhin und an Athanasius gewandt: „Leben sie wohl, Professorchen! Ich denke wir sehen uns bald wieder." Sprachs und verschwand wieder in den fürstlichen Stallungen.
Fribbeldropp musste dabei sein, wenn der Wächter wieder zu Sinnen kommen würde, um keinen Verdacht zu erregen. Als der junge Mann unten in den Kerkerräumen angekommen war, fand er Flintersen noch friedlich schlummernd vor und so blieb ihm noch genügend Zeit die mittlerweile leere Zelle des Zauberers etwas zu präparieren. Zu diesem Zweck führte er einen kleinen Parfümzerstäuber mit sich, mit dem er das gesamte spärliche Inventar des Raumes gründlich einsprühte. Es handelte sich jedoch keineswegs um teure Wohlgerüche, die der Sergeant hier so ausgiebig verspritzte. Bei jeder Art von Magie tritt nun einmal ein sonderbarer Geruch auf, ein Geruch, der mit nichts auf der Welt zu vergleichen ist. Gewiefte Fachleute der olfaktorischen Zunft beschrieben die Duftnote als eine Mischung von Lavendel, Kamelexkrementen, fauligen Drosseleiern und Apfelessig. Fribbeldropp und Amelie hatten die letzten Tage damit zugebracht diese wundersame Geruchsmischung zu erstellen. Warum sie sich gerade bei dieser, wirklich nicht angenehm zu nennenden Beschäftigung nähergekommen waren, ist nur durch das Wunder der Liebe zu erklären, die bekanntermaßen nicht nur blind macht, sondern auch die Geruchsorgane der von ihr Befallenen, stark zu betäuben in der Lage ist.
Diesen Stinkecocktail verteilte nun Fribbeldropp großzügig in der Zelle, in der Hoffnung, man würde die magischen Kräfte von Athanasius für dessen jähes Verschwinden verantwortlich machen. Im Falle, dass doch noch ein Verdacht auf ihn fallen sollte, hatte der Sergeant sich einige Tage vom Dienst befreien lassen, um sich unter Umständen rechtzeitig noch in Sicherheit bringen zu können. Diese Vorsichtsmaßnahme sollte sich im Nachhinein als überflüssig erweisen, da man wirklich bereit war anzunehmen, dass bei der Flucht des Professors höchstwahrscheinlich Zauberei im Spiel war. Selbst Soylentius ließ sich täuschen, traute er seinem alten Widersacher, als einem wahren Meister ihrer Zunft, um dessen Fähigkeiten er ihn doch insgeheim nur beneiden konnte, durchaus zu, das Wunder einer temporären Entkörperlichung vollbringen zu können.

Kurz nach elf Uhr brachen alle vier dann auf. Der Vampyr hinterlegte eine ansehnliche Summe Münzgeldes auf der Anrichte im Treppenhaus und die Freunde stahlen sich vorsichtig aus der Pension. Die alte Stiege ächzte schwer unter den Tatzen der Bärin, doch schien Frau Samsewitz über einen äußerst gesunden Schlaf zu verfügen.

Der Mond stand fast voll am Firmament, dann und wann konnte man ihn durch die Regenschleier hindurchblitzen sehen, als sie sich auf den Weg machten. Der Wind hatte zugenommen, der Regen hatte sich in der nachmittäglichen Stärke eingependelt und die Pinien rauschten geheimnisvoll in der frischen Brise.

An einer Stelle, an der die Klostermauer sich in einem besonders vernachlässigten Zustand befand, kletterten sie ohne große Mühe hinüber. Sie befanden sich jetzt am Rande des kleinen Friedhofes, in dessen Erde die Mönche ihre verstorbenen Mitbrüder seit Generationen bestatteten. Kleine, aus Granit gehauene Steine, schmückten die Gräber der einfachen Ordensleute, während man schon aus weiter Entfernung die pompösen Gräber der Äbte erkennen konnte. Auch an einer Gruft für die Honoratioren der Insel kamen die Freunde vorbei, die es sich nicht nehmen ließen in besonders geheiligten Grund gebettet zu werden. Der Löwennattich raunte dem Jungen ins Ohr, er würde sich die ganze Sache lieber einmal von oben ansehen. Von einer erhöhten Position aus könne er besser Schmiere stehen und erhob sich flügelschlagend in die Lüfte.

Es war nicht allzu weit bis zum Eingang der Bibliothek, und schon bald drang die Stimme von Joseph Minzbender an ihre Ohren, der sich in einer Nische des Gebäudes verborgen gehalten hatte.

„Ah, da seid ihr ja! Ihr habt wohl noch jemanden mitgebracht?“, bemerkte der junge Mann, als die vier vor ihm aus der Dunkelheit auftauchten. „Verdammich, das ist ja ein Bär!“

Wondraczek hatte sich nicht die Mühe gemacht den Schleier, den er über die Augen der Leute legte, wenn sie Veronica sahen, aufrecht zu erhalten. Entweder hatte er es vergessen, oder er wollte dem Studenten einen kleinen Schrecken einjagen.

„Ein Bär? Ja, tatsächlich! Ein Bär!“, meinte der Vampyr nur lapidar.

Bei diesen Worten fiel Veronika auf der Stelle auf ihre Vordertatzen, als wüsste sie genau, dass es jetzt nicht mehr nötig sei, sich mit dem aufrechten Gang abzuquälen.

„Und warum trägt das Tier diese merkwürdige Verkleidung?“, fragte Minzbender nun, der sich erstaunlich schnell wieder gefangen hatte.

„Das ist eine lange Geschichte, Joseph! Verschieben wir dies auf ein anderes Mal“, sagte der Vampyr und klopfte dem Studenten anerkennend auf die Schulter. „Dir kann man wohl so schnell keine Angst einjagen?!“

Dann schien Wondraczek auf einmal ein ganzes Stück zu wachsen, die Haare wurden schwärzer, die Zähne wurden länger. Er zog die Jacke des Edelmannes aus, warf den Gehstock weit hinüber in ein Blumenbeet und stand nun ganz in Schwarz vor Minzbender. Gerade schien der Mond bleich hinter den Regenwolken hervor und beleuchtete das Gesicht des Vampyrs, das sich zu einem schauerlichen Lächeln verzogen hatte. Sein Umhang blähte sich im Wind und eine unglaubliche Ausstrahlung von Stärke und Macht ging von ihm aus, die den allermeisten Menschen geboten hätte, von nun an zu schweigen.

Joseph Minzbender jedoch pfiff leise durch die Zähne, ließ sich aber ansonsten nicht anmerken, dass er in irgendeiner Weise sonderlich beeindruckt war.

„Wusste ich doch gleich, dass mit euch irgendetwas nicht stimmt!“, meinte er dann und rieb sich die Hände. „Ha, das kann ja ein echtes Abenteuer werden!“

Simon konnte nicht anders, als die Abgebrühtheit des Studiosus zu bewundern. Er konnte sich gut vorstellen, dass er, wäre er in dessen Situation, auf der Stelle Reißaus genommen hätte. Minzbender jedoch fand sich schnell mit den neuen Gegebenheiten ab, als wäre es das normalste auf der Welt, mitten in der Nacht, bei Vollmond, Vampyren, Bären und nicht zuletzt Nattichen zu begegnen.

„Und wann wirfst du endlich deine Verkleidung ab?“, fragte er jetzt Simon. „Wahrscheinlich versteckt sich unter der Hülle des Jungen irgendeine mythische Gestalt. Lass mich raten. Eine Elfe? Ein Screechie? Ein Wolpertinger? Vielleicht gar ein Werwölfchen?“

„Bin leider nur ein Junge. Da muss ich dich enttäuschen!“, antwortete Simon und grinste.

„Na, Gott sei Dank!“, meinte Minzbender. „Noch so eine Überraschung hätte ich sicherlich nicht mehr verkraftet!“

„Dann wollen wir doch mal sehen, wie wir dieses Türchen hier aufkriegen?“, sagte Wondraczek und machte sich am Schloss des Eingangs zur Bibliothek zu schaffen. Mit einem dünnen Draht und einem kleinen Taschenmesserchen hatte er alsbald den Sperrriegel gefunden, der mit einem leisen Klacken zurückglitt.

„Ich hätte auch ein recht erfolgreicher Einbrecher werden können, meine Herren!“, witzelte der Vampyr zufrieden. „Leider hat es nur bis zum Blutsauger gereicht!“ Er blinzelte den Studenten an, der allerdings noch immer keinerlei Furcht zeigte.

„Das hätte ich auch nicht besser hingekriegt. Allerdings hatte ich mir kurzerhand heute am Nachmittag Bruder Albans Schlüssel ausgeborgt!“, sagte Joseph nun und hielt dem Vampyr den Schlüsselbund des Mönchs vor die Augen.

„Umso besser! Wird ja vielleicht nicht die einzige abgeschlossene Tür gewesen sein.“

Jeden Lärm vermeidend betraten die Freunde das Klostergebäude. Zu ihrer linken Seite befand sich der Eingang zum Skriptorium und zwanzig Meter weiter rechts den Gang hinunter, die Türe zur Bibliothek. Mühelos identifizierte der Studiosus den richtigen Schlüssel und öffnete die schwere Eichentür, nicht ohne ein Knarren vermeiden zu können.

Simon hatte den Eindruck als röchen die Bücher zu dieser nächtlichen Stunde vollkommen anders als am Tage. Ein süßlicher Modergeruch ging von den alten Schwarten aus, der dem Jungen fast den Atem nahm. Bald hatten sie die Stahltüre erreicht, die sie zu den verborgenen Schätzen der Klosterbrüder führen sollten und ebenso rasch wie zuvor, fand Minzbender den passenden Schlüssel zum Schloss. Hier drang kein Mondlicht mehr ins Innere, kein Fenster störte die Abgelegenheit der Kammer, in der die Restauratoren gewöhnlich an den antiken Bänden arbeiteten. Lichteinfall jeglicher Art könnte den alten Büchern sonst noch zusätzlich zusetzen, vermutete Simon. Der Junge hatte das

Gefühl, als ginge auch etwas Böses aus von all dem Wissen, das hier auf engstem Raum versammelt war.
Die Regale waren allesamt angefüllt mit Bänden in diversen Zuständen der Auflösung. Auf den Arbeitstischen erwarteten Pinsel, Tinkturen und allerlei Werkzeuge die Spezialisten, die am Morgen wieder ihren Arbeiten nachgehen würden. Wondraczek hatte die Stahltüre offenstehen lassen, damit zumindest ein wenig Licht in den Raum dringen konnte. Allerdings hatte Minzbender auch schon eine Ölfunzel angezündet, die er auf einem der Tische entdeckt hatte. Hier vorne schienen sich wirklich nur Exemplare zu befinden, die der Wiederherstellung bedurften. Weiter hinten jedoch, verborgen hinter einer hölzernen Trennwand, wurden sie dann endlich fündig.
Ja, hier schien in aller Eile das gesamte Kartenwerk und die bebilderten Bände über den Nordwesten der Insel Lacrima abgeladen worden zu sein. Beim trüben Licht der Öllampe stöberten Minzbender und Wondraczek in dem Stapel Bücher und wurden alsbald fündig.
„Hier, genau diesen Band habe ich gemeint!“, sagte Joseph aufgeregt. Simon, der sich mit Veronica im Hintergrund gehalten hatte, trat hinzu und blickte in das voluminöse, aufgeschlagene Buch, das ihm der Student unter die Nase hielt.
„Ja, genau, das muss es sein! Sieht genau aus wie auf dem Bild des Professors“, meinte Simon und seine Stimme überschlug sich fast vor Freude.
„Pssst!“, machte der Vampyr. „Pack es in deinen Seesack, Simon. Dann sollten wir machen, dass wir hier wegkommen. Ich habe da so ein ungutes Gefühl!“
Auch die Bärin schien durch irgendetwas beunruhigt zu sein. Sie gab zwar keinen Ton von sich, doch vermittelte sie dem Jungen auf eigentümliche Weise, dass Gefahr im Anzug war. Sie hatte ihre Schnauze nach oben gereckt und schnupperte wie ein aufmerksamer Wachhund, als auch schon ein zischendes Kommando an die Ohren der Freunde drang.
„Schnappt sie euch! Und lasst diesmal keinen am Leben!“ Simon erkannte diese Stimme auf der Stelle. Weybrecht van Aken Der Junge hörte noch, wie Wondraczek mit einem Ratsch einige Seiten des Buches herausriss, und diese dann in den Weiten seines Umhangs verschwinden ließ.
Schon kam der erste Söldner durch das Zwielicht mit gezogenem Schwert auf die Freunde zugerannt. Doch Veronica hatte sich aufgerichtet und verabreichte dem Kerl mit der Tatze einen solchen Hieb, dass dieser vom Boden abhob und fünf Meter weiter in ein Regal krachte. Glücklicherweise waren sie jetzt schon wieder im Hauptraum der Bibliothek. Wären die Schurken schneller gewesen, hätte sich die Kammer schnell als ausweglose Falle entpuppt. So aber hatten sie noch eine Chance zu entkommen. Der nächste Angreifer hatte kurz gezögert als er gesehen hatte, was mit seinem Kameraden geschehen war, warf sich aber dann doch mit Gebrüll nach vorne, wurde von den Tatzen der Bärin aufgeschlitzt und blieb wimmernd am Boden liegen.
„Nach links!“, rief Minzbender und alle schlossen sich dem Studenten an, der in dieser Richtung davonstob. Veronica bildete die Nachhut und die Soldaten, die dicht hinter ihnen waren, hielten ängstlich geworden etwas Abstand von dem Tier.
„Schießt doch, ihr Schwachköpfe!“, hörten sie Weybrecht nun rufen und kurz darauf

dröhnte ein Schuss, der jedoch wohl sein Ziel verfehlt hatte. Man konnte aber auch kaum noch etwas sehen. Durch den Lichtschacht drang wenig mehr als ein schwacher Mondstrahl in den Raum, anscheinend hatte sich der Himmel nun vollständig zugezogen. Joseph schien jedoch ganz genau zu wissen, wo er hinwollte. Bald hatten sie eine weitere schwere Eichentür erreicht und Simon schickte ein Stoßgebet himmelwärts, dass diese nicht verschlossen sein würde. Mit aller Kraft stieß der Student die Türe fest auf, so dass sie mit einem lauten Knall an das Mauerwerk stieß und dort den Putz abbröckeln ließ.
„Nach rechts, nach rechts!", rief Joseph wieder. Veronica war am Türrahmen stehen geblieben und erteilte dem ersten Verfolger einen fürchterlichen Hieb. Der sank stöhnend zu Boden und versperrte so seinen Kumpanen den Weg, die nun über seinen Körper springen mussten, um in den Flur zu gelangen. Dann erst folgte die Bärin den anderen. Zu ihrer rechten öffnete sich der enge Gang nun ein wenig und eine stählerne Wendeltreppe führte nach unten in den Keller.
Die Schritte der Freunde hallten klappernd auf den Stiegen, als sie mehr hinunterfielen als liefen. Eine Talglampe an der Wand erleuchtete spärlich den Raum, der sich als ein fensterloses Treppenhaus entpuppte. Weiter nach unten ging ihr Weg. Minzbender vorneweg, dann Simon, der Vampyr und hinter ihnen trapste die Bärin mühevoll die Stufen hinunter.
„Weiter! Weiter nach unten!", rief wieder der Student und es schien Simon, als befänden sie sich nun schon drei Stockwerke tief unter der Erde. In Wirklichkeit waren es jedoch schon vier. Die Luft wurde modriger, ein feiner Gestank nach Schwefel und Salpeter verband sich mit einer Note Rosenblüten. Wahrscheinlich wurden hier irgendwo noch Duftessenzen gelagert. Dann ging es nach unten nicht mehr weiter. Simon dachte schon der Student habe sie in eine Falle gelockt, dann riss Minzbender eine verborgene Türe auf, die in einen weiteren engen, niedrigen Gang führte. Zum Glück war an den Wänden des Tunnels alle zwanzig Meter ein sparsam brennendes Spirituslämpchen befestigt, so dass die Freunde zumindest wieder sehen konnten, wo sie hinliefen. Allerdings drehte und wand sich der Gang nun, ohne dass er sich öffnete oder eine weitere Türe in Sicht kam. Mit Schrecken hörte der Junge die Söldner die stählernen Stufen fluchend herunterkommen. Mit ihren durch Rüstungsteile verstärkten Uniformen, hatten sie anscheinend große Schwierigkeiten die enge Treppe zu bewältigen und waren sich gegenseitig im Wege. Der sich unentwegt in Schlangenlinien windende Gang schien kein Ende nehmen zu wollen. Simon kam es so vor, als rannten sie jetzt schon eine Viertelstunde hier unten im Kreis herum, dabei waren seit dem Auftauchen der Söldner gerade einmal drei Minuten vergangen.
Weiter und weiter hasteten die Freunde auf dem festgestampften Lehmboden vorwärts. Von den Verfolgern war nichts mehr zu hören, doch war Simon sicher, dass sie nicht aufgegeben hatten. Endlich, nach einer gefühlten Ewigkeit, begann sich der Gang nach und nach zu öffnen, bis sie staunend stehenblieben und in einen riesigen Saal blickten. Auf einer Art Balkonbrüstung angelangt, starrten sie in eine Kaverne mit enormen Ausmaßen. Ihr Weg musste sie noch viel weiter nach unten ins Innere der Erde geführt haben, ohne dass ihnen aufgefallen wäre, dass es permanent abwärts gegangen war. Auch vermutete Simon, dass sie längst den Bereich des Klosters verlassen haben mussten und

sich nun entweder unter der Stadt, oder unter freiem Feld befanden. Sie blickten hinunter auf den steinigen Untergrund, von dem aus enorme Felsensäulen sich wohl fünfzehn Meter in die Höhe streckten, die das Deckengewölbe zu tragen schienen. Das rötlich schimmernde Gestein könnte von einem Vulkanausbruch stammen, dachte der Junge. Es gab zwar in der Nähe der Stadt einen hoch aufragenden Berg, er hatte allerdings noch nie etwas davon gehört, dass die Insel einem Vulkan Heimstatt bot. Dennoch machten die seltsamen Formen der Felsformationen durchaus den Eindruck, als hätten sie sich einst in flüssigem Zustand befunden, bevor sie zu Stein erstarrt waren. An den Wänden konnte man mit etwas Phantasie, wie von Künstlerhand eingemeißelte abstrakte Halbreliefs erkennen, die einen fast unheimlichen Eindruck hinterließen und von den Urgewalten zeugten, die hier vor Äonen am Werk gewesen waren.
Fast ehrfürchtig starrten die drei hinunter in die Höhle. Ein anscheinend von Menschenhand geformter, stufenartiger Abstieg führte sie hinab auf den Boden der Kaverne. Ihre Schritte hallten auf dem harten Gesteinsboden, die Wände warfen das Echo ihrer Bewegungen zeitversetzt zurück an ihre Ohren.
Jetzt erst fiel Simon auf, was das merkwürdige Licht in der Höhle erzeugte. Millionen von phosphoreszierenden Nachtfaltern hingen weit oben über ihren Köpfen an der Decke und an den Wänden der Kaverne. Dann und wann, vom Lärm, den die Passierenden erzeugten, aus dem Schlaf gerissen, stob eine Wolke dieser Tiere auf, nur um sich alsbald an einem anderen Ort niederzulassen. Dies wirkte jedes Mal, als würden plötzlich Scheinwerfer auf die Freunde gerichtet werden, so dass sie fast geblendet waren durch das gleißende Licht.
„Glühstrumpfkäfer!“, meinte Minzbender, als sei der Anblick dieser erstaunlichen Lebewesen das Normalste auf der Welt.
Überall von der prächtigen unterirdischen Halle aus gingen kleine Buchten ab, die aber nirgendwohin zu führen schienen. Die meisten der Gänge waren nur zwanzig, dreißig Meter tief, dann konnte man schon den Felsabschluss erkennen. Jetzt bemerkte der Junge, dass auch direkt aus dem Gestein heraus etwas zu leuchten schien, winzig kleine Punkte glitzerten in den Felsen, als ob hier unten eine reiche Goldader verborgen läge.
Weiter und weiter liefen die Freunde über den ebenmäßigen Untergrund, ohne dass ein Ausgang aus der Kaverne in Sicht kam. Gerade als Simon dachte, sie würden nie mehr diesem natürlichen Verlies entkommen können, machte die Höhle eine leichte Biegung nach rechts und führte die Freunde auf einem schmaler werdenden Ausläufer weiter. Simon hoffte, sie würden nun nicht im Kreis herumgeführt werden, um am Ende noch an ihrem Eintrittsort zu landen. Irgendwann mussten auch Weybrechts Männer den Zugang zu diesem unterirdischen Reich finden.
Die Luft begann jetzt, da die Wände der Höhle näher zusammenrückten, wieder stickiger zu werden. Wirklich hatte Simon den Eindruck, sie befänden sich auf einem Rundweg. Mehr und mehr Abzweigungen begannen nun vom Hauptweg abzugehen, doch auch hier versprach keiner ein Ausweg nach draußen zu sein. Der Junge wunderte sich auch darüber, dass es hier unten vollkommen trocken zu sein schien. Bei dem unzumutbaren Klima auf Lacrima hätte er eher eine feuchte, klamme Tropfsteinhöhle erwartet, stattdessen tappten sie über staubigen Gesteinsboden, der lange schon keinen Tropfen

Regen gesehen hatte. Immer enger wurde der Gang und Simon fürchtete bald vor einer unüberwindbaren Felswand zu stehen und den Rückweg antreten zu müssen, gefahrlaufend geradewegs ihren Verfolgern in die Arme zu rennen.
Plötzlich, als käme er aus dem nichts, kam ihnen eine dürre Gestalt entgegen getaumelt. Vom Gesicht des Mannes war kaum etwas zu erkennen, so zugewuchert war der verwahrloste Mensch. Wondraczek und Minzbender, die vorausgegangen waren, schreckten zurück beim Erscheinen des Kerls. Veronica brummte, mit gesträubten Nackenhaaren wollte sie schon angreifen, doch Simon konnte sie mit seinen Gedanken davon abhalten. Er wollte nicht schon wieder einen Leichnam beseitigen müssen. Ja, er hatte sich insgeheim geschworen, das Tier nicht mehr töten zu lassen, wenn es sich irgendwie vermeiden ließ. Nicht, weil er sich die Sache mit dem schlechten Karamell zu Herzen genommen hatte, sondern aus einem tieferen Empfinden heraus.
„Werstinunkipam ölemm!“, fing der verwilderte Mensch an zwischen den vertrockneten Lippen auszustoßen. „Minkbatten pluromik!“, dabei deutete er in die Richtung aus der er gekommen war.
Der Vampyr, der sich schnell von dem Schrecken erholt hatte, hielt den Mann jetzt am zerschossenen Ärmel seines einstmals blauen Hemdes fest und hinderte diesen so daran, wieder loszurennen.
„Guter Mann, sprechen sie eventuell noch ein anderes Idiom, das Eurige klingt mir gar zu unvertraut?“, sprach Wondraczek in aller Seelenruhe. Simon konnte nicht anders, als zu bewundern, wie der Vampyr doch in jeder Lage die Contenance zu wahren wusste.
„Pinkebamm ölemm, duristobatt“, plapperte der Mann nun wild darauf los. „Inkeperkel, molosipum!“
„Ich glaube, er möchte uns etwas zeigen. Vielleicht kennt dieser Höhlenbewohner ja noch einen anderen Ausgang!“, meinte Minzbender hoffnungsvoll.
Veronica hatte sich schnell wieder beruhigt und machte keine Anstalten mehr den Wurzelsepp angreifen zu wollen, so dass Simon nicht mehr auf die Bärin einwirken musste. Sie blickte nur verwundert auf den Mann und schüttelte dann ausgiebig ihr dichtes Fell. Da den Freunden ansonsten nichts anderes übrigblieb, folgten sie dem wilden Menschen, den irgendeine geheimnisvolle Kraft in eine bestimmte Richtung zu drängen schien. Wondraczek, der den Mann nicht losgelassen hatte, hinter sich herziehend, führte sie der Wilde linker Hand in einen der vielen Stolleneingänge. Dieser Weg war der erste, der nicht schon bei der ersten Biegung vor einer Felswand endete. Es schien jedoch Simon keine gute Idee zu sein, blindlings dem Irren zu vertrauen, je enger die Gesteinsmassen zu beiden Seiten näher rückten, desto beklommener wurde dem Jungen ums Herz. Wenn dies sich nun als eine besonders geschickte Falle herausstellen sollte?
Ihr Weg führte sie jetzt einmal nach links, dann abrupt wieder in die andere Richtung. Immer öfter taten sich neue Stollengänge auf, doch der Wilde schien seinen Weg ganz genau zu kennen und zögerte keine Sekunde einen Eingang zu wählen. Das reinste Labyrinth ist das hier unten, dachte Simon, und langsam rutschte ihm das Herz endgültig in die Hose. Schon immer hatte er Schwierigkeiten damit gehabt, sich in engen Räumlichkeiten aufzuhalten. Sofort fühlte er sich gefangen und eingesperrt, und dieses Gefühl

begann nun wieder hochzukommen und ihm die Luft abzuschnüren. Hier würden sie doch niemals mehr herausfinden!
Jeglicher Orientierung endgültig beraubt, fanden sich die Freunde schließlich in einem breiter werdenden Gang wieder und Veronica hob schnuppernd ihren enormen Schädel, wie ein Hündchen, das eine Witterung aufnimmt. Und wirklich hatte auch Simon den Eindruck, dass es hier anders roch, je weiter sie vorrückten, desto schlimmer wurde der Gestank, als ob sie einer Jauchegrube immer näherkämen. Dann stießen sie auf Exkrementhaufen, die nicht von wilden Tieren zu stammen schienen.
„Lumpasinil öckcha, grusedill!", rief der Wilde aus und deutete wieder nach vorne, als sie erneut um eine Biegung in den Felswänden kamen. Und Simon stockte der Atem.
Vor ihnen saßen, auf dem nackten Boden einer größeren Höhle, an die hundert Gestalten in einem ebenso verwahrlosten Zustand, wie derjenige, in dem sich ihr Führer durch das Labyrinth befand. Männer und Frauen, die meisten von ihnen allem Anschein nach in fortgeschrittenem Alter, saßen entweder im Kreis auf dem blanken Felsboden oder kauerten an den Rändern der Steinwände. Alle befanden sich in der gleichen geistigen Verfassung, den diese geheimnisvolle Seuche auslöste, wie Simon gleich erkannte, hatte er dies doch nun schon oft beobachten können. Allerdings hatte er noch niemanden gesehen, der sich in einem solch erbarmungswürdigen Zustand befunden hatte wie die alten Leutchen hier, und ein schrecklicher Verdacht keimte in dem Jungen auf.
Auch Wondraczek und Minzbender standen wie versteinert beim Anblick der Ausgesetzten. Ja, eine andere Möglichkeit kam den Freunden nicht in den Sinn. Aller Wahrscheinlichkeit nach hatte man die Kranken einfach hier hinuntergeführt, um sie ihrem Schicksal zu überlassen. So würde sich das Problem von selbst lösen. Dann fiel Simon ein, wie Abt Pietro bei dem Wort Erlösung so gemein gegrinst hatte. Dieser Mönch musste dahinterstecken, zumindest wusste er davon, dass hier unten in den Stollen die Kranken zurückgelassen wurden, wenn sie ihren Familien begannen, im Wege zu sein. Vielleicht war dies sogar seine eigene Idee gewesen! Möglicherweise verdiente der gewiefte Kerl sich noch einige Dukaten bei der Sache. Daher waren auf den Straßen auch keine von der Seuche befallenen Menschen zu sehen gewesen, die Herzen der Bewohner der Insel Lacrima mussten aus Stein sein. All dies ging Simon durch den Kopf, als sie durch die Reihen der Kranken schritten.
In einer Nische im Fels bemerkte der Junge dann, wie auf einem Tablett, auf einem großen flachen Stein, einige wenige Früchte und etwas Brot und Schinken. Es musste allem Anschein nach doch noch eine mitleidige Seele existieren, die versuchte die alten Leute mit dem Allernötigsten zu versorgen. Allerdings wären viele von ihnen gar nicht in der Lage gewesen, selbständig etwas von der Nahrung zu sich zu nehmen, wie Simon vom Zustand, in dem sich seine Tante befand, sehr wohl wusste. Er fragte sich, wie lange wohl die armen Leute hier unten schon ausharren mussten, ohne Hoffnung jemals wieder das Tageslicht zu erblicken. Die meisten von ihnen wirkten derart abgezehrt, als hätten sie seit Wochen nichts mehr gegessen. Unnatürlich vergrößerte Augenpaare sahen hin und wieder zu den Neuankömmlingen hin, doch mochte es nur Zufall sein, der die Blicke in diese Richtung schweifen ließ. Keinerlei Verständnis erleuchtete die Minen der alten Leute beim Anblick der Freunde, auch schienen sie keinerlei Angst beim Anblick der

riesigen Bärin zu verspüren, die doch ohne Wondraczeks Tarnmanöver in ihre Behausung eingedrungen war. Ohne Hilfe von außerhalb und ohne ihre Anführer, die sich aus unerfindlichen Gründen noch einen kleinen Rest Vernunft hatten bewahren können, wären die Menschen hier vollkommen verloren gewesen und hätten innerhalb weniger Tage das Zeitliche gesegnet, oder wären erlöst worden, wie der schuftige Abt Pietro sich ausgedrückt hätte.

Wirklich bestritt Pietro inzwischen einen großen Teil seiner ganz persönlichen Einnahmen mit der Unterbringung der Verseuchten, wie er die Kranken bezeichnete. Er hatte auf Lacrima, und nicht nur alleine hier auf der Insel, sondern auch in den größeren Städten des Kontinents, fast etwas wie eine heimliche Kampagne gestartet, die die Anverwandten der Erkrankten geradezu dazu zwang ihre Angehörigen der Pflege des Klosters zu überlassen. All dies musste allerdings unter strengster Geheimhaltung vor sich gehen, so wurde den betroffenen Familien eingeschärft, da das Kloster unmöglich alle Kranken des Kontinents bei sich aufnehmen könnte. Die Leute nahmen dies für bare Münze und waren froh zu den wenigen Auserwählten zu gehören. Sie wussten ihre Familienmitglieder in guten Händen, so dachten sie zumindest. Die Kinder würden sich bei den Alten nicht noch anstecken, was ihre allergrößte Besorgnis war, diese Angst wurde von Pietro auch immer wieder aufs Neue angefacht. Ja, der schlaue Kerl hatte doch tatsächlich im Skriptorium eigenhändig angeblich wissenschaftliche Erhebungen gefälscht, welche die enorme Ansteckungsgefahr der Oblivionitis beweisen sollten, Forschungsergebnisse der ehemals kaiserlichen Akademie, unterschrieben von einem gewissen Professor Durschlang von Penderowsky, ein Name dessen Absurdität die Echtheit der Untersuchungen noch unterstreichen sollte.

Mittlerweile hatte sich der Führer der Erkrankten vor seinen Schäflein aufgebaut und schien in seinem unverständlichen Kauderwelsch eine Ansprache zu halten. Die Allermeisten hörten gar nicht hin, sondern brabbelten oder summten in sich hinein, eine Beschäftigung, der sie wohl den ganzen lieben langen Tag nachgingen. Doch einige, wenige zumindest, machten den Eindruck, als hörten sie ihm zu, vielleicht lauschen sie aber auch nur dem Klang seiner Stimme nach, dachte Simon.
Während er redete, fuchtelte der verwahrloste Mensch wild mit Armen und Beinen, als ob er auf diese Weise die Aufmerksamkeit der Menschen eher würde erregen können. Es wirkte als würde er einen vollkommen absurden Tanz aufführen. Und wirklich hatte er bei ein paar seiner Leidensgenossen Erfolg mit dieser Methode. Zwei Frauen erhoben sich nun von ihren Plätzen und Simon erkannte, als die beiden näherkamen, dass sie so alt wie er gedacht hatte, noch gar nicht sein konnten. Die Gesichter waren allerdings von Dreck so verschmiert, dass man ihr Lebensalter unmöglich hätte schätzen können. Die langen, fransigen Filzknäuel, die sie auf dem Kopf trugen, verbargen unter all dem Schmutz noch kein graues Haar, wie der Junge jetzt zu erkennen glaubte. Nein, die eine schien unter der Dreckkruste einmal blond gewesen zu sein, die andere dunkelhaarig.
„Lagobrisil trollop?“, sprach dann die erste mit brüchiger Stimme fragend ihren Anführer an, worauf dieser ihr ebenso unverständlich antwortete.

„Intragins miniposch?", fragte darauf die andere und Simon hatte das Gefühl, als hätten sich die verwirrten Menschen auf irgendeine Art und Weise eine vollkommen eigene Sprache erfunden.
Eine ganze Weile lang unterhielten sich die drei nun so, immer wieder unterbrachen sie ihre Rede mit wilden Gesten, Haareraufen und dem Schneiden der abscheulichsten Grimassen, bis sich schließlich der Mann wieder an die Freunde wandte.
„Lagbrosch iffelseck, plumpedanz?", fragend hob der Wilde die dichten, buschigen Brauen und blickte forschend den Vampyr an.
„Äh, ja!", begann der nun hilflos. „Wisst Ihr vielleicht einen Weg der nach draußen führt?"
Nun begann der Student Minzbender sich auf eine eigentümliche Art zu bewegen. Es wirkte als versuchte er einige der Tanzeinlagen zu imitieren, die der Anführer der Kranken aufgeführt hatte. Wondraczek schaute dem Studiosus mit einem Blick zu, als hätte dieser nicht mehr alle Tassen im Schrank. Auf seltsame Weise jedoch schienen die Verrenkungen Minzbenders irgendetwas in dem Mann und den beiden Frauen auszulösen, denn sie begannen daraufhin sich erneut aufgeregt in ihrem ganz eigenen Idiom zu unterhalten. Schließlich rief der Wilde aus: „Hankadu drumwulk!" Dabei ruderte er mit den Armen als erlitte er soeben einen epileptischen Anfall, was Simon jedoch als Aufforderung interpretierte ihnen zu folgen.
Der Bärtige und die beiden Frauen liefen eilig und aufgeregt gestikulierend durch die Reihen der Ausgesetzten, bis sie an eine erneute Abzweigung des Stollens kamen. Hier drinnen konnte man allerdings kaum mehr die Hand vor Augen sehen. Die Glühstrumpfkäfer hielten sich dem Anschein nach nicht gerne in allzu engen Gängen auf. Doch zur Überraschung der Freunde hielt plötzlich eine der Frauen eine Teerfackel in Händen, entzündete mit ungeschickten Fingern ein Streichholz, und es wurde schlagartig hell. Blanker Fels zu beiden Seiten. Eine schnurgerade Wegstrecke lag vor ihnen, die sich dann jedoch nach etwa dreihundert Metern zu winden begann. Auch von hier gingen immer wieder kleine Buchten ab, die nirgendwohin zu führen schienen. Schließlich weit, weit vor ihnen erblickten die Freunde dann ein rötliches Licht, dass vom nahezu vollen Mond ausgehen musste. Bald hatten sie die Öffnung in der Felswand erreicht und ihre Begleiter blieben in fast ehrfürchtiger Haltung davor stehen. Auf dem Höhlenboden vor dem Ausstieg lagen einige Kohlköpfe und Kartoffeln verstreut. Irgendeine gute Seele musste tatsächlich noch existieren auf dieser Insel, die von den Ausgesetzten wusste und von einem schlechten Gewissen geplagt wurde.
Minzbender robbte als erster durch das enge Loch im Fels, dem Tageslicht entgegen. Wondraczek hielt dem wilden Mann die Hand zum Abschied hin, die dieser nachdem eine dunkle Wolke über seine Stirne geglitten war, dann auch mit beiden Händen ergriff und heftig zu schütteln begann, dann folgte der Vampyr dem Studenten. Simon veranlasste die Bärin sich durch die Öffnung zu zwängen, doch nur mit viel Mühe gelang es Veronica die andere Seite zu erreichen, obwohl Simon sie anschob wie einen Karren, der im Schlamm steckengeblieben war. Mühelos kletterte der Junge hinterher, nicht ohne ihren Rettern noch einmal Danke gesagt zu haben. Mit verdutzten und traurigen Gesichtern blickten sie dem Knaben hinterher, als er sich durch die Felsöffnung wand.

Draußen stand wirklich der Vollmond am Horizont, auf unheimliche Weise blinzelte der Erdtrabant durch die wenigen Wolkenlücken, brachte es aber dabei fertig die Umgebung ausgiebig zu beleuchten. Sie befanden sich am Rande eines kleinen Wäldchens, das dem Anschein nach die Sicht auf die Weite der See verdeckte, denn Simon konnte die Brandung rauschen hören. Nur ärmliche Latschenkiefern konnten hier auf dem steinigen Boden Halt finden, doch Simon war von Herzen froh, als er nach dem Dunkel der Stollen den morgendlichen Gesang der Vogelwelt hören konnte. Nur ein feines Nieseln störte den romantischen Anblick des Meeres, als sie das spärliche Wäldchen durchschritten hatten und von einer hohen Klippe aus hinaus aufs Wasser blickten. Doch konnten sie diesen Anblick nicht sehr lange genießen, als plötzlich eine knurrende Stimme zu hören war.
„Wusste ich es doch, dass ihr diesen Weg finden würdet!"
Hinter ihren Rücken hatte sich Abt Pietro mit einer Schar seiner Mönche eingefunden, die sich allesamt mit Mistgabeln, Hacken und anderen Gartengeräten bewaffnet hatten.
„Diese Söldner sind einfach zu blöde!", meinte Pietro jetzt und blickte die vier böse an. Dann begann ein fieses Grinsen seine Gesichtszüge zu entstellen.
„Aber ich glaube, ihr werdet leider einen schrecklichen Unfall erleiden. Die Klippen von Lacrima sind ein sehr gefährliches Gebiet für Wanderer, die vom rechten Weg abgekommen sind!", sagte er dann und winkte sich zwei der kräftigsten Brüder zur Seite. „Bruder Artemis, wir sollten auf diese traurige Tatsache in der nächsten Broschüre für das Touristikzentrum doch einmal hinweisen." Wirklich zückte einer der Mönche, bei dem es sich zweifellos um den Sekretär des Abtes handeln musste, auf der Stelle ein kleines schwarzes Notizbüchlein und begann darin herumzukritzeln.
Die Kapuzenträger begannen bedrohlich mit Mistgabeln und Spaten auf die Freunde zuzugehen. Seltsamerweise hatten sie nicht erkannt, dass es sich bei einem der Leute, die sie über die Klippe jagen sollten, gar nicht um einen Menschen handelte. Simon hatte ohnehin den Eindruck, dass alle Mönche vom Kloster des Heiligen Certifian unter einer hochgradigen Kurzsichtigkeit litten.
Veronica zögerte nun nicht mehr länger, da der Junge nicht mehr beruhigend auf sie einwirken konnte. Mühelos schleuderte sie die ersten beiden Angreifer zur Seite. Einen ereilte jetzt das Schicksal, das eigentlich ihnen zugedacht war, und er fiel mit einem gellenden Schrei vom Felsvorsprung hundert Meter hinab in die Meeresbrandung. Der andere war glücklicher und kam mit dem Verlust eines seiner Arme davon. Der Rest der erbärmlichen Mönchsschar hielt daraufhin größeren Abstand. Simon dachte schon sie würden sich hier herausschlagen können, als ein Schuss die Stille zerriss. Die Kugel verfehlte die Bärin nur um Haaresbreite und brach neben den Tatzen des Tieres Splitter aus dem Felsboden. Auf einer kleinen Anhöhe, halb verdeckt von einem Brombeerstrauch, stand Weybrecht mit fünf seiner Leute. Er hielt die rauchende Flinte lässig über den Schultern in einer Art, die Simon auf seltsame Weise bekannt vorkam und blickte lässig hinunter auf die Szene, die sich seinen glitzernden grauen Augen bot.
„Ihr hättet mir ruhig etwas von diesem Ausgang aus dem Kloster erzählen können, Pietro. Aber wahrscheinlich wolltet ihr selbst die Lorbeeren für die Beseitigung der Kerle einheimsen!"

„Ihr habt mich ertappt, Weybrecht!“, gab der Abt grinsend zu. „Dann werden wir uns die Belohnung wohl teilen müssen!“
„Soylentius wird sich schon nicht lumpen lassen!“, rief der Söldner daraufhin. Dann drehte er sich zu seinen Spießgesellen um und plärrte: „Na los, schießt das Vieh schon über den Haufen!“
Simon blickte sich mit schreckgeweiteten Augen nach dem Vampyr um, der jedoch genauso hilflos schien wie der Junge selbst. Jetzt fiel ihm auf, dass Minzbender nicht mehr hinter ihm stand. Er hatte sich allem Anschein nach in Luft aufgelöst. Dann brach in den hinteren Reihen des Söldnertrupps urplötzlich das Chaos aus.
Ein Fauchen klang an Simons Ohren, das direkt aus den Abgründen der Hölle zu stammen schien. Drei der Soldaten kamen auf der Stelle den Abhang hinunter gepurzelt. Weybrecht und die übrigen seiner Gefährten sahen sich auf einmal einem neuen Gegner gegenüber. Das riesengroße, wolfsartige Wesen hatte zum Sprung auf den Hals des einen Soldaten angesetzt und dem armen Mann mit einem einzigen Biss die Kehle zerfetzt. Dabei ließ die Bestie ein infernalisch, tiefes Knurren hören und wand sich dem nächsten zu. Blut lief in einem feinen Bächlein über die Rinnen im Fels. Der Söldner ließ auf der Stelle das Gewehr fallen und sprang seinen Kameraden hinterher, wo er von Wondraczek in Empfang genommen wurde.
Simon konnte die Bewegungen des Wesens eher erahnen, als dass er sie mit den Augen wahrnehmen konnte, so schnell bewegte sich das Tier. Der Junge glaubte in der Bestie einen überdimensionierten Hund zu erkennen, auch die Laute, die das Tier von sich gab, schienen ihm recht zu geben. Währenddessen ging die Bärin langsam bedrohlich auf die Mönche zu, die wie gelähmt auf der Stelle standen, dann aber alles Werkzeug von sich warfen und zu rennen begannen. Abt Pietro warf Wondraczek und Simon noch einen bösen Blick zu und eilte dann seinen Brüdern hinterher. Der Junge hinderte unter Aufbieten all seiner Willenskraft die Bärin daran, die Verfolgung aufzunehmen.
Wondraczek stand auf einmal überlebensgroß vor den restlichen Söldnern Weybrechts und schickte zwei der Kerle mit Faustschlägen zu Boden. Der Vampyr wirkte bei dieser Aktion wie ein Tänzer, seine Bewegungen waren von einer Schnelligkeit und Grazie, als würde er immer eine Handbreit über dem Boden schweben, ja, als hätte die lästige Erdanziehungskraft keinerlei Macht über ihn. Mit einem Ruck hatte er ihnen die Schwerter aus den wie versteinerten Händen genommen und die Waffen dann über die Klippe ins Meer geworfen. Die Kerle lagen mit angstgeweiteten Augen vor dem Vampyr, der sie anlächelte und dabei seine scharfen Zähne sehen ließ, worauf den Kerlen erst recht das Herz in die Hose zu rutschen schien. Simon hätte hinterher schwören können, er hätte einen der Männer mit winselnder Stimme leise beten hören.
Weybrecht hatte es in der Zwischenzeit fertig gebracht sich die Bestie vom Hals zu halten. Dabei hatte er mehrere Schüsse aus zwei seiner neumodischen, handlichen Pistolen abgefeuert, und es schien als hätte er das Tier verwundet, denn es war hinter einem dichten Ginsterstrauch abgetaucht. Jetzt jedoch hatte der Hauptmann keine Patrone mehr übrig, er warf die Waffen weg, die in diesem Augenblick nur unnötigen Ballast darstellten, zog sein prächtig, verziertes Schwert und rannte den Hang hinunter auf Simon zu. Bevor er jedoch den Jungen erreichen konnte, traf ihn ein ungeheurer Schlag

in den Rücken, so dass ihm die Waffe aus der Hand geschleudert wurde, und der große Mann mit einem schmerzerfüllten Stöhnen auf die Knie sank. Minzbender, der urplötzlich wie aus dem Nichts aufgetaucht war, war dem Söldner mit beiden Beinen in die Kniekehlen gegrätscht und hatte ihn so zu Fall gebracht. Eine beim Funzelballspiel berüchtigte Attacke, die sofort einen Platzverweis nach sich gezogen hätte.

Der Student war nach dem Angriff liegen geblieben, Simon erkannte zu seinem Schrecken, dass er aus einer Schulterwunde blutete. Rote Flecken breiteten sich auf seinem Oberhemd aus, die auch der beständige Nieselregen so schnell nicht wegwaschen konnte.

Wondraczek klaubte Weybrecht van Aken mit einer Hand vom Felsboden auf, als würde er sich nach einem besonders schön, verfärbten bunten Blatt bücken. Dann schaut er dem Söldner ernst in die Augen, doch keinerlei Hass lag in diesem Blick. Auch Verachtung war es nicht, was in den Augen des Vampyrs geschrieben stand, nur Verwunderung und Unverständnis machten sich in seinen Zügen breit, als er sich das Bündel Mensch am Kragen gepackt vor die Nase hielt. Wondraczek schien nur kurz einmal fast unmerklich an dem Kerl zu schnüffeln, legte ihn dann wieder beinahe vorsichtig ab und holte etwas Schnur aus den unerforschlichen Falten seines Umhangs, womit er dem Mann die Hände auf den Rücken fesselte.

Der Aufbruch am nächsten Morgen zog sich ein wenig hinaus. Nicht nur Krautschuk litt an Schädelschmerzen, auch einige seiner Mitstreiter fühlten sich nicht gerade wohl. Nach einem ausgiebigen Frühstück waren jedoch beinahe alle Mann wiederhergestellt, bis auf ihren Anführer, der allerdings noch den ganzen Rest des Tages würde leiden müssen. Die Satteltaschen von Kammergarns Muli waren mit Proviant derart vollgepackt worden, als würde die Reise bis zu den Polkappen gehen und nicht nur ins fünfzig Meilen entfernte Hallgard. Besorgte Mütterherzen hatten sich nur zu gerne darum gekümmert, auf dass ihre Sprösslinge nicht vom Fleisch fallen würden.

Am Dorfausgang hatte sich die gesamte Einwohnerschaft eingefunden, um Krautschuk, Fargraffel, Runkelpetz und die übrigen Helden zu verabschieden. Manche Träne wurde vergossen, als es ans Abschiednehmen ging. Wer wusste schon, ob es ein Wiedersehen geben würde. Die jungen Hurveniks begaben sich ja geradezu auf ein Himmelfahrtskommando.

Es war ein merkwürdig anzuschauender Pilgerzug, der sich da in Richtung Hallgard auf den Weg machte. Kammergarn thronte auf dem Maultier, einen Arm in der Schlinge, mit dem anderen hielt er fest die Zügel. Drei oder vier Hurveniks befanden sich auf dem Reittier in den Satteltaschen, oder die Hände in der kurzen Mähne des Tieres verkrampft. Dann wechselten sie sich ab und diejenigen, die neben dem Muli hergelaufen waren, konnten es sich nun bequem machen. Krautschuk lief zumeist ein ganzes Stück des Weges voraus, schon alleine, um zu sehen, wer nach der nächsten Biegung der Straße des Weges kommen würde. Hätte es sich bei den Entgegenkommenden um Soldaten gehandelt, hätte man sich so schnell im Unterholz am Wegesrand verstecken können. Allerdings waren ihnen bislang nur ein paar Bauernkarren begegnet. Dennoch verbargen

sich die Hurveniks dann schnell, existierten die Wichte doch für die meisten Menschen nur in Märchen und schlechten Träumen, und dabei wollte man es auch belassen. Doch allzu viel Verkehr schien nicht zu herrschen, auf der Straße nach Hallgard. Die Stadt hatte ihren Ruf als berühmter Handelsplatz über die letzten Jahre doch sehr eingebüßt, so dass nur wenige Händler diesen ansonsten vielbefahrenen Weg eingeschlagen hatten. Zur Mittagszeit nahmen die Hurveniks etwas abseits des Weges eine frugale Mahlzeit ein und bereiteten sich seelisch noch einmal auf ihr Unternehmen vor. Die kleinen Kerle saßen im Kreis, hielten sich bei den Händen und brummten unisono ihr Mantra.
„Hayya, hayya, Molukka! Yukku, yukku Bishi!“ Kammergarn, obwohl er doch schon so lange Zeit unter den kleinen Leuten weilte, hatte all die Jahre nicht herausbringen können, was dieser Vers eigentlich wörtlich bedeutete.
Jedenfalls sollte die Zeremonie jetzt das Zusammengehörigkeitsgefühl stärken und die Hurveniks auf ihre Aufgabe einschwören, so dachte sich dies zumindest Krautschuk, der irgendwann einmal ein Buch über die Psychologie des Kriegers in die Hand bekommen, und sogar zwei, drei Seiten in diesem Ratgeber gelesen hatte. Doch hatte er recht schnell dieses Thema als zu trocken für seinen Geschmack gefunden, und sich dann wieder dem Studium der großen Tragödien zugewandt. Vielleicht hätte er sich doch einmal näher damit beschäftigen sollen, bereute der Kleine jetzt.
Wieder auf der Straße nach Hallgard, fanden sich jetzt immer mehr Passanten ein, die wie Kammergarn und die Hurveniks der großen Stadt zustrebten. Die Wichte waren gezwungen sich in den Satteltaschen und im weiten Mantel des Impresarios zu verstecken, der sich gerade bei einem Bauern nach dessen Reiseziel erkundigte.
„Ein großes Fest steht doch bevor in Hallgard!“, erwiderte der feiste Landmann, dem es nach seiner Statur zu urteilen, finanziell noch äußerst gut zu gehen schien. Eine Herde von dreißig Schafen trieb der Bauer zusammen mit seinen beiden Söhnen vor sich her. „Habt ihr noch nichts davon gehört, mein Herr?“ Kammergarn machte anscheinend, trotz des etwas mitgenommenen Zustandes seiner Kleidung, noch immer einen ehrwürdigen Eindruck auf die Landbevölkerung. Dies mochte wohl an der Melone liegen, die er wie immer stolz auf seinem kugelrunden Kopf trug.
„Nein, ich komme nicht aus der Gegend!“, meinte der Impresario darauf. „Bin nur auf der Durchreise, wichtige Geschäfte. Was gibt es denn in Hallgard?“, fragte er dann um eventuell dem Bauern doch noch etwas Neues entlocken zu können.
„Ach, der Geburtstag des Barons doch! Eine große Festivität, wie jedes Jahr, obwohl es auch schon mal pompöser zugegangen ist, in den Zeiten Hjalmars! Aber es geht das Gerücht um, dass einige üble Gestalten hingerichtet werden sollen und das wäre dann noch einmal eine neue Attraktion. So was hatte es beim seligen alten Baron nicht gegeben. Man spricht von nichts anderem mehr!“ berichtete der Landmann aufgeregt, ließ die Zügel seines Gauls los und rieb sich in froher Erwartung die Hände.
Exekutionen von Verbrechern stellten zu dieser Zeit wirklich ein Ereignis dar, dass die Massen anzuziehen wusste. Warum die Menschen gerade solche grausamen und verabscheuungswürdigen Schauspiele faszinierten, hätte niemand sagen können. Doch ist vielleicht wirklich etwas in den Herzen der Menschen, was niemals völlig erforscht werden wird. Warum ergötzen sich so viele von ihnen derart an ihrem eigenen Schaudern?

Versetzen sie sich selbst in die Rolle des Delinquenten, wenn sie dem Dahinscheiden desselben fast schon wollüstig beiwohnen? Oder sympathisieren sie gar mit dem Henker, dem sie am liebsten nacheifern würden und die sogenannte Gerechtigkeit dann gerne selbst in die Hand nähmen?
Krautschuk, der in Kammergarns Jackentasche verborgen dem Gespräch lauschte, konnte oftmals die Handlungen der Menschen in gar keiner Weise verstehen. Manchmal glaubte der Hurvenik, es wäre vielleicht am besten, würde sich die Menschheit einfach gegenseitig abschlachten und es würde wieder Ruhe und Frieden auf dem Kontinent einkehren.
Lange bevor es begann dunkel zu werden, schlug sich die Truppe dann in die Büsche. Kammergarn und die Hurveniks entfernten sich ein großes Stück von der Straße, an deren Rändern, hie und da einige der Reisenden ihre Nachtlager aufzuschlagen begonnen hatten. Die kleinen Krieger fanden alsbald einen kleinen Hain aus wildem Rhododendron und Fliedergewächsen und legten sich dort nieder, nachdem sie noch etwas von ihren Vorräten verzehrt hatten. Fernab vom Staub der Straße ließ es sich auch weitaus besser ruhen. Krautschuk hatte zu seinem Leidwesen nicht allzu schnell Schlaf finden können, hatte er doch immer noch keinen richtigen Plan gefasst, wie er seine Freunde würde befreien können. Nachdem er sich noch eine ganze Weile mit Kammergarn über ihr Vorgehen unterhalten hatte, war dieser schnell weg gedöst, als könne ihn kein Wässerchen trüben und schnarchte alsbald mit offenem Mund unter dem Blätterbaldachin.

Am nächsten Morgen unterwies Krautschuk die Hurveniks noch einmal im Einsatz der Waffen, obwohl er wusste, dass mit diesen, gegen die Soldaten des Barons, nicht viel auszurichten sein würde; schließlich verfügte die Garde Bodos schließlich über richtige Schusswaffen, wenn auch die riesigen Kampfschwerter der Soldaten gegen die Messerchen der Wichte wohl ausgereicht hätten. Auch die Treffsicherheit der Hurveniks beim Einsatz der Armbrüste, die vier von ihnen über den Schultern trugen, ließ doch einiges zu wünschen übrig, beim Training mit diesen, doch recht gefährlichen kleinen Waffen, war die Zielscheibe nicht allzu sehr in Mitleidenschaft gezogen worden. Nur das Überraschungsmoment war auf der Seite der Hurveniks und diesen würden sie nützen müssen, um ihre Kameraden zu befreien.
Wieder unterwegs, kamen nun aus allen umliegenden Ortschaften mehr und mehr Bauern auf ihren Fuhrwerken zur Straße, um Lebensmittel in die Stadt zu liefern. Auch allerhand zwielichtige Gestalten, die aus dem Nichts zu kommen schienen, tauchten auf und pilgerten vor die Pforten von Hallgard. Ein solches Großereignis wie das, welches hier bevorstand, lockte auch allerlei Gesindel in die Stadt, dessen Absichten nicht die allerbesten waren. Taschendiebe, Beutelschneider und derlei Spitzbuben hatten sich von weit her auf den Weg gemacht, um wieder einmal inmitten eines großen Getriebes reiche Beute zu machen. Ab und zu lugte Krautschuk vorsichtig aus der Manteltasche Kammergarns heraus und betrachtete argwöhnisch den Pilgerzug. Bald würden die Tore zur Stadt in Sicht kommen und was dann?
Wirklich dauerte es noch bis zum frühen Abend bis Hallgard in Sichtweite war. Im Licht

der sich senkenden Sonne glitzerten die Türme der Festung auf dem Hügel wie Diamanten. Von weitem wirkte die Stadt immer noch wie ein wichtiges Zentrum für Wirtschaft und Handel. Nur der Gestank, der über die Mauern geströmt kam, ließ vermuten, dass hier etwas nicht mit rechten Dingen zugehen konnte. Auch wirkte die Vegetation, je näher man den Stadttoren kam, immer dürftiger. Einstmals reiche Obstplantagen machten jetzt einen kümmerlichen, vernachlässigten Eindruck. Das wenige Vieh, was dann und wann noch auf den grauen Weiden ausharrte, wirkte wie ausgehungert. Selbst die Straßenköter der Stadt sahen anderswo gesünder aus als die räudigen Kläffer, die sich vor den Toren Hallgards herumtrieben und da und dort versuchten einen Bissen abzukriegen.
Gerade als Kammergarn das westliche Tor passieren wollte, kam ihnen ein überlanges, von sechs Rössern gezogenes, Fuhrwerk entgegen. Das Gefährt war bis auf einige schießschartenartige Öffnungen verschlossen. Doch baumelten aus den Öffnungen mehrere Paare Arme und Beine heraus. Der Impresario fragte sich sorgenvoll, wer hier wohl, wie ansonsten nur das Vieh, abtransportiert wurde. Auch hinter dieser traurigen Begebenheit würde nur der Zauberer Soylentius stecken können. Ein Summen aus Menschenkehlen drang aus dem Wageninneren. Melodisch und todtraurig legte sich die Weise auf Kammergarns Gemüt, er hatte das Gefühl, dass er soeben Zeuge eines ungeheuren Verbrechens wurde.
Er hatte sich die Melone tief ins Gesicht gezogen und den Mantelkragen hochgeschlagen, obwohl er nicht annahm, dass zu seiner Ergreifung eine Belohnung ausgesetzt sein würde. Aber es war immerhin möglich, dass ihn jemand wiedererkennen würde, hatte er sich doch beim letzten Besuch in der Stadt, als Impresario des Theaters, in einer äußerst exponierten Position befunden. Allerdings hatte er in dieser Funktion immer die bunte auffällige Uniform getragen, so dass er ausgesehen hatte wie eine Art Zirkusdirektor, man hätte ihn in dieser Aufmachung allerdings auch für einen Hotelportier halten können. Die Wächter jedoch machten keinerlei Anstalten auch nur einen der vielen Karren, die den ganzen lieben, langen Tag lang die Stadtgrenze passierten zu untersuchen und Kammergarn konnte wieder durchatmen.
Um so wenig Aufsehen wie möglich zu erregen, mietete der Impresario sich dann in einem heruntergekommenen Mietstall ein, der zufälligerweise, wie die Unterkunft des Professors, im Rotlichtviertel gelegen war. Genau wie Sergeant Fribbeldropp auch, kannte Kammergarn die Gegenden, in denen es ohne Problem möglich war anonym zu bleiben, hier steckte kein Mensch seine Nase in die Angelegenheiten eines anderen. Dies gehörte dort sozusagen zum guten Ton. Es war besser so wenig wie irgend möglich von seinen Nachbarn zu wissen und schon gar nicht wollte man erfahren, auf welche Weise diese ihren Lebensunterhalt verdienten. In der kleinen Kammer, die über dem Stall lag, in dem das Muli Schorsch, wie das Tier von dem Dicken getauft worden war, ein nettes Plätzchen zum Ausruhen gefunden hatte, war zwar wenig Platz für die Hurveniks und den dicken Kammergarn, aber für eine Nacht würde es schon gehen. Morgen, zur Abenddämmerung schon, sollte die Hinrichtung der Verbrecher stattfinden.

Währenddessen war sich Soylentius in einem anderen Teil des Palastes keineswegs sicher, ob das ‚Wunder der temporären Entkörperlichung' nicht eigentlich ins Reich der Mythen gehörte, dennoch traute er Melchidiekes zu, diesen Zauber vollbracht zu haben. Dies spricht einerseits dafür wie sehr er seinen Widersacher doch eigentlich verehrte, andererseits unterstreicht es den Umstand, in welchem Maß der Zauberer die Möglichkeiten der Magie doch überschätzte. Selbst wenn es tatsächlich machbar wäre sich einfach so mal in Luft aufzulösen; sein Selbst hinaus in den Äther zu schicken, um hernach seine Einzelteile wieder an einem anderen Ort zusammenzuklauben, würde diese Fähigkeit doch zum Vermächtnis der schwärzesten Magie gehören und Soylentius hätte wissen müssen, dass Melchidiekes diese gefährlichen Sphären niemals betreten hätte.
So jedoch nahm er das Geschehene hin und fragte nicht weiter nach einem Schuldigen, mit Ausnahme des wachhabenden Wärters, den er auf der Stelle hinrichten ließ, ohne ihn auch nur einem längeren Verhör zu unterziehen. Ohnehin hatte der Kerl grässlich nach Alkohol gestunken, ein Umstand der schon für sich alleine eine schwerwiegende Verletzung seiner Dienstpflichten darstellte. Allerdings tröstete, der am Hanfseil lustig zuckende Körper des Delinquenten, Soylentius kaum über den Verlust seines Lieblingsgefangenen hinweg. Einzig war ihm eine Genugtuung bald diese garstigen Wichte ihrer gerechten Bestrafung zuführen zu können. Nur noch ein lausiger Tag, dann war das Erntedankfest gekommen und somit auch in diesem Jahr der Geburtstag von Baron Bodo. Dann würden die Männlein geröstet werden.

Krinksgranx und seiner tapferen Truppe war es derweil nicht gerade gut ergangen, in ihrem finsteren Verlies. Weitab von den anderen Gefangenen hatte man die kleinen Kerle untergebracht, um durch das Auftauchen dieser ins Reich der Mythen und Legenden gehörenden Zwergengestalten, die übrigen Häftlinge nicht zu verstören und dazu zu bringen, vor lauter Panik noch einen Ausbruchsversuch zu unternehmen. Nicht nur, dass man etliche Male erfolglos versucht hatte sie mit den üblichen Foltermethoden dazu zu bringen ihre Mittäter zu verraten, Soylentius vermutete hinter all dem eine weitaus größere Verschwörung. Er hätte sich nicht träumen lassen, dass die Hurveniks aus reiner Eigeninitiative gehandelt hatten. Verschwörer wittern nun einmal überall Verschwörungen. Bösewichte, wie Soylentius, fühlen sich immer verfolgt, müssen immer und überall vor jedermann auf der Hut sein. Dies wird im Übrigen auch in der Jobbeschreibung festgelegt, und sie sollten sich eigentlich hinterher nicht mehr darüber beschweren.
Allerdings waren alle Versuche aus den Männlein etwas herauszubringen vollkommen fruchtlos geblieben. Kaum hatte man einen von ihnen auf der Streckbank, fing er auch schon an zu singen.
„Hayya, hayya Molukka! Yukku, yukku Bishi!" Und so weiter und so fort. Dieser Singsang ging den Folterknechten langsam aber sicher schon an die Nieren. Mancher hatte sich inzwischen schon geweigert, der Zelle der Hurveniks überhaupt noch nahe zu kommen. Dieses Geschrei ging einem wirklich durch und durch. Ernstl Mechtgardt, Foltergehilfe zweiter Klasse, noch in Ausbildung, war doch tatsächlich das Blut aus den Ohren gelaufen, als er einem der kleinen Kerle mit einem Brenneisen zusetzen wollte,

war umgefallen, und bis heute nicht mehr aus einem todesähnlichen Schlaf erwacht. Es war schier zum Verrücktwerden, die Hurveniks schienen nicht aus Fleisch und Blut, sondern aus wesentlich festerem doch auch nachgiebigerem Material gemacht zu sein. Hängte man einen am Hals auf, so spannte er alle Muskeln und Sehnen dieses Körperteils derart an, dass er Stunden am Seile hängen und dabei noch grauenerregend falsch pfeifen konnte. Soylentius wusste nicht wie die Burschen dies fertigbrachten, doch schien keinerlei Magie im Spiel zu sein. Die Hurveniks waren eben besonders zähe Wesen. Ein anderes Mal hatten sie den alten Düsselkrink in einen Topf mit kochend heißer Erbsensuppe geworfen, er trug keinerlei Blessuren davon und es war das erste Mal in der Zeit ihrer Gefangenschaft, dass einer der kleinen Kerle einmal richtig satt geworden war.

Krinksgranx dachte bei Tag und Nacht darüber nach, wie sie diese ungastliche Unterkunft hinter sich lassen könnten, doch schien es keinen Weg hier heraus zu geben. Obwohl der gemeine Hurvenik ungeheuer biegsam ist, käme doch keiner von ihnen durch die besonders eng angebrachten Gitterstäbe hindurch, nicht einmal eine kleine Muxmaus hätte sich dort durchzwängen können. Es blieb ihnen wohl nichts anderes übrig als abzuwarten, schließlich bekam er mit, als er die Gespräche der Wärter belauschen konnte, dass dem Professor auf absonderliche Weise anscheinend die Flucht gelungen war. Dies stimmte den Anführer der Hurveniks hoffnungsvoll und diese Hoffnung steckte, wie dies bei jedem wahren Führer der Fall sein sollte, auch seine Mitkämpfer an.

Kaum hatte Simon endlich die Augen geschlossen, wurde er schon wieder durch ein Geräusch geweckt. Es war ihm nicht möglich die Ursache auszumachen, doch beschlich den Jungen das unheimliche Gefühl beobachtet zu werden. Er hätte nicht sagen können woher diese Empfindung rührte, es schien alles ganz ruhig zu sein. Minzbender saß still etwas außerhalb des Feuerscheins aufrecht da und blickte wachsam mal in die eine, dann wieder in die andere Richtung. Die Bärin und der Vampyr schienen friedlich zu schlummern, und der Nattich hatte sich in einer Birke niedergelassen, wo er den unter dem Baum kauernd verschnürten Weybrecht, im Auge behalten konnte, wie er sich ausgedrückt hatte. Allerdings schien sich auch der stolze Löwennattich schon seit einiger Zeit im Reich der Träume zu befinden. Zumindest gab er eine Art sonores Gurren von sich, dass man ihn fast für eine Taube gehalten hätte. Eine Unterstellung, die der Vogel niemals ohne vehementen Widerspruch geduldet hätte.
Trotzdem alles so friedlich schien, gelang es Simon nicht wieder Schlaf zu finden, er wälzte sich noch eine halbe Stunde lang hin und her, bis er es dann endgültig aufgab und hinüber zu dem Studenten ging. Dann könnte man sich ja genauso gut noch ein wenig unterhalten, dachte der Junge und Minzbender würde das Wachbleiben vielleicht etwas leichter fallen.
Auch der Hauptmann schien zu schlafen, doch durchlief immer wieder ein Zucken seinen hageren Körper, als ob böse Träume ihn plagten, fast schien es Simon, als übten fremde, weit entfernte Mächte Einfluss auf Weybrecht aus. Der Junge versuchte diesen abwegigen Gedanken aus seinem Kopf zu verbannen, doch immer wieder musste er zu dem Soldaten sehen, wenn wieder eines seiner Glieder wild zu zucken begann, während er sich mit Minzbender ein paar der Beeren schmecken ließ, die dieser am Abend noch etwas weiter entfernt gefunden hatte.
„Ist doch irgendwie seltsam, wie der Kerl sich bewegt!“, meinte Simon dann. „Man könnte vermuten, dass den doch wirklich sein Gewissen plagt!“
“Ich glaube, da ist etwas ganz anderes am Werk“, antwortete der Student geheimnisvoll.
„Wie meinst du das?“, fragte Simon neugierig.
„Ich glaube wirklich, dass der Hauptmann sich nicht ganz freiwillig so verhält, ich spürte von Anfang an eine Art Energie in ihm, die nicht von ihm selbst zu stammen scheint!“; fuhr Minzbender fort und blickte nachdenklich in Weybrechts Richtung. „Es ist, als ob noch eine andere Persönlichkeit in ihm Einzug gehalten hätte. Wir Werwölfe haben sozusagen einen Riecher für das Überirdische. Hier sind noch andere Mächte am Werk, und damit meine ich nicht nur diesen Zauberer Soylentius. Zwar steckt der hinter vielem, was euch bisher widerfahren ist, doch als du mir von den Wolpertingern und den Sternmunkeln erzählt hast, wurde mir klar, dass sich der Alchimist mit Mächten eingelassen hat, die wahrscheinlich mittlerweile ihn als Werkzeug benutzen. Ich glaube, Soylentius ist möglicherweise nicht mehr Herr über sich selbst, obwohl er sich höchstwahrscheinlich darüber keineswegs bewusst ist.“

„Das verstehe ich überhaupt nicht!“, flüsterte Simon, und schaute dem Studenten in die wolfsgrauen Augen.
„Das ist nicht so einfach zu erklären. Ich denke der Zauberer hat mit seiner Art der schwarzen Magie Dinge geweckt, die er nun nicht mehr beherrschen kann“, fuhr Minzbender leise fort. „Wir Werwölfe sind vom Wesen her nicht nur in dieser Welt gefangen, musst du verstehen. Uns stehen andere Möglichkeiten der Wahrnehmung zur Verfügung als euch Menschen. Und damit meine ich nicht nur unseren Geruchssinn, der dem euren meilenweit überlegen ist. Nein, wir können auch Arten von Energie wahrnehmen, die euch für immer fremd bleiben werden. Das muss wohl an unserer zwiefachen Natur liegen. Wenn man halb Mensch und halb Tier ist, dann ist man wohl empfänglicher für alles, was genauso ein zwiespältiges Verhältnis zur Wirklichkeit hat, wie man selbst. Man könnte sagen, ich spüre in dem Hauptmann Mächte am Werk, die direkt aus der Hölle stammen, auch ohne dass ich irgendwo Schwefel riechen würde. Besser kann ich es leider nicht erklären.“ Simon dachte lange über die Worte des Studenten nach.
„Wie bist du eigentlich zum Werwolf geworden, Joseph?“, der Junge hatte eine ganze Weile gebraucht, bis er sich traute diese Frage zu stellen. “Bist du etwa gebissen worden, wie doch immer erzählt wird?“
„Ammenmärchen, alles Ammenmärchen!“, der Student musste sich bemühen leise zu bleiben, um die anderen nicht zu wecken. „Das liegt nun mal bei uns in der Familie, musst du wissen. Zwar war es schon seit Generationen nicht mehr vorgekommen, dass ein Wolf geboren wurde, doch habe ich diesen kleinen Makel wohl von meinem Urgroßvater Heinrich mit auf meinen Lebensweg bekommen. Meine Eltern, die Ärmsten, hatten keineswegs damit gerechnet, dass ihnen einst nochmal ein Wölfchen geboren werden sollte, insbesondere Papa nicht, der keine Ahnung hatte, was da in der Familie seiner Ehefrau Unerfreuliches auf ihn lauerte.“ Minzbender ließ eine Art Knurren hören, bei dem Gedanken an das Gesicht seines Vaters, als er diesem zum ersten Mal in Wolfsgestalt gegenübergestanden hatte.
Der Student machte einen immer wölfischeren Eindruck auf Simon. Der Junge konnte sich dies jedoch beim besten Willen nicht erklären, sah Minzbender doch aus wie zuvor. Nicht mal ein Hauch von Bartstoppeln war auf seinem Gesicht gesprossen, seine vornehmen Züge hatten keineswegs plötzlich die Form einer langen Schnauze angenommen und auch sonst wirkte er überaus menschlich.
„Du bist also nicht als Wolf auf die Welt gekommen?“, fragte Simon und war sich nicht sicher, ob er hier nicht in empfindliche Bereiche aus Minzbenders Leben vordrang.
„Nein, nein, Simon!“, lachte der Student daraufhin. „So kannst du dir das nun wirklich nicht vorstellen. Weißt du, das Wolfwesen kommt erst mit Beginn der Pubertät ganz langsam, nach und nach zum Vorschein. Natürlich gab es vorher schon erste Anzeichen. Mutter erwischte mich in einer Nacht einmal, ich war gerade neun Jahre alt geworden, wie ich schlafwandelnd auf dem Dach unseres Hauses herumspazierte und mit offenen Augen den Vollmond anstarrte. Da hatte sie freilich schon den Verdacht gefasst, dass das Erbe, das auf unserer Familie schon seit Generationen lastet, bei mir wieder durchgebrochen war. Doch verdrängte sie diese Tatsache noch einige Jahre, und legte die Begebenheit als reinen Somnambulismus aus.“

„Und wann hat sie es dann begriffen?“, fragte Simon, der sich gerade vorstellte wie wohl Elvira reagiert hätte, wenn er des Nachts auf dem Dach des Hauses herumgelaufen wäre.
„Nun, als dann in Vollmondnächten des Öfteren ein Heulen aus meinem Zimmer drang, wurde ihr doch langsam klar, dass sie sich langsam der Realität stellen würde müssen. Und als dann mein alter Herr bei meinen ersten, ziemlich misslungenen, halbherzigen Verwandlungsversuchen die Flinte aus dem Schrank geholt und mich quer über den Hof gehetzt hatte, wusste sie, dass sie ihrem Gatten reinen Wein einschenken musste.“
„Und dann? Wie hat er das aufgenommen?“, Simon konnte sich die Vorkommnisse in den grellsten Farben ausmalen.
„Ja, weißt du, Papa ist ein großer Anhänger der Wissenschaft und der Aufklärung. Er konnte dies alles gar nicht glauben, was da in seinem Hause vorgehen sollte. So schleppte er mich schließlich zu sämtlichen Doktoren, die auch nur den Hauch eines guten Rufes in Medizinerkreisen hatten, und ich musste jahrelang Untersuchung auf Untersuchung über mich ergehen lassen. Allesamt waren die Spezialisten jedoch letztendlich der Meinung, da sie keinerlei körperlichen Auslöser für die Krankheit hatten finden können, dass das Ganze sich nur in meinem Kopf abspielen müsse.“ Etwas Traurigkeit hatte sich in Minzbenders flüsternde Stimme geschlichen, als er an all das dachte, was er als Jugendlicher bei den Ärzten hatte aushalten müssen.
„Sie haben geglaubt du verwandelst dich in einen Wolf, weil du dir das nur einbildest?“, Simon glaubte nicht richtig verstanden zu haben.
„Nein, sie haben geglaubt, ich würde mir diese Verwandlung nur einbilden. Es stellte sich während der Klinikaufenthalte merkwürdigerweise auch nie eine größere Veränderung meines Körpers ein. Sie waren zwar der Meinung, dass mein Bartwuchs sich unwillkürlich zu beschleunigen schien, aber das schoben sie auf die üblichen Veränderungen im Körper eines Heranwachsenden.“
„Und dann? Warst du ja zumindest diese Doktoren wieder los, oder?“
„Na ja, wie man’s nimmt! Dann wurde ich überwiesen an die Hirnklempner, deren Methoden auch nicht gerade besser waren, aber darüber möchte ich mich lieber nicht näher auslassen! Man hat mich daraufhin über ein halbes Jahr lang in die geschlossene Abteilung eines Irrenhauses gesperrt und mich derart mit Drogen vollgestopft, dass ich kaum mehr laufen konnte. In diesem Zustand machte allerdings mein Körper auch keinerlei Anzeichen, sich verwandeln zu wollen. Und so hielten auch die Irrenärzte dies alles für eine Verstörtheit meines jugendlichen Geistes.“
„Aber, wie bist du da nur wieder herausgekommen?“
„Vater hatte irgendwann ein Einsehen. Nachdem ich bei jedem Besuch meiner Eltern einen elenderen Eindruck gemachte hatte, drang Mama darauf, die Behandlung abzubrechen und zu versuchen ein ganz normales Familienleben zu führen. So lernte ich schließlich von ganz alleine damit umzugehen. Anfangs konnte ich die Verwandlung kaum unterbrechen, aber nach und nach bekam ich den Dreh bei der Sache raus und heute zwingt mich auch der grellste, verlockendste Mondenschein nicht dazu zum Wolf zu werden, es sei denn...“

„Es sei denn?“, fragte Simon, der der Erzählung des Studenten die ganze Zeit über fasziniert gelauscht hatte.
„Es sei denn, ich rege mich wirklich einmal richtig auf!“, meinte Minzbender nachdenklich. „Das passiert zwar recht selten, aber dann kann ich für nichts mehr garantieren!“ Minzbender sah Simon verlegen an. „Aber, wie gesagt, kommt äußerst selten mal vor!“, dabei lachte der Student rau, und seine grauen Augen leuchteten seltsam.
Simon wollte sich dies besser nicht vorstellen, als Wolf hatte Minzbender nicht gerade einen besonders vernünftigen Eindruck auf den Jungen gemacht. Auch glaubte Simon nicht, auf ein solches Tier irgendeinen Einfluss ausüben zu können. Das war dann doch etwas ganz Anderes, als mit der guten Veronika.
Simon musste, an einen Felsen gelehnt, schließlich doch kurz eingeschlafen sein, trotz der beunruhigenden Geschichte des Studenten, waren ihm dann letztendlich die Augenlider zugeklappt.

Kurz darauf riss er jedoch wieder erschrocken die Augen auf. Hatte er geträumt? Nein, da war ein Geräusch gewesen. Er blickte sich nach Minzbender um, doch der war verschwunden. Simon wusste nicht wie lange er geschlafen hatte, es kam ihm so vor, als sei er nur für eine Sekunde eingenickt. Der Junge wusste nicht was er unternehmen sollte, vielleicht war der Student seine Notdurft verrichten gegangen, dachte Simon noch, bevor er Wondraczek weckte. Der hatte sich mittlerweile von seiner Schlafstätte erhoben und sich neben den Vogel kopfüber an einen Ast des Baumes gehängt, der harte Boden war ihm zu unbequem geworden.
„Hey, Wondraczek! Wach auf!“, flüsterte der Junge aufgeregt, und zupfte den Vampyr am Arm, „Minzbender ist verschwunden!“
„Wie jetzt?“, kam es nach einer Weile zurück. „Hat man denn nicht mal ein paar Minuten seine Ruhe?“ Mit einer geschickten Drehung seines Oberkörpers wirbelte Wondraczek herum, und stand dann unter Missachtung aller Regeln der Schwerkraft neben Simon.
„Gerade saß er noch da, ich habe nur kurz die Augen zugemacht und weg war er!“
„Vielleicht musste er mal!“, meinte der Vampyr, und strich sich die hochgerutschten Hosenbeine zurecht.
„So lange wird er wohl dazu auch nicht brauchen!“, erwiderte der Junge eindringlich.
„Irgendwann muss er ja auch mal sein Beinchen heben!“, witzelte Wondraczek und brachte Simon mit dieser sorglosen Bemerkung wieder einmal aus der Fassung. „Ist ja gut, sehen wir mal nach!“
Doch da kam der Student ihnen auch schon entgegen.
„Ich dachte, ich hätte etwas gehört! Tut mir leid, wenn ich euch geweckt habe!“, sagte Minzbender gelassen und ging hinüber zu Weybrecht, um dessen Fesselung zu überprüfen. „Aber da habe ich mich wohl getäuscht. Vielleicht nur ein wildes Tier.“ Er nestelte weiterhin an dem Strick herum, während der Hauptmann sie böse anstarrte, immer noch den Knebel im Mund, konnte er die Freunde jedoch nicht beschimpfen, wie er es gerne getan hätte.
„Gut, dann können wir ja noch ein paar Minütchen schlafen!“, meinte Wondraczek, und hing schon wieder an seinem Ast. Der Körper des Nattichs wippte ein paarmal auf und

ab, der Vogel ließ sich aber von der Bewegung des Baumes nicht aufwecken. Veronica brummte einmal kurz im Schlaf, und Simon rollte sich wieder fröstelnd in seine Decke ein.

Im Halbschlaf kam es dem Jungen dann vor, als würde es kälter und kälter werden. Der Regen, der ein Weilchen eine Pause eingelegt hatte, fing nun wieder an, seine kaum getrockneten Kleider aufs Neue zu durchnässen. Verschwommene Traumbilder gaukelten dem Jungen endlose, grellweiße Eisfelder vor und er wickelte sich enger in seine Decke ein. Dann öffnete Simon erneut die Augen und setzte sich auf. Mit einem Blick konnte er erkennen, dass Weybrecht verschwunden war. Minzbender jedoch saß anscheinend immer noch wachsam am Feuer und rieb sich die frostigen Finger.

„Er, er ist weg!", rief Simon aus. „Weybrecht, er ist weg!"

„Wie kann das sein, verdammt?", Minzbender war aufgesprungen und zu der Stelle gelaufen, an der der Hauptmann eben noch gut verschnürt gelegen hatte.

Auch Wondraczek hatte sich von seinem Schlafplatz gelöst und suchte die Umgebung ab.

„Hey Nattich, sieh dich mal von oben aus um. Du hast den besseren Überblick!", rief der Vampyr schließlich. Keiner konnte sich erklären, wohin Weybrecht hatte verschwinden können.

Der Vogel kam nach ein paar Minuten zurück, hatte aber nichts entdecken können.

„Hier sind andere Mächte im Spiel. Und bestimmt keine Guten!", stellte der Student fest, als er die Reste des Strickes untersucht hatte, mit dem der Hauptmann gefesselt gewesen war.

„Riecht leicht nach Schwefel, meint ihr nicht!", Minzbender hielt Simon den Hanfstrick unter die Nase.

„Ich rieche überhaupt nichts!", meinte der Junge.

„Ich auch nicht, sagte Wondraczek und betrachtete sich das Seil genauer. „Wurde aber nicht durchgeschnitten. Sieht aus, als wäre es einfach zerfallen. Wir brechen auf! Es wird ohnehin bald hell!", der Vampyr schien nun doch ernstlich besorgt zu sein. Eine tiefe Falte hatte sich zwischen seinen ausgeprägten Brauen eingegraben.

Schnell waren die Pferde gesattelt, das Tier des Hauptmanns führte Minzbender am Zügel mit sich, und so schlugen sie die Richtung ein, die sie über Stock und Stein schließlich wieder zur Küste bringen sollte. Veronica hatte keine Schwierigkeiten mit dem erhöhten Tempo mitzuhalten, trotz ihres enormen Gewichts bewegte sich die Bärin beinahe grazil durch das graue Hochland, das bei Sonnenaufgang wieder begann sein grünes Gewand zu tragen.

Um diese Jahreszeit blühte in dieser Gegend schon überall die lilafarbene Erika. Es war eine schroffe Landschaft, karg, doch auf seltsame Weise auch heiter, besonders, wenn wie jetzt, die ersten Sonnenstrahlen auf das Land fielen.

Bis zum Mittag ritten die Freunde ohne jede Rast weiter. Der Himmel hatte sich da schon wieder zugezogen, und feiner Niesel durchnässte ihre Kleider. Allerdings war der Niederschlag noch von einer beinahe sommerlichen Wärme, so dass sie auch bei stetigem Gegenwind aus Westen, nicht sonderlich frieren mussten.

Als sie die Küste erreicht hatten, vertilgten sie die allerletzten kärglichen Reste ihres

Proviants, besonders die Bärin machte traurige Augen, als sie feststellen musste, dass sich auch heute ihr Magen nicht ausreichend füllen würde.
„Wie konnte Weybrecht nur entkommen?“, fragte Simon den Vampyr, gerade, als sie sich wieder auf den Weg machen wollten.
Nun, wenn Minzbender, der ja über die beste Nase von uns allen verfügt, der Ansicht ist, es hätte nach Schwefel gestunken, so lässt dies nur einen Schluss zu.“
„Na, sag schon! Nicht immer so geheimnisvoll!“, drängte der Junge.
„Dieselben Mächte, mit denen du schon im Schimmerwald Bekanntschaft gemacht hast, haben sich nun wieder gezeigt“, führte der Vampyr aus. „Und diesmal, das ist zumindest meine Ansicht, haben sie sich auf eine weitaus direktere Art und Weise in irdische Belange eingemischt.“
„Wie meinst du denn das nun wieder?“, fragte Simon, der mit diesem Gerede nichts anzufangen wusste.
„Wondraczek meint, ein Dämon, der geradewegs aus der Hölle kommt, hat den Hauptmann befreit! Das nimmst du doch an, oder?“, Minzbender sah den Vampyr besorgt an. Der nickte nur kurz mit dem Kopf, dann ritten sie weiter.

Jetzt bekommen wir es auch noch mit einem Abgesandten aus der Unterwelt zu tun. Simon war fassungslos. Das konnten die beiden doch nicht wirklich ernst meinen. Und doch hatte der Junge den Eindruck gewonnen, dass Wondraczek und Minzbender bereit waren dies einfach so als Tatsache hinzunehmen. Doch sträubte sich alles in Simon gegen einen solchen Gedanken. Was zu weit geht, geht zu weit, dachte er. Man kann es ja auch übertreiben.
Niemals hatte er dem Pfarrer geglaubt, der in der kleinen Kirche von Grimbelwald vom ewigen Höllenfeuer gepredigt hatte. Es war ihm einfach nie möglich gewesen, dies für bare Münze zu nehmen und er war sich insgeheim sicher, dass die sogenannte Hölle nur eine Erfindung der Erwachsenen ist, um die Kinderlein artig und handzahm zu machen. Nie war er auf die Idee gekommen, dass wirklich eine Unterwelt existieren konnte. Ein endloses Flammenmeer, das sich selbst verzehrte; ein bocksbeiniger Geselle von der Farbe eines Hummers, den man gerade eben in kochendes Wasser geworfen hatte; mit einem Spieß ausgerüstet, mit dem er die armen Seelen wendet. Wer hatte sich diesen hanebüchenen Unfug bloß ausgedacht? Und warum hatte der Kerl dann auch noch eine Großmutter? Warum dann nicht noch Neffen, Schwippschwäger oder Kusinen? Immer, wenn die finstere Jahreszeit angebrochen war, wenn sich die Wiesen am Morgen mit Raureif bedeckt hatten, ging das Ganze wieder von vorne los. Prälat Pfannenstieg konnte dann kaum mehr an sich halten in seinen Schilderungen des Ortes, an den sie allesamt kommen würden, wenn sie sich nicht endlich anständig benähmen. Besonders dem kleinen Peer Parwollny hatte er mit diesem Gerede eine Riesenangst einflössen können, auch Uta und Liesjen waren nach der sonntäglichen Predigt noch gehorsamer gewesen, als sie es eh schon waren. Sogar Ubbo und Enno hatten sich durchaus beeindruckt gezeigt von diesen schlechten Aussichten und ließen für eine kurze Weile sogar ihre ständigen Witzeleien über die Kirchenbesucher sein. Nur bei Simon hatte dies alles nichts gefruchtet. Er glaubte dies alles einfach nicht, basta!

Der Impresario war seltsamerweise der erste, der am Morgen auf den Beinen war. Er hatte diese Nacht kaum ein Auge schließen können, hatte er doch das Gefühl in ständiger Gefahr zu schweben, entdeckt zu werden. Langsam begannen sich dann auch die Hurveniks zu regen und es wurde Zeit einen Plan auszuhecken, um die Gefangenen zu befreien. Die letzten Tage über hatte Krautschuk immer wieder still vor sich hin gegrübelt, ohne dass er einen Entschluss hatte fassen können, wie dieses fast unmögliche Unterfangen denn nun zu bewältigen sei. Jetzt winkte Kammergarn den Hurvenik herbei und ließ ihn in seine Satteltaschen blicken. Was der Wicht dort zu sehen bekam, stimmte ihn schließlich wieder hoffnungsfroh, hatte der Dicke doch die ganze Zeit über noch zwei dieser kleinen eiförmigen Sprengkörper versteckt gehalten. Damit würde man zumindest große Verwirrung stiften können, während der Festivität. Allerdings bestand auch die Möglichkeit, dass unschuldige Menschen dabei zu Schaden kommen könnten, und dies wollte Krautschuk auf alle Fälle vermeiden.
Der Hurvenik fischte dann noch zwei der verschlafensten Krimpelknarze aus dem Stroh, die er nur aufgrund ihres lauten Schnarchens hatte verorten können, und ließ die Kompanie dann antreten.
Es stand da ein Haufen Knirpse vor ihm, deren Anblick ihm beinahe die Tränen in die Augen trieb. Niemals wollte er in die schreckliche Situation kommen ihren Müttern mitteilen zu müssen die Söhne seien auf dem Feld der Ehre gefallen, wie die Menschen sich ausdrücken würden. Krautschuk empfand gar nichts Ehrenhaftes bei dem Gedanken seine Freunde zu verlieren. Trotzdem schritt er nun die Reihe der Knarze ab und inspizierte die Messerchen und Armbrüste von jedermann, lobte aber auch jeden, da sich die Waffen in tadellosen Zustand befanden.
„Meine lieben Knarze“, begann er dann, „heute also ist es soweit!“
Die jungen Krimpelknarze blickten ihn so ehrfürchtig, erwartungsvoll an, dass Krautschuk schlucken musste. Die Kerlchen hielten ihn anscheinend wirklich für einen großen Anführer. Krinksgranx wäre stolz auf ihn gewesen, der Adjutant hoffte inständig, dass der wirkliche Chef der Theatertruppe noch am Leben war.
„Heute Abend werden wir unsere Brüder aus den Fängen dieser ruchlosen Menschen reißen, oder wenn uns dies nicht gelingt, mit ihnen zusammen in das endlose, majestätische Garnichts eingehen, wie es unsere Meister, ob nun Fandango oder Krimpelknarz, prophezeit haben!“ Die Rede Krautschuks, obwohl mit einem gewissen Pathos vorgetragen, hatte so gar nichts von der Art und Weise wie er sich üblicherweise auf der Bühne auszudrücken pflegte. „Entweder wir befinden uns heute Nacht auf dem Rückweg zu euren Familien, oder unsere Seelen werden, in der Unendlichkeit schwebend, mit allem Sein auf Ewigkeit verbunden sein!“ Bei diesen Worten kam dann doch wieder etwas von dem alten Krautschuk zum Vorschein.
„Auf dem großen, mächtigen Strom Günther werden wir auf der Lebensbarke hinübergleiten in das alleinseligmachende Garnichts, um eins zu werden mit der gesamten Schar der hingegangenen Hurveniks. Ohne jede irdische Beschwertheit werden wir durch das Weltenall schweben können, wir werden eins sein mit dem Sein, eins sein mit Allem!“ Seine Stimme hatte sich nun wieder gefangen, und war lauter und durchdringender geworden. Kammergarn, der hinter der Reihe der Knarze stand, gab dem

Hurvenik ein Zeichen, um zu bezeigen, dass der Mime etwas leiser sprechen sollte, hatte er doch draußen vor der Scheunentüre Hufgetrappel wahrgenommen. Wirklich öffnete sich gleich daraufhin das Tor, der Schatten des riesengroßen Stallmeisters Pampfnagel stand in dessen Rahmen und blickte sich verwundert um.
„Haben Mylord ausgeschlafen?“, rief der Bursche laut knurrend ins Zwielicht der Scheune hinein. Die Hurveniks verschwanden behände wie ein, vom plötzlich einfallenden Licht aufgeschreckter Schwarm Muxmäuschen, im Heu.
„Danke der Nachfrage, mein Herr. Habe schon schlechter genächtigt!“, antwortete Kammergarn und ging dem Stallmeister entgegen.
„Die Scheune wird heute jedenfalls benötigt, um die ganzen Tiere der Schaulustigen unterzustellen, die heute zur Hinrichtung erwartet werden!“, meinte daraufhin der Riese. „Die kommen mal wieder von überall her, die ganzen Landeier! Hoffentlich geraten die mal nicht unter die Räder in der großen Stadt!“
„Man könnte meinen ein solches Schauspiel erfreue sich größter Beliebtheit in dieser Gegend?“, fragte der Impresario neugierig.
„Worauf ihr euch verlassen könnt, zusätzlich werden aber wahrscheinlich noch sämtliche Spitzbuben aus einem Umkreis von hundert Meilen in die Stadt pilgern.“, dabei sah er Kammergarn misstrauisch von oben bis unten an, als ob er ihn auch für einen solchen Spitzbuben halten würde.
„Wo findet das Ereignis denn eigentlich statt?“
„Wo wird es schon stattfinden? Auf dem großen Platz vor der Festung, selbstverständlich! Das Brennholz wurde schon am gestrigen Tag zu einem wunderschönen Scheiterhaufen aufgerichtet. Dann wird es hoffentlich in der Stadt wieder mal ein wenig besser riechen!“
Wirklich war auch Kammergarn das Atmen schwer geworden, als sie am gestrigen Abend durch Hallgard geritten waren. Diesen widerlichen Gestank hatte die Stadt bei seinem letzten Aufenthalt jedenfalls noch nicht ausgeströmt. Irgendetwas schienen die Alchimisten zusammenzubrauen, obwohl den ganzen Morgen lang noch keine einzige Explosion aus Richtung des Schlossgartens zu hören gewesen war.
„Ja, ich habe mich auch schon gefragt, was denn hier so streng riechen mag!“
„Ach, das weiß niemand so ganz genau, die meisten Leute wollen es aber auch nicht so ganz genau wissen. Aber an all dem sind wahrscheinlich eh wieder diese elenden Zauberer schuld. Seitdem die hier die Straßen unsicher machen, ist nichts mehr wie es einmal war!“, der Mann zuckte mit den Schultern, „Kann man wohl aber nichts machen dagegen!“
Mit einiger Befriedigung nahm Kammergarn die Unzufriedenheit des Stallmeisters zur Kenntnis. War es vielleicht möglich, die Bürger auf ihre Seite zu ziehen, und nochmals einen kleinen Aufruhr anzuzetteln?
Krautschuk schien dieselbe Idee gehabt zu haben. Als Kammergarn den guten Schorsch am Zügel durch die Straßen der Stadt führte, raunte ihm der Kleine, der in der Innentasche von Kammergarns Mantel steckte, diesem zu: „Wir sollten uns hier wieder mal ein wenig als Unruhestifter betätigen, Jonathan! Das ist vielleicht unsere Chance!“
Kammergarn murmelte etwas Unverständliches vor sich hin, gerade kam ihnen ein

Trupp Soldaten entgegen, die jedermann misstrauisch zu beäugen schienen. Der Dicke zog die Melone noch tiefer ins Gesicht, und beeilte sich an den Kerlen vorbei zu kommen. An jeder Ecke lungerten einzelne Trüppchen der fremdländischen Söldner herum, welche die vorbeiziehenden Bürger verärgert musterten. Kammergarn kam es vor, als liefe er durch ein riesiges Freiluftgefängnis, nur schien dies den Bürgern Hallgards gar nicht mehr aufzufallen, so sehr hatten sie sich schon an die Präsenz der sogenannten Ordnungshüter gewöhnt. Die Wächter, die zu anderen Zeiten die Polizeigewalt im Lande innegehabt hatten, mussten sich mit dem Regeln des Verkehrsaufkommens begnügen, dann und wann war vielleicht noch eine Kneipenschlägerei aufzuklären oder eine gewalttätige eheliche Auseinandersetzung zu schlichten. Mehr gab es für sie nicht mehr zu tun. Alles andere war Sache der Söldnergarde, die allein Soylentius Befehlen gehorchte. Wenn auch die meisten Bürger der Stadt sich an diese angespannte Lage längst gewöhnt hatten, so fiel es den Fremden, die seit den frühen Morgenstunden durch die Tore geströmt waren, doch auf, dass hier etwas gar nicht mehr in Ordnung zu sein schien. Besonders denjenigen, deren Gepäck man schon beim Betreten der Stadt eingehend durchstöbert hatte, konnte man ansehen, dass ihnen dies alles nicht ganz geheuer war. So etwas hatte man seit Generationen nicht mehr erlebt. Selbst zu Kriegszeiten hatte niemals eine solch bedrückende Stimmung in Hallgard vorgeherrscht. Man konnte den Leuten ihre Verunsicherung ansehen, wenn sie sich immer wieder ängstlich nach den Soldaten umsahen, und wenn ihnen ein Trupp entgegenkam, alle sofort nur noch auf ihre Stiefelspitzen stierten, bis die Gefahr vorübergezogen war. Der schreckliche Gestank, der aus jeder Ritze zu dringen schien, setzte der angespannten Situation noch die Krone auf.

So wollte auch auf dem Marktplatz, jetzt so früh am Morgen, noch keine rechte Stimmung aufkommen. Man konnte den Eindruck bekommen, dass jedes Geschäft nur mit gedämpften Stimmen abgemacht wurde. Selbst die lautesten Marktschreier wirkten heute sehr zurückgenommen und priesen ihre Waren in verminderter Lautstärke an.

Dort wo vor ein paar Wochen noch das Marionettentheater Karbunkelkraut die Bühne aufgebaut hatte, befand sich nun der enorme Scheiterhaufen, den man zur Verbrennung der kleinen Hurveniks in der Nacht errichtet hatte. Man würde die Knirpse kaum brennen sehen können. Wenn das ganze Stroh und Holz entzündet war, würden sie in der Feuersbrunst wirken wie verglimmende Streichhölzchen. Kammergarn tat so als wolle er den Ort der Hinrichtung ganz genau inspizieren, öffnete jedoch irgendwann unauffällig die Satteltaschen, in denen der brave Schorsch die ganze Zeit über die Knarze transportiert hatte. Dann sprach er wieder mit seiner Manteltasche, so hätte dies zumindest ausgesehen, hätte jemand den Impresario beobachtet.

„Gleich rechts, Krautschuk, ist der Kanaldeckel, haltet euch dort bis zum frühen Abend verborgen. Ich werde sehen, ob ich noch den genauen Ablauf der Veranstaltung in Erfahrung bringen kann. Jetzt aber schnell!“

„Gut, gut! Dort unten kann es ja auch nicht schlimmer riechen, oder?“

„Wohl kaum!“, raunte Kammergarn noch, als der Hurvenik an der Innenseite seines Mantels entlang hinabkletterte und zusammen mit den Knarzen, die an den Schenkeln

des Mulis heruntergekommen waren, zwischen den Gittern der Kanalabdeckung verschwand.
Wo sollte Kammergarn jetzt mit dem Tier hin? Dann kam er auf die Idee, den guten Schorsch bei einem Bauern abzustellen, der am Rand des Platzes eine Bude aufgestellt hatte, um seine Äpfel und Birnen aus dem Umland zu verkaufen. Hier befand sich schon ein Artgenosse des Maultieres und falls alles schiefgehen sollte, würde er hier sicherlich ein gutes Auskommen finden.
Der Impresario hatte beschlossen sich beim gemeinen Volk umzuhören, um Schlüsse auf die allgemeine Stimmung unter den Bewohnern zu ziehen. Was er dort zu hören bekam, stimmte ihn doch hoffnungsvoll, am Abend erfolgreich ein kleines Ablenkungsmanöver inszenieren zu können. Die Leute waren allesamt äußerst unzufrieden mit ihrer Lage. Zwar war wieder genügend Bargeld im Umlauf und die Schulden, die Bodo bei den Handeltreibenden hatte, waren endlich bezahlt worden, doch schien es allgemein wirtschaftlich immer weiter bergab zu gehen. Über dem Markttreiben hing die Luft wie ein unheilvoller Schleier, fand Kammergarn. So hatte der Dicke die Atmosphäre vorher nicht empfunden, und es war ja gerade erst drei Wochen her, dass sie mit dem Theaterkarren in Hallgard eingezogen waren. Diese Verwandlung konnte unmöglich nur von der Dunstglocke ekelerregenden Gestanks herrühren, die über der Stadt hing und einem nach einiger Zeit das Atmen schwer werden ließ. Zumindest ging es Kammergarn so, der ansonsten nicht zu Kurzatmigkeit neigte. Seinen Bowlerhut tief ins Gesicht gezogen, durchstreifte er daraufhin noch ein paar Nebengassen, bis ihn der Hunger zu plagen begann, er hielt dies für ein gutes Omen, wenn trotz des entsetzlichen Geruchs endlich wieder sein gewohnter Appetit die Oberhand gewann. Es war ja schließlich noch eine ganze Weile hin, bis zu dem Spektakel, warum sollte er es sich bis dahin nicht gutgehen lassen?
Kaum war dieser Gedanke durch seinen klobigen Schädel gezuckt, tauchte auch schon eine einladende Taverne vor ihm auf. Ohne zu zögern betrat der Dicke nun das Lokal, nachdem er im Aushang die Speisekarte überflogen hatte; und fand sich inmitten einer Horde von Söldnern wieder.
Der Schrecken durchzuckte Kammergarn, als hätte ihm jemand ein Brotmesser in den Leib gerammt. Anscheinend hatten die Kerle die gleiche Idee gehabt wie er selbst. Bevor das Getümmel auf dem Schlossplatz richtig losgehen würde und sie ihre Dienstzeit antreten müssten, wollten die Burschen es sich noch einmal gut gehen lassen.
Als Kammergarn die Schwelle überschritten hatte, wusste er auf der Stelle, dass dies keine besonders gute Idee gewesen war. An die fünfzig wilde Gesichter starrten ihn an, Messer, Löffel und Gabeln auf eine Weise in den Händen haltend, als wollten sie ihre Mahlzeit nicht einfach zu sich nehmen, sondern als müsste das Fleisch auf ihren Tellern erst noch niedergemetzelt werden. Genauso feindselig, wie sie sich ihrem Essen gegenüber verhielten, starrten sie nun den Neuankömmling an.
'Verdammich!', dachte Kammergarn nur, bevor er höflich den Hut lüftete und die gaffenden Visagen anlächelte. 'Wie komme ich hier nur wieder raus?'
Zu seiner linken begann sich jetzt ein grobschlächtiger Geselle zu erheben, etliche Orden blinkten an seiner Uniformbrust, und Narben zierten reichlich seine rechte Wange.

Misstrauisch beäugte der Kerl den Impresario aus zusammengekniffenen Augen heraus, gespannt blickten seine Spießgesellen den Offizier an.
„Was kommt denn hier für ein Vögelchen hereingeflogen?", fragte der dann mit der Gabel fuchtelnd auf Kammergarn deutend. „Sieht mir doch ganz nach einem schmalbrüstigen Zivilisten aus!"
Obwohl doch beim Impresario von Schmalbrüstigkeit keineswegs die Rede sein konnte, fühlte der sich in keiner Weise beleidigt von dieser impertinenten Anrede. Sein Gehirn arbeitete fieberhaft daran einen Ausweg aus dieser Schlangenhöhle zu finden.
„Verzeiht, meine Herren! Ich hatte ja keine Ahnung, dass es sich bei dieser Gaststätte um eine Offiziersmesse handelt!", meinte er schließlich, und hielt dabei immer noch die Melone vor seinem Bauch in beiden Händen.
„Das ist sie auch gar nicht!", mischte sich nun der Wirt ein, der sich hinter einem Pfosten seines Ausschanks verborgen hatte, als ihm aufgefallen war, dass die Stimmung der rauflustigen Gesellen am Umschlagen war. Er trat hinter der Theke hervor, schnappte Kammergarn am Ärmel und wollte ihn hinaus auf die Straße ziehen. „Aber leider, mein Herr, ist hier heute geschlossene Gesellschaft!"
Diese Bemerkung klang in der Tat so, als würde der Wirt dies bedauern. Wahrscheinlich hätte er mit den Touristen, die heute in die Stadt strömten, weitaus mehr Umsatz erzielen können, als mit den Söldnern, die sich hier den ganzen Tag schon eingenistet hatten. Man konnte bei diesen Kerlen ja froh sein, wenn man mit Leib und Leben davonkäme, da waren Umsatzeinbußen das weitaus kleinere Übel.
„Moment, Moment! Nicht so schnell!", rief daraufhin das Narbengesicht. Dann wandte er sich an seine Kameraden und blickte in die Runde, die ihn aufmerksam beobachtete. „Habe ich dieses Subjekt nicht schon irgendwo einmal gesehen? Dieser komische Hut kommt mir irgendwie bekannt vor!"
„Ja, wirklich Konstabler, ich glaube du hast recht!", ein anderer Mann hatte sich nun erhoben, der einige Streifen weniger am Ärmel seiner Uniformjacke trug und mit einem wahren Ohrfeigengesicht gesegnet war. „Der sieht doch aus wie dieser Theaterdirektor! Der hatte doch genau so einen Deckel auf dem Kopf!"
Kammergarn wendete seinen dicken Schädel und musste mit Erschrecken feststellen, dass ihm der Fluchtweg nach draußen zwischenzeitlich von ein paar der finsteren Gestalten versperrt worden war. Jetzt befand er sich wirklich in der Bredouille. Ohne lange zu überlegen, rammte der Impresario die rechte Faust tief in den Magen des Offiziers, der auf der Stelle zusammenklappte und nach Luft rang. Mit zwei, drei Schritten hatte er die Theke erreicht und war mit immenser Geschicklichkeit darüber geflankt. Hier musste es zweifelsohne zur Küche gehen. Tatsächlich erblickte Kammergarn, als er die Schwingtüre aufgestoßen hatte, eine dralle Alte hinter den Töpfen, die ihn entgeistert anstarrte.
„Hinterausgang!", brüllte Kammergarn noch. Die Vettel deutete auf eine weiß lackierte Tür am hinteren Ende des Raums, und sofort spurtete er los. Schon waren ihm die Soldaten brüllend und tobend auf den Fersen. Wieder durchzuckte den Dicken der Schreck, als er feststellen musste, dass die Türe, die zum Hinterhof hinausführen musste, von einem schweren Eisengitter verschlossen war. Er wand sich nach rechts, wo eine schmale

Stiege nach oben in die privaten Räume des Hausbesitzers zu führen schien. Die wilden Gesellen immer noch schreiend hinter ihm. Auf dem ersten Treppenabsatz schnappte sich Kammergarn einen großen Blumentopf, in dem ein Riesenkaktus gerade seine ersten Blüten zu zeigen begann, ausgerechnet ein Exemplar einer Art, die dies nur alle zehn Jahre einmal zuwege brachte, dachte er noch, und warf das stachelige Ding samt Tongefäß den Verfolgern entgegen. Mist, die Wohnungstüre war ebenfalls verschlossen. ‚Ganz schön misstrauisch das Wirtspaar', zuckte es noch durch Kammergarn Hirnkasten, als er weiter nach oben hastete und sich alsbald auf dem Speicher wiederfand. Hier war es noch dazu beinahe stockdunkel, nur durch eine schmale Dachluke drang noch etwas Tageslicht herein. Von unten konnte man immer noch Schmerzensschreie wahrnehmen, doch schon polterten wieder Schritte die Stiege hinauf. Die Kerle schienen sich auf der schmalen Treppe gegenseitig zu behindern, ansonsten währen sie längst hier oben angekommen. Kammergarn Augen hatten sich schnell der Dunkelheit angepasst, doch konnte er keinen Ausweg entdecken. ‚Da gibt's nur noch eines', dachte der Impresario, ging in einer Nische des abfallenden Daches in die Knie, streckte die Hände so weit wie möglich nach oben und drückte dann mit aller Gewalt gegen die Dachziegel. Dies musste von außerhalb betrachtet ausgesehen haben, als ob sich im Inneren des Hauses eine kleinere Explosion ereignen würde. Die Ziegel flogen nach rechts und links, einige kamen auf ihren Artgenossen zu liegen, andere spürten kurz die große Freiheit, bevor sie unten auf der gepflasterten Gasse aufschlugen und krachend zersprangen. Kammergarn wuchtete seinen prallen Körper wie ein Turner an der Dachsparre hoch, geradeso passte sein dicker Hintern nun zwischen den längs verlaufenden Latten hindurch, dann stand er schließlich auf dem glücklicherweise nicht allzu steilen Dach der Taverne. Doch wohin jetzt?

Kammergarn hatte sich sein ganzes Leben lang schon gefragt, warum die Unholde in den einschlägigen Groschenromanen immer nach oben flüchteten, in eine Richtung, aus der es eigentlich niemals mehr einen Ausweg geben konnte. Er hatte diese Unart der Autoren immer für einen billigen Trick gehalten, die Handlung dahin zu treiben, den Verbrecher endlich seine gerechte Strafe erleiden und diesen dann in den Tod stürzen zu lassen. Niemals wäre er auf die Idee gekommen, dass ihm selbst solch ein unwahrscheinliches Missgeschick widerfahren könnte.

Schon lugte ein mützenbedeckter Kopf aus dem Loch, dass Kammergarn in den Ziegelverband gestoßen hatte. Zum Glück schienen die Kerle zumindest ihre Gewehre in der Hektik unten in der Wirtsstube gelassen zu haben, stellte er fest, als sich der erste seiner Verfolger auf das Dach zog. Der Impresario hastete bis zum hinteren Ende des Gebäudes, immer in der Gefahr auf dem glitschigen Untergrund abzurutschen, dann blickte er hinunter in die Nebengasse, wo ihm schon ein Trupp Soldaten entgegen grinste. Jetzt hob einer den Vorderlader. Hier war kein Weiterkommen. Er wand sich um, wechselte auf die andere Seite des Giebels und rannte zurück. Zwei Söldner, die ihm den Weg abschneiden wollten, bereuten dies schon in dem Moment als sie den massigen Körper Kammergarns auf sich zukommen sahen. Mit dem einen prallte der Dicke mit den Schultern aneinander, so dass der sofort wieder rückwärts hinunter auf den Speicherboden fiel. Der andere hatte weniger Glück. Kammergarn versetzte dem Kerl einen Stoß,

der Mann kam auf den bemoosten Ziegeln ins Rutschen und schlitterte abwärts. Der Impresario hörte noch ein Knirschen als die Regenrinne sich löste, dann einen Schrei als der Söldner mit einem hässlichen Geräusch unten auf dem Pflaster aufschlug.
Auf dieser Seite betrug der Abstand zum Nachbarhaus nur etwa drei Meter. Ohne zu überlegen, oder auch nur kurz innezuhalten, lief Kammergarn noch schneller und sprang.
Tatsächlich erreichte er das gegenüberliegende Dach, er wusste selbst nicht wie er dies zuwege gebracht hatte, doch kaum hatten seine Füße die schlüpfrigen Ziegel berührt, rutschte er schon unaufhaltsam die schiefe Ebene hinab. Er wollte noch seinen schweren Körper auf den Bauch drehen, doch wollte ihm dies nicht gelingen. Wie ein auf dem Rücken liegender Käfer schlitterte er dem sicheren Tod entgegen. Er fiel. Doch nur eine kurze Strecke.
Er landete mit dem dicken Hinterteil auf einer Markise, die fest in den Mauern des Hauses verankert war, aber doch nicht fest genug für das Gewicht des Impresarios des Marionettentheaters Karbunkelkraut. Das Gestänge, an dem der Stoff aufgehängt war, löste sich aus der bröseligen Mauer des Gebäudes, und Kammergarn landete in einem bunt gestreiften Kleidchen, auf einem der Cafétische, die von nun an ohne Beschattung würden auskommen müssen.
Glücklicherweise waren um diese Stunde noch keine Gäste eingetroffen, es hätte auch anders ausgehen können. Wer möchte schon gern einen zwei Zentner Mann auf den Kopf bekommen, der urplötzlich ohne jede Vorwarnung vom Himmel fiel. Kammergarn strampelte sich mühsam aus dem Stoff heraus, der an mehreren Stellen der Länge nach eingerissen war. Der Besitzer des Cafés kam gerade schimpfend aus seinem Geschäft gelaufen, doch der Impresario rannte sofort weiter, ohne dem Gezeter Beachtung zu schenken. Schon waren ihm die Söldner wieder auf den Fersen.
Kammergarn bog in eine der größeren Geschäftsstraßen ein. Hier kamen ihm jetzt viele auswärtige Besucher in Festtagstracht entgegen. Die guten Leute wussten nicht wie ihnen geschah, als dieser dicke Kerl auf sie zugerannt kam, und spritzten links und rechts zur Seite, um diesen Orkan vorbeizulassen.
„Hey, hey! Was soll denn das?"
„Rüpel! Elendiger!"
„Hilfe! Ein Walross!", hörte Kammergarn rufen, doch verstummten die Beschwerden gleich darauf wieder, als die Soldaten um die Ecke gerannt kamen. Bei seiner Größe und Statur würde er sich kaum in einer Menschenmenge verbergen können, dachte der Impresario. Sein Gehirn arbeitete fieberhaft an einem Ausweg. Es schien ihm wie ein Wunder bis hierher gekommen zu sein, war er doch ganz schön aus der Puste. Ja, wirklich gab er inzwischen Geräusche von sich, die denen einer dieser modernen Lokomotiven unglaublich ähnelten, wenn sie Fahrt aufnahmen.
'Diese verdammte Melone!' dachte der Dicke jetzt und überlegte ernsthaft den Hut, den er immer noch in der Hand hielt, von sich zu werfen, brachte dies dann aber doch nicht übers Herz. Wahrscheinlich wäre er jedoch auch ohne die auffällige Kopfbedeckung erkannt worden.
Die Straße, durch die Kammergarn lief, begann sich zu leeren. Er entfernte sich

anscheinend immer weiter vom Schlossplatz, auch hatte er gänzlich die Orientierung verloren. Die Soldaten holten jedoch kaum auf, immer wieder lief Kammergarn in Seitengassen hinein, links, rechts, links, rechts, um die Kerle nicht auf die Idee kommen zu lassen, ihre schweren Gewehre auf ihn anzulegen. Er kam sich vor wie ein hakenschlagender Hase, auf der Flucht vor einem Rudel wilder Hunde, die kläffend hinter ihm her waren. Wieder bog Kammergarn rechts in eine schmale Gasse ein, die jedoch nach einer weiteren Biegung zu enden schien. Eine hohe Mauer tauchte so plötzlich vor dem Dicken auf, als wäre sie nicht vor Urzeiten gebaut worden, sondern hätte sich gerade eben in diesem Moment erst materialisiert.

„Verdammt!", der Impresario konnte sich diesen Fluch nicht verkneifen. „Ah, noch mal Glück gehabt, ein Türchen!" Eine stählerne Gittertüre war im Mauerwerk eingelassen, dahinter waren immergrüne Bäumchen zu erkennen. Kammergarn drückte wild, aber ohne jeden Erfolg die verzierte Klinke herunter, ‚Abgeschlossen, was denn auch sonst.' Er begann hektisch in den Taschen seines Mantels zu wühlen und hielt schließlich einen gebogenen Draht in der Hand. Es war nichts zu hören, nur eine Drossel tirilierte irgendwo hinter der Mauer. Anscheinend waren die Kerle an dieser Gasse vorbeigelaufen.

„Er ist hier lang!", hörte er weiter hinten rufen. ‚Verdammt', dachte er wieder, gleich hätten sie ihn am Ende doch noch geschnappt.

Mit dem Mut der Verzweiflung fuhrwerkte er mit dem Dietrich im Schloss des Törchens herum, und konnte selbst kaum glauben, als es einladend knackte. Kammergarn stieß das Gitter beiseite, warf sich seitlich an die Wand, mit dem Fuß den Einlass wieder zuschiebend; das Schloss rastete mit einem leisen Klicken wieder ein, als er auch schon die Stiefel der Soldaten nahen hörte.

„Er muss hier rein sein!", hörte er einen der Kerle sagen.

„Ach Quatsch, scheint dicht zu sein die Türe da!", ein Söldner rüttelte am Gitter, Kammergarn konnte seine verdreckten Fingerknöchel genau erkennen.

„Gut, Pardausky und Grützkopp hier, ihr durchsucht den Friedhof! Der Rest folgt den andern!" Die Schritte entfernten sich wieder, Kammergarn konnte endlich ausatmen und sah sich dann um.

Wirklich, der Kerl hatte recht gehabt. Auf den Friedhof hatte es ihn nun tatsächlich verschlagen. Dies hier musste ein Nebeneingang sein, der nur von den Gärtnern und Totengräbern benutzt wurde. Er sollte jedoch zusehen, dass er hier so schnell wie möglich wieder herauskäme, bevor er von Pardausky und Grützkopp entdeckt werden würde. Kammergarn rappelte sich mühsam auf, langsam bekam er auch wieder etwas Luft. An der Friedhofsmauer waren massenweise Gartenabfälle gestapelt, hier im hinteren Teil des Geländes befanden sich nur die verwitterten Holzkreuze, die die Gräber des ärmeren Bevölkerungsteils zierten, die Vermögenderen gaben sich nicht mit dem Katzentisch zufrieden.

Der Impresario trabte den ungepflegten Weg entlang, den ein paar seit langem nicht beschnittene Lebensbäume säumten. Warum man auf einem Friedhof ausgerechnet Lebensbäume pflanzte, würde ihm immer ein Rätsel bleiben. Dann geriet er auf breitere Pfade, die je näher er dem Mausoleum der Fürstenfamilie kam immer ordentlicher

wurden. Sauber eingefasst von roten Pflastersteinen lagen die letzten Ruhestätten des Hallgardschen Hochadels, geschmückt mit immer höher aufragenden Grabsteinen, auf denen vergoldete Inschriften eingemeißelt waren. Dann monumentale Skulpturen von Engeln und anderen Himmelswesen, die meist mit einer Hand nach oben zeigten, dorthin wo die allerletzte Reise der hier Verscharrten gehen sollte. Kein Mensch war zu sehen, auch die Gärtner hatten sich wohl schon auf den Weg gemacht, um der Hinrichtung beizuwohnen. Kammergarn musste zusehen, dass er wieder den Weg zurück zum Schlossplatz fände, sonst würden die Hurveniks höchstwahrscheinlich zur Unzeit losschlagen und das ganze Unternehmen gefährden.
Am Mausoleum angekommen, konnte der Dicke nun den Hauptweg bis zum Eingang einsehen, und mit Schrecken sah er die beiden hier abgestellten Söldner, durch das reich verzierte Haupttor gelaufen kommen. Sie kamen direkt auf ihn zu, hatten ihn jedoch dem Anschein nach noch nicht erblickt. Kurzerhand warf sich Kammergarn hinter einen riesigen Topf, in dem eine prächtige Hanfpalme sich nach oben streckte, gegenüber auf der anderen Seite des Treppenaufgangs stand ihr genaues Pendant.
Die beiden Soldaten schienen glücklicherweise ihre Aufgabe nicht besonders ernst zu nehmen, missmutig stapften sie den Weg entlang. Die Gewehre geschultert, die Hände in den Taschen ihrer Uniformhosen; so hätten die beiden ohne Bewaffnung wie harmlose Spaziergänger gewirkt. Doch würden sie Kammergarn auf jeden Fall entdecken, wenn sie näherkämen. Verzweifelt blickte sich der Impresario nach einem Ausweg um, doch nur das weit geöffnete Tor zur letzten Ruhestätte der Etzelberts schien für ihn erreichbar, und es waren nur fünf Stufen bis hinauf.
Einer der beiden Kerle, entweder Pardausky oder Grützkopp, sagte etwas zu seinem Kameraden und erleichterte sich dann an einer großen Buche. In dem Moment, da beide ihm den Rücken wandten, war Kammergarn die Stufen hinauf und in den kühlen, düsteren Saal des Mausoleums gesprungen, ohne auch nur das geringste Geräusch verursacht zu haben.
Es war stockdunkel hier drinnen, die Luft war getränkt von abgestandenem Weihrauch, der hier eigentlich immer dampfen sollte, um die versehentlich dagebliebenen Seelenreste der Verstorbenen, milde zu stimmen. Wieder so ein merkwürdiger kontinentaler Brauch, dachte Kammergarn nur. Doch zu seinem Glück waren wohl auch die Kohleaufleger ihren Pflichten heute nicht mehr nachgekommen. Die Augen des Dicken gewöhnten sich nur langsam an das Zwielicht, doch schließlich konnte er die enorme Skulptur ausmachen, die die gesamte Rückseite des Raumes einnahm. Er konnte längere Zeit gar nichts damit anfangen, was da für ein aus Stein gemeißeltes Wesen vor ihm stand. Doch es musste wohl auch einen Engel darstellen, allerdings fehlte ihm alle Friedfertigkeit, die man diesen Dienern Gottes gemeinhin nachsagt. Ja, hätte das Ding nicht das enorme Flügelpaar besessen, hätte man es wohl eher als einen der apokalyptischen Reiter ansehen können. Ein solch grimmiges, böses Antlitz würde man wohl eher dem Höllenfürsten zugestehen, dachte Kammergarn. In der rechten Hand hielt der Engel ein Schwert, von dem Flammen auszugehen schienen, zumindest hatte dies der Künstler zweifellos im Sinn gehabt, als er die Figur entworfen hatte. Doch ließ die Art der Darstellung zu wünschen übrig, man konnte eher den Eindruck gewinnen, die Waffe wäre einem

rötlich wuchernden Pilzbefall anheim gefallen. Die andere Hand war nach vorne, in den Raum hinein, in der Geste des Siegeszeichens gestreckt. Dies sollte entweder wohl die militärische Überlegenheit der Hallgardschen Truppen symbolisieren, oder auch möglicherweise darauf verweisen, dass mit dem richtigen Glauben sogar dem unausweichlichen Tod ein Schnippchen zu schlagen wäre. Die übrige Gestalt bestand im Grunde nur noch aus Faltenwurf; das Gewand, wenn es solch eines wirklich geben würde, musste dann ungefähr aus einer Tonne Stoff zusammengesetzt sein. Aber dieses Gesicht, wenn man in diesem Fall überhaupt von einem Gesicht sprechen konnte? Für sich gesehen war jedes einzelne Teil von ebenmäßiger Schönheit, die Form der Augen, insbesondere der gleichmäßige Schwung der Brauen, der breite, fast laszive Mund, die wohlgeformte Nase. Doch der Gesamteindruck der Erscheinung war dann im Zusammenspiel von so viel exakter Kongruenz, von einer solch abscheulichen Hässlichkeit, dass man sich mit Grausen abwenden wollte bei dem Anblick. Auch hatte man das Gefühl, egal an welcher Stelle im Raum man sich gerade befand, dass das teuflische Himmelswesen einen immerzu hämisch angrinste.
In der Mitte des Raumes vor der kolossalen Skulptur, befand sich der gläserne Sarg des alten Barons. Hier lag er nun für ganze drei Jahre aufgebahrt, damit seine Untertanen ihm noch einmal die letzte Ehre würden erweisen können. Dann würde man der einbalsamierten Leiche einen verschlossenen Steinsarg in der Reihe seiner Ahnen zuweisen, nachdem der Körper, trotz aller Kunst der Bestatter, endgültig unansehnlich geworden sein würde.
Kammergarn hoffte die Verfolger würden nicht hier nach ihm suchen, doch schon hörte er die sich nahenden Stimmen der Kerle. Er verbarg sich hinter dem Sarkophag von Friedbert dem Unbestimmten, als den die gravierte Inschrift den hier Ruhenden auswies, und spitzte die Ohren. Anscheinend hatten sich die beiden auf den Stufen zum Mausoleum niedergelassen. Er konnte von Glück sagen, dass ausgerechnet die zwei unwilligsten Kerle auf den Friedhof abkommandiert worden waren. Kammergarn verließ sein Versteck und schlich weiter nach vorne zum Eingang, hier konnte er nun die Stimmen der beiden Soldaten vernehmen, die es sich auf der Treppe gemütlich gemacht hatten. Er würde sich unmöglich unbemerkt an den Männern vorbeistehlen können und bezweifelte, dass es hier noch einen anderen Ausgang gäbe. Die Toten benötigen im Allgemeinen nun wirklich nicht noch eine Hintertreppe, man rechnete kaum mehr damit, sie wollten sich des Nachts noch einmal zu einem geheimen Stelldichein hinausstehlen.
„Jetzt versäumen wir wahrscheinlich auch noch die ganze Feier, Grützkopp!“, drang die Stimme Pardauskys an Kammergarns Ohr. Die Stimme klang nach einem Mann im besten Alter, der schon einiges hinter sich haben mochte.
„Ja, das ist doch ein ganz schöner Scheibenkleister!“, meinte der, bei dem es sich höchster Wahrscheinlichkeit nach um den etwas jüngeren Grützkopp handeln musste.
„Aber das Gute daran ist, dass wir jetzt nicht mit den andern in der Gegend herumhetzen müssen. Am besten behaupten wir einfach wir hätten auf dem Friedhof jedes welke Blatt dreimal umgedreht, um den Kerl zu erwischen“, meinte Pardausky, man konnte ein Grinsen heraushören. „Und das Beste ist, ich habe in der Taverne, noch ein bisschen was mitgehen lassen!“

Kammergarn hörte das Aneinanderschlagen einiger Glasflaschen, die Pardausky gerade ausgepackt zu haben schien.
„Da passt ja was rein, in deine Uniform!", bemerkte Grützkopp bewundernd.
„Ja, ich kenne da einen Schneider, der mir zusätzlich ein paar Taschen eingearbeitet hat! Man weiß ja nie, wann man so etwas mal brauchen kann!" Ein Ploppen und dann ein Zischen waren zu hören.
„Na, dann man Prost!", es klingelte auf liebliche Weise in den Ohren Kammergarns, und er bekam auf der Stelle einen geradezu höllischen Durst.
„Aaah, das tut gut, an einem so warmen Tag!", hörte er Grützkopp dann sagen.
„Ja, eigentlich haben wir's doch ganz gut getroffen!", meinte Pardausky, „Viel zu lachen hatten wir in der letzten Zeit ja nicht gerade!"
„Ja, seit nur noch diese verwunschenen ausländischen Söldner das Sagen in der Truppe haben, ist nichts mehr so wie früher!" Kammergarn hörte den Soldaten ausspucken, als wollte der einen schlechten Geschmack loswerden.
„Es wird nur noch rumgebrüllt!"
„Man könnte meinen man wäre beim Militär!", lachte der Jüngere.
„Jawoll, Herr Hauptmann. Zu Befehl, Herr Unterfeldwebel! Früher herrschte schon ein lockererer Umgangston." Grützkopp stöhnte unwillig.
„Mit ihresgleichen reden sie aber nie so, diese Bastarde!"
„Nein, das Risiko wollen sie dann doch nicht eingehen. Die wissen genau, welcher Sorte von Halsabschneidern sie angehören!"
„Im wahrsten Sinne des Wortes!"
„Eben!"
„Genauso ein Pack, wie diese Zauberer auch!", meinte Pardausky.
„Mit denen fing die ganze Misere ja erst an!", erinnerte sich nun Grützkopp. „Wenn das der alte Hjalmar noch erlebt hätte, ach!?"

Kammergarn harrte ungeduldig hinter dem rechten Türflügel des Mausoleums, versteckt aus, und wurde unruhiger und unruhiger. Würden die Kerle denn nicht mal Feierabend machen wollen? Einerseits fand er doch recht interessant was die gemeinen Soldaten über die Herrschaft in Hallgard dachten, möglicherweise könnte er dieses Wissen einmal zu seinen Gunsten nutzen, andererseits wurde es langsam Zeit zum Ort der Hinrichtung zurückzukommen. Er beschloss jetzt, sich noch einmal nach einem anderen Ausgang umzusehen. Als er am gläsernen Sarkophag, in dem der verblichene Baron ruhte, vorbeikam, kam er nicht umhin, einmal einen Blick auf den alten Hjalmar zu werfen. Ein Schaudern überlief Kammergarn, als er in das bleiche Antlitz des Toten blickte, der keineswegs tot wirkte. Die bühnenbildnerischen Fähigkeiten der Balsamierer hatten eine wirklich verblüffende Wirkung. Tatsächlich sah der Baron aus, als ob er lediglich in einen tiefen Schlaf gefallen war. Das rote Haupthaar war auf seinen breiten Schultern drapiert worden, und rahmte sein ungeheuer imposantes, scharfkantiges Gesicht ein, auf dem ein ebenso feuerroter Bart gewachsen war. Die großen Hände des Mannes waren immer noch fest um den Knauf seines Schwertes gelegt, als ob er jeden Moment sich erheben könnte, um in die Schlacht zu ziehen. Ein seltsamer Eindruck den man so von dem Toten bekam, war doch Hjalmar wahrscheinlich der friedfertigste Herrscher gewesen, den die Ahnenreihe der Etzelberts vorweisen konnte. Drei ganze Jahre würde der Verstorbene hier ausgestellt liegen, dann würde der Körper in einen steinernen Sarkophag umgebettet, und hinab in die Familiengruft verbracht werden, wo Hjalmar neben seinen Ahnen die Ewigkeit abwarten würde. Nach dieser Zeit würde auch die Balsamierkunst der Bestatter nicht mehr vermeiden können, dass man zusehen konnte wie der Körper des Barons langsam zerfiel.

Nachdenklich schlich Kammergarn weiter und untersuchte jede Wand nach einem Ausweg, den er vorhin übersehen haben mochte. Doch war dies alles vergebliche Liebesmüh, nur durch die glaslosen Oberlichter drang etwas Helligkeit ins Innere, doch sah er keine Möglichkeit so weit hinauf zu gelangen, um seinen Körper dort hindurchquetschen zu können. Dem Impresario schien jegliches Zeitgefühl verloren zu gehen, war es nicht schon dunkler geworden? Er schlich wieder hinüber zu seinem Horchposten und belauschte erneut die Soldaten, die aufgrund des ausgiebigen Alkoholgenusses immer mehr in eine philosophische Stimmung geraten waren.

„Ach ja, früher!“, hörte er Pardausky seufzen.

„Was heißt schon früher? An welches Früher kannst du dich überhaupt entsinnen, Jungspund?“ Die Stimme Grützkopps hatte schon einen erschöpften Unterton angenommen, und bald darauf vernahm Kammergarn Schnarchgeräusche.

‚Wenn jetzt auch noch du, lieber Pardausky?‘, dachte der Impresario und blickte flehentlich in Richtung Decke.

„Hey Grützkopp, schläfst du, oder was?“ Der Soldat klang etwas verschnupft. „Jetzt pennt der hier einfach ein, der alte Zausel!“ Kaum war dies ausgesprochen, drang ein zweites Schnarchen ans Ohr Kammergarns, diesmal eine ganze Terz über der sonoren Tonfolge, die Grützkopp von sich gab.

Der Impresario blickte noch einmal nach oben und bedankte sich dafür, dass sein Stoßgebet erhört worden war. Er wartete noch ein, zwei Minuten ab und, nachdem sich nichts mehr gerührt hatte, schlich er auf leisen Sohlen, vorsichtigerweise hatte er sich der Stiefel entledigt, und hielt diese jetzt in Händen, an den schlummernden Soldaten vorbei und lief dann hinter Hecken Schutz suchend, auf Umwegen dem Friedhofsausgang entgegen.

Fribbeldropp hatte den Professor in einem abgelegenen, etwas heruntergekommen Teil der Stadt untergebracht. Der junge Mann war eine ganze Weile durch die Straßen gestrolcht, um ein passendes Versteck zu finden, jedoch waren ihm überall zu viele Patrouillen unterwegs gewesen. Hier, in dem Bezirk, der aus unerforschlichen Gründen das Rotlichtviertel genannt wurde, setzte kaum ein Ordnungshüter jemals einen Fuß hinein, aus Angst die Zehen nicht mehr heil wieder herausziehen zu können. Die Gassen waren übersät von Müll, auch andere städtische Angestellte weigerten sich anscheinend das Viertel zu betreten und einer regelmäßigen Säuberung zu unterziehen, die Abfallhaufen stapelten sich mittlerweile an den heruntergekommenen Hausfassaden. Seit jedoch ganz Hallgard vom Gestank des Goldmachens durchdrungen war, roch man von den

Hinterlassenschaften der hier lebenden Menschen kaum noch etwas, im Gegenteil empfand man die Schwaden des gärenden Abfalls fast schon als eine Wohltat.
Auf der Hauptstraße reihte sich Bordell an Bordell, ein Etablissement machte einen schlimmeren Eindruck als das andere. Davor säumten Horden von Frauen den Gehweg, die den Mutigen, die den Weg hierher gefunden hatten, ihre Dienste anboten. Das Geschäft mit der körperlichen Liebe hatte seit dem Auftauchen der Zauberer ungeheuren Zulauf erhalten. Von den schäbigen Bierlokalen angezogen, waren sie in Horden hier eingefallen, und hatten sich gut eingerichtet, was wiederum dagegen gesprochen hätte, hier einen Unterschlupf für Athanasius zu suchen. Fribbeldropp war jedoch der Ansicht, dass die trunksüchtigen Alchimisten, in dem Zustand in dem sie sich zumeist befanden, den Professor kaum würden erkennen können. Außerdem bräuchte Athanasius fürs Erste, das Haus an den Abenden ja nicht unbedingt zu verlassen. Er, Fribbeldropp würde schon dafür sorgen, dass der Zauberer nicht verhungerte. In einem etwas abgelegenen Gebäude, in dem sich vor langer Zeit wohl einmal ein Schusterladen befunden hatte, auf einem Schild über dem Hauseingang prangte noch immer ein hölzernes Werbeschild, auf dem man mit einiger Mühe noch die Symbole von Schere und Nadel erkennen konnte, war der Soldat schließlich fündig geworden. Diese Gasse würde im höchsten Fall ein Betrunkener, der das Bedürfnis verspürte seine Blase zu leeren, des Nachts betreten. Die restlichen Häuser in der Sackgasse schienen gänzlich unbewohnt zu sein, die meisten Dächer waren in einem so erbärmlichen Zustand, dass sie kaum mehr das Eindringen des Regens verhindern konnten.
Die Besitzerin des kleinen Anwesens, eine gewisse Frau Schrimpel, litt anscheinend an der Oblivionitis und ihre Tochter war gezwungen gewesen, sie bei den gütigen Schwestern unterzubringen, wo sie jetzt ein Leben in glückseliger Vergessenheit fristete. Daher kam der unerwartete Geldsegen gerade rechtzeitig für die Familie, denn die Pflege der alten Dame kostete ein Vermögen. Priscilla hatte nicht gezögert, einen nicht unwesentlichen Teil ihres Notgroschens, für den Erwerb des Hauses zu opfern. Der Rest des Geldes würde wohl für die vielen chemischen Zutaten verwendet werden müssen, die der Professor benötigen würde. Athanasius schien wohl einen Plan zu haben, Soylentius zu entmachten, soviel hatte Fribbeldropp schon mitbekommen, als er die erste Einkaufsliste mit gerunzelter Stirn zu entziffern versuchte, die der Professor geschrieben hatte. Und dies sollte beileibe nicht die letzte sein. Zum Glück hatte Athanasius bei jedem Produkt den Namen des Händlers, bei dem es zu erwerben war, hinzugefügt. Fribbeldropp hätte keine blasse Ahnung gehabt wo man Antimon, Zitronenschlingel, Fulsimangolo, Rosenwasser, Lithium, Brom, Maltheserplumsel, Scalponello, Nieswurz, Elephantendarmabschnitte und einige andere noch wesentlich seltsamer klingende Dinge wohl bekommen könnte.
Das Gebäude in dem die alte Frau Schrimpel bis vor kurzem noch gewohnt hatte, befand sich in keinem allzu schlechten Zustand. Von außen unterschied es sich zwar kaum von den Häusern der Nachbarschaft, doch hatte die alte Frau im Inneren alles gut in Schuss gehalten, auch nachdem ihr Gatte vor einiger Zeit verstorben war. Türen und Fenster waren aus Furcht vor Einbrechern und Plünderern mit dicken Brettern vernagelt worden, Athanasius beließ es dabei, benötigte der Alchimist doch ohnehin kein Licht,

auch war von Vorteil, wenn das Haus noch immer unbewohnt wirkte. Allerdings hatte Fribbeldropp auf der dem verwilderten Garten zugewandten Seite die Verbarrikadierung teilweise entfernt, man hätte sonst kaum mehr Luft bekommen in den stickigen Räumen.

Nachdem Fribbel, wie der Professor den jungen Mann mittlerweile verkürzend nannte, die erste Ladung der eigenwilligen Ingredienzien, die benötigt wurden, besorgt hatte, machte sich Athanasius alsbald ans Werk. Nichts hätte dem Professor fernergelegen, als die Hurveniks ihrem Schicksal zu überlassen. Zuallererst mussten die Winzlinge ihre Freiheit wiedererlangen, um Soylentius würde er sich später noch kümmern können. Der alte massive Kohleherd, der die Schusterwerkstatt jahrzehntelang durch die kalten Winter gebracht hatte, wurde nach einigen Schwierigkeiten wieder in Gang gesetzt. Bei diesem Unterfangen war Fribbeldropp genötigt gewesen, den Kamin einer gründlichen Reinigung zu unterziehen, was ihm einen bösen Hustenanfall eingebracht hatte, der gar nicht mehr hatte enden wollen. Auch seine Uniform hatte schwer gelitten, bis zu ihrer Reinigung würde er sich zivil kleiden müssen. Dies stellte einen Umstand dar, der dem Soldaten gar nicht zu behagen schien, hatte ihn der Vater doch damals schon in seinem elften Lebensjahr in die Militärakademie gesteckt, damit aus dem Jungen einmal etwas Vernünftiges werden solle, wie der alte Herr sich ausgedrückt hatte. Seitdem war Fribbel nur noch die Kaserne als Heimstatt gewohnt, und, obwohl an seinem eigentlichen Wesen nicht das kleinste bisschen Soldatische haften bleiben konnte, identifizierte sich der junge Mann doch ganz und gar mit seinem Beruf. Trotzdem es eigentlich für unschicklich galt, trug er jetzt zu seinem bürgerlichen Mantel noch den Säbel an der Seite, er hätte sich sonst gefühlt, als würde er splitterfasernackt durch die Gegend laufen, so war er daran gewöhnt. Man hätte in Fribbel eigentlich ohne seine Uniform gar keinen Angehörigen des Militärs vermutet. Seine Körperhaltung ließ alles Kernige vermissen, meist stand er da wie ein umgekehrtes Fragezeichen, die Schultern hingen leicht herunter, statt der Brust, war eher das Becken nach vorne gedrückt, und seine Schritte hallten in keinster Weise knallend auf dem Pflaster beim Marschieren, wenn man bei seiner schlaksigen Art und Weise der Fortbewegung von Marschieren überhaupt sprechen konnte. Dennoch war er in der Armee aufgegangen und so war diese seine Heimat geworden, seine früh verstorbene Mutter und der Vater, dem jede Gefühlsäußerung peinlich war, mochten wohl auch ein Grund hierfür gewesen sein. Diese Treue zur Truppe brachte den jungen Mann auch in einen argen Gewissenskonflikt. Seitdem vor ein paar Tagen Lugbert, dessen persönlicher Leibwächter Fribbel gewesen war, als dieser noch das Amt des Finanzministers innehatte, an ihn herangetreten war, und ihn um seine Mithilfe gebeten hatte, überlegte er hin und her, wog dies und jenes sorgfältig ab und entschied sich schließlich doch schweren Herzens den Hofnarren bei seinem Vorhaben zu unterstützen. Lugbert hatte ihm klarmachen können, dass die Herrschaft des Soylentius beendet werden müsse und dies sah Sergeant Fribbeldropp am Ende genauso. Die vormals gut ausgebildete und ausreichend besoldete Truppe hatte schwer leiden müssen, nachdem der Alchimist immer mehr ausländische Söldner ins Land geholt hatte, die ganz und gar seiner, des Zauberers Führung, unterstanden. Was erschwerend hinzukam, war, dass diese Kerle nicht den kleinsten Funken Ehre am Leib hatten und so war es zwischen den Truppenteilen schon zu ernsthaften Auseinandersetzungen gekommen. Etliche Duelle hatten bereits stattgefunden, da sich die Fremden immer wieder beleidigend über die regulären Verbände geäußert hatten. Diese Zweikämpfe hatten ausnahmslos jedes einzelne Mal mit dem Tod eines von Fribbeldropps Kameraden geendet, da die Söldner sich in keinster Weise an die Duellregeln hielten und mit Hinterlist und Heimtücke agierten. Auch ein guter Freund unseres Sergeanten war von einem der Kerle über den Haufen geschossen worden, als er seinem Gegner unvorsichtigerweise kurz den Rücken zugewandt hatte. Ebenfalls trug diese leidvolle Erinnerung zu Fribbeldropps Entschluss bei, Lugbert, den er als einen Ehrenmann kennengelernt hatte, zu unterstützen.

Allerdings hatte der Sergeant etwas Schwierigkeiten mit der Tatsache jetzt eine Weile der Kammerdiener, Koch, Chauffeur und allgemeiner Gehilfe eines blinden Alchimisten zu sein. Zu seiner Erleichterung stellte sich sein Auftrag jedoch als nicht allzu schwierig heraus. Der Professor war keinesfalls ein hilfloser alter Mann, auch würde er Fribbeldropp nicht permanent um sich haben müssen. Fribbel war vollkommen verblüfft darüber, wie gut doch der Zauberer ohne Augenlicht zurechtkam. Außerdem schien er gar nicht von der Art derjenigen Alchimisten zu sein, die er bislang kennengelernt hatte, und deren Betragen in der Öffentlichkeit er schlicht für abstoßend hielt. Und dieser Meinung war nun ein Soldat, ein Berufsstand, der sich nicht unbedingt durch Leisetreterei und einen asketischen Lebenswandel auszeichnet. Das Militär schlug im privaten Leben schon gerne einmal über die Stränge, doch wie sich diese sogenannten Wissenschaftler aufführten, war doch ein völlig anderes Paar Stiefel.

Kaum hatte Fribbel die erste Lieferung absonderlicher Substanzen ins Rotlichtviertel gebracht, ging es daran die ehemalige Schusterwerkstatt als Labor einzurichten. So nannte zumindest Athanasius die Räumlichkeiten und betonte dieses seltsame Wort dabei unschön auf der ersten Silbe.

„Dieser alte Herd wird uns schon noch gute Dienste leisten, Fribbel!“, meinte der Professor, als der Sergeant schon eine geschlagene halbe Stunde damit zugebracht hatte die Herdplatte mit einer Drahtbürste von allem Dreck, der sich seit Jahrzehnten dort angesammelt hatte, zu befreien. „Sauberkeit ist ein wichtiges Element in unserem Metier!“, meinte Athanasius noch hinzufügend. „So manches Experiment schlägt fehl, wenn allzu viele Substanzen, die nicht zur Versuchsanordnung gehören, Gefahr laufen mit hineingezogen zu werden!“

Sergeant Fribbeldropp verstand nicht ein einziges Wort, kämpfte aber weiter tapfer gegen Rost und Dreckkrusten an. Das Geräusch, das die Bürste dabei auf der stählernen Herdplatte machte, verursachte ihm schon langsam Zahnschmerzen.

„Nur einem sauberen Alchimisten wird es gelingen, einst den Stein der Weisen zu erringen, heißt es auch!“, scherzte der Zauberer. „Ein schlechter Reim, ich weiß, lieber Fribbel. Aber auch schlechte Reime können manchmal mit grundlegenden Wahrheiten aufwarten!“ Athanasius war allerbester Laune, während Fribbeldropp still in sich hinein fluchte. Er war nie jemand gewesen für den Ordnungsliebe und Reinlichkeit ein hohes Gut darstellte, obwohl wie man sagt, dies doch gerade beim Militär beides mit großen Buchstaben geschrieben wird.

„Gerade mäßiger Poesie wohnt doch ein gewisser Zauber inne, wie ich immer sage!“, meinte Athanasius noch.
„So, das Ding glänzt jetzt aber, wie es niemals zuvor geglänzt hat!“, meinte daraufhin Fribbeldropp und legte erschöpft die Drahtbürste aus der Hand.
„Wer‘s glaubt!“, sagte der Professor und strich mit der flachen Hand über die Platte, die zwar nicht rein, doch zumindest einigermaßen von den Dreckkrusten befreit zu sein schien. „Das wird wohl genügen, junger Mann! Aber jetzt bräuchte ich noch ein paar Tische aus der oberen Etage!“
„Gut, gut! Bin ja schon dabei!“, sprach der Sergeant verzagt und machte sich auf zum Möbelrücken.
„Ein brauchbares Helferlein! Das muss man schon sagen!“, sagte Athanasius zu sich selbst und fing an die Pakete, die Fribbeldropp gebracht hatte, auszupacken.

Athanasius hatte seinen Sergeanten Fribbeldropp derart eingespannt, dass dieser kaum noch Zeit für ein Stelldichein mit Amelie hatte. Doch sollte sich dies ändern, nachdem er den Auftrag erhalten hatte riesige Mengen an Seidenstoffen zu erwerben, der von der Zofe zu Zwecken, die ihm der Professor nicht näher erläutert hatte, zu einer Art Zirkuszelt zusammengenäht werden sollte. Dieser Aufgabe kam Amelie gerne nach, stammte sie doch aus einem Haushalt, in dem das Handarbeiten als eine der wenigen Tätigkeiten angesehen wurde, die einem adligen Fräulein gerade noch zugestanden wurden, und ihre Fähigkeiten hierin konnten sich mit denen eines professionellen Schneiders durchaus messen. Auch sie wusste nicht genau was Athanasius mit dem Endprodukt ihrer Arbeit eigentlich anfangen wollte, doch hatte sie eine Idee als sie die Form des Dings erkannte. Es sollte wohl eine Art großer Ballon werden. Amelie hatte davon gehört, dass es in Kopoks schon einmal einem findigen Ingenieur gelungen sein soll mit einem solchen Ballon hoch in die Lüfte aufzusteigen, um es den Vögeln am Himmel gleichzutun, sie hatte dies bisher jedoch für bloße Angeberei der Kopoksianer gehalten, die sich ja immer in allen Dingen dem Rest des Kontinents überlegen fühlten. Obwohl sie einen Großteil ihres jungen Lebens doch immerhin in Kopoks zugebracht hatte, waren ihr die Sitten und Gebräuche immer fremd geblieben. Auch konnte man bei ihr, wenn man genau hinhörte, immer noch den Akzent heraushören, der sie als Nebelberglerin auswies. Die strenge Zucht und Ordnung, die am Hof der Quarlodinger herrschte, hatte sie schon als junges Mädchen jedoch nie als bedrohlich empfunden, im Gegenteil, war ihr das Lachverbot, das in den Monaten, die ein R im Namen beinhalteten gelinde gesagt lächerlich vorgekommen.
In beinahe drei Tagen hatte sie die Hülle zur Zufriedenheit des Professors fertigstellen können, der sie sehr für ihr Durchhaltevermögen lobte. So fand sie auch ein wenig Zeit mit Fribbeldropp zu plaudern, wenn dieser einmal nicht mit all den Aufgaben, die ihm der Alchimist aufgetragen hatte, beschäftigt war. Der junge Mann gefiel Amelie immer besser, auch schien er gar kein Trinker zu sein, wie sie zuallererst angenommen hatte. Allerdings war die Zeit für derlei Vergnügungen knapp bemessen, wusste der Professor doch alle paar Minuten irgendetwas Neues, was es noch zu besorgen galt. Auch war der Sergeant dafür zuständig, dass immer genug Glut im alten Herd des Schusters loderte.

Zusätzlich war ihm noch aufgetragen worden draußen im Garten, der sich nun wirklich in einem recht verwilderten Zustand befand, für Ordnung zu sorgen. Der Professor würde Platz brauchen, für was er diesen benötigte, darüber ließ er sich dem Soldaten gegenüber nicht aus. Glücklicherweise zeigte sich das Wetter einmal von seiner besseren Seite und so wurde der junge Mann nur nass von Schweiß, als er ein paar hoch aufgeschossene Tannen zu fällen begann, die anscheinend im Wege waren.
„Möchte doch mal wissen, was der Alte vorhat!", murmelte Fribbeldropp vor sich hin, als er endlich den besonders widerspenstigen dritten Baum flachgelegt hatte. „Bin ich vielleicht Gärtner? So habe ich mir das aber nicht vorgestellt!"
Trotz schlechter Laune während der Außenarbeiten fügte sich der Sergeant jedoch immer den Anweisungen des Professors. So war er es ja schließlich von frühester Jugend an gewohnt.
Nicht nur war ihm aufgetragen worden die Bäume zu fällen, auch sollte alles dornenbewehrte Gestrüpp, das sich über die letzten Jahre hier draußen ausgebreitet hatte, mit Stumpf und Stiel ausgegraben und aus dem Garten geschafft werden. Man könnte meinen, das Gesträuch hätte allein durch seine Existenz schon eine Todsünde begangen, so dass es aus Eden verbannt werden musste, dachte Fribbel. Und warum hatte er noch das halbe Gelände auf der Suche nach besonders großen schweren Wackersteinen umgraben müssen? Es wurde immer schleierhafter was der Alchimist damit im Sinn hatte.
Währenddessen köchelte in der Werkstatt Athanasius allerlei übelriechende Substanzen zusammen. Da es jedoch in der gesamten Stadt scheußlich nach Schwefel stank, nachdem die Zauberer mit der Goldzubereitung begonnen hatten, fielen die Gerüche, die der Professor verursachte niemandem mehr sonderlich auf.

Weybrecht hatte lange Zeit vor sich hingestarrt. Der Schlaf wollte und wollte nicht kommen. Er war in einer solch unbequemen Position an dieser mickrigen Birke festgezurrt, dass es ihm so gut wie unmöglich war sich auch nur einen Zentimeter zu rühren. Der Hauptmann hatte jegliches Gefühl in den Gliedern verloren, sogar das Kribbeln in den Beinen hatte längst aufgehört. Hoffentlich stürben ihm nicht schon die Zehen ab, dachte er gerade, als sein Bewusstsein ihm die Ankunft einer anderen Wesenheit mitteilte. Wie sacht tastende Fingerkuppen rührte sich etwas in seinem Kopf und schien sich kriechend auszubreiten. Übte der Zauberer wieder seinen Einfluss auf ihn aus? Was sollte dies in dieser Situation schon nützen? Es hatte wohl kaum Sinn ihm nun, da er sich in einer solch misslichen Lage befand, Befehle zu erteilen.

Nein, irgendetwas hatte sich verändert. Irgendetwas war jetzt vollkommen anders. Er kannte das Gefühl, das in ihm geweckt wurde, wenn die Willenskraft von Soylentius in seinen Schädel eindrang und ihn zum Handeln antrieb, und er hatte gelernt dies zu ertragen. Von Anfang an hatte es Weybrecht gehasst, wenn der Zauberer in sein Bewusstsein drang. Er hatte dies immer wie eine Vergewaltigung empfunden, und dieses Gefühl hatte ihn jedes Mal wütender und wütender werden lassen. Doch der blanke Hass, den er Soylentius entgegenbrachte, wenn er sich in seinen Schädel schlich, wich alsbald, und er übertrug diesen Zorn auf seine Untergebenen oder die Feinde des Zauberers, denen er den Garaus machen sollte. Das hier war etwas ganz Anderes. Je weiter dieses fremde Wesen in sein Bewusstsein vordrang, desto leichter begann sich Weybrecht zu fühlen. Es war als würden sämtliche Lasten seines bisherigen Lebenswegs beginnen von ihm abzufallen, und ein Hochgefühl machte sich nach und nach in ihm breit.

Es war dem Hauptmann nun auch vollkommen einerlei, was oder wer von ihm Besitz ergriffen hatte. Das Blut rann wieder schneller durch seine Adern und erreichte schließlich auch wärmend seine Zehen und Fingerspitzen, er fühlte neue Energie durch seinen gesamten Körper strömen. Wogen von Kraft und Entschlossenheit rauschten heiß durch ihn hindurch, er fühlte sich wie betrunken und war doch so klar im Kopf wie niemals zuvor.

Jetzt kam dieser verwunschene Werwolf auf ihn zu. Hatte er irgendetwas wahrgenommen? Weybrecht schloss die Augen und stellte sich schlafend. Er spürte eine beinahe unwiderstehliche Mordlust in sich als Minzbender seine Fesseln überprüfte, doch zuckte der Hauptmann mit keiner Wimper als der Student an den Stricken zupfte, um sich von der Festigkeit der Knoten zu überzeugen. Dann entfernte sich der junge Mann wieder, und ging ein paar Meter in Richtung einer wilden Brombeerhecke, anscheinend um sich zu erleichtern.

Weybrecht beobachtete dies aus geschlossenen Augenlidern heraus. Eine Fähigkeit, von der er noch vor ein paar Minuten nichts gewusst hatte. Was geschah nur mit ihm? Dann kehrte Minzbender wieder zurück an das verglimmende Lagerfeuer und setzte sich leise seufzend auf den bemoosten, feuchten Erdboden und schloss die Augen.

Der Hauptmann fühlte sich stärker und stärker werden, doch konnte er sich immer noch nicht rühren, so sehr er auch sämtliche Muskeln seines sehnigen Körpers anspannen mochte. Dies vergebliche Bemühen sich aus seiner Fesselung zu befreien, ließ wieder blinde Wut in Weybrecht aufsteigen, dann hörte er wie eine Stimme in seinem Kopf anfing zu sprechen.

„Ruhig, ruhig Brauner!“, erklang eine Stimme in seinem Schädel, die nur er allein wahrnehmen konnte. „Das werden wir dann wohl auch noch hinkriegen!“

Es klang als würde wirklich eine Person mit ihm sprechen, immer wenn Soylentius ihn unter seine Kontrolle gebracht hatte, waren dem Hauptmann allenfalls Bruchstücke des bösen Geistes des Zauberers bewusst geworden und Weybrecht hatte dann ganz plötzlich verstehen können, was der Zauberer von ihm verlangte. Jetzt hörte er auf einmal diese knarzende Stimme in seinem Kopf, die noch dazu mit einem spöttischen Unterton sprach. Doch war dies eigentlich nicht unangenehm, irgendwie kam es dem Hauptmann nur vor als führte er einen Dialog mit sich selbst, in seinem Inneren. Oder begann er etwa irrsinnig zu werden?

„Richte doch einmal dein Augenmerk auf diesen alten Strick, Weybrecht!“, erklang es dann belustigt in ihm, er vermeinte ein unterdrücktes Glucksen gehört zu haben. „Ich meine, schau einfach mal hin!“

Weybrecht starrte auf das Seil mit dem seine Hände vor seiner Brust zusammengebunden waren, obwohl er nicht wusste, was dies für einen Sinn haben sollte. Er versuchte jetzt all die Energie, die ihn ergriffen hatte in seinen starrenden Blick zu legen. Mit gefurchter Stirn stierte er hinab auf seine nutzlosen Hände.

„So wird das aber mal nichts!“, wieder die Stimme. „Lass einfach los, Hauptmann! Denk an etwas ganz Anderes, vielleicht an ein liebliches Heideröslein, an die Wiegenlieder deiner Amme Magda, oder vielleicht an dein Lieblingsspiel, als du noch ein ganzer kleiner Junge warst. Fliegen die Beine ausreißen oder Welpen die Schwänze verknoten, irgendetwas was dir wirklich Freude bereitet hat.“

Die geheimnisvolle Stimme schien über sein Leben ja recht gut Bescheid zu wissen, dachte Weybrecht und versuchte sich zu entspannen, wie ihm aufgetragen worden war und schloss kurze Zeit die Augen.

Als er dann erneut auf das Seil, das seine Hände band blickte, fiel es auf der Stelle von ihm ab, ein winziges übelriechendes Rauchwölkchen stieg von seinen Handgelenken auf, die er sich sofort zu reiben begann. Erstaunt bemerkte er dann, dass die wunde Röte der Hautpartien, an denen das Hanfseil tief eingeschnitten hatte, auf der Stelle durch eine frische feste Hautschicht ersetzt wurde. Schnell befreite er nun seine Beine von ihren Fesseln, wobei er versuchte keinerlei Geräusch zu verursachen. Er hatte immer den eingenickten Minzbender im Blick, der auch jetzt noch reglos auf seinem Platz saß. Ein roter Schleier begann sich auf Weybrecht herabzusenken, und er wollte töten. Mit Vergnügen hätte er sich auf der Stelle auf seine nichts ahnenden Peiniger gestürzt, doch wo waren ihre Waffen? Mit bloßen Händen würde er aber zumindest einen oder zwei von ihnen ins Jenseits befördern können.

„Halt, halt! Nicht so ungestüm, Weybrecht!“, ertönte jetzt wieder die misstönende Stimme in seinem Schädel. „Dafür ist später noch genügend Zeit. Auch kannst du es nicht

mit einem ausgewachsenen Bären aufnehmen, zumindest jetzt noch nicht!“
Das sah der Hauptmann immerhin ein, und verschwand lautlos hinter den Büschen. Er konnte außer dem Rauschen des einsetzenden Regens nur diese fiese Stimme in seinem Kopf wahrnehmen, die zu kichern schien, doch machte ihm dies rein gar nichts aus. Weybrecht begann sich schon an seinen neuen Mitbewohner zu gewöhnen. Lumpazius Höllenstiebel kicherte wirklich vor sich hin, es fiel ihm sichtlich schwer an sich zu halten, so wohl fühlte er sich in dem kräftigen, drahtigen Körper des Hauptmanns.
Wie von Geisterhand geführt, schlug Weybrecht die Richtung ein, die ihn geradewegs zu seinen übrig gebliebenen Soldaten führen sollte. Ohne zu wissen wie nahe diese schon dem Lager ihrer Feinde gekommen waren, hatten die Söldner am Wegesrand eine längere Rast gemacht, um ihre Pferde nach dem harten Ritt etwas ruhen zu lassen. Dies taten sie allerdings keineswegs aus Liebe zu ihren Reittieren. Das Pferd stellt für Soldaten dieses Kalibers allenfalls ein nützliches Gerät zum Angriff dar, nur aus Angst vor dem Zusammenbrechen der Tiere schonten sie diese jetzt.
Seine Untergebenen waren aufgesprungen als Weybrecht durch die Büsche brach, die das provisorische Lager umgaben. Mit gezogenen Waffen blickten sie ihrem Anführer entgegen, der in vollem Lauf auf sie zugerannt kam.
„Sattelt die Pferde! Schnappen wir uns die Kerle und lasst keinen davonkommen!“, rief der Hauptmann den Soldaten zu und hatte sich schon auf das nächstbeste Reittier geschwungen.
Hatten die Söldner nicht vorher schon, jeder einzelne von ihnen, eine tiefe Abneigung gepaart mit nackter Angst vor Weybrecht empfunden, so hatte sein jetziges Auftreten noch etwas Gebieterischeres als vormals. Sie spürten instinktiv, dass eine Veränderung mit dem Hauptmann vorgegangen war. Seine Augen glühten auf übernatürliche Weise und manch einer glaubte einen purpurnen Schein in Weybrechts Blick zu erkennen, der nichts Gutes zu verheißen schien. Ohne zu murren ließen sie die kleinen Zelte, die sie vor dem andauernden Regen geschützt hatten, einfach stehen. Schnell waren die Pferde bereit und die Truppe jagte in vollem Galopp ihrem Anführer hinterher.

Die Sonne neigte sich schon am Horizont, es hatte für kurze Zeit aufgehört zu regnen und Simons Kleider waren momentan wieder trocken. Der Wind der von der Küste wehte, hatte dies in kürzester Zeit bewerkstelligt. Eine merkwürdige Art von Licht schien am Horizont, wie der Nattich schon berichtet hatte. Immer wieder tauchte der Schein am Horizont auf, um dann gleich wieder zu verschwinden, wenn die Freunde hügelabwärts reiten mussten. Das Gelände war mittlerweile immer unebener geworden, Hügelkette auf Hügelkette lag vor ihnen, als würde sie ihr Weg durch ein immergrünes Meer führen. Sie waren beinahe den ganzen Tag durchgeritten, nicht nur hatte Simon beständig das Gefühl geplagt verfolgt zu werden, nein, immer wenn er vor Erschöpfung nur kurz die Augen schloss, sah er die Fratze Weybrechts vor sich, wie er ins Feuer gestarrt hatte, als ob er sich besonders grausame Todesarten ausdenken würde, die er seinen Gegnern zukommen lassen wollte.
Schließlich gelangten sie erneut auf die kleine Straße, die viele Meilen landeinwärts einen

Knick in Richtung Norden gemacht haben musste. Es konnte sich nur um den Weg zum Gezeitensieb handeln, war der Untergrund doch derart von Radspuren zerfurcht, dass sich jetzt schon große Wasserpfützen gebildet hatten. Es blieb ihnen nichts Anderes übrig, als auf der Straße weiter zu reiten, ansonsten würden sie wohl nie an ihrem Bestimmungsort ankommen, schien der Weg doch geradezu auf das eigenartige Leuchten zuzustreben, dass jetzt, da die Sonne begann unterzugehen, ihre einzige Landmarke war. Schließlich kam im letzten Schein des Tages der Küstenstreifen in Sicht. Wondraczek zügelte sein Reittier auf dem letzten Hügel und blickte zurück auf die Landschaft, die wirkte, als hätte vor Urzeiten ein riesenhaftes Meerungeheuer die Insel derart gerammt, dass sich der Erdboden zu enormen Wällen zerknautscht hatte. Doch wohnte dieser von tausend Arten Grün bedeckten Wellen auch eine beinahe verwunschene Schönheit inne. Jetzt, um diese Jahreszeit war das ganze Land außerdem noch von großen Flickenteppichen zartvioletten Erikakrautes bedeckt und wilde Strandastern, Herbstflieder und die nur hier im moorigen Hochland vorkommende, gelbe Quarkbutterblume bildeten einen malerischen Kontrast zum ewigen Grün.
Die Straße führte nun wieder abwärts. Kein Mensch war zu sehen, kein Karren kam ihnen entgegen, wäre es auch ein allzu kühnes Unterfangen gewesen bei hereinbrechender Dunkelheit erst, den weiten Weg in die Stadt anzutreten. Die Freunde versuchten so gut es eben ging jedes Geräusch zu vermeiden, als sie zwischen einer enormen Felsformation hindurch ritten. Links und rechts türmte sich das Gestein auf und je weiter sie kamen, desto lauter konnten sie schließlich das Rauschen der Brandung vernehmen. Der Lichtschein war inzwischen stärker geworden, auch konnten sie jetzt erkennen, dass er an- und wieder abschwoll, für kurze Zeit die ganze Gegend in ein geheimnisvolles Zwielicht tauchte, um dann wieder schwächer zu werden, bis alles um sie herum im Dunklen lag.
Simon hatte den seltsamen Eindruck, als wäre dieses Aufleuchten etwas wie der Herzschlag eines ungeheuren Lebewesens. Auch glaubte der Junge ein unterschwelliges Dröhnen wahrzunehmen, das mit jedem Meter den sie vorwärtskamen, lauter zu werden schien. Bevor sie die Enge des Felsentores erreicht hatten, sträubten sich die Pferde dagegen weiterzugehen. Simon stieg ab, hielt das Tier am Zügel, und blickte ihm in die braunen Augen. Panik lag in dem Blick des Pferdes, es war als wüsste das Tier, dass mit dem Durchschreiten des Tores eine Schwelle übertreten würde, die kein lebendes Wesen überschreiten durfte. Der Junge streichelte den Kopf des Tieres und murmelte leise Worte in seine Ohren, doch schienen seine Kräfte in dieser Situation alle Wirkung verloren zu haben, und so gab er schließlich auf.
Die Pferde der anderen weigerten sich ebenso weiterzulaufen und so blieb den Gefährten nichts Anderes übrig, als den Rest des Weges zu Fuß zu gehen. Sie ließen die Tiere am Rand des Weges zurück, hier war das Gras frisch und nahrhaft, und diese Tatsache schien die Pferde schnell wieder zu beruhigen, als sie gemerkt hatten, dass man sie nicht zwang durch die steinerne Enge zu gehen.
Weiter abwärts führte nun der Weg, schnurgerade durch die Granitformation hindurch. Zu beiden Seiten stieg der Fels zwanzig Meter in die Höhe und Simon hatte ein ähnlich mulmiges Gefühl in seinem Herzen, wie damals, als er das erste Mal durch die Straßen

Hallgards gelaufen war. Wie gut konnte er sich an diesen Augenblick erinnern. Elvira hatte seine Hand ganz fest gedrückt, als der Junge nicht mehr hatte weitergehen wollen und voller Angst die Hausfassaden der großen Stadt angestarrt hatte, als seien es Riesen, die den Jungen zertreten wollten. Ach, Elvira! Wie musste ihr es wohl in den letzten Wochen ergangen sein? Würde sie glauben er sei tot, beim Einsturz des Hauses umgekommen? Hätte sie ihn vielleicht schon in ihrem Herzen vergessen? Er verdrängte diese Gedanken schnell aus seinem Kopf und ging den anderen hinterher, die schon einige Meter vorausgegangen waren. Nur die Bärin war immer an seiner Seite geblieben, drehte sich immer wieder nach ihm um, sah ihn an und etwas strömte aus der Seele des Tieres in den Jungen und breitete sich in ihm aus, wie eine wärmende, tröstende Flut.
Der Weg durch den Fels schien kein Ende nehmen zu wollen, Simon glaubte schon eine halbe Stunde lang gelaufen zu sein, so endlos weit entfernt schien noch der pulsierende Schein auf den sie zugingen. Minzbender und Wondraczek gingen vorneweg, immer wieder aufmerksam nach oben blickend, dieser Weg würde auch eine wunderbare Falle darstellen, wenn jemand mit ihrem Ankommen rechnen würde. Der Vampyr wunderte sich sehr über die fehlenden Sicherheitsmaßnahmen, doch Soylentius schien nicht damit gerechnet zu haben, dass jemand hier herfinden würde. Wirklich standen einige Wachen, hinter Gesträuch verborgen, an der Stelle, wo die Straße nach Norden abbog, da die Freunde aber durch die Wildnis geritten waren, hatten sie davon natürlich nichts mitbekommen. Auch hatte der Zauberer dafür gesorgt, dass dieser Teil des Weges nicht mehr als Straße zu erkennen war. Radspuren waren jedes Mal gründlich verwischt worden, und eine Hecke in rollbaren Blumenkübeln war jedes Mal vor und zurückgeschoben worden, wenn die Zauberer durchgekommen waren. Vom Nattich war schon eine ganze Weile nichts zu sehen und zu hören gewesen, doch machte sich der Junge keine großen Gedanken über den Verbleib des Vogels. Der kleine Schlauberger würde sich schon zu helfen wissen.
Das Dröhnen, das von dem Licht auszugehen schien, war immer lauter geworden und übertönte das Rauschen der Brandung nun beinahe völlig. Dann nahm der Junge noch ein anderes Geräusch war, er blickte nach oben und erstarrte. Veronica reagierte so schnell, dass er kaum aus den Augenwinkeln heraus eine Bewegung ausmachen konnte. Die Bärin stürzte auf Simon zu und rammte den Jungen aus dem Weg, der an die Felswand geschleudert wurde, an der er sich böse den Kopf stieß. Doch war die Beule, die kurz darauf auf seiner Stirn entstand, nichts gegen die Verletzung, die ihm der Felsblock zugefügt hätte, der jetzt direkt neben dem Jungen und Veronika auf den Boden prallte und in etliche Bruchstücke zersplitterte. Wieder blickte Simon nach oben, wo er gerade noch die Spitze eines Soldatenhelmes verschwinden sah.
„Weg hier, weg hier!“, rief Simon und kletterte über die Trümmer hinweg, die den Weg abschnitten. „Dort oben!“, schrie er den verdutzen Gesichtern von Kammergarn und Minzbender entgegen und deutete himmelwärts. Dann begannen alle vier auf das Ende des Hohlweges zuzurennen. Es hagelte plötzlich Steine, doch wurde wie durch ein Wunder niemand verletzt. Doch kaum, dass sie die Enge hinter sich gebracht hatten und vor sich das Meer riechen konnten, kam ihnen schon Weybrecht mit zehn seiner Männer mit gezogenen Schwertern entgegen. Einige hielten schon ihre Gewehre schussbereit

in den Händen. Den Ersten, der die Freunde erreichte, fegte die Bärin beiseite; nicht mehr viel blieb von dem Mann übrig, als die Tatzen des Tieres sein Brustbein spalteten. Simon sah Wondraczek stürzen, nachdem ein Schuss ertönt war, der in dem Dröhnen nur als ein leises Knacken zu hören war. An Minzbenders Stelle war der Wolf getreten, der gerade auf zwei Soldaten losging, die mit ihren Schwertern nach der Bestie hieben, jedoch keinen Treffer landen konnten, so schnell und wendig bewegte sich der Werwolf. Die Kehle des Ersten hatte sich rot gefärbt, er griff sich an den Hals, und ging dann auf die Knie, wo er sein Leben aushauchte. Der andere floh in Richtung Wasser, das unheimliche Leuchten, das über der See hing, schien ihm weniger Angst zu bereiten, als das mythische Wesen, das gerade seinen Freund gemeuchelt hatte. Simon konnte ein kleines kugelförmiges Etwas ausmachen, dass immer wieder auf einen der Angreifer herabgeschossen kam und in den Gesichtern der Soldaten einigen Schaden anrichtete, mehrere bluteten aus Stirn, Nase und Wangen und waren unfähig sich dieser Luftangriffe zu erwehren. Der tapfere kleine Löwennattich tat nun seinem Namen alle Ehre, und entpuppte sich auf einmal als ein äußerst gefährlicher Gegner.

Weybrecht kam direkt auf Simon zu. In seinen Augen lag ein purpurnes Leuchten, dass nicht von dieser Welt stammen konnte. Der Junge hatte den Eindruck, als ob nicht mehr nur blanker Hass den Hauptmann antrieb, sondern eine Art teuflischer, kalter Wahnsinn lag in seinem Blick.

„Habe ich dich endlich du Wicht!“, rief Weybrecht aus und selbst seine Stimme schien sich seltsam verändert zu haben. Die Laute brachen aus ihm heraus, wie das Splittern trockenen Holzes. Er hob das Schwert weit über seinen Kopf, um den Jungen in der Mitte zu spalten, so schien es. Doch in diesem Moment wurde der Hauptmann im Rücken vom massiven Körper des Wolfes getroffen, so dass er ins Taumeln geriet und schließlich auf die Knie fiel. Schnell hatte er sich jedoch wieder aufgerafft, und wand sich jetzt seinem neuen Angreifer zu, die Waffe die er verloren hatte wieder vom Boden aufklaubend.

Die Verwandlung Minzbenders schien noch nicht vollkommen abgeschlossen zu sein, in der einen Hand hielt er immer noch das Schwert eines der gefallenen Soldaten, doch entglitt ihm die Waffe nun, da sich sein rechter Arm jetzt auch in ein Tierbein umwandelte und anstelle der weißen Hand nun eine schwarze, haarige Pfote entstanden war. Klirrend fiel das Eisen auf den Steinboden. Der Hieb der dem Wolf galt, erreichte jedoch nicht sein Ziel, denn Minzbender, der nun ganz und gar Tier war, konnte blitzschnell ausweichen, was dann aber Weybrecht die Zeit gab, die er benötigte die einschüssige Pistole zu ziehen, die im Koppelgurt seiner Uniform steckte. Mit ausgestrecktem Arm peilte er den Wolf an, der nun neuerlich auf ihn zugesprungen kam. Der Schuss löste sich mit einem lauten Knall und Simon hatte den Eindruck, als bewegte sich die Kugel wie in Zeitlupe aus dem Rohr.

Simon war dem pulsierenden Licht beim Zurückweichen vor dem Hauptmann immer nähergekommen. Er verspürte plötzlich einen eigenartigen Widerstand in seinem Rücken. Instinktiv wand der Junge den Kopf und auf einmal wurde ihm bewusst, warum der Professor dieses Phänomen Gezeitensieb genannt hatte. Wirklich sah es aus wie ein Sieb aus leuchtenden Stofffäden, die durch irgendeinen unfassbaren Zauber zwischen

die Felswände gespannt waren, die diese kleine Meeresbucht begrenzten. Das Material, wenn man bei dieser zauberischen Substanz von Material überhaupt sprechen konnte, gab leicht nach und Simon hatte ein sonderbares Gefühl, als sein Rücken damit in Berührung kam. Er fühlte sich wie eine Fliege, die in ein klebriges Spinnennetz geraten war, aus dem sie sich nicht mehr würde befreien können. Der Junge fühlte einen Sog, etwas Unaussprechliches schien ihn zu sich zu rufen. Immer noch schien die Zeit nicht mehr wie gewohnt zu funktionieren. Als hätte jemand sämtliche Uhren auf dem großen Pfannkuchen angehalten, oder als hielte zumindest eine starke Hand den Sekundenzeiger der Weltenuhr fest, der sich diesem gewaltsamen Eingriff in die natürlichen Abläufe der Dinge nicht erwehren konnte.
Der Schuss Weybrechts hatte Minzbender nicht stoppen können. Zwar musste der Wolf getroffen sein, doch hatte ihn auch dieser Umstand nicht aufhalten können. Minzbender, der Wolf, hatte sich in den Schwertarm von Weybrecht verbissen, und beide wälzten sich über den Boden. Simon nahm dies alles jedoch nur noch wie durch dichten Nebel wahr. Weiter vorne sah er wie die Bärin zwei der Angreifer auf einmal gegen die Felswände klatschte, so dass kein Knochen ihrer Körper heil geblieben sein konnte. Dem Jungen fiel auf, dass er außer dem Dröhnen in seinen Ohren kein anderes Geräusch mehr wahrnehmen konnte. Nur dies und das Rauschen der Brandung, die sich an den Felsen brach. Noch weiter weg glaubte er Wondraczek zu erkennen, der gerade dabei war dem letzten der Soldaten, der noch auf seinen Beinen stand, einen Schwerthieb zu erteilen. Auch dieser Mann fiel dann und der Vampyr wollte sich dem mit dem Wolf ringenden Weybrecht zuwenden, dann fiel sein Blick auf Simon. Der Junge konnte den Schrecken erkennen, der sein Anblick in Wondraczek auslöste. Wirklich sah es für diesen so aus, als löste sich der Junge geradewegs in Luft auf. Der Vampyr sprintete auf Simon zu. Der wollte den Arm nach dem Freund ausstrecken, konnte diesen aber schon gar nicht mehr bewegen. Als er nach unten blickte, konnte er fast nichts mehr von seinem eigenen Körper erkennen. Irgendetwas hatte ihn nahezu gänzlich eingehüllt und weiterhin zog ihn das Sieb nach hinten, er tat keinen Schritt, doch schienen seine Füße dennoch rückwärts zu gleiten, bis er endgültig nichts mehr zu sehen vermochte. Alles war verschwunden. Gerade noch hatte er die schreckgeweiteten Pupillen Wondraczeks vor sich gehabt, nun war er blind. Umhüllt von etwas, das sich anfühlte wie seidige Zuckerwatte, die begonnen hatte in all seine Sinnesorgane einzudringen und ihn zu betäuben. Auch sein Denken schien verlangsamt, alle Kraft des Willens schien den Jungen verlassen zu haben.
„Warte, Simon! Komm zurück!“, hörte er dann wie aus weiter, weiter Ferne die kratzige Stimme des Nattichs. Er glaubte den Vogel auf sich zuschießen zu sehen, dann ein letztes Aufblitzen seines Bewusstseins und ein Geräusch wie das Dröhnen eines riesigen Metalltores, das sich für alle Zeiten schloss.

Trotz der Wildheit des Kampfes, und trotz der Schmerzen, die ihm noch dazu der Streifschuss verursachte, mit dem ihm Weybrecht verletzt hatte, spürte Minzbender der Wolf, dass etwas Unfassbares vorgegangen sein musste. Er senkte seine Zähne ins Fleisch des Halses des Hauptmanns und riss Weybrecht mit einem heftigen Ruck den Kehlkopf heraus. Der Hauptmann war nicht mehr. Doch etwas löste sich aus seinem Körper, nichts war zu sehen, weder Wondraczek der sich umgewandt hatte, noch Minzbender bemerkten den rötlichen Dunst, der auf das plötzlich nachtschwarz, erscheinende Felsentor zuschwebte und sich dann endgültig auflöste.

Priscilla ließ sich von ihrer Zofe über die Fortschritte des Professors auf dem Laufenden halten. Die Baroness wollte sich nicht den Blicken der Bewohner des Rotlichtviertels aussetzen. An diesem Ort wollte sie nun wirklich nicht erkannt werden. Womöglich würde sie entführt werden und Bodo müsste eine große Summe Geldes locker machen, um das Lösegeld zu bezahlen. Es wimmelte hier ja von Gaunern und Ganoven. Was sie Amelie entlocken konnte stimmte sie nachdenklich. Was hatte Athanasius nur vor? Gut, es sah so aus, als ob er zuallererst versuchen würde seine Freunde zu befreien. Deswegen konnte sie ihm unmöglich böse sein. Doch würde es dem Professor auf diese Weise gelingen die Macht von Soylentius zu schwächen? Man würde abwarten müssen. Bei den regelmäßigen abendlichen Treffen mit Grimmbert hatte sie versucht dem jungen Alchimisten auf den Zahn zu fühlen. Es war ihr durch beharrliches Nachfragen jedoch nicht gelungen herauszufinden, wie denn Grimmbert zu seinem Onkel stand. Es schien ein sehr kompliziertes Verhältnis zu sein, das die beiden Zauberer verband, und ihr Geliebter ließ sich manchmal voller Hass gegen Soylentius aus. Dann wiederum trat ein warmer Ton in seine Stimme, wenn er ihr von seiner schweren Kindheit berichtete, während welcher der so finstere Alchimist sein einziger Halt gewesen sein musste.
Von seinen Eltern war ihm nur eine einzige vage Erinnerung geblieben. Eine Maulschelle, die ihm seine Mutter verabreicht hatte, als er im Alter von wohl vier Jahren etwas angestellt haben mochte. Auch sein Ziehvater hatte nichts über seine Herkunft berichten können, hatte er ihn doch, so behauptete der Zauberer zumindest, in einem alten Waschzuber gefunden, als er durch eine beinahe verlassene Ortschaft gekommen war, deren Bevölkerung fast gänzlich von der Pest dahingerafft worden war. Grimmbert hatte jedoch mit dem Eintritt in die Pubertät begonnen, den Zauberer mehr und mehr mit Fragen über seine Herkunft zu löchern, die dieser nur unzureichend und ausweichend beantworten wollte oder konnte. Das Misstrauen seinem Onkel gegenüber, wie er ihn damals zu nennen begonnen hatte, war in diesen Jahren weiter und weiter gewachsen, da sich Soylentius einmal zu einer unvorsichtigen Bemerkung hatte verleiten lassen, aus der der Junge hatte schließen können, dass der Onkel doch mehr über seine Abstammung wissen musste als er immer vorgegeben hatte. Als nämlich Grimmbert wieder einmal sich weigerte an den sportlichen Ertüchtigungen, denen seine Schulkameraden so gerne nachgingen, teilzunehmen, hatte Soylentius dem Jungen vorgeworfen er sei genauso faul wie sein verkommener Erzeuger.
„Wieso Erzeuger! Welcher Erzeuger, bitte?", hatte Grimmbert ausgerufen, worauf der Onkel erblichen war und begonnen hatte sich herauszureden.
„Das wird doch schon so einer gewesen sein! Wie der Vater, so der Sohn. Der Apfel fällt nicht weit vom Stamm!", hatte der Zauberer gebrüllt und derlei Allgemeinplätze mehr. Damit, hatte er gedacht, wäre die Sache erledigt. Grimmbert jedoch machte sich

ab diesem Zeitpunkt ernsthaft Gedanken über die Wahrheitsliebe des Alchimisten, vermied jedoch tunlich noch einmal dieses Thema anzurühren, da der Zauberer wirklich sehr zornig werden konnte und dann auch nicht davor zurückschreckte den Jungen mit dem Ledergürtel zu züchtigen, obwohl dieser ihm langsam aber sicher begonnen hatte über den Kopf zu wachsen. Allerdings hatte er daraufhin, wenn der Onkel sich nicht im Hause befand, damit begonnen diverse Aktenordner durchzublättern, die Korrespondenz von Soylentius zu durchforsten und in jedem Winkel ihrer verschiedenen Behausungen nach Papieren zu suchen, die seine tatsächliche Herkunft würden beleuchten können. Doch war dies alles vergebliche Liebesmüh. Entweder sprach der Onkel wirklich die Wahrheit, oder er hatte jeden Beweis vernichtet den Grimmbert benötigen würde, um diese ihn so sehr quälenden Fragen endlich beantworten zu können. Seit dieser Begebenheit hatte sich das Verhältnis, welches vorher ein durchaus gut zu nennendes gewesen war, zwischen den beiden grundlegend verändert. Obwohl der Junge versuchte sich das Misstrauen dem Onkel gegenüber nicht anmerken zu lassen, bemerkte der Zauberer doch immer wieder die Blicke, die der Knabe ihm zuwarf, wenn er sich unbeobachtet glaubte. Auch nahm Grimmbert dem Onkel von diesem Zeitpunkt an nicht mehr ab, wenn sich der Zauberer mit all dem brüstete, was er doch Gutes für den Kontinent und seine Bewohner zu tun beabsichtigte. Nur hehre Ziele hatte er vor Augen behauptete Soylentius immer, wenn er dem jungen Mann wieder einmal Aufträge erteilte, die diesem oft recht zweifelhaft erschienen. Auch jetzt war Grimmbert nicht wohl bei dem Unterfangen der Goldherstellung, doch hatte er es nicht fertiggebracht Amelie darüber die Wahrheit zu berichten, befürchtete er doch, er könne in ihrer Achtung sinken und am Ende versehentlich noch die Betrügereien des Zauberers verraten.
So wusste von den beiden Liebenden der eine nicht von den Absichten des anderen, und beide Seiten vermieden tunlichst der anderen zu sehr auf den Zahn zu fühlen, um sich nicht das eigene Geheimnis entlocken zu lassen.

Nachdem er sich vergewissert hatte, dass es mit der Fertigung der Ballonhülle vorwärtsging, machte sich Athanasius daran den Gasbrenner so umzubauen, dass das Flämmchen, das dieser spuckte, sich stufenlos in einen wahren Flammenwerfer verwandelte. Wenn er jetzt an dem Rädchen drehte, um die Größe der Flamme einzustellen, entwich auf der Stelle mit lautem Zischen ein Feuerstrahl der Düse, mit dem man einen drei Meter entfernt stehenden Gegenstand noch hätte abfackeln können. Der alte Stuhl mit dem Fribbeldropp und der Professor experimentierten, hatte zum Glück nicht lange leiden müssen. Mittlerweile waren auch noch einige zusätzliche Warenlieferungen angekommen. Große Gasflaschen hatten den Weg in das alte Haus gefunden, mit denen man ein ganzes Jahr hätte das gesamte Gebäude beleuchten können, wie der Soldat schätzte. Dann hatte der Professor bei einem Korbmacher in der Straße des Handwerkes einen etwas überdimensionierten Binsenkorb bestellt, in dem zwei Kühe bequem hätten Platz finden können.
Der Sergeant hatte mittlerweile eine ungefähre Ahnung davon bekommen, was für einen Plan der Blinde verfolgte. Er hatte wohl tatsächlich vor, mit diesem Ding in die Luft

zu steigen. Jetzt erinnerte sich der Soldat auch von einem solchen Flugversuch schon einmal gelesen zu haben, erst letztes Jahr war dieses Experiment begonnen worden, und hatte für alle Beteiligten tödlich geendet. Nun er hatte keinesfalls vor, bei dieser Sache mit von der Partie zu sein, litt er doch seit frühester Kindheit an schon an einer unheilbaren Höhenangst. Ein sonderbares Gebrechen für einen Soldaten, alles was über die Höhe eines Pferderückens hinausging, löste auf der Stelle einen schrecklichen Schwindel aus. Schon in der Ausbildung zum Kriegshandwerk war er immer wieder beim Erklimmen der feindlichen Palisaden schmählich gescheitert, was den Spott all seiner Kameraden ausgelöst hatte. Auch das Erklettern eines Hochsitzes mit einer herkömmlichen Strickleiter hatte ihm nicht gelingen wollen, immer wieder hatte ihn ein Gefühl des Schwindels eingeholt, so dass ihn sofort alle Kraft verlassen hatte, und der arme Kerl aus einer atemberaubenden Höhe von einem Meter fünfzig auf seinen Allerwertesten geplumpst war. Niemals würde er sich wie ein Vögelchen in diesem winzigen Korb eingezwängt in die Luft erheben, wenn der Professor dies von ihm verlangen sollte, müsste er ihm leider eine Abfuhr erteilen. Dem Sergeanten machte es nichts aus sein Leben auf dem Schlachtfeld zu riskieren, das hatte er oft genug bewiesen. Aber was zu weit geht, geht zu weit, dachte Fribbeldropp. Aber wie würde er dann vor den Augen von Amelie dastehen? Der Sergeant verbannte diese Gedanken aus seinem Kopf und löschte endlich den brennenden Stuhl, bevor noch der Rest des alten Gemäuers Feuer fing.

Wirklich war dies der Plan des Professors. Er wollte die Hurveniks aus der Luft befreien. Er hoffte, dass die Berechnungen, die er angestellt hatte, um den Ballon in der Luft zu halten, richtig waren. Ein solches Unterfangen war wie gesagt nur einmal versucht worden, und das Ganze hatte damals mit einem Fiasko geendet. Trotzdem schien es Athanasius eine gute Idee zu sein. Er hoffte insgeheim, dass das Auftauchen einer solchen Flugmaschine die Soldaten so verwirren würde, dass sie nicht auf die Idee kämen auf das Fluggerät zu feuern. Dieses Risiko mussten sie wohl eingehen. Allerdings würde er einen Steuermann mit guten Augen brauchen für die Ballonfahrt und Fribbeldropp schien ihm dafür äußerst gut geeignet.

Grimmbert beschlich langsam die Ahnung, dass Priscilla ihm irgendetwas verschwieg. Des Öfteren schon hatte sie eine Ausrede gefunden ihr abendliches Zusammensein, wenn nicht ganz abzusagen, so doch zeitiger wieder zu beenden. Sie hatte behauptet ihr Gatte würde jetzt, da die Funzelballsaison sich dem Ende näherte, früher als gewöhnlich vom heiligen grünen Rasen in die Festung zurückkehren. Allerdings stand auch noch das große Turnier bevor, welches in diesem Jahr in der Hauptstadt stattfinden sollte. Grimmbert hatte von Anfang an das Gefühl gehabt, die Baronin schwindele ihm hier etwas vor. Daher hatte der junge Mann heute beschlossen der Sache auf den Grund zu gehen.

Nachdem Priscilla sich in ihrem Unterschlupf wieder angekleidet und den Pavillon verlassen hatte, ahnte sie nicht, dass ihr Geliebter sie verfolgte. Mit einiger Mühe gelang es Grimmbert sich hinter den blattlosen, traurigen Hecken zu verbergen, die den Weg zu ihrem Liebesnest säumten. Mit Verwunderung bemerkte der Verfolger dann,

dass Priscilla keineswegs die große Treppe hinauf zu den Gemächern des Schlossherren erklomm, sondern eine ganz andere Richtung einschlug. Das beunruhigte den jungen Mann jedoch noch in keinster Weise, wusste er doch von etlichen Hintertreppen, die nach oben führen mussten, die aber normalerweise nur vom Personal benutzt wurden. Schließlich durchquerte die Baroness einen schmalen Durchgang, der nur von einem bestickten Banner, das eine Wildschweinjagd im Frühsommer zeigte, verhangen war, und urplötzlich stand auch Grimmbert in einem schmalen, halbdunklen Gang, der dann zu seiner Beunruhigung keineswegs nach oben, sondern an dessen Ende eine enge Treppe nach unten führte. Einige spärlich verteilte Lämpchen warfen kaum mehr Licht, nur die Schritte des geliebten Wesens vor ihm, die zielsicher durch gewundene Flure tappten. Der Jungalchimist hatte den Eindruck, als verlöre er alles Gefühl von Zeit und Raum, als er wie ein willenloses Spielzeug seiner Eifersucht den geliebten Füßen Priscillas folgte.
Plötzlich verhallten die Schritte. Auch Grimmbert blieb stehen und lauschte in die Finsternis hinein. Ein ganzes Stück weiter vorne konnte er nun ein Rascheln wie von Kleidungsstücken vernehmen, dann wieder Schritte, die nun etwas gedämpfter auf dem gepflasterten Boden klangen. Weiter ging es, immer noch leicht abwärts. Der Gang, in dem er sich nun befand, schien enger und enger zu werden. Der Alchimist blieb des Öfteren an Vorsprüngen der Wände mit dem langen schwarzen Kittel hängen, der zum Erscheinungsbild seiner Zunft unbedingt gehörte. Er musste sich sehr in Acht nehmen nicht lauthals zu fluchen, wie es bei solchen Gelegenheiten nun mal seine Art war. Endlich ging es dann wieder etwas aufwärts, Grimmbert hatte schon gemeint irgendwann einmal im tiefsten Inneren des großen Pfannkuchens anzukommen, der den Wissenschaftlern zufolge aus glühendem Gestein bestehen sollte, es war dem jungen Mann auch immer wärmer geworden, vielleicht war da doch etwas Wahres dran, dachte er noch, als er weit entfernt einen Lichtfleck erblickte, der nur von einer Straßenlaterne stammen konnte. Im kärglichen Schein konnte er nun die Umrisse des geliebten Wesens ausmachen. Priscilla hatte sich jetzt in einen abgetragenen grünen Militärmantel gehüllt, trug die dazu passenden Stiefel und verbarg das Haar unter einer Schirmmütze. Was mochte sie nur im Sinne haben. Dann stand Grimmbert plötzlich, nachdem er durch eine dichte Buchsbaumhecke gekrochen war, vor den Festungsmauern in einer abgelegenen Gasse der Stadt. Wenige Gaslampen erhellten die Dunkelheit, er konnte keine Schritte mehr vernehmen. Hatte er die Baroness etwa verloren? Nein, im letzten Schein der untergehenden Sonne konnte er dann ihre Gestalt ausmachen. Hastig aber zielsicher bewegte sich Priscilla durch die Straßen. Sie schien ihren Weg ganz genau zu kennen. Grimmbert hatte Mühe mit der Baronin Schritt zu halten, so langsam bekam er Seitenstechen, mit solch einer Geschwindigkeit lief sie durch die Stadt.
Die Umgebung wurde immer schäbiger, stellte der vermeintlich betrogene Liebhaber fest, als er sich für wenige Sekunden an eine Mauer lehnte und verschnaufen musste. Dann begegneten ihm auch einige Gestalten, deren Aussehen ihm in keinster Weise vertrauenswürdig erschien. Auch ein paar seiner Zunftgenossen liefen ihm über den Weg, schon leicht angetrunken, wie gewöhnlich um diese Tageszeit, keiner beachtete jedoch Grimmbert. Nur einer zog spöttisch grinsend den verbeulten Hut vor ihm und lief dann wortlos weiter.

Wie durch ein Wunder war es dem Verfolger gelungen seine Beute nicht aus den Augen zu verlieren. Dann jedoch stand ihm ein Schwarm von Frauen desjenigen Gewerbes im Weg, das man hier auf dem Kontinent gern als das älteste der Welt bezeichnet. Einige von ihnen umgarnten jetzt den Alchimisten, der sich diesem Ansturm kaum erwehren konnte, so sehr rang er nach der Verfolgungsjagd nach Luft. Er hatte einige Schwierigkeiten sich der Avancen der Huren zu erwehren, gerade noch sah er dann einen Zipfel des Militärmantels hinter der nächsten Häuserecke verschwinden. Daraufhin legte er noch einmal einen Zahn zu, und beobachtete Priscilla, wie sie in einer Nebenstraße ein heruntergekommenes Gebäude betrat.
Jetzt musste Grimmbert erst einmal eine Weile verschnaufen. Innerlich verfluchte er die Unart der adligen Familien von Kopoks, ihre Kinder schon in frühester Jugend mit den Segnungen der Leibeserziehung vertraut zu machen. Bei den Mädchen zumindest könnten sie dies wirklich bleiben lassen, war er der Ansicht. Man sieht ja, was dabei herauskommt. Geraten nur auf Abwege die Weibsbilder. Mit solchen Gedanken beschäftigt, pirschte sich der junge Mann schließlich an das Haus heran, in dem Priscilla verschwunden war. Es schien sich um eine Schusterwerkstatt zu handeln, wie er an dem verblichenen Emblem auf dem alten Holzschild erkennen konnte, das sich knarrend in der leichten Brise bewegte. Wollte sie sich um diese Stunde ihre Schuhe neu besohlen lassen? Grimmbert glaubte an diesen Gedanken keine Sekunde lang.

Priscilla wollte sich endlich einmal selbst davon überzeugen, wie weit denn die Pläne des Professors gediehen waren, denen sie ihre letzten Ersparnisse geopfert hatte. Schließlich sollte man ja auch einmal mit eigenen Augen sehen, in was man da so viel investiert. Sie hatte nach kurzem Klopfen, ohne eine Antwort abzuwarten, das Haus durch den Vordereingang betreten und sah sich nun in der leeren Werkstatt um. Ihr erster Eindruck war, als röche es hier verbrannt, dann entdeckte sie die verkohlten Reste des Stuhles, die Fribbeldropp in einer Ecke zusammengekehrt liegen gelassen hatte.
Nachdem sie verschiedene Gerätschaften, die auf der Werkbank verstreut herumlagen, einer ausgiebigen Inspektion unterzogen hatte und sich deren Zweck und Nutzen in keiner Weise zusammenreimen konnte, hörte sie Stimmen vom Garten hereindringen und machte sich dann auf den Weg nach draußen. Dort blieb die Baronin mit offenem Mund im Türrahmen wie versteinert stehen.
Mit diesem Anblick konnte sie beim besten Willen nichts anfangen. Die riesige Ballonhülle lag ausgebreitet auf dem frisch gemähten Rasen des Gartens. Der Stoff war wunderschön anzuschauen, Amelie hatte gute Arbeit geleistet und die verschiedenen Farben so angeordnet, dass sehr modisch wirkende Farbabstufungen zustande gekommen waren. Priscilla fragte sich, ob in Hallgard überhaupt noch ein winziger Fetzen Seide zu bekommen sein würde, bei der Unmasse an Material, das für die Herstellung des Ballons benötigt worden war. Fribbeldropp war gerade dabei eine metallene Vorrichtung in der Höhe so zu verstellen, dass die Düse des Flammenwerfers den Stoff nicht versengen konnte. Der Professor stand daneben und erteilte dem jungen Mann Anweisungen, die der Sergeant auf der Stelle befolgte, er hatte sich schon daran gewöhnt Athanasius gewissermaßen blind zu vertrauen.

„Was ist denn das?", rief Priscilla dann aus, als sie sich wieder gefangen hatte.
„Ah, Baroness Priscilla!", der Professor blickte in die Richtung aus der der verwunderte Ausruf gekommen war und ging auf die Terrassentüre zu.
„Ja, seht her Verehrteste, wir werden die neueste Technik benötigen, um Soylentius ein Schnippchen zu schlagen. Mit diesem Ballon werden wir aufsteigen und die Hurveniks aus der Luft befreien! Das zumindest ist der Plan!", sprach der Professor weiter.
„Ihr wollt mit diesem Ding in die Luft aufsteigen? Seid ihr etwa von allen guten Geistern verlassen?", Priscilla war fassungslos, sie konnte sich beim besten Willen nicht vorstellen wie das funktionieren sollte.
„Ja, euer Gnaden, so in etwa habe ich mir das vorgestellt. Schon einmal ist ein solches Experiment gelungen, auch wenn es damals mit den Flugreisenden kein allzu gutes Ende genommen hat!", musste Athanasius schließlich einräumen. „Seht ihr, heiße Luft ist nun mal leichter als kalte, wie die Wissenschaft schon lange vor unserer Zeit festgestellt hat. Und dieses Naturgesetz gilt es bei diesem unserem Unterfangen zu nutzen!"
„Unglaublich, aber seid ihr denn sicher, dass es euch gelingen wird überhaupt aufzusteigen, und was wurde aus den Flugreisenden, wie ihr sie genannt habt?"
„Nun, ich bin mir sicher, dass wir damit aufsteigen können, Baroness und zu Eurer zweiten Frage, die ersten drei Pioniere, die einen solchen Versuch unternommen haben, erst im letzten Jahr hat dieses Ereignis stattgefunden, sind leider allesamt verbrannt, als die Ballonhülle Feuer gefangen hatte. Aber meine Liebe, zum Trost kann ich ihnen mitteilen, dass sie schon tot waren als sie auf dem Boden aufschlugen und nicht den weitaus schrecklicheren Feuertod sterben mussten."
„Wirklich das ist doch sehr tröstlich, Professor. Ich danke euch, dass ihr auf solch beruhigende Weise meine Besorgnis zerstreuen wollt", meinte Priscilla ironisch.
„Das freut mich, Baronin", sagte der Professor ernst.
Priscilla kam näher an das bunte Ungetüm heran und beobachtete wie sich die Hülle, langsam über der zischenden Gasflamme aufzubäumen begann. Der Seidenstoff gab ein leises Knistern von sich, als er sich mehr und mehr entfaltete.
„Gut, Fribbel, das muss reichen, bin mit diesem Versuch durchaus zufrieden und bin mir jetzt sicher, dass die Hülle dem Druck standhalten wird!", rief Athanasius dem Soldaten zu und ging zurück ins Haus.
„Das ist doch wohl der totale Wahnsinn, was meinst du denn dazu, Sergeant?", raunte die Baroness dann Fribbeldropp zu. „Amelie sprach zwar von einem Ballon, aber mit so etwas habe ich dann doch nicht gerechnet!"
„Der Professor wird schon wissen was er tut", meinte Fribbeldropp ganz entspannt. „Hauptsache ich muss hier nicht mit hineinsteigen!" Er deutete auf den enormen Weidenkorb, den er nun noch an der Hülle befestigen musste. Zum Glück war er ein wahrer Meister im Knotenbinden, das würde er schon noch fertigbringen, solange er die Seile nicht wieder entknoten würde müssen, hier versagte sein Talent dann wieder zur Gänze.

Grimmbert war in der Zwischenzeit um das Gebäude herumgelaufen und befand sich jetzt vor dem, von Gestrüpp dicht zugewachsenen, Gartenzaun. Mit einiger Mühe gelang es ihm schließlich einen verkümmerten Apfelbaum zu erklimmen, um hinüber zu spähen, auch die zahlreichen Mücken, die pausenlos um seinen Kopf schwirrten, machten die Sache nicht gerade einfacher. Endlich hatte er Einblick in den Garten, und es bot sich ihm ein merkwürdiges Bild. Unten im Gras lag ein großes, buntgestreiftes Etwas, das sich zuckend zu bewegen schien. Bei genauerem Betrachten konnte er jedoch feststellen, dass es sich keineswegs um ein lebendiges Wesen handelte, sondern nur um ein riesenhaftes Stück Stoff. Fast hatte er geglaubt einen der urzeitlichen Drachen zu sehen, die vor Äonen den Kontinent besiedelt haben sollen. Dann erblickte er auch die Angebetete, die neben einem jungen feschen Soldaten stand und mit diesem redete. Priscilla sah dem Mann auf eine Art und Weise in dessen strahlend blaue Augen, so kam es dem eifersüchtigen Alchimisten zumindest vor, die nur einen Schluss zuließ. Jetzt reichte sie ihm auch noch die Hand, der Laffe ergriff die Hand der Baronin und schien sie an sich zu ziehen.

Ein Knacken unter ihm lenkte Grimmbert jedoch von der Szene ab, und der Ast auf dem er saß, löste sich unter seinem Gewicht vom Rest des Baumes und brach ab. Der Jüngling purzelte direkt in einen verwilderten Rosenbusch und schaffte es leidlich einen Schmerzensschrei zu unterdrücken. Vollkommen zerkratzt, den Kittel halb zerrissen, gelang es ihm schließlich sich der Dornen zu erwehren und sich aus dem Gestrüpp zu befreien, dass sich alle Mühe zu geben schien ihn zurückzuhalten. Blutend und völlig zerschunden stand Grimmbert endlich wieder in der Gasse vor dem Gebäude, als gerade zwei seiner Zunftkollegen vorüberkamen. Der erste ein schon angejahrter Alchimist namens Werstelgrind, wie Grimmbert erkannte, klopfte ihm dann vehement auf die Schulter, so dass der junge Mann gleich wieder in die Knie ging.

„Sag mal, Weinsteig, ist das nicht der gute alte Grimmbert, der Neffe unseres Herrn und Meisters?", wand sich der angetrunkene Werstelgrind jetzt an seinen Saufkumpan.

„Könnte man meinen, Werstel. Der kleine Grimmbert, der uns ständig herumkommandiert, seit neuestem!", rief daraufhin der andere Zauberer aus.

Grimmbert wusste nicht was er erwidern sollte. Immer noch sah er den Anblick im Garten vor sich, als Priscilla diesem miesen kleinen Soldaten die Hand reichte, und die Eifersucht begann an ihm zu nagen wie ein Biber an einem leckeren, frischen Baumstamm.

„Inzwischen ist er sich ja sogar zu schade dafür, mit seinen alten Kameraden mal einen Zug durch die Gemeinde zu machen, was Weinsteig?", der Alchimist zog bei dieser Frage ironisch die Augenbrauen in die Höhe.

„Ja, die Verantwortung muss schwer auf seinen schmalen Schultern lasten, was? Da bleibt keine Zeit mehr für ein Gläschen zwischendurch!"

Einige Minuten später fand sich Grimmbert in einer der schmutzigsten Spelunken des Kontinents wieder. Seine Kollegen hatten nicht allzu lange gebraucht, um den jungen Mann von den Segnungen des Alkoholgenusses zu überzeugen, und schon nach einer halben Stunde war Grimmbert halbwegs angesoffen. In der Taverne ‚Zum Onkel Toni', herrschte um diese Stunde schon ein reges Treiben und das konnte auch noch eine ganze Weile so bleiben, hielt man sich doch in diesem schlecht beleumundeten Viertel der Stadt nie an die Einhaltung der Sperrstunde. Selbst vor zwei Wochen, als noch das

nächtliche Ausgehverbot gegolten hatte, war hier alles wie immer weitergegangen. Kaum ein Polizist war zu später Stunde bereit in dieser Gegend Streife zu laufen.
Das Lokal schien sich in Alchimistenkreisen allergrößter Beliebtheit zu erfreuen, tummelten sich doch jetzt schon etliche Trunkenbolde dieser Zunft in der Gaststube. In einer Ecke klimperte ein einäugiger Klavierspieler dumpf vor sich hin. Dann und wann wurde der Ärmste dazu angehalten die alten Studentenlieder zum Besten zu geben, besonders wenn der Abend wieder einmal etwas länger geworden war und sich die betrunkenen Zauberer mit Tränen in den Augen an ihre Jugendzeit zu erinnern begannen. Der gemeine Alchimist neigt, mit ein paar Flaschen geistiger Getränke intus, gerne mal zu Weinerlichkeit.
Weinsteig und Werstelgrind bildeten da keine Ausnahme. Kaum hatte einer der Saatkrähen, wie die Bevölkerung Hallgards die Zauberer begonnen hatte aufgrund ihres düsteren Kleidungsstils zu nennen, den Pianisten dazu gebracht das ‚Gaudeamus Igitur' auf dem lädierten Instrument zu spielen, stimmten auch die beiden gleich mit ein. Grimmbert war dies alles zunächst sehr peinlich, nach ein paar Gläsern Gerstensaft allerdings hatte er sich dann anders besonnen und grölte jede Weise lauthals mit, die dem Musikanten abgezwungen wurde. Von dem Kunstlied ‚Es waren zwei Alchimisten', bis zu dem Gassenhauer ‚Auch, wenn der Kessel explodiert', reichte immerhin das Repertoire des Klavierspielers, er hatte sich anscheinend mit der Zeit auf sein ganz besonderes Publikum eingestellt. Und als dann noch ‚Gold, Gold, Gold, wir brauen Gold' angestimmt wurde, verlor Grimmbert endgültig jede Zurückhaltung und sang aus Leibeskräften mit.

„Gold, Gold, Gold, heute brau'n wir Gold
Gold, Gold, Gold, s' wird nix davon verzollt
auch wenn ihr alle schmollt
Gold, Gold, Gold, ihr habt's ja so gewollt!"

„Gold, Gold, Gold, wir zahlen euern Sold
Mit Gold, Gold, Gold, ist jede Maid mir hold
sogar mir altem Troll
Gold, Gold, Gold, auch wenn der Gatte grollt!"

Langsam hatte der Radau seinen Höhepunkt überschritten, die meisten der Alchimisten die sich eben noch in den Armen gelegen hatten, waren verschwunden, lagen entweder irgendwo in der Gosse und schliefen ihren Rausch aus, um dann am Morgen feststellen zu müssen, keinen Dukaten mehr im Beutel zu haben, oder hatten sich auf den Heimweg begeben. Wenn sie Glück hatten, liefen sie keinem der Ganoven über den Weg, die hier im Rotlichtviertel zuhause waren.
Grimmbert, Weinsteig und Werstelgrind saßen allerdings immer noch an ihrem Tisch, der mittlerweile von Flaschen und Bierhumpen vollkommen zugestellt war, der Wirt kam bei dieser Art Gäste mit dem Abräumen niemals hinterher.
„Ach, Priscilla?", seufzte Grimmbert und stierte mit rot geäderten Augen vor sich hin.
„Lass dich nicht so hängen, Genosche!", brabbelte Weinsteig, „Du weißt doch, es gibt

noch die Mütter von anderen Töchtern!" Der jüngere von Grimmberts neuen Freunden schien eine Weile über die Richtigkeit seiner theoretischen Anmerkung nachdenken zu müssen. „Oder scho!", meinte er dann wie zur Bestätigung seines analytischen Talents.
„Auscherdem sind die eh alle gleisch, die Weiber", fügte dann der alte Werstelgrind hinzu. „Isch habb da so meine Erfahrungen, könnt ihr mir glauben, ihr Jungschpunde!"
„Treulos, alle treulos!", murmelte Grimmbert vor sich hin. „Sehen eine schmucke Uniform und können dann nicht mehr an sich halten!"
„Ja, isch bin ja schon lange der Meinung, dass unsere Arbeitskleidung modisch nicht mehr mithalten kann!", meinte Weinsteig daraufhin. „Und diese blöden Hüte, noch dazu!" Er riss sich den Zaubererhut vom Kopf und betrachtete missmutig das verbeulte Etwas in seinen Händen.
„Wie ist schie denn so, deine Priszchilla?", fragte dann Werstelgrind, der neugierig geworden war. „Hat sie denn auch genug Holz vor der Hütte, dasch is ja wohl das wischtigste bei einer Frauensperschon!"
Grimmbert blickte irritiert auf und meinte dann: „Man kann wohl kaum das Schloss als Hütte bezeichnen!"
„Ach, schie wohnt im Schloss?", erkundigte sich daraufhin der Alte. „Wohl eins dieser rassigen Zimmermädchen aus dem Nebelgebirge, wasch?"
„Zimmermädchen, ach was!", meinte Grimmbert leicht verärgert.
„Dann eben Köchin, die Liebe geht ja bekanntermaßen durch den Magen? Oder vielleicht gar eine der Gouvernanten der hochadeligen Herrschaft? Nein, jetzt weiß ich, eine dieser Zofen!"
„Von wegen Zofe!", sagte Grimmbert und ließ sich müde auf seinem Stuhl zurückfallen, griff dann wieder zu seinem Bierkrug und schüttete sich die Hälfte des Inhalts über die Brust.
„Ha, vielleicht handelt es sich gar um die Baronin selbscht?", mischte sich nun wieder Weinsteig ein. Grimmbert hob die Augen zur Decke und seufzte.
„Nein, dasch kann ja wohl nischt wahr sein. Du hast dich mit der Baroness auf ein Techtelmechtel eingelassen? Werstel, kannst du dasch glauben?"
„Keinesfalls, oder doch?", Werstelgrind wackelte ungläubig mit seinem unförmigen Schädel, an dem die fettigen Reste seines Haupthaares glänzten.
Wieder bestand die Antwort nur aus einem Seufzer Grimmberts.
„Ha, erst setzt er Bodo Hörner auf und wird gleich darauf selbst betrogen, Ach diese Weibsbilder!", fast klang etwas Mitleid in Weinsteigs Stimme mit. „Das ischt ja wohl kaum zu glauben!"
„Wir werden unserem jungen Freund in dieser Angelegenheit unter die Arme greifen müssen, Weinsteig." Der ältere der beiden Alchimisten grinste verschwörerisch seinen Kumpanen an. „Vielleicht sollten wir diesem Soldaten mal einen richtig giftigen Trunk verabreichen? Das Beschte wird sein, du findest seinen Namen heraus, dann erst können wir uns um ihn kümmern."
„Oder wir verwandeln den Kerl in eine Eidechsche!", meinte Weinsteig, bemüht einen diabolischen Blick aufzusetzen, was wegen seiner schielenden Augen gründlich misslang.

„Ach was, wenn dann in eine quakende Maulbeerkröte!“, Werstelgrind wollte sich nicht lumpen lassen.
„Wir lassen seine Haut verwelken, so dasch sie ihm in Streifen abfällt!“
„Oder ein Zauber, der ihm alle Haare ausfallen lässt, dann wird die Baronin ihn bestimmt nischt mehr schonderlich attraktiv finden!“
„Wir rösten sein jämmerliches Gehirn mit ektoplaschtischer Strahlung!“
„Oder lassen seinen Schädel auf die dreifache Größe anschwellen, dann sieht er aus wie ein alter Troll!“
„Wie wär‘s denn mit einem Bannfluch gegen seine ganze verlauschte Sippe!“
„Wir treiben ihn dazu sich selbst eine Kugel in den Kopf zu jagen!“
Alchimisten neigen unter Alkoholeinfluss dazu, ihre Fähigkeiten maßlos zu überschätzen. Keine der Gemeinheiten, die die beiden Trunkenbolde aufzählten, hätten sie fertigbringen können, wie ihnen in nüchternem Zustand durchaus bewusst gewesen wäre. Doch derart berauscht, glaubten sie an genau dieselben Ammenmärchen, die über ihre eigene Zunft im Umlauf waren, wie jeder gewöhnliche Bewohner Hallgards.
Irgendwann, lange nachdem die Lokale der Stadt geschlossen hatten, die sich noch an die Gesetze hielten, machten sich die drei dann auf den Nachhauseweg. Als sie taumelnd um die Ecke bogen, sie liefen gerade an Pampfnagels Mietstall vorbei, trat soeben ein feister Mann aus dem Tor des Stalles. Werstelgrind blieb plötzlich auf der Stelle stehen, als hätte sein umnebelter Geist kurzerhand die Anker geworfen. Grimmbert prallte an den Rücken des Alchimisten, dann ging der gute Werstel kopfschüttelnd schnell weiter.
„Was ist denn los?“, fragte Weinsteig.
„Ich glaube, ab heute trink ich keinen Tropfen mehr“, erwiderte Werstel. „Ich habe gerade auf der Schulter dieses dicken Kerls ein Männchen sitzen sehen, dass eine Pfeife geraucht hat!“

Sergeant Fribbeldropp hatte am Morgen noch einiges zu tun. Nicht nur musste er das Füllen des Ballons vorbereiten, auch füllte er Sandsack für Sandsack mit fruchtbarer, kontinentaler Gartenerde ab. Dann vertäute er auch noch die größten der Felsbrocken, die er tags zuvor ausgebuddelt hatte am Passagierkorb. Dies alles sollte als Ballast dienen, um das Fluggerät am Boden zu halten. Man könne die Säcke allerdings auch zusätzlich dazu benutzen, den Leuten Sand in die Augen zu streuen, wie der Professor gut gelaunt noch angemerkt hatte. Fribbel breitete erneut die Ballonhülle auf dem Rasen des Gartens aus, an der nun das Tauwerk durch zahlreiche eingenähte Schlaufen eingeführt wurde. Amelie hatte hier wirklich Großartiges geleistet, die Lederschlaufen zu befestigen war eine sehr mühselige Arbeit gewesen, und ihre Hände hatten schwer mit dem zähen Material zu kämpfen gehabt. Der Korb würde erst dann an den Seilen befestigt werden, wenn der Ballon sich schon halbwegs gefüllt hätte, allerdings hatte der Sergeant schon eine große Anzahl von Sandsäcken an dem Rohrgeflecht befestigt, die das Gefährt von einem vorzeitigen Aufstieg abhalten sollte. Der Professor war bis in die Nachmittagsstunden hinein damit beschäftigt, allerlei stinkende Pülverchen zu mischen und in Papprohre zu füllen. Fribbeldropp glaubte riechen zu können, dass hier auch eine

gehörige Menge von dem Schwarzpulver zur Verwendung kam, das er zwei Tage zuvor noch besorgt hatte.
Zu Fribbeldropps Leidwesen war es Amelie nicht möglich gewesen, heute noch einmal vorbeizukommen, war sie doch damit beschäftigt die Baronin für den heutigen festlichen Anlass entsprechend herauszuputzen. Schließlich war ja heute der Ehrentag ihres Göttergatten Bodo, der allerdings vom Aussehen seiner Gemahlin nur äußerst selten einmal Notiz nahm.
Dann rief Athanasius den Sergeanten zu sich und wies ihn an, die Pappröhren mit den verschiedenen Pulvermischungen zu füllen und mit Zündschnüren zu versehen, endlich bemerkte auch der etwas langsame Fribbel, dass es sich um Feuerwerkskörper handelte, die er hier anfertigte. Diese Raketen aus dem Korb des Ballons abzufeuern schien ihm allerdings ein sehr wagemutiges Unterfangen zu sein, wie schnell konnte die Hülle dabei getroffen werden und in Brand geraten. Wieder war er froh, dass er nicht derjenige sein würde, der in dem Ding aufsteigen müsste, allerdings war ihm auch völlig schleierhaft wie der blinde Mann dies alles fertigbringen wollte. In der Truhe, in der er das explosive Material dann verstaute, lagen unten auf dem Boden noch einige eiförmige Metalleier, die er misstrauisch beäugte, dann mit den Schultern zuckte und die Kiste trotz aller Bedenken im Korb unterbrachte.
Schließlich nahmen die beiden noch etwas zu sich, bevor sie sich daran machten den Brenner an die erste der Gasflaschen anzuschließen und die Ballonhülle mit heißer Luft zu füllen. Dies dauerte für den Geschmack des Professors jedoch viel zu lange, und so beschloss er die Düse des Brenners noch einmal von Fribbeldropp aufbohren zu lassen. Jetzt zischte ein erheblich größerer Flammenstrahl aus der Vorrichtung, doch nachdem die dritte und letzte der metallenen Gasflaschen geleert war, hatte sich das Luftgefährt zwar etwas aufgerichtet, doch von einem Abheben vom Boden, konnte so noch keineswegs die Rede sein. Die Hülle hing in den Seilen, wie das zerknitterte Gesicht eines alten Weibes.
„Ich muss mich da wohl irgendwo verrechnet haben!“, meinte der Professor nachdenklich, als ihm Fribbel das Ergebnis seiner Arbeit mitgeteilt hatte. „Mathematik! Ach, die Mathematik war schon während meiner Studienzeit meine allergrößte Schwachstelle“, stöhnte er dann.
„Und jetzt?“, fragte der Sergeant mit gerunzelter Stirn.
„Jetzt zapfen wir eben das öffentliche System an, mein Lieber! Dreh erst mal im Keller den Haupthahn ab!“
Fribbeldropp tat ohne nachzudenken wie ihm befohlen wurde, schließlich war er das ja so gewohnt. Über Befehle überhaupt nur nachzusinnen, stellt für einen geborenen Militär schon so etwas Ähnliches wie Meuterei oder Dienstverweigerung dar. Zum Glück war das Haus des Schusters an den Gasometer angeschlossen, der die gesamte Stadt mit Licht versorgte, und so machte Athanasius aus dem Sergeanten kurzerhand einen Klempner und wies ihn an, eine Rohrleitung aus dem Gebäude hinaus in den Garten zu verlegen. Zu diesem Zweck musste allerdings zuallererst einmal eine Wand im vorderen Teil des Hauses aufgestemmt und das stillgelegte Kupferrohr herausgerissen werden, um es dann im hinteren Teil bis in den Garten hinaus, verlängern zu können. Die Übergänge

wurden sorgfältig mit Hanf abgedichtet damit nicht das kostbare Gas entweichen konnte, und der Sergeant stellte sich gar nicht zu dumm an bei dieser ungewohnten Aufgabe. Fribbeldropp war jedoch gar nicht wohl bei diesen Tätigkeiten, er versuchte alles was Athanasius ihm auftrug mit äußerster Sorgfältigkeit auszuführen, wusste er doch um die Gefahren, die damit verbunden waren. Seit der Einführung der öffentlichen Gasversorgung war es schon zu einigen Unfällen gekommen. Immer wieder mal hatten sich kleinere Explosionen ereignet und zahlreiche Gebäude waren Bränden zum Opfer gefallen. Viele Bewohner trauten diesen modernen Errungenschaften immer noch nicht und lehnten sie als Teufelszeug ab. Diejenigen, die mutig und vermögend genug gewesen waren ihr Heim ans Gasnetz anschließen zu lassen, rühmten jedoch den Komfort jeden Abend bei dem gemütlich kaum flackernden Lichtschein ihre Abende verbringen zu können und konnten sich kaum mehr vorstellen, so wie die Bauern auf dem Lande, mit den Hühnern schlafen zu gehen.
Es begann schon Abend zu werden bis alles bewerkstelligt war, und langsam schien nun Athanasius doch nervös zu werden.
„Jetzt aber schnell!", rief er aus, als Fribbeldropp endlich noch den Brenner angeschlossen hatte und eine enorme Flamme aus der Düse hervorschoss. „Es muss doch schon bald dunkel werden."
Fribbeldropp blickte nach Westen, wo eine rote Sonne sich schon zu senken begonnen hatte. In zwei Stunden würde es stockdunkel sein.
Die Ballonhülle hatte sich nun gestrafft und das buntgestreifte Monstrum ragte schon über den Giebel des Schusterhauses hinaus, es konnte nicht mehr lange dauern und die wenigen Nachbarn, die nicht zur Hinrichtung aufgebrochen waren, würden bemerken, was hier vor sich ging. Zum Glück jedoch hatte sich noch keiner blicken lassen. Endlich war es soweit, der Professor wies Fribbeldropp an, das Gas abzustellen. Der Korb war schon lange zuvor am Tauwerk befestigt worden, und der Ballon zerrte schon gefährlich an den Gewichten, die ihn noch am Boden hielten, wie ein widerspenstiges Gör, dass man kaum des Abends zur Ruhe bringen konnte.
Athanasius schwang sich geschickt über den Rand des Korbes, was bei der Fülle seines Körperbaus nicht ganz so einfach war.
„Nun komm schon!", rief er dann Fribbeldropp zu. „Wir müssen den Brenner wieder anschließen!" Die vierte der Gasflaschen befand sich schon die ganze Zeit über im Korb und musste nun noch an der Brennvorrichtung befestigt werden, die konnte jedoch hier ganz einfach aufgeschraubt werden. Der Sergeant reichte Athanasius das Gerät, und der befestigte es ohne Probleme am Ende des Schlauchs, der beinahe bis ins Innere der Hülle ragte.
„Nun komm doch endlich!", rief wieder der Professor und Fribbel wollte gerade einen Schritt zurücktreten, da hatte ihn schon eine kräftige Hand gepackt und über den Rand des Korbs gezogen. Völlig verdutzt landete Fribbeldropp auf dem Boden des Rohrgeflechtes, schon hatte Athanasius die Seile, an denen die größten Steinbrocken befestigt waren, zerschnitten. Der Ballon schien sich noch einmal wie ein feuriger Mustang aufzubäumen und hob dann langsam vom Boden ab.
Das Fluggerät stieg zwar recht langsam auf, allerdings doch viel zu schnell für Sergeant

Fribbeldropp. Kaum hatte sich der Soldat aufgerichtet, sich ängstlich an den Rand des Korbes klammernd, schon blickte er hinunter in einen immer tiefer werdenden Abgrund. Zwar befand sich der Korbboden jetzt nur knappe drei Meter über der Erde, doch reichte diese Entfernung schon aus, um Fribbeldropp in Panik ausbrechen zu lassen. Schweißperlen standen sofort auf seiner Stirn, als wären diese nicht aus seinen Poren gekommen, sondern ein geschickter Maskenbildner hätte sie hurtig hingetupft.
„Professor, was machen sie denn?", rief er aus, und konnte dabei nicht den Blick vom immer schneller dahinschwindenden Erdboden abwenden.
„Welch eine Frage, Fribbel? Siehst du denn nicht? Wir fliegen!", Athanasius breitete seine Arme aus, wobei er Fribbeldropp beinahe eine Ohrfeige verabreicht hätte. „Ist die Luft hier oben denn nicht schon viel besser?", fragte er dann und atmete tief ein. Immerhin waren sie jetzt schon bestimmt fünf Meter in die Höhe gekommen.
„Was kümmert mich die Luft? Sind sie denn vollkommen wahnsinnig geworden?" Die Stimme des Sergeanten zitterte. Er starrte auf eine Art und Weise hinunter auf den vertrauten festen Untergrund, als verlöre er geradewegs das letzte bisschen Verstand. Seine vorher gesunde Gesichtsfarbe hatte inzwischen eine Blässe angenommen, die jedem Untoten Ehre gemacht hätte.
„Na, ist das denn nicht aufregend, Fribbel! Kaum jemals zuvor hat einer dieses Wagnis unternommen. Wir fliegen! Wie die Vögel! Und ich sage voraus, dereinst wird dieses Gleiten durch die Lüfte etwas ganz Normales für die Menschheit sein. Ja, ich bin sicher, halte mich für verrückt oder auch nicht, irgendwann werden wir auch zu den Sternen reisen." Die Stimme des Professors hatte einen nahezu verzückten Ausdruck angenommen. „Ja Fribbel, wir werden von unserem Pfannkuchen abheben, und auch wieder auf einem der anderen Pfannkuchen weit draußen im weiten Weltenall landen!"
„Pfannkuchen hin, Pfannkuchen her! Sprechen Sie nicht vom Essen. Mir ist eh schon speiübel, Professor!", jammerte der Sergeant, der immer noch nicht den Blick von dem nun rascher dahinschwindenden Erdboden lösen konnte.
„Ach, ihr jungen Leute heutzutage!", seufzte Athanasius. „Euch fehlt einfach die Vorstellungskraft! Was bringt man euch nicht alles in euren Schulen bei? Und was kommt dann dabei heraus? Erwachsene Menschen, denen man frühzeitig das Träumen abgewöhnt hat! Traurig, traurig!"
Von dieser Litanei bekam Fribbeldropp allerdings nicht mehr viel mit, da er zu sehr damit beschäftigt war, sein Frühstück weit hinaus über den Rand des Korbes zu befördern.
„Habe ich nicht gesagt der Fisch riecht ein bisschen komisch?", meinte Athanasius als die Würgegeräusche an sein Ohr drangen.
„Der Fisch war noch ganz in Ordnung, Professor!", stöhnte der junge Mann daraufhin. „Mein Magen wehrt sich nur gegen unsere Fortbewegungsweise!"
„Aber, was gibt es daran nur auszusetzen? Ist mir vollkommen schleierhaft, Fribbel! Spürst du nicht den frischen Wind aus Westen. Der wird uns genau dem Schlossplatz zutreiben, zumindest meinen Berechnungen nach!"
Wirklich trieben die Böen den Ballon nach Osten, direkt auf die Festungsanlage zu, die jetzt rötlich von der untergehenden Sonne beleuchtet wurde.
„Ja, sieht so aus, Professor, und glücklicherweise sinken wir jetzt auch wieder!",

Fribbeldropp blickte voller Sehnsucht nach unten, wo die roten Ziegeldächer der Stadt vorbeiglitten.
„Wir sinken? Das ist viel zu früh! Wirf noch etwas Ballast ab! Zwei Säcke mindestens!“ Wirklich hatte der Ballon schon wieder einiges an Höhe verloren. Fribbeldropp schien sich wieder gefangen zu haben, und folgte den Anweisungen des Professors. Schon stieg das Gefährt wieder in die Höhe. Unten auf der Straße konnte Fribbel zwei Damen des horizontalen Gewerbes ausmachen, die fasziniert nach oben starrten.
„Guck mal Uschi, das ist doch mal ein Fummel, oder? Schick, schick besonders die Streifen!“, rief die eine der Frauen der anderen über die Straße zu.
„Na ja, die Größe würde aber höchstens noch der alten Mathilde passen!“, plärrte die andere zurück.
„Ja doch, Längsstreifen machen doch schlank!“ Und schon waren Fribbeldropp und Athanasius über das Viertel hinweggeflogen.

Es musste schon auf sieben Uhr zugehen, dachte Kammergarn, als er den Stand der Sonne betrachtete. Jetzt aber schnell. Er vermutete, dass er sich weit im Osten der Stadt befinden musste, obwohl er nie eine Karte von Hallgard gesehen hatte. Dennoch hatte er den Eindruck gewonnen auf seiner Flucht in östliche Richtung gerannt zu sein, obwohl er dies bei all den Haken, die er geschlagen hatte, nicht hätte beschwören können. Es war aber auch kein Mensch unterwegs auf den Straßen, dachte Kammergarn. Wahrhaft paradiesische Zustände für Einbrecher. Doch dort! In einer Seitengasse kehrte ein Männlein den Gehweg vor seinem Haus. Der schmächtige, alte Mann schien dem Getriebe nichts abgewinnen zu können, und widmete sich lieber seiner gewohnten samtagnachmittäglichen Beschäftigung. Schließlich hatte man dies immer schon so gemacht.
Zu Kammergarns Glück konnte der Alte ihm den Weg zum Ort des Geschehens auf das Genaueste erklären, und der Impresario hetzte nun durch die Straßen, die ihm angewiesen worden waren. Je weiter er kam, desto mehr belebten sich die Gassen und Kammergarn wusste nun, dass er auf dem richtigen Weg war. Schließlich erreichte er den Schlossplatz; er hatte Schwierigkeiten sich zurechtzufinden. Die Menge, die sich eingefunden hatte, veränderte vollkommen das Bild, das er sich vor einigen Stunden von dem Ort gemacht hatte. Es mussten ein paar tausend Leute sein, die sich hier jetzt versammelt hatten, und alle blickten nach oben in den Himmel, wo sich vom Westen her ein bunt, schillerndes Etwas dem Platz näherte. Auch Kammergarn richtete verdutzt den Blick auf den Ballon, der direkt auf den Platz zuschwebte. Die letzten Sonnenstrahlen des Tages beleuchteten die Seidenhülle des Gefährts auf atemberaubende Weise.
Der Impresario riss sich von dem Anblick los, er musste den Kanaldeckel finden, unter dem sich die Hurveniks verborgen hielten. Ah, dieser Ausschank kam ihm bekannt vor. Hier musste doch gleich...

Gerade hatten die Fanfaren den Hallgardenser Defiliermarsch geblasen, was nur bedeuten konnte, Baron Bodo und Gefolgschaft hatten die Empore betreten. Von einem Jubel, der den Honoratioren entgegenbrandete, konnte beileibe keine Rede sein. Nur einige

Bürger in den ersten Reihen hatten begonnen, zwar nicht gerade frenetisch, aber doch lautstark in die Hände zu klatschen, nicht ohne von umstehenden Gardisten mit leichten Rippenstößen dazu aufgefordert worden zu sein. Bodo und Priscilla winkten der Menge beiläufig zu, wie es für derlei Personen einer höheren Schicht angemessen scheint, und setzten sich dann auf ihre mit edlen Stoffen drapierten Sitzplätze. Auch Soylentius und Lugbert gehörten zu denjenigen, die die vorderen Sitze auf dem fahnengeschmückten Balkon einnehmen durften. Ein paar der Minister hielten sich eher im Hintergrund; dann waren noch unübersehbar die unvermeidlichen Leibwachen anwesend, die mit mürrischen, argwöhnischen Gesichtern die Menge nach eventuellen Unruhestiftern absuchten. Schon wurden auch unterhalb der Empore die Gefangenen auf den Richtplatz gebracht. Der Henker, wenn man in diesem Fall den Mann so titulieren durfte, bestand seine Aufgabe doch lediglich darin die lodernde Fackel, die er schon in Händen trug, an das trockene Holz zu halten, harrte in froher Erwartung der Ankunft der Wichte.
Der Anblick der zum Tode Verurteilten hätte einer gewissen Komik nicht entbehrt, wäre der Anlass ihres Erscheinens nicht ein so grausamer gewesen. Man hatte die winzigen Hurveniks auf eine Art und Weise gefesselt, dass es wirklich beinahe zum Lachen war. Die Hände der Kleinen waren mit Hanfstricken auf den Rücken geschnürt und die Füße mit dem gleichen Material zusammengebunden, so dass sie sich kaum vorwärtsbewegen konnten. Waren ihre Schritte schon aufgrund ihrer geringen Größe nicht gerade ausgreifend zu nennen gewesen, so trippelten die Hurveniks nun Zentimeter für Zentimeter ihrem Untergang entgegen. Zusätzlich hatte man um ihre Oberkörper noch jeweils eine Kette gewickelt, die vorne mit einem zierlichen Vorhängeschloss verbunden war.
Als die Winzlinge auftauchten, ging ein Raunen durch die Menge, hatten doch die meisten Leute von diesen Wesen nur aus Märchen gehört und die Existenz dieser Heinzelmännchen niemals für real gehalten.
„Screechies!“, riefen einige und, „Lasst sie brennen, die Monster!“, brüllten andere. Die meisten jedoch waren nur verwundert über das plötzliche Auftauchen dieser Fabelwesen, und die wenigsten brachten die Hurveniks in Zusammenhang mit dem Marionettentheater Karbunkelkraut. Einige andere jedoch erkannten dies wohl und empörten sich innerlich darüber, was mit den kleinen Kerlen jetzt geschehen sollte, unterließen aber tunlichst dieses Missfallen in irgendeiner Weise zu äußern. Dann wieder blickte die Menge in Richtung Westen, von wo sich der Ballon des Professors genähert hatte. Auch Bodo und sein Hofstaat waren aufmerksam geworden und beobachteten interessiert das buntgestreifte Luftfahrzeug.
„Eine Überraschung!“, rief Bodo aus und schlug Soylentius anerkennend auf die Schulter. „Mein lieber Magister, doch noch eine Überraschung von Ihnen, nehme ich an?“
„Äh, ich glaube hierfür bin ich nicht verantwortlich, Herr!“, bemerkte der Zauberer missmutig. „Ich glaube in diesem Fall ist wohl vielleicht ihre Gattin zuständig?“, fragend suchte der Alchimist den Blick der Baroness.
„Nein, nein! Auf eine solche Idee wäre ich beileibe nicht gekommen!“, erwiderte Priscilla, „doch möglicherweise weiß ja unser Narr hier mehr?“, dabei lächelte sie Lugbert vertraulich an.
„Ich? Nein. Ich wüsste nicht!“, stotterte der Hofnarr und seine Schellen klimperten laut,

so vehement begann er den Kopf zu schütteln. „Vielleicht das Werk Eures Neffen, Magister?“
„Mein Neffe, so viel Initiative trau ich…, äh ja, da mögt Ihr vielleicht recht haben! Er ist ein aufgeweckter Bursche!“
Jetzt konnte man auch die Umrisse der Insassen des Luftgefährts erkennen. Dann war zuerst ein Knall zu hören, und am Himmel, der nun schon nahezu dunkel war, blühte eine Orchidee auf und sendete gleich darauf einen harmlosen roten Funkenregen auf die Menge hinunter.
„Aaah, wie schön! Ooh, ein grüner Drache!“, war zu hören als das Feuerwerk seinen Lauf nahm. Athanasius hatte die Reihenfolge der Raketen genauestens bestimmt, um der Vorführung eine exakte Choreographie zu verleihen. Fribbeldropp feuerte die Knallkörper aus seiner Hand heraus ab, der Professor hatte ihn zu diesem Zweck mit einem dicken, silberfarbenen Handschuh ausgestattet, der aus dem Material einer anderen Welt gefertigt zu sein schien, so kam es Fribbeldropp jedenfalls vor, und der, wie Athanasius versichert hatte, unbrennbar sei.
„Aaah!“ und „Oooh!“, „Schööön!“, juchzte die Menge beim Anblick der zauberhaften Vorführung, und keiner achtete in diesem Moment auf die winzigen Gefangenen, die doch an diesem Tag die eigentlichen Hauptakteure sein sollten.

Kammergarn hatte sich auf die Knie begeben und laut in den Kanaldeckel hineingebrüllt, was im Lärm der detonierenden Raketen nicht zu hören gewesen war. Jetzt schossen Krautschuk und seine Krimpelknarze aus dem Untergrund, wo sie schon viel zu viele Stunden hatten zubringen müssen. Mit gezückten Messerchen stürmten sie auf ihre gefangenen Artgenossen zu, gerade als der Ballon direkt über dem Platz stand, und aus dem Korb eine Strickleiter knapp neben dem Scheiterhaufen hinunterfiel. Die Holztritte der Leiter trafen den Henker derart zielgenau am Kopf, dass dieser in die Knie ging, dann der Länge nach umkippte, und für diesen Tag nicht mehr zu gebrauchen sein würde. Die Fackel entglitt seinen Händen und flog in weitem Bogen mitten in das trockene Geäst des Scheiterhaufens hinein, der in Sekundenschnelle nun in Flammen aufging, so dass, von der Empore aus, kaum mehr was vom Geschehen zu sehen war.
„Was geht da vor? Was geht da vor?“, rief Soylentius aus, dem als einziger aufgefallen war, dass hier irgendetwas gar nicht zu stimmen schien. Nach der Abfolge der Zeremonie, die er in allen Einzelheiten geplant hatte, wollte er, bevor die Hurveniks verbrannt werden sollten, zuallererst eine Ansprache zu Ehren des Geburtstagskindes Bodo halten. So war dies zumindest vorgesehen. Der Zauberer wollte nach der Wache schreien, doch der Ruf blieb ihm im Halse stecken, als Priscilla auf ihn zutrat, und er plötzlich einen unangenehm spitzen Gegenstand in seiner Leistengegend spürte.
„Kein Wort mehr, Magister! Sonst ist es aus mit der Familienplanung!“, zischte die Baroness dem Zauberer ins Ohr, und keinerlei Höflichkeit schwang mehr in ihrer Stimme mit.
„Das werdet Ihr bereuen, Gnädigste!“, konnte sich Soylentius nicht entsagen drohend zu raunen, woraufhin der Schmerz dort unten noch stärker zu werden begann.
„Aber Magister, wird Euch denn irgendwer diese Sache abnehmen? Wohl kaum! Bin ich

denn nicht eine Hochwohlgeborene und Ihr nur ein dahergelaufener Betrüger?"
„Es freut mich, dass ihr euch endlich so gut versteht!", sagte Bodo, als er die beiden so nahe in trautem Gespräch beieinanderstehen sah. Er hatte Tränen vor Rührung in den Augen, da er mit kindlicher Begeisterung das Spektakel des Feuerwerks verfolgt hatte, und seinen Lieben für dieses Geburtstagsgeschenk sehr dankbar war. „Welch eine Überraschung!"
Als die Krimpelknarze die Stricke der Gefangenen zerschnitten hatten, war es diesen möglich, mit ein paar ungelenk wirkenden Verrenkungen, innerhalb von Sekunden auch ihre Ketten abzustreifen. Krinksgranx hatte die Strickleiter zu fassen bekommen und hielt deren Ende jetzt seinen Leuten hin. Schon waren drei der Hurveniks von Fribbeldropp in den Korb gehievt worden und vier der anderen hingen an der Leiter als der erste Schuss fiel.
„Wirf den restlichen Ballast ab!", schrie der Professor und Fribbel durchtrennte gleich drei der Seile auf einmal, was zur Folge hatte, dass der Ballon in die Höhe schoss, wie eine der Raketen, die sie gerade abgefeuert hatten. Die Hurveniks jedoch hatten eiserne Fäuste und waren so leicht nicht abzuschütteln. Nur ihr Anführer blieb auf der Tribüne vor dem lodernden Scheiterhaufen zurück und sah zu seiner Verblüffung nun Krautschuk und seine Knarze auf sich zugerannt kommen. In dem Moment, da der Ballon seinen raketenartigen Aufstieg begonnen hatte, war es Krinksgranx nicht mehr möglich gewesen die Leitersprosse festzuhalten, und so schloss er sich auf der Stelle seinem Adjutanten und diesen ihm gänzlich unbekannten Hurveniks an.
„Krautschuk, mein Bester! Wusste ich doch, dass ich mich auf dich verlassen kann!", rief Krinksgranx aus und umarmte seinen lange vermissten Adjutanten.
„Machen wir, dass wir hier wegkommen!", rief daraufhin dieser aus und zog seinen Anführer herunter von der Tribüne.
Schnell wie eine Horde Ratten huschten die Hurveniks zwischen den Beinen der Zuschauer hindurch. Diejenigen, welche die Winzlinge bemerkten, hüpften entsetzt zur Seite, und da die Menge gar so dicht gedrängt stand, und die allermeisten der Leute nur Augen für die Schönheit des Feuerwerks hatten, kam es zu einem Gerangel unter ihnen, so dass man genau den Weg der kleinen Kerle verfolgen konnte. Wenn die Menge nicht schnell genug Platz machte, stach der eine oder andere der Knarze schon einmal mit dem spitzen Messerchen in ein paar bloße Zehen, oder perforierte das dicklederne Schuhwerk des einen oder anderen, was den Tumult nur noch vergrößerte.
„Screechies, da die Screechies!", war aus einigen Mündern voller Schrecken zu hören, als sich die Wichte ihren Weg durch das gemeine Volk bahnten, doch hatten die so Bezeichneten dieses eine Mal für diesen beleidigenden Ausdruck nur taube Ohren übrig. Nur der junge Runkelpetz stieß einen hohen spitzen Schrei aus, der im Umkreis von zehn Metern einige Brillengläser bersten ließ, dann waren die Hurveniks in der städtischen Unterwelt verschwunden.
Kammergarn hatte dem allen vollkommen fassungslos zugesehen und auf keine Weise mehr in das Geschehen eingreifen können. Eigentlich hatte der Impresario etwas Ähnliches vorgehabt. Auch sein Plan beinhaltete eine Ablenkung der Menschenmenge. Eine kleine Ansprache, gespickt mit sarkastischen Seitenhieben, war in den letzten Tagen in

seinem regen Hirn entstanden, mit der er hoffte einige der Bürger gegen die Soldaten, die ja den gesamten Platz umstellt hatten, aufzubringen. Er hatte gehofft, dass gerade die jungen Leute in den ersten Reihen sich unter Umständen zum Werfen von Eiern und Tomaten auf die Vertreter der Staatsgewalt würden hinreißen lassen. Mit dem, was dann tatsächlich geschehen war, war ja nicht zu rechnen gewesen. Ganz genau hatte Kammergarn die Umrisse des Professors erkannt, der da plötzlich zehn Meter über dem Platz schwebte, und der Impresario hatte sofort eingesehen, dass er selbst ein besseres Ablenkungsmanöver unmöglich würde zustande bekommen. Als abzusehen war, dass es seines Eingreifens nicht mehr bedurfte, hatte er sich an den Hausmauern entlangdrückend zu der Stelle aufgemacht, wo der gute Esel stand, sich auf das Tier geschwungen und zugesehen den Schlossplatz so schnell wie möglich zu verlassen. Als Treffpunkt war Pampfnagels Mietstall vereinbart worden, falls sie getrennt würden, und dahin machte er sich nun auf den Weg. Merkwürdigerweise hielt ihn auch keiner der Soldaten auf, die allesamt immer noch nur nach oben in den Himmel blickten und ihre Flinten abfeuerten, deren Ziel sich jedoch schon weit außerhalb der Schussweite befand.

„Was ist da los? Was ist da los?", fragte Bodo mit gefurchter Stirn den Magister anblickend. Wieder einmal war es der junge Baron, der als allerletzter auf dem Platz bemerkte, dass hier etwas nicht ganz mit rechten Dingen zugegangen sein konnte.
„Man hat die Gefangenen befreit, würde ich meinen, Herr!", erwiderte hierauf Lugbert. „Wie konnte das nur geschehen?", er kam nicht umhin den Zauberer klammheimlich anzugrinsen und verriet sich damit selbst. Doch lag dies ganz in seiner Absicht.
Soylentius stand da wie vom Donner gerührt, es schien als hätte es ihm gänzlich die Sprache verschlagen. Steif und starr blickte er dem, rasch sich entfernenden Luftgefährt hinterher, und wusste jetzt ganz genau, welch eine Allianz sich hinter seinem Rücken zusammengefunden, und sich gegen ihn verschworen hatte. Fieberhaft begann sein Gehirn nach einem Ausweg aus dieser schier ausweglosen Lage zu suchen. Die Baroness und Lugbert zu beschuldigen, stand außer Frage. Priscilla hatte recht, niemals würde Bodo glauben, dass seine treue Gemahlin fähig war ein solches Komplott zu planen und auszuführen. Es würde ein Weilchen dauern bis er den Baron mit der Nase darauf stoßen konnte, dass sein Ehegespons ihn schon seit einiger Zeit hinterging. Alles zu seiner Zeit. All dies schoss dem Zauberer in Sekundenbruchteilen durch seinen schwarz eingefärbten Schädel.

Als die Soldaten beinahe allesamt ihre Flinten auf das Luftfahrzeug abgefeuert hatten, war der Ballon schon nahezu außer Sichtweite. Dennoch schossen einige vergeblich noch dem Fluggerät hinterher, obwohl das Ziel schon fast hinter den dräuenden Wolken verschwunden war, so schnell war der Aufstieg vonstatten gegangen. Fribbeldropp hatte die restlichen Hurveniks, die an der Leiter, geschickt wie kleine Äffchen, hochgeklettert waren, an Bord gezogen, dabei jeden Blick in die Tiefe vermeidend und wunderte sich nun über die Fabelwesen, die zu seinen Füßen standen. Er hatte mit zwei, drei wirklichen Menschen gerechnet, die zu Tode gebracht werden sollten, nicht mit Gestalten, die er nur von alten Sagen her kannte.

Der Ballon trieb jetzt in einer wahrhaftig atemberaubenden Höhe dahin. Fribbeldropp vermied es nach unten in die Tiefe zu sehen, mehr als das Frühstück hätte er zwar den Luftgeistern nicht als Opfergabe darbringen können, aber schlecht war ihm immer noch. Athanasius hatte mittlerweile alle Hurveniks ausgiebig begrüßt, doch stimmte ihn sehr traurig, dass sein Freund Krinksgranx es anscheinend nicht an Bord geschafft hatte. Aber wer konnte schon wissen, was mit ihm geschehen war. Vielleicht hatte er sich inmitten der ganzen Verwirrung ja doch aus dem Staub machen können, so hoffte der Professor.
„Fribbel wie hoch sind wir denn noch?", rief er dann dem Sergeanten zu, worauf dieser widerwillig einen Blick in den Abgrund werfen musste.
„Noch ziemlich hoch, Professor!", erhielt dieser dann als Antwort, eine Einschätzung, die ihn wirklich in keiner Hinsicht weiterzubringen in der Lage war.
„Was siehst du denn unter dir, Junge?", fragte er daraufhin mit der Geduld eines Engels.
Zaghaft lugte Fribbeldropp erneut über den Korbrand und sah ängstlich hinab in die Tiefe.
„Wir fliegen gerade über ein recht großes Waldgebiet, Professor! Wird wohl der Hallgardenser Stadtwald sein." Fribbeldropp erinnerte sich ungern an diesen Teil der Landschaft. Von hier aus starteten üblicherweise jedes Frühjahr die Truppenübungen, die den Soldaten einiges abverlangten.
„Wahrscheinlich sind wir dabei über das Ziel hinauszuschießen, Fribbel. Bereite doch mal den Wurfanker vor!"
Fribbeldropp, der noch nie von einem solchen Ding gehört hatte, begann den Boden des Korbes nach etwas abzusuchen, dass wie ein Anker aussehen würde, und fand schließlich eine stabile Gartenharke, an der ein langes Stück Tau befestigt war. Er hielt das Gerät dem Professor vor die Nase. Wieder einmal war ihm die Blindheit des Mannes vollkommen entfallen.
„Ja, das wird er wohl schon sein. Wirf das Ding über Bord, Fribbel!"
Der Sergeant tat wie ihm geheißen wurde und bald darauf konnte man hören, wie das Eisen raschelnd über die Baumwipfel glitt. Dann ein gewaltiger Ruck, das Fluggerät geriet ins Taumeln und stand dann plötzlich still. Kein Geräusch war mehr wahrzunehmen. Nur die Fichten rauschten in der Brise.
Athanasius betätigte ein Ventil in der Ballonhaut, das mit einem komplizierten Mechanismus bis in den Korb hinunterreichte, und langsam, sehr langsam begann die warme Luft aus der Hülle zu weichen, und langsam, ganz langsam kamen die Blätter der Bäume näher und näher, dann warf der Professor noch die Strickleiter hinterher, und so machten sie sich an den Abstieg. Fribbeldropp konnte wiederum nicht hinunterblicken, nachdem er sich ächzend als letzter über den Rand des Korbes gezogen hatte.
Die Hurveniks kamen als erste unten auf dem weichen Waldboden an und vertäuten das Luftschiff an einer riesigen Buche. Dann warteten die Freunde ab, bis die restliche warme Luft aus der Stoffhülle gewichen war, falteten schließlich den Ballon zusammen, und versteckten ihn mitsamt dem Passagierkorb im Gestrüpp. Athanasius drückte dem Sergeanten eine Karte des Waldgebietes und einen Kompass in die Hände, so dass dieser feststellen konnte in welcher Richtung die Jagdhütte des Barons liegen mochte, die

als einstweiliger Unterschlupf ausersehen war. Priscilla hatte dem Professor versichert, Bodo würde allerhöchstens einmal im Frühling die Hütte mit seinem Tross aufsuchen, um auf die Wildschweinjagd zu gehen. Der Baron machte sich aus der Jägerei nicht besonders viel, galt doch seine ganze Liebe der Faszination des aufregenden Funzelsports.

Es dauerte eine ganze Weile bis Krinksgranx, Krautschuk und die Knarze einen Gang im Kanalsystem gefunden hatten, der in Richtung des Rotlichtviertels führen mochte. Als Krautschuk dann nach oben stieg und sich umschaute, wusste er ungefähr wo sie sich in der Stadt befanden. Er bezeigte den anderen ebenfalls die Leiter hinaufzusteigen, und im Schutz der Dunkelheit hasteten die Männlein nun durch die totenstillen, nächtlichen Straßen.

Soylentius hatte umgehend für diese Nacht und die folgenden Tage erneut ein nächtliches Ausgehverbot veranlasst, und die Garde hatte dies auf der Stelle umgesetzt. Krautschuk hatte vor, fürs erste in Pampfnagels Mietstall unterzukommen, im Stroh würde die Hurveniks so schnell niemand entdecken, und der Kleine hatte angefangen diesen abgelegenen Stadtteil zu favorisieren, da hier sogar die fremdländischen Söldner nur ungern einen Fuß hineinsetzten. Nur wenn einer allein, oder vielleicht noch zu zweien, sich die angeheuerten Soldaten in einem der Bordellbetriebe und Bars sehen ließen, so wurde dies geduldet. Einige Male jedoch, wenn hier ein Trupp Uniformierter aufgetaucht war, um für Ordnung zu sorgen, war es vorgekommen, dass plötzlich einige der Kameraden, die die Nachhut gebildet hatten, verschwunden waren. Man hatte die Soldaten schließlich am Tage darauf, mit durchschnittenen Kehlen vor dem Eingang zu ihrer Kaserne wiedergefunden.

Wie es sich Krautschuk erhofft hatte, wartete vor dem großen Scheunentor schon der dicke Kammergarn auf sie und grinste erleichtert, als der Hurvenik auf seine Schulter sprang und anfing ihn zu beschimpfen.

„Wo warst du eigentlich, Kammergarn!“, fing der Kleine erbost an. „Wir haben gewartet und gewartet! Gut, immerhin roch es dort unten nicht ganz so streng!“

„Ach das ist eine längere Geschichte. Alles fing damit an, dass ich etwas essen wollte!“

„Immer dasselbe mit dir!“, fauchte Krautschuk, dies Fauchen klang jedoch geradezu versöhnlich.

Kammergarn begrüßte herzlich Krinksgranx, dem man die Entbehrungen des Aufenthalts im Kerker durchaus ansehen konnte, und der nun, nach dem langen Weg durch die Straßen der Stadt, völlig hinüber zu sein schien.

„Ich glaube ich brauche noch ein paar Tage Ruhe, bevor wir aufbrechen, um die anderen zu finden!“, meinte Krinksgranx schließlich, nachdem er Kammergarn und Krautschuk ein wenig vom entbehrungsreichen Knastleben und den Foltermethoden von Soylentius berichtet hatte.

„Wir bleiben erst einmal hier!“, erklärte daraufhin der Impresario. „Während ihr gemütlich durch die Abwässer geschlendert seid, habe ich herausgefunden, dass unser Vermieter Pampfnagel ein ganz anständiger Kerl zu sein scheint. Habe so das Gefühl er könnte sich unserer Unternehmung anschließen wollen!“

Wondraczek konnte seinen Blick nicht mehr von der Stelle losreißen, an der gerade eben noch Simon gestanden hatte. Jetzt war da nichts mehr, weder der Junge, noch das merkwürdige Licht, das von dem Gitter ausgegangen war, und das, wie von Geisterhand, zwischen das Felsentor gespannt gewirkt hatte. Nur der weite, stille Ozean, der sich, wegen der einsetzenden Ebbe nun weiter und weiter zurückzog. Kein Geräusch war mehr wahrzunehmen, nur das leise Plätschern des zurückweichenden Wassers drang an das Ohr des Vampyrs.

Die wenigen Söldner, die den Kampf unversehrt überstanden hatten, waren geflohen, als das pulsierende Dröhnen des Gezeitensiebes der unheimlichen Stille gewichen war. Bären und Werwölfe waren wohl schon schlimm genug gewesen, doch mit den unheimlichen Mächten, die hier walteten, wollten sich die tapferen Kerle lieber nicht anlegen. Kurzerhand hatten sie die Beine in die Hand genommen, und diejenigen ihrer Kameraden, denen eine Flucht nicht möglich war, im Stich gelassen.

Minzbender hatte wieder seine menschliche Gestalt angenommen und lief jetzt, sich die Seite haltend, auf Wondraczek zu.

„Was war das? Was ist nur passiert?“, fragte er atemlos den Vampyr, der immer noch hinaus auf die See starrte.

„Ich weiß nicht!“, erwiderte Wondraczek nach einiger Zeit, wie aus langem Schlaf erwachend. „Ich weiß es wirklich nicht!“

„Der Junge! Was ist mit ihm geschehen?“

„Vielleicht ist er ja tatsächlich in jene andere Welt gegangen!“, meinte der Vampyr dann und blickte in Minzbenders fragende Augen. „Vielleicht hat er sich aber einfach aufgelöst, tot und vergessen!“ Er blickte sich um und sah einige verwundete Soldaten, die hilflos und aus Wunden blutend im Sand lagen und stöhnten. „Aber ich werde das schon noch herausfinden und ihn zurückholen, wenn das möglich ist!“

Der Werwolf nickte verständnisvoll.

„Wenn ich dir irgendwie behilflich sein kann…“, meinte er dann zögerlich.

„Es wäre mir eine große Ehre, mein Freund!“, sagte Wondraczek und blickte wieder nachdenklich hinaus auf die Weite des Ozeans.

Nachdem das Gezeitensieb sich geschlossen und Simon mit sich genommen hatte, waren einige der ausgesetzten alten Leute, die in dem Höhlensystem hausten, das unterhalb des Klosters des heiligen Certifian seinen Anfang nahm, langsam wieder aus ihrem trance-artigen Zustand erwacht. Einige andere jedoch blieben Zeit ihres Lebens darin gefangen und wurden nie mehr völlig wiederhergestellt. Allerdings stellte sich mit der Zeit heraus, dass die Fröhlichkeit, die diese Menschen ausstrahlten, durchaus etwas Ansteckendes in sich trug, und so wurde den Erkrankten jetzt mehr Respekt entgegengebracht, ja manche wurden schon beinahe wie Heilige verehrt. Diejenigen, die wieder halbwegs bei Verstand waren, sorgten für die, die immer noch von ihren hartherzigen Angehörigen gemieden wurden. Und so wurden dann zu diesem Zweck Häuser errichtet, die alleine den Kranken vorbehalten waren, damit diese dort ein menschenwürdiges Leben führen konnten. Vielleicht aber würden auch sie noch mit der Zeit Heilung erfahren, wenn der schädliche Einfluss, der dem Anschein nach durch das geheimnisvolle Tor gekommen war, endgültig verebbt war. In den anderen Teilen des Kontinents war es dasselbe; manch einer konnte wieder seiner früheren Tätigkeit nachgehen, der andere blieb wie verzaubert in seiner eigenen Welt versunken.

Was den Magister Soylentius betrifft, so hatte dieser es schließlich doch geschafft sich wegen des Vorfalls herauszureden, indem er alle Verantwortung auf die fehlende Achtsamkeit der alten Stadtgarde geschoben hatte. Diese Kerle, so hatte er behauptet, trauerten allesamt noch der alten Ordnung hinterher und wenn sie sich auch nicht geradezu gegen den jungen Baron verschworen hatten, so waren sie doch nicht in der Lage gewesen, die Veranstaltung zu Ehren ihres Herrn entsprechend sicher zu gestalten. Schon am nächsten Abend verlor der alte Hauptmann der Garde, ein sechzigjähriger, hünenhafter Mann seinen Kopf auf eben der Tribüne, auf der die Hurveniks ihre Leben hätten aushauchen sollen.

Über den Autor

Elbo James, geb. im schönen Aschaffenburg am äußersten nördlichen Rand Bayerns, auf einem Planeten, den seine Bewohner lapidar Erde nennen, verfolgte nach dem Besuch eines dieser berüchtigten bajuwarischen Gymnasien, allerlei Karrieren. Man kann wohl mit Recht behaupten, er habe überall einmal hineingeschnüffelt, wenn dies denn nicht zu despektierlich klänge. Ob als Jäger beinahe ausgestorbener Regenwurmarten, Abteilungsleiter im Amt für prädiagnostische Teilwahrnehmung, oder auch als einfacher Handwerksmann, immer gelang es ihm dem jeweiligen Berufsfeld seinen ganz eigenen Stempel aufzudrücken.
Im Grunde ist der Autor jedoch zeitlebens ein Musikant geblieben, der auch heute noch, wenn es ihn einmal packt, die Gitarre zur Hand nimmt und die schönsten, selbstersonnenen Melodeien zum Besten gibt. Trotz mäßiger Chartpositionen brachte er doch nie fertig das Instrument endgültig an den Nagel zu hängen. So mancher Zuhörer leidet auch heute noch an anhaltendem Ohrensausen, nachdem er die unverwechselbare Gießkannenstimme des Troubadours einmal vernommen hat.
Dies nun ist sein erster Roman.